xenomoi

Philosophische KonTexte
Band 1

Die Figur des Neuen

MoMo Berlin
Philosophische KonTexte Band 1

Mit Beiträgen von:

Peter Bexte
Undine Eberlein
Helmut Fallschessel
Matthias Kroß
Dieter Mersch
Sabine Nessel
Michaela Ott
Winfried Pauleit
Wolfert von Rahden
Steven Reich
Hermann Schmitz
Wolfgang Sohst
Angela Spahr
Henry Staten
Rüdiger Zill

Wolfgang Sohst (Hg.)

Die Figur des Neuen

MoMo Berlin
Philosophische KonTexte
Band 1

Xenomoi

Impressum

Wolfgang Sohst (Hg.)

Die Figur des Neuen
MoMo Berlin Philosophische KonTexte, Bd. 1

ISBN 978-3936532-77-7

Rühmkorffstr. 6a
D - 12209 Berlin
Tel.: 030 - 755 11 712
www.xenomoi.de
info@xenomoi.de

Satz in Adobe InDesign® CS 2
in der Schrift Times New Roman PS 10 Pt.
Umschlaggestaltung, Satz und Produktion:
XENOMOI Verlag eK

Inhaltsverzeichnis

Reihenvorwort I

Vorwort des Herausgebers VII

I. Wie das Neue in die Welt kommt

Hermann Schmitz
Das Neue als Unruhe der Zeit 3

Rüdiger Zill
Metapher als Modell. Die Figur des Neuen in der Genese wissenschaftlicher und philosophischer Theorien 17

II. Kategorien des Neuen

Undine Eberlein
Einzigartigkeit als Fiktion des Neuen 81

Helmut Fallschessel
Freiheit: Von der Metaphysik zum Naturphänomen 107

Dieter Mersch
Paradoxie der Kreativität.
Zu Ortschaften kultureller Produktion 171

III. Die Geschichtlichkeit des Neuen

Peter Bexte
Schiffe, Schleier, Bärenklumpen. Schwierigkeiten mit dem Neuen in der Frühen Neuzeit 199

Matthias Kroß
‚Zweite Aufklärung'. Philosophische Überlegungen zum moralischen Fortschritt 221

Wolfert von Rahden
»Einen tanzenden Stern gebären«. Nietzsches ewige Niederkunft des Neuen 271

IV. Das Neue in der Kunst

Steven Reich
Zur Entstehung und Bedeutung
zeitlicher Mikrostrukturen im Jazz 307

Sabine Nessel und *Winfried Pauleit*
Filmästhetik und Digitalisierung 331

Michaela Ott
Die Unerträglichkeit des Neuen 357

V. Psychische und soziale Aspekte des Neuen

Angela Spahr
Die Spuren schrecken. 9/11 oder
der schwierige Umgang mit dem Grauen des Neuen 377

Henry Staten
Kreativität und soziale ‚Kraftlinien' 401

Wolfgang Sohst
Der Traum vom neuen Ich. Nach Charles Taylor 425

Kurzportraits der Autoren 471

Vorbemerkung

Die Reihe ‚MoMo Berlin Philosophische KonTexte'

Der Philosophische Arbeitskreis ‚MoMo', in den frühen 1980er-Jahren von Berliner Philosophie-Studenten als kritische Ergänzung zur universitären Lehre gegründet, verdankt seinen Namen der Abkürzung der damaligen Treffpunktverabredung »... jeweils der erste *Mo*ntag im *Mo*nat«. Er ist heute der älteste, nicht institutionell gebundene Treffpunkt für Philosophen aller Richtungen in Berlin. Die Vortragenden dieses Arbeitskreises reichen mittlerweile weit über diese Stadt, ja über Deutschland hinaus. Der Erfolg seines langjährigen Bestehens ist wohl die Frucht seiner undogmatischen Offenheit. Hier treffen sich Berufsphilosophen, professionelle Geistesarbeiter, Kulturvermittler und Studenten verschiedenster Berufe und Disziplinen zum Hören und Diskutieren vor allem zeitgenössischer philosophischer Ideen und Tendenzen, immer offen gegenüber verwandten Disziplinen und Themen. Ungefähr einmal monatlich trifft sich der Kreis, inzwischen jeweils Sonntag abends, an verschiedenen Orten in Berlin, meist bei einem Mitglied in dessen privater Wohnung, und hört den zuvor angekündigten Vortrag, um ihn unmittelbar anschließend zusammen mit dessen Autor zu diskutieren.

Der Verfasser dieses Vorwortes ist selbst seit Jahren MoMo-Mitglied, zugegeben ein begeistertes. Der Kreis hat nicht wenig zu meinem Entschluss im Jahre 2001 beigetragen, den xenomoi Verlag zu gründen. Das Besondere des MoMo-Kreises liegt, wenn man es überhaupt dingfest machen kann, in seiner bemerkenswerten Mischung aus gänzlich privater, äußerlich vollkommen unprätentiöser Initiative einerseits, und seiner inhaltlich beachtlichen Qualifikation andererseits. Hier wurde schon über manches Ding und viele Ideen hitzig gestritten, lachend abgewunken und mit verblüfftem Schweigen aufgenommen, was erst viel später seinen Weg in die Bücher und Programme der großen Verlage fand.

Wenn ich noch einen Punkt benennen sollte, der den MoMo-Arbeitskreis auszeichnet, so würde ich sagen, dass es die seltene Erfahrung des wirklich gemeinsamen, fruchtbaren Nachdenkens ist, die mich von Anfang an faszinierte. Was in der modernen Unterhaltungsmusik inzwischen der Normalfall ist, dass nämlich Gruppen von Musikern und Komponisten, sei es als Band, sei es als Ensemble, an der Erzeugung eines künstlerischen Produkts arbeiten oder schlicht ihren Erwerb damit bestreiten, ist im intellektuellen Geschäft noch gänzlich unüblich. Und erst Recht kooperiert die naturwissenschaftliche Forschung längst in Sprach- und Landesgrenzen weit überschreitenden Projektzusammenschlüssen und erzielt dadurch sowohl schnellere als auch qualifiziertere Ergebnisse. Dies hat der Zunft der Dichter und Denker in Deutschland von Seiten ihrer großen wissenschaftlichen Förderinstitutionen, z.B. der Deutschen Forschungsgemeinschaft (DFG), bereits Schelte eingetragen; auch in den Geisteswissenschaften müssten sich die Kräfte bündeln, so wurde angemahnt, müssten sich die Qualifizierten zusammentun, um ihre Energien besser zu verwenden. Philosophische Projekte sind allerdings von anderer Art als solche der Ingenieure oder Chemiker, und sie sind auch keine Kunstwerke. Sie stehen auf einer seltsam mittleren Position: methodisch zwar strenger als die der Künstler, aber doch notwendig freier als die Naturwissenschaften in der Interpretation ihrer Schlüsse. Das wirklich Neue präsentiert sich in der Philosophie nur zu einem geringeren Teil als argumentativ zwingendes Ergebnis, und im Übrigen ist es mehr oder weniger geniale Intuition. Deren Gruppentauglichkeit scheint allerdings begrenzt zu sein. Insofern die MoMo-Mitglieder genau auf diesem Felde die intellektuelle Zusammenarbeit suchen und finden, ist der Kreis etwas Seltenes und Wertvolles, ähnlich den intellektuellen Diskutierzirkeln der 20er- und 30er-Jahre des vorigen Jahrhunderts, deren bekanntester und vielleicht glücklichster Fall der Wiener Kreis war.

Mit der hierdurch ins Leben gerufenen Schriftenreihe des MoMo-Arbeitskreises wird dieser kleinen Geistesschmiede nunmehr ein Werkzeug an die Hand gegeben, das den Nutzen ihrer Tätigkeit durchaus mehren kann. Dieser wäre gleich ein doppelter: Nicht nur erhält damit ein größeres Publikum die Möglichkeit, an den Anstößen und Auseinandersetzungen teilzuhaben, die diesen Kreis bewegen, sondern umgekehrt wird vielleicht auch der eine oder andere Leser nach der Lektüre ermutigt, selbst als Teilnehmer oder gar als Vortragender sich zu beteiligen. Dies, meine ich, ist ausdrücklich erwünscht.

Dem hiermit vorgelegten ersten Band der MoMo KonTexte werden in losem Abstand weitere folgen. Ferner sollen es nicht nur Herausgabebände sein, die hier vorgestellt werden, sondern gegebenenfalls auch Monographien. Das verbindende Element der Bände wird schlicht darin bestehen, dass es MoMo-Mitglieder sind, die hier zu Worte kommen. Die Reihe ist ein Gemeinschaftsprodukt, und nur die formale Schriftleitung liegt bei mir als dem Verleger.

Das aktuelle Programm und weitere Informationen sowie philophisches Arbeitsmaterial des Kreises sind über das Internet unter der Adresse http://www.momo-berlin.de verfügbar.

Berlin, im April 2008
Wolfgang Sohst

Vorwort des Herausgebers

Über die Risiken des Neuen

Dieses Buch handelt von der Figur des Neuen im Denken, im sozialen und ästhetischen Handeln und in seiner geschichtlichen Entwicklung.

Anfangs schien es uns, d.h. den Autoren dieses Bandes, so, als sei ‚das Neue', wenn es zum gemeinsamen Thema eines umfangreicheren Buches erhoben wird, womöglich zu ungreifbar, um darüber sinnvoll nachdenken zu können. Als ich im Frühjahr 2006 zum ersten Male mit einigen der Beitragenden über das Projekt sprach, brach zunächst eine gewisse Ratlosigkeit aus. Gewiss, uns ist die Aufdringlichkeit und Wichtigkeit des Neuen in unzähligen Formen allgegenwärtig, vor allem in beruflichen, politischen und wirtschaftlichen Zusammenhängen: neue Autos, neue musikalische Stile, neue Informationen über aktuelle Ereignisse – all dies ist geradezu unverzichtbar für den normalen Gang unserer Gesellschaft und des Lebens eines jeden Einzelnen von uns. Darin lebt und ereignet sich fortwährend die Normalität des Neuen. Sie ist für uns gleichermaßen notwendig wie gewöhnlich.

Hier soll es jedoch nicht um das Tagesgeschäft in Fernsehstudios, Werbeagenturen und Industrieunternehmen gehen, d.h. nicht um die praktisch notwendige Herbeiführung des Neuen als Erfüllung einer fast schon aggressiv vorgetragenen, kollektiven Erwartung. Dies liegt in den Händen anderer. Die Aufgabenstellung dieses Buches lautet vielmehr, dass wir uns in gewisser Weise von dem Druck des Alltags, der mit dem Wörtchen ‚neu' in allen seinen Verwendungsweisen verbunden ist, erst einmal befreien sollten, um unter der Hornhaut praktischer Zwänge womöglich subtilere Schichten freizulegen, in die unsere Existenz als etwas, das ständig mit Neuem konfrontiert ist, auf noch viel ausgreifendere Weise eingewoben ist.

Fein und empfindlich offenbart sich nun, nachdem der Band vorliegt, dort, d.h. in diesen tieferen Bedeutungsschichten unseres Lebens, hinter dem Wortstamm ‚neu' eine Funktions- und Bedeutungsvielfalt, auf die wir uns eher vorsichtig tastend und nachdenklich einlassen müssen.

Natürlich könnte man den hier besprochenen Ansätzen noch unzählige weitere hinzufügen. Damit konstatiert man trivialerweise nicht mehr als eine Art äußerer Unvollständigkeit. Darüber hinaus ist aber auch der einzelne Betrachtungswinkel, jeder einzelne hier geäußerte Gedankengang, ja einer jeden intellektuellen Unternehmung überhaupt, immer nur die jeweils kontingente Arbeit an einer individuellen geistigen Werkbank und ein Vordringen in häufig zunächst einsame geistige Steinbrüche, wo man irgendwann, an einem beliebigen Punkte der Arbeit, schließlich innehalten und dem ferne wartenden Publikum einen Zustandsbericht über das bis dahin Erfahrene geben muss – unabhängig davon, wie weit der jeweilige Forschungsansatz bereits gediehen ist, gar nicht zu reden davon, ob er bereits in die Nähe eines Zieles gelangt ist. Neuheit und Einsamkeit stehen in merkwürdiger Nähe zueinander, selbst wenn sich das Neue in der hellsten, gar massenhaften Öffentlichkeit ereignet: die primäre Erfahrung des Neuen definiert sich aus ihrer singulären, noch gänzlich unvermittelten Plötzlichkeit. Und das Neue verdunstet in dem Umfange, wie es *peu à peu* sozial interpretiert und eingebunden wird.

Der philosophische Aufbruch ins Neuland ist im Übrigen noch zerbrechlicher als beispielsweise die naturwissenschaftliche oder mathematische Unternehmung. Denn dort wagt man die Veröffentlichung gewöhnlich erst, wenn ausreichend empirische Evidenz vorliegt oder der streng deduktive Beweis geführt werden kann, dass *dem so ist*, wie dort behauptet wird. Solcher Gewissheit, solcher Festigkeit des Erkannten ist das Philosophische fern, ja seit einigen Jahrzehnten sogar – aus historisch nachvollziehbaren Gründen – regelrecht abhold. Neben einem inzwischen etablierten, kollektiven Widerwillen gegen die Behauptung ‚unverbrüchlicher'[1] philosophischer Wahrheit

1 Dieser kuriose Ausdruck ist m.E. ein Neologismus, der in den 1950er-Jahren von der Führung des damaligen DDR-Regimes ausgeheckt wurde, um damit den Zustand ihrer Freundschaft zum sowjetischen ‚Bruderstaat' zu beschreiben. Zu Recht haftete dem Wort seit jeher das Stig-

flackerte aber zu allen Zeiten auch immer wieder ein alter, skeptischer Vorbehalt dagegen auf. Denn das Streben nach Gewissheit setzt mit fröhlicher Unbekümmertheit immer schon das voraus, was es zwar als vorhanden behauptet und in Wirklichkeit doch erst erzeugen muss, nämlich die *Möglichkeit* von Gewissheit überhaupt. Die Gewissheit einer Erkenntnis kann man folglich nicht antizipieren, schon gar nicht kommandieren. Sie kann sich in den Naturwissenschaften, der Mathematik oder anderen theoretischen Gefilden unter Zugrundelegung gewisser Kriterien zwar durchaus einstellen, manchmal nur ganz vorübergehend und flüchtig. Dann schwillt in der Regel die Brust der oder des Erkennenden vor Stolz, und der Zeitgeist zollt raunend den geforderten Respekt. Wohl denn.

Müssen wir uns aber dem Paradigma des Strebens nach Gewissheit unter allen Umständen unterwerfen? Ist ein philosophisches Unternehmen schon dann zur Sinnlosigkeit verurteilt, wenn es nicht von vornherein auf sichere Erkenntnis abzielt? Darf der Vorstoß ins intellektuelle Neuland um den Preis erhöhter Ungewissheit erkauft werden? Wieviel Spekulation ist noch hinnehmbar? Wer haftet für die Wirkungen einer Neuheit? Solche Fragen stellen sich nicht nur beim kühnen Theorie-Neubau, sondern manchmal schon dann, wenn ein Text im ‚harmlosen' Gewande reiner Interpretation anderer Texte daherkommt.

Wer das Neue sucht, wer ihm nachstellt wie einem scheuen Wild oder Nebelfetzen – und dies gilt *a fortiori* für alle Arten ‚neuer Ideen' –, tut gleichwohl besser daran, das Paradigma weitestgehender Gewissheit zu suspendieren – vorläufig, wohlgemerkt – , wenn er des Flüchtigen überhaupt habhaft werden will. Es werden ohnehin rasch andere kommen und das vorgestellte Gedankending, auf der Suche nach dem Neuen selber von Neuartigkeit infiziert, nach allen

ma seiner eigenen Unwahrheit an, da doch alle wussten, einschließlich seiner Erfinder, dass es keineswegs Freundschaft, sondern nackte militärische Gewalt war, die diese politische Beziehung sicherte. Auf den Zustand theoretischer Erkenntnis angewandt, übergießt der Ausdruck eine solchermaßen markierte Erkenntnis mit dem spöttischen Vorwurf der Anmaßung, der intellektuellen Arroganz.

Seiten drehen und wenden, es beschnüffeln und darauf beißen, um seinen Goldgehalt zu prüfen. An den dann auf den Erfinder häufig hereinprasselnden ‚Gewissheiten' der kritischen Zeitgenossen mangelt es erfahrungsgemäß selten. Während mancher von ihnen der Gewissheit niemals überdrüssig zu werden scheint und sich lautstark an ihrer weiteren Erzeugung beteiligt, mahnt die Geschichte doch mit schlagender Autorität zur Vorsicht: ein Zuviel an Gewissheit, vor allem an ihrer fraglosen Variante, schadet jeder Kultur, jeder Gesellschaft, und vielleicht jedem einzelnen Menschen, sogar noch dem vordergründig erfolgreichen. Denn die Ungewissheit ist ein faszinierender, starker Nährstoff: Sie ist die reine Potenz, das Zugpferd, die Fata Morgana oder schlicht die reine Attraktion des Neuen. In Maßen appliziert ist sie *das* Lebenselixier des Einzellebens schlechthin.

Aus dieser, ihrerseits durchaus ungewissen Einsicht, die wohl eher eine starke Ahnung ist, folgt für den beharrlich und nicht nur über sich selbst nachdenkenden Menschen eine beschränkte Erlaubnis zum intellektuellen Wagnis. Das Neue ist in seiner Ungewissheit meistens etwas Riskantes, sofern es sich nicht an sich selbst und von vorn herein als gänzlich unbedeutend erledigt. Andererseits gilt: Je wirkungsmächtiger sich ein Neues präsentiert, umso auftrumpfender es sich in die Händel der Betroffenen *en gros* oder *en detail* einmischt, desto stärker ist die Verantwortung derjenigen, die es hervorbrachten, und zwar direkt proportional zur Ungewissheit, mit der seine Erzeuger den Bestand und die Folgen diesen Neuen selbst nicht einzuschätzen vermögen. Etwas Neues in die Welt zu setzen ist nur den risikobereiten, starken Menschen zu empfehlen, die anderen sollten besser die Finger davon lassen. Das Neue ist für alle Beteiligten aufregend, und zwar gerade *wegen* seiner Ungewissheit.

Vor diesem Risiko kann sich der Philosoph nun fein drücken, und das können wir ihm nicht einmal vorwerfen. Er mag uns beispielsweise darauf hinweisen, dass er gar nicht wissen könne, worauf seine Thesen und Konstrukte hinauslaufen, und im Gegensatz zu einem Atomphysiker, der seine tödliche Bombe ‚nur' erfindet und die Verantwortung für ihren Abwurf mit unschuldiger Mine brüsk von sich weist, wird dem Philosophen die schädliche Verwendung seiner Ideen nur selten hieb- und stichfest nachzuweisen sein.[2]

Gleichwohl ist die ihm erteilte Erlaubnis zur Formulierung gleichsam probeweiser, ungesicherter intellektueller Konstruktionen keine grenzenlose. Erstens ist unsere Geduld, ihm zuzuhören, erfahrungsgemäß sehr beschränkt. Ungehörte Ideen sind jedoch wirkungslose Ideen, also muss sich gerade der risikobereite Philosoph um Gehör bemühen, sprich: nachvollziehbar reden und sich dabei möglichst kurz fassen. Das ist die erste und ganz praktische Bedingung der Suspendierung der Gewissheit. Ferner muss er sich mit unverzagtem Willen um die Relevanz seiner geistigen Produktion, d.h. gerade um ihre Wirkungsmächtigkeit auch über sein diesbezüglich eigenes Werben hinaus, also um ihre objektive Relevanz bemühen. Er muss das Risiko förmlich suchen. Das ist die zweite, schon schwieriger zu erfüllende Voraussetzung und das eigentlich politische Momentum der Philosophie. Und drittens muss er so flexibel und gleichzeitig beharrlich sein, auch dann noch weiterzuarbeiten, wenn zentrale Thesen seines Produktes ihrer Unhaltbarkeit überführt sind und folglich nach

2 Sachliche und moralische Glaubwürdigkeit als Voraussetzung von Gewissheit wird dem Behauptenden oft ‚blanko' entsprechend seiner Reputation, oder im mündlichen Diskurs in Ansehung der emotionalen Färbung oder Stimmung seines Vortrags gewährt bzw. verweigert. Durchaus scharf argumentiert beispielsweise, wer jemandem, der seine moralische Unschuld wegen irgendetwas beteuert, die Heftigkeit dessen Vortrags als performative Widerlegung seiner eigenen Unschuldsbeteuerung vorwirft. Ein solches Argument wird allerdings sofort ungültig, wenn der Beschuldigte zeigen kann, dass auf die Wahrheitsfindung in dem betreffenden Gespräch oder Verfahren kein Verlass ist. Denn auf das ‚Ruhekissen des guten Gewissens' kann sich nur derjenige betten, der sich sicher sein kann, dass die Wahrheit seiner Unschuldsbehauptung – sofern sie denn gegeben ist – nicht korrumpierbar ist. Wenn es dieses Ruhekissen gar nicht gibt, muss man sich nicht wundern, wenn ein Beschuldigter die Fassung verliert. Dennoch ist das vorgenannte Argument in seiner impliziten, kommunikativ eingefleischten Form in vielen Personalgesprächen, Fernsehshows, Gerichtssälen und ähnlichen Einrichtungen unseres sozialen Alltags vollkommen gängige Praxis. In diesen Fällen verkommt die Suche nach Gewissheit zum Tanzboden der Instinkte.

schwersten Umbauten der gesamten Theorie schreien. Eine solche Zumutung stellt nun die meisten Zeitgenossen, und beileibe nicht nur die Philosophen, auf eine wirklich harte Probe, nämlich jene der privaten Eitelkeit. Ist auch diese Hürde mit Bravour genommen, steht einer Anerkennung des Bemühens nichts mehr im Wege, insbesondere nicht der Vorwurf, das Ergebnis der Anstrengung sei zu vage oder zu ungewiss, und auch nicht jener, dass ihr praktischer Nutzen nicht absehbar sei.

Hier und im Folgenden dieses Buches wird also nicht nur über das Neue *per se* nachgedacht, sondern im Zuge einer solchen Unternehmung die Ungewissheit des Ergebnisses gleich in doppelter Hinsicht strapaziert. Schwimmt schon das begriffliche Holz des Neuen auf dem Ozean der Weltenereignisse ohne jeglichen Halt, so ist der in seinen Erkenntnismöglichkeiten beschränkte Philosoph, der dieses Rettungsmittel wie ein Einbeiniger erklimmt, vollends dem Risiko ausgesetzt, unfreiwillig sogleich wieder baden zu gehen. Der Leser ist eingeladen, an diesem amüsanten Bemühen teilzuhaben. Dergleichen muntere Unterhaltung könnte allerdings ein jähes Ende finden, sobald sich bei dem einen oder anderen Beitrag herausstellt, dass der Autor womöglich *Recht* hat, d.h. sobald sich beim Leser der Eindruck aufdrängt, dass der Autor offenbar *folgerichtig* gedacht und dabei Relevantes berührt hat. Es ist nämlich eine gute Tradition nicht nur in unserem alten Abendlande, sondern meines Wissens in allen entwickelten Schriftkulturen der Welt, dass die gültige Einsicht eine zwingende Autorität über das weitere Denken eines Menschen erheischt. Das ist es, was die Einsicht zur Erkenntnis macht: Sie zwingt uns bei Strafe moralischer Vorwerfbarkeit, die Konsequenzen aus dem Erkannten zu ziehen und uns entsprechend zu verhalten. Erkenntnis gebietet Unterwerfung unter das Erkannte.[3] Mit dem Aufglimmen von Wahrheit verstummt das Lachen. Das hat nicht nur in unserer Kultur von Sokrates über Kant bis in die Gegenwart jeder Denker von

3 Dieses Axiom, dessen explizite Formulierung in der griechischen Antike das bleibende Verdienst des Sokrates ist, ist die intellektuelle Kraft hinter allen seither entworfenen, vernunftbasierten ethischen Systemen, und insbesondere das Fundament des kantischen ‚Kategorischen Imperativs‘.

Rang immer wieder bestätigt, sondern dies ist auch der fundamentale Imperativ, den geistige Autoritäten vom Range eines Buddha oder Lao Tse uneingeschränkt gepredigt haben. Lassen wir ihn ruhig gelten, auch wenn ein solcher Zwang neue Ungewissheiten, ja sogar ein ziemliches Unwohlsein angesichts des unverhohlenen Zwanges, der darin zu wuchern droht, aufkeimen lässt.

Doch keine Sorge. Ich kann den womöglich erschreckten Leser beruhigen. Was hier zur Natur und den Formen des Neuen präsentiert wird, ist mit einiger Wahrscheinlichkeit viel zu theoretisch, um den Leser mit ernsthaften Konsequenzen für sein eigenes Leben zu bedrohen. Er kann die Lektüre deshalb ohne Gefahr als eine kleine Vorübung betrachten. Und sollte ihm schon morgen etwas widerfahren, sollte er demnächst gar etwas *erkennen*, was ihn tatsächlich zu verändertem Handeln zwingt, so wird er nach der Beschäftigung mit dem Neuen auf diese vorbereitende Weise, gleich einer Schwimmübung auf dem Trockenen, diesem vielleicht nicht mehr ganz so unvorbereitet gegenübertreten, wie es ohne diese Lektüre der Fall gewesen wäre – günstigstenfalls! Hoffen wir auf eine solche intellektelle Sternstunde. —

Es folgt nun ein Überblick über die einzelnen Beiträge.

Im ersten Abschnitt dieses Bandes geht es um Grundsätzliches, nämlich wie das Neue überhaupt in die Welt kommt. Hier kommt zunächst **Hermann Schmitz** zu Worte. Er expliziert nach einer sehr komprimierten, allgemeinen phänomenologischen Einführung in die Struktur der Zeit sein bislang wenig beachtetes Theorem der ‚Unendlichfachen Unentschiedenheit' in Bezug auf den Begriff der Gegenwart. Die Notwendigkeit des hier ausgeführten Gedankens entspringt der Schmitz'schen Einsicht, dass die Gegenwart nicht widerspruchsfrei erklärt werden kann, sofern man nicht zwischen der vergangenen bzw. zukünftigen Gegenwart von Prozessen einerseits und der prozessunmittelbaren Gegenwart andererseits (also dem, was man umgangssprachlich als das gerade jetzt Geschehende bezeichnen könnte) innerhalb der von Schmitz so genannten ‚modalen Lagezeit' gleichzeitig unterscheidet und vermittelt. Zum vollen Verständnis dieses sehr dichten Textes sei demjenigen Leser, der Hermann Schmitz noch nicht gründlicher kennt, empfohlen, die in der anhängenden Literaturliste genannten Verweise aufzusuchen. Diese Mühe lohnt sich in vielfacher Hinsicht. Hermann Schmitz ist in seinem Denken nicht nur sehr originell, sondern vor allem von herausragender Bemühung um Verständlichkeit und Gründlichkeit der Gedankenführung. Sein Theorem der unendlichfachen Unentschiedenheit ist keineswegs nur in der hier explizierten Anwendung von Bedeutung, sondern allgemein von großer ontologischer Tragweite, weil es den vielleicht wichtigsten Teilschritt zur logischen Erklärung des Überganges von Unbestimmtheit zur Bestimmtheit darstellt.

Schmitz gelangt unter Anwendung des besagten Theorems auf seinen speziellen Begriff des Neuen als das zeitliche Eintreten von Dingen und Prozessen in die Gegenwart phänomenal entwickelter Menschen zu dem Schluss, dass eine solche Form von Neuheit widerspruchsfrei behauptet werden kann. Insbesondere widerspricht diese Behauptung nicht dem ebenfalls von Schmitz bewiesenen Satz, dass Vergangenheit und Gegenwart keine Gegenstandsattribute, d.h. nicht von Belang für die Identität dessen sind, dem sie zukommen. Der vermeintliche Widerspruch zwischen vergangener und gegenwärtiger Wirklichkeit lässt sich somit phänomenologisch auflösen.

Der nächste Text zu den theoretischen Grundlagen des Neuen ist jener von **Rüdiger Zill**. Er erklärt uns das Neue als das Ergebnis einer Übertragung von Modellen von dem ursprünglich modellierten Weltbereich auf einen anderen Weltbereich, wobei diese Übertragung in einer Übergangsform vor sich geht, die Zill unter Bezugnahme auf Platon einerseits und Rorty und Lyotard andererseits prototypisch als Metapher herausarbeitet. Das Neue ist für ihn gar nicht so weit von der Schmitz'schen, allgegenwärtigen Neuheit dessen entfernt, was sich uns andauernd als je neue Gegenwart aufdrängt, nämlich »ein radikal Neues, das unerwartet, gleichsam aus dem Nirgendwo in unsere Welt tritt«.

In seinem Text erzählt uns Rüdiger Zill zunächst kurz und konzis die Geschichte des Neuen seit der Antike bis in die Gegenwart. Wir erfahren dabei unter anderem, dass Gott zwar notwendig als Platzhalter eines Grundes für die Entstehung der Welt eingesetzt werden musste, um auf die Notwendigkeit einer solchen Begründung überhaupt antworten zu können, dass aber das Rätsel des Neuen damit im Verlauf der Jahrhunderte doch nicht gelöst werden konnte. Aber auch Rorty, den er als modernen Theoretiker des Neuen eine Weile betrachtet, kann den Begriff des Genies, der den Gottesschöpfer in der Romantik ablöst, nicht befriedigend erklären. Mit Lyotard verbindet diesen jedoch die Ahnung, dass die metaphorische Übertragung von Bekanntem ins Neue ein ergebnisoffener, d.h. unterdeterminierter Vorgang ist. Die Untiefen dieser Unbestimmtheit lassen sich vermeiden, so argumentiert Zill, wenn wir stattdessen von Modellübertragungen reden. Seine Figur des Neuen verhält sich eher wie jemand, der eine Grenze überschreitet: »Die Theorie, die im Akt der Modellübertragung in eine neue Disziplin transferiert wird, gleicht dem Einwanderer, der mit dem Schema seines in der Heimat sozialisierten Verstandes das Leben in der neuen Kultur zu verstehen versucht.« Das Modell ist dabei nicht als Gegenstand zu denken, der wie ein Abbild seinem Urbild gegenübersteht, sondern als die aufeinander bezogene Einheit von Gesetztem und Vorausgesetztem. Das Modell setzt folglich die Ähnlichkeit von Herkunft und Ziel der Übertragung nicht voraus, sondern stellt sie selbst erst her. Es wird erst mit dem Grenzübertritt aus dem angestammten in fremdes Gebiet und kraft seiner metaphorischen Potenz zum Produzenten des Neuen.

Im folgenden Abschnitt wird zwar immer noch Grundsätzliches behandelt, nun allerdings in Sparten, oder wie man philosophisch besser sagen sollte: in kategorialer Hinsicht. Da begegnen wir zunächst **Undine Eberlein**. Sie führt uns zurück ins 19. Jahrhundert und zeigt uns, dass eine wesentliche Voraussetzung gelebter Neuheit das eminent romantische Ideal der Einzigartigkeit ist. Damit schließt sie gut an den vorangehenden Befund von Rüdiger Zill an, dass das Neue in dieser Epoche vor allem eine Sache des Genies ist. Ohne die Subsumtion unter diese Kategorie der Einzigartigkeit, ja ohne den Schmuck möglichst hoher Individualität erscheint uns das Neue merkwürdig unaufregend, ja fremd. Durch die Verinnerlichung dieses romantischen Ideals wird das Neue jedoch plötzlich dringend, gar notwendig und zwingt uns zu einer permanenten Überbietung des bereits Gehabten. Undine Eberlein unterscheidet zwischen zwei Phasen dieses Ideals, nämlich zunächst der Selbstfindungs-, gefolgt von der Selbst*er*findungs- oder Selbstproduktionsphase. Jene letzte Form ist auch heute noch in der Erfindung von Lebensstilen und -modellen enorm populär. Diese Bewegungen stehen inzwischen jedoch stark unter der Kontrolle profitorientierter Märkte, so dass sich die Frage stellt, ob die Suche nach neuer Individualität überhaupt noch als Eigensinn der betreffenden Individuen verstanden werden kann. Der Ausdruck ‚Eigensinn' meint hier die Fiktion radikaler individueller Eigenheit und Einzigartigkeit als Grundlage von Handlungsorientierung. Die Möglichkeit der Entfaltung eines solchen Eigensinns bindet die Autorin an die irreduzible Leiblichkeit menschlicher Existenz. Undine Eberlein führt uns kurz durch die Entwicklung des Begriffs der Leiblichkeit von der Romantik des 19. Jahrhunderts bis in die Gegenwart und geht unter den Zeitgenossen insbesondere auf Hermann Schmitz und den bei ihm sehr zentralen Leibbegriff, sowie auf die Habitualisierung der eigenen Leiberfahrung bei Pierre Bourdieu ein. Der solcherart bestimmte Begriff der Neuheit wird in diesem Kontext zu einer psychosozial-leiblichen Erfahrung der eigenen Person als etwas Neuem. Gleichwohl entspringt ein solches Neues kaum aus dem Nichts; es muss durch leibliche Übung internalisiert und in die bestehende Existenz ‚eingebaut' werden. Damit springt das Neue jedoch in die Sphäre sozialer Vermittlung über, und somit auch in seine industrielle Verwertung. Merkwürdig daran ist, dass die damit notwendig verbundene, serielle Verwertung und Reproduktion des Neuen gerade notwendig ist, um es aus dem Stadium des Ephemeren und damit Unbedeutenden in die soziale Akzeptanz und den Status des Erkennbaren zu erheben. In diesem bereits von Kierkegaard betonten Dilemma bewegt sich heute das Streben nach dem Neuen.

Es folgt der Beitrag von **Helmut Fallschessel** zum Begriff und Phänomen der Freiheit als einer notwendigen Bedingung der Möglichkeit neuer Erfahrung. Er expliziert die Freiheit genauer als die Möglichkeit zu einer Handlungsqualität, die nicht aus den bekannten (‚alten') Regularitäten der Welt erklärbar ist.

Der Autor führt uns zunächst in eine Vielzahl von Phänomenen ein, die wir im einen oder anderen Sinne mit ‚Freiheit‘ assoziieren. Die weit gestreute Bedeutungsvielfalt der daraus folgenden Freiheitsbegriffe weist eine so starke, auch historisch bedingte Heterogenität auf, dass ein einheitlicher, definitionstauglicher Freiheitsbegriff gar nicht mehr möglich erscheint. Fallschessel schlägt deshalb vor, die Freiheit begrifflich als ein semantisches Feld mit Familienähnlichkeit der darin enthaltenen Bedeutungselemente zu behandeln. Wichtig ist ihm, den Freiheitsbegriff nicht rationalistisch auf die Affektkontrolle oder die Entscheidungsfreiheit zu verkürzen, wie dies in vielen Diskussionen der Fall ist. Gleichwohl ist der radikalste Aspekt der Frage nach der menschlichen Freiheit jene nach der Willens- bzw. Entscheidungsfreiheit, und das heißt jene nach der externen Determiniertheit menschlichen Handelns relativ zum bewussten und verantwortlichen Handlungsträger. Diesbezüglich stellt Fallschessel zunächst fest, dass die Frage des ontologischen Determinismus unentscheidbar und seine Behauptung damit weder wahr noch unwahr ist. Gleichwohl lässt sich sinnvoll über die Plausibilität dieser These nachdenken. Dies führt den Autor zu der weiteren These, dass es allein der subjektive Glaube an den ontologischen Determinismus ist, der unser Verständnis menschlicher Freiheit bedrohen kann. Stellt man diesen Glauben in Frage, weil er uns andernfalls offensichtlich einer unverzichtbaren Komponente unseres täglichen Lebensvollzuges berauben würde, so muss man allerdings immer noch anerkennen, dass der ontologische Determinismus der Fall sein *könnte*. Da die entsprechende Frage jedoch unentscheidbar ist, schlägt Fallschessel eine Position vor, die er als ‚agnostischen Kompatibilismus‘ bezeichnet: solange der ontologische Determinismus nicht erwiesenermaßen der Fall ist, kann das Individuum ohne Strafe des Selbstwiderspruchs davon ausgehen, entscheidungsfrei zu sein. Dies hindert Fallschessel freilich nicht daran, der grundsätzlichen Frage nachzugehen, ob eine naturalistische Erklärung des sog. ‚freien Willens‘ überhaupt möglich ist.

In der Exploration dieser Frage entfaltet er seinen eigenen Ansatz: Er bejaht die Möglichkeit der Handlungsrationalität und in der Folge davon auch die Entscheidungsfreiheit eines Menschen, sofern dieser

Mensch kognitiv und emotional durchschnittlich entwickelt und psychosozial in einer menschlichen Gemeinschaft integriert ist. Freiheit wird damit zu einem Wechselwirkungszusammenhang im Funktionsdreieck neurobiologischer, psychischer und soziokultureller Faktoren, d.h. zu einem Phänomen, das die Grenzen des Individuums weit überschreitet. Freiheit ist von habitueller Praxis nicht zu trennen und deshalb auch nur als ein Konstrukt gesellschaftlicher und kulturell tradierter Praxis zu verstehen.

An dritter Stelle dieses Abschnitts zu den Kategorien des Neuen nimmt schließlich **Dieter Mersch** zum Neuen als einer von Grund auf aporetischen Denk- und Handlungsfigur Stellung. Die Widersprüchlichkeit des Neuen ergibt sich unmittelbar, wenn man nach dem Ursprung des Neuen fragt: Ist diese Frage einfach zu beantworten, so ist schwer einzusehen, was an einem solchen Spross neu sein sollte, statt nur einfach Frucht einer Entwicklung; kann man die Frage nach dem Ursprung dagegen nicht beantworten, wird es noch wundersamer, weil man dann gar eine *creatio ex nihilo* behaupten müsste, was heutzutage nicht mehr sehr plausibel klingt. Um dieser Sackgasse zu entgehen, muss der Diskurs über das Neue eine besondere Struktur aufweisen, die notwendig ein anfängliches Nichtverstehen der Diskursteilnehmer in Kauf nimmt. Eine solche Auseinandersetzung gleicht, in Merschs Worten, »einer Passage, deren Weg weder vorgezeichnet ist noch genau beschrieben werden kann, deren Durchgang allenfalls [...] *vollziehbar* ist.« Seit der Aufklärung ist die Geschichte der Theorie des Schöpferischen eine der Rivalität zwischen imaginativer Potenz und Wahrheitstauglichkeit. Kant ist einer der ersten Denker der Neuzeit, der eine umfassende Theorie des Schöpferischen vorlegte, wobei das von ihm postulierte Primat der Sinneswahrnehmung (gegen die beliebige Einbildung) von der Romantik allerdings bald verworfen wurde. Doch obwohl das Neue als Kern eines genuinen Schöpfungsaktes durch diese Denkbewegung eine schwärmerische Anerkennung erlangte, war die Erklärung nicht von Bestand. Erst die Sprachphilosophie, dann die Semiotik und schließlich die Dekonstruktion des geistigen Schöpfungsprozesses, die aus der *creatio* eine *transformatio* des bereits Geschaffenen, also nur ein Umschaffen machen, werfen die alte Aporie, gleichsam unbewusst, wieder auf. Auch die Luhmannsche Systemtheorie vermag hieran, trotz neuem Vokabular, nichts zu ändern. Hier setzt Mersch mit einer Umkehrung des Problemkerns an: das Paradoxon des Neuen ist notwendig, weil es eine der »Bedingungen der Möglichkeit von ‚Alterität' im Sinne einer ‚Ereignung von Andersheit'« ist. Die zunächst unerklärbare Andersheit des Neuen verwandelt sich aus der Perspektive dieses Ansatzes vom logischen Stolperstein des Paradoxen zur unverzichtbaren Voraussetzung des jeweils Neuen. Das Paradoxe fasst Mersch dabei im weitesten Sinne als die Menge aller ‚blinden Flecken' in unseren signifikativen bzw. medialen Ordnungen kultureller Praxis auf. Das damit einhergehende Ereignis der Alteration nennt Mersch ‚Ver-Anderung', d.h. die Verwandlung von Etwas in ein zunächst noch unbestimmtes oder gar widersprüchliches Anderes.

Der nächste Abschnitt dieses Buches widmet sich dem Neuen als einem geschichtlichen Phänomen, d.h. als einem bestimmenden Moment abendländischer Geschichte. Hierzu nimmt **Peter Bexte** in seinem Aufsatz über die Schwierigkeiten mit dem Neuen in der frühen Neuzeit Stellung. Die europäischen Gesellschaften um 1500 empfanden keinen Gegensatz zwischen Neu und Alt. Beide sind in dieser Zeit keine Kontrahenten, sondern stehen komplementär zueinander als Prophezeiung und Erfüllung. Der Autor führt uns dieses Zusammenspiel an einem sehr berühmten Ereignis vor Augen, nämlich an der Entdeckung Amerikas, die als solche erst nach 1500 von Columbus überhaupt als Neuentdeckung geahnt und im Jahre 1505 durch Amerigo Vespucci als solche bestätigt wurde. Nicht idealistische Neugier nach Unbekanntem war für dieses Unternehmen maßgebend, sondern persönlicher Ehrgeiz und Gewinnsucht der Beteiligten. Um der Einstellung zum Neuen als eine Relation von Alt und Neu genauer auf den Grund zu gehen, führt uns der Autor vor das Frontispiz der *Instauratio Magna* von Francis Bacon von 1620. Abbildungen dieses Typs wurden zu dieser Zeit keineswegs beliebig gewählt, sondern codieren viele wichtige und unausgesprochene weltanschauliche Details ihrer Epoche, eingebettet in ein eher unauffälliges Bildmotiv. Hier fahren einige Schiffe auf einem Meer, seltsamerweise zwischen zwei Säulen hindurch. Die Ikonographie solcher Darstellungen ist zwar im Zuge langjähriger Forschung schon weitgehend entschlüsselt (es handelt sich bei den Säulen offenbar um die ‚Säulen des Herkules', als die man im Altertum die Felsen von Gibraltar bezeichnete), doch bis heute verbergen sich immer noch Rätsel in der offensichtlichen Absichtlichkeit mancher Nuancen. Beispielsweise sagt es sehr viel über das Verhältnis zur ‚Neuen Welt', ob die Schiffe von dort – womöglich reich beladen – bereits zurückkehren, oder ob sie erst dahin aufbrechen und der Erfolg des Unternehmens noch ungewiss ist.

Eine andere, nicht christliche Wurzel der Vorstellung vom Neuen verbirgt sich hinter einem weiteren von Bexte analysierten Bild, einer auf Aristoteles zurückgehenden Darstellung einer Bärin, die den Klumpen ihres Neugeboreren zu lebendiger Gestalt leckt (eine Tizian-Imprese aus dem frühen 16. Jahrhundert). Die Kunst wird hier zum Paradigma der Schaffung von Neuem. Sie schöpft jedoch keineswegs aus dem Nichts. Vielmehr kultiviert sie, gibt Schönheit dem, was sonst zwar auch ‚da' ist, aber zu missraten droht. Der Bärkind-Klumpen symbolisiert damit den ontologischen Schwebezustand des neuen Werdenden: nicht mehr Nichts, und doch noch kein Geformtes.

Damit kommen wir zu einem weiteren, historisch keineswegs neuen Anspruch auf Neuheit, und zwar jenen wichtigen, der sich hinter dem Namen des Fortschritts verbirgt. **Matthias Kroß** geht in seinem Beitrag der Frage nach, inwiefern der Fortschritt, in dessen Zeichen wir seit dem Anbruch der Neuzeit ausdrücklich leben, ein nicht so freiwilliger ist, wie wir uns gerne glauben machen möchten. Bereits am Anfang unserer Zeitrechnung, im frühen Christentum, ist die Idee des Fortschreitens von einem Zwang zum Aufsuchen neuer Seinsgefilde, vornehmlich vom Zwang zum Streben nach Erlösung infiziert. Dies rechtfertigte schon bald die Auffassung, dass man Menschen auch gegen ihren partikularen Willen zum vorgeblich Guten zwingen dürfte. Dem aufdringlichen Telos einer solchen ‚ziehenden' Einstellung zum Mitmenschen stellt Kroß antithetisch ein Unterwegs-Sein gegenüber, das sich schlicht auf die Verbesserung der jeweiligen Lebensumstände hin orientiert, ohne sich der Ziele entsprechender Maßnahmen dabei voreilig zu gewiss zu sein.

Vor diesem ideengeschichtlichen Bezug auf einen historisch gewalttätig-dominanten Fortschrittsbegriff stellt Matthias Kroß die im 20. Jahrhundert ins Werk gesetzte Utopie des ‚realen Sozialismus' als vorläufigen Höhepunkt und als denkbar groben Ausdruck eines ‚traktiven' Fortschrittsbegriffs dar: Der Mensch wird hier buchstäblich unter größter ideologischer und industrieller Kraftanwendung aus seiner bisherigen Kleinbürgerlichkeit herausgezogen. Dies geschieht auch unter Einsatz geeigneter Maschinen, zum Beispiel des DDR-Traktors *Fortschritt ZT 300* in der Landwirtschaft. Wie kein anderes Gerät ist dieser Traktor ein Ding gewordenes Paradigma der Verschmelzung von ideologischem und technischem Fortziehen. Er überwindet alle Widerstände – so meinten jedenfalls seine real-sozialistischen Enthusiasten. Tatsächlich leidet ein solcher Fortschrittsbegriff daran, dass das angestrebte Neue die erzwungene Folge einer existenziell tiefen, vorangehenden Unzufriedenheit ist. Diese *miseria* hat in der europäischen Kulturgeschichte tiefe Wurzeln. Deshalb musste schon der mittelalterliche Mensch letztlich von seinem Glauben an die angebliche Perfektion göttlicher Schöpfung seufzend ablassen um kollektiv zu neuen Ufern aufzubrechen. Fortschritt war seitdem und ist bis heute die *conditio* aller Wissenschaft schlechthin und steht nicht etwa erst nachträglich für deren Resultate.

Die neue Rationalität eines solchen Fortschrittsbegriffs führte historisch zu dem, was wir seitdem Aufklärung nennen, d.h. einem Ideal menschlich-vernünftiger Selbstbestimmung einerseits und der moralischen Veredelung des Menschen andererseits. Kant, der diesen Typus des Aufklärers am reinsten verkörpert, versuchte den Fortschritt, so Kroß, zur Chance auf moralische Besserung umzudeuten: Wenn der Mensch schon vernunftbegabt ist, dann soll er sich, bitte schön, auch um seine moralische Läuterung bemühen. Doch kommt auch dieser prototypische Aufklärer nicht ohne einen teleologischen Geschichtsbegriff aus, sofern der Fortschritt, nunmehr zum gesellschaftlichen Entwicklungsimperativ erhoben, überhaupt stattfinden soll. Moralischer Fortschritt wird damit zum *Gattungsziel*. Leider lässt sich aus der Vernunft allein ein solcher Fortschritt jedoch nicht notwendig schließen. Im Gegenteil, die Aufklärung gerät, wie Adorno und

Horkheimer in ihrer *Dialektik der Aufklärung* diagnostizieren, sogar in das Dilemma, selbst das zu verraten und zu zerstören, was sie auf ihre Fahnen geschrieben hat: Vernunft und Fortschritt werden womöglich selbst zum Mythos und zerstören damit die Idee der Aufklärung. Dies zu verhindern wäre nach Adorno und Horkheimer das Programm einer Metaaufklärung, d.h. einer Reflexion und ständigen Korrektur des Aufklärungsbegriffs selbst.

Es reicht nicht, meint Kroß, das ‚krumme Holz der menschlichen Natur' in einer fortgesetzten Fortschrittsanstrengung einfach gerade zu biegen: Wir müssen nicht nur das Ziel eines solchen moralischen Zwangsfortschritts, sondern auch die ganze Vorstellung einer solchen, sich fraglos gebenden Perfektionierung einer grundlegenden Revision unterwerfen. Das Programm einer solchen Revision bezeichnet Kroß als ‚Zweite Aufklärung', zu verstehen als Aufklärung ‚zweiter Ordnung'. Vor allem die Gefahren simpler Linearität des einfachen Fortschrittsbegriffs machen diese notwendig. Fortschrittslinearität setzt nämlich die Gewissheit über das Entwicklungsziel voraus, wodurch jede fortschrittliche Einzelbewegung zur Erfüllung des unbedingten Endziels gerinnt. Davon gilt es vorsichtigen Abstand zu nehmen. Wer diese moderne Form von Eschatologie aufbricht, setzt sich allerdings existenziellen Ungewissheiten aus. Darin liegt das eigentliche Abenteuer dieses Unternehmens.

Ein kritischer Analytiker des Neuen ist auch Friedrich Nietzsche gewesen. Er wird im anschließenden Beitrag von **Wolfert von Rahden** bezüglich seiner Einstellung zum noch nicht Dagewesenen in den menschlichen Kulturen befragt. Denn dies ist für Nietzsche das Neue schlechthin. Es zeigt sich, dass eine solche Frage direkt auf Nietzsches sehr prominenten und teilweise berüchtigten Ausdruck des Übermenschen Bezug nimmt. Der nietzscheanische Übermensch ist insofern das paradigmatisch Neue, als eine nach-monotheistisch geordnete Welt notwendig nach einem solchen Menschentypus verlangt. Nietzsches Übermensch ist kein sozialistischer Revolutionär, keine überlegene biologische Mutation, er ist aber auch kein radikaler Aufklärer und schon gar nicht die notwendige Erfüllung der Geschichte à la Hegel: Er ist schlicht die permanente Kritik des Alten.

Nietzsche zufolge sind es die ‚großen' Menschen, die das Alte zum Neuen umschaffen. In besonders chaotischen Situationen, wenn z.B. der einzige einer Kultur noch verbliebene Gott plötzlich als nicht-existent erkannt wird, bedarf es allerdings nicht nur eines ‚großen' Menschen, sondern eines regelrechten Übermenschen. Diesen denkt Nietzsche jedoch konsequent als Individuum, d.h. nicht als Kollektiv, auch nicht als Nation, und schon gar nicht als Rasse. Gleichwohl bedarf es in solchen Ausnahmesituationen nicht nur eines, sondern vieler Übermenschen, auch wenn Nietzsche selbst wohl eher unsicher war, ob es auch nur einem Menschen jemals gelingen könnte.

Mit dem Sturz Gottes stürzt auch der Mensch. Seine metaphysische Orientierung, seine moralische Fundierung und vor allem seine Hoffnung auf letzte Gerechtigkeit lösen sich über dieses Novum ebenfalls in Nichts auf. Der ‚alte' Mensch steht damit vor einer überdimensionalen Aufgabe. Er muss Sinn und Regel seiner Existenz aus sich selbst heraus neu erschaffen, wenn er nicht in der geistigen Wüste des Nihilismus verenden will. Bei Nietzsche bleibt der Begriff des Übermenschen jedoch schemenhaft, ähnelt eher einer Skizze als konkreter Utopie. Und vor ihm hatten sich bereits Herder und Goethe dieses Wortes als Bezeichnung gewisser besonderer Menschen bedient, und zwar sowohl im negativen, als auch im neutralen und positiven Sinne. Während eine Figur wie Jesus bei Herder im Sinne eines Vorbilds als positiv-übermenschlich charakterisiert wird, verurteilt er jede Form von Arroganz und Anmaßung, wenn sie im Gewande angeblicher Übermenschlichkeit daherkommt.

Doch Nietzsche geht anders vor als die ‚großen' Menschen unmittelbar vor ihm. Wolfert von Rahden entschlüsselt die Metaphern, die dieser Dichter-Theoretiker des übermenschlich Neuen verwendet, um zu erklären, was nach seiner Ansicht auf uns als die wahrhaft Gottlosen zukommt. Dabei zeigt sich, dass der nietzscheanische Übermensch nicht das Gegenstück zum ‚Untermenschen' ist, was immer man sich unter Letzterem auch vorstellen mag. Der Übermensch hat gar keinen Gegenspieler, gegen den er sich durchsetzen muss. Er ist vielmehr eine Übergangserscheinung zu etwas gänzlich Neuem, noch Unbekanntem. In seinem Gespür für dieses Kommende, das sich für

Nietzsche durchaus unheilvoll gebärdete und tatsächlich im Verlauf des 20. Jahrhunderts gleich als mehrfacher, *in summa* kaum zu übertreffender Katastrophenfall schließlich auch eintraf, zeichnet Wolfert von Rahden die neuerliche Aktualität Nietzsches in einer seiner provokantesten Wendungen und Wortschöpfungen nach.

Der nächste Abschnitt des Buches wendet sich der Frage zu, wie sich das Neue in der Kunst äußert. Dort erfahren wir zunächst von **Steven Reich** einige Details zur Genese des rhythmisch Neuen in der improvisierten Jazz-Musik. Im Unterschied zur notierten europäisch-klassischen Musik artikulieren sich Jazz-Musiker häufig durch minimale rhythmische Verschiebungen ihres Vortrages, die gänzlich aus der aktuell-körperlichen *Performance* heraus erzeugt werden. Diese Verschiebungen heißen *Microtiming* und sind bis heute kaum systematisch erforscht worden. Reich zeigt nicht nur, wie das Microtiming im technisch-analytischen Sinne zu verstehen ist, sondern schlägt von hier aus eine wichtige Brücke zur musikalischen Semantik. Seit der Begründung der akademischen Musikwissenschaft durch Eduard Hanslick ist viel über die Bedeutung von Musik nachgedacht worden; Steven Reich vertritt hier eine eher phänomenologisch gestimmte, in der Terminologie von Schmitz ‚ganzheitlich binnendiffuse' Auffassung von Musik, wenn er dem *Microtiming* im modernen Jazz eine herausragende Rolle zur Bedeutungshaftigkeit von Musik zuerkennt. Diese von ihm im Anschluss an die neuere Medientheorie als ‚parasemantisch' bezeichnete Potenz des improvisierten Jazz trägt stark zum persönlichen Ausdrucksprofil des jeweiligen Musikers bei und kann deshalb kaum durch synthetische Klangerzeuger imitiert werden. Eine solchermaßen individualisierte Kunstform gerät allerdings insofern in Schwierigkeiten, als sie dem modernen Bedürfnis nach medialer Massenhaftigkeit und kollektiver, gegenseitiger Selbstbestätigung nicht nachkommt, sich ihr vielmehr geradewegs verweigert. Der Grund hierfür liegt unter anderem in den historischen Wurzeln des Jazz. Er entstand als künstlerischer Leidensausdruck nach Amerika verschleppter, farbiger Sklaven und Landarbeiter, die mit dem Blues nicht nur ihre eigene musikalische Gattung schufen, sondern auch ganz allgemein ein spezifisches und bis dahin unbekanntes Einfühlen in den körperlich-spontanen Ausdruck kultivierten, der primär auf das Individuum abzielt und jeglicher Vermassung gegenüber fremd ist. Vor diesem Hintergrund ist das musikalisch Neue des Jazz dasjenige an ihm, was die Individualität des Darstellenden ständig neu produziert und ihm selbst und dem Publikum immer wieder aufs Neue spürbar macht. Daran hat das Microtiming wesentlichen Anteil.

Im anschließenden Beiträg entführen uns **Sabine Nessel** und **Winfried Pauleit** in die zunehmend digital aufbereitete Welt des Kinofilms. Die Autoren stellen zunächst mit einem gewissen Erstaunen fest, dass heute weder neuentdeckte Schauspieler noch inhaltliche Sujets die Kinofans erregen, sondern der eher dürr anmutende Umstand, dass sich digitale Effekte nicht mehr von ihren analogen Vorgängern unterscheiden lassen, ohne dabei jedoch ästhetisch Neues zu versprechen. Um der dahinter stehenden strukturellen Veränderung der Vorstellung von Kino näher zu kommen, führen uns die Autoren zunächst in zwei der bislang herrschenden Theorien des Kinofilms ein. Diese sind allerdings älter als die relativ neuen digitalen Effektmöglichkeiten, die erstmals mit dem Film *Terminator II* ein breiteres Publikum erreichten: hier tritt die zu erzählende Geschichte in Anbetracht des technisch Neuen bereits in den Hintergrund, stattdessen werden Attraktionen zur Schau gestellt, und die neue Technologie wird mit Stolz präsentiert. Sehr schön wird die Hinwendung zum Digitalen an dem Film *E.T. The Extra-Terrestrial* sichtbar, weil der zugrunde liegende Stoff im Abstand von genau 20 Jahren vom selben Regisseur (Steven Spielberg) gleich zweimal verfilmt wurde, einmal vor der digitalen Wende und einmal direkt danach. Der Befund von Nessel und Pauleit im Vergleich beider Versionen ist, dass die technische Perfektion des digitalen Effekts ehemals offene Vorstellungsräume durch nunmehr klar Bilder ausfüllt und damit praktisch beseitigt. Gleichzeitig wird durch die Entstehung digitaler Kunstbilder die Differenz zum Analogen überhaupt erst sichtbar und somit ein neuer Unterschied erschaffen, den es vorher gar nicht gab. Im Beispiel der *Legende vom Ozeanpianisten* wird dagegen die Begegnung der analogen und der digitalen Bildwelt selbst zum subtilen Gegenstand des Films.

Ein ähnlich ergiebiges Vergleichsbeispiel wie die doppelte Verfilmung von *E.T.* ist die ebenfalls zweifache Verfilmung von *King Kong* in seinem Angriff auf New York. Während die ursprüngliche Fassung aus dem Jahre 1933 noch das damalige Faszinosum des Flugzeugs in Szene setzte, ist es in der Neufassung aus dem Jahre 2005 die digitale Rekonstruktion von Manhattan, und zwar sowohl in seiner baulichen Gestalt als auch in seiner Farbigkeit. Darüber hinaus wird aber sogar noch der ‚Traum vom Fliegen', also die Attraktion des ursprünglichen Films, in dessen Remake digital neu inszeniert und die historische Wirklichkeit dieses Splitters eines vergangenen Zeitgeistes damit ausgelöscht. Der Film *Memento* von Christopher Nolan aus dem Jahre 2000 reflektiert dagegen wieder selbst die neue Bildlichkeit des Digitalen: Digital reproduzierte Bilder verlieren ihre Indexikalität und damit ihre eindeutige Referenz auf Vergangenheit.

Wie der sog. ‚Tonfilm' seinerzeit erst den ‚Stummfilm' als spezifische Differenz hervorbrachte, so setzt sich der digitale Film von seinem analogen Vorgänger ab. Dieser Unterschied äußert sich aber nicht nur technisch. Auch die kommerzielle Verwertung neuer Kinofilme legt ein viel stärkeres Gewicht auf ehemals nebensächliche Dinge wie Szenenfotos, Hintergrundinformationen und alternative Einstellungen, und deren Verwertung über das Leihmedium DVD hinaus auch auf Computerspiele lassen die Grenzen des ‚eigentlichen' Kinofilms verschwimmen und zu einem hybriden Medium mutieren.

Der anschließende Beitrag von **Michaela Ott** beschäftigt sich ebenfalls mit dem Medium des Films. Die Autorin fokussiert sich allerdings nicht auf die technisch bedingten Neuerungen dieses Mediums, sondern auf die ihn einhüllende historische Entwicklung, die den Film plötzlich zum adäquaten Ausdrucksmittel für die ihr eigenen, neuen Phänomene wählte. Das 20. Jahrhundert entpuppte sich nach der Erfahrung des 2. Weltkrieges und dem damit einhergehenden zivilisatorischen Zusammenbruch als eine gewissermaßen unerträgliche Epoche. Die affektive Penetranz dieser Unerträglichkeit lässt sich im Film besser darstellen als in anderen Medien. Das Unerträgliche ist dem Unfassbaren nahe; es ist uneindeutig, schwankend, zeitlich offen. Gilles Deleuze ist einer der prominenten Theoretiker dieses medientheoretischen Aspekts. In den neuen Mitteln des filmischen Ausdrucks sieht er die Hoffnung auf eine Unmittelbarkeit des Erlebens, die die Möglichkeit zu neuen Denkanstößen enthält. Die ersten Beispiele dieses neuen filmischen Erzähltyps entdeckt Michaela Ott in zwei Filmen des italienischen Regisseurs Rosselini aus den Jahren 1944 und 1948, wobei der erste in Italien, der zweite im bombenzerstörten Berlin gedreht wurde. Die Unerträglichkeit ihrer Zeit demonstrieren die Protagonisten beider Filme, wie auch jene in späteren französischen Filmen, durch die überfordert-passive Rolle, die sie ihrem eigenen Erleben gegenüber einzunehmen gezwungen sind.

In heutiger Zeit entstehen Filme in den aktuellen Krisengebieten, wie z.B. Afghanistan, Kurdistan und Djibouti, mit einer ähnlichen Prägung wie die europäischen Nachkriegsfilme. Sie unterscheiden sich von jenen aber deutlich, und zwar sowohl durch ihre geringere öffentliche Beachtung als auch durch die nochmals gesteigerte Unerträglichkeit ihrer Entstehungsbedingungen. Denn in diesen Weltregionen erntet der Regisseur, der das tatsächliche Leben der Menschen dort ins Bild setzt, kein künstlerisches Lob, sondern ist vielmehr öffentlicher Bedrohung ausgesetzt. Gleichzeitig und ungerechterweise verliert das Dargestellte einfach dadurch an Dringlichkeit, dass die filmische Sprache bereits bekannt ist und deshalb nicht mehr die ursprüngliche Kraft zum Aufrütteln des Publikums entfaltet.

Eine nochmals andere Form psychosozialer Unerträglichkeit wird durch die Darstellung von Deformationen bestimmter gesellschaftlicher Gruppen in der Gegenwart in Szene gesetzt, z.B. in Gestalt psychopathologischer Beziehungen. Hier sind es vor allem die gestörte Geschlechterrolle oder die destruktive sexuelle Entwicklung von Jugendlichen, die filmisch thematisiert werden. Dabei wird vor allem die ins Bewegtbild versetzte Räumlichkeit und Zeitlichkeit zum spezifischen Medium einer Grenzverwischung zwischen den Vorstellungen der Akteure und der filmischen Realität. Oder aber es steuert, wie in den Filmen aus Afghanistan, Kurdistan und Djibouti, die Fremdheit und Undurchschaubarkeit des Raumes am Ort der Handlung selbst sowohl den jeweiligen Protagonisten als auch die Zuschauer durch unerträgliches, weil ungebändigtes Terrain. All diesen Filmen ist das gemeinsam, was Deleuze als das ‚Kino des Sehenden' bezeichnete: die Blendung und Desorientierung des Publikums durch ein Aufbrechen gewohnter narrativer Zusammenhänge, was ein unmittelbares Sehen und Hören intendiert. Damit werden die Akteure zu Visionären, deren Erkenntnis ihrer Zeit und ihres Lebens bestenfalls eher einer Erleuchtung als einem Verstehen nahekommt.

Damit kommen wir zum letzten Abschnitt des Buches, der sich mit psychischen und sozialen Aspekten des Neuen befasst. **Angela Spahr** eröffnet ihn mit einem eminent aktuellen Thema, nämlich dem Neuen in Gestalt des Terrors. Die Etymologie des Wortes ‚Terror' (lt.: Schrecken) beschreibt nur unvollständig, um was es dabei heute geht. Habermas hat bereits auf die symbolische Struktur des Terrors hingewiesen, weil nicht irgendwelche Ziele zu ihrer Zerstörung ausgewählt werden, sondern regelmäßig solche, die den Gegner möglichst stark in seiner kollektiven Weltanschauung treffen und destabilisieren. Aber auch die ungreifbare Organisation der Herren des Terrors, ihre Institutionenferne, ist Teil des Terrors. Der Angriff kommt förmlich aus dem Nichts, kann folglich jederzeit und überall erfolgen und infiziert damit den Alltag der jeweiligen Zielgruppe mit Einschüchterung und Verzweiflung. Jean Baudrillard diagnostiziert noch ein darüber hinaus gehendes Phänomen. Zumindest im Falle des Angriffs auf die New Yorker Twin Towers offenbarte sich ihm eine ‚klammheimliche Freude' in weiten Kreisen der angegriffenen westlichen Gesellschaften, weil diese Kreise ihre eigenen Herrschaftsstrukturen als höchst anmaßend erleben und einen solchen Angriff folglich nicht auf sich selbst, sondern als einen Angriff auf einen kritikwürdigen Aspekt ihrer eigenen Gesellschaft interpretieren. Angela Spahr distanziert sich von der damit einhergehenden Mystifizierung des angeblich ‚absoluten Ereignisses', wie Baudrillard es beschreibt, weil dieser Philosoph das affektive Bedrohungsgefühl, das solchen Vorgängen auf dem Fuße folgt, eher noch irrational steigert, statt sich um dessen Verstehen zu bemühen.

Die Autorin skizziert ihrerseits die Reaktion der Sicherheitsverantwortlichen in den westlichen Demokratien, vor allem den USA und

Deutschland, und konstatiert eine Art hypnotischer Fixierung auf die ungreifbar drohende Terrorgefahr. Aus dieser Perspektive untersucht sie die Äußerungen von Jacques Derrida in einem Interview zu den Vorfällen des 11. September 2001. Derrida hinterfragt, inwiefern es sich dabei im eigentlichen Sinne um ein „Ereignis" handelte. Er betont, der Vorfall sei von den Medien und dem amerikanischen Staat erst im Nachhinein zu demjenigen Ereignis gemacht worden, als das es heute wie selbstverständlich in der westlichen Welt aufgefasst wird. Angela Spahr problematisiert Derridas Auffassung, weil sie in einem Ausgangspunkt derjenigen Baudrillards ähnelt, wenngleich die angebliche ‚Absolutheit' der Geschehnisse von Derrida eher als strukturell bedingte Unausweichlichkeit präsentiert wird.

Andererseits handelt Derrida durchaus besonnen, wenn er die Erschließung und Erklärung des zunächst unfassbar Neuen aus dem Vergangenen und Bekannten fordert, statt in affektgesteuerten Aktionismus zu verfallen. Die Autorin schließt damit an den Befund von Odo Marquard an, dass ein Kontrollverlust im Zeitalter umfassender ‚Machbarkeit' leicht zu Schicksalsgläubigkeit und Irrationalismus verkommt. Denn es ist doch gerade erst die Illusion jener unumschränkten Machbarkeit, die die Gefahr ihrer Enttäuschung heraufbeschwört. Nur das Anerkenntnis, dass unsere Welt notwendig Ungeplantes, Unkontrolliertes und Unbekanntes enthält, schützt uns vor andernfalls panischen Reaktionen, wenn diese unseren Alltag (zer)stören. In diesem Sinne sieht sich der heutige, in einer entzauberten Welt lebende, westliche Mensch der Forderung nach einem ganz neuartigen, eher ‚kleinen' Heldentum ausgesetzt: er muss ertragen, dass er nicht alles versteht, was geschieht, und akzeptieren, dass er weitgehend nicht zu planen vermag, wohin die Welt schon morgen galoppiert.

Einen ganz anderen, obwohl nicht minder wichtigen Aspekt des Neuen greift **Henry Staten** auf, wenn er – aus einer ganz anderen Sicht als Dieter Mersch zu Anfang dieses Bandes – die Bedingungen des Schöpferischen im Individuum untersucht. Der Autor wählt hierzu einen poststrukturalistischen Ausgangspunkt, und zwar die poststrukturalistische Behauptung des Subjektverlusts im strukturalen Geflecht einer Gesellschaft. Dieses berühmte Philosophem gerät jedoch in ein Dilemma, sobald es als Begründung einer Anklage wegen der Unterdrückung jenes angeblich bereits verlorenen Subjekt dienen soll. Denn was es gar nicht mehr gibt, kann auch nicht unterdrückt werden. Den daraus folgenden Widerspruch bezeichnet Henry Staten als die ‚poststrukturalistische Aporie'. Diese wurde vom Poststrukturalismus zwar selbst explizit thematisiert, insbesondere durch Lacan, der immer wieder auf den unversöhnlichen Antagonismus zwischen dem Subjekt und der symbolischen Ordnung zu sprechen kommt. Gleichzeitig postuliert Lacan, und ähnlich Volosinov, jedoch einen Subjektkern, d.h. die Existenz eines Ich vor aller sozialen Determination, das jedoch, da ihm noch keinerlei konkrete Bestimmung zukommen kann, selbst nur die Grenze sozialer Konstruktion bezeichnen kann. Ein solches Ich trifft implizit eine Grundannahme, ähnlich jener z.B. des cartesischen Koordinatensystems, dass ein solches System Koordinatenpunkte aufzunehmen vermag. Die Möglichkeit solcher ‚Punkte' im cartesischen Raum entspricht der Möglichkeit des absoluten Ichs im strukturalistischen Raum. Diese Möglichkeit begreift Lacan jedoch nicht als positive Möglichkeit des reinen Ich, sondern als Negativum, d.h. als dasjenige Subjekt, das auch dann noch übrigbleibt, wenn ihm keinerlei Bestimmung mehr zukommt.

Um in Anbetracht einer solchen Haltung nicht ins leere Theoretisieren zu verfallen, muss man nach der Wirksamkeit eines solchen abolut-leeren Subjekts innerhalb seiner gesellschaftlichen Wirklichkeit fragen. Diese verortet Henry Staten im reinen Handeln des Subjekts. Wenn man eine solche Behauptung am Beispiel der literarischen Autorenschaft untersucht, stellt sich zunächst die bereits von Roland Barthes gestellte Frage, ob der Autor nicht einfach nur ein ‚Umgruppierer' und ‚Neukombinierer' von jeweils bereits vorher Gegebenem ist, was den traditionellen Begriff originärer Autorenschaft überflüssig machen würde. Wenn man jedoch davon ausgeht, dass die *Form* das jeweils Entscheidende und Neue ist, was ein Autor im eigentlich schöpferischen Sinne hervorbringt, so lässt sich die Frage nach dem Ursprung seiner Schöpfung, sofern man nicht in alte humanistisch-romantische Ideale zurückfallen will, nur als die Frage nach dem objektiven Ursprung künstlerischer Form verstehen. Ein rein kombinatorisch basiertes Antwortmodell wirkt auf diese Frage nicht befriedigend und ist auch logisch nicht plausibel.

Henry Staten bemüht deshalb ein ganz anderes Denkmodell aus der biologischen Systemtheorie zum Entwurf einer gänzlich neuartigen Antwort auf die Frage nach dem Subjekt künstlerischer Schöpfung. Dieses Modell wurde kürzlich von Daniel C. Dennett skizziert und beschreibt Lebensräume als biologische Möglichkeitsräume. Die auf den ersten Blick kühn anmutende Analogie zum Poststrukturalismus erweist sich bei genauerem Hinschauen als sehr fruchtbar. Denn auch der Dennett'sche Entwurf geht von einem systemisch konstruierten Subjekt aus, das seine Fähigkeit als Kulminationspunkt – die Strukturalisten bezeichnen diesen entsprechend als ‚Netzknoten' – der Wirkungspotenzen seiner spezifischen Umgebung zur Realisierung bringt. Ein solchermaßen aufgefasstes Subjekt muss lediglich einige recht äußerliche Eigenschaften aufweisen, um zur Realisierung der Potenzen seines ‚Ortes' imstande zu sein: Es muss als Träger stabil genug sein, um an den Kräften seines Ort nicht zugrunde zu gehen, und muss über eine im Einzelfall sehr spezifische, innere Struktur verfügen, die es ihm erlaubt, diese Ortskräfte in entsprechend wirksame ‚eigene' Handlungen umwandeln zu können. Ferner dürfen keine zufälligen Hindernisse oder gar zerstörenden Umstände wie beispielsweise Krieg oder schwere Krankheit seine Lebensbahn kreuzen. Freilich folgt aus dem Gegebensein dieser Bedingungen noch keineswegs die Notwendigkeit des Eintritts bestimmter Folgen.

Sind diese Bedingungen erfüllt, kann es allerdings zu erstaunlichen Phänomen kommen. Als Beispiel hierfür wählt der Autor William Shakespeare. Wendet man das zuvor entworfene Erklärungsmodell auf diesen Dramatiker an, so ist es nicht mehr das Genie der historischen Person Shakespeares, sondern eher das Ergebnis einer quasi-berechenbaren oder zumindest logisch analysierbaren, systemischen Struktur, die aus dem Zusammentreffen verschiedenster Elemente, unter anderem der Person des historischen Shakespeare, die Produktion der bekannten dramatischen Werke erwachsen ließ. In dieser originellen theoretischen Begegnung von Lacan und Dennett, von Maturana und Derrida erkennt Staten einen möglichen Ausweg aus der postrukturalistischen Aporie, ohne in die alten metaphysischen Subjekt-Metaphern zurückzufallen, die vom Strukturalismus zu Recht kritisiert wurden.

Damit kommen wir zum letzten Beitrag dieses Bandes, nämlich jenem von mir selbst, **Wolfgang Sohst**. Ich gehe der seit der Romantik immer wieder neu gestellten Frage nach, unter welchen Bedingungen sich das Ich eines Menschen von ihm selbst reflektierend fortschreiben und somit in gewissem Umfange neu definieren lässt. Diese Frage lässt sich nur sinnvoll beantworten, wenn man den archimedischen Punkt einer jeden Ich-Konstruktion anzugeben vermag, weil die Ich-Fortschreibung sonst gänzlich der Beliebigkeit preisgegeben ist. Diesen zentralen Punkt der personalen Identität fasse ich im Anschluss an Charles Taylor und Kant als das sittliche Gewissen eines Menschen auf. Eine jegliche Ich-Fortschreibung muss deshalb, wenn sie irgend Sinn haben soll – und zwar in der doppelten Bedeutung von Sinn als ‚motiviert sein' einerseits und ‚orientiert' oder ‚zielgerichtet sein' andererseits – einer Stärkung der Selbstauffassung des betreffenden Menschen als eines *guten* Menschen dienen. Dabei ist es, wie Taylor nachweist, über die Jahrhunderte der abendländischen Kultur- und Sittengeschichte weniger wichtig, wie ein solchermaßen erstrebenswertes Gutes inhaltlich definiert wird. Dies ändert sich vielmehr von Epoche zu Epoche stark. Invariant scheint dagegen das Bedürfnis des gewöhnlichen Individuums zu sein, das jeweils eigene Leben als ein gutes aufzufassen. Traditionell formulierte sich das Paradigma des Guten durch das jeweilige Gottesbild einer Epoche. Schwieriger wird es heutzutage für diejenigen unter uns, die an keinen Gott mehr glauben und dennoch ihre Bindung an ein gutes Leben als Garanten eines gelingenden Lebens nicht aufgeben wollen.

Unter dieser Prämisse muss man konkreter nach den damit ebenfalls neuen Bedingungen der Möglichkeit einer Ich-Fortschreibung fragen. Einem solchen Unternehmen steht keineswegs die Einsicht entgegen, dass man in wesentlichen Aspekten und Zusammenhängen seines Lebens äußeren Determinanten unterliegt und deshalb nicht einfach ‚frei' zu handeln vermag. Der moderne Mensch versteht es, diese äußeren Bestimmungen als das Rollenrepertoire seines Lebens einzuordnen und kann dieses ohne weiteres von dem unterscheiden, was für ihn selbst seine so genannte ,Identität' ausmacht, also das, was beispielsweise über die Rollenwahl und -ausübung entscheidet, diese steuert und somit eine zentralere und weniger bewegliche Instanz seiner Gesamtperson ist. Diese Instanz ist es folglich auch, die eine Entscheidung über die moralischen Implikationen der eigenen Entwicklung treffen muss und damit jene Veränderungsrichtung vorgibt, die letztlich die Gesamtperson determiniert.

Da das Verhältnis von Rollenrepertoire und Identität einer Person jedoch kein konfliktfreies, sondern ein spannungsreiches ist, drängt sich hier dic Kantische Konzeption sowohl des vernünftigen als auch des pflichtgemäßen Lebens in den Diskurs über die Selbstfortschreibung der eigenen Person auf. Dessen Fundamentalbegriff des ,guten Willens' genügt allerdings aus verschiedenen Gründen nicht den Anforderungen an eine Richtungssteuerung der eigenen Entwicklung. Vielmehr mache ich die ,gute Einstellung' als dasjenige aus, was als unterste Instanz, unhintergehbare Keimschicht aller Werte und letzter Prüfstein jeglicher eigenen Entwicklungsperspektive ins Zentrum der Aufmerksamkeit rückt. In dem Umfange, wie sich dieses Kriterium positiv bestätigt, darf ein Mensch unserer Kultur (im weitesten Sinne dieses Ausdrucks) zu Recht seinen Mut zusammennehmen und das Neue an sich selbst als neues Ich zu realisieren suchen. —

Nach diesem Überblick über die im vorliegenden Band versammelten Beiträge zur Denk- und Erlebnisfigur des Neuen bleibt mir neben dem Wunsch, dass der Leser umfassenden Gewinn aus ihrer Lektüre schöpfen möge, nur noch der ausdrückliche Dank an alle hier zu Worte kommenden Autoren für die Mühe und das freundliche Entgegenkommen, mit dem sie ihren Teil zur Erforschung des Neuen, wie es sich uns als den Protagonisten unserer Zeit vielgestaltig aufdrängt, beigetragen haben. In diesem Sinne verabschiede ich mich mit der hintergründigen Hoffnung, dass der Beschäftigung mit dem Neuen hoffentlich schon bald ein weiterer Band in der hiermit aus der Taufe gehobenen *MoMo Berlin Philosophischen Schriftenreihe* folgen wird.

I.

Wie das Neue in die Welt kommt

Hermann Schmitz

Das Neue als Unruhe der Zeit

Von der Zeit schlechthin kann man nicht sprechen, ohne verschiedene Strukturen zu vermengen. Die einfachste ist zugleich die abstrakteste, nämlich die Zeit der Physik. Sie ist eine reine Lagezeit, d.h. eine Anordnung von Ereignissen — in beliebig weitem Sinn des Wortes — durch die Beziehung des Früheren zum Späteren oder Gleichzeitigen. In einer reinen Lagezeit[1] gibt es nichts Neues, keine Richtung und keine Prozesse. Das folgt daraus, dass die Anordnung ein komplexes Verhältnis ist, das keine Richtung auszeichnet, sondern gleich gut von zwei oder — wenn die Gleichzeitigkeit hinzugenommen wird — mehr als zwei Seiten abgelesen werden kann. Von dieser Art sind alle monotonen Funktionen, in denen die Funktionswerte mit den Argumenten ununterbrochen wachsen. Nur scheinbar hat dieses Wachsen eine Richtung. Ein Vergleich soll das verdeutlichen. Eine monotone Funktion ist z.B. die Potenz natürlicher Zahlen. Es läuft auf das Selbe hinaus, zu sagen, dass 2 die Quadratwurzel von 4 ist, oder zu sagen, dass 4 die quadratische Potenz von 2 ist. In dem komplexen Verhältnis der Potenzfunktion ist keine der beiden möglichen Richtungen vor der anderen ausgezeichnet. Das Entsprechende gilt für das Verhältnis des Früheren zum Späteren in einer reinen Lagezeit. Ganz anders ist ein Prozess beschaffen, in dem etwas Neues eintritt. Als Beispiel, das noch in frischer Erinnerung ist, wähle ich das fürchterliche Seebeben in Südasien, den Tsunami aus jüngster Zeit. Keineswegs läuft es auf das Selbe hinaus, ob auf fröhlich spielende Menschen und geschäftige Fischer vor prächtigen Hotelpalästen oder Mangrovebäumen usw. Leichen und Trümmer folgen, oder in umgekehrter Richtung auf solche Schreckensbilder fröhliche Menschen und geschäftige Fischer, die sich, anders als wir, immer nach hinten bewegen, ohne anzustoßen, und vom Satzende zum Satzanfang hin sprechen. Das Erste ist eine reale Katastrophe, das Zweite wäre ein

1 Zu meinem Begriff der Lagezeit siehe z.B. Schmitz [1990], S. 249 ff.

noch nie gesehenes Mirakel. Einen solchen durch Eintritt des Neuen gerichteten Prozess kann es in einer reinen Lagezeit nicht geben. Auch die irreführend so genannten irreversiblen Prozesse der Physik sind nur monotone Funktionen. Das Neue, und damit der Prozess, werden erst möglich, wenn die reine Lagezeit zu der modalen Lagezeit ergänzt wird, die uns in der Lebenserfahrung selbstverständlich ist. Die Ergänzung besteht darin, dass zu der Anordnung der Ereignisse die Einteilung in die drei Klassen der vergangenen, die nicht mehr sind, der gegenwärtigen, die sind, und der zukünftigen, die noch nicht sind, hinzugefügt wird. Das genügt aber noch nicht zum Prozess. Ich erinnere an Becketts Drama *Warten auf Godot* und die enttäuschte Naherwartung des Endgerichts im frühen Christentum. Das Zukünftige, das noch nicht ist, könnte auf sich warten lassen und unbestimmt lange ausbleiben. So verhält es sich nicht in unserer Lebenserfahrung, weil die modale Lagezeit abermals ergänzt oder überformt wird durch den Fluss der Zeit. Der Fluss der Zeit besteht darin, dass die Gesamtvergangenheit (die Masse alles Vergangenen als Ganzes, nicht als Menge) beständig wächst, die Gesamtzukunft (sogar dann, wenn sie unendlich sein sollte) beständig schrumpft und die Gesamtgegenwart beständig wechselt, indem sie sich in die Zukunft gleichsam hineinfrisst und dadurch jenes Wachsen und Schrumpfen bewirkt. Dieses Geschehen wiederfährt jedem Menschen unablässig, oft auch leid- oder lustvoll, wenn er z.B. den Zug oder einen Termin verpasst oder nur knapp erreicht, wenn er krank wird oder stirbt, wenn ihn etwas überrascht, wenn er einen Erfolg erzielt usw. Die Physik und die von ihr abhängige Naturwissenschaft reicht an diesen Fluss der Zeit aber nicht heran. Das zeigt sich daran, dass keine physikalische Theorie abzuleiten gestattet, dass das Jahr oder Jahrtausend, in dem ich dies schreibe, vor allen anderen Jahren bzw. Jahrtausenden der z.B. christlichen Zeitrechnung den allerdings nicht bleibenden Vorzug hat, die Gegenwart zu beherbergen.

Der Fluss der modalen Lagezeit hat die Folge, dass diese Zeit zu einem Prozess in sich selbst wird, da alle Prozesse in ihr verlaufen und erst durch sie als den Urprozess, der in die bloße Anordnung des Früheren, Späteren und Gleichzeitigen die für Prozesse bezeichnende

Richtung bringt, möglich werden. Diese paradoxe Verschlingung der Zeit in sich hat logisch bedenkliche Folgen. Eine davon wird sichtbar, wenn man nach dem Stand dieses Urprozesses fragt. Jeder Prozess hat einen Stand, den er, solange er läuft, jeweils erreicht. Was ist der Stand des Flusses der Zeit? Wann kommt die Gegenwart an? Die Antwort auf diese Frage ist auf zwei Weisen möglich. Entweder fällt sie in die reine Lagezeit zurück mit der nichtssagenden Tautologie, dass die Gegenwart z.B. den 1. Januar 2000 am 1. Januar 2000 erreicht usw. für jedes beliebige Datum; aber in einer reinen Lagezeit gibt es, wie gesagt, gar keine Prozesse, und die Auskunft ist daher belanglos. Oder man muss sagen: Die wechselnde Gegenwart kommt jetzt an, in der Gegenwart. Dann kann sie aber mit dieser nicht identisch sein, denn das wäre kein Prozess, bei sich selbst anzukommen. Andererseits kann die wechselnde Gegenwart von der, bei der sie ankommt, nicht verschieden sein, denn dann wäre sie nicht jetzt, nicht Gegenwart. In der Gegenwart (verstanden als Gesamtgegenwart) klafft also eine Ambivalenz, die sich mit den Begriffen der Identität und der Verschiedenheit nicht fassen lässt. Sie verschlimmert sich durch eine Antinomie, die die Möglichkeit der Erinnerung und der Erwartung zu vereiteln droht. Wir erinnern uns an vergangenes Geschehen. Geschehen ist nur als gegenwärtiges möglich. Der Dolch des Cassius konnte nicht in einen nicht mehr oder noch nicht seienden Körper hineinstoßen. Vergangenes kann aber nicht gegenwärtig sein, weil nichts sowohl sein als auch nicht mehr sein kann. Also können wir uns an kein vergangenes Geschehen erinnern. Wenn es bloß um das Geschehen ginge, könnte man sich dieser Schwierigkeit durch die tief liegende Einsicht entziehen, dass Vergangenheit und Gegenwart keine Attribute sind, d.h. nicht von Belang für die Identität dessen, dem sie zukommen.[2]

Aber die Unfähigkeit, zugleich vergangen und gegenwärtig zu sein, betrifft nicht nur das Geschehen als solches, sondern auch seine Gegenwärtigkeit, d.h. die Tatsache, dass es gegenwärtig stattfindet, die gleichfalls vergangen ist, und trotzdem kann man sich an das ver-

2 Den Beweis habe ich mehrfach geführt, zuletzt in Schmitz [2008], S. 52–55.

gangene Geschehen nur zusammen mit seiner vergangenen Gegenwart oder Gegenwärtigkeit erinnern, ohne die es zwar immer noch es selbst wäre, aber als Schatten seiner selbst. Das Entsprechende wie für Erinnerung gilt für Erwartung.

Diese Schwierigkeiten weisen darauf hin, dass der Fluss der Zeit seinen Ursprung in einer Störung hat, die nicht nur Sein und Nichtsein (als Nichtmehrsein und Nochnichtsein) betrifft, sondern auch Identität und Verschiedenheit. Diese Störung lässt sich nicht nur vermuten oder erschließen, sondern in der normalen Erfahrung direkt aufweisen. Es gibt viele Zustände gleitenden Dahinlebens, z.B. beim Dösen, in Benommenheit oder Versunkenheit (z.B. in Schwermut), aber auch bei routinierten Verrichtungen; mancher Autofahrer soll sein Fahrzeug ohne Besinnung auf sich und die Umgebung ein Stück weit geschickt bedienen und erst beim Anhalten an einer roten Ampel davon Notiz nehmen. In solchen Zuständen kann gleitende, unbestimmt erfüllte Dauer erlebt werden, aber ohne Identität und Verschiedenheit, ohne Sein und Nichtsein. Das Gleiten unbestimmter Dauer im Dahinleben wird zerrissen durch den Einbruch des Plötzlichen, ganz deutlich im heftigen Schreck (z.B. bei Weckung durch ein scharfes Geräusch), oder wenn man ausgleitet, wenn ein Windstoß kommt, wenn ein Schmerz schlagartig aufzuckt. Die zerrissene Dauer ist vorbei; sie fällt gleichsam zurück in das, was nicht mehr ist. Statt dessen exponiert der Einbruch des Plötzlichen die Gegenwart wie eine Spitze, die kein Ausweichen gestattet. In ihr verdichtet sich das Sein im Gegensatz zum Nichtmehrsein der zerrissenen Dauer und die Identität als die Gelegenheit, etwas als dieses ohne Spielraum für Verwechslung und Ausweichen zu finden, verschieden von dem, was vorbei ist. Diese Proto-Identität ist noch keine reflexive Beziehung von etwas zu sich selbst, aber die Grundlage dafür in der Weise, dass etwas es selbst sein kann. Wenn die gleitende Dauer des Dahinwährens nicht durch das Plötzliche unterbrochen würde, dann würde alles in einander verschwimmen und nichts sich als dieses, als es selbst, präsentieren können. Identität ist undefinierbar, weil sich jeder Definitionsversuch in einen Zirkel verstrickt.[3] Mit dem Sein und der Identität verschmilzt in dieser primitiven Gegenwart die Subjektivität, dass es um mich selbst – jeder denke an sich – geht; denn im Einbruch des Plötzlichen bin ich in Anspruch genommen, gleichsam in der Spitze der Gegenwart selbst exponiert. Diese Ur-Subjektivität in primitiver Gegenwart ist Voraussetzung der Möglichkeit personalen, identifizierenden Selbstbewusstseins vom Typ der Selbstzuschreibung, etwas für sich selbst zu halten. Wenn nämlich alles Selbstbewusstsein Selbstzuschreibung wäre, würde es sich in endloser Wiederholung totlaufen, ohne sein Ziel zu erreichen, weil für das Relat der Identifizierung immer schon bewusst sein müsste, dass es sich um mich selbst handelt, also das gesuchte Selbstbewusstsein schon vorausgesetzt wird; dieses ursprüngliche Wissen darf also keine Identifizierung enthalten, und das ist nur möglich, wenn Identität und Subjektivität zusammenfallen, nämlich in primitiver Gegenwart. Diese ist beim Einbruch des Plötzlichen ohne Besinnung, daher auch ohne Subsumtion als Fall von etwas, keine einzelne Sache, geschweige denn dreierlei.

Die Exposition der primitiven Gegenwart[4] im Dauer zerreißenden Einbruch des Plötzlichen, wodurch Sein, Identität und Subjektivität auf einen Schlag geweckt werden, ist das Urereignis des Neuen, indem etwas, ohne schon als Einzelnes erwartet zu werden, geschieht, sich ereignet, in Gegenwart ankommt und Sein, Identität und Subjektivität annimmt. Dieses Ereignis des Neuen kann als Gegenstück zur reinen Lagezeit der Physik aufgefasst werden, als reine Modalzeit, weil hier die Urform des Nochnichtseins, das aus dem Bevorstehen ins Sein ankommende Geschehen, mit dem Sein der exponierten Gegenwart und dem Nichtmehrsein der zerrissenen Dauer vereinigt ist, ohne Spur der lagezeitlichen Anordnung des Früheren, Späteren und Gleichzeitigen. Von diesem Quellpunkt aus entwickeln sich zwei Strukturen. Die eine ist die leibliche Dynamik und leibliche Kommunikation um die Achse des vitalen Antriebes, des Dialogs von Engung und Weitung, die als Spannung und Schwellung antagonistisch ver-

3 Schmitz [2003], S. 112
4 Zum Folgenden vgl. Schmitz [1999], S. 20–43.

schränkt sind. Diese Dynamik und Kommunikation, die am eigenen Leibe und in allen Kontakten, deren Grundlage sie ist[5], gespürt wird, überträgt aus der Enge des Leibes, der primitiven Gegenwart, die Identität in das Leben, das die Tiere, die Säuglinge und menschliche Personen in Routine oder Fassungslosigkeit führen, als Schutz vor Verwechslungen, noch ohne Einzelheit, d.h. ohne Fähigkeit, eine Anzahl um 1 zu vergrößern; darauf beruht alle flüssige Motorik, z.B. des Saugens, Kauens, Gehens, Balancierens, Springens, Sprechens, und jede spontan geschickte Reaktion. Mit der Engung, die der Enge des Leibes oder primitiven Gegenwart mehr oder weniger nahe kommt und damit die leibliche Dynamik dieser anschließt, und der elastisch auf die Engung reagierenden Weitung erhält die primitive Gegenwart zu ihrer zeitlichen Seite eine räumliche als Exposition, die ebenso Weite wie Dauer zerreißt und aus ihr hervortritt.

Die andere Struktur, die auf der primitiven Gegenwart aufbaut, ist ihre Entfaltung zur Welt als dem Feld der freien Einzelheit.[6] Einzeln ist, was eine Anzahl um 1 vermehrt oder – logisch äquivalent – Element einer endlichen Menge ist. Mengen sind immer Mengen der ..., also Umfänge von Gattungen (die nicht immer allgemein sind); einzeln kann daher nur sein, was Fall einer Gattung ist. Einzelheit ist die Verbindung der Identität, die, wie gesagt, der Einzelheit schon vorausgeht, mit der Bestimmtheit als Fall einer Gattung; durch die Bestimmtheit ist das Einzelne etwas als etwas, durch die Identität ist es selbst etwas mit eigenem Akzent in der Verkettung der Bestimmtheit. Die Bestimmtheit und die bestimmende Gattung sind Sachverhalte (dass etwas ist oder so und so ist oder nicht); Sachverhalte sind also das ursprünglich Einzelne, das vorliegen muss, damit irgend etwas einzeln sein kann. Das unentbehrliche Werkzeug zur Hervorhebung einzelner Sachverhalte aus der binnendiffusen Bedeutsamkeit von Situationen, und damit der Konstitution oder wenigstens Stabilisierung der Einzelheit, ist die satzförmige Rede. Tiere können nur mit Rufen und Schreien ganze Situationen heraufbeschwören, modifizieren und be-

5 Ebd., S. 133–157

6 Zum Folgenden vgl. Schmitz [2008], S. 31–48.

antworten; menschliche Personen können aus diesen in satzförmiger Rede einzelne Sachverhalte, einzelne Programme, einzelne Probleme herausholen und vernetzen, wodurch etwas als Fall von etwas bestimmt und dadurch einzeln sein kann. Mit der Konstitution der Einzelheit, zu der die primitive Gegenwart die Identität beisteuert, wird sie frei zur Entfaltung nach fünf Seiten und damit zur Weltform, d.h. zu einem alles Denkbare umfassenden Rahmen, der die Aussicht eröffnet, mit mehr oder weniger Erfolg Situationen in Konstellationen, d.h. Vernetzungen einzelner Faktoren, aufzulösen. In diesem Sinn ist die Welt das Feld der freigesetzten Einzelheit. Die räumliche Seite der primitiven Gegenwart ist der am eigenen Leib spürbare absolute Ort, der sich zu einem Ortsraum – einem System relativer, einander der Lage und dem Abstand nach gegenseitig bestimmender Orte – als räumlichem Rahmen der Vereinzelung weiterbildet; die zeitliche Seite der primitiven Gegenwart ist der absolute Augenblick des Dauer zerreißenden, plötzlichen Geschehens, der zu einem lagezeitlichen System früherer und späterer relativer Augenblicke als zeitlichem Rahmen der Vereinzelung nivelliert wird, wodurch eine Lagezeit entsteht. Aus Identität und Verschiedenheit geht die frei streubare Einzelheit hervor. Das Sein löst sich aus der primitiven Gegenwart, indem es zum Partner des Nichtseins wird; indem die Form der Einzelheit in dieses hineingetragen wird, werden Erinnerung, Erwartung, Phantasie, Zwecksetzung, Planung möglich. Die Entfaltung der Subjektivität lässt aus dem im bloßen affektiven Betroffensein nur erst identischen Bewussthaber ein einzelnes Subjekt werden, das sich durch Neutralisierung des Fremden einen Spielraum des Eigenen schafft, in Gestalt einer zuständlichen persönlichen Situation, die ihm Hülle und Partner ist, während es, wie gesagt, für die Möglichkeit personaler Selbstzuschreibung weiterhin der primitiven Gegenwart bedarf. Derselbe Weltstoff, der dem Tier, dem Säugling und der erwachsenen Person in Routine oder Fassungslosigkeit mit leiblicher Dynamik und leiblicher Kommunikation, mit Identität und Verschiedenheit, aber ohne Einzelheit widerfährt, nimmt dank der Fähigkeit satzförmiger Rede die Weltform frei streubarer Einzelheit an, ohne dass es je möglich wäre, alles Mannigfaltige in lauter Einzelnes aufzulösen.

Hiernach kann es den Anschein haben, als ob das überhaupt Erlebbare, das ich mangels eines Besseren ‚Weltstoff' nennen will, zwei deutlich getrennte Gesichter annehme oder in zwei Schichten existiere: einerseits als Leben in primitiver Gegenwart mit gleitender Dauer, reiner Modalzeit, leiblicher Dynamik und leiblicher Kommunikation, mit Identität und Verschiedenheit, aber ohne Einzelheit, andererseits als Weltstoff in der Weltform freigesetzter Einzelheit. So ist es nicht. In zwei Richtungen der Entfaltung der primitiven Gegenwart wird vielmehr die Durchlässigkeit oder Durchlöcherung der Membran zwischen beiden Schichten aufdringlich. Eine von diesen Richtungen ist die Subjektivität, weil die Person als Bewussthaber mit Fähigkeit zur Selbstzuschreibung für die Möglichkeit dieser Selbstzuschreibung auf die primitive Gegenwart angewiesen ist. Die andere Richtung ist die Zeit, die zur Weltform gehört. Ich habe auf die Ambivalenz bis zum logischen Widerspruch verwiesen, die sich aus der modalen Lagezeit mit Fluss der Zeit ergibt. Diese Ambivalenz ist Anzeichen und Ergebnis davon, dass die Entfaltung der primitiven Gegenwart nach der zeitlichen – im Gegensatz zur räumlichen – Seite verunglückt, sozusagen auf halber Strecke stecken geblieben ist. Grundlegend für den Fluss der modalen Lagezeit ist die Ankunft des Neuen, d.h. der beständige Wechsel von Nichtseiendem in Seiendes und von diesem wieder in Nichtseiendes, das nicht mehr ist. Gerade das ist aber die Struktur der reinen Modalzeit, die Ankunft des Neuen, das Dauer zerreißt und Gegenwart exponiert, im Sein. Der Fluss der modalen Lagezeit ist also die Spur der reinen Modalzeit in der zur Welt entfalteten Gegenwart mit lauter nivellierten, vergegenwärtigten Gegenwarten, die teils echte Gegenwart, teils vergangene oder künftige Gegenwart sind. Vergangenheit und Gegenwart, Nichtmehrsein und Sein, schließen sich aber aus, ebenso Sein und Nichtsein. Da kann etwas nicht stimmen. Wie können wir uns aus dieser Schlinge ziehen? Der einfachste Weg bestünde darin, die modale Lagezeit und ihren Fluss gegen das nicht annullierbare Zeugnis aufdringlicher Lebenserfahrung als trügenden Schein zu entwerten und aufzulösen. Das ist von alters her oft vorgeschlagen worden; noch vor einem Jahrhundert hat McTaggert großes Aufsehen mit seinem Versuch erregt, die Unwirklichkeit der Zeit zu erweisen. Das Opfer wäre aber unerträglich groß. Nur durch den Fluss der Zeit, so habe ich gezeigt, kann es gelingen, komplexe Verhältnisse so aufzuspalten, dass gerichtete Prozesse möglich werden; das Entsprechende gilt für gerichtete Beziehungen, die den richtungslosen Verhältnissen nur abgewonnen werden können, weil der Fluss der Zeit gestattet, von einem Glied des Verhältnisses zu einem anderen überzugehen. Ohne Fluss der Zeit wäre daher gar kein Denken in Beziehungen und daher kein diskursives Denken möglich; ein anderes ist uns Menschen aber unzugänglich. Außerdem wäre ohne Fluss der Zeit niemand in der Lage, dahin zu gelangen, wo er etwas weiß, das er noch nicht weiß, d.h. etwas zu lernen; kein Wissenschaftler könnte also hoffen, etwas aus der kritischen Prüfung, Bestätigung oder Verwerfung seiner Aufstellungen zu lernen, obwohl das Ethos der Wissenschaft auf der Bereitschaft zu solchem Lernen beruht. Für menschliches und namentlich für wissenschaftliches Denken ist der Fluss der Zeit also unentbehrlich.

Andererseits ist es auch nicht möglich, sich bei sinnvollem Sprechen mit einem Widerspruch abzufinden. Ein Satz, der einen Widerspruch impliziert, sagt überhaupt nichts, weil alles, was behauptet zu werden scheint, gleichsam in einem Atemzug wieder zurückgenommen wird, so dass kein aussagbarer Sachverhalt zu Stande kommt; es ist so gut, als hätte man gar nicht gesprochen, obwohl der Anschein des Gegenteils oft schwer zu durchschauen ist. Die logische Schwierigkeit, mit der Zumutung eines Widerspruchs umzugehen, taucht regelmäßig bei Ambivalenzen auf, die entstehen, wenn mehrere Sachen (in sehr weitem Sinn des Wortes) um Identität mit derselben Sache konkurrieren. Ein Musterbeispiel ist die Husserl'sche Puppe. Der Student Husserl erblickte in einem Wachsfigurenkabinett eine liebenswürdig lächelnde, freundlich winkende Dame, die sich nach näherem Besehen als Wachspuppe herausstellte; in der Zwischenzeit sah er einige Sekunden lang einen anschaulichen Zwitter, in dem sich die Identität mit einer Dame und die Identität mit einer Puppe verwirrend überlagerten. Dieses Erlebnis hat ihn sein Leben lang beschäftigt; später hat er es auf die Figur einer Dekorateurin im Schaufenster eines Kleidergeschäfts übertragen. Ein anderes Beispiel ist das Kapieren von Witzen, das nur gelingen kann, wenn man bei der Identifizierung verschiedener Sachverhalte zugleich verwirrt ist und klare Übersicht behält. Die formale Logik wird durch solche Ambivalenzen in der Gestalt der Antinomien bedroht, z.B. durch die Antinomie des Lügners, die in einfachster Form dem Satz anhaftet: ‚Was ist jetzt sage, ist nicht wahr.' Zur Heilung aller dieser Schwierigkeiten habe ich die Aussagenlogik um die Figur der iterierten Unentschiedenheit erweitert.[7] Man kann den gewöhnlichen Sinn einer Behauptung A vollständiger als gewöhnlich ausdrücken, indem man sagt: „Es ist entschieden (d.h., es steht der Sache nach eindeutig fest), dass A." Die Negation lautet: „Es ist unentschieden, ob A." Mit dieser einfachen Unentschiedenheit lässt sich die Antinomie von Russell heilen, bezüglich auf die Menge aller Mengen, die sich nicht selbst als Element enthalten. Einfache Unentschiedenheit genügt aber nicht, wenn begründete oder in anderer Weise unabweisbare Ansprüche auf Identität bei der Konkurrenz verschiedener Etwasse um Identität mit demselben Etwas zusammenprallen. Sie genügt auch nicht zur Auflösung der Antinomie des Lügners, die durch einfache Unentschiedenheit wiederhergestellt wird, sofern die Formulierung mit „... ist nicht wahr" statt mit „... ist falsch" versehen ist. In solchen Fällen muss man die Unentschiedenheit iterieren, d.h. von der Unentschiedenheit, ob .... übergehen zur Unentschiedenheit, ob unentschieden ist, ob ..., weiter zur Unentschiedenheit, ob unentschieden ist, ob unentschieden ist, ob ..., usw. Mit jeder Stufe der Iteration wird die Unentschiedenheit schwächer. Endlichfache Unentschiedenheit genügt dennoch nicht, weil ich bewiesen habe, dass die Unentschiedenheit auf irgend einer endlichen Stufe mit der Unentschiedenheit auf jeder anderen endlichen Stufe sowie mit der Entschiedenheit auf der Grundstufe unverträglich ist; durch solches Wegwischen wird man den konkurrierenden Ansprüchen in den relevanten Fällen, deren Schwierigkeit die der Russell'schen Antinomie übertrifft, aber nicht gerecht. Daher bleibt zur Vermeidung der Widersprüche nichts übrig, als die ins Unendliche fortschreitende Abschwächung der Unentschiedenheit auf endlicher Stufe noch einmal durch unendlichfache Unentschiedenheit

7 Zum Folgenden vgl. Schmitz [2008], S. 115–143.

zu überbieten. Dadurch wird der Spielraum für die Konkurrenz der Ansprüche auf Identität, also auch für das Neue als Unruhe der Zeit, ohne voreilige Abweisung von Ansprüchen offen gehalten, zugleich aber die Ableitung eines Widerspruchs verhindert. Diese müsste sich nämlich der fortgesetzten Widerlegung der Unentschiedenheit und schließlich der Entschiedenheit im rekursiven Abstieg von Stufe zu Stufe bedienen, und das ist bei unendlichfacher Unentschiedenheit nicht möglich, weil man vom Unendlichen nicht subtrahieren kann. Für die dargelegten Antinomien des Flusses der modalen Lagezeit bedeutet das: Die Gegenwart ist unendlichfach unentschieden, ob sie mit der wechselnden Gegenwart oder mit der Gegenwart, bei der diese jetzt ankommt, identisch ist; die vergangene bzw. künftige Gegenwart ist unendlichfach unentschieden, ob sie vergangen bzw. künftig ist.

Literatur:

Schmitz, Hermann [1990]: ‚Der unerschöpfliche Gegenstand', Bonn 1990

Schmitz, Hermann [1999]: ‚Der Spielraum der Gegenwart', Bonn 1999

Schmitz, Hermann [2008]: ‚Logische Untersuchungen', Freiburg i. Br. / München 2008

Rüdiger Zill

Metapher als Modell

Die Figur des Neuen in der Genese wissenschaftlicher und philosophischer Theorien

1. Einige Figuren des Neuen
1.1 Der Demiurg und der Schöpfer
1.2 Das Genie und der Sammler
1.3 Der Nachbildner und der Träumer
1.4 Heroische Dichter und Gewohnheitstiere
1.5 Der Avantgardist als Spieler und Philosoph
1.6 Der Migrant

2. Zum Begriff des Modells
2.1 Natürliche Modelle
2.2 Maßstabgetreue Modelle
2.3 Theoretische Modelle

3. Metapher als Modell
3.1. Zur Geschichte des Metaphernbegriffs
3.2 Max Blacks Interaktionstheorie rekonstruiert
3.3 Die Kreativität der Metapher
3.4 Die Metapher als Modell des Modells

4. Platons Analogie von Polis und Psyche
4.1 Das Seelenrosse-Gleichnis
4.2 Modellmethode *avant la lettre*
4.3 Das triadische Modell

5. Der Witz bei Freud

6. Kuhns Revolutionen

7. Migrantenkinder
7.1 Beispiel und Modell
7.2 Vom Emigranten zum Immigranten

1.

Einige Figuren des Neuen

Das Neue ist ein Kind des Alten. Kann es aber dann wirklich *Das Neue* sein? Sicher: Es gibt auch ein relativ Neues, das aus Korrekturen und kleinen Veränderungen am Alten entsteht, ein moderat modifiziertes Altes. Aber ist es das, was wir suchen? Ist nicht *Das Neue* von anderer Qualität, ein radikal Neues, das unerwartet, gleichsam aus dem Nirgendwo in unsere Welt tritt? Versteht man das Neue in diesem emphatischen Sinn, dann ist es etwas, das aus einem Riss heraus entstanden ist, dann liegt zwischen ihm und dem Alten mindestens ein epistemischer Bruch.

1.1 Der Demiurg und der Schöpfer

Die *ultima ratio* eines so verstandenen Neuen ist ein Neues ganz ohne Altes, die *creatio ex nihilo.* Sie verlangt auf Seiten der Produktion entweder einen Urknall, bei dem sich die Frage nach einer Ursache, einem Ursprung jenseits des Big Bangs per definitionem verbietet, oder einen Schöpfer, der außerhalb der Schöpfung steht. Die Figur des Schöpfers jedoch verschiebt das Problem bloß. Dieser Schöpfer muss in sich selbst die Figur des Neuen vollständig negieren, weil er eine Figur des Ewigen, des Immerwährenden und damit des Immer-Alten darstellt. Denn will man das Problem nicht einfach von der Schöpfung auf den Schöpfer verschieben (Wer oder was hat ihn erschaffen? Wann war er neu?) und damit perpetuieren (Wer hat den Schöpfer des Schöpfers erschaffen?), dann bleibt nur, ihn als seiend ohne Anfang zu begreifen – und dann kann man ebenso gut auch die Schöpfung selbst als etwas anfangslos Existierendes betrachten.

Die christliche Debatte um die Entstehung der Welt hat in der Regel mindestens den Schöpfer als seiend vorausgesetzt. Die Frage, um die es sich dann immer noch zu streiten lohnte, war, ob das Material seiner Schöpfung gleichfalls schon vor dem Akt bestand oder ob es mit dem Akt gleichursprünglich war: ob Gott also die Materie vorfand und sie nur neu arrangierte oder ob er Materie und Form in einem Akt erschuf. In dem einen Fall ist die Figur des Neuerers ein Demiurg, im anderen ein Schöpfer im starken Sinne, ein Kreator. Die Vorstellung des Demiurgen ist die ältere; sie wurde vom Christentum aus der Antike übernommen.[1] Doch schon im zweiten nachchristlichen Jahrhundert entwickelte der Gnostiker Basilides zum ersten Mal die Theorie einer *creatio ex nihilo*. In seinem Fall besteht sie in einer keimhaften Entwicklung, aus der sogar der Schöpfer selbst mit entspringt. Das aber drohte die Allmacht Gottes in Frage zu stellen, ein Problem, das Basilides auf durchaus paradoxe Art zu lösen versucht hat. So überliefert uns Hippolytos von Rom den Gedanken mit den Worten: »Basilides sagt, es gebe einen nichtseienden Gott, der aus Nichtseiendem eine nichtseiende Welt geschaffen habe; er habe einen nichtseienden Samen herabgeworfen gleich dem Samen der Senfstaude, der in sich den Stamm, die Blätter, die Zweige, die Frucht habe, oder gleich dem Pfauenei, das in sich die vielen verschiedenen Farben habe; das ist der Samen der Welt, aus dem alles entstanden ist. Er hat das All als nichtseiend und als vom nichtseienden Gott zum Dasein vorausbestimmt in sich.«[2] Die Patristik überzeugte diese Wendung allerdings nicht; daher beschränkten sich Autoren wie Irenäus von Lyon, Tatian oder Theophilos von Antiochien auf die *creatio ex nihilo* allein der Materie.

Wie immer man aber die Schöpfungsleistung Gottes auch verstand, eines hielt sich durch: sein Privileg der einzig genuine Schöpfer zu sein. Der Mensch hatte sich dieser Schöpfung weitestgehend einzufügen. Wenn der Mensch etwas produziert, ahmt er nur die Natur nach, und erschafft er etwas, das sie bisher noch nicht kennt – wie z.B. ein Haus –, so findet sich schon bei Aristoteles die Formulierung, dass er dieses Neue so herstellt, wie die Natur es getan hätte. Der Mensch vollendet lediglich den Naturprozess. Bis weit in die frühe Neuzeit hinein war eine echte Erfindung, eine nichtgöttliche Neuerung auf

1 Vgl. dazu insgesamt Zill [2003].
2 Hippolytus von Rom [1922], S. 274

Erden suspekt. »Das Gute ist *per definitionem* stabil und demnach unzugänglich für Neuerungen, die stets als *gefährlich* oder *verdächtig* dargestellt werden. Auf politischem Gebiet bedeutet Innovation fast dasselbe wie Aufruhr und Revolution.«[3]

Nur nach und nach ging die Schöpfungsrolle auch auf den Menschen über, zunächst in der Renaissance, wenn der Künstler in die Rolle eines *alter deus*, eines Rivalen Gottes auf Erden schlüpft. Aber erst im 18. Jahrhundert betrachtete man die Innovation entschieden positiv, so sehr, dass die Gewichtungen bald umschlugen und man jetzt das Fehlen von Neuerungen, die Stagnation, als verderblich empfand.

Nun stellt sich aber die alte Frage, ob der Schöpfer ein *Creator ex nihilo* oder ein bloß umgestaltender Demiurg sei, für den menschlichen Produzenten ganz so, wie sie sich zuvor für den göttlichen gestellt hat. Ist der Produzent des Neuen also ein genuiner Schöpfer, der etwas ohne Bezug zu einem vorgefundenen Alten erschaffen kann, oder vor allem ein Bastler, der sich mit der Reorganisation und der Umverteilung vorhandenen Materials begnügt? Das wird vor allem dann auch interessant, wenn es um die Produktion neuer Ideen geht.

1.2 Das Genie und der Sammler

Der Stellvertreter Gottes im Reich des schon Erschaffenen ist das Genie, eine Gestalt des Neuen, die im Reich der Kunst geboren wurde und einige Zeit brauchte, bevor sie auch in der Wissenschaft heimisch wurde. Noch Kant hat zum Beispiel das Genie ausdrücklich als jenes Talent bezeichnet, das dem Bereich der Kunst, nicht dem der Wissenschaft angehöre. »Genie ist die angeborne Gemütsanlage (ingenium), durch welche die Natur der Kunst die Regel gibt.«[4] Die Natur selbst ist es also, die durch den Künstler wirkt, ohne dass dieser angeben könnte, wie sie dies tut, ohne auch, dass er sein eigenes Tun willkürlich in seiner Gewalt hätte. Zudem ist das Wirken des Genies dadurch

3 Girard [2005], S. 202

4 Kant [1977], S. 241f. (KdU §46)

gekennzeichnet, dass es originell, das heißt nicht Nachahmung eines anderen ist, dass seine Produkte ihrerseits aber durchaus exemplarischen Charakter annehmen, dass sie »selbst nicht durch Nachahmung entsprungen, anderen doch dazu, d.i. zum Richtmaße oder Regel der Beurteilung dienen müssen.«[5] Darin unterscheide sich die Kunst gerade von der Wissenschaft, die ihr Neues durchaus durch Nachahmung erzeugen könne. Die Forschungsmethode eines Newton könne man erlernen, nicht aber die Dichtkunst eines Homer, denn Newton könne über sein Vorgehen im einzelnen Rechenschaft ablegen, Homer wisse aber selbst nicht, wie ihm gelingen konnte, was ihm gelungen ist.

> »Im Wissenschaftlichen also ist der größte Erfinder vom mühseligsten Nachahmer und Lehrlinge nur dem Grade nach, dagegen von dem, welchen die Natur für die schöne Kunst begabt hat, spezifisch unterschieden. Indes liegt hierin keine Herabsetzung jener großen Männer, denen das menschliche Geschlecht so viel zu verdanken hat, gegen die Günstlinge der Natur in Ansehung ihres Talents für die schöne Kunst. Eben darin, daß jener Talent zur immer fortschreitenden größeren Vollkommenheit der Erkenntnisse und alles Nutzens, der davon abhängig ist, imgleichen zur Belehrung anderer in eben denselben Kenntnissen gemacht ist, besteht ein großer Vorzug derselben vor denen, welche die Ehre verdienen, Genies zu heißen: weil für diese die Kunst irgendwo still steht, indem ihr eine Grenze gesetzt ist, über die sie nicht weiter gehen kann ...«[6]

Im Gegensatz zur Kunst, der genialen, aber isolierten Einzelleistung einiger von Natur aus Begnadeter, ist Wissenschaft ein kumulativer Prozess des methodischen Fleißes.

Aber obwohl diese Tätigkeit emsigen Sammelns Fortschritt generiert, so hat sie doch etwas unhistorisches. Hegel charakterisiert sie in seinen *Vorlesungen über die Geschichte der Philosophie* als »Juxtaposition«. Der Inhalt der Wissenschaften sei im wesentlichen geschichtslos in dem Sinne, das er nicht qualitativ, sondern nur quantitativ wachse,

5 Kant [1977], S. 244

6 Kant [1977], S. 244 (KdU § 47)

»das Neue, was entstanden ist, ist nicht eine Veränderung des früheren Gewinns, sondern ein Zusatz und Vermehrung desselben.« So bezeichnet er den Fortschritt der Wissenschaften dann – im Hinblick auf die Mathematik etwa – als »das erfreuliche Geschäft, Erweiterungen zu erzählen«[7] – auch hier also ein eher ungeniales Unterfangen.[8] Wenn er in den *Vorlesungen zur Ästhetik* allerdings doch darauf hinweist, dass der Ausdruck ‚Genie' ein ganz allgemeiner sei, »welcher nicht nur in betreff auf Künstler, sondern ebenso sehr von großen Feldherren und Königen als auch von den Heroen der Wissenschaft gebraucht wird«[9], so erscheint das zunächst als Widerspruch. Doch dieser Sinneswandel erweist sich als Schein, wenn man bedenkt, dass hier nicht der wissenschaftliche Fortschritt aufgewertet, sondern vielmehr das Genie abgewertet wird. Hegels Geniebegriff ist insgesamt sehr viel nüchterner geworden. Denn in der Ästhetik, dem einzigen Ort, an dem er ihn ausführlicher behandelt, ist selbst das künstlerische Genie ein vergleichsweise profan-prosaischer Arbeiter. In dieser künstlerischen Produktion geht das Genie zwar über Erfahrung, Gedächtnis, Talent und Materialbeherrschung hinaus, ist aber doch eng mit ihnen verbunden.[10] Und schon in seinem *Wastebook* von 1803–06 macht sich Hegel lustig über eine Erkenntnis, die nicht durch »lange, saure Mühe« erworben ist: »Gott gibt es dem Genie im Schlafe. Was er ihnen im Schlafe gibt, sind dafür auch nur Träume.«[11] Träume sind hier Schäume, nicht von solidem Bestand, ein Gedanke, der sich durchaus auch nach Hegel noch erhält. Genie sei zu einem Prozent Inspiration und zu 99 Prozent Transpiration, wird es dann später heißen.[12]

---

7 Hegel [1969ff.], Bd. 18, S. 27

8 Vgl. dazu Lefèvre [1999], S. 120–124. Lefèvre weist in seinem Artikel auch auf den Unterschied zwischen Hegels Vorstellung von Philosophiegeschichte und Wissenschaftsgeschichte hin. Die Bedeutung des biologischen Epigenesisbegriffs für Hegels Konzeption lässt sich durchaus als Modellübertragung im Sinne der hier von mir vorgeschlagenen Begrifflichkeit verstehen.

9 Hegel [1969ff.], Bd. 13, S. 363

10 Hegel [1969ff.], Bd. 13, S. 362ff.

11 Hegel [1969ff.], Bd. 2, S. 560

12 So Thomas Alva Edison 1932 in einem Interview in *Harper's Monthly*. Der

Kants und Hegels Charakterisierung der Wissenschaftsentwicklung als kumulativen Fortschrittsprozess schreibt allerdings nur eine Tradition fort, die die Aufklärung in Anlehnung an Bacons Programm formuliert hat und die noch die Wissenschaftsgeschichtsschreibung zu Beginn des 20. Jahrhunderts teilt. Das Schicksal dieser Auffassung ist bekannt. Seit einigen Jahrzehnten hat sich das Bild geändert. In dem vermeintlich kontinuierlich fortschreitenden Prozess hat man Sprünge, Brüche, Revolutionen entdeckt. Wenn der Fortgang der Wissenschaft aber nicht mehr aus dem stetigen Sammeln neuer Tatsachen oder aus gewissenhafter Anwendung deduktiver Logik zu erklären ist, sondern durch die scheinbar unvermittelte Entstehung neuer Theoriekomplexe, dann wird die Genese neuer Erkenntnisse in größerer Schärfe als bisher zum Problem. Der bekannteste und vielleicht einflussreichste Theoretiker des Bruchs war sicher Thomas Kuhn.[13] Bei ihm zeigen sich dann auch schon exemplarisch die Probleme des Neuen in einer Konzeption unvermittelten Theorienwandels.

1.3 Der Nachbildner und der Träumer

Eine der zentralen Unterscheidungen der Kuhn'schen Theorie ist die zwischen dem Erkenntnisgewinn der normalen Wissenschaft einerseits und revolutionären Entwicklungen, Paradigmenwechseln, andererseits. Für die Arbeit der normalen Wissenschaft lässt sich die Frage nach der Herkunft des Neuen einfach beantworten. Normale Wissenschaft verschreibt sich dem Lösen von Rätseln; und zwar richtet sie sich dabei nach dem Vorbild bereits gelungener Lösungen. Sie bezieht sich »durch Ähnlichkeit oder Nachbildung [by resemblance and by modeling] auf diesen oder jenen Teil des wissenschaftlichen Korpus [...], den die betreffende Gemeinschaft bereits zu ihren eta-

Satz wird u.a. aber auch Bach, Einstein und Max Planck zugeschrieben.

13 Kuhn selbst hat übrigens diesen Wandel in der Geschichte der Wissenschaftsgeschichte skizziert. Dort beschreibt er nicht nur diesen Typus von Wissenschaftsgeschichtsschreibung; er schildert auch die Tendenzen, die zu seiner Auflösung geführt haben. Vgl. Kuhn [1978], S. 169ff.

blierten Leistungen rechnet.«[14] Bei ihren alltäglichen Forschungen richten sich Wissenschaftler also weniger nach bewusst angewandten Regeln als vielmehr nach Modellen, die sie sich während ihrer Ausbildung oder aus der Literatur angeeignet haben. Normale Wissenschaft verfährt wesentlich analogisch, bleibt *imitatio*, statt *inventio* zu werden. Was aber so entsteht, ist nur ein relativ Neues, eine kumulative Mehrung des Bestands. Diese ‚Juxtaposition' im Sinne Hegels erfolgt durch eine Art Klonung.

Solche Analogien versagen natürlich dann, wenn das herrschende Paradigma gerade in eine Krise geraten ist, wenn neue Lösungen also eben nicht im Rahmen der alten Vorgaben, sondern durch einen revolutionären Bruch, den Wechsel zu einem neuen Paradigma gewonnen werden. Wie ist nun die Entstehung jenes fundamental Neuen vermittelt? Gerade diese Frage wird bei Kuhn in der Regel ausgeblendet. So heißt es zum Beispiel in seinem Buch *Struktur wissenschaftlicher Revolutionen*:

> »Einstein schrieb, daß er, bevor er irgendeinen Ersatz für die klassische Mechanik hatte, die Beziehungen zwischen den bekannten Anomalien der Schwarzkörperstrahlung, des photoelektrischen Effekts und der spezifischen Wärme sehen konnte. Öfter aber wird keine solche Struktur bewußt im voraus gesehen. Vielmehr taucht das neue Paradigma oder ein ausreichender Hinweis auf eine spätere Artikulierung ganz plötzlich, manchmal mitten in der Nacht, im Geist eines tief in die Krise verstrickten Wissenschaftlers auf. Wie das Endstadium aussieht – wie ein einzelner Mensch einen neuen Weg findet (oder glaubt, ihn gefunden zu haben), um allen nun vorhandenen Daten eine Ordnung zu geben –, muß hier unerforscht bleiben und bleibt es vielleicht für immer.«[15]

Die Rhetorik ist hier exakt die, die herkömmlich das Genie beschreibt. Die Ideen des kreativen Wissenschaftlers kommen über Nacht, unbewusst, so, als seien sie von der Natur selbst gewirkt, nicht nur dem Erfinder unerklärlich, sondern wohl für immer unerforsch-

14 Kuhn [1976], S. 59f.
15 Kuhn [1976], S. 102f.

lich. Auch sonst fügt sich Kuhns Theorie über die Bildung neuer Paradigmen gut zur Konzeption des Genies. Es ist ein Talent, das einem bestimmten Gebiet eine Regel gibt, eine Regel, die selbst originell, und das heißt kein Produkt der Nachahmung ist, die ihrerseits aber exemplarisch wirkt: Paradigmen sind fortan Muster für die weitere Produktion. Anders gesagt: Für die außergewöhnlichen Brüche der vorrevolutionären Wissenschaft, die Paradigmenwechsel, beerbt Kuhn die Sphäre des alten Kunstbegriffs, vor allem die Figur des Genies. Für die daran anschließende Phase normaler Wissenschaft bleibt er beim überkommenen Verständnis kumulativen Fortschritts.

Nun ist einerseits dieses Konzept eines harten Bruchs zwischen Paradigmen sehr schnell selbst wieder kritisiert worden. Stephen Toulmin nannte den Begriff ‚Revolution' zum Beispiel »einfach eine rhetorische Übertreibung« und klagte dagegen das Konzept einer evolutionären Begriffsgeschichte ein.[16] Andererseits versucht man in letzter Zeit Wissenschaftsgeschichte nicht allein als Ideen- und Theoriengeschichte zu verstehen, sondern vor allem auch als eine bestimmter Praktiken.[17] Dennoch ist die Konzeption eines wissenschaftlichen Wandels durch Brüche inzwischen weitgehend akzeptiert, und selbst jene Autoren, denen der Begriff der Revolution überzogen erscheint, arbeiten mit gewissen Brüchen. Darüber hinaus war es nicht Kuhn allein, der Diskontinuitäten in die Wissensentwicklung eingeführt hat. Michel Foucault hat zum Beispiel in seiner *Ordnung der Dinge* die Entwicklung des Wissens ebenfalls als eine charakterisiert, die fundamentale Brüche aufweist[18], allerdings ist er durch seine Konzeption dessen, was ein Autor sei, vor einer unreflektierten Übersteigerung des Produzenten im Sinne eines Genies gefeit.[19]

16 Kuhn wird ausdrücklich kritisiert in Toulmin [1983], S. 130, implizit aber auch in Shapin [1998], der ebenso skeptisch gegenüber dem Begriff der Revolution ist.

17 Vgl. etwa die Arbeiten von Bruno Latour oder Steven Shapin und Simon Schaffer.

18 Vgl. Foucault [1971]

19 Vgl. Foucault [1988]

1.4 Heroische Dichter und Gewohnheitstiere

Die Ambivalenz eines modernen Begriffs des Neuerers zeigt sich aber besonders bei Richard Rorty. Für Rorty wurde das Kuhn'sche Verständnis vom Paradigmenwechsel zum Modell für eine generelle Konzeption unseres sprachlich vermittelten Weltverständnisses. Wie wir die Welt sehen, ist danach abhängig von unserem Vokabular. Die Geschichte unseres Wissens von der Welt wird zu einer Abfolge verschiedener solcher holistischer Vokabulare, wobei dieser Wechsel nicht als Weiterentwicklung, sondern als Ersetzung verstanden wird. Ersetzt wird im pragmatistischen Sinn ein sprachliches Werkzeug durch ein anderes, das es nun erlaubt, die gegenwärtige Situation besser zu bewältigen. Die Umbruchsituation ist dabei bestimmt durch einen Wettkampf, der explizit oder implizit ausgetragen wird zwischen »einem erstarrten Vokabular, das hemmend und ärgerlich geworden ist, und einem neuen Vokabular, das erst halb Form angenommen hat und die vage Versprechung großer Dinge bietet.«[20] Dies geschieht häufig, weil jemand Unstimmigkeiten im Alten entdeckt; »es ist typisch für revolutionäre Leistungen in den Künsten, den Wissenschaften, im moralischen und politischen Denken, daß sie zustande kommen, wenn jemand Interferenzen zwischen zwei oder mehreren unserer Vokabulare erkennt und dann dazu übergeht, ein neues Vokabular zu erfinden, das beide ersetzen kann.«[21] Wie aber werden solch neue Vokabulare erfunden und durch wen?

Neue Vokabulare entstehen durch einen ungewöhnlichen Sprachgebrauch, durch die Prägung neuer, unüblicher und aufregender Metaphern. Rorty wandelt hier auf den Spuren Nietzsches, der einen Gedanken, der schon bei Vico und Rousseau angelegt ist, radikalisierte. Auf die selbst gestellte Frage, was Wahrheit sei, hatte Nietzsche die berühmte Antwort gegeben:

20 Rorty [1991], S. 30
21 Rorty [1991], S. 35

»Ein bewegliches Heer von Metaphern, Metonymien, Anthropomorphismen, kurz eine Summe von menschlichen Relationen, die, poetisch und rhetorisch gesteigert, übertragen, geschmückt wurden, und die nach langem Gebrauche einem Volke fest, canonisch und verbindlich dünken: die Wahrheiten sind Illusionen, von denen man vergessen hat, dass sie welche sind; Metaphern, die abgenutzt und sinnlich kraftlos geworden sind, Münzen, die ihr Bild verloren haben und nun als Metall, nicht mehr als Münzen in Betracht kommen.«[22]

Die Frage, woher diese neuen Metaphern kommen, können sowohl Nietzsche als auch Rorty nur mit vagen Andeutungen beantworten. Rorty verweist hier ganz wie Kuhn auf die »Idiosynkrasie des Genies«[23], auf die Leistungen herausragender Sprachschöpfer. In diesem Zusammenhang ist es vor allem der Dichter, den er hier »als Vorkämpfer der Spezies«[24] sieht. Er entlehnt dabei von Harold Bloom die Figur des *strong poet*. Was er dabei im Auge hat, sind nachgerade heroische Gestalten, die die Kontingenz überkommener Vokabulare zu erkennen vermögen, denen »aus eigener Kraft der Ausbruch aus einer Perspektive, einer Metaphorik, in eine andere«[25] gelingt, »deren Metaphern aus dem Nichts auftauchen, Blitzen gleich, die neue Wege bahnen«.[26]

Lässt sich die Geburt des Neuen damit auch verorten, so gilt das letztlich nicht für die Etablierung. Auch wenn Rorty zunächst Kampf- und Konkurrenz-Metaphern gebraucht, so liest sich der eigentliche Durchsetzungsprozess doch eher unheroisch. Auf alle Fälle geht er nicht auf Willens- oder Entscheidungsakte zurück, sondern auf schleichende Veränderungen. Oder wie Rorty es am Beispiel konkreter Phänomene wie der romantischen Dichtung, der sozialistischen Politik oder der galileischen Mechanik formuliert: »Vielmehr verlor Europa allmählich die Gewohnheit, bestimmte Worte zu benutzen, und

22 Nietzsche [1988], Bd. I, S. 880
23 Rorty [1995], S. 35
24 Rorty [1991], S. 48
25 Rorty [1991], S. 60, mit deutlicher Bezugnahme auf Nietzsche, vgl. auch S. 43.
26 Rorty [1995], S. 38

nahm allmählich die Gewohnheit an, andere zu verwenden.«[27] Damit bekommen die einst neuen Metaphern einen festen Platz in einem allgemein akzeptierten Sprachspiel, sie verlieren den Charakter nicht nur des Neuen, sondern auch den einer Metapher.[28] Was ursprünglich »gleichsam eine Stimme von außerhalb des logischen Raumes«, »ein Aufruf zur Erneuerung unserer Sprache und unseres Lebens«[29] war, wird nun zum alltäglichen Werkzeug, zu Nietzsches »Münzen, die ihr Bild verloren haben«.

Und schließlich entheroisiert Rorty dann nicht nur die Rezeption, sondern auch noch die Produktion. Auch das Genie erscheint bei ihm als eine viel banalere Figur, als wir es von ihr erwarten. Auch Genies sind bei ihm letztlich kontingente Wesen, »das Ergebnis von merkwürdigen Erlebnissen in ihrer Kindheit – von obsessionsartigen Verdrehtheiten, Spuren idiosynkratischer Traumata in ihren Hirnen.« Wie immer die wunderbaren neuen Ideen zustande kommen »spielt kaum eine Rolle«.[30] Das Genie ist letztlich nur eine Chiffre für das Unerklärbare, der nachzugehen nicht weiter lohnt. So wird die Produktion zu etwas Nebulösem, das zwischen Größe und Banalität hin und her oszilliert.[31]

1.5 Der Avantgardist als Spieler und Philosoph

Will man aber die Figur des Neuen nicht in Akten von Kontingenz und Gewohnheit verschwinden lassen, dann ist nicht nur die Entstehung des Neuen, sondern auch seine allgemeine Akzeptanz ein Problem. Das klingt an, wenn Jean-François Lyotard in seinem Aufsatz *Regeln und Paradoxa* schreibt, die Arbeit sowohl des Künstlers als auch des Wissenschaftlers bestehe darin »Operatoren zu suchen, die sich zur Erzeugung von Sätzen eignen, die ihrerseits noch nie

27 Rorty [1991], S. 26
28 Rorty [1991], S. 45
29 Rorty [1995], S. 33
30 Rorty [1991], S. 43
31 Zur Kritik an Rortys Genie- und Metaphernkonzeption siehe auch Zill [2001] und als Antwort darauf Rorty [2001]

gehört worden sind und also definitionsgemäß – zumindest vorläufig – auch nicht mitteilbar sind. Mitteilbar werden diese Sätze erst, wenn die Operatoren, mit denen sie erzeugt werden können, auch ihren Empfängern bekannt sein werden und wenn diese sie rückübertragen können.«[32] In Rortys Termini formuliert: Wie werden denn die neuen Vokabulare zu alltäglichen Gewohnheiten? Muss man nicht überhaupt erst einmal einen Zugang zu dem Unerhörten finden? Das größte Genie muss scheitern, wenn es unverstanden bleibt, wenn auf der Seite seines Publikums nicht sowohl die Bereitschaft als auch die Fähigkeit existieren, sein konkret Neues aufzunehmen.

Die ‚Arbeit an der Nicht-Kommunzierbarkeit' obliegt bei Lyotard zunächst wieder einer bekannten Figur: dem Künstler. Allerdings denkt er weniger an den *alter deus* der Frühmoderne, sondern eher an den Avantgardisten aus der Kunst des 20. Jahrhunderts. Es gehe ihnen um die »Artikulation von möglichen neuen Sätzen«, allerdings nicht beliebig neuen Sätzen, sondern solchen, »in denen die das Werk als solches konstituierenden Regeln darin selbst noch einmal hinterfragt werden.«[33] Es werden also nicht nur Produzent und Produkt in einem Akt erzeugt, sondern gleich auch noch der Rezipient. Denn der erste aller Rezipienten ist der Produzent selbst. Künstler – und Philosophen und Wissenschaftler treten ihnen an die Seite – »erzeugen [...] notwendig fremdartige Werke, deren Funktion ausschließlich im Experimentieren mit den Regeln besteht. Die Regeln werden zum großen Problem.«[34] Anders gesagt: Die avantgardistischen Künstler sind bewusstlose Produzenten des Neuen. Sie lassen etwas entstehen, das sie selbst nicht verstehen – und das sie dann selbst einzuholen versuchen müssen. Sie tun also etwas, bevor sie wissen, was sie tun, und sind dann angehalten, das, was sie tun, zu ergründen, sich selbst also zu begreifen, oder wie Lyotard es noch einmal explizit von Philosophen sagt: Die Regel ihres Diskurses sei es, die Regeln ihres eigenen Diskurses zu finden.

32 Lyotard [1986], S. 101f.
33 Lyotard [1986], S. 105
34 Lyotard [1986], S. 102

> »Ein Philosoph ist also jemand, der spricht, um die Regel dessen zu finden, was er sagen will; insofern spricht er, ‚bevor' er sie kennt und ohne sie zu kennen. Ich denke, diese Situation läßt sich mit der der Avantgarden in der Kunst und z.T. auch in der Wissenschaft vergleichen. Seit geraumer Zeit (ich denke da an Cézanne, aber mehr noch an heute) versuchen die Künstler Regeln, nach denen ihr Werk z.B. als Malerei betrachtet werden kann. Je weiter man vorangeht, desto eher begreift man, daß es in der Tradition dessen, was ‚Malerei' heißt, eine erstaunliche Anzahl von Zwängen gibt. Künstler ist, wer in seinem und durch sein Werk einen bisher unhinterfragten Aspekt solcher Regeln ausfindig macht. In diesem Sinne arbeitet er, und zwar seit jeher, wie ein Philosoph.«[35]

Man kann Lyotards Programm aber in zwei verschiedene Richtungen interpretieren. Nach der einen ist die theoretische Innovation auch wieder ein genialer Einfall, nach der anderen ein strukturiertes Verfahren. Für beides gibt es Anhaltspunkte in Lyotards Schriften.

1.6 Der Migrant

Ich plädiere hier dafür, die Innovation als strukturiertes Verfahren zu verstehen, ein Verfahren, das nicht historische Kontingenzen in vorausplanbare Determinanten verwandeln will, aber zeigen möchte, wie die Genese von Neuem beschreibbar ist. Es knüpft dabei durchaus an eine Figur an, die auch für Rorty und viele andere bedeutsam ist: die Metapher. Metaphern sind Übertragungsvorgänge, allerdings offene. Zwischen dem Sprecher und dem Hörer bleibt dabei letztlich ungeklärt, ob sie bei ihrem Gespräch in der Metapher dieselben Konnotationen realisieren. Für die Genese von Theorien ist es daher praktikabler von einem verwandten, aber deutlicher fassbaren, von einem stärker regulierten Prozess auszugehen: der Modellübertragung.

Modellübertragungen sind in gewisser Hinsicht Nachahmungen. Nur setzen sie nicht auf das Kumulative, auf möglichst identische Reproduktionen, wenn auch in erweitertem Maßstab, wie sie für die

35 Lyotard [1986], S. 106f.

Beispiele des relativ Neuen in Kuhns normaler Wissenschaft charakteristisch sind; sie setzen vielmehr auf die Differenz. Produktive Modellübertragungen transferieren eine wohlbekannte und in einem Feld bewährte Struktur auf ein unbekanntes Gebiet. Ihre *raison d'être* ist gerade die Differenz. Sie ist ein Experiment: Was geschieht, wenn man ein Theoriegefüge in eine Disziplin verschiebt, für die es ursprünglich nicht konzipiert war? Es ist das gleiche Prinzip, das wir aus der kühnen Metapher kennen. Wir tun damit ganz im Sinne Lyotards etwas, von dem wir noch nicht absehen können, was es eigentlich bedeutet, und müssen dann zu klären versuchen, was geschehen ist.

Es gibt durchaus berühmte Beispiele für solche Modellübertragungen im großen Stil. Eines der einflussreichsten ist die Vertragstheorie der frühen Neuzeit, die eine Praxis der Alltagserfahrung in die Philosophie hinein verallgemeinert, die also die Konstitution der Gesellschaft überhaupt nach dem Vorbild einzelner kontraktueller Handlungen zwischen Individuen zu verstehen versucht.[36] Aber Modellübertragungen sind nicht notwendig vertikale Transfers, also Verallgemeinerungen aus einer Spezialsphäre in ein umfassenderes Geltungsgebiet. Sie können auch horizontale Verschiebungen sein, also von einem Gebiet in ein ihm völlig fremdes. Ein berühmtes Beispiel hierfür, ebenfalls aus der frühen Neuzeit, ist die mechanistische Philosophie, die mathematische und mechanische Methoden und Theoriestrukturen auf alle anderen Wissensbereiche übertragen wollte: in die Physiologie, die neu entstandene Sozialphilosophie, die Politik und viele andere Bereiche. Eine der erfolgreichsten Modellübertragungen in neuerer Zeit ist der Strukturalismus. In Claude Lévi-Strauss' 1945 geschriebenen, programmatischen Aufsatz *Die Strukturanalyse in der Sprachwissenschaft und in der Anthropologie* heißt es, es gebe unter den Sozialwissenschaften nur eine Disziplin, die den Namen Wissenschaft recht eigentlich verdiene, und das sei die Sprachwissenschaft; sie habe die größten Fortschritte gemacht, eine positive Methode formuliert und kenne »das Wesen der ihrer Analyse unterzogenen Tatsachen«. Sie sei damit das Beispiel, nach dem sich die »For-

36 Vgl. dazu Rohbeck [1995] bzw. schon Rohbeck [1985].

scher benachbarter, aber verschiedener Fachwissenschaften« richten müssten.[37] Vor allem die Entstehung der Phonologie war hierbei entscheidend. Doch wenn es heißt, dass diese Disziplin für die Sozialwissenschaften die gleiche Rolle spielen müsse, wie die Kernphysik für die Gesamtheit der exakten Wissenschaften[38], dann dient diese Analogie in erster Linie dazu, der Phonologie ein vergleichbares Renommee zuzuschreiben, nicht eine ähnlich fundamentale inhaltliche Position. Die anderen Sozialwissenschaften sollen nicht auf ihre *materialen* Ergebnisse aufbauen, sondern ihre methodisch-theoretischen Errungenschaften übernehmen, so z.B. die Ethnologie:

> »Bei der Erforschung der Verwandtschaftsprobleme (und zweifellos auch bei der Untersuchung anderer Probleme) sieht sich die Soziologie in einer Situation, die formal der des phonologischen Sprachforschers ähnelt: wie die Phoneme sind die Verwandtschaftsbezeichnungen Bedeutungselemente, wie diese bekommen sie ihre Bedeutung nur unter der Bedingung, daß sie sich in Systeme eingliedern; die ‚Verwandtschaftssysteme' werden wie die ‚phonologischen Systeme' durch den Geist auf der Stufe des unbewußten Denkens gebildet; schließlich läßt die Wiederholung von Verwandtschaftsformen, Heiratsregeln und gleichermaßen vorgeschriebenen Verhaltensweisen bei bestimmten Verwandtschaftstypen usw. in weit auseinanderliegenden Gebieten und sehr unterschiedlichen Gesellschaften vermuten, daß die beobachteten Phänomene sich in dem einen wie in dem anderen Falle aus dem Spiel allgemeiner, aber verborgener Gesetze ergeben. Das Problem läßt sich also folgendermaßen formulieren: die Verwandtschaftserscheinungen sind in einer *anderen Ordnung der Wirklichkeit* Phänomene vom *gleichen Typus* wie die sprachlichen.«[39]

Lévi-Strauss unterlegt seinem Verfahren noch eine metaphysische Annahme; er unterstellt einen Geist, der auf verschiedenen Ordnungen der Wirklichkeit analoge Phänomene entstehen lässt.

37 Lévi-Strauss [1967], S. 43
38 Lévi-Strauss [1967], S. 45
39 Lévi-Strauss [1967], S. 46

Obwohl diese Voraussetzung ungedeckt bleibt, wurden die Übertragungen konstitutiv für eine zeitweilig äußerst erfolgreiche Methode: den Strukturalismus. Roland Barthes plädierte in seinen *Elementen der Semiologie* später für ähnliche Übertragungen, ohne von ähnlich starken metaphysischen Annahmen auszugehen. So bezeichnet er das semiologische Wissen in dem Stadium, in dem er es darstellt, als lediglich »eine Kopie des linguistischen Wissens«. Der Linguistik werden Begriffe entnommen, die helfen, die signifikanten Tatsachen nicht-sprachlicher Zeichensysteme in »eine erst (wenn auch vorläufige) Ordnung zu bringen.«[40] Die Modellübertragung ist bei ihm damit ein heuristisches Mittel, das nicht voraussetzt, dass ein »Geist auf der Stufe des unbewußten Denkens« am Werk war.

Die Figur des Neuen, die hier nun favorisiert werden soll, ist kein Demiurg und kein Schöpfer, kein *alter deus* und kein avantgardistischer Künstler, kein Genie und kein Sammler und Bastler. Es ist die Figur des Migranten. Die Theorie, die im Akt der Modellübertragung in eine neue Disziplin transferiert wird, gleicht dem Einwanderer, der mit dem Schema seines in der Heimat sozialisierten Verstandes das Leben in der neuen Kultur zu verstehen versucht. Er interpretiert die neuen Phänomene durch die Brille seines alten Weltverständnisses.[41] Dadurch erklärt man nicht, warum er gerade jetzt und ausgerechnet in dieses Land emigriert ist, beschreibbar wird aber der Prozess der Übertragung. Um diesen Prozess verstehen zu können, bedarf es aber einer ausgefeilteren Theorie, was ein Modell ist.

40 Barthes [1981], S. 11

41 Vgl. dazu Schütz [1972].

2.

Zum Begriff des Modells

‚Modell' heißt seiner Etymologie nach zwar erst einmal nichts anderes als ‚Muster', ‚Entwurf' oder ‚Vorbild'.[42] Diese Bedeutung wurzelt schon im lateinischen Ursprung des Wortes – *modulus*: Maß, Maßstab. Dann aber beginnen die Verwirrungen. Noch vor nicht allzu langer Zeit stöhnte ein Wissenschaftshistoriker angesichts der Aufgabe, einen Artikel über die Entwicklung des Modellbegriffs zu schreiben:

> »Das Wort ‚Modell' wird in so zahlreich verschiedenen Bedeutungsnuancen gebraucht, daß es fast eine Sache und ihr genaues Gegenteil bedeuten kann: es ist ein ‚Vorbild, nach dem man etwas gestaltet' und ‚eine Kopie von etwas, das schon fertiggestellt ist oder existiert.' Für einige ist es eine mathematische Konstruktion, während andere solche Identifizierung kategorisch ablehnen. Die Ursache dieser Unstimmigkeiten ist mit der eigentümlichen etymologischen Geschichte des Wortes verknüpft. Als terminus technicus wurde es nicht vor der zweiten Hälfte des 19. Jahrhunderts gebraucht, während es doch im Handwerk, in der Kunst und Architektur beträchtlich älter ist.«[43]

2.1 Natürliche Modelle

Untersuchen wir – um diese Verwirrungen wenigstens ein Stück weit aufzuheben – einige charakteristische Varianten des Modells. In der Bildenden Kunst tritt der Begriff zumeist in der Bedeutung des Vorbilds auf. Hierbei handelt es sich um natürliche Modelle: konkrete Personen, die als Individuen für ihr Porträt oder im allgemeineren

42 Die Abschnitte 2 und 3 basieren auf einer ausführlicheren Darstellung in Zill [1994].

43 Jammer [1965], S. 167

Abb. 1: Lucas Cranach d. Ä.: *Luther* (Kupferstich, 1520)

Sinn für einen Typus Modell stehen können. Nehmen wir zunächst den Fall, bei dem der Porträtierte als Individuum behandelt wird. Martin Luther war zum Beispiel das Modell eines Kupferstichs von Lucas Cranach (Abb. 1). Dieser Kupferstich soll explizit auch das Individuum Luther darstellen. Man kann schon an diesem ganz einfachen Fall einige wesentliche Merkmale des Modells studieren. So erscheint das Modell hier zunächst einmal als der eine Pol einer Relation, und zwar einer Übertragungsfigur. Luther saß Modell für sein eigenes Porträt. Seine Züge werden an seiner Gestalt abgelesen und in ein anderes Medium übertragen. Als solches ist er also ein *individuelles Modell.*

Schon an ihm sieht man aber, dass diese Übertragung notwendig selektiv ist, denn ein Gegenstand ist nie in seiner Totalität Modell, vielmehr werden an ihm nur einige wenige Merkmale selektiert und als Pol in der Modellbeziehung gesetzt. In Luthers Fall sehen wir zum Beispiel nur bestimmte Seiten von ihm, sowohl physisch als auch – wenn man so will – charakterlich. Dennoch werden in diesem Beispiel noch vergleichsweise viele Züge der Trägerperson zu Merkmalen des Modells.

Anders verhält es sich beim *Typenmodell*, bei dem das Vorbild nicht für sich als Individuum, sondern für etwas, das es selbst schon repräsentiert, etwa einen Typus, einen Berufsstand oder sogar eine Allegorie, Modell steht. So zum Beispiel, wenn ein Maler sich selbst als Maler darstellt, wie etwa in Adriaen van Ostades *Der Maler in seiner Werkstatt* von 1663 (Abb. 2). Solch ein abstrakter Maler findet sich auch in Vermeers *Allegorie der Malkunst* (Abb. 3). Hier ist er mit einem weiteren Typenmodell kombiniert, der Darstellung des Abstraktums Geschichte in der allegorischen Gestalt Klios. In all diesen Fällen sind die individuellen Züge des Künstlers (oder der Person,

Abb. 2: Adriaen van Ostade; *Der Maler in seiner Werkstatt*

die Klio verkörpert) für die Sache völlig nebensächlich – der Maler etwa kann daher auch bedenkenlos von hinten gezeigt werden, anders zum Beispiel als in Velázquez' *Las Meninas*, bei dem der Künstler Wert darauf gelegt hat, nicht nur als Vertreter seines Berufsstands, sondern durchaus als individuelle Person mit in das Bild einzugehen. Bedeutsam sind vielmehr bei van Ostade und Vermeer nur bestimmte Charakteristika des Malers: seine Tätigkeit, sein Werkzeug, vielleicht seine Kleidung. Die Personen, die Modell standen für diese Bilder, waren gewissermaßen Trägersubjekte, bei deren Transfiguration in ein Modell in einem viel höheren Grade selektiert wurde. Die Personen standen nicht Modell für ein Porträt ihrer selbst, sondern für die

Verbildlichung einer Allgemeinheit, hier des Berufstandes.[44]

Abb. 3: Vermeer; *Malkunst*

Damit verkompliziert sich die Situation dieser Typenmodelle gegenüber individuellen Modellen. Denn Typenmodelle werden durch eine doppelte Referenz konstituiert. Sie sind einerseits – wie auch individuelle Modelle – Vorbilder in einer Übertragung: dem Akt des Malens; gleichzeitig sind sie aber andererseits Repräsentationen eines Allgemeinen oder eines Abstraktums. Man könnte auch sagen, sie sind Modelle *von* etwas *für* etwas.[45]

Wie unterscheidet sich aber die Beziehung, Modell *von* etwas zu sein, von der einfachen, Modell *für* etwas zu sein? Verwenden wir für das ‚Modell *von* etwas' vorerst den inzwischen etwas belasteten und schillernden Begriff der Repräsentation. Diese Repräsentation ist sicher keine reine Abbild-Beziehung. In manchen Fällen – wie un-

44 In diesem Fall ist es sogar kontraproduktiv, wenn die Modelle als Individuen erkennbar sind, vgl. dazu Danto [1991], S. 256.

45 In Vermeers *Malkunst* ist der Akt auf zwei Ebenen verdoppelt. *Innerhalb* des Bildes trifft ein konkreter, malender Maler als Akteur auf eine Frau, die ihm als Modell für Klio dient. Auf seinem Bild wird Klio dargestellt sein. Treten wir aus dem Bild *heraus*, vor das Gemälde, rückt nun dieser konkrete Maler selbst in die Position, die sein Modell für ihn hatte: Vermeer, der *Die Malkunst* malte, interessiert der zu malende Maler nur als Modell und zwar als Typenmodell. Sein eigenes Modell wird dadurch reflexiv: Es wird zur Darstellung einer Darstellung (verkörpert ein Modell, das selbst wieder Klio darstellt).

ter Umständen bei dem Maler, der stellvertretend für seine gesamte Berufsgruppe steht – mag es sich um eine Exemplifikation handeln. Aber für die Figur der Klio, die von einer jungen Frau verkörperte Allegorie der Geschichte in Vermeers *Malkunst*, stimmt auch das wieder nicht. In gewisser Hinsicht konstituiert sie auch das, *von* dem sie das Modell ist, nicht nur das, *für* das sie ein Modell ist.

2.2 Maßstabgetreue Modelle

Eine dritte Art gegenständlicher Modelle sind die *maßstabgetreuen Modelle.* Gewisse Varianten dieses Typs findet man auch in der Bildenden Kunst. Bozzetti haben ein Stück weit schon diese Funktion, und vor allem jene kleinen Gliederpuppen, die seit der Renaissance als Mittel für Proportionsstudien dienen (wie sie auch auf Adriaen van Ostades Bild im Mittelgrund, ganz rechts, zu sehen ist). Bekannter noch sind maßstabgetreue Modelle aus der Architektur, der Technik oder auch dem täglichen Leben (Architekturmodelle, Flugzeugmodelle, Spielzeugeisenbahnen, Modellautos etc.).[46]

Gerade aber an dieser Gliederpuppe kann man die Selektivität von Modellen sehr deutlich erkennen. Schon in ihre Repräsentationsleistung ist nichts anderes als die Proportionen der verschiedenen menschlichen Körperteile eingegangen. Selbst, was an ihnen sonst noch verbleibt (zum Beispiel an Materialität: ob sie etwa aus Holz oder aus etwas anderem bestehen), ist für die Modellbeziehung irrelevant. Ähnliches gilt auch für das Spielzeugauto. Für seine Modellfunktion sind nur Form und Proportionen, vielleicht noch die Farbe, aber nicht mehr Material, Größe und Funktionsfähigkeit von Bedeutung.

Man kann also für Modelle insgesamt sagen, dass sie durch *Identität und Differenz* charakterisiert sind. Anders formuliert: Vorbild und Abbild sind gekennzeichnet durch gewisse Ähnlichkeiten, nämlich die Merkmale, die vom Vorbild aufs Abbild übertragen werden, sowie auch durch eine Reihe von Unterschieden.

46 Zum Architekturmodell vgl. Heydenreich [1937] sowie Evers [1995], dort auch weiterführende Literatur.

Nun scheint sich aber die vom künstlerischen Modell (sei es das individuelle, sei es das Typenmodell) übernommene Gegenüberstellung von Vorbild und Abbild beim maßstabgetreuen Modell in sein Gegenteil zu verkehren. Denn oft spricht man ja beim maßstabgetreuen Modell vom ‚Modell' und seinem ‚Original', das hieße: ‚Original' gleich ‚Vorbild', ‚Modell' gleich ‚Abbild'. Beim Modellauto ist also der reale Ford, ein funktionstüchtiges Fahrzeug, das Vorgängige, das heißt das Original, und damit das Vorbild für jenes Spielzeugauto. Der Ausdruck ‚Modell' scheint nun nicht mehr wie bisher für das Vorbild, sondern für das Nachbild zu stehen. Diese Verkehrung von Vorbild und Nachbild ist genau der Befund, den Max Jammer einst so verwirrend fand. Aber schon beim Architekturmodell zeigt sich, dass beide Aspekte in derselben Modellart repräsentiert sein können. Sie dienen einerseits als Entwurfsmodelle und sind dann Vorbild des entstehenden Gebäudes, andererseits können sie aber auch die Funktion einer nachträglichen Veranschaulichung haben, sind dann also Abbilder der schon gebauten Architektur.[47]

Aber auch bei anderen maßstabgetreuen Modellen, etwa den erwähnten Spielzeugautos, haben wir – näher besehen – eine doppelte Beziehung. Denn anders als beim künstlerischen Modell ist das maßstabgetreue ja nicht vor der Beziehung schon vorhanden oder zumindest in seiner Materialität schon existent. Das maßstabgetreue Modell muss selbst erst produziert werden, es wird also nach dem Vorbild – und das heißt: nach dem Modell – eines realen Autos der Marke Ford produziert. In einem zweiten Schritt wird dieses Nachbild als Repräsentation seines Vorbilds nun seinerseits zum Modell für eine weitere Beziehung. In ihr fungiert das Spielzeugauto als Vorbild, um danach beispielsweise ein echtes Exemplar des Fords zu identifizieren.

Man findet beim maßstabgetreuen Modell demnach jene doppelte Beziehung aus Repräsentation und Übertragung, die uns schon beim Typenmodell begegnet ist, wieder, nur dass sie nun nicht mehr auf

47 So schon Heydenreich, der für die nachträgliche Veranschaulichung noch einmal zwischen Kontroll-, Lehr-, Erinnerungs-, Stadt- sowie Votiv- und Stiftermodellen unterscheidet, vgl. Heydenreich [1937], S. 922.

unabhängig voneinander bestehende Objekte referiert, sondern auf in ihrer Materialität identische. Die doppelte Beziehung ist beim maßstabgetreuen Modell gewissermaßen übereinander geklappt, wobei das Modell im eigentlichen Sinn eines Vorbilds seine Repräsentationsleistung nur erfüllen kann, weil dem von ihm ausgehenden Übertragungsprozess ein anderer Übertragungsprozess vorausgegangen ist, in dem es selbst das Nachbild war. Dieser vorgängige Übertragungsakt ist als echter Produktionsakt im übrigen durchaus nach dem Muster des individuellen Modells in der Bildenden Kunst zu denken.

Das maßstabgetreue Modell ist also eine *Einheit aus Vorbild und Nachbild.* Und damit findet Jammers Verwirrung auch ihre Auflösung. Nun lässt sich diese Formulierung für die anderen bisher betrachteten Modellarten so nicht anwenden. Um ein allgemeines Merkmal von Modellen zu beschreiben, ist daher wohl die Formulierung treffender: Das Modell ist *Einheit von Gesetztem und Vorausgesetztem.*

Fassen wir kurz zusammen, was sich bis jetzt an Merkmalen des Modellbegriffs ergeben hat:

1) Relationalität: Das Modell fungiert als Pol in einer Modellbeziehung.
2) Das Modell ist Vorbild in einem Übertragungsvorgang.
3) Es erbringt darüber hinaus (von Ausnahmen wie dem individuellen Modell abgesehen) eine Repräsentationsleistung.
4) Es ist Einheit dieser beiden Aspekte, die Einheit von Vorausgesetztem (Repräsentation) und Gesetztem (Abbildfunktion).
5) Selektion: Es werden nicht alle Merkmale übertragen, sondern nur einige.
6) Durch die Übertragung ergibt sich eine gewissen Ähnlichkeit zwischen Vor- und Abbild.

Dazu kommen noch einige weitere, relativ unproblematische Züge des Modells:

7) Um das Verhältnis von Identität und Differenz zu bestimmen, sind Interpretationskonventionen nötig: Man muss wissen, welche Eigenschaften des Trägerobjekts relevant sind und welche

nicht. Wenn ich also auf der Straße einen Ford Modell T mit Hilfe meines kleinen Modells identifizieren will, darf ich nicht im Rinnstein nach etwas in der Größe Identischem suchen, habe aber die Form zu beachten.

8) Die Modellbeziehung ist asymmetrisch. Martin Luther ist das Modell für sein Porträt gewesen. Das Bild ist aber nicht das Modell für die Person. Wenn sich die Beziehung scheinbar doch umkehrt, wie zum Beispiel beim maßstabgetreuen Modell, so handelt es sich in Wirklichkeit um zwei voneinander verschiedene Modellübertragungen.

9) Das Modell hat Mittelcharakter. Es ist ein kognitives Instrument – mit allen Konsequenzen, die an dieser Bestimmung hängen.[48]

2.3 Theoretische Modelle

Mit diesen an Hand von gegenständlichen Modellen gewonnenen Bestimmungen kann man nun zu sprachlichen oder besser: zu theoretischen Modellen übergehen. Wenn man einen beliebigen wissenschaftlichen Text aufschlägt – sagen wir: etwa eine soziologische Untersuchung – und wenn man ein wenig darauf achtet, wird man erstaunt sein, wie häufig von Modellen die Rede ist. Die Bedeutung des Gemeinten ist hier allerdings meist noch vager als sonst bei dem Begriff des Modells. Im wesentlichen kristallisieren sich aber zwei, vielleicht drei Hauptverwendungsweisen heraus:

In den allermeisten Fällen wird ‚Modell' schlichtweg synonym mit ‚Theorie' gebraucht. Da heißt es dann zum Beispiel, man suche nach einem geeigneten Modell, um diesen oder jenen Sachverhalt oder besser: ein bestimmtes Set an empirischen Befunden darzustellen, vielleicht erst nur zu beschreiben, vielleicht auch zu erklären.

Gelegentlich wird mit ‚Modell' aber auch eine besondere Form der Theorie, nämlich eine provisorische, eine noch tentative Theorie, gemeint, so wenn es bei Norbert Elias zum Beispiel heißt:

48 Vgl. Rohbeck [1995].

> »Theorien ähneln in gewisser Weise einer Landkarte. [...] Theoretische Modelle zeigen wie Landkarten die bisher bekannten Zusammenhänge der Ereignisse. Wie Landkarten unbekannter Gegenden zeigen sie dort, wo man die Zusammenhänge noch nicht kennt, weiße Flächen. Wie Landkarten können sie im Zuge weiterer Unterscheidungen als falsch erwiesen und korrigiert werden.«[49]

Schließlich wird ‚Modell' aber auch im Sinne einer Theorieübertragung gebraucht. Eine Theorie wird zum Vorbild, nach der eine andere Theorie, das heißt eine Theorie in einem ganz anderen Gegenstandsbereich, modelliert wird. Sinn dieses Verfahrens ist, die Errungenschaften einer entwickelten Wissenschaft bei der Konstruktion einer neuen, noch unentwickelten nutzbar zu machen. Besonders dort, wo man etwa über eine Wissenschaft verfügt, die für sehr leistungsfähig gehalten wird, die in ihrem Bereich sehr erklärungskräftig ist, erscheint es Erfolg versprechend, ihre Strukturen versuchsweise in einen Bereich zu übertragen, in dem zwar schon einige Tatsachen oder Verknüpfungsregeln bekannt sind, in dem man aber noch keine besonders konsistente Theorie ausgearbeitet hat.

Damit haben wir wieder den Ausgangspunkt erreicht. Die Untersuchungen am individuellen, am Typen- und am maßstabgetreuen Modell waren ein Umweg, um sich einem leistungsfähigen Begriff des theoretischen Modells anzunähern, einem Verfahren, das etwa für die Modellübertragung der mechanistischen Philosophie oder des Strukturalismus verwendet worden ist. Die bisher gewonnenen Bestimmungen des Modells im Allgemeinen können nun auch für das theoretische Modell nutzbar gemacht werden. Allerdings bedürfen sie einer weiteren Ergänzung. Gegenständliche Modelle zeichnen sich bereits durch eine doppelte Referenz aus (sie sind Modelle von etwas für etwas). Bei theoretischen Modellen kommt nun noch etwas hinzu. Denn das Abbild, also die neu modellierte Theorie, bezieht sich ihrerseits auf einen Gegenstandsbereich – als strukturale Anthropologie etwa auf bestimmte Verwandtschaftsbeziehungen.

49 Elias [1970], S. 177

Bei gegenständlichen Modellen ist das Abbild meist materiell produziert. Die Überprüfung, ob die intendierte Übertragung hinreichend gelungen ist, erfolgt durch den Rückbezug des Abbilds auf das Vorbild: Cranach prüft das Porträt Luthers an dessen Person. Bei theoretischen Modellen erfolgt die Überprüfung in einem vollständig anderen Bereich. Theoretische Modelle sind gewissermaßen vierpolige Figuren. Diese separate Kontrolle, die hiermit angesprochen worden ist, stellt den abschließenden Schritt des Modellverfahrens dar.

Genau an diesem Bruchpunkt, dass theoretische Modelle in einem Bereich zum Einsatz kommen, aus dem sie nicht ursprünglich stammen, nach dem sie gerade *nicht* modelliert sind, liegt ihr innovatorisches Potential. Maßstabgerechte Modelle verweisen auf einen Objektbereich, dem sie letztlich selbst entstammen: Sie sind das Vorbild für einen Bereich, der ihnen selbst als Vorbild gedient hat. In ihnen oszillieren letztlich nur zwei Pole einer Relation. Auch hier wird in den einzelnen Verfahren selektiert, aber der Referenzbereich rotiert letztlich auch als selektierter in sich selbst. Weil theoretische Modelle aber genuin vierpolig sind, weil in sie ein Gegenstandsbereich eintritt, der der ursprünglichen Modellbeziehung fremd war, kommen Irritationen und – um diese Irritationen zu beseitigen – schließlich Innovationen ins Spiel.

Bei der Modellübertragung ist das Übertragene der Migrant auf fremdem Terrain. Er bezieht seinen Erfahrungsschatz nicht mehr auf das Land seiner Geburt (seiner: des Migranten, und damit seiner: des Erfahrungsschatzes), sondern auf das Land seiner Wiedergeburt, seiner Immigration.

Modellübertragungen sind übrigens ein wissenschaftliches Hilfsmittel, dessen Berechtigung schon seit einiger Zeit von einer Reihe von Theoretikern zugestanden worden ist[50] – jedenfalls dann, wenn man ein bestimmtes vorläufiges Reglement beachtet, das man grob so zusammenfassen kann:

Erstens gibt es ein ursprüngliches Untersuchungsgebiet, in dem zumindest einige wenige Tatsachen oder Regelmäßigkeiten bekannt sind.

50 Vgl. zum Beispiel schon die frühen Beiträge von E.H. Hutten [1953/54], Max Black [1962] und Mary Hesse [1966].

Zweitens besteht – warum auch immer – eine Notwendigkeit, diese bekannten Phänomene zu erklären.

Dann werden diese Phänomene drittens anhand eines unproblematischeren, weil klarer organisierten, zweiten Bereichs, eines Modells, beschrieben.

Es geht dabei übrigens keineswegs um eine besondere Form der Sichtbarkeit; es sind nicht per se visuelle, bildliche Elemente und Strukturen, die hier übertragen werden. Entscheidend ist nur, dass die fraglichen Eigenschaften und Verhaltensweisen in der Modellsphäre besser vertraut sind, sei es, weil die Theorie schon besser durchkonstruiert ist, sei es, weil sie sich praktisch bereits bewährt hat.

Die Übertragung ist allerdings viertens nur möglich, weil es explizit oder implizit bestimmte Korrelationsregeln, die eine Übertragung erlauben, gibt.

Schließlich müssen die Ergebnisse dann fünftens separat überprüft werden, sei es auch nur in Form der praktischen Bewährung der neuen Theorie.

3.

Metapher als Modell

In genau diesem Stadium ist meines Erachtens nun die Modelltheorie selbst. Sie ist gelegentlich untersucht worden. Man weiß das eine oder andere über sie, aber der Kenntnisstand hält sich durchaus noch in Grenzen, ebenso das Forschungsinteresse, wie es sich etwa in Publikationen zu diesem Thema äußert. An dieser Stelle soll nun die Untersuchung selbstreferentiell werden: Die Modelltheorie lässt sich weiter vorantreiben, indem man sie auf sich selbst anwendet und für das Modell ein Modell aus einem anderen theoretischen Bereich sucht.

Nun gibt es unter den wenigen Autoren, die sich dem Modell bisher gewidmet haben, einige, die meinen, dass dieses Phänomen große Ähnlichkeiten mit der Metapher habe.[51] Wenn das stimmt,

51 Vgl. Black [1962].

könnte man die Analogie durchaus fruchtbar machen, denn die Metaphernforschung ist seit einigen Jahrzehnten in einem konjunkturellen Hoch, so dass durch eine Vielzahl von neueren Untersuchungen das Phänomen der Metapher schon gut beleuchtet wurde.[52]

3.1 Zur Geschichte des Metaphernbegriffs

Die Fruchtbarkeit der Metapher als Modell ergibt sich aber vor allem daraus, dass sich unser Verständnis von ihr in letzter Zeit stark gewandelt hat. Sie wird selbst als genuin kognitives Instrument anerkannt. Für die traditionelle Metapherntheorie, die sich von Aristoteles herschreibt,[53] hatte die Metapher in erster Linie eine ornamentale Funktion. Danach ersetzt man ein buchstäblich gemeintes Wort durch ein anderes, ‚uneigentliches', das mit dem buchstäblichen durch eine gewisse Ähnlichkeit verbunden ist. Statt – um das Standardexemplar aus dem Bestiarium philosophischer Beispielsammlungen zu nehmen – ‚Achilles ist tapfer' sagt man ‚Achilles ist ein Löwe'.

Für die traditionelle Metapherntheorie ist dabei entscheidend, dass die Ähnlichkeit zwischen beiden Ausdrücken manifest ist, also vorausgesetzt wird und als Regularium der Ersetzung wie auch der verstehenden Rückübersetzung benutzt werden kann. Wird der Abstand zu groß, funktioniert dieser Prozess nicht mehr ohne Mühe. Diese Extremform hat man ‚kühne Metapher' genannt; nur ganz wenige Epochen – wie zum Beispiel der Barock oder der Surrealismus – haben sie überhaupt geschätzt.

Durch die Metapher im traditionellen Verständnis erfährt man also nichts, was man nicht schon durch den buchstäblichen Ausdruck wüsste. Ihre Verwendung hat rein dekorative Gründe. Gewisse philosophische Sprachkritiker hat allerdings selbst das mit Misstrauen erfüllt. Sie haben in metaphorischem Sprechen eine Abkehr von klarer

52 Zur Literatur bis 1990 vgl. die Bibliographien von Warren A. Shibles [1971], Jean Pierre van Noppen et al. [1985] und Jean Pierre van Noppen/Edith Holst [1990].

53 Aristoteles, *Poet.*, 1457 b

und deutlicher Denotation und Argumentation gesehen, einzig und allein benutzt, um den Geist zu verwirren.[54]

Erst im 18. Jahrhundert, namentlich mit Vico und Rousseau, macht sich eine gewisse Aufwertungstendenz bemerkbar, wonach für die Metapher eine auch bedeutungserzeugende Aufgabe reklamiert wird, allerdings wesentlich auf bestimmte historische Epochen beschränkt. Das rationale – und das meint das nicht-metaphorische, rein begriffliche – Denken gilt aber dennoch weiterhin als anzustrebende Überwindung dieses geschichtlichen Stadiums.[55]

Die Romantik übernimmt die positive Bewertung rhetorischer Figuren. Und Nietzsches bereits zitierte Passage aus *Über Wahrheit und Lüge im außermoralischen Sinne* von 1873 markiert dann eine Radikalisierung, eine Verallgemeinerung, ja einen gewissen Wendepunkt. Seitdem kann man eine zunehmende Umwertung aller Tropen feststellen, deren Extrempunkt Autoren wie Hayden White oder Richard Rorty sind.[56]

Gleichzeitig hat es aber auch eine Zunahme an Untersuchungen gegeben, die sich dem Funktionsmechanismus der Metapher widmen: in Deutschland war hier vor allem Hans Blumenberg prägend, in Frankreich Paul Ricoeur und Jacques Derrida.[57] In England und Amerika aber ist der Enthusiasmus zunächst am stärksten. Hier haben sich seit den Pionierthesen Ivor Armstrong Richards' und Max Blacks[58] eine große Zahl renommierter Autoren wie zum Beispiel Mary Hesse, Nelson Goodman, John Searle, Donald Davidson, Arthur C. Danto,

54 Vgl. z.B. Hobbes [1976], S. 25 ff., Locke [1975], S. 508. In neuerer Zeit prominent noch Bachelard [1987], v.a. S. 133 ff. Für Bachelard gibt es gewisse Verfahren, die die Bildung des wissenschaftlichen Geistes behindern, und dazu gehört auch das figürliche Sprechen. Es muss daher auch in seine Psychoanalyse der objektiven Erkenntnis miteinbezogen werden.

55 Rousseau [1988], Bd. II, 16, S. 247; Rousseau [1989], S. 105 f.; Vico [1990], Bd. II, S. 191 ff.

56 Vgl. Rorty [1991]; Rorty [1995]; White [1991]; Zill [2001]; Rorty [2001].

57 Vgl. Blumenberg [1960]; Blumenberg [1971]; Blumenberg [1979]; Blumenberg [2007]; Ricœur [1986]; Derrida [1988].

58 Richards [1936], Black [1962]

George Lakoff und Mark Johnson dem Phänomen gewidmet.[59] Darüber hinaus hat man auch versucht, die Theorie von Autoren, die selbst keine ausgesprochene Konzeption der Metapher ausgearbeitet haben, in Hinblick auf eine solche Theorie zu extrapolieren, etwa im Fall Ludwig Wittgensteins, dessen Ansätze einer Gebrauchstheorie der Sprache hier eine ganze Reihe von produktiven Weiterentwicklungen versprechen.[60]

All diese Namen bezeichnen aber nur zum Teil ein homogenes Forschungsfeld. Lange Zeit sind gerade die nationalen Traditionen relativ stark abgeschottet gewesen. So hat zum Beispiel Hans Blumenberg die angelsächsische Theoriewelt gar nicht wahrgenommen, was noch heute für gewisse Bereiche der deutschen Rezeption nachwirkt[61], auch wenn sich die Diskussion hier doch im Allgemeinen internationalisiert hat.[62] Andererseits wird auch Blumenbergs Ansatz im angelsächsischen Bereich noch vergleichsweise schlecht in die Diskussion einbezogen.

Die zunehmende Aufmerksamkeit, die die Metapher in den einzelnen nationalen und wissenschaftlichen Kontexten erfahren hat, und ihre zunehmend positive Bewertung als kognitives Instrument sind zudem begleitet von einer Akzentverschiebung. Die Ähnlichkeit der beiden in der Metapher vereinten Phänomene ist nun weniger bedeutsam als ihre Unterschiede. Das geht so weit, dass die Differenzen sogar zum konstitutierenden Moment ihrer Definition gemacht werden, so zum Beispiel wenn Harald Weinrich sie schlicht als »widersprüchliche Prädikation« bestimmt.[63] Nelson Goodman will das Kriterium der Ähnlichkeit sogar völlig eliminieren und bezeichnet die Metapher

59 Hesse [1965]; Goodman [1995]; Searle [1982]; Davidson [1986]; Danto [1991]; Lakoff/Johnson [1998]

60 Vgl. z.B. Arnswald/Kertscher/Kroß [2004].

61 Vgl. z.B. Taureck [2004].

62 In Deutschland waren nicht zuletzt die Editionen von Anselm Haverkamp hierbei von großer Bedeutung, vgl. Haverkamp [1983], Haverkamp [1998]. Die neuere Literatur ist so umfangreich, dass sie hier nicht extra aufgeführt werden kann, vgl. für einen Überblick Willer [2005].

63 Weinrich [1983], S. 330

als »kalkulierten Kategorienfehler«.[64] Wo zwei Begriffe also in einen metaphorischen Kontakt geraten, kommt es zu einem Konflikt. [65] Allerdings unterscheidet das die Metapher nicht von anderen Tropen.[66] Darüber hinaus sagt die reine Tatsache, dass hier zwei Begriffe miteinander in einen Konflikt geraten, nichts, wenn man erklären will, dass sie im Ergebnis nicht als zwei Leichen auf dem Schlachtfeld des Verstehens zurückbleiben, sondern daraus ein positives Resultat entsteht.[67]

Wie man das Identische nicht zum alleinigen Kriterium machen kann, so auch nicht die Differenz. Ganz ohne Bezug auf Ähnlichkeit kommt man bei der Metapher nicht aus.

3.2 Max Blacks Interaktionstheorie rekonstruiert

Die zwischenzeitliche Aversion gegen die Ähnlichkeit hat einige der ‚klassischen' Autoren erst in Verruf gebracht und dann als Teil einer scheinbar überwundenen Geschichte historisiert und archiviert. Darunter fallen auch Theoretiker, deren Potential mir noch nicht ausgeschöpft zu sein scheint, zum Beispiel Max Blacks Initialaufsatz *Metaphor* von 1954. Auf seine Thesen soll hier noch einmal zurückgekommen werden, um sie *pars pro toto* als Modell für das Modell ins Spiel zu bringen.[68]

Erinnern wir uns an die zentrale These dieses Artikels: Die Metapher beruhe nicht – wie die Tradition gemeint hat – auf einer immer schon bekannten Gleichheit, diese Gleichheit werde im Gegenteil selbst erst produziert. Ähnlichkeit ist also nicht Voraussetzung, son-

64 Goodman [1995], S. 77

65 Vgl. Goodman [1995], S. 73ff.

66 Die Verschleifung der Unterschiede zwischen den rhetorischen Figuren hat schon Gerard Genette [1983] kritisiert.

67 Vgl. dazu schon Künne [1983], S. 18 ff.

68 Das hier vorgeschlagene Verfahren einer Modellübertragung von der Metapher auf das Modell könnte seinen Ausgangspunkt natürlich auch bei anderen Autoren nehmen. Abgesehen davon, dass dies den hier zur Verfügung stehenden Rahmen sprengen würde, scheint mir Black zunächst einmal der viel versprechendste Kandidat zu sein.

dern Ergebnis dieser Sprachfigur. Die herkömmliche Theorie, bei der man von zwei Personen oder Gegenständen schon wissen muss, dass beide dieselbe Eigenschaft besitzen, um sie in ein metaphorisches Verhältnis zueinander zu setzen, nannte Black die Vergleichstheorie.

Dieser Vergleichstheorie hatte er nun seine Interaktionstheorie gegenübergestellt. Nur mit ihrer Hilfe kann man – nach Black – an der Metapher ein kreatives Potential aufdecken. Denn in einem Satz können danach durchaus zwei Vorstellungen, die auf den ersten Blick überhaupt keine Gemeinsamkeiten haben, zusammengerückt werden, wie zum Beispiel in der bekannten, philosophiehistorisch geadelten Metapher ‚Der Mensch ist des Menschen Wolf'.

Rekonstruieren wir Blacks Terminologie. Die Metapher selbst ist nicht – wie man gewöhnlich meint – nur ein Wort, eben eines, das in ‚übertragener Bedeutung' gebraucht würde, hier etwa ‚Wolf', sondern der ganze Satz. Denn ‚Wolf' ist nicht an sich eine Metapher, sondern erst im Zusammenhang mit einem anderen Wort, auf das die Bestimmung im buchstäblichen Sinn meist gar nicht angewendet werden kann – wie etwa auf den Menschen. Das ist eine immer wieder unterschätzte, häufig sogar verdrängte Erkenntnis.[69] Alles, was in dem Satz nun buchstäblich genommen werden soll, hier: ‚Der Mensch ist des Menschen...', nennt Black den Rahmen; das Wort aber, das quer zum Rest des Satzes steht – wie ‚Wolf' –, das Wort, das gewissermaßen aus dem Rahmen fällt, heißt bei ihm Metaphernfokus. Dieses Zusammenspiel von Fokus und Rahmen ist dann das ‚Metaphernthema'.

Indem nun vom Menschen gesagt wird, er sei ein Wolf, werden ihm neue Bedeutungen zugesprochen, und das, weil der Fokus ‚Wolf' wie ein Filter wirkt, durch den wir den Hauptgegenstand ‚Mensch' betrachten. Für Black kommt hinzu, dass jeder Begriff nicht nur auf einen ganz bestimmten Gegenstand verweist, sondern eigentlich ein so genanntes ‚System assoziierter Gemeinplätze' ist. Der Wolf ist nicht in erster Linie eine biologische Spezies, sondern ein Verbund

69 Sie findet sich auch schon bei Richards [1983], S. 37. Praktisch würde das bedeuten, dass etwa die inzwischen entstehenden Wörterbücher philosophischer Metaphern überhaupt nicht aus Ein-Wort-Lemmata bestehen dürften, vgl. Konersmann [2007].

von in verschiedenen Hinsichten aufgeladenen Bedeutungen, die alle Mitglieder einer bestimmten Kultur teilen, etwa, dass der Wolf ein räuberisches und verschlagenes Wesen sei, ein gefährliches Untier, vor dem man sich in Acht nehmen sollte. Dabei kommt es gar nicht darauf an, ob der real existierende Wolf wirklich all diese Charaktereigenschaften hat, sondern nur darauf, wie wir ihn wahrnehmen. Für die Metaphorologie ist er also nicht in erster Linie ein Lebewesen, sondern ein Konglomerat kultureller Konnotationen. Und auch wenn Biologen entdecken würden, dass er eigentlich ein sehr liebevolles, gesellschaftsfähiges und soziales Geschöpf ist, bleibt das für eine Metapher solange irrelevant, wie diese Erkenntnis noch nicht *common sense* geworden ist.

Wenn nun ein solches Assoziationssystem ‚Wolf' mit einem Assoziationssystem ‚Mensch' in metaphorischen Kontakt gebracht wird, filtert es gewisse Eigenschaften des Menschen heraus, oder wie Max Black selbst schreibt:

> »Ein geeigneter Zuhörer wird durch die Implikationen des Wolf-Systems zur Konstruktion eines entsprechenden Systems von Implikationen des Hauptgegenstandes gebracht. Diese Implikationen werden jedoch nicht denen entsprechen, die beim wörtlichen Gebrauch von ‚Mensch' normalerweise in den Gemeinplätzen enthalten sind. Die neuen Implikationen müssen von demjenigen Implikationsmuster determiniert sein, das mit den wörtlichen Verwendungen des Wortes ‚Wolf' verbunden ist. Alle jene menschlichen Charaktermerkmale, über die sich ohne unnötige Überstrapazierung in ‚Wolf Sprache' reden läßt, werden dabei deutlich hervortreten, während diejenigen, für die das nicht möglich ist, in den Hintergrund gedrängt werden. Die Wolf-Metapher unterdrückt einige Details und betont andere – kurz gesagt, sie organisiert unsere Ansicht vom Menschen.«[70]

70 Black [1983a], S. 72

3.3 Die Kreativität der Metapher

Nun ist Blacks Theorie bis hierhin eigentlich nur eine Filtertheorie und noch keine Interaktionstheorie. Der entscheidende Schritt von der einen zur anderen ist erst die Annahme, dass nicht nur der ‚Wolf' bestimmte Eigenschaften des Menschen herausfiltert, sondern umgekehrt der Hauptgegenstand ‚Mensch' im Rahmen der Metapher die Eigenschaften, die am Wolf erst als Filter in Betracht kommen, selbst selektiert. Denn viele Eigenschaften des Wolfs interessieren uns für die Metapher keineswegs. Dem Menschen wächst durch sie natürlich kein graues Fell, und genauso wenig wird er plötzlich in Rudeln durch die Karpaten streifen. Der Hauptgegenstand wirkt gewissermaßen als Filter für den Filter. Anders gesagt: Beide Assoziationssysteme tasten sich in einem komplexen Interaktionsverhältnis gegenseitig auf mögliche Gemeinsamkeiten ab, sie interagieren miteinander.

An diesen Interaktionen zeigt sich noch einmal deutlich, dass eine Metapher stets ein ganzer Satz, nie bloß ein einzelnes Wort ist. ‚Wolf' an sich ist nur ein Begriff, keine Metapher. Je nachdem auf welchen Hauptgegenstand sich der Begriff bezieht, werden andere Elemente aus seinem Assoziationssystem gefiltert, ergeben sich also mitunter völlig andere Metaphern.

Zwei wichtige Kriterien der Metapher bleiben bei Black, obwohl sie dort angelegt sind, noch unterbestimmt. Das eine ist das Phänomen der Interaktion zwischen den Metaphernpolen, das andere eine nähere Charakterisierung der Kreativität von Metaphern.

Zunächst erfährt man bei ihm wenig mehr über die Interaktion, obwohl sie zum Namensgeber seiner Theorie wurde. Das hat vielleicht einen guten Grund, der mit der Offenheit der Metapher im Zusammenhang steht. Eine genaue Bedeutung der benutzten Metapher lässt sich nämlich nie letztgültig festschreiben. Man kann sie zwar paraphrasieren, also ‚Der Mensch ist des Menschen Wolf' heißt, dass der Mensch gefährlich, unberechenbar, hinterhältig usw. ist. Mit dieser Paraphrase kann man aber nie das, was in der Metapher an Bedeutung enthalten ist, ausschöpfen; schon deshalb nicht, weil man nie genau weiß, welchen Umfang das Assoziationssystem des je anderen hat. Vielleicht kommt er aus einem uns fremden kulturellen Kontext, in dem ‚Wolf' ganz anders konnotiert wird. Aber selbst wenn sie aus demselben Kulturkreis stammen, heißt das nicht, dass Sprecher und Zuhörer gleichermaßen der ganze Fundus an Assoziationen zur Verfügung steht oder dass nicht noch private hinzutreten, etwa individuelle Erfahrungen, die man mit Wölfen gemacht hat.

Die Metapher ist eine offene und instantane Figur. In dem Moment, in dem man sie analysieren will, entzieht sie sich dem Blick, verflüchtigt sich. In der Paraphrase, das heißt in der fest gestellten Interaktion, konstituiert man sie in gewissem Sinne erst als je bestimmte. Daher wird man normalerweise nie genau sagen können, wie sich im einzelnen Fall die Interaktion der Metaphernpole realisiert.

Mag das auch unbefriedigend bleiben, so lässt sich immerhin das zweite bislang unterbestimmte Kriterium, die Kreativität der Metapher, präziser bestimmen. Black spricht davon, dass durch den im Fokus situierten Gegenstand einige Züge am Hauptgegenstand hervorgehoben werden, andere zurücktreten. Solch eine Formulierung unterschätzt aber das kreative Potential der Metapher. Viele Kritiker Blacks haben dann genau in diesem Sinne auch betont, dass so keineswegs Ähnlichkeit geschaffen, sondern nur etwas akzentuiert und ans Licht gebracht werde, das vorher bereits im Bedeutungsfundus beider Ausdrücke vorhanden gewesen sei.

Blacks Anspruch einer genuinen Produktionsleistung lässt sich aber retten und sogar stärken, wenn man seinem eigenen Hinweis nachgeht, dass in der Metapher nicht fest umrissene, eindeutig definierte Begriffe interagieren, sondern zwei Assoziationssysteme, deren Art und Umfang zudem von Person zu Person mehr oder weniger stark variieren kann. So ist auch das gesamte Feld möglicher Assoziationen beim Hauptgegenstand nicht nur reicher, als jeder individuelle Sprecher oder Hörer aktuell realisiert; dieses Feld beinhaltet unter Umständen auch inkompatible Alternativen. Entscheidungen darüber, welchen Bereich dieses Assoziationsfelds zu aktualisieren und welche Alternativen zu selektieren sind, werden durch den metaphorischen Prozess getroffen. Das heißt, die Metapher betont nicht nur einige Merkmale und andere nicht, vielmehr bestimmt die Metapher erst eigentlich, was überhaupt ein Merkmal ist und was nicht.

Ein simples Beispiel: In der Wolf-Metapher gibt es auch Charakterzüge des Menschen, die in den Hintergrund treten, wie etwa seine Musikalität. Niemand wird mit der Wolf-Metapher dem Menschen seine prinzipielle Musikalität absprechen wollen, sie ist in dem Kontext aber völlig irrelevant, tritt einfach in den Hintergrund. Im Gegensatz dazu – und das ist das eigentlich Entscheidende – werden andere mögliche Eigenschaften des Menschen, die in anderen Metaphern durchaus erscheinen können, in der Wolf-Beziehung schlichtweg eliminiert, so zum Beispiel seine Fähigkeit, Mitleid zu empfinden.

Damit kann man sagen, dass die Metapher in einem sehr ähnlichen Sinne wie das Modell als kreatives Instrument bezeichnet werden kann. Aber auch noch andere Eigenschaften sind beiden gemeinsam. Man muss nur noch einmal einen Blick auf die Merkmalsliste des Modells werfen. Auch die Metapher ist relational, auch sie funktioniert als Übertragung, nämlich von dem fokalen Gegenstand auf den eigentlichen. Voraussetzung dieser Übertragung ist bei der Metapher wie beim Modell eine vorausgehende Repräsentationsleistung, die auf etwas anderes, also ein bestimmtes Assoziationssystem verweist. Schließlich findet sich bei der Metapher auch jenes Zusammenspiel von Identität und Differenz.

Darüber hinaus ist sie auch wieder eine asymmetrische Figur. Man kann zwar jedes tropische Beziehungspaar auch umdrehen, es ergibt sich dann aber eine völlig andere Metapher. Wenn man behauptet, die Armen seien die Neger Europas (um einen Aphorismus des Spätaufklärers Nicolas Chamfort auszuleihen), bedeutet dies etwas anderes, als wenn man sagt, die Neger seien die Armen der Welt. Das zweite Beispiel ist nicht einmal eine Metapher.

3.4 Die Metapher als Modell des Modells

Was bedeutet das alles nun für die ursprünglich angezielte Übertragung von der Metapher auf das Modell? Grundsätzlich kann man natürlich jedes beliebige Feld versuchsweise zum Modell eines anderen machen. Die Metapher hat aber schon im Vorhinein große Ähnlichkeit mit dem Modell. Dadurch steigt die Wahrscheinlichkeit, dass der Übertragungsakt einen produktiven Gewinn hervorbringt. Der Gewinn solch eines Verfahrens zeigt sich dann auch vor allem an zwei Merkmalen.

Es gab zwei wichtige Eigenschaften, die die Metapher gemäß der Black'schen Interaktionstheorie auszeichnen und die man beim Modell, so wie es bisher beschrieben worden ist, nicht findet: das Metapherntheme und die Interaktion. Inwieweit lassen auch sie sich auf das Modell übertragen?

Zunächst kann man vermuten, dass auch beim theoretischen Modell eine Form der Interaktion stattfindet, es also nicht nur eine lineare und einseitige Übertragung vom Vorbild auf das Nachbild gibt, sondern auch Rückwirkungen, sprich eine komplexe Wechselwirkung zwischen beiden.

Daran wäre zu überlegen, ob es nicht auch beim Modell sinnvoll ist, den Ausdruck für die ganze Beziehung zu reservieren: dass also nicht das Vorbild in der Übertragung allein das Modell ist, sondern beide Pole der Beziehung und die zwischen ihnen stattfindende Wechselwirkung.

Doch bevor die Metapher mit solch einer Übertragung zum Modell des Modells wird, sollte noch einmal an die grundlegende Differenz zwischen diesen zwei Formen analogisierenden Denkens erinnert werden und damit auch daran, worin die Metapher gerade *nicht* zum Modell des Modells werden kann. Worin sich die Metapher – abgesehen von möglichen Unterschieden im Medium (Sprache, Bild, dreidimensionaler Gegenstand) – grundsätzlich vom Modell unterscheidet, ist erstens ihre Offenheit und damit zweitens ihr prinzipieller Widerstand gegen die Paraphrase. Beides ist schon erwähnt worden. Durch sie ist die Metapher ein ewig unabgeschlossener Prozess, der sich letztlich auch nicht in ein eindeutiges Ergebnis verfestigen kann und somit nur begrenzte Möglichkeiten bietet, an ihn anzuschließen.

Das ist beim Modell anders. Die Modellübertragung ist ein im Prinzip reguliertes, öffentliches, interpersonelles Verfahren. Bei ihm wird dezidiert angegeben, welche Merkmale man überträgt, ein Transfer, der nach- und überprüfbar und bei Bedarf auch revidierbar ist. Das Ergebnis dieser Übertragung ist in gewissen Grenzen klar bestimmbar. Man kann dann daran anschließen und etwa die neue Theorie unabhängig von ihrer ursprünglichen Genese modifizieren. Das bedeutet allerdings nicht, dass die Übertragung von einem Bereich in den anderen nicht wiederholt werden könnte. Andere Theoretiker können so zum Beispiel dem Transfer grundsätzlich zustimmen, bestimmte Züge aber zurücknehmen und andere nachtragen.

Ähnlich ist es übrigens bei einer dritten Figur analogisierenden Denkens, dem Gleichnis. Mit dem Modell eint das Gleichnis eine gewisse Frontstellung gegen die Offenheit der Metapher. Ein Vergleich oder ein Gleichnis gibt immer relativ deutlich mit an, worauf es sich bezieht. Anders aber als das Modell ist das Gleichnis keine genuin erkenntnisproduzierende Figur. Es ist vielmehr eine in erster Linie didaktische Repräsentation, die eine schon bestehende Theorie *post festum* illustrieren soll, damit man sie besser verstehe. Deshalb sind solche Gleichnisse auch oft in hohem Grade konstruiert und künstlich. Man denke nur an das vielleicht berühmteste Beispiel in der Philosophiegeschichte, das Platonische Höhlengleichnis.

4.

Platons Analogie von Polis und Psyche

Was es nun heißen kann, dass vor allem auch der Interaktionscharakter der Metapher auf das Modell übertragbar ist, erweist sich nur an konkreten Beispielen. Die Produktivität von Modellübertragungen zeigt sich ja lediglich dadurch, dass sie ihre Leistungsfähigkeit in einem neuen Gebiet unter Beweis stellen. Drei kurze Beispiele – je eines aus den Theorien Platons, Sigmund Freuds und Thomas Kuhns – sollen das im Folgenden leisten.

4.1 Das Seelenrosse-Gleichnis

Das erste stammt aus der Affekttheorie. Es ist Platons Konzeption der Psyche oder – wie ich es nenne – sein triadisches Modell. Platons Überlegungen antworten auf den Streit zweier zeitgenössischer Theorien. Auf der einen Seite stand die extrem rationalistische Auffassung des Sokrates, für den Affektbeherrschung lediglich eine Sache korrekten Urteilens war. Triebe betrachtete er nicht als eigene Instanz, sondern nur als das Resultat von Fehlurteilen. Was als Willensschwäche erscheint, ist nichts anderes als eine falsche Bewertung der guten und schlechten Folgen einer Handlung, Ergebnis also eines Irrtums.[71]

Gegen ihn stand die Euripideische Position, nach der man durchaus etwas Schlechtes tun und zur gleichen Zeit sich der Falschheit dieser Handlung voll bewusst sein könne. Am deutlichsten ist diese Auffassung in der Gestalt der Medea repräsentiert: Medea, die ihre Kinder ermordet, obwohl sie weiß, dass sie sich dadurch selbst am meisten schadet. Vernunft und Trieb müssen daher zwei voneinander unabhängige Instanzen sein.[72]

Platons Bestreben war es nun, dem Individuum seine Autonomie, die Herrschaft jenes klaren Verstandes über diesen dunklen Trieb, zurückzugeben. Er sah aber wohl auch, dass die optimistische Variante des Sokrates nicht ohne weiteres haltbar ist. So antwortet er – wie Euripides und gegen die Sokratische Urteilstheorie – mit einem Instanzenmodell, gibt der Vernunft aber für ihren Kampf gegen den Trieb einen Helfer bei, den so genannten *thymos*. Dieser *thymos* ist selbst ein Affektkonglomerat, das sich aus Mut, Zorn, Scham und ähnlichem, also den von Platon als positiv empfundenen emotionalen Regungen in uns, zusammensetzt.

Somit besteht die Platonische Seele aus drei Teilen, die im Körper auch fest verortet werden. Die Vernunft hat ihren Sitz im Kopf, der *thymos* im Herzen. Die übrigen Leidenschaften – Lust und Begierde jeder Art: Hunger, Durst, sexuelle Regungen sowie die Furcht und anderes mehr, dargestellt als reißende Bestie in uns – sind in Unterleibsnähe, zwischen Zwerchfell und Nabel, angekettet. Man findet das so beschrieben – halb metaphorisch, halb als physiologische Theorie getarnt – im *Timaios*.[73]

71 Vgl. Platon: *Prot.* 319a ff.

72 Siehe vor allem den Monolog der Medea in Euripides [1972], Bd. 1, S. 117ff. (1021–1078).

73 Vgl. Platon: *Tim.* 69e ff.

In einem früheren Dialog aber, im *Phaidros*, stellt Platon diese Seelenvorstellung noch deutlich in Form eines Gleichnisses dar. So heißt es denn bei ihm:

> »Bezüglich ihrer Erscheinungsform [d.h. der der Seele] aber mag folgendes ausgesprochen werden. Die Beschreibung ihres wirklichen Wesens erforderte durchaus göttliche Fähigkeiten und wäre umständlich; eine bildliche Veranschaulichung jedoch mag Menschen in kürzerer Ausführung gelingen: machen wir damit den Versuch. Verglichen soll sie werden der zusammengewachsenen Kraft eines geflügelten Wagengespanns und seines Lenkers. Die Rosse der Götter sind wie deren Lenker sämtlich edel und aus edlem Stamm; dagegen bei den anderen [nämlich bei den Menschen] haben wir verwickelte Verhältnisse. Fürs erste ist es ein Zwiegespann, das unser Führer zu lenken hat, und dann ist von seinen Rossen nur das eine schön und edel und aus entsprechender Zucht, das andere aber von entgegengesetzter Zucht und Beschaffenheit. So ist denn mit Notwendigkeit bei uns die Lenkung schwierig und verdrießlich.«[74]

Und etwas später heißt es:

> »Wie ich am Anfang dieses Mythos jede Seele in drei Teile zerlegt habe, nämlich zwei roßgestaltige Gebilde und zum dritten das eines Wagenlenkers, so soll das auch jetzt noch gelten. Von den Rossen, sagten wir, ist eines gut, das andere nicht. Doch worin die Trefflichkeit des guten und die Schlechtigkeit des schlechten bestehe, das haben wir nicht erklärt. Aber jetzt wollen wir es sagen. Nun, das eine, das die bessere Stelle einnimmt, ist von geradem Wuchse, fein gegliedert, hochnackig, mit gebogener Nase, von weißer Farbe, schwarzäugig, ehrliebend mit Besonnenheit und Schamgefühl, richtiger Meinung vertraut, und ohne Schläge zu brauchen wird es allein durch Anruf und Zuspruch gelenkt; das andere dagegen ist krumm, massig, ein Blendling verschiedenster Rassen, starknackig, von kurzem Hals und stumpfer Nase, von schwarzer Farbe, mit blaugrauen, rot unterlaufenen Augen, der Frechheit und Flunkerei vertraut,

74 *Phaid.* 246a, hier zitiert nach Platon [1988].

zottig um die Ohren, schwerhörig und nur der Peitsche und den Stacheln fügt es sich notdürftig.«[75]

Die Passage spricht für sich selbst. Die Seele erscheint als Wagen, gezogen von einem weißen und einem schwarzen Ross. Das weiße Ross steht für den *thymos*, das schwarze für die *epithymiai*, die Begierden, der Wagenlenker selbst ist die Vernunft. Nachdem dieses Arrangement sorgfältig beschrieben ist, wird die Allegorie fortgesetzt mit einer detaillierten Erzählung, wie das böse Pferd voller Energie auf das Ziel seiner Lüste – einen wohlgestalteten Knaben – zustürmt und der Wagenlenker es zu zügeln versucht. Das gute Pferd hilft ihm dabei, es ist im Gleichnis geradezu die physische Gegenkraft, die seinen Spanngenossen bezwingen soll.

Der *thymos* hat also eine Vermittlungsfunktion, für die er schon dadurch prädestiniert ist, dass er an beiden Sphären teilnimmt. Wie die Begierde ist er ein affektives Vermögen (beide werden durch Pferde repräsentiert), gleichzeitig ist er aber mit der richtigen Meinung vertraut (es hört auf die Befehle des Lenkers). Im *Timaios* zeigt sich diese Vermittlungsfunktion schon durch die physische Mittellage im Herzen, also zwischen den unten angesiedelten Trieben und der oben im Kopfe beheimateten (gottwärts gerichteten) Vernunft, die mit den affektiven Anteilen der Seele ohnehin nur durch die schmale Landenge des Halses verbunden ist, militärisch gesehen also eine gut zu verteidigende Passage. Man kann an diesem Beispiel deutlich die charakteristischen Züge des Gleichnisses ausmachen, seine Künstlichkeit, das Konstruierte, das Nachgeordnete, das eine vorhandene Theorie bloß didaktisch verdeutlicht. Bei aller Bildlichkeit muss doch die dreigliedrige Struktur der Seele schon vorhanden sein.

4.2 Modellmethode *avant la lettre*

Wenn man sich nun zwar aus funktionalen oder taktischen Gründen plausibel machen kann, warum Platon solch eine dritte Kraft wie der *thymos* ganz gelegen kommt, so lässt sich dennoch die Frage stellen, wie die Seelenauffassung als ganze eigentlich entstehen konnte.

75 *Phaid.* 253

Es gibt nun eine dritte Stelle im Werk Platons, an der die dreigliedrige Seele erscheint: nämlich in der *Politeia*. Und hier kann man die Entstehung der Platonischen Seelenvorstellung recht gut beobachten. Zunächst geht es dort allerdings um die vier Kardinaltugenden: Weisheit, Tapferkeit, Besonnenheit und Gerechtigkeit. Die Frage, die in der *Politeia* unter anderem gestellt wird, ist die, wie ein tugendhafter Mensch zu definieren sei, insbesondere ein gerechter.

> »Die Frage, an deren Lösung wir jetzt herantreten, ist kein Kinderspiel, sondern fordert, wie mir scheint, ein scharfes Auge. Da wir nun keine Weisheitshelden sind, so scheint es mir, wir richten uns mit unserer Untersuchung nach einem Muster wie dem folgenden: wenn jemand Leuten, die nicht besonders scharfsichtig sind, die Aufgabe stellt kleine Buchstaben aus der Ferne zu lesen, und dann einer merkt, dass es dieselben Buchstaben auch anderswo und an Größerem gibt, so wäre das, dächt' ich, ein wahrer Glücksfund: wir könnten erst diese lesen und dann die kleinen daraufhin ansehen, ob sie auch wirklich dieselben sind.«[76]

Ein wahrer Glücksfund in der Tat: Was Platon hier vorschlägt, ist Modelltheorie *avant la lettre*.

4.3 Das triadische Modell

Im Fortgang der Überlegungen wird die Polis zum Modell der Psyche, denn, wie die Tugenden des Einzelnen aussehen, meint Platon deutlicher erkennen zu können an den Tugenden der Stadt. Für diese Zwecke geschieht nun Folgendes: Platon konstruiert einen Idealstaat, der alle Funktionen einer Gesellschaft umfasst, Bauern, Schuster und Weber, Baumeister und Zimmerer, Schmiede, Werkzeugmacher und andere Handwerker, Hirten und Schäfer, Händler und Krämer, schließlich sogar Tagelöhner. Diese im weitesten Sinne produzierenden Berufe fasst er in einem Stand zusammen. Dazu kommen als zweiter Stand die so genannten Wächter, also die Krieger – und drit-

76 *Pol.* 368 cd

tens schließlich eine besondere Gruppe, die aus der Mitte der Wächter ausgewählt wird und die die eigentlichen Herrscher sein sollen.

Die so gefügte Polis muss nun auf ihre Tugenden hin untersucht werden. Greifen wir eine von ihnen exemplarisch heraus: *sophrosyne*, die Besonnenheit.

Seltsamerweise kommt Platon, wenn er die Besonnenheit der Stadt beschreibt, nicht ohne den Rückgriff auf das Individuum aus. So heißt es bei ihm:

> »Eine Art Wohlverhalten ist doch wohl die Besonnenheit und eine Überlegenheit über gewisse Lüste und Begierden, wie man sagt, indem man sich dafür des sonderbaren Ausdrucks ‚sich selbst überlegen' bedient. [...] Ist nun die Wendung ‚sich selbst überlegen' nicht lächerlich? Denn der sich selbst Überlegene ist offenbar auch sich selbst unterlegen und der Unterlegene überlegen. Denn der damit Bezeichnete ist in allen diesen Fällen derselbe. [...] Aber, wenn ich nicht irre, soll diese Redewendung doch besagen, daß in dem Menschen, was seine Seele anlangt, ein besseres und ein schlechteres Teil sich findet, und wenn das von Natur bessere Herr ist über das schlechtere, so ist das eben das ‚Sichselbstüberlegensein'.«[77]

Besonnenheit zeigt sich als Einklang, als Harmonie von Seelenteilen. Soviel ist also über die Seele hier immerhin schon bekannt: dass sie Teile hat; es ist außerdem von einer überlegenen und einer unterlegenen Komponente die Rede; die unterlegene setzt sich aus bestimmten Begierden und Gelüsten zusammen. Besonnenheit als Tugend beruht damit auf einem hierarchischen Verhältnis. Dieses Verhältnis, als solches noch relativ undifferenziert, wird nun auf den Staat übertragen.

Wohlgemerkt: Eigentlich soll der Staat in dieser Argumentation das Vorbild sein, das Modell für die Seele. Nun wird hier in einer vorgängigen Übertragung schon etwas von der Seele auf den Staat projiziert, nämlich eine im Grunde undifferenzierte Struktur, wie man sie in vielleicht alltäglichen Erfahrungen der Selbstbeherrschung in-

77 *Pol.* 430f.

trospektiv erkennen kann. Platon beruft sich hierfür in der Tat auf einen *common sense*.

Dieses erste Übertragungsergebnis wird nun am Staat konkretisiert und weiter differenziert. Die triadische Struktur des Staates – bestehend aus den drei Ständen – ist ja schon durch die Voruntersuchung bekannt. Auf sie wird nun das Übertragene bezogen. Dem zu Beherrschenden, also den Begierden, entsprechen die Frauen, die Kinder und vor allem das gewöhnliche Volk: der produktive Stand. Das Regierende sind natürlich die Krieger und vor allem die Herrscher. Somit hat Platon bestimmt, was ‚Besonnenheit des Staates' heißen soll.

Im Folgenden werden auf ähnliche Weise auch die anderen Tugenden konstruiert. Sie alle erweisen sich entweder als besondere Beschaffenheiten einer einzelnen Gruppe im Staat (Weisheit der Polis ist die Weisheit ihrer Regenten, Tapferkeit der Polis ist die Tapferkeit ihrer Krieger) oder als besonderes Verhältnis der Teile (wie bei der *sophrosyne*).

So gerüstet kann Platon schließlich zu der Modellübertragung, die er eigentlich im Blick hatte, kommen: der von der Polis auf die Psyche. Bei dieser – genau genommen: zweiten – Übertragung wird die gesamte triadische Struktur samt der für sie bestimmenden Verhältnisse – also der Tugenden – auf die Seele zurückprojiziert. Den Herrschern entspricht die Vernunft, den Kriegern der *thymos* und der Masse des arbeitenden, aber emotional unkontrollierten Volkes die *epithymiai*. Bei beiden Schritten ergibt sich ein je eigener Übertragungsgewinn, der seine Plausibilitäten aus je eigenen Sphären zieht. Bei der ersten Übertragung ergibt sich das Herrschaftsverhältnis, bei der zweiten die triadische Struktur, die wir ja schon aus anderen Dialogen kennen. Platon geht dann dazu über, diese triadische Struktur auch in der Seele zu verifizieren. An diesem Beispiel zeigt sich damit äußerst klar, wie man die Interaktionsstruktur, die für die Metapher charakteristisch ist, auch im Modell auffinden kann.

5.

Der Witz bei Freud

Platons Konstruktion von Polis und Psyche mag uns fremd geworden sein. Nehmen wir deshalb ein zweites Beispiel, diesmal aus der modernen Psychologie. In seiner Abhandlung über den *Witz und seine Beziehung zum Unbewußten* hat sich Sigmund Freud selbst explizit des Verfahrens einer Modellübertragung bedient. Ein Vorbild findet er dafür in seiner eigenen Analyse des Traums. Zunächst aber untersucht er das Verfahren des Witzes an Hand einer großen Zahl empirischer Beispiele. Dabei fallen ihm einige immer wiederkehrende Techniken, derer sich der Witz bedient, auf: Die Verdichtung des Materials, seine Verschiebung, Denkfehler, Widersinn, indirekte Darstellung und auch die Darstellung durch das Gegenteil sind häufig erscheinende Methoden der Witzarbeit.

Besonders die Verdichtung mit Ersatzbildung stellt für Freud eine bemerkenswerte Parallele zum Traum dar, aber auch all die anderen Methoden finden sich dort. Er diagnostiziert eine in der Tat äußerst weitgehende Übereinstimmung bei den Techniken beider Bereiche, so weitgehend sogar, dass er meint, sie werde »kaum eine zufällige sein können.«[78]

Freud nennt diese Analogie daher auch eine ‚Anfangsübereinstimmung', für ihn ein Hinweis darauf, dass der Traum auch weiterhin als Modell für den Witz dienen darf: »Die Traumarbeit liegt, wie ich meine, in ihren wichtigsten Charakteren entschleiert vor uns; von den psychischen Vorgängen beim Witze ist uns gerade jenes Stück verhüllt, welches wir der Traumarbeit vergleichen dürfen, der Vorgang der Witzbildung bei der ersten Person. Sollen wir nicht der Versuchung nachgeben, diesen Vorgang nach der Analogie der Traumbildung zu konstruieren?«[79] Die ‚erste Person' der Witzbildung, also diejenige, die den Witz macht, wäre damit dem Träumenden zu vergleichen.

78 Freud [1940a], S. 96

79 Freud [1940a], S. 189

Doch Freud macht sich selbst den Einwand, dass diese Anfangsübereinstimmung erschlichen sein, dass seine ursprüngliche Diagnose der Witztechniken schon von seiner Kenntnis der Traummechanismen gesteuert gewesen sein könnte. Schließlich stammten auch die Traumkriterien von ihm selbst, gleichzeitig sei er der einzige, der sie für den Witz postuliert habe. Dennoch hält er seinen Vorschlag, den Traum als Modell für den Witz zu nutzen, für durchaus legitim, solange zumindest, als das Ergebnis der Übertragung einer ‚prüfenden Kritik' unterzogen werde.

Der Vorteil des Verfahrens liegt auf der Hand, denn der Traum ist ein inzwischen gut erforschtes Feld. Freud ist sich allerdings bewusst, dass die Analogie eine selektive ist; einige Merkmale des Traums lassen sich nicht auf den Witz übertragen, oder anders gesagt: Was am Traum als Modell für den Witz gelten kann, wird durch unser Vorwissen vom Witz selbst bestimmt. So spielt zum Beispiel die Regression des gedanklichen Inhalts zur Wahrnehmung, die für den Traum zentral ist, beim Witz, der ja wesentlich sprachlich ist, keine Rolle. Kommt dieses dritte Stadium der Traumbildung also nicht als Übertragungsgewinn in Frage, so sind die beiden ersten Stadien durchaus transferierbar. Wie beim Traum kann man also auch vom Witz annehmen, dass zunächst ein vorbewusster Gedanke vorhanden ist, der ins Unbewusste absinkt und dann dort bearbeitet wird. Die Vergleichbarkeit des Resultats in beiden seelischen Bereichen, die Erscheinung an der Oberfläche, wird so zum Ausgangspunkt, um auch die Parallelität der darunter liegenden Prozesse zu unterstellen. Vom Produkt wird auf eine ähnliche Produktion geschlossen, wodurch die sicheren Erkenntnisse des Traums einer Bewährungsprobe im Bereich des Witzes ausgesetzt werden. »Entschließen wir uns also zu der Annahme, daß dies der Hergang der Witzbildung bei der ersten Person ist. *Ein vorbewußter Gedanke wird für einen Moment der unbewußten Bearbeitung überlassen, und deren Ergebnis alsbald von der bewußten Wahrnehmung erfaßt.*«[80]

Zwar ist sich Freud auch im weiteren Verlauf der Untersuchung klar, dass es sich bei seiner »Auffassung« um »eine erschlossene« handelt, um eine Hypothese, für deren Verifizierung ihm letztgültige

80 Freud [1940a], Hervorhebung im Original

Beweise fehlen, dennoch kann er sie für eine große Zahl von Details fruchtbar machen.[81]

In diesem Beispiel ist die Interaktion der Modellpole sicher nicht so stark wie im Fall der Platonischen Polis-Psyche-Analogie. Die Rückwirkung vom Witz auf den Traum geschieht lediglich durch die Selektionsleistung, die der Witz für die zu ihm passenden Kriterien aus dem Bereich der Traumarbeit erbringt. Dennoch haben wir hier nicht nur einen klaren Modelltransfer, sondern auch einen Autor, der dieses Verfahren reflektiert verwendet. Es findet sich bei Freud dann auch an anderen Stellen, so zum Beispiel bei der Erforschung der Fehlleistungen.[82]

6.

Kuhns Revolutionen

Untersuchen wir zum Schluss noch ein drittes Beispiel – eines aus einem ganz anderen Bereich – und kehren wir damit zurück zur Figur des Neuen in der Theorie. Auch auf dieser metatheoretischen Ebene zeigt sich das Verfahren der Modellübertragung. In Thomas Kuhns Konzeption des wissenschaftlichen Fortschritts durch Paradigmenwechsel ist es von nachgerade aufdringlicher Deutlichkeit. Kuhns berühmtes Buch *Die Struktur wissenschaftlicher Revolutionen* markiert zunächst ja selbst einen Paradigmenwechsel: den Paradigmenwechsel zum Paradigmenwechsel, vom kontinuierlichen Fortgang der Entwicklung zur diskontinuierlichen Abfolge von Paradigmen, die durch Brüche getrennt sind.[83] Für Kuhn sind diese Brüche ein zentrales Element seiner Theorie. Er bezeichnet sie als Revolutionen. Und in diesem Begriff zeigt sich erneut der Mechanismus der Modellübertragung.

Kuhn weiß natürlich um die Herkunft seiner Konzeption aus einer fremden Disziplin und problematisiert daher diese Übernahme selbst ausdrücklich:

81 Freud [1940a], S. 202

82 Freud [1940b], S. 61

83 Schon dieser Vorstellung liegt offensichtlich selbst auch ein biologisches Modell zugrunde: das der Evolutionstheorie.

»Warum soll der Wechsel eines Paradigmas eine Revolution genannt werden? Angesichts der weitgehenden und wesentlichen Unterschiede zwischen politischer und wissenschaftlicher Entwicklung fragt es sich, welche Parallelität die Metapher zu rechtfertigen vermag, die in beiden Vorgängen Revolutionen sieht.«[84]

Die Verknüpfung beider Sphären ist an sich nicht neu. Schon mit der Entstehung der Fortschrittstheorie im 18. Jahrhundert waren Entwicklung der Wissenschaften und politische Geschichte eng aufeinander bezogen. Nur war zu dieser Zeit der sichere Gang der Wissenschaft das Modell für die politische Geschichte.[85] Bei Kuhn hingegen kehrt sich das Verhältnis beider Sphären um: Die Historiographie politischer Phänomene wird zum Vorbild für eine Geschichte der Naturwissenschaften. Darüber hinaus tritt nun der Begriff der Revolution ins Zentrum seiner Überlegungen.[86]

Kuhn selbst nennt die Einführung dieses Begriffs zwar metaphorisch, aber im Sinne der von mir vorgeschlagenen Unterscheidung handelt es sich hier eindeutig um eine Modellübertragung,[87] denn der Transfer wird bewusst durchgeführt und ausführlich erläutert. Dabei benennt Kuhn explizit folgende Merkmale:

(1) Den Ausgangspunkt bildet die Überzeugung, dass die bestehenden Institutionen die anstehenden Probleme nicht mehr lösen können, und zwar gilt dies sowohl für große Theorieumwälzungen (wie sie etwa durch Kopernikus oder Lavoisier herbeigeführt wurden) als auch für kleinere Wechsel (z.B. die Entdeckung des Sauerstoffs oder der Röntgenstrahlen).[88]

(2) Revolutionen schaffen Institutionen ab und ersetzen sie durch neue, und zwar solche, die vorher durch die alten Institutionen ausgeschlossen bzw. verboten waren.

84 Kuhn [1976], S. 104

85 Vgl. hierzu Rohbeck [1987], S. 33–72.

86 Der politische Begriff der Revolution beruhte ja ursprünglich selbst auf einer Modellübertragung aus der Naturtheorie. Vgl. dazu Griewank [1973], S. 17 ff.

87 Es gibt bei Kuhn allerdings auch ein Beispiel für eine genuine Metapher: vgl. das Landkarten-Gleichnis in Kuhn [1976], S. 121f.

88 Kuhn [1976], S. 104

(3) Zwischen alten und neuen Institutionen gibt es eine institutionenlose Zeit (Bürgerkrieg).

(4) Diese institutionenlose Zeit ist geprägt durch eine Vielzahl von Parteiungen bzw. (Ad-hoc-)Theorien.

(5) Die Mittel des Wandels sind außerrational.

(6) Der Wandel der Institutionen hat teilweise außerinstitutionelle (außerpolitische, außerwissenschaftliche) Gründe.

Es ist sehr bezeichnend, dass Kuhn in diesem Zusammenhang nicht nur das Modell der Revolution, sondern auch die Metapher des Bürgerkriegs benutzt. Der Prozess, in dem sich neue Institutionen herausbilden, beginnt zunächst langsam, verschärft sich dann immer mehr, und damit treten die neuen Institutionen in immer deutlichere Konkurrenz zu den alten:

> »... wenn diese Polarisierung einmal eingetreten ist, versagt die eigentliche politische Auseinandersetzung. Da ihre Meinung über das institutionelle System, innerhalb dessen ein politischer Wandel erreicht und bewertet werden kann, auseinander geht, da sie keinen überinstitutionellen Rahmen für die Beilegung der revolutionären Differenzen anerkennen, müssen die Parteien eines revolutionären Konfliktes letzten Endes zu den Methoden der Massenüberredung Zuflucht nehmen, die oft genug Gewalt einschließen. Obwohl Revolutionen bei der Herausbildung politischer Institutionen eine wichtige Rolle gespielt haben, hängt diese Rolle doch davon ab, dass sie teilweise außerpolitische und außerinstitutionelle Ereignisse sind. Dieser Essay soll im folgenden aufzeigen, dass das historische Studium des Paradigmawechsels ganz ähnliche Charakteristika in der Entwicklung der Wissenschaften enthüllt.«[89]

Thomas Kuhn führt damit aber nicht nur den Begriff der Revolution in die Historiographie der Naturwissenschaften ein, die Beschreibung enthüllt gleichzeitig sein spezifisches Verständnis politischer Umbrüche. Dass Revolutionen immer dann eintreten, wenn die eigentliche politische Auseinandersetzung versagt, wenn übergeordnete Institutionen der Konfliktlösung fehlen, ist keineswegs eine selbstverständ-

89 Kuhn [1976], S. 105f.

liche Annahme. Denn in großen Revolutionen mussten sich soziale Gruppen oft allererst den Zugang zu politischen Institutionen erkämpfen. Übergeordnete Institutionen haben also nicht versagt, sondern waren noch gar nicht existent: ein Zugang zu der »eigentlichen politischen Auseinandersetzung« war den revoltierenden Gruppen bis dahin verwehrt. So hat Kuhn hier schon einen bestimmten Typ auch der politischen Auseinandersetzung im Auge; er lässt sich von einem Institutionenverständnis leiten, das letztlich zur *scientific community* passt. Die Auswahl des Vorbilds ist selbst schon von einigen Charakteristika des Nachbilds geleitet worden, die Übertragung keine einseitige, sondern Ergebnis einer komplexen Interaktion.

Diese Interaktionsstruktur des Modells würde sich nun noch deutlicher zeigen, wenn man über Kuhns eigenen Text hinausginge und dessen Rezeption mit einbezieht. Modellübertragungen sind überpersonelle Phänomene. So finden sich im Anschluss an Kuhns Buch schließlich auch ausdrückliche Rückübertragungen auf sozialwissenschaftliche und politische Theorien.[90]

7.

Migrantenkinder

Kuhn selbst führt uns vor, dass wir nicht »mitten in der Nacht im Geist eines tief in die Krise verstrickten Wissenschaftlers« schauen müssen. Oder besser: dass auch das, was sich dort im Traum ereignet, seine Erklärung finden kann. Es mag durchaus sein, dass auch beim Modell der erste Gedanke zuweilen ein Bestandteil des Vorbewussten, das im Unbewussten sein Spiel treibt, ist. Seine Formulierung findet dann aber im Bewussten statt und ist letztlich ein rekonstruierbarer Vorgang. Die Hypothese, das Neue sei ein originäres Ereignis, das blitzartig über einige auserwählte Genies komme, lässt uns hingegen

90 So etwa bei Rorty trotz seiner partiellen Kritik an Kuhn in Rorty [1981], S. 350.

ins Leere laufen. Denn sie schneidet alle weiteren Fragen rigoros ab. Die hier analysierten Fälle von Modellübertragungen geben immerhin einen Hinweis auf das, was bei der Geburt des Neuen geschieht, wenn auch keinen erschöpfenden. Eine umfassende Theorie wissenschaftlicher Kreativität ist sicherlich komplexer, Modellübertragungen darin nur ein Element, wenn auch ein entscheidendes.

7.1 Beispiel und Modell

Das Verfahren der Modellübertragung macht die Innovation rekonstruierbar, ohne sie dabei auf normale, kumulative Wissenschaft zu reduzieren. Auch Kuhn hatte ja, wie schon erwähnt[91], den Begriff des Modells und des Modellierens benutzt; ihn sogar zum zentralen Moment seiner Konzeption, allerdings von normaler Wissenschaft gemacht. Das innovative Moment von Modellübertragungen zeigt sich nun deutlich, wenn man den Kuhn'schen Begriff zum Schluss noch einmal aufnimmt und gerade die Differenz zwischen beiden Konzeptionen von ‚Modell' betrachtet. Denn nach der Ausformulierung des Modellverfahrens und nach unserem Durchgang durch drei konkrete Beispiele, zeigt sich nämlich klar, worin sich die Modellübertragung von der *imitatio* der paradigmeninternen Nachahmung normaler Wissenschaft unterscheidet.

Kuhns Begriff des Modells ist der einer strukturell weitgehend identischen Reproduktion. Wir erinnern uns: Normale Wissenschaft ist nicht so sehr regelgeleitet, als vielmehr »durch Ähnlichkeit oder Nachbildung [by resemblance and by modeling] auf diesen oder jenen Teil des wissenschaftlichen Korpus [...], den die betreffende Gemeinschaft bereits zu ihren etablierten Leistungen rechnet«[92], bezogen. Junge Wissenschaftler lernen ihren Beruf, indem sie immer komplexere Aufgaben lösen. »Sie werden aber eng nach dem Vorbild früherer Errungenschaften modelliert.«[93] Paradigmata leiten die

91 Vgl. Abschnitt 1.3

92 Kuhn [1976], S. 59f.

93 Kuhn [1976], 61, Übersetzung modifiziert. »But they continue to be

Forschung insgesamt »durch unmittelbare Vorbildwirkung [by direct modeling]« [94] an, oder anders gesagt: Sie sind »allgemein anerkannte wissenschaftliche Leistungen, die für eine gewisse Zeit einer Gemeinschaft von Fachleuten modellartige Probleme und Lösungen [model problems and solutions] liefern«[95]. Mit all diesen Formulierungen ist eine bestimmte Art von Modell gemeint, eines, das man auch Beispiel nennen könnte. Das hat schon Blumenberg an Kuhns Verwendung des Worts moniert: »Man liest diesen Text, ohne in dem Ausdruck ‚Paradigma' etwas anderes als die Bedeutung ‚Beispiel' wahrzunehmen.«[96]

Das zentrale Kriterium für ein Beispiel ist aber, dass es von derselben Art ist wie das, von dem es ein Beispiel gibt. Das Beispiel eines Flugzeugs ist also selbst ein Flugzeug. Das Modell eines Flugzeugs kann nun unter Umständen auch ein Flugzeug sein, ist es aber nicht *per definitionem*. Das Modell eines Flugzeugs ist gerade nicht zwangsläufig ein Flugzeug wie zum Beispiel im Fall von Spielzeugmodellen, denen die zentrale Eigenschaft des Flugzeugs, fliegen zu können, abgeht.

Kuhn hat die Anlehnung seines Paradigmabegriffs an den des Beispiels selbst thematisiert. Er weist darauf hin, dass ‚Paradigma' herkömmlicherweise soviel wie ‚Schulbeispiel' oder ‚Schema' bedeute, z.B. in der Grammatik, in der die Musterkonjugation eines Verbs (amo, amas, amat) auf eine große Anzahl von Verben derselben Art übertragen werden können (laudo, laudas, laudat, ...), und daher leicht irreführend sein kann. Denn das Schulbeispiel lebe von der Wiederholung, Kuhns Paradigma hingegen selten. Es sei eher »der

---

closely modeled on previous achievements...« Kuhn [1996], S. 47

94 Kuhn [1976], S. 61, [1996] , S. 47

95 Kuhn [1976], S. 10, [1996], S. X, Übersetzung korrigiert. Die deutsche Übersetzung setzt für »model problems and solutions« das schwächere »maßgebende Probleme und Lösungen« ein. Hans Blumenberg, der diese Stelle kommentiert (s.u.), zitiert nach der ersten Auflage. Daher redet er noch stärker entstellend von »Modelle und Lösungen«, vgl. Blumenberg [1981], S. 158.

96 Blumenberg [1981], S. 158

Entscheidung eines Präzedenzfalles im Rechtswesen ähnlich, ein Objekt für weitere Artikulierungen und Spezifizierungen unter neuen oder strengeren Voraussetzungen.«[97] Kuhn rückt damit seinen Paradigmabegriff ein Stück weit vom Beispiel ab und verschiebt es mehr in Richtung einer echten Modellübertragung. Dennoch bleibt es dem Beispiel eng verwandt und vom Modelltransfer deutlich unterschieden. Auch der Präzedenzfall muss ja klar von derselben Art sein wie der danach beurteilte Fall. Er reichert den Bereich seiner Geltung an, überspringt aber keine Grenze in einen anderen Bereich.[98]

In der normalen Wissenschaft, d.h. *innerhalb des Paradigmas*, sind Modelle also weitestgehend nur ein Synonym für Beispiele bzw. genauer für Präzedenzfälle. Das Modell bei Modellübertragungen, also bei *Paradigmenwechseln*, ist kein Beispiel, da die im Theorietransfer aufeinander bezogenen Bereiche gerade nicht von derselben Art sind.[99] Sie *setzen* keine Ähnlichkeit *voraus*, sie *produzieren* sie

97 Kuhn [1976], S. 37

98 In einem späteren Aufsatz zum Verhältnis von Metaphern und Wissenschaft spricht Kuhn auch über Modelle (und Metaphern) als bedeutende Elemente von Theorieveränderungen. Allerdings geht er dabei nicht ins Detail. Zudem entgeht ihm an dieser Stelle der zentrale Unterschied von Modellen innerhalb eines Paradigmas und zwischen verschiedenen Paradigmata. Vgl. Kuhn [1979].

99 Blumenberg weist in seinem Aufsatz *Paradigma, grammatisch* auf eine vermeintliche Vorgängerschaft hin. Schon Georg Christoph Lichtenberg habe den Begriff des Paradigmas in einem wissenschaftshistorischen Kontext verwendet. Allerdings verschleift Lichtenberg den Begriff, wenn er zum Beispiel fordert, dass man das kopernikanische System als Paradigma benutzen solle, »nach welchem man alle übrigen Entdeckungen deklinieren sollte.« (zitiert nach Blumenberg [1981], S. 159) Blumenberg scheint mir den Begriff dann sogar noch mehr zu verwirren, wenn er die Lichtenberg'sche Forderung mit dem Hinweis erläutert, dass die Theorie des Kopernikus hier die Funktion »eines Schulbeispiels in der Grammatik, an dem der Schüler die Deklination aller übrigen Substantive desselben Stammtypus' erlernt.« (Blumenberg [1981], S. 159) einnehme. Das ist gerade der Fall, von dem Kuhn – wie wir gesehen haben – seinen Paradigmabegriff absetzen möchte. Der Fall, den Lichtenberg im Auge hat – Kopernikus als Vorbild für alle anderen neuen Wissenschaften – ist hingegen weder ein Beispiel noch – genau genom-

allererst. Dafür ist aber die vorgängige *Differenz* zwischen beiden Modellsphären von essentieller Bedeutung. Die Wichtigkeit der Differenz wird dann noch gravierender, wenn man in Rechnung stellt, dass auch die produzierte Ähnlichkeit nur von begrenzter Reichweite sein mag, dass sich eine neue Theorie im Laufe ihrer Entwicklung an ihrem neuen Kontext abarbeitet, sich so verändern muss und damit immer weiter von ihrem Ursprungsfeld entfernt.

7.2 Vom Emigranten zum Immigranten

Das Neue ist kein unerklärliches Ereignis, sondern das Ergebnis einer Kollision. Schon in der Metapher hat sich das gezeigt. In ihr stoßen zwei Begriffe aufeinander, die auf den ersten Blick nicht zueinander passen wollen. Im Modell wiederholt sich dieser Prozess auf eine deutlich sichtbare Weise: Eine bewährte Theorie wird in eine ihr fremde Disziplin versetzt. Weil sie nicht einfach an den Phänomenen verifiziert wird, an denen sie entwickelt wurde, sondern in einem völlig anderen Bereich, entsteht eine Differenz, aus deren Spannungsbogen heraus Neues hervorgeht.[100] Die Theorie strukturiert das neue Feld, setzt Beziehungen und erklärt das vorher Unklare. Dabei stößt sie auf Widersprüche, die sie auflösen kann, aber auch auf solche, die das nicht erlauben und die sie zwingen, sich selbst zu verändern. Sie gleicht einem Emigranten, der mit dem Vorverständnis seiner alten Kultur in ein neues Land kommt und es manchmal besser verstehen kann als die Einheimischen. Gleichzeitig muss er in seiner Wandlung vom Emi- zum Immigranten sein eigenes Koordinatensystem verändern. Nicht immer mag ihm das gelingen; zuweilen hat er keine Zukunft in seiner neuen Heimat und verschwindet wieder, und manchmal schaffen erst seine Kinder, das Koordinatensystem auf stimmige Weise zu verändern.

Der Witz, die Metapher, das Modell: Alle drei sind zunächst Kol-

---

men – ein Präzedenzfall, sondern im Gegenteil die Forderung nach einer echten Modellübertragung.

100 Das Bewusstsein des tentativen Charakters solcher Modellübertragungen ist durchaus auch bei den Autoren, die sie bewusst einsetzen, präsent, vgl. Barthes [1981], S. 11 und 26f.

lisionen. Die Verarbeitung dieser Kollision leistet das Modell auf regulierte und bewusste Weise – anders als beim Witz und bei der Metapher. Aber sie sind Phänomene, die im Modell ihren rationalisierten Verwandten finden. Beim Studium seiner Umtriebe kann man auch etwas erahnen von dem, was sich in der Interaktion zumindest der Metapher abspielt. Wie die Metapher zum Modell des Modells wird, so das Modell zum Modell der Metapher, sie interagieren – wie in allen echten Modellübertragungen – miteinander. Platons Polis, Freuds Traum und Kuhns politische Revolution waren die Immigranten, die hier zu Wort kamen – aber auch die Metapher. Wie die Struktur der Polis ins Reich der Psyche übersiedelte und sich dort verändern musste, der Traum ins Gebiet des Witzes, die Revolution in die Wissenschaft, so wechselte die Metapher auf das Territorium des Modells über. Was daraus entstand, war von anderer Gestalt. Das Neue ist ein Kind des Alten. Manchmal ist es ein Migrantenkind.

Literatur:

Aristoteles [1982]: ‚Poetik', griech./deutsch, Stuttgart 1982

Arnswald, Ulrich; Kertscher, Jens; Kroß, Matthias (Hg.) [2004]: ‚Wittgenstein und die Metapher', Berlin 2004

Bachelard, Gaston [1987]: ‚Die Bildung des wissenschaftlichen Geistes. Ein Beitrag zu einer Psychoanalyse der objektiven Erkenntnis' (1938), Frankfurt am Main 1987

Black, Max [1962]: ‚Models and Metaphors', New York 1962

Black, Max [1983a]: ‚Die Metapher', in: Haverkamp [1983], S. 55–79

Black, Max [1983b]: ‚Mehr über die Metapher', in: Haverkamp [1983], S. 379–413

Blumenberg, Hans [1960]: ‚Paradigmen zu einer Metaphorologie', in: Archiv für Begriffsgeschichte 6 (1960), S. 7–142, jetzt auch separat: Frankfurt am Main 1998

Blumenberg, Hans [1971]: ‚Beobachtungen an Metaphern', in: Archiv für Begriffsgeschichte 15 (1971), S. 161–214

Blumenberg, Hans [1979]: ‚Schiffbruch mit Zuschauer. Paradigma einer Daseinsmetapher', Frankfurt am Main 1979

Blumenberg, Hans [1981]: ‚Paradigma, grammatisch', in: ders., ‚Wirklichkeiten in denen wir leben', Stuttgart 1981, S. 157–162

Blumenberg, Hans [2007]: ‚Theorie der Unbegrifflichkeit', aus dem Nachlaß hg. von Anselm Haverkamp, Frankfurt am Main 2007

Danto, Arthur C. [1981]: ‚Die Verklärung des Gewöhnlichen. Eine Philosophie der Kunst', 2. Aufl., Frankfurt am Main 1991

Davidson, Donald [1986]: ‚Was Metaphern bedeuten' (1984), in: ders., Wahrheit und Interpretation, Frankfurt am Main 1986, S. 343 – 371

Derrida, Jacques [1988]: ‚Die weiße Mythologie. Die Metapher im philosophischen Text' (1971), in: ders., Randgänge der Philosophie, Wien 1988, S. 205–258

Elias, Norbert [1970]: ‚Was ist Soziologie?', München 1970

Euripides [1972]: Sämtliche Tragödien, Stuttgart 1972

Evers, Bernd (Hg.) [1995]: ‚Architekturmodelle der Renaissance. Die Harmonie des Bauens von Alberti bis Michelangelo', München, New York 1995

Foucault, Michel [1971]: ‚Die Ordnung der Dinge. Eine Archäologie der Humanwissenschaften' (1966), Frankfurt am Main 1971

Foucault, Michel [1988]: ‚Was ist ein Autor?' (1969), in: ders., Schriften zur Literatur, Frankfurt am Main 1988, S. 7–31

Freud, Sigmund [1940a]: ‚Der Witz und seine Beziehungen zum Unbewußten', in: ders., Gesammelte Werke VI, London 1940

Freud, Sigmund [1940b]: ‚Vorlesungen zur Einführung in die Psychoanalyse', in: ders., Gesammelte Werke XI, London 1940

Genette, Gérard [1983]: ‚Die restringierte Rhetorik', in: Haverkamp [1983], S. 224–252

Girard, René [2005]: ‚Innovation und Wiederholung', in: ders., Die verkannte Stimme des Realen. Eine Theorie archaischer und moderner Mythen, München, Wien 2005, S. 202–221

Goodman, Nelson [1995]: ‚Sprachen der Kunst. Entwurf einer Symboltheorie' (1968/76), Frankfurt am Main 1995

Griewank, Karl [1973]: ‚Der neuzeitliche Revolutionsbegriff. Entstehung und Geschichte', Frankfurt am Main 1973

Haverkamp, Anselm (Hg.) [1983]: ‚Theorie der Metapher', Darmstadt 1983

Haverkamp, Anselm (Hg.) [1998]: ‚Die paradoxe Metapher', Frankfurt am Main 1998

Hegel, Georg Wilhelm Friedrich [1969ff.]: Werke (ed. Moldenhauer/Michel), Frankfurt am Main 1969ff.

Hesse, Mary B. [1965]: ‚The Explanatory Function of Metaphor', in: Y. Bar Hillel (Hg.), Logic, Methodology and Philosophy of Science. Proceedings of the 1964 International Congress, Amsterdam 1965, S. 249–259

Hesse, Mary B. [1966]: ‚Models and Analogies in Science', Notre Dame 1966

Heydenreich, Ludwig Heinrich [1937]: Art. ‚Architekturmodell', in: Reallexikon zur deutschen Kunstgeschichte, hg. v. Otto Schmitt et al., Stuttgart 1937 ff., Bd. I, S. 918–940

Hippolytus von Rom [1922]: ‚Widerlegung aller Häresien (Philosophumena)', München 1922

Hobbes, Thomas [1976]: ‚Leviathan oder Stoff, Form und Gewalt eines bürgerlichen und kirchlichen Staates' (1651), Frankfurt am Main u.a. 1976

Hutten, E.H. [1953/54]: ‚The Rôle of Models in Physics', in: British Journal for the Philosophy of Science 4 (1953/54) S. 281–301

Jammer, Max [1965]: ‚Die Entwicklung des Modellbegriffs in den physikalischen Wissenschaften', in: Studium Generale 18 (1965), S. 166–173

Kant, Immanuel [1977]: ‚Kritik der Urteilskraft', Werkausgabe, hg. v. Wilhelm Weischedel, Bd. X, Frankfurt am Main 1977.

Konersmann, Ralf (Hg.) [2007]: ‚Wörterbuch der philosophischen Metaphern', Darmstadt 2007

Kuhn, Thomas S. [1976]: ‚Die Struktur wissenschaftlicher Revolutionen', zweite revidierte und um das Postskriptum von 1969 ergänzte Auflage, Frankfurt am Main 1976

Kuhn, Thomas S. [1978]: ‚Die Entstehung des Neuen', Frankfurt am Main 1978

Kuhn, Thomas S. [1979]: ‚Metaphor in Science', in: Andrew Ortony (Hg.), Metaphor and Thought, Cambridge et. al. 1979, S. 409–419

Kuhn, Thomas S. [1996]: ‚The Structure of Scientific Revolutions', third edition, Chicago, London 1996

Künne, Wolfgang [1983]: ,,Im übertragenen Sinne‘. Zur Theorie der Metapher‘, in: Conceptus XVII (Nr. 40/41), S. 181–200

Lakoff, George; Johnson, Mark [1998]: ,Leben in Metaphern. Konstruktion und Gebrauch von Sprachbildern‘ (1980), Heidelberg 1998

Latour, Bruno [1995]: ,Wir sind nie modern gewesen. Versuch einer symmetrischen Anthropologie‘, Berlin 1995

Latour, Bruno [1996]: ,Der Berliner Schlüssel. Erkundungen eines Liebhabers der Wissenschaften‘, Berlin 1996

Lefèvre, Wolfgang [1999]: ,Hegels ,Geschichte der Philosophie‘ aus wissenschaftsgeschichtlicher Perspektive‘, in: Hegel und die Geschichte der Philosophie, Bd. 2 (Hegel Jahrbuch 1998), hg. von Andreas Arndt, Karol Bal und Henning Ottmann, Berlin 1999, S. 120–124

Lévi-Strauss, Claude [1967]: ,Strukturale Anthropologie‘ (1958), Frankfurt am Main 1967

Locke, John [1975]: ,Essay Concerning Human Understanding‘, Oxford 1975

Lyotard, Jean-François [1986]: ,Regeln und Paradoxa‘, in: ders., Philosophie und Malerei im Zeitalter ihres Experimentierens, Berlin 1986

Nietzsche, Friedrich [1988]: Kritische Studienausgabe (ed. Colli/ Montinari), München, Berlin, New York 1988

Noppen, Jean Pierre van et al. [1985]: ,Metaphor. A Bibliography of Post-1970 Publications‘, Amsterdam, Philadelphia 1985

Noppen, Jean Pierre van; Holst, Edith [1990]: ,Metaphor II. A Classified Bibliography of Publications 1985–1990‘, Amsterdam, Philadelphia 1990

Platon [1988]: ,Sämtliche Dialoge‘, in der Übersetzung von Otto Apelt, Hamburg 1988

Richards, Ivor Armstrong [1983]: ,Die Metapher‘, in: Haverkamp [1983], S. 31–52

Ricœur, Paul [1986]: ,Die lebendige Metapher‘, München 1986

Rohbeck, Johannes [1985]: ,Begriff, Beispiel, Modell. Zur Arbeit mit philosophischen Texten anhand des ,Leviathan‘ von Thomas Hobbes‘, in: Zeitschrift für Didaktik der Philosophie 7 (1985), S. 26–42

Rohbeck, Johannes [1987]: ,Die Fortschrittstheorie der Aufklärung‘, Frankfurt am Main, New York 1987

Rohbeck, Johannes [1995]: ‚Vertrag und Gesellschaft. Zur Genese und Funktion von Modellen in der Philosophie‘, in: Wissenschaftliche Zeitschrift der Technischen Universität Dresden 44 (1995), H. 2, S. 31–36

Rorty, Richard [1981]: ‚Der Spiegel der Natur. Eine Kritik der Philosophie‘, Frankfurt am Main 1981

Rorty, Richard [1991]: ‚Kontingenz, Ironie und Solidarität‘, Frankfurt am Main 1991

Rorty, Richard [1995]: ‚Philosophie als Wissenschaft, als Metapher und als Politik. Vom ‚irrationalen‘ Moment im intellektuellen Fortschritt und vom Umgang der Pragmatisten damit‘, in: Neue Rundschau 4/1995, S. 28–43

Rorty, Richard [2001]: ‚Erwiderung auf Rüdiger Zill‘ in: Thomas Schäfer, Udo Tietz, Rüdiger Zill (Hg.), Hinter den Spiegeln. Zur Philosophie Richard Rortys, Frankfurt am Main 2001, S. 141–144

Rousseau, Jean-Jacques [1988]: ‚Julie oder die neue Heloise‘, München 1988

Rousseau, Jean-Jacques [1989]: ‚Essay über den Ursprung der Sprachen‘, in: ders., Musik und Sprache, Leipzig 1989

Schütz, Alfred [1972]: ‚Der Fremde‘ (1944), in: ders., Gesammelte Aufsätze II. Studien zur soziologischen Theorie, Den Haag 1972, S. 53–69

Searle, John R. [1982]: ‚Ausdruck und Bedeutung. Untersuchungen zur Sprechakttheorie‘ (1979), Frankfurt am Main 1982

Shapin, Steven [1994]: ‚A Social History of Truth. Civility and Science in Seventeenth Century England‘, Chicago 1994.

Shapin, Steven [1998]: ‚Die wissenschaftliche Revolution‘, Frankfurt am Main 1998

Shapin, Steven; Schaffer, Simon (1985]: ‚Leviathan and the Air-Pump. Hobbes, Boyle, and the Experimental Life‘, Princeton, N.J. 1985

Shibles, Warren A. [1971]: ‚Metaphor. An Annotated Bibliography and History‘, Whitwater, Wisc. 1971

Taureck, Bernhard H.F. [2004]: ‚Metaphern und Gleichnisse in der Philosophie. Versuch einer kritischen Ikonologie der Philosophie‘, Frankfurt am Main 2004

Toulmin, Stephen [1983]: ‚Kritik der kollektiven Vernunft‘, Frankfurt am Main 1983

Vico, Giovanni Battista [1990]: ‚Prinzipien einer neuen Wissenschaft über die gemeinsame Natur der Völker', 2 Bände, Hamburg 1990

Weinrich, Harald [1983]: ‚Semantik der kühnen Metapher', in: Haverkamp [1983], S. 316–339

White, Hayden [1991]: ‚Auch Klio dichtet oder Die Fiktion des Faktischen. Studien zur Tropologie des historischen Diskurses', Stuttgart 1991

Willer, Stephan [2005]: Art. ‚Metapher/metaphorisch' in: Ästhetische Grundbegriffe. Historisches Wörterbuch in sieben Bänden, hg. v. Karlheinz Barck, Martin Fontius, Dieter Schlenstedt, Burkhart Steinwachs und Friedrich Wolfzettel, Bd. 7: Register und Supplemente, Stuttgart/Weimar, S. 89–148

Zill, Rüdiger [1994]: ‚Meßkünstler und Rossebändiger. Zur Funktion von Metaphern und Modellen in philosophischen Affekttheorien', Diss. FU Berlin 1994

Zill, Rüdiger [2001]: ‚Nicht Sätze, sondern Bilder. Versuch, einen Neo-Pragmatisten beim Wort zu nehmen', in: Thomas Schäfer, Udo Tietz, Rüdiger Zill (Hg.), ‚Hinter den Spiegeln. Zur Philosophie Richard Rortys', Frankfurt am Main 2001, S. 114–140

Zill, Rüdiger [2003]: Artikel ‚Produktion, poiesis' in: Ästhetische Grundbegriffe. Historisches Wörterbuch in sieben Bänden, hg. v. Karlheinz Barck, Martin Fontius, Dieter Schlenstedt, Burkhart Steinwachs und Friedrich Wolfzettel, Bd. 5: Postmoderne – Synästhesie, Stuttgart/Weimar 2003, Sp. 40–86

II.

Kategorien des Neuen

Undine Eberlein

Einzigartigkeit als Fiktion des Neuen

I. Romantischer Individualismus und das Ideal der Einzigartigkeit

II. Die Leibperspektive als Genese und Dimension des Neuen

III. Die ‚Dialektik' des Neuen: Bruch und Wiederholung

I.

Romantischer Individualismus und das Ideal der Einzigartigkeit

Sei authentisch, kreativ, originell, einzigartig – seit mit dem Beginn der Moderne ‚Individualität' zur Aufgabe geworden ist, hat sich dieses kulturelle Leitideal etabliert und bis heute nichts von seiner Wirk- und Strahlkraft verloren. Mit ihm tritt die Herausforderung des ‚Neuen' nicht nur hinsichtlich wissenschaftlicher, intellektueller und künstlerischer Konzepte, sondern auch bezogen auf das individuelle Leben als unvergleichliches Kunstwerk in die Welt.

Die Gestaltung des eigenen Lebens und Entfaltung des privaten Lebensstils, die Sehnsucht nach ‚Selbstverwirklichung' und gelingender Identität, das Ideal eines ‚authentischen' und ‚wahren', oder aber ‚originell entworfenen' bzw. ‚gebastelten' Selbst, die Insistenz auf unverwechselbare Besonderheit und Einzigartigkeit der Person – all dies sind konstitutive Elemente des ‚romantischen Individualismus'. Die in Anlehnung an Georg Simmel entwickelte Theorie des ‚romantischen Individualismus'[1] arbeitet dieses für die Moderne spezifische Individualitätskonzept als eine Form der Sinnstiftung, Selbstthematisierung und Lebensgestaltung heraus, die Identität, Orientierung und Motivation angesichts der funktionalen Differenzierung moderner Gesellschaften gewährleisten soll. Ich habe dieses Individualitätskonzept als ‚romantisch' bezeichnet, weil die historische Romantik, die in ihrer Nachfolge stehende Bohème, sowie spätere Künstlergruppen und Alternativbewegungen des 19. und 20. Jahrhunderts eine zentrale Rolle für seine Formulierung und Verbreitung gespielt haben.[2]

1 Vgl. Eberlein [2000].
2 Vgl. Henning [1989].

Meine idealtypische Bestimmung des ‚romantischen Individualismus' kontrastiert diese mit dem ‚moralischen Individualismus' der Aufklärung[3], der das Ideal der Autonomie, Gleichheit aller Menschen, Gerechtigkeit und universeller Anerkennung formuliert. Beide Individualitätskonzepte, moralischer wie romantischer Individualismus, bilden sich im Rahmen der sozialen Transformations- und Individualisierungsprozesse in der Moderne heraus, und prägen fortan als kulturelle Leitideale die modernen Formen der Selbstthematisierung und Identitätsarbeit. Beide Individualitätskonzepte sind also Produkte eines übergreifenden Modernisierungsprozesses, zu dessen ökonomischen und sozialen Grundlagen sie zugleich in einem höchst ambivalenten Spannungsverhältnis stehen. Als Resultat nämlich jener fundamentaler sozialstruktureller Transformationen und eines zunehmenden Geltungsverlusts kollektiv-religiöser Identitäten und Weltbilder setzten beide Individualitätskonzepte jene soziale und funktionale Differenzierung der Moderne voraus, auf die sie zugleich kompensatorisch reagieren. Romantischer wie moralischer Individualismus bezeichnen so zwei zentrale Grundorientierungen der Moderne und gründen zugleich realhistorisch auf dem ökonomischen Individualismus des Bürgertums. Der Streit um beide Individualitätsmodelle und ihre in verschiedenen Varianten hervorgebrachte Kritik des Kapitalismus, zu dem sie als ihrer eigenen Voraussetzung zugleich durchaus in einem Spannungsverhältnis stehen können, prägen wesentlich die verschiedenen Debatten um Moderne und Individualisierung bzw. die Perspektiven moderner Sozial- und Kulturkritik.

Nach dem Verlust der ‚inklusiven' Identitätszuweisung durch die vormals ständisch gegliederte Gesellschaft und der dadurch ausgelösten Krise übernimmt der romantische Individualismus die kompensatorische Aufgabe, die nunmehr ‚exklusive', einzigartige Identität des Individuums zu definieren: Er formuliert in exemplarischer Weise ein modernes Ethos, das eine abstrakte und gerade deswegen höchst offene und leistungsfähige Form der Orientierung und Motivation verspricht. Seine Flexibilität erweist sich nicht zuletzt daran, dass er so-

3 Vgl. auch Simmel [1984].

wohl alternativen Protest und Versuche authentischer Lebensformen, als auch die konsumistische Erlebnissuche und die Karrieregestaltung auf dem individualisierten Arbeitsmarkt motivieren und anleiten kann. Als eine spezifisch moderne Form der Selbstthematisierung, des Selbst- und Weltverhältnisses sowie der Sinnstiftung und Lebensgestaltung prägt der romantische Individualismus heute vielfach die soziale Wirklichkeit. Seine sich seit der Romantik zunehmende Verbreitung über die marginalen Künstler- und Bohème-Gruppen sowie über das breitere Spektrum der verschiedenen Alternativ-Jugendbewegungen hinaus bis in den Mainstream der Gesellschaft erklärt sich nicht nur aus seinen kompensatorischen Funktionen, sondern vor allem auch aus seiner Formulierungskraft eines quasi-religiösen, unausschöpfbaren und deshalb auch weitgehend enttäuschungsfesten Sinns. Die massenhafte Sehnsucht sich als einzigartiges, unvergleichbares Individuum zu verwirklichen wird zu einer Art Ersatzreligion der Gegenwart. Damit wird zugleich das Ideal des ‚Neuen' – und die Notwendigkeit einer permanenten Überbietung – zur Aufgabe der individuellen Selbstgestaltung.

Für eine adäquatere Bestimmung dieses kulturellen Leitideals in unserer heutigen Gesellschaft habe ich zwischen zwei Modellen des romantischen Individualismus unterschieden: nämlich zwischen einem lange dominierenden Selbstfindungs- und einem dieses zunehmend ablösenden Selbstproduktionsmodell des romantischen Individualismus. Ersteres geht von der Annahme eines ‚wahren Selbst' des Individuums aus, das es aufzufinden bzw. von den ‚entfremdenden' gesellschaftlichen Überformungen zu befreien und zu ‚verwirklichen' gilt. Dagegen fasst letzteres Selbstverwirklichung als Prozess der ‚Selbst**er**findung', als schrittweise Kreation eines eigenen einzigartigen Selbst nach dem Vorbild künstlerischer Produktion auf. Mit diesem Wechsel zum Selbstproduktionsmodell kommt es zu einer wachsenden Akzeptanz der kapitalistischen Rahmenbedingungen und zu einer weitgehenden Versöhnung mit dem erforderten Leistungs- und Konkurrenzdenken.

Ging es den Alternativbewegungen des 20. Jahrhunderts – mitsamt ihren spekulativen bzw. metaphysischen Prämissen und Annahmen, die den romantischen Individualismus bis in die 70er Jahre hinein bestimmten – noch um Selbstfindung im Sinne von Befreiung von gesellschaftlichen Zwängen, Rollen und Institutionen und alternativen Protest, so werden ab Anfang der 80er Jahre die heteronomen Momente der Institutionen und Waren affirmiert und als Material vielfältiger Selbstpraktiken zur einzigartigen Selbsterfindung der Lebenscollage integriert. Dieser ‚Bricolage' des einzigartigen Selbst liegt die Vorstellung eines flexiblen, unabschließbaren und immer wieder neu ansetzenden, vor allem an ästhetischen Kategorien orientierten Lebensexperiments zugrunde. Dieses letztere Modell der einzigartigen Selbstgestaltung, das ich auch als ‚Bastelexistenz-Variante' des romantischen Individualismus eben wegen seines offen gehaltenen Charakters der permanenten Identitätsarbeit bezeichne, ist deshalb besonders interessant, weil es m.E. die gegenwärtigen dominierenden Entwicklungen am besten erfasst.

Bei aller Einsicht in die eigene Abhängigkeit von sozialen Mächten und Diskursen werden auch bei dieser Variante des romantischen Individualismus die Ansprüche auf Selbstverwirklichung und Selbstgestaltung und die daran orientierte Identitätsarbeit am je eigenem Leben nicht aufgegeben. Gleichzeitig dominiert jedoch zunehmend der Eindruck, dass die aus den überkommenen Lebensformen und sozialmoralischen Milieus in die radikale Individualisierung entlassenen ‚Bastelexistenzler' (etwa als ‚Ich-AGs') sich (ganz zu Recht!) als ohnmächtiges Produkt globaler ökonomischer Prozesse erfahren. Zudem erweisen sich die gegenwärtigen Individualisierungsprozesse als in vielfältiger und tiefgehender Weise von Formen der Mimesis, des Konformismus und massenmedial, institutionell und ökonomisch vermittelter Regulierungen mitgeprägt. Sogar die phantasmatischen Versprechungen der Produktwerbung und des wachsenden Erlebnismarktes zielen keineswegs nur auf Erfüllung im Sinne eines konsumistischen Hedonismus, sondern sprechen kaum verdeckt von der ständig notwendigen Anstrengung, die eigene Individualität marktfähig zu erhalten.

Hat damit aber nicht dieses Individualitätskonzept im Rahmen der vielfältigen Individualisierungsprozesse die Flexibilisierung – nicht nur – der Arbeitsverhältnisse, die fortschreitende Vermarktung und so die Durchführung ‚neoliberaler' ökonomischer und politischer Praktiken befördert? Ist also das Ideal der individuellen Einzigartigkeit und die ihm inhärente Suche nach dem unvergleichlich ‚Neuen' zu einem Arbeit und Freizeit übergreifenden Imperativ mutiert, der letztlich nichts anderes als die Subsumtion der Individuen unter die Verwertungsimperative der kapitalistischen Ökonomie bedeutet? Waren die mit ihm vielfach verbundenen Hoffnungen auf ein freieres und selbstbestimmtes, individuell und sozial gelingendes Leben als ‚Ästhetik der Existenz', der die Dimension eines leibgebundenen Eigensinns des Neuen eigentümlich ist, immer schon illusionär, vielleicht nur pure Ideologie?

Angesichts ernüchternder Diagnosen von Soziologen und Sozialpsychologen – die nicht nur die vollkommene Anpassung, sondern die Diffusion, ja Dissoziation der Individuen angesichts übermächtiger Marktprozesse befürchten und sich damit wieder der pessimistischen Diagnose der ‚Dialektik der Aufklärung' nähern – drängt sich die Frage auf, wo und wie dennoch Chancen auf gelebten Eigensinn der Einzelnen existieren können. Wo und wie sind also unter den Bedingungen im globalisierten Kapitalismus noch Ressourcen des Eigensinns auffindbar und damit die Möglichkeit eines nicht instrumentalisierbaren Eigensinns des Neuen gegeben?

Die Kategorie des Eigensinns möchte ich dabei als eine deskriptive und performative, d.h. nicht etwa moralisch-normativ bestimmte Kategorie verstanden wissen: Sie meint als eine Art Residualkategorie zuerst einmal nur das ‚Nicht-Aufgehen' der Individuen in den Zwängen und Verführungen des Arbeits- und Konsummarktes bzw. jene Momente, Handlungen und Selbstinszenierungen, die einer rückhaltlosen Anpassung an diese entgegenstehen.

Unter der Prämisse, dass die Ressourcen des Eigensinns für mich also weder aus einer wie immer gearteten Instanz ‚jenseits' der realen Entwicklungen, noch aus einer unmittelbaren Spontaneität der Individuen ‚herausgezaubert' werden können, haben sich zunächst die identitätsrelevanten Formen von ‚Fiktion' und ‚Narration' für eine Heuristik des eigensinnigen Neuen angeboten. Eine Stärke des romantischen Individualismus sind ja gerade seine performativen und fiktionalen, die Realität (aus Sicht des Sozialwissenschaftlers) verkennenden Elemente, und besonders die Vorstellung einer genuinen ‚Einzigartigkeit' des je eigenen Lebensentwurfs bzw. der eigenen ‚Bricolage'.

Gerade diese fiktionalen Anteile ermöglichen aber eine starke, subjektzentrierte Form der individuellen Orientierung. ‚Fiktion' bedeutet hier also keineswegs bloße Imagination, sondern meint von spezifischen (historischen, politischen, ökonomischen usw.) Bedingungen abhängige, sozial institutionalisierte und sozial wirksame Annahmen. Sie gewinnen, obwohl auf Selbsttäuschung beruhend, handlungsmotivierende und sinnstiftende Kraft und schaffen so performativ tatsächlich eine soziale Wirklichkeit. Die Pointe dabei ist, dass unter Umständen fiktionale und streng genommen nicht realitätsfähige Entwürfe der eigenen Identität eine praktische Verwirklichung des fiktional Geglaubten und somit das Neue – in abgeschwächter – Form schaffen.

Die Fiktion radikaler individueller Eigenheit und Einzigartigkeit bildet so einen wirkmächtigen Fokus von Handlungsorientierungen, Selbstverhältnis und individueller Kohärenz, der den Widerstand gegen jene übermächtigen sozialen und ökonomischen Prozesse motivieren kann, die ihrerseits historisch diese Individualitätsform hervorgebracht und mitgeprägt haben. Die Fiktion der unvergleichlichen Einzigartigkeit, der die Figur des Neuen inhärent ist, bringt so, wenigstens vorübergehend, eine neue Gestalt der Identität und sozialen Realität hervor.

Ähnliches gilt für die Narration: Wesentliches Mittel der Arbeit an der eigenen Identität ist die Selbstdeutung und Selbstvergewisserung durch Erzählungen – freilich nicht nur monologisch, sondern auch immer in Bezug auf andere. Dabei kann die ständige Spannung zwischen Selbst- und Fremdbild sowohl Krisen als auch neue Identitätsentwicklungen erzeugen. Narrationen im weiten Sinne – also einschließlich auch ‚stummer' Selbstdeutungen, Reflexionen, Tagträume, Tagebücher etc. – sind das wesentliche Medium, mittels dessen die Individuen flexibel die disparaten Erfahrungen, Kontingenzen und Brüche in ihrem Leben zu einer gelingenden Identität bzw. Identitätserzählung gestalten können.

Identität, Kohärenz, Selbstkonzept und Selbstverhältnis der Bastelexistenz erweisen sich somit als wesentlich von performativen und narrativen Prozessen bestimmt: Das Erzählen schafft Identität, wobei die – oben angesprochenen – fiktionalen Elemente ihrerseits über die Narration immer wieder aktualisiert und wirksam gemacht werden. So werden die Einzelnen im Rahmen des ‚romantischen Individualismus' immer wieder auf die Fragen „Ist dies wirklich das Leben, das zu mir passt?", „Ist dies das Leben, das ich führen möchte?" verwiesen. Diese Formen der Selbstbefragung aber verweisen auf gegenüber dem jeweils Gegebenen ‚transzendente' Ideale und Möglichkeiten, die in Widerspruch zu den ökonomischen und sozialen Anforderungen an die Einzelnen treten können (nicht müssen). In ihnen kann damit ein Potential des Eigensinns und möglichen Widerstandes enthalten sein.

II.

Die Leibperspektive als Genese und Dimension des Neuen

Einerseits haben sich so die Formen der ‚Fiktion' und ‚Narration' als brauchbare theoretische Werkzeuge zur Explikation der Möglichkeit des Eigensinns und des ihm jeweils eigentümlich Neuen erwiesen. Aber andererseits sind sie angesichts der komplexen Dialektik von Individualisierung und Standardisierung, wie sie paradoxerweise gerade im kulturellen Leitideal des romantischen Individualismus (Sei Du selbst! Authentisch! Originell! usw. lautet der kulturelle Leistungs-Imperativ ja für jeden) selbst wirkt, kaum hinreichend, den möglichen Widerstand gegen Anpassung theoretisch plausibel zu machen.

Auf der Suche nach anderen theoretischen Zugängen zur Dimension des Eigensinns und ihren Ressourcen des Neuen in der gesellschaftlichen Wirklichkeit, die auch entsprechende präreflexive Momente (vgl. z.B. Freud und Adorno) mit einschließt, ist für mich der Bezug auf den Leib-Körper naheliegend. Dabei folge ich nicht zuletzt Adornos Rede vom ‚somatischen Impuls' in seiner ‚Negativen Dialektik', die als Ausdruck einer Hoffnung auf den eine Differenz markierenden Eigensinn der begehrenden und leidenden Leib-Körper gelesen werden kann.

Der Versuch der Bestimmung möglicher und tatsächlicher Formen der Performanz des leibgebundenen ‚Eigensinns' und damit verbundener Widerständigkeit gegen die ökonomischen Verwertungsinteressen in allen Lebensbereichen muss sich so der schwierigen, weil vielfach dunklen und schwer artikulierbaren Sphäre leiblicher Erfahrung öffnen. Dafür liegt eine Auseinandersetzung mit Ansätzen der Leibphilosophie und insbesondere der Leibphänomenologie nahe.

Die Versuche, sich der irreduziblen Körperlichkeit unseres Weltzugangs philosophisch zu versichern, rekurrieren im deutschen Sprachraum meist auf eine Unterscheidung von ‚Körper' und ‚Leib'. Die dabei verwendete Semantik ist keineswegs ganz eindeutig, doch wird meist dem ‚Körper' im Sinne eines raum-zeitlichen Gegenstands der Wahrnehmung und des wissenschaftlichen Zugriffs der ‚Leib' im Sinne des ‚eigenleiblichen Spürens' und als Basis des konkreten Erlebens und Fühlens des je eigenen ‚In-der-Welt-Seins' entgegengestellt. Der ‚Leib' ist dabei immer zuerst und primär der eigene. Sein Erleben ist irreduzibel und unvertretbar das je eigene (wobei allerdings genau dieses Moment auch pathologisch gestört sein kann). In ihm drückt sich damit auch ein irreduzibler Eigensinn der je eigenen Lebenswirklichkeit aus.

Ein Gegenargument zu diesem Zugang könnte lauten: Wieso sollte der ‚Eigensinn' ausgerechnet im Leib-Körper ‚wohnen', da dieser doch als Objekt und Material der Zurichtung par excellence fungiert, wie uns doch schon Nietzsche und Foucault so eindrücklich in ihren Schriften gezeigt haben?

Die meisten neueren philosophischen Thematisierungen des ‚Leibes' fangen mit Nietzsche an. Seine Wertschätzung der ‚großen Vernunft des Leibes', seine vielfältigen, teils philosophischen, teils biographischen Bezüge auf leibliche Phänomene, seine Betonung der

Rolle der Körper in der Genealogie von kulturellem Gedächtnis und Moral und für die Utopie des Übermenschen – all dies lässt ihn tatsächlich zu einem Philosophen der ,Wiederentdeckung des Leibes' werden. Andererseits kann man meiner Meinung nach weder von einer klaren semantischen und theoretischen Unterscheidung von ,Leib' und ,Körper', noch gar von einer ausgearbeiteten ,Leibphilosophie' bei Nietzsche sprechen.

Foucault hat bekanntlich Nietzsches Konzeption des ,Körpergedächtnisses' und der ,großen Vernunft des Leibes' aufgenommen und produktiv in seiner Geschichte der ,Disziplinargesellschaft' und ,Biomacht' weitergedacht. Foucaults im Grunde historisch-soziologischer Ansatz sieht die Körper letztlich als bloße Objekte der Diskurse und Praktiken. Er verfolgt damit eine Art Außenansicht des Körpers, der dabei letztlich als weitgehend passives und formbares Material der Disziplinierungen, Einschreibungen und Formierungen erscheint.

Zwar betont Foucault die Rolle der historisch sich ändernden Formen des Sprechens und Handelns, sowie des Selbstverständnisses in diesem Prozess. Mit seinem Ansatz lassen sich so existierende Formen des Sprechens über die Körper und deren tatsächliche Zurichtung beschreiben, analysieren und kritisieren, ohne dass aber dabei die Innenperspektive – „wie ist es, xy zu sein, wie fühlt es sich denn an?" – in den Blick geraten würde bzw. mit seinem Ansatz geraten könnte. Auch mit anderen, sehr allgemein unter dem Etikett des ,Poststrukturalismus' versammelbaren Theorien der Diskursivierung und Konstruktion von Körper und Geschlecht – wie mit Judith Butlers radikal eigensinnigem Ansatz – lässt sich zwar jede noch so gut getarnte essentialistisch argumentierende Theorie bekämpfen bzw. dekonstruieren. Die Perspektive auf den Körper als Produkt diskursiver Praktiken und als Zeichen bleibt aber immer eine Perspektive ,von außen'. Die ,Subjektwerdung' der Menschen und ihrer Leib-Körper wird als ein Prozess einer Objektivierung beschrieben, wobei die theoretische Perspektive selber ,objektivierend' ansetzt.

Der Objektivierung des Körpers ist aber eine prinzipielle, geradezu ,natürliche' Grenze gesetzt. Wir ,haben' nämlich nicht nur einen Leib-Körper, sondern wir ,sind' auch einer. Unser Weltbezug ist der von verkörperten Wesen. Dies wurde in der abendländischen Philosophie und Kultur lange Zeit vor allem als ein Manko betrachtet: Schon in der antiken griechischen Philosophie – man denke etwa an Platon – galt der Körper als Gefängnis, bestenfalls noch als Werkzeug des Geistes. Unsere objektivierende Haltung zum eigenen Körper hat auch hier ihre Wurzeln.

Der in der Philosophie des 20. Jahrhunderts sich artikulierende Widerspruch dagegen nimmt den einstmals vor allem theologischen Begriff des ‚Leibes' auf. Damit sollte wohl auch der naturalistischen Perspektive auf den Körper, und die Welt insgesamt entgegengewirkt werden. Für beides ist wohl Husserl ein entscheidender Autor. Die phänomenologische ‚Epoché' eröffnet die Möglichkeit einer Absehung von ontologischen Fragen, die es erleichtert, den szientistischen Materialismus nunmehr auch bezüglich aller den ‚Leib-Körper' betreffenden Aspekte auszuklammern und sich auf eine unmittelbare, vom eigenen Erleben ausgehende, dabei nur scheinbar naive Weise der Beschreibung von Phänomenen er- und gelebter Leiblichkeit zu konzentrieren.

Dabei ist freilich die idealistische Orientierung prägend: Sie bestimmt mit der bewusstseinsphilosophischen und konstitutionstheoretischen, an Descartes und Kant orientierten Grundkonzeption nicht nur den allgemeinen Rahmen von Husserls Ausführungen zur Leiblichkeit, sondern färbt diese auch inhaltlich. Bei aller diesbezüglich naheliegenden Kritik ist aber auch zu berücksichtigen, dass wohl nur durch die im Kern anti-materialistische Motivation des Versuchs einer phänomenologischen Neubegründung der Philosophie jenes rigorose Absehen vom naturwissenschaftlich-medizinischen Körperverständnis möglich wurde, das überhaupt erst eine philosophische Untersuchung und Explikation des Leiberlebens und seiner existenziellen Bedeutung ermöglichte.

Ebenfalls noch stark von der idealistischen Philosophie des 19. Jahrhunderts geprägt war die Philosophische Anthropologie der Zwischenkriegszeit. Wie anfänglich auch die Phänomenologie (mit der sie sich vor allem bei Scheler teilweise überschneidet), ist bzw. war sie bekanntlich eine weitgehend auf den deutschen Sprachraum beschränkte Philosophietradition. Man kann sie als einen Versuch der Annäherung idealistischer Philosophie an die Problembereiche des Leib-Körpers auffassen, ohne deren Behandlung jede Selbstverständigung über das ‚Wesen des Menschen' inzwischen als obsolet erscheinen musste.

Mehr noch als die phänomenologischen Ansätze wie etwa von Plessner mit seiner These der ‚exzentrischen Positionalität' des Menschen und die dadurch in der neueren Philosophie angestoßene Diskussion um das Verhältnis von Leib und Körper[4], oder von Merleau Ponty[5] mit seiner gegenüber Ansätzen der Psychoanalyse und Gestaltpsychologie offenen und anschlussfähigen Leibphänomenologie ist die ‚Neue Phänomenologie' von Hermann Schmitz[6] von besonderer Bedeutung für die begriffliche Fassung einer Dimension des leibgebundenen Eigensinns. Schmitz nämlich versucht in seiner groß angelegten systematischen Neubegründung der Leibphilosophie mit ihren vielen im Detail erhellenden Beschreibungen und Analysen von Gefühlen, Befindlichkeiten und Atmosphären als erster eine umfassende Theorie des eigenleiblichen Spürens zu entwickeln.

Schmitz geht in seiner ‚Neuen Phänomenologie' von der unhintergehbaren subjektiven Erfahrung des eigenleiblichen Spürens aus. Weil aber die Äußerungen von Subjektivität und eigenleiblichem Spüren für die wissenschaftliche Darstellung schwer zugänglich sind und für die Artikulation dieser komplexen und facettenreichen Erfahrung überhaupt erst eine angemessene Sprache gefunden werden müsste – ohne in das Terrain der Literatur zu geraten –, sind Schmitz' Versuche eine Pionierleistung im Bereich der Philosophie. Zentral bei der Unterscheidung, die er zwischen Leib und Körper trifft, ist der Begriff des ‚leiblichen Betroffenseins' im Gegensatz zu Körperempfindungen wie z.B. Herzklopfen o.ä.. Der Leib aber umfasst den erlebten und gespürten Körper und wird als ein Ganzes aus der Ich-Perspektive des Spürenden erfahren. Der Körper dagegen ist der seiner „Subjektivität entkleidete

4 Vgl. Plessner [1982].
5 Insbesondere in Merleau-Ponty [1966] und [1967].
6 Vgl. Schmitz [1965], [1990] und [1992].

Leib" (vgl. Demmerling/Landweer 2007), er ist das, was aus einer Außenperspektive wahrgenommen und gemessen werden kann.

Nach Schmitz ist nun freilich die Leiblichkeit auch ein ‚intersubjektives Phänomen', das er als ein ‚dialogisches' begreift. Es findet so etwas wie eine leibliche Kommunikation statt, wenn z.B. etwas in der Wahrnehmung auf uns eindringt. Diese Kommunikation ist dabei nicht nur auf ein personales Gegenüber bezogen, sondern auch auf ein nicht-personales Gegenüber wie z.B. Räumlichkeiten, Landschaften und Atmosphären. Das leibliche Spüren oszilliert hier zwischen ‚Weitungs-' und ‚Engungstendenzen'. Begriffe wie ‚Engung', ‚Weitung', ‚Spannung' und ‚Schwellung' sollen die Gefühlsqualitäten leiblichen Spürens beschreiben wie sie z.B. bei den Gefühlen der Angst, des Schreckens, der Freude usw. wahrzunehmen sind. (Übrigens ist hier eine erstaunliche Nähe von Schmitz' phänomenologischen Beschreibungsversuchen und den Forschungsergebnissen der Neurobiologie und anderen Neurowissenschaften festzustellen. Auch das rätselhafte Phänomen der ‚Resonanz-Erfahrung', das die Neurowissenschaften mit den sogenannten ‚Spiegelneuronen' zu erklären versucht, könnte man mit dem Schmitzschen Ansatz der leiblichen Kommunikation in Beziehung setzen.)

Weiterhin ist für seine Phänomenologie des eigenleiblichen Spürens seine Theorie der ‚Leibinseln' als Spezifizierung der eigenleiblichen Erfahrung relevant, sowie der Begriff der ‚Richtung', die auf die Bewegungstendenz von Engung und Weitung hinweist. Auf Schmitz' System in diesem Rahmen weiter einzugehen ist angesichts seiner Komplexität nicht möglich und auch nicht sinnvoll. Wichtig für die hier aufzuspürende Dimension des Eigensinns und der mit ihr verbundenen Figur des Neuen ist bei Schmitz die zentrale Bedeutung der irreduziblen und unhintergehbaren Subjektivität, die mit dem eigenleiblichen Spüren unauflösbar verbunden ist, das sich der identischen Reproduzierbarkeit per se entzieht.

Nun bedeutet dies aber nicht, dass das eigenleibliche Erleben von soziokulturellen Mustern und Bestimmungen frei wäre. Der Leib ist nicht vom Körper zu trennen, und die Explikation der Leib-Perspektive muss die Verschränkung von Körper und Leib immer im Blick behalten. Konkret deutlich wird diese Verschränkung etwa an pathologischen Phänomenen, bei denen Störungen des Funktionierens von Teilen des Körpers, aber auch Störungen des emotionalen Verhältnisses zum eigenen Körper, das leibliche Empfinden beeinflussen.

Das eigene Leiberleben ist – so meine These – in komplexer Weise mit der Erfahrung des Körpers verschränkt. Leiberleben und Körper sind dabei als (innerhalb gewisser Grenzen) historisch-kulturell variabel und durch verschiedenste Diskurse und Praktiken (mit-)bestimmt aufzufassen. Das Leiberleben ist damit zwar auf der phänomenalen Ebene ‚primär' und ‚unmittelbar', deswegen aber noch keineswegs faktisch ‚unvermittelt'. Es ist vielmehr soziokulturell geprägt, wie man allerdings nur andeutungsweise aus eigenem Leiberleben (nämlich bei Veränderungen dieses Erlebens in neuer kultureller Umgebung bzw. nach einem entsprechenden ‚Umlernen'), ergänzend aber aus Beobachtung und Befragung anderer hinreichend verlässlich erschließen kann.

Es ist diese historisch-kulturelle ‚Vermitteltheit' auch des Leiberlebens, die die Leibphänomenologie für philosophische und sozialwissenschaftliche Ansätze und ästhetische Theorieansätze anschlussfähig macht, die meist nur in Bezug auf die historisch-kulturelle Veränderung der Köper und der über sie geführten (und auf sie zurückwirkenden) Diskurse genannt werden.

Der Leib bzw. das eigenleibliche Spüren ist also weder ‚reine Natur', noch kann es ein ‚unentfremdetes Refugium' vor der soziokulturellen Zurichtung der Körper sein. Stattdessen verweist die irreduzible Verschränkung von ‚Leib' und ‚Körper' auf eine soziokulturelle Historizität (was freilich *nicht* bedeutet: unbeschränkte Plastizität) auch des leiblichen Erlebens.

Es gibt nämlich gute Gründe anzunehmen, dass nicht nur unsere Körperbefindlichkeit, sondern auch unser eigenleibliches Erleben selber in wesentlichen Aspekten historisch und gesellschaftlich geprägt ist. Dass auch unsere Leiberfahrungen und leiblichen performativen Akte kulturgeprägt und damit auch zumindest in Teilen veränderbar, erlern- und trainierbar sind, erfährt jeder der z.B. Qi Gong, Tai Chi oder allgemein ‚Körperarbeit' praktiziert. Wäre das Leiberleben rein auf die Seite unmittelbarer erster Natur zu verrechnen, wäre jedes ‚Üben' sinnlos bzw. nur als Körpertraining zu verstehen.

Dabei verändert und transformiert aber solches ‚Üben' in qualitativ markanter Weise das eigene Leiberleben. Diejenigen, die Formen von Körperarbeit praktizieren, erfahren über die konkreten Übungssituationen hinaus bleibende Veränderungen buchstäblich am und im eigenen Leib: z.B. Tänzer die zunehmende Durchlässigkeit ihrer Bewegungen, eine Schärfung der Wahrnehmung der eigenen Position im Raum, für den der anderen bzw. der Zuschauer oder für den gegebenen Raum überhaupt; Tai Chi- und Qi Gong-Übende z.B. verspüren zumeist als erste markante Änderung der Leiberfahrung eine andere Qualität des ‚Standes', d.h. der Wahrnehmung des Bodens und Grundes, auf dem man geht und steht.

Für die theoretische Plausibilisierung meiner These der Verschränkung und Historizität von eigenleiblicher und körperlicher Dimension bietet sich ein theoretischer Diskurs Bourdieus ‚Habitus-Konzept' an.

Dieses[7] leistet eine Verbindung und wechselseitige Korrektur der sozialkonstruktivistischen und leibphänomenologischen Perspektiven auf den Leib-Körper, weil es die Einheit von zwei Dimensionen deutlich macht: Der Habitus ist einerseits ein Produziertes, d.h. sedimentierte, verkörperte Geschichte, und wirkt zugleich als weitgehend unbewusstes Schema, mittels dessen die performativen Akte bzw. Handlungen im sozialen Raum Inhalt und Sinn gewinnen. (Man könnte sagen, der Habitus ist die Vermittlung von erster und zweiter Natur bzw. sedimentierte Arbeit an der Natur.)

So erlaubt Bourdieus ‚Habitus' zu erklären, wieso jemand scheinbar ‚natürlich' jemand bestimmtes ‚ist', also eine gewisse Position ausfüllt, bestimmte Rollen einnimmt etc.. Er ist ‚Produkt' sozialkultureller Lern- und Disziplinierungsprozesse, dem man aber diese Arbeit an sich selbst bzw. diese sedimentierte Geschichte nicht ansieht bzw. nicht ansehen soll. Insofern ist die ‚Natürlichkeit' und ‚Unmittelbarkeit' des subjektiven, immer auf den ‚Leib-Körper' angewiesenen Weltbezugs das Ziel. Für den sozialen Beobachter

7 Vgl. Bourdieu [1987], [1998].

'verkörpert' man dann plausibel seine soziale Position und die mit ihr verbundenen Rollen. Aber wichtiger noch: Die oder der Einzelne 'verkörpert' nicht nur performativ für sich selber (etwa wenn er sich vor dem Spiegel zurechtmacht) seine soziale Position in ihrer je individuellen Ausfüllung, sondern er erlebt und 'erleibt' sie auch, insofern Aspekte wie 'Haltung', 'Auftreten', 'Stimmführung' usw. mit dem eigenleiblichen Erleben verbunden sind bzw. in diesem gründen.

Der Habitus – auch und gerade in seinem Aspekt des je eigenen Leiberlebens – ist also, wie Bourdieu gezeigt hat, als zweite Natur nicht nur geronnene Geschichte, sondern zugleich auch so etwas wie eine 'Matrix', aus der sich der Raum möglicher Handlungs- und Verhaltensweisen bestimmt. Zugleich liefert er über den sogenannten 'Spiel-Sinn' die motivationale Grundlage des Wollens und Handelns in den jeweiligen sozialen Feldern. Der eigene Habitus ist auch etwas, was in beiden Perspektiven präsent ist: z.B. durch den Blick in den Spiegel, der die Erfüllung des Habitus kontrolliert, und zugleich die Geschichte der Einverleibung als Arbeit am Körper (z.B. durch Training und Übung) und als Resultat performativer Prozesse gewärtigt. Im eigenleiblichen Erleben wird dann dieser Zustand als der 'natürliche', 'richtige' empfunden, und 'Abweichungen' als 'falsch' erlebt. Der Habitus ist so eine spezifizierte Form des Leib-Körpers, die nicht nur körperlich wahrnehmbar, sondern auch leiblich spürbar und in beiden Dimensionen sozial signifikant ist. Ohne die soziokulturelle 'Vermitteltheit' des Leiberlebens ist die entsprechende Codierung des leiblichen Ausdrucks gar nicht denkbar. Beide Dimensionen, Körper und Leib, konstituieren in ihrer Verschränkung den soziokulturellen Habitus und sind ihrerseits von der Struktur und den Kämpfen des Sozialen (mit-)geprägt.

Obwohl also der Habitus so etwas wie eine soziale Form ist, drückt sich dennoch in ihm und in der Leiblichkeit unseres 'In-der-Welt-Seins' ein unhintergehbarer Eigensinn des je subjektiven eigenen Spürens aus. Der gefühlte Schmerz, die aufsteigende Angst, die überwältigende Lust – all dies sind eigenleibliche Erfahrungen, die sich als 'somatische Impulse' der objektivierenden Zurichtung und Steuerung teilweise entziehen und so eine Differenz markieren bzw. ein Potential des widerständigen Eigensinns bilden. Dieser unhintergehbare, eigenleiblich erfahrene Eigensinn bietet zugleich die Chance für einen aufmerksamen Selbst- und Weltbezug und die damit verbundene Wahrnehmung spezifischer leiblicher Präsenz und Resonanz.

III.

Die ‚Dialektik' des Neuen: Bruch und Wiederholung

Wenn aber, wie ich behaupte, eigenleibliches Spüren und körperliche Erfahrung immer schon miteinander verschränkt sind und so auch der Leib keine von soziokulturellen Formierungen ‚freie Insel' ist, woher kann dann, bei aller Unhintergehbarkeit der Subjektivität des Spürens, noch ein genuin ‚Neues' in der Leiberfahrung aufzufinden sein? Wie kann dann noch die These von der Einzigartigkeit als Dimension des Neuen gerettet werden? Die Frage der Möglichkeit des Eigensinns und des Neuen unter den Bedingungen der kapitalistischen Moderne verweist auf eine formale ‚Dialektik des Neuen'. Diese lässt sich auch auf der Ebene der Leiblichkeit rekonstruieren.

Der Hinweis auf Tänzer und Qi Gong-/ Tai Chi-Praktizierende – es könnten auch andere Körperpraktiken sein – zeigte schon: Die deutlichen Veränderungen und Transformationen der Bewegungen und der mit ihnen verbundenen Leiberfahrung erfordert fortwährend wiederholtes Üben. Dann aber würde das ‚Neue' der Veränderung in dieser Situation eine Art ‚Verschiebung' oder ‚Mutation' bedeuten. Die Einzigartigkeit des Neuen in der leibgebundenen Erfahrung wäre dann auf unzählige Wiederholungen des (fast) Gleichen zurückzuführen. Diese Auffassung des ‚Neuen' als ‚Verschiebung' oder ‚Metonymie' durch unzählige Akte der Iteration findet sich z.B. in diskurstheoretischen Ansätzen, die zu Recht auf diese Weise jedes ursprungsmythische Denken abwehren.[8] Dass mein Ansatz ebenso

8 Vgl. Butler [1991], [1995].

einer Auffassung des Neuen als ‚Ur-Szene' bzw. ‚creatio ex nihilo' entgegensteht, dürfte deutlich geworden sein.

Dennoch gibt er sich mit der Erklärung des Neuen als bloße Verschiebung oder Mutation nicht zufrieden. Jeder, der als Zuschauer schon mal den Unterschied z.B. zwischen einer virtuos-technisch perfekten, aber bis zur Ödnis langweiligen, und einer in ihrer Intensität und Präsenz scheinbar den eigenen Leib-Körper berührenden Tanzperformance erfahren hat, weiß, dass es mit dem ‚Eigensinn des Neuen' noch etwas anderes auf sich haben muss: Es muss sich um eine spezifische Qualität des ‚Neuen' handeln. Auf das Beispiel des eigenleiblichen Spürens beim Tanz und die Resonanz-Erfahrung des Zuschauers bezogen handelt es sich um die Qualität einer Differenz, die als das Moment eines uneinholbaren Überschusses im ästhetischen Ereignis des leiblich-performativen Vollzugs erfahren wird. Schon in Kleists Text über das ‚Marionettentheater' wird dieser Vollzug eines zum Teil unverfügbaren Geschehens als eine nicht identisch reproduzierbare Bewegungsqualität eigenleiblichen Spürens formuliert.

Der ‚Figur des Neuen' ist also einerseits die qualitative Differenz, der Bruch, die Einzigartigkeit in ihrer Unwiederholbarkeit, und zugleich die Notwendigkeit der mimetischen Einübung und Wiederholung inhärent. Im Moment des Bruchs, der Unwiederholbarkeit und zugleich der Notwendigkeit der Wiederholung mit ihrer Kraft zur dauerhaften Veränderung liegt die ‚dialektische' Verschränkung von ‚Neuem' und ‚Altem' des ‚Neuen'. Damit etwas ‚neu' ist, bedarf es der qualitativen Differenz gegenüber dem ‚Alten' – aber auch der Institutionalisierung und Tradierung, um überhaupt als etwas ‚Neues' erkennbar und erfahrbar zu sein.

Diese Paradoxie beschäftigte schon Kierkegaard in seiner Schrift ‚Die Wiederholung', die 1843 unter dem Pseudonym Constantin Constantius erschien. In dem als „psychologisches Experiment" untertitelten, literarisch raffinierten und philosophisch dunklen Text behandelt er – als Vorläufer der Existenzphilosophie – die Problematik eines ‚authentischen Lebens' und untersucht dazu die Frage nach der Möglichkeit der ‚Wiederholung'. Beide Experimente – zum einen versucht der Verfasser selbst eine Reiseerfahrung genauso zu wiederholen wie beim ersten Mal, zum anderen konstruiert er die tragische Liebesgeschichte eines jungen Mannes als zynische Versuchsanordnung der Wiederholung – scheitern. Bei dieser Untersuchung der Notwendigkeit – und Unmöglichkeit – der Wiederholung geht Kierkegaard von der Anamnesis-Konzeption Platons aus, nach der jedes Erkennen letztlich auf einer Wiedererinnerung der (vorgeburtlichen Schau der) Ideen beruht. Dabei macht er auf ein Paradoxon aufmerksam: Eine ‚Idee' ist nicht in der Zeit wiederholbar, weil sie per se ewig ist. Damit wird es aber auch problematisch, das, was sich gerade empirisch ereignet, als Wiederholung der Idee zu interpretieren – es sei denn, man fasst die Wiederholung als Erinnerung an Zukünftiges auf.

Kierkegaard macht deutlich, dass die Wiederholung zur Erkenntnis überhaupt und zur Herausbildung von Identität notwendig ist: Sie wird so zu einer fundamentalen philosophischen Kategorie der *conditio humana*. Ereignisse müssen sich wiederholen und Muster bilden, damit wir überhaupt etwas erkennen können und nicht von einer Flut diffuser, singulärer Eindrücke überrollt werden. Andererseits kann sich eben das, was sich gerade in der Realität ereignet, kaum bereits genauso zugetragen haben. Ob aber Situationen, Handlungen, Beziehungen, Erlebnisse und Gefühle ihrem Inhalt nach wiederholbar sind, entscheidet nach Kierkegaard darüber, ob ihnen wirkliche Bedeutung, oder nur flüchtige Singularität zukommt.

Diese Paradoxie verweist auf die ‚Crux' jeder Avantgarde: Nämlich einerseits eine deutlich wahrnehmbare andere Qualität des Neuen gegenüber dem Alten zu schaffen, und zum anderen mit der Notwendigkeit der Wiederholung, der Tradierung und Institutionalisierung konfrontiert zu sein, damit das Neue überhaupt als sozial wirksame Figur des Neuen erkannt – und anerkannt! – werden kann. Das Neue ist immer schon kontextuell, es braucht die Rahmung durch das Alte und seine eigene Überholung. Damit droht dem Neuen scheinbar immer seine Disqualifizierung zur ‚Serie'. Aber hieße es andererseits nicht, einer semantischen Reduktion auf den Leim zu gehen, wenn gelten würde, dass allein schon durch die Wiederholung des Neuen es notwendig zum Alten wird?

Die spezifische Qualität des Neuen gegenüber der bloßen Verschiebung durch die Wiederholung besteht auch im Moment der Unverfügbarkeit und Überraschung, die der Figur des Neuen eigen ist. Das qualitativ Neue entsteht ja im kreativen Prozess der Verschränkung von Erfahrung und Imitation einerseits, und den Momenten von Kontingenz und Unverfügbarkeit andererseits, die sich dem Wissen der Akteure entziehen. Also kommen Aspekte der Welt der teleologischen Antizipation der Akteure ‚dazwischen', woraus dann die Spontaneität des Neuen entsteht.

So ist die Fiktion der einzigartigen Bastelexistenz bzw. Bricolage trotz der Anerkennung ihrer heteronomen Bedingungen durchaus von teleologischen Tendenzen geprägt: Die Kombination der verschiedenen Elemente, Pattern und Fragmente des Materials soll ja schließlich nicht beliebig ausfallen, sondern durch die individuelle Auswahl zur einzigartigen Lebenscollage zusammengesetzt werden. Diese Teleologie des Bastelexistenzler aber wird durch Momente der Unverfügbarkeit und Kontingenz durchkreuzt: durch eine ungenaue Passung des Materials, die Widerständigkeit der heteronomen Identitätsbausteine und durch die nie vollständige Antizipierbarkeit der Entwicklung. Dies wird noch verstärkt durch den prinzipiell unabgeschlossenen und offenen Prozesscharakter der Bastelexistenz; sie befindet sich immer im Modus des Übergangs und Vorläufigen.

Diese Durchkreuzung der Teleologie schwächt aber nicht die Fiktion der Einzigartigkeit, sondern stärkt sie. Die Fokussierung auf die je eigene Lebenscollage und das Moment der partiellen Unverfügbarkeit, das sich der Kalkulation der Akteure entzieht, stehen dem völligen Aufgehen im Material des Erlebnismarktes gerade entgegen. Das unter dem Stichwort ‚*mass customizing*' bekannte Marketingkonzept, in dem der Widerspruch zwischen individuell-einzigartiger Selbstgestaltung und Inszenierung – z.B. durch nach Kundenwunsch angefertigte Designermode – und ihrer massenhaft-industriellen Anfertigung zur ‚dialektischen Einheit' gefunden hat, setzt zwar erfolgreich auf das ökonomische Potenzial, dass in der Produktion ‚serieller Einzigartigkeit' liegt.[9]

9 Vgl. Eberlein [2006].

Dennoch kann es konterkariert und unterlaufen werden durch die Fiktion der Einzigartigkeit, die trotz aller Innen- und Außenstandardisierung und nicht zu unterschätzenden Sehnsüchten nach Ähnlichkeiten und Gemeinsamkeit die motivationale Kraft hat, den Anspruch auf eine gewisse Regie über die eigene Lebenscollage hartnäckig aufrechtzuerhalten. Gegen die übermächtigen ökonomischen Tendenzen und Anforderungen der ‚seriellen Einzigartigkeit von der Stange' hält die Fiktion der ‚authentischen' Einzigartigkeit, gerade wegen ihres formalen Charakters (jeder versteht unter Einzigartigkeit etwas anderes, was nicht per se gegen die wünschenswerte Vernetzung von Bastelexistenzlern spricht!) – Möglichkeiten und Spielräume für eine widerständige qualitative Differenz des Neuen offen. Natürlich sind diese immer wieder von Schließung bedroht – eine alte Einsicht besagt, dass der Markt umgehend die Formen und Zeichen der Kritik und auch ihr widerständig Neues in konsumbekömmliche und verwertbare Produkte umwandelt. Das Neue, das so in den Dimensionen des Eigensinns auftauchen kann, ist immer ein Vorübergehendes, Prekäres, und jede Avantgarde muss sich vorsehen, weil der Kapitalismus nicht nur hinter ihr her ist, sondern sie als Trendsetter bezahlt und serienmäßig überholt. Die formale Struktur der Fiktion und der Fokus auf die unhintergehbare subjektive Einzigartigkeit der Bricolage, wie zugleich die Durchkreuzung ihrer Teleologie durch Momente des Unverfügbaren, lassen das Neue auch als ‚Widerfahrnis'[10] erscheinen, wie es oft im Prozess künstlerischer Produktion geschieht.

Ähnliches gilt für die Dimension des eigenleiblichen Spürens, mit der die Fiktion der Einzigartigkeit der Bastelexistenz immer schon verbunden ist, weil sie nicht unabhängig vom eigenleiblichen Spüren existieren kann. Auch für die Leib-Körperdimension als Dimension des Eigensinns liegt die spezifische Qualität des Neuen im Moment der Unverfügbarkeit eines uneinholbaren Überschusses, der sich der Antizipation und Absicht, der Teleologie und rationalen Kontrolle partiell entzieht. Dies genau wird z.B. immer wieder im zeitgenössischen Tanzgenre der Improvisation deutlich: nämlich in der großen

10 Vgl. Demmerling/Landweer [2007].

Schwierigkeit, dieselbe Bewegungsqualität, die in einem Moment in einer Performance präsent war, für die weiteren Vorführungen genauso wiederzufinden und wiederholend einüben zu können. Diese Schwierigkeit liegt nicht zuletzt in dem schon erwähnten Problem, für die Beschreibung eigenleiblichen Spürens überhaupt eine angemessene Sprache zu finden.

Vor einiger Zeit fand in Berlin ein Kongress ‚Über Bewegung Sprechen' statt, der sich genau mit dem Problem der Übersetzbarkeit von Sprache und Bewegung auseinandersetzte. Die Schwierigkeit für Choreografen besteht nämlich u.a. darin, dass sprachlich schwer zu vermitteln ist, was mit einer bestimmten Qualität z.B. einer Armbewegung gemeint ist. Und zwar deshalb, weil eben das eigenleibliche Spüren des Choreografen, der versucht, diese spezifische Qualität in den Anweisungen an seine Tänzer zu vermitteln, nur aus seiner subjektiven Perspektive der Leiberfahrung artikulierbar ist. Natürlich ist es kein Problem, sprachlich zu formulieren, wie die Arme auf eine bestimmte Art und Weise wiederholt zu bewegen sind, aber dies bezieht sich nur auf die Technik des Körpers und eben nicht auf die Qualität des leiblichen Spürens und Ausdrucks. Zwar ist, wie oben beschrieben, auch dieses wegen der Verschränktheit von Körper und Leib trainierbar, einübbar usw., aber eben wegen des Moments der Unverfügbarkeit nicht identisch reproduzierbar. Anders als auf der Körperebene, bei der die Wiederholung kein prinzipielles Problem darstellt, wird auf die Leibdimension bezogen jedes Üben immer wieder anders erfahren; es läßt sich zwar in der Wiederholung eine ähnliche, aber eben nicht genau die selbe Erfahrung ‚erleiben'. Die Figur des Neuen in der Leib-Körper-Erfahrung ist so auch hier als Verschränkung von Altem und Neuem, von Wiederholung, Verschiebung, Metonymie – und zugleich als qualitative Differenz in der Widerfahrnis des Unwiederholbaren und Unverfügbaren präsent.

Literatur:

Boltanski, Luc / Eve Chiapello [2003]: ‚Der neue Geist des Kapitalismus', Konstanz 2003

Bourdieu, Pierre [2001]: ‚Meditationen. Zur Kritik der scholastischen Vernunft', Frankfurt am Main 2001

Bourdieu, Pierre [1998]: ‚Praktische Vernunft', Frankfurt am Main 1998

Bourdieu, Pierre [1987]: ‚Sozialer Sinn', Frankfurt am Main 1987

Butler, Judith [1991]: ‚Das Unbehagen der Geschlechter', Frankfurt am Main 1991

Butler, Judith [1995]: ‚Körper von Gewicht. Die diskursiven Grenzen des Geschlechts', Berlin

Demmerling, Christoph / Landweer, Hilge [2007]: ‚Philosophie der Gefühle. Von Achtung bis Zorn', Stuttgart/Weimar 2007

Eberlein, Undine [2000]: ‚Einzigartigkeit. Das romantische Individualitätskonzept der Moderne', Frankfurt am Main 2000

Eberlein, Undine [2006]: ‚Serielle Einzigartigkeit und Eigensinn', in: Hg. Burkhart, Günther: ‚Die Ausweitung der Bekenntniskultur – neue Formen der Selbstthematisierung?', Wiesbaden 2006

Fischer-Lichte, Erika [2004]: ‚Ästhetik des Performativen', Frankfurt am Main 2004

Fuchs, Thomas [2000]: ‚Leib, Raum, Person'; Stuttgart 2000

Gebauer, Gunter / Christoph Wulf [1998]: ‚Spiel – Ritual – Geste', Reinbek 1998

Gugutzer, Robert [2002]: ‚Leib, Körper und Identität', Opladen

Hennig, Christoph [1989]: ‚Die Entfesselung der Seele', Frankfurt am Main 1989

Husserl, Edmund [1952]: ‚Ideen zu einer reinen Phänomenologie und phänomenologischen Philosophie'. Zweites Buch. Phänomenologische Untersuchungen zur Konstitution, Husserliana IV, Den Haag 1952 ff.

Kierkegaard, Sören [2005]: ‚Die Wiederholung', in: ‚Die Krankheit zum Tode u.a. Schriften', München 2005

Lindemann, Gesa [1993]: ‚Das paradoxe Geschlecht', Frankfurt am Main 1993

Merleau-Ponty, Maurice [1966]: ‚Phänomenologie der Wahrnehmung', Berlin 1966

Merleau-Ponty, Maurice [1967]: ‚Das Auge und der Geist', Reinbek 1967

Michaelis, Marlies [2002]: ‚Der Begriff des Leibes vor dem Hintergrund der Leib-Geist-Debatte', Berlin 2002

Plessner, Helmuth [1982]: ‚Ausdruck und menschliche Natur', Gesamtausgabe Band VII, Frankfurt am Main 1982ff.

Simmel, Georg [1984]: ‚Das Individuum und die Freiheit', Berlin 1984

Schmitz, Hermann [1965]: ‚System der Philosophie', Band II, 1: ‚Der Leib', Bonn 1965

Schmitz, Hermann [1990]: ‚Der unerschöpfliche Gegenstand', Berlin 1990

Schmitz, Hermann [1992]: ‚Leib und Gefühl', 2. Aufl., Paderborn 1992

Thomas, Philipp [1996]: ‚Selbst-Natur-sein', Berlin 1996

Waldenfels, Bernhard [2000]: ‚Das leibliche Selbst', Frankfurt am Main 2000

Helmut Fallschessel

Freiheit: Von der Metaphysik zum Naturphänomen

Einleitung

1. Annäherung an die Erfahrung(en) von Freiheit
2. Determinismus und/oder (Willens-)Freiheit
3. Naturalismus als Programm: Geschichte(n) der Freiheit

Einleitung

Der Titel ist Programm. Gemeint ist keine ideengeschichtliche Skizze – solche Bezüge werden nur kursorisch erwähnt –, sondern die Darlegung und Plausibilisierung eines Programms der Naturalisierung des Freiheitsbegriffs. ‚Natur' ist dabei nicht im Sinne eines reduktiven Physikalismus, sondern als Prozess der Emergenz von Neuem in der biologischen Evolution und der Humangeschichte zu verstehen: Menschliche Freiheit ist wesentlich (auch) ein soziokulturelles Phänomen der Zuschreibung von Urheberschaft und der Erweiterung (aber auch ständigen Gefährdung) von Gestaltungsmacht.

Die folgende Abhandlung hat drei Teile: Zuerst werde ich kurz das Phänomenfeld ‚Freiheit' skizzieren, um einigen in der Philosophie verbreiteten Verkürzungen entgegen zu treten. Im zweiten Teil dann werde ich einen Vorschlag zur Lösung des viel diskutierten Problems von ‚(Willens-)Freiheit und/oder Determinismus' anbieten, der einige zumindest im Detail neue Argumente bzw. Lösungsstrategien enthält. Schließlich werde ich im dritten Teil versuchen, die philosophische Kritik einer naturalistischen Erklärung von Freiheit zu entkräften und einige zentrale Aspekte der biologischen und historischen Entstehung von Freiheit zu skizzieren. Das dahinter stehende philosophische Ziel ist letztlich ein neues Verständnis von Natur und Freiheit, das die wissenschaftliche Erkenntnis des Naturwesens Mensch mit unseren lebensweltlichen Vorstellungen von Freiheit und Verantwortung versöhnen kann.

Dazu werde ich sowohl ontologisch-deterministische Auffassungen des Weltprozesses, als auch libertaristische Vorstellungen eines von keinen natürlichen Bedingungen abhängigen, ‚erste Ursachen' setzenden freien Wollens und Handelns kritisieren. Beides sind metaphysische Überhöhungen von Aspekten unserer lebensweltlichen und wissenschaftlichen Erfahrung und als solche empirisch unentscheidbar, aber wenig plausibel. Aus Sicht eines konsequenten Naturalismus ist Freiheit ein evolutionsbiologisch und historisch emergentes Phänomen, das von einer interdisziplinären Freiheitsforschung zu untersuchen wäre: Dabei hätte eine ‚Naturgeschichte der Freiheit' einerseits die Evolution lebender Systeme unter dem Aspekt der graduellen Erweiterung von Verhaltensoptionen und einer relativen Autonomie gegenüber ihrer Umwelt zu untersuchen, andererseits die Genese und Funktion von menschlichem Willen und Bewusstsein als Bedingungen der spezifisch menschlichen Form von Freiheit interdisziplinär zu erforschen. Eine ‚Humangeschichte der Freiheit' hätte darauf aufbauend den historisch widersprüchlichen Prozess des Zugewinns und Verlusts von individueller wie kollektiver Gestaltungsmacht, sowie die Entwicklung des Freiheitsbewusstseins als soziokulturelles Phänomen der Zuschreibung in all seiner Vieldeutigkeit kritisch zu untersuchen.

1. Annäherung an die Erfahrung(en) von Freiheit

Philosophische Debatten haben häufig eine Tendenz zur Engführung und Selbstabschließung. Ihre Bedeutung aber gewinnen sie letztlich nicht aus sich selber, sondern aus ihrem Bezug auf lebensweltliche oder wissenschaftliche Probleme und Kontroversen sowie als Beiträge zur individuellen wie kollektiven Selbstverständigung. Um diesen Praxisbezug nicht zu verlieren, empfiehlt sich oft ein initialer Rückgang auf lebensweltliche Erfahrungen und Sprechweisen. Entsprechend möchte ich hier in einer ersten Annäherung an das Problem der Freiheit nach den Erfahrungen fragen, in denen uns diese erlebbar bzw. problematisch wird.

Solche Erfahrungen gibt es in zweierlei Hinsicht: *Als subjektive Erfahrungen und Empfindungen von Freiheit und Unfreiheit, sowie als Praktiken der Zuschreibung von Freiheit, Freiwilligkeit und Verantwortung in Bezug auf andere und uns selber.* Für den zweiten Aspekt haben wir differenzierte soziale Konventionen sowie eine ausgefeilte juridische Kasuistik; er ist außerdem in philosophischen Abhandlungen zum Freiheitsproblem häufig dargestellt worden. Deshalb werde ich ihn hier nicht weiter thematisieren, sondern mich in meiner Annäherung an das Phänomen Freiheit auf den meist vernachlässigten ersten Aspekt konzentrieren.

Dies darf jedoch nicht naiv geschehen: Obwohl die introspektive Methode insbesondere in der angelsächsischen Philosophie im Gewande des Bezugs auf alle möglichen ‚Intuitionen' eine erstaunliche Renaissance erlebt hat, müssen die methodischen Fallstricke und Grenzen eines solchen Vorgehens betont werden. *So wird jede ‚Intuition' und ‚Phänomenbeschreibung'* nicht nur bis zu einem gewissen Grade ‚subjektiv' im Sinne von individuell gefärbt, ja möglicherweise sogar idiosynkratisch sein, sondern sie wird auch zutiefst *von den jeweiligen soziokulturellen Lebensformen und sprachlichen Bedingungen geprägt sein.*

So gesehen ist es geradezu vermessen, wenn philosophische Analysen des Freiheitsproblems aus der Darstellung *unseres* Erlebens in *unserer* Sprache *universale anthropologische Erkenntnisse zu gewinnen beanspruchen.* Oft sind gerade die angelsächsischen Texte diesbezüglich von erstaunlicher Parochialität: Kann man wirklich erwarten, aus der Analyse etwa der Semantik des amerikanischen Englisch allgemeingültige Erkenntnisse über die Welt (statt eben über die Semantik des amerikanischen Englisch, und bestenfalls noch über die spezifische Welterfahrung der so Sprechenden) zu gewinnen? Wer weiß schon, wie ‚Freiheit' im Chinesischen oder Swahili semantisch gefasst wird, und wie die entsprechenden Begriffe – denn es handelt sich immer um ein ganzes Wortfeld, das übersetzungsrelevant ist – psychologisch, kulturell, religiös usw. konnotiert sind? Welcher Philosoph kann denn etwas über die Freiheitskonzepte und das entsprechende Erleben der Paschtunen oder der südindischen tamilisch sprechenden Brahmanen sagen? Hier gibt es ein weites Feld kultur- und sprachvergleichender ethnologischer Studien, die für ein Verständnis der Erfahrungen und Konzeptualisierungen von ‚Freiheit' in ihren Gemeinsamkeiten und Differenzen notwendig wären.

Die folgende, vorläufige phänomenale Exploration der Freiheitserfahrung kann also *keinen Anspruch darauf erheben, anthropologisch Allgemeingültiges zur menschlichen Erfahrung von Freiheit zu beschreiben.* Sie kann nur ein Ausgangspunkt der folgenden philosophischen Argumentation sein. Wichtig erscheint sie mir dennoch aus zwei Gründen: Erstens ist eine phänomenale Untersuchung und eine daran direkt anschließende erste theoretische Reflexion des Themas zum besseren Verständnis geboten, bevor die nur in einer ‚technischen' Sprache darzulegenden Vorschläge zur Lösung des Problems von ‚(Willens-)Freiheit und/oder Determinismus' folgen. Zweitens kann so der in vielen philosophischen Texten anzutreffenden Verengung des Blickwinkels und der damit verbundenen Verkürzung und Missdeutung des Phänomens Freiheit schon am Anfang der Darlegung entgegengewirkt werden.

Die Erfahrung von Freiheit ist besonders ausgeprägt in spezifischen Formen, Situationen und Kontexten, von denen ich zuerst einige typische kurz darstellen will, um danach vier Thesen zur Freiheitserfahrung zu formulieren und die philosophischen Verkürzungen des Freiheitsbegriffs – jedenfalls gemessen an dem skizzierten Phänomenbestand, und meist wird ja eine Rekonstruktion unserer lebensweltlichen Freiheitserfahrung beansprucht – aufzuzeigen:

Wichtigste und stärkste Quelle der Erfahrung von Freiheit ist der Kontrast zur Unfreiheit (nicht so zu können, wie man will; ständige Unsicherheit und Angst; Gefahr von Gewalt und Demütigung; Heuchelei, Lüge, Täuschung) sowie das Fehlen oder die Minderung von (inneren wie äußeren) Zwängen und Bedrohungen, von Fremdbestimmung und Verfügungsgewalt durch andere; hierzu sind die heute als moderne Freiheitsrechte kodifizierten Schutzmaßnahmen zentral; umgekehrt entsteht entsprechend das Gefühl eines Verlusts von Freiheit; dabei ist immer auch der Vergleich mit anderen Menschen und deren Leben für das eigene Gefühl von Un-/Freiheit wichtig.

Eine elementare Erfahrung der Freiheit und der Macht des eigenen Willens in der Welt bieten Willkürbewegungen, also dass der eigene Körper den mentalen Befehlen ‚gehorcht'. Ebenso elementar als Erfahrung von Freiheit sind Situationen der Unterbrechung von affekt- oder routinegesteuertem Verhalten bzw. eines blockierenden ‚Vetos' dagegen.

Diese sind oft verknüpft mit einer Form des ‚inneren Abstands', der Distanzierung von inneren Zuständen wie Gefühlen, Wünschen usw., ihrer Beobachtung und kritischen Reflexion.

Eng damit verbunden sind Prozesse der Reflexion und des Abwägens vor einer Entscheidung bzw. Handlung, die eher emotional oder eher rational geprägt sein können; zum Abwägungsprozess gehört dabei konstitutiv die deutliche Intuition der Ergebnisoffenheit.

Beispielhaft dafür ist die historisch-kulturell sehr unterschiedlich ausgeprägte Freiheit der individuellen und/oder kollektiven Lebensgestaltung und der Entwicklung der individuellen und/oder kollektiven Identität durch biographische, gesellschaftliche und politische Entscheidungen.

Im Kontext von Entscheidungsfindung steht auch die eng mit Freiheit verbundene Fähigkeit der Zukunftsplanung und des virtuellen Probehandelns, sei es zur Antizipation von Handlungsfolgen und der rationalen und/oder emotionalen Beurteilung entsprechender Szenarien, sei es in Form von Phantasien, Tagträumen usw.; damit verknüpft ist der ‚Möglichkeitssinn' eines kreativen Entwerfens und Umsetzens von möglichen Zukünften.

Ähnlich ist die mit dem spontanen Auftreten von Handlungsimpulsen, aber auch Erkenntnissen, sowie dem ‚Sich-selbst-überraschenkönnen' manchmal einhergehende Freiheitserfahrung.

Ebenfalls ähnlich ist das Freiheitserleben in Formen des intensiven ‚Bei-sich-seins', etwa beim Spiel und intensiven Kunstgenuss oder Naturerleben, sowie bei kreativen Tätigkeiten, im konzentrierten Glück des ‚*Flow*', und in einigen Formen des Rausches, der Ekstase und Meditation.

Damit wiederum teilweise ähnlich ist die Freiheitserfahrung beim umstandslosen Auslebens von Bedürfnissen und Wünschen und der entsprechenden ‚Leichtigkeit des Seins'.

Dagegen können auch Prozesse der rationalen Selbstkontrolle als Freiheit im Sinne vernünftiger Selbstbestimmung erlebt werden, als Ausdruck der Stärke und Moralität des Charakters und der Rationalität des eigenen Willens (eine Lieblingsfreiheit der Philosophen).

Oft damit verbunden ist die Freiheitserfahrung der *vita contemplativa*, des ‚reinen' Denkens bzw. des Umgangs mit Abstrakta und Theorien (die andere Lieblingsfreiheit der Philosophen).

Deutlich anders wiederum ist die Freiheitserfahrung der *vita activa*, nämlich eine der eigenen Wirkmächtigkeit, der Fähigkeit, sich zu engagieren oder Karriere zu machen und dabei Widerstände zu überwinden und erfolgreich gestaltend in die Welt einzugreifen.

Anders wiederum die existentielle Freiheitserfahrung einer radikalen Distanzierungsfähigkeit und des Kontingenzbewusstseins (‚das bin *nicht* ich') gegenüber sozialen Rollen und Pflichten, aber auch Einstellungen, Wünschen, Charakterzügen; oft erlebt als Freiheit der Bindungslosigkeit, der Unabhängigkeit von anderen Menschen, aber auch von ‚inneren Objekten', ja von der Welt insgesamt; dies kann im Sinne stoischer ‚Unberührbarkeit' oder mystisch in Form einer Erfahrung des ‚wahren Selbst' kultiviert oder durch Konversion zu neuen Bindungen gewendet werden.

Ziemlich ähnlich damit ist die Erfahrung von Freiheit als Selbstüberwindung im Sinne eines sei es moralisch oder sonstwie motivierten Handelns gegen starke und scheinbar übermächtige Strebungen und/oder äußere Zwänge, bis hin zum ‚Selbstopfer' als (‚Helden'-)Tod für die Gemeinschaft, als freiwilliges Martyrium, aber auch als Selbsttötung, die vielfach als höchstes Signum menschlicher Freiheit gewertet wurden bzw. werden.

These 1.1: *Die verschiedenen Formen der Erfahrung von Freiheit sind ‚familienähnlich'*; sie haben eine relativ einheitliche Erlebnisqualität, weisen aber auch divergente und teils sogar polar entgegengesetzte Züge auf.

Die angeführte Liste von spezifischen Erfahrungen von Freiheit und die Besinnung auf das eigene Erleben machen deutlich, dass es sich um deutlich divergierende, teils sogar konträre Situationen, Bedingungen und Formen des Erlebens bzw. der Erfahrung handelt. Es erscheint unmöglich, daraus so etwas wie einen gemeinsamen ‚Kern' oder ein ‚Wesen' von Freiheit zu definieren. Stattdessen schlage ich das offenere Konzept der ‚Familienähnlichkeit' (Wittgenstein) vor, um die Gemeinsamkeit aller genannten Erfahrungen zu beschreiben.

Die starke Heterogenität der Freiheitskonzepte fällt auch in einer kultur- bzw. philosophiegeschichtlichen Perspektive auf: Was genau haben die antiken Freiheiten des Nicht-Sklave-seins, der politischen

Mitsprache und der äußeren Unabhängigkeit der Polis mit der stoischen Freiheit der weitestgehenden Affektkontrolle und Bejahung des Fatum, oder der christlichen Freiheit der Einstimmung in Gottes Willen zwecks leiblicher Auferstehung, oder den ständischen Freiheiten der Mitsprache und Privilegien, oder den neuzeitlichen liberalen Freiheiten der Gewerbe und der Privatsphäre, oder den individuellen Freiheitsschutz zusichernden Machthegungsregeln der Demokratie, des Rechtsstaates und der Menschenrechte zu tun?

Dabei weisen die oben angeführten Erfahrungen durchaus eine gewisse *einheitliche, in ihrer Intensität und weiteren emotionalen ‚Einfärbung' freilich variierende, Anmutung und Erlebnisqualität* auf. Diese lässt sich allerdings nur schwer fassen und beschreiben, zumal sie erstens mehrere eng mit einander verknüpfte Aspekte umfasst (s.u. These 1.2), und zweitens oft mit weiteren, aber nicht notwendig mit ihr verbundenen emotionalen ‚Einfärbungen' wie etwa dem Glück der Befreiung (vgl. das Erringen politischer Freiheit, das Ende von Inhaftierung, ‚school's out for summer' usw.), dem Gefühl der Überforderung oder Bedrängung (vgl. schwierige oder rasch notwendige Entscheidungen, Wahl zwischen unguten Alternativen, Regal mit 100 Käsesorten usw.), oder auch Einsamkeit (vgl. die Freiheit der Bindungslosigkeit, stoische Freiheitsvorstellungen, Selbsttötung als letzte Freiheit usw.) einhergehen kann.

Aber hier soll es nicht um den Versuch einer Beschreibung der Erlebnisqualität ‚Freiheit' und ihrer vielen möglichen ‚Einfärbungen', sondern um eine erste Systematisierung und Reflexion der genannten Beispiele von Formen und Situationen der Freiheitserfahrung gehen:

Auffällig sind besonders die vielfachen Polaritäten. Die wichtigste ist wohl die von *‚Spontaneität versus Reflexivität'*: Sowohl spontanes Agieren und Sich-Ausleben, als auch Reflexivität und Selbstkontrolle können Ursache von Freiheitserfahrungen sein. In der philosophischen Tradition wird freilich ersteres meist mit Affektivität und Unfreiheit gleichgesetzt; eine der wenigen Ausnahmen ist Adorno, der das moralische Gesetz Kants, aber auch den ‚somatischen Impuls' als komplementäre Momente einer noch nicht verwirklichten

Freiheit sah.[1] Ansonsten wird die Spontaneität – wie die anderen romantischen Topoi, etwa der ‚Möglichkeitssinn' – angesichts der Betonung rationaler Handlungskontrolle philosophisch vernachlässigt. Dabei kann die rationale Selbstkontrolle geradezu als ‚fremd', als oktroyierte und verinnerlichte Unfreiheit erlebt und bewertet werden – wie andererseits auch spontane Impulse und Taten als ‚fremd' und deswegen als Ausdruck von Unfreiheit erscheinen können. Die Bewertung hängt offenbar davon ab, was man jeweils als ‚eigen' und als Ausdruck dessen, wer und was man ‚wirklich' ist, ansieht. In der philosophischen Literatur werden jedenfalls fast ausschließlich die ‚rationalistischen' Formen des Freiheitserlebens vermerkt bzw. als solche anerkannt, die ‚romantischen' dagegen fehlen oder gelten als bloße Missverständnisse dessen, was ‚wahrhafte' Freiheit ausmacht.

Weitere interessante Polaritäten im Rahmen der obigen Formen der Freiheitserfahrung sind *‚innen versus außen' als Orte der Realisierung von Freiheit*: einerseits im ‚reinen' Denken, im ‚wahren Selbst', in der Kultivierung des Möglichkeitssinns usw., oder andererseits in der ‚vita activa', in den rechtlichen, politischen, sozialen und ökonomischen Freiheiten und ihrer Nutzung; sowie *‚hindernisfrei versus durchsetzungsbezogen'*, wobei entweder die Möglichkeit einer hindernisfreien Umsetzung des ‚Eigenen', oder aber gerade umgekehrt die erfolgreiche Überwindung von Widerständen als Grundlage der Freiheitserfahrung erscheint.

Die Beispiele zeigen, wie sehr in der Philosophie die phänomenale Diversität und Heterogenität der möglichen Erfahrungen von Freiheit oft verkürzt wird. *Meist werden allein die mit rationaler Selbstkontrolle verbundenen Aspekte der Handlungshemmung, der Reflexion und des rationalen Abwägens und Entscheidens, sowie der vernünftigen und also moralischen Selbstbestimmung als Ausdruck der Freiheit anerkannt.* Diese systematische Privilegierung der Rationalität und damit Verkürzung des Freiheitsproblems resultiert wohl aus dem praktischen und politischen Interesse an einer Kontrolle der Affekte (und der ‚*hoi polloi*'). Sie ist in der Philosophie so selbstverständlich

1 Vgl. Adorno [1966], S. 211ff.

geworden, dass sie oft kaum bemerkt wird.

Aber auch wichtige Aspekte unserer Semantik haben in der philosophischen Diskussion wenig Beachtung gefunden. So kennen wir zwei konkurrierende Redeweisen über Freiheit: eine ‚alternativistische', wonach man ‚ganz oder gar nicht' frei ist, und eine ‚gradualistische', wonach Freiheit in vielen Abstufungen existiert bzw. zuzuschreiben ist. Beide haben lebensweltlich ihre Bedeutung, und sie werden im Alltag wie in der Philosophie häufig durcheinander verwendet, ohne dass man sich ihres Unterschieds richtig bewusst würde.

These 1.2: *Gemeinsam sind den verschiedenen Erfahrungen von Freiheit drei zentrale Aspekte: eigene Urheberschaft, weitgehende Autonomie und offene Möglichkeiten.*

Im Kern sind alle oben genannten Freiheitserfahrungen von drei Aspekten bestimmt, die auch in der Literatur – allerdings meist in Bezug auf die Willens- und Entscheidungsfreiheit (s.u.) – regelmäßig erwähnt werden: *‚Urheberschaft', ‚Autonomie' und ‚Möglichkeiten'.* Also kurz formuliert: ‚*Ich* tue es, ohne *Zwang*, und habe dabei *mehrere Alternativen.*'

Der wohl wichtigste Aspekt der diversen Erfahrungen von Freiheit ist der Eindruck: ‚*Ich* bin es, der da handelt, entscheidet, genießt usw.!' Dieses Gefühl der *Urheberschaft* ist allerdings, wie noch zu diskutieren sein wird (s.u. These 1.3), trotz seiner übermächtigen intuitiven bzw. introspektiven Evidenz kein sicheres Kriterium für das tatsächliche Vorliegen von Urheberschaft oder auch nur von kausaler Beeinflussung. Darüber hinaus ist es keineswegs klar, wer oder was denn nun der ‚Urheber' (ein libertaristisch [s.u.] geprägter Begriff!) eigentlich ist. Dies wird vor allem dann relevant, wenn verschiedene innere Strebungen, Instanzen oder Fakultäten in Widerstreit geraten. Hier genau liegt auch der *Streitpunkt zwischen Rationalisten und Romantikern*: Ist der angemessene ‚Urheber' unseres Handelns unsere Ratio, oder ein ‚tieferes', emotional geprägtes Selbst? Bin ich ‚frei' und wahrhaft ‚ich selbst', wenn ich meinen Gefühlen folge, oder meinen rationalen und moralischen Erkenntnissen? Dass die erste

Alternative, für die nicht nur ihre weite Verbreitung, sondern auch einige Ergebnisse der Hirnforschung zur zentralen Bedeutung von Emotionen[2] sprechen, meist philosophisch gar nicht ernsthaft bedacht wird, sagt mehr über die berufsbedingten Vorurteile der Philosophen, als über Freiheit aus. *Eigene Urheberschaft ist jedenfalls ein zentraler Aspekt der Erfahrungen von Freiheit* – mit einer interessanten Ausnahme: In Formen des ‚Flow', der Meditation, der mystischen Erfahrung usw. kann Freiheit auch ohne das Gefühl, ein ‚ichhafter' Urheber zu sein, erlebt werden. Stattdessen entsteht der prägnante Eindruck, ein bloßes ‚Gefäß' für anderes zu sein. In diesen Fällen ist die erfahrene Freiheit denn auch in gewisser Weise nicht die eigene, sondern die der Erfahrung selbst.

Der zweite zentrale Aspekt der Erfahrungen von Freiheit ist *Autonomie im Sinne des Fehlens von Zwang bzw. der Minderung oder Überwindung von Zwängen.* Wir unterscheiden ja ‚Zwang' als vor allem juridischen Begriff von ‚Zwängen' im alltagssprachlichen Sinn. Eine Handlung ‚unter Zwang' gilt definitionsgemäß als ‚unfrei', aber ‚unter Zwängen' stehen wir zu einem gewissen Grad immer. Freiheit ist also nicht mit der vollständigen Abwesenheit von Zwängen bzw. Hindernissen gleichzusetzen: eine solch glückliche Lage ist selten. So werden wir eine Entscheidung, die unter Zeitdruck stattfindet – ein Zwang! – nicht deswegen schon als ‚unfrei' empfinden. Es existieren immer gewisse limitierende Bedingungen, die häufig als Zwänge oder Hindernisse empfunden werden, ohne dass dies unsere Erfahrung von Autonomie und Freiheit schon zerstörte. Stattdessen ist das Verhältnis ein graduelles und dynamisches, wie wir ja auch im Alltag und in der Rechtssprechung unterschiedliche Grade von Freiheit und Verantwortung uns selber und anderen zusprechen, je nachdem, bis zu welchem Grad wir eine Autonomie gegenüber inneren und äußeren Zwängen unterstellen, während die Frage der Urheberschaft meist als mit einem klaren ‚ja oder nein' beantwortbar erscheint.

Zur Erfahrung von Freiheit gehört schließlich auch der *subjektive Eindruck der Existenz oder Generierbarkeit von Möglichkeiten (des*

2 Vgl. etwa Roth [2003], Damasio [1997].

Handelns, Entscheidens, Lebens überhaupt usw.). Diese subjektiven Möglichkeiten müssen dabei konkret erfahrbare oder doch imaginierbare sein (also nicht bloß logische oder abstrakte Möglichkeiten). Insbesondere für die Willens- und Entscheidungsfreiheit, aber auch für einige andere Formen der Erfahrung von Freiheit ist die *Vorstellung alternativer Möglichkeiten konstitutiv*. Deren Anzahl sollte aber nicht zu groß sein, sonst wird es unübersichtlich (mehr als drei Alternativen pro Entscheidungsschritt sind kaum mehr prozessierbar). Die Wahl zwischen Alternativen ist dabei oft mit einem imaginierten Probehandeln und Antizipieren der Folgen verbunden – einer Fähigkeit, die wohl eine der entscheidenden evolutionären Vorteile der menschlichen Freiheit ausmacht (s.u. These 3.3). Dabei kann die Bewertung der Alternativen eher gemäß einem rationalen Kalkül oder eher emotional erfolgen. Ähnlich wichtig wie die Bewertung selbst, aber oft in seiner Bedeutung unterschätzt, ist der *‚Möglichkeitssinn', also die kreative Fähigkeit des Entwerfens bzw. Entwickelns von Optionen.* Freiheit scheint also nicht nur eine Bedingung von Kreativität, sondern umgekehrt auch die Kreativität des Möglichkeitssinns eine wichtige Bedingung von Freiheit. Allerdings kann manchmal die subjektive Bedeutung der alternativen Möglichkeiten auch – wie in der Freiheitserfahrung des ‚Flow' und ähnlicher Zustände – in den Hintergrund treten, soweit die Gegenwart als hindernisfreie Realisierung des Gewünschten erlebt wird.

Zusätzlich zu diesen drei Aspekten wird ein weiterer oft genannt: *die Vernünftigkeit bzw. ‚Intelligibilität'*. Setzt menschliche Freiheit nicht Vernunft voraus? Aber andererseits: Sind Entscheidungen bzw. Handlungen wirklich nur dann frei, wenn sie erklärbar, ja vernünftig sind? Ist es also berechtigt, nur solche Entscheidungen bzw. Handlungen als frei zu bewerten, die mit Gründen gerechtfertigt werden (oder aber werden könnten)? Unser Alltagsverständnis jedenfalls spricht gegen eine solche Einschränkung: Auch Entscheidungen und Handlungen, die nicht mit Gründen gerechtfertigt, sondern selbst auf Nachfragen hin nur ad hoc erläutert werden (‚ist mir halt lieber gewesen', ‚das hat mir nicht gepasst', ‚es war so ein Gefühl, dass ich das jetzt für mich tun muss'), darunter vor allem spontane oder ‚Bauchentscheidungen', werden durchaus als ,freie' und zu verantwortende Entscheidungen gewertet.

Bis heute dominieren freilich philosophische Positionen, die Rationalität zur Voraussetzung freien Handelns erklären. Dies hängt wohl damit zusammen, dass Rationalität tatsächlich eine nicht nur für die menschliche Existenz überhaupt, sondern eben auch für die menschliche Freiheit konstitutive Rolle spielt. Damit ist freilich aber noch nicht gesagt, dass nur solche Entscheidungen und Handlungen frei sind, die eng mit dem Gebrauch der Vernunft verknüpft sind. Wichtige Formen der Freiheitserfahrung sind, wie an den Beispielen deutlich wurde, tatsächlich mit Reflexion und Rationalität verbunden – andere aber eben nicht. Philosophische Ansätze, die Freiheit so eng an Rationalität und Begründung knüpfen (s.u. These 3.2), rekonstruieren jedenfalls *nicht* die lebensweltliche Erfahrung und Redeweise, sondern *verkürzen sie rationalistisch* (s.o.). Intelligibilität ist also kein konstitutiver Aspekt unser Freiheitserfahrungen, sondern eine nur mit einigen ihrer Formen verbundene zusätzliche Dimension.

Aber alle diese Aspekte der Freiheitserfahrungen bieten große Probleme bei ihrer Beurteilung.

> **These 1.3:** *Die introspektive Gewissheit der Freiheit* und ihrer Aspekte Urheberschaft, Autonomie und Existenz alternativer Möglichkeiten *ist kein sicheres Urteilskriterium, sondern geht auf unbewusste und fehlbare Prozesse der Zuschreibung zurück.*

Die mit unseren Erfahrungen von Freiheit verbundene subjektive Gewissheit ist kein Beweis für das objektive Vorliegen von Freiheit bzw. der für sie konstitutiven Aspekte von Urheberschaft, Autonomie und Existenz alternativer Möglichkeiten. *Vielmehr sind es offenbar komplexe und teils unbewusste Prozesse der Zuschreibung, die diese Evidenz erst konstituieren.*

So wurde empirisch nachgewiesen, dass der für Freiheit zentrale *Aspekt der Urheberschaft* und die damit verbundene Beurteilung von Ereignissen als ,willentlich von mir hervorgebracht' *auf komplexe und durch geeignete Experimente täuschbare Prozesse der Zuschreibung* zurückgeht. Selbst das mit elementaren Körperbewegungen einhergehende Gefühl der Urheberschaft, das absolut verlässlich scheint, ist eine Folge von Zuschreibungsoperationen und als solches fallibel.[3] Erst recht gilt dies für komplexere Handlungen. (Ein bekanntes Beispiel ist das Befolgen von hypnotisch vermittelten Befehlen, das auf Nachfrage als willentlich und frei bezeichnet und mit scheinbar plausiblen Absichten begründet wird – nur eben, wie die Betroffenen aber selber nicht wissen, leider vollkommen irreführend, denn die verborgene wahre Ursache des vermeintlich freien Handelns war der fremde Befehl.) Ob man den ‚bewussten Willen' deswegen insgesamt als ‚Illusion' bezeichnen sollte, erscheint zwar fraglich, doch zeigen die Experimente, dass unser scheinbar so selbstverständliches lebensweltliches Modell einer Handlungssteuerung durch bewusste Willensentschlüsse keine auch nur halbwegs adäquate Beschreibung der tatsächlichen Abläufe im Gehirn ist. Tatsächlich werden nämlich eigene Intentionen und die Ereignisse der Außenwelt nachträglich verglichen und bei Vorliegen gewisser Kriterien gegebenenfalls dann diese Ereignisse als ‚von mir willentlich verursacht' verbucht bzw. kausal zugeschrieben.

Aber nicht nur unser Gefühl der Urheberschaft, sondern *auch der Eindruck von Autonomie kann täuschen.* So hat etwa Spinoza in seiner ‚Ethik' den schon seit der Antike schwelenden Verdacht geäußert, unser subjektiver Eindruck von (Willens-)Freiheit sei bloß eine Folge von Unkenntnis: *Wir erleben uns als ‚frei' und ‚autonom', weil wir die inneren Bedingtheiten nicht kennen, die unser Entscheiden und Handeln bestimmen.* Tatsächlich erleben wir uns meist als im Prinzip über unsere Motive, Informationen und Handlungsgründe Verfügende. Sie scheinen also das *kontrollierbare Material unserer autonomen – sei es eher rationalen, oder eher emotionalen - Bewertung zu sein.* Eher selten werden wir gewahr, dass wir in unserer *Willensbildung oder auch Willensumsetzung nicht autonom* sind – etwa wenn wir auf innere Zwänge, Phobien oder Süchte stoßen, *die unseren Willen auch*

3 Vgl. Wegner [2002].

gegen unseren Willen bzw. gegen unsere Einsicht beherrschen. Psychologie und Gehirnforschung zeigen jedoch, wie sehr wir in unseren Entscheidungen und Handlungen von inneren Prozessen, aber auch äußeren Bedingungen beeinflusst werden, die uns eben nicht bewusst sind (s.u. These 3.3). Unser Eindruck von *Autonomie ist also nur als eine Zuschreibung verständlich*, mit der wir unser Handeln und Entscheiden unter bestimmten Bedingungen *als verantwortlich auszeichnen*. Dem entsprich übrigens auch unsere Alltags- und Rechtspraxis, in der wir die Autonomie eines Handelnden je nach inneren und äußeren Bedingungen beurteilen und daraus den Grad seiner Verantwortung bzw. Schuld bemessen (Schuldunfähigkeit, verminderte Schuldfähigkeit und mildernde Umstände, u.a. wegen mangelnder Einsichtsfähigkeit, psychischen Störungen, Bewusstseinstrübung, Sucht, aber auch Abhängigkeiten, Hörigkeit, Nötigung usw.).

Ähnliches gilt auch bezüglich der *alternativen Möglichkeiten, deren subjektiver Charakter oben schon hervorgehoben wurde*. Ob diese Möglichkeiten ‚an sich' existieren, ist eine doppelt heikle Frage: Erstens ist es die Kernthese des ontologischen Determinismus (s.u. Teil 2), dass es solche Möglichkeiten ‚an sich' niemals gibt, weil der gesamte Weltprozess immer schon vollkommen determiniert ist. Aber auch aus empirisch-naturalistischer Sicht erscheint unser Entscheiden und Handeln als so stark von unbewussten Prozessen abhängig, dass zumindest unser Optionsraum weitaus kleiner ist, als es uns subjektiv scheint (s.u. zu These 3.3). Zweitens aber sind die alternativen Möglichkeiten, wie schon ausgeführt, *letztlich selektive Konstruktionen des jeweiligen Subjekts*, in denen die Wahrnehmung äußerer Bedingungen sowie subjektive Einschätzungen und Entscheidungen untrennbar verwoben sind. Es ist damit unbestimmt, ob es sich eher um eine Erfassung oder um eine Eröffnung der jeweiligen Möglichkeiten durch den ‚Möglichkeitssinn' (Musil) handelt. Jedenfalls sind sie als subjektive Möglichkeiten in einer spezifischen Situation *Resultat einer konstruktiven Zuschreibung*.

Ebenso ist ‚Intelligibilität' das Resultat einer Zuschreibung – nicht nur der Beobachter, die eine Entscheidung oder Handlung als ‚frei' weil vernünftig bzw. von Gründen geleitet anerkennen, sondern auch des Handelnden selbst: Er *konstruiert nämlich eine Begründung seines Handelns*, die (wie das Beispiel des hypnotischen Befehls zeigte) keinesfalls der Realität entsprechen muss. Psychologisch spricht man oft von einer ‚Rationalisierung' der eigentlichen Handlungsmotive, die sowohl bewusst als auch unbewusst erfolgen kann. In jedem Fall ist die Begründung von Entscheidungen oder Handlungen dem Verdacht ausgeliefert, post festum und in legitimatorischer Absicht zu erfolgen. *Auch ‚Intelligibilität' und Handlungsgründe gehen also auf Zuschreibungen zurück und sind nicht verlässliche introspektive Tatsachen.*

Alle zentralen Aspekte unserer Freiheitserfahrungen beruhen also auf Zuschreibungen. Besonders überraschend ist das angesichts unserer starken Intuitionen eines willentlichen Handlungsvollzugs bei der Urheberschaft. Wichtig ist hier nicht nur die Infragestellung der Instanz bzw. der Rolle des bewussten Willens durch die empirische Forschung (s.u. These 3.3), sondern wie *radikal diese die Introspektion als Erkenntnisquelle sowie unsere ‚folk models' von Urheberschaft und Verantwortung in Frage stellt.* Die philosophische Reflexion über das Freiheitsproblem sollte also aller subjektiven Evidenz mit deutlicher Skepsis begegnen.

These 1.4: Die Willens- bzw. Entscheidungsfreiheit ist die aus philosophischer Sicht grundlegendste und problematischste Dimension der menschlichen Freiheit.

Die Willens- und Entscheidungsfreiheit bildet nicht nur eine Voraussetzung von vielen der anderen Formen der Freiheitserfahrung, sondern mit ihr verknüpfen sich auch in besonderer Weise einerseits unser Selbstverständnis als Handelnde und unsere sozialen Praktiken der Zuschreibung von Verantwortung, Lob oder Strafe, andererseits aber auch philosophische und wissenschaftliche Theorien und Forschungsergebnisse, die eine Herausforderung für eben dieses lebensweltliche und gesellschaftliche Verständnis darstellen.

Das Problem der *Willensfreiheit, verstanden als ‚innere' Freiheit der Willensbildung und Entscheidung*, geht dabei bis in die klassische Antike zurück, auch wenn etwa Aristoteles den Begriff selbst nicht verwendet, sondern dieser erst in den hellenistischen Philosophenschulen und bei Augustinus auftaucht.[4] Sachlich ebenso alt ist die Unterscheidung von der Handlungsfreiheit im Sinne der ‚äußeren' Freiheit, seinen Willen auch in Taten umzusetzen. Das Verhältnis der beiden Freiheiten ist freilich unklar: Während für die ‚Freunde der Willensfreiheit' diese die unverzichtbare Grundlage der Handlungsfreiheit ist, ohne die menschliche Freiheit eigentlich gar keine wirkliche Substanz habe, ist für die ‚Gegner der Willensfreiheit' diese eine Schimäre, da es allein um die Frage der Umsetzung des eigenen Willens in der Welt gehe. Aus dieser Sicht handelt es sich bei der seit der Antike geführten Diskussion um die Willensfreiheit um ein Scheinproblem – eine Auffassung, die ich trotz der später vorgeschlagenen kompatibilistischen Lösung (s.u. Teil 2) keineswegs teile.

Allerdings bringt die Betonung des Willens auch zusätzliche Probleme. So ist das Verhältnis von Freiheit und Willentlichkeit komplizierter als oft gesehen: Erstens gibt es Fälle, wo wir entsprechend eines formal freien Willensentschlusses handeln, dieser aber so stark von Zwängen geprägt war, dass wir ihn eher als ‚unfrei' werten. Umgekehrt gehen nicht alle ‚freien' Handlungen auf einen Willensentschluss zurück: Routinehaftes, aber auch spontanes Handeln ist oft nicht von einem expliziten Willensentschluss vorbereitet, jedoch ‚willkürlich' im Sinne von potentiell willentlich steuerbar. Ich kann ein spontanes, nicht von einem expliziten Willensentschluss vorbereitetes (oder begleitetes?) Handeln durchaus als ‚frei' empfinden, sofern es nur ‚willkürlich' – also nicht etwa reflexhaft – erfolgte, und ich es nicht als mir ‚fremd', sondern als ‚eigenes' Handeln empfinde. *Nicht alles freie Handeln muss willentlich sein!*

Auch setzt Verantwortung nicht Willentlichkeit voraus: Auch fahrlässiges Verursachen etwa eines Unfalls begründet Verantwortung und eine gewisse strafrechtliche Schuld. Umgekehrt werden uns die Folgen unseres willentlichen Handelns nur insoweit zugerechnet, als sie von uns vernünftigerweise auch antizipierbar waren. Im Übrigen unterstellen wir moralisch und juristisch immer dann Urheberschaft

4 Vgl. Seebaß [2007].

und Verantwortung, wenn ein zielgerichtetes Handeln vorliegt, und zwar unabhängig von der Frage, ob dem ein konkreter Willensentschluss zugrunde lag. Wir alle kennen wohl nicht nur aus Literatur und Filmen, sondern auch aus eigenem Erleben den Fall, dass man ohne eigentliche Willensentscheidung in etwas ‚hineinrutscht'. Hier unterstellen wir soziale und rechtliche Verantwortung auch deswegen, weil eine gegenteilige Willensentscheidung im Sinne einer ‚Unterbrechung' des Geschehens und damit einer Vermeidung von Schuld als möglich und einforderbar gilt. Allerdings sind wir unter Umständen bereit, das vom Betroffenen bekundete Fehlen einer tatsächlichen eigenen Willensentscheidung als einen Schuld und Strafe relativierenden Faktor zu berücksichtigen.

Darüber hinaus wirkt die *Unterscheidung ‚Handlungs- versus Willensfreiheit' aber auch nachteilig auf die Problemwahrnehmung zurück*: Sofern mit ‚Willensfreiheit' nicht nur eine abstrakte Möglichkeit, sondern auch eine *konkrete Fähigkeit der Entwicklung und Kultivierung des Willens*[5] gemeint ist, begründet diese nicht etwa nur die Handlungsfreiheit, sondern setzt sie umgekehrt auch praktisch voraus, *weil ohne eine gewisse äußere Freiheit wohl niemand wirklich lernen kann, wie man seinen Willen zur Freiheit entwickelt.*

Dennoch ist die philosophische Privilegierung der Willens- und Entscheidungsfreiheit gegenüber anderen Formen und Dimensionen der Freiheitserfahrung begründet. Ohne sie wäre menschliche Freiheit letztlich bloßer Schein. Da ich aber aus den angeführten Gründen die Engführung auf den Willensbegriff für problematisch halte, werde ich meist von ‚(Willens-)Freiheit' bzw. nur von ‚Freiheit' sprechen. Die Frage der Möglichkeit und der Bedingungen von (Willens-) Freiheit in einer naturalistisch, vielleicht sogar deterministisch bestimmten Welt ist eine Herausforderung für die Philosophie und die Wissenschaften, aber auch und besonders für unsere sozialen Praxen der Zuschreibung von Verantwortung und Strafe.

5 Vgl. Bieri [2003].

2. Determinismus und/oder (Willens-)Freiheit

Die neuere philosophische, aber auch bis ins Feuilleton reichende Debatte über Freiheit konzentriert sich hauptsächlich auf das Problem ‚(Willens-)Freiheit und/oder Determinismus'. Dabei waren die Fortschritte und die öffentliche Konjunktur der Hirnforschung insofern ein Katalysator, als einige ihrer Vertreter (Roth, Singer, Prinz u.a.) sehr selbstbewusst die von den meisten Philosophen angeblich vertretene These einer emphatischen (Willens-)Freiheit mit Verweis auf fachwissenschaftliche Erkenntnisse für definitiv widerlegt erklärten. In der Philosophie sorgten diese Beiträge schon deswegen für Irritation, weil so getan wurde, als sei eine philosophische Problematik *unmittelbar* mit fachwissenschaftlichen Experimenten und Argumenten *entscheidbar*, und dabei weder die bis in die Antike zurückreichende Geschichte der philosophischen und theologischen Problemdiskussion[6], noch die neuere, sehr umfangreiche und differenzierte philosophische Debatte[7] zur Kenntnis genommen wurden.

Sehr schematisch dargestellt gibt es in der philosophischen Debatte drei Grundpositionen: *Entweder man hält Freiheit und Determinismus für unvereinbar (Inkompatibilisten) und hält dann entweder die menschliche Freiheit für eine Illusion (harte Deterministen) – die man entweder aufklärerisch überwinden oder auch aus pragmatisch-gesellschaftlichen Gründen fördern sollte –, oder man hält umgekehrt den Determinismus für falsch und Willensfreiheit für eine – sei es empirisch nachweisbare oder aber nur philosophisch postulierbare – Realität (Libertaristen). Oder aber man hält– entgegen dem ersten Eindruck – richtig verstandene Freiheit und Determinismus für vereinbar (Kompatibilisten).* Wie schon daraus ersichtlich, ist nicht nur das Verhältnis von Freiheit und Determinismus oder auch Naturalismus zwischen diesen drei Grundpositionen umstritten, sondern auch das richtige Verständnis von Freiheit.

---

6 Vgl. Seebaß [2007].

7 Vgl. als Überblick besonders der angelsächsischen Diskussion die Beiträge in Kane [2002].

Die vielschichtige bisherige Diskussion kann ich hier nicht weiter skizzieren, zumal sie im Laufe der Zeit durch zunehmend eigenständige Sonderdebatten – etwa um das Konzept des Willens oder die Semantik von ‚möglich' und ‚können' – und eine Vielzahl unterschiedlicher Varianten angereichert wurde. Da es aber hier sowieso *nicht um eine Darstellung und kritische Aufarbeitung der bisherigen Diskussion*, sondern um die *Darlegung eines eigenen Vorschlags* geht, der einige zumindest im Detail neue Argumente bzw. Lösungsstrategien enthält, werde ich diesen systematisch in Form von Thesen und ihrer Begründung vorstellen und nur soweit unbedingt notwendig auf die anderen Positionen und ihre Argumente und Debattenbeiträge eingehen.

> **These 2.1:** Der *ontologische Determinismus* ist eine *metaphysische These*, die *empirisch unentscheidbar*, also *weder beweisbar noch widerlegbar* ist.

Ontologischer Determinismus heißt die These eines von *strikter Notwendigkeit* bestimmten Weltlaufs. Danach ist *alles innerweltliche Geschehen zu jedem Zeitpunkt festgelegt.*

Diese Weltauffassung wurde in Philosophie und Theologie seit der Antike häufig vertreten und kontrovers diskutiert[8]. Ihre neuzeitliche Konjunktur verdankt sie vor allem dem deterministischen (Selbst-) Verständnis der klassischen Mechanik und – daran angelehnt – der modernen Naturwissenschaften überhaupt. Die klassische und bis heute nachwirkende Formulierung des naturwissenschaftlich orientierten ontologischen Determinismus geht auf den französischen Mathematiker Pierre Simon de Laplace zurück:

> »Wir müssen also den gegenwärtigen Zustand des Weltalls als die Wirkung seines früheren und als die Ursache des folgenden Zustands betrachten. Eine Intelligenz, welche für einen gegebenen Augenblick alle in der Natur wirkenden Kräfte sowie die gegenseitige Lage der sie zusammensetzenden Elemente kennte, und überdies umfassend genug wäre, um diese gegebenen Größen der Analysis zu unterwerfen, würde in derselben Formel die

8 Vgl. Seebaß [2007].

Bewegungen der größten Weltkörper wie des leichtesten Atoms umschließen; nichts würde ihr ungewiß sein und Zukunft wie Vergangenheit würden ihr offen vor Augen liegen.«[9]

Diese berühmte Gedankenfigur des ‚Laplaceschen Dämons‘ verdeutlicht die von Laplace angesichts der Fortschritte der klassischen Physik formulierte Vorstellung eines ontologischen Determinismus, der zugleich eine absolute Kenntnis des Weltprozesses, also einen epistemischen Determinismus, ermöglicht. Man kann freilich die Möglichkeit eines solchen allwissenden Beobachters verneinen – ein innerweltlicher Beobachter wäre logischen Paradoxien unterworfen, ein außerweltlicher nur als Gott vorstellbar – und dennoch am ontologischen Determinismus festhalten: »Entscheidend ist, dass der Laplacesche Determinismus den Weltlauf *für alle Zeitpunkte* und *in allen Einzelheiten* festlegt.«[10]

Sofern heute von Philosophen und Wissenschaftlern ein ontologischer Determinismus – also die These von einem strikt notwendigen, alternativlos festgelegten Weltlauf – vertreten wird, so meist unter Berufung auf das ‚Kausalprinzip‘ und die ‚Naturgesetze‘, wie sie die Naturwissenschaften bzw. die Physik erfasst hätten. Viele Naturwissenschaftler, aber auch manche Philosophen, halten einen solchen ontologischen Determinismus für die *notwendige Konsequenz eines universalen und konsequenten Naturalismus, also der Auffassung, dass der gesamte Weltprozess lückenlos naturwissenschaftlich beschrieben und erklärt werden könne.*

Aber der ontologische Determinismus ist *nicht* eine einfache Verallgemeinerung des Kausalprinzips – ‚nichts geschieht ohne Ursache‘ – und *nicht* eine mit einem universalen und konsequenten Naturalismus notwendig verbundene Weltauffassung. Vielmehr setzt er erstens spezifische, in der Wissenschaftstheorie umstrittene, Auffassungen von Kausalität und Naturgesetzen, und zweitens universal gültige deterministische Gesetze und – wegen des Problems der Randbedin-

9 Laplace zit. nach Keil [2007], S. 16.
10 Keil [2007], S. 18

gungen – ihre Anwendung auf das Universum als Ganzes voraus[11]. Dies sind überaus anspruchsvolle Voraussetzungen, die in der empirischen Praxis der Naturwissenschaften keine Rolle spielen und mit den tatsächlichen Ergebnissen dieser Praxis nicht übereinstimmen: Ein kritischer Blick zeigt die faktische »Nichtexistenz ausnahmsloser empirischer Sukzessionsgesetze«[12], wie sie die Voraussetzung für die Möglichkeit streng deterministischer Voraussagen wären.

Die tatsächliche Forschung der Naturwissenschaften – einschließlich der Physik – und ihr Umgang mit empirischen Regularitäten hat also nichts mit dem ontologischen Determinismus zu tun, der allenfalls als eine Art ‚spontaner Philosophie' (Althusser) der Wissenschaftler deren faktisch nach anderen Prinzipien ablaufende Praxis unreflektiert begleitet. Dabei konnte er in der Hochzeit der klassischen Mechanik noch mehr Plausibilität beanspruchen als heute, wo es denn auch typischerweise gerade nicht die Physiker sind, die ihn unbefangen vertreten. Der ontologische Determinismus ist somit nicht etwa Wissenschaft, sondern Ideologie bzw. Metaphysik: »Die Einsicht, dass man aus dem deterministischen Charakter physikalischer Gesetze und Theorien nicht auf den deterministischen Charakter des Weltlaufs schließen kann, erweist den Laplace-Determinismus als *metaphysische* Doktrin, die sich durch empirische Belege weder definitiv widerlegen noch als wahr erweisen lässt.«[13]

Der ontologische Determinismus ist also nicht, wie oft unterstellt, das zwingende Resultat einer wissenschaftlichen Weltauffassung bzw. eines universalen Naturalismus, sondern eine metaphysische, alles innerweltliche Erfahrungswissen überschreitende metaphysische These. Anders als etwa von Kant unterstellt, ist er aber auch keine Konsequenz des Kausalprinzips, das Kant als eine Bedingung der Möglichkeit von Erfahrung galt, und das tatsächlich für unsere alltägliche und wissenschaftliche Erfahrung und ihre rationale Systematisierung eine fundamentale Rolle spielt. Er ist vielmehr genau das, als was er den

---

11 Ebd., S. 28–49
12 Ebd., S. 126
13 Ebd., S. 35

meisten Laien erscheint: *Eine unbewiesene und empirisch auch unbeweisbare philosophische These, die unserem lebensweltlichen Selbst- und Weltverständnis auf provozierende Weise widerspricht.*

> **These 2.2:** Der heutige Stand der Naturwissenschaften zeigt *Grenzen der innerweltlichen Prognostizierbarkeit* auf, die einen *epistemischen Determinismus verunmöglichen* und einen *ontologischen Determinismus* als *wenig plausibel* erscheinen lassen.

Als *metaphysische These* ist der *ontologische Determinismus* empirisch weder beweisbar noch widerlegbar. Dennoch lassen sich durchaus Argumente für oder gegen ihn finden, die seine *Plausibilität* betreffen. Hier wird unter modernen Bedingungen natürlich zuerst an wissenschaftliche Entwicklungen zu denken sein – wie ja auch der Laplacesche Determinismus seine Plausibilität aus den Leistungen der deterministischen Mechanik des 19. Jahrhunderts bezog. Wie in der Diskussion um Determinismus und/oder Willensfreiheit häufig angemerkt, gibt es aber *starke Zweifel am deterministischen Charakter der gegenwärtigen Physik.*

Die wichtigste *Grundlagentheorie der heutigen Physik ist die empirisch bestens bewährte Quantentheorie.* Deren Formalismus beschreibt die kontinuierliche und determinierte Entwicklung von Quantenobjekten mittels einer ‚Superposition' von Zustandsvariablen, die zu einer Wahrscheinlichkeitsprognose möglicher Messdaten genutzt werden kann. Dabei erzeugt jeder Messvorgang eine Diskontinuität, die man als ‚Realisierung' eines der möglichen Zustände des Quantenobjekts auffassen kann, wobei die gleichzeitige Bestimmung konjugierter Größen – wie etwa Ort und Impuls eines Teilchens – durch die Heisenbergsche Unschärferelation limitiert wird. Die Quantentheorie setzt also der gleichzeitigen Bestimmbarkeit konjugierter Größen und der Prognostizierbarkeit künftiger Messdaten bestimmte Grenzen, die ihr bezogen auf konkrete Beobachtungsereignisse einen probabilistischen Charakter geben. Ob man diese Weltbeschreibung ‚deterministisch' oder ‚indeterministisch' nennt, hängt einerseits vom verwendeten Determinismusbegriff, andererseits von bisher nicht endgültig geklärten Fragen der Vollständigkeit – siehe die Bohmsche These von ‚verborgenen Variablen' – sowie vor allem der epistemisch-ontologischen Deutung – siehe die Debatte um die ‚Kopenhagener Deutung' – des quantentheoretischen Formalismus und des Messproblems ab.

Man kann aber wohl dennoch zweierlei festhalten: Erstens, die begrenzte Bestimmbarkeit und Prognostizierbarkeit von konkreten Beobachtungsdaten widerlegt die Erwartung des *epistemischen Determinismus, bei genauer Kenntnis der Gegenwart und der Naturgesetze die Zukunft mit absoluter Sicherheit voraussagen zu können.* Man kann also von einem *epistemischen Indeterminismus* sprechen, der freilich limitierte Voraussagemöglichkeiten keinesfalls ausschließt. (Die Quantentheorie erlaubt bekanntlich höchst präzise Voraussagen innerhalb der von ihrem Formalismus bestimmten Grenzen.) Zweitens, *falls* ein *ontologischer Determinismus* mit der Quantentheorie *vereinbar sein sollte*, wird er in keiner Weise der Uhrwerk-Metaphorik der klassischen Physik und des Laplaceschen Determinismus entsprechen.

Neben der Quantentheorie gibt es aber auch Theorien auf der Basis der klassischen Physik – besonders in der etwas unglücklich ‚Chaostheorie' benannten Analyse nicht-linearer Systeme –, die die Grenzen der Prognostizierbarkeit schon des Verhaltens relativ einfacher physikalischer Systeme (wie etwa des Doppelpendels) aufzeigen. Minimale Variationen der Ausgangsbedingungen führen in Modellrechnungen und Experimenten zu deutlich bzw. ‚qualitativ' verschiedenen Entwicklungen des Systems. Da aber jeder innerweltliche Beobachter schon aus messtechnischen und quantenphysikalischen Gründen nur eine endlich genaue Kenntnis der Ausgangsbedingungen haben kann, sind der Prognostizierbarkeit der Entwicklung solcher Systeme deutliche Grenzen gesetzt. (Im Alltag erleben wir das etwa an den Grenzen der Verlässlichkeit langfristiger Wetterprognosen.)

Hier haben wir es mit einem epistemischen Indeterminismus sogar bei Modellrechnungen zu tun, die ganz auf der Grundlage von streng deterministischen Gesetzen etwa der klassischen Mechanik erfolgen. Dieser tritt allein schon auf Grund der begrenzten Genauigkeit der Bestimmung der Ausgangsbedingungen auf. Einige Autoren sehen bei solchen Prozessen eine ‚Verstärkung' eines quantenphysikalischen Indeterminismus am Werk[14], die eine nicht nur epistemische, sondern auch ontologische Offenheit des Weltprozesses im Sinne eines ontologischen Indeterminismus beweise. Dagegen wird häufig argumentiert, dass diese Aspekte und Überlegungen zwar epistemisch, also für die Voraussagbarkeit der künftigen Systemzustände, nicht aber ontologisch, also für die Frage ihrer deterministischen Vorherbestimmtheit ‚an sich', relevant seien.

Tatsächlich sollte man angesichts des metaphysischen Charakters des ontologischen Determinismus und der offenen Fragen hinsichtlich der Vollständigkeit und besonders der epistemisch-ontologischen Deutung der Quantentheorie vorsichtig bezüglich der Konsequenzen solcher physikalischer Argumente sein: *Von Beweisen gegen den ontologischen Determinismus kann und sollte man nicht sprechen, wohl aber von* aus der heutigen Physik – eben besonders aus der Verknüpfung des probabilistischen Aspekts der Quantentheorie mit den Grenzen der Vorhersagbarkeit in der Physik komplexer Systeme – sich ergebenden *Indizien, die einen ontologischen Determinismus als wenig plausibel erscheinen lassen.*

> **These 2.3:** *Die libertaristische Kritik eines deterministischen Kompatibilismus ist unbegründet:* Weder folgt aus der (möglichen) Determiniertheit des Weltprozesses ein Zwang über die empirischen Zwänge hinaus, noch wäre dadurch *die Erfahrung der ergebnisoffenen freien Willensbildung und Entscheidung oder der Offenheit der Zukunft gefährdet.*

Zwei miteinander verknüpfte Aspekte irritieren prima facie an der Vorstellung, Willensfreiheit sei mit einem ontologischen Determinismus kompatibel: Erstens die Furcht, ein mit eiserner Notwendigkeit ablaufender Weltprozess zwinge uns zu dem von ihm ‚gewollten' bzw. ‚vorgesehenen' Handeln; und zweitens die Vorstellung, so werde die Erfahrung der Offenheit der Zukunft sowie der Freiheit unser

14 Vgl. etwa Kane [1996].

Willensbildung und Entscheidungen zerstört. *Beide Vorstellungen bzw. Argumente sind irreführend und beruhen auf einer Verwechslung bzw. mangelnden Unterscheidung zweier Perspektiven, die wegen des epistemischen Indeterminismus nicht als ‚subjektiv' versus ‚objektiv', sondern als ‚innerweltlich' versus ‚außerweltlich' zu charakterisieren sind.*

Die Kritik am Kompatibilismus lässt sich vielfach von irreführenden Metaphern leiten, die eine dem Akteur gegenüberstehende deterministische Macht suggerieren und teils weit in die philosophische Tradition zurückgehen: So ist das stoische Bild vom menschlichen Akteur als ‚Hund', der an den dahineilenden ‚Wagen des Schicksals' angekettet ist, und nur die Wahl hat, ob er willentlich mitläuft, oder sich gegen seinen Willen mitschleifen lässt[15], gleich doppelt irreführend: Erstens *bleibt unklar, wieso eine genuine Wahl zwischen emphatischer Akzeptanz und widerwilliger Hinnahme des Fatums überhaupt möglich sein soll*; zweitens, und wichtiger noch, *ist das Schicksal – jedenfalls im Sinne des hier diskutierten modernen Determinismus – eben keine uns äußere Macht*, die wie der Wagen ‚neben' uns fährt und damit unserer Freiheit Gewalt antun kann, *sondern genau das, was sich (auch) durch unser als frei erlebtes Entscheiden und Handeln als Geschehen vollzieht.*

Überhaupt wird der ontologische Determinismus emotional und kognitiv wohl auch deswegen oft als so irritierend empfunden, weil er nicht nur der lebensweltlichen Erfahrung von ergebnisoffenen Entscheidungssituationen zu widersprechen *scheint*, sondern die ‚eigentliche Entscheidung' auch noch einer anderen, uns fremden Macht zuzusprechen *scheint*: ‚Es wird über uns entschieden!' ist der spontane Eindruck, der durch die *Personalisierung des Determinismus* als Schicksalsgöttin, Zeus oder allmächtiger Schöpfergott noch bestärkt wird. Verbunden mit dem Gedanken einer moralischen Verantwortung des Einzelnen vor dieser personalisierten Instanz und der Hoffnung auf Auferstehung bzw. der Furcht vor Jenseitsstrafen entstand daraus jene reichlich paradoxale Gemengelage von ‚freiem' und doch

15 Vgl. Seebaß [2007], S. 126 f. und 219 f.

,unfreiem' Willen, göttlicher Allmacht und adamitischer Schuld, Prädestination durch den Schöpfer und Theodizee, Abwendung vom Guten und Erlösungsbedürftigkeit durch Christus und die kirchlichen Sakramente, die die Debatte um Willensfreiheit und Determination von den Kirchenvätern bis weit hinein in die Aufklärungsphilosophie – und untergründig teilweise bis heute – prägt.

Selbst noch die *Kritik am Kompatibilismus*, wie sie neuerdings von Seebaß [2006] und Keil [2007] formuliert wurde, ist offenbar *untergründig von der irreführenden Intuition beeinflusst, uns* – wie in der stoischen Metapher – *,neben' und als Machtunterworfene des (vielleicht) determinierten Weltprozesses zu sehen, statt als dessen Teilmoment. Der Weltprozess wirkt aber – ob ontologisch determiniert oder nicht – mit seinen Kausalitäten gewissermaßen ,durch uns', also eben auch unsere Willensbildung, Entscheidungen usw., ,hindurch'!*

So betont Keil zwar den metaphysischen Charakter des ontologischen Determinismus, wonach der »Weltlauf *für alle Zeitpunkte* und *in allen Einzelheiten*«[16] festgelegt sei, und sieht entsprechend, dass dieser »durch physikalische Belege weder definitiv falsifiziert noch verifiziert werden kann«[17], glaubt aber zugleich, den Kompatibilismus durch einen »metaphysische(n) Begriff der alternativen Möglichkeit« bzw. des menschlichen »Anderskönnen unter gegebenen Umständen«[18] widerlegen zu können: Damit sei gemeint, »*dass zu keinem Zeitpunkt vor dem tatsächlichen Handlungsbeginn feststand, ob die Handlung stattfinden würde.* Es gab, mit anderen Worten, vor Handlungsbeginn keine kausal hinreichenden Bedingungen für das Stattfinden der Handlung. Der Person war es stets noch möglich, die Handlung zu unterlassen, weiterzuüberlegen und sich umzuentscheiden.«[19]

Hier wird nicht gesagt, auf welche Erkenntnisperspektive sich diese Aussagen beziehen. *Für wen stand es nicht fest, gab es keine kausal hinreichenden Bedingungen? Für die innerweltlichen Akteure und*

16 Keil [2007], S. 19
17 Ebd., S. 38
18 Ebd., S. 87
19 Ebd.

Beobachter beschreiben die zitierten Aussagen – qua epistemischem Indeterminismus – die Entscheidungs- und Handlungssituation ganz richtig. (Und wir können uns in unserem lebensweltlichen Verständnis bestätigt fühlen.) *Ob sie aber auch ontologisch bzw. aus der Perspektive eines außerweltlichen Betrachters wahr sind oder nicht, ist eindeutig von der Gültigkeit des ontologischen Determinismus abhängig, über die empirisch* nach Keils eigener Auffassung *nicht entschieden werden kann.* So handelt es sich, wie er ja selber sagt, um einen ‚metaphysische(n) Begriff der alternativen Möglichkeit', über den folglich nicht empirisch entschieden werden kann. Entsprechend *kann aber seine Explikation unseres lebensweltlichen* – und angesichts der Möglichkeiten innerweltlichen Wissens völlig adäquaten – *Verständnisses von ‚Anderskönnen unter gegebenen Umständen' die metaphysische Frage eines ontologischen ‚Anderskönnen unter gegebenen Umständen'* (‚an sich', wie man mit Kant sagen könnte) selbstverständlich *nicht* tangieren oder gar *beantworten.*

Keil unterliegt also bei seiner Kritik des Kompatibilismus einer Verwechslung der Perspektiven: Seine ‚libertarische' These lautet, »dass *keine* Freiheit, die ihren Namen verdient, ohne offene Möglichkeiten auskommt. Alternative Möglichkeiten sind nicht alles, was es für Freiheit braucht, aber ohne alternative Möglichkeiten ist alles nichts.«[20] Damit hat er völlig recht, nur betrifft dies allein die *Perspektive und das Wissen innerweltlicher Akteure. Für sie ist ihr eigenes, aber auch fremdes Entscheiden von offenen Möglichkeiten bestimmt.* (Es geht also hier *nicht* – wie u.a. Max Planck meinte[21] – um die Unterscheidung von Innen- und Außenperspektive, oder Erster-Person-Perspektive und Dritter-Person-Perspektive, sondern um die von innerweltlich möglichem Wissen und – fiktivem – außerweltlichem Erkenntnisstandpunkt, wie ihn der ontologische Determinismus erfordert!)

Die Erfahrung alternativer Möglichkeiten bzw. eines Anderskönnen unter den jeweilig gegebenen Umständen ist wesentlich für unsere Freiheit. Kein innerweltliches Wesen kann die Zukunft einschließlich

20 Ebd., S. 80

21 Vgl. Keil [2007], S. 74.

seiner eigenen noch zu treffenden Entscheidungen sicher voraussagen und so die Existenz offener Möglichkeiten für sich selbst und andere innerweltliche Akteure zerstören. Diese Offenheit der Zukunft besteht aber völlig unabhängig von der metaphysischen und damit empirisch unentscheidbaren Frage nach dem ontologischen Determinismus. Es reicht dafür der epistemische Indeterminismus, der *nicht nur aus empirischen Gründen* – den Grenzen physikalischer Voraussagbarkeit (s.o.) – sondern auch aus *logischen bzw. epistemologischen Gründen* – den Paradoxien des Beobachters, der nicht über seinen Zustand informiert werden kann, ohne dass dieser sich zugleich verändern würde[22] – gilt: *Es kann innerweltlich kein vollständiges und absolut sicheres Wissen über die Zukunft geben.*

Ein weiteres Argument für den epistemischen Indeterminismus, das auf der Semantik von ‚Entscheidung' beruht, hat Nida-Rümelin so resümiert: »Subjektive Gewissheit bezüglich eigener zukünftiger Entscheidungen ist begrifflich ausgeschlossen. Das Ergebnis der Abwägung muss offen sein, damit überhaupt eine Entscheidung getroffen werden kann. Diese Feststellung ist logisch wahr.«[23] Dieses Argument *einer begrifflichen Unmöglichkeit*, das auf Bergson und Stuart Hampshire zurückgeht[24], ist freilich weniger stark als es scheint: Es beweist nur, dass bei deterministischem Vorherwissen nicht mehr von *Entscheidungen*, sondern – sagen wir – von *‚Vollzügen'* eines schon sicher gewussten Ablaufs die Rede sein dürfte. *Angesichts der genannten empirischen und epistemologischen Argumente spricht jedoch alles dafür, dass die lebensweltliche Praxis des Entscheidens auch weiterhin bestehen wird und der epistemische Indeterminismus gilt.*

Damit ist unabhängig von der unentscheidbaren Frage nach der Gültigkeit des ontologischen Determinismus schon *wegen des epistemischem Indeterminismus für alle innerweltlichen Akteure die Zukunft ‚offen'*[25]. Sie stehen vor alternativen Möglichkeiten, über deren

22 Vgl. u.a. MacKay [1971], zur Diskussion darüber Pothast [1987], S. 185ff.

23 Nida-Rümelin [2005], S. 51

24 Vgl. Pothast 1987, S. 177 ff.

25 Vgl. Walde [2005].

Wahl weder sie selbst noch ein anderer innerweltlicher Beobachter absolut sichere Voraussagen machen kann. *Es ist folglich nicht nur empirisch unentscheidbar, sondern auch praktisch irrelevant, ob die Zukunft ‚nur' epistemisch, oder auch ontologisch offen ist.*

> **These 2.4:** Es ist *nicht* die (mögliche) *Gültigkeit des ontologischen Determinismus als solche*, *sondern allein der subjektive Glaube an ihn*, der unser lebensweltliches Verständnis von menschlicher Freiheit und die darauf bezogenen sozialen Praktiken bedrohen kann.

Die Gültigkeit des ontologischen Determinismus ist – wie oben gezeigt – nicht nur epistemisch unentscheidbar, sie bliebe auch *als solche* ohne Folgen für die Situation der innerweltlichen Akteure, ihre Erfahrung der Offenheit der Zukunft und ihrer eigenen Entscheidungsfreiheit und damit für ihr Selbstverständnis.

Anders ist dies freilich mit dem Glauben – denn ein Wissen kann es ja nicht geben – an den ontologischen Determinismus. Obwohl die Frage der objektiven Gültigkeit des ontologischen Determinismus lebenspraktisch irrelevant ist, gilt dies nicht in gleicher Weise für die entsprechende subjektive Überzeugung. Diese wird nämlich das *Selbstverständnis der Betroffenen* verändern, freilich ohne dass damit konkrete Handlungsempfehlungen verbunden sein könnten. Dieses Problem hat schon die Stoiker beschäftigt, die auch schon erkannten, dass die mögliche fatalistische Reaktion der ‚faulen Vernunft', jetzt jede Anstrengung zu scheuen, da das Schicksal ja sowieso schon feststehe[26], auf einem logischen Denkfehler beruht: *Konsequenterweise wäre jede Reaktion gleichermaßen als determiniert anzunehmen – ebenso wie schon der Glaube an den ontologischen Determinismus selber.* Logisch jedenfalls – psychologisch mag das etwas anders sein – lassen sich aus dem subjektiven Glauben an den ontologischen Determinismus keine Konsequenzen etwa hinsichtlich einer aktiven oder passiven bzw. fatalistischen oder quietistischen Lebenseinstel-

26 Vgl. Seebaß [2006], S. 136 ff.

lung folgern. Aus dem subjektiven Glauben an den ontologischen Determinismus können also – jedenfalls bei rationaler Betrachtung – keinerlei konkrete lebenspraktische Konsequenzen gezogen werden: »Ob der universale Determinismus nun wahr ist oder nicht, er lässt sich nicht in Verhaltensmaximen umsetzen, weder in gute Vorsätze noch in eine Forderung nach Belohnung oder Strafe noch in einen gutgemeinten Rat zur Lebensführung.«[27]

Allerdings müsste bei logischer Konsequenz des jeweiligen Denkens und Handelns der *subjektive Glaube* an den ontologischen Determinismus insofern weitreichende Folgen haben, als er zu einer *Weiterführung der Praxis des ergebnisoffenen Entscheidens* – denn ohne Entscheidungen können wir nicht leben, und schon ihrem Begriff nach, aber auch angesichts des epistemischen Indeterminismus sind sie notwendig ergebnisoffen – *ohne die mit ihr traditionell verbundene Annahme von genuiner Wahlmöglichkeit* führen müsste. Die Perspektive des ontologischen Determinismus ist für innerweltliche Akteure und Beobachter also psychologisch und lebensweltlich nicht ohne Probleme adaptierbar, sie kann zwar kein konkretes handlungsrelevantes Wissen generieren, wohl aber das Alltagshandeln und ihr Selbstverständnis beeinträchtigen, weil es deren wesentliche Präsuppositionen zerstört. *Insofern ist der subjektive Glaube an den ontologischen Determinismus zwar nicht in konkrete Handlungsperspektiven umsetzbar, aber praktisch eben doch folgenreich.* (Wobei aus Sicht eines Gläubigen des ontologischen Determinismus natürlich auch diese Konsequenzen – wie schon die vorhergehende Überzeugungsbildung – gegebenenfalls vorherbestimmt wären.)

Die Frage nach der Existenz von alternativen Handlungsmöglichkeiten lässt sich freilich auch retrospektiv stellen und gewinnt hier eine besondere Brisanz: ‚Hätte er anders handeln können?‘ wurde zu einem Shibboleth der Determinismusdiskussion und speziell des Kompatibilismus, da im Falle einer – bei Gültigkeit des ontologischen Determinismus jedenfalls *prima facie* gebotenen – Verneinung der Frage unsere sozialen Praxen der Zuschreibung von Freiheit und Ver-

27 Keil [2007], S. 22

antwortung sowie der daraus folgenden Belobigung und vor allem Bestrafung intuitiv als zweifelhaft, ja ungerecht erscheinen: Wie kann jemand für etwas verantwortlich sein, was seit Anfang der Welt vorgegeben war? Hätte er nicht anders handeln können müssen, um ihm Freiheit und damit auch Verantwortung und Schuld zuzuschreiben?

Zu diesem Thema ist viel Energie auf die sogenannte ‚konditionale Analyse des Könnens' von G. E. Moore und anderen verwandt worden, deren semantische Rekonstruktion des Sinns von ‚können' allerdings unser Alltagsverständnis strapaziert[28]. Meiner Ansicht nach ist aber kein Rekurs darauf notwendig, da schon aus dem metaphysischen Charakter des ontologischen Determinismus folgt, dass diese retrospektive und kontrafaktische Frage nach alternativen Möglichkeiten ihrerseits nicht empirisch entscheidbar ist. Es gibt jedoch keinen vernünftigen Grund, auf der Basis einer der lebensweltlichen Erfahrung widerstreitenden und empirisch nicht beweisbaren (allerdings auch nicht widerlegbaren) metaphysischen These unsere sozialen Praktiken der Zuschreibung von Freiheit und Verantwortung aufzugeben. Allein der – von vielen Autoren fälschlich als schon erbracht unterstellte, aber tatsächlich empirisch unmögliche – Beweis der Richtigkeit des ontologischen Determinismus würde eine Revision dieser Praktiken vielleicht begründen können.

Dennoch bleibt hier ein gewisser Stachel: Der ontologische Determinismus *könnte* immerhin wahr sein. Wäre dann nicht eben doch all unser Beurteilen, Loben und Strafen ein großer Irrtum, Folge einer bloßen Illusion menschlicher Freiheit? Die Antwort kann nur lauten: Ja, doch, wenn wir die Überzeugung von der Gültigkeit des ontologischen Determinismus teilen, dann haben wir damit tatsächlich ein Problem.

Aber es ist eben nicht die mögliche Gültigkeit des ontologischen Determinismus ‚an sich', sondern unser möglicher – aber von seiner Gültigkeit wegen der empirischen Unentscheidbarkeit der Frage sachlich unabhängiger – *Glaube an ihn, der die Probleme schafft.* Etwas flapsig ausgedrückt: Wer daran glaubt, dass der Weltenlauf seit Anbeginn feststeht, hat halt – wie beim Glauben an andere metaphy-

28 Vgl. zur Kritik etwa Seebaß [2006], S. 156 ff., 218 ff.

sische oder religiöse Überzeugungen – die Folgen zu tragen! *Wissenschaftlich plausibel oder gar zwingend ist dieser Glaube jedenfalls nicht. Die ganzen logischen und lebenspraktischen Folgeprobleme des Glaubens an den ontologischen Determinismus sind also strikt ‚auf eigene Gefahr'.*

> **These 2.5:** Die Annahme des *ontologischen Libertarismus* von *kausal in den Weltprozess eingreifenden*, dabei *aber ihrerseits völlig un-bedingten* (aber auch nicht bloß zufälligen) *Entscheidungen bzw. Handlungen ist eine empirisch unentscheidbare metaphysische These,* die insgesamt wenig plausibel ist.

Ebenso wie beim ontologischen Determinismus handelt es sich beim ontologischen Libertarismus um eine metaphysische These, die weder beweisbar noch widerlegbar ist. Die Existenz einer solchen libertaristischen Freiheit zu beweisen ist schon deswegen prinzipiell unmöglich, weil alle denkbaren ‚Lücken' und ‚Unerklärlichkeiten' in kausalen Zusammenhängen bzw. in den sie rekonstruierenden Erklärungen aus wissenschaftlicher oder naturalistischer Perspektive als bloß vorläufig bzw. unter Rekurs auf noch unbekannte Ursachen oder auf Zufall erklärt werden können. Umgekehrt ist die These libertaristischer Freiheit aber auch nicht widerlegbar, weil auch die Gegenthese des Naturalismus von der kausalen Geschlossenheit und vollständigen naturalistischen Erklärbarkeit des Weltprozesses nicht empirisch beweisbar ist, sondern nur eine ‚regulative Idee' der wissenschaftlichen Erkenntnis formuliert.

Dies Argument trifft besonders alle Ansätze der *‚Akteurskausalität'* (*Agent Causality*), die einen *ontologischen Dualismus von kausal determinierter Welt und un-bedingt freien Handlungen behaupten.* Deshalb kann hier auf eine detaillierte Kritik solcher Ansätze – im Sinne einer Offenlegung ihrer inneren Widersprüche oder einer Widerlegung ihrer selbst erhobenen Beweisansprüche – verzichtet werden[29].

29 Vgl. aber Pothast [1987], Bieri [2003] und Pauen [2004].

Übrigens ist auch fraglich, ob die in solchen Ansätzen angestrebte Rettung eines radikalen Freiheitsbegriffs den Menschen einen Gefallen täte, indem sie etwa den Sinn ihrer Existenz aufzeigte. So kann nicht etwa nur der Glaube an den ontologischen Determinismus (s.o.), sondern auch der libertaristische Glaube – denn ein Wissen kann es ja nicht sein – an Freiheit im Sinne von schlechterdings un-bedingten Entscheidungen bzw. Handlungen als bedrohlich und sinnzerstörend gewertet werden: Eine solche Welt sei »ein Monstrum, ein Schutthaufen, eine Fratze ohne Sinn und Bedeutung – nämlich das Werk des wahren und eigentlichen Zufalls«[30].

Das Argument der Unentscheidbarkeit trifft sicher auch kantianische Positionen, die eine zur Naturkausalität hinzutretende ‚Kausalität der Freiheit' bzw. einen rationalen ‚Raum der Gründe' postulieren (womit aber für diese Positionen die Kritik am Zufallscharakter der Akte radikaler Freiheit gegenstandslos wäre). Das hat bekanntlich Kant selber gesehen, und die wahre, über die kompatibilistische ‚Freiheit eines Bratenwenders' hinausgehende, moralische Freiheit als empirisch und theoretisch unbeweisbares ‚Postulat der praktischen Vernunft' aufgefasst. Entsprechend hatte dann Vaihinger leichtes Spiel, sie als illusionäre ‚Freiheit-als-ob' zu deuten (bzw. umzudeuten). Die Probleme der Vereinbarkeit der ‚zwei Welten' Kants sind bekannt. Schwieriger ist die Frage, ob alle kantianischen Ansätze einen ontologischen Dualismus – und damit auch einen ontologischen Libertarismus – vertreten müssen, oder ob ein epistemischer (Perspektiven-)Dualismus ausreicht, der möglicherweise mit einem ontologischen Monismus konsistent zu machen ist.[31]

Die sich auf Kant berufenden Ansätze sind freilich nur ein Teil eines breiteren Spektrums von Versuchen, einen gemäßigten Libertarismus zu formulieren, der die inzwischen oft benannten Probleme der Akteurskausalität vermeidet. Diese unter dem angelsächsischen Label ‚*Teleological Intelligibility*'[32] bekannt gewordenen Ansätze

30 Schopenhauer, hier ganz unkantianisch, zit. nach Eidam [2006], S. 262.
31 Vgl. Habermas [2004].
32 Vgl. Kane [2002].

versuchen in der Regel, Situationen der Entscheidungsindifferenz (man erinnere sich an Buridans Esel) als Chancen für die Einwirkung von kausal un-bedingten, aber von Gründen bestimmten Akten der Freiheit zu erweisen. Plausibel werden diese Versuche freilich nur, wenn Gründe als nicht kausal bzw. naturalistisch erklärbar aufgefasst werden. Genau an diesem Punkt setzt die Kritik solcher Ansätze am Naturalismus – und umgekehrt – an (s.u. zu These 3.2).

> **These 2.6:** Der *agnostische Kompatibilismus* bietet angesichts des *epistemischen Indeterminismus* und des metaphysischen Charakters des ontologischen Determinismus die *plausibelste Lösung des Problems von (Willens-)Freiheit und/oder Determinismus* und damit eine gute *Basis für eine naturalistische Erklärung menschlicher Freiheit.*

Diese These resümiert die bisherige Argumentation. Betont sei hier noch einmal der metaphysische und damit empirisch unentscheidbare Charakter des ontologischen Determinismus: Dieser formuliert nicht etwa eine wissenschaftliche Erkenntnis, sondern eine für innerweltliche Akteure prinzipiell nicht entscheidbare These, die eine für sie nicht zugängliche Perspektive voraussetzt. Seine scheinbare Plausibilität, die er einer falschen Verabsolutierung der wissenschaftlichen Analyse konkreter Bedingtheiten und Kausalzusammenhänge verdankt, erweist sich aus epistemologischen und wissenschaftstheoretischen Gründen als irreführend: *Er ist und bleibt eine kontraintuitive metaphysische These.*

Der epistemische Indeterminismus als Folge der prinzipiell unaufhebbaren Differenz zwischen der Perspektive innerweltlicher Akteure und Beobachter und der eines außerweltlichen allwissenden Beobachters reicht aus, die deterministische Infragestellung der menschlichen Willensfreiheit abzuwehren. Dazu bedarf es nicht der ebenfalls *metaphysischen und letztlich kontraintuitiven Vorstellung radikaler Freiheit des ontologischen Libertarismus*.

Der *agnostische Kompatibilismus*, der die Frage nach der Richtigkeit des ontologischen Determinismus für empirisch unbeantwortbar, gleichzeitig aber gestützt auf den *epistemischen Indeterminismus* die *Existenz alternativer Möglichkeiten für alle innerweltlichen Akteure und Beobachter für immer gegeben hält*, lässt eine naturalistische Erklärung unserer lebensweltlichen Erfahrung von Freiheit zu – die alternative Möglichkeiten und offene Entscheidungsprozesse einschließt!

3. Naturalismus als Programm: Geschichte(n) der Freiheit

Nach dem bisher Erarbeiteten – einer anfänglichen Exploration des Phänomenfeldes ‚Freiheit' und einem Vorschlag zur Lösung des Problems von ‚(Willens-)Freiheit und/oder Determinismus' – werde ich jetzt im dritten Teil das *Programm einer naturalistischen Erklärung von Freiheit skizzieren.* Dazu werde ich zuerst *die philosophische Kritik einer konsequent naturalistischen Erklärung von Freiheit entkräften*, und dann einige zentrale *Elemente und Dimensionen einer solchen Erklärungsstrategie* kurz beschreiben. Sie verweisen auf eine Pluralität von fachwissenschaftlichen *Geschichten als Erklärungen der Möglichkeit und der graduellen Entwicklung von Freiheit*, die sich – so jedenfalls die Hoffnung – eines Tages zu einer *Geschichte der Freiheit* zwanglos verbinden lassen werden.

These 3.1: *Menschliche Freiheit ist vollständig naturalistisch erklärbar.*

Diese These formuliert einen noch nicht einlösbaren Anspruch. Sie kann als Maxime eines interdisziplinären Forschungsprogramms verstanden werden, für das ein konsequenter Naturalismus als ‚regulative Idee' fungiert. Dabei liegt die Aufgabe einer konkreten ‚positiven' Erklärung der menschlichen Freiheit und ihrer Möglichkeitsbedingungen bei den Einzelwissenschaften. Die Philosophie kann bei der Erläuterung begrifflicher und methodologischer Grundlagen helfen und sich mit philosophischen Fragen und Einwänden auseinandersetzen.

Solche Einwände liegen insbesondere seitens libertaristischer Kritiker vor. Sie betreffen einerseits die Konzeption eines konsequenten – d.h. auch dem fundamentalen ‚epistemischen Dualismus' von ‚Gründen versus Ursachen' widersprechenden (s.u.) – Naturalismus, andererseits speziell die naturalistische Erklärbarkeit menschlicher Freiheit.

Bezüglich der ersteren Frage kann hier nur betont werden, dass ein konsequenter Naturalismus *nicht* einen reduktiven Physikalismus impliziert. Vielmehr gibt es auch Varianten des Naturalismus, die hinsichtlich eines reduktiven oder auch nicht-reduktiven Physikalismus *agnostisch* – d.h. wir wissen (noch) nicht, ob das Programm des Physikalismus in einer seiner Varianten letztlich Erfolg haben wird – oder *ablehnend* – etwa im Sinne emergentistischer Vorstellungen – sind.[33] Hier ist mit *Naturalismus die Form eines ‚gemäßigten', also die Gesamtheit der empirischen Wissenschaften einschließenden, Naturalismus*[34] gemeint, aber mit einem universalen Anspruch:[35] *Alle innerweltlichen Phänomene und alle diesbezüglichen Inhalte gültigen Wissens lassen sich im Prinzip wissenschaftlich erklären bzw. rekonstruieren.*

Dies ist selber keine empirisch entscheidbare, sondern eine metaphysische These, die als ‚regulative Idee' der wissenschaftlichen Erkenntnispraxen fungiert. (Hier schließt bekanntlich eine Fülle philosophischer und wissenschaftstheoretischer Probleme an, für deren Diskussion hier nicht der Ort sein kann.) Bezüglich der naturalistischen Erklärbarkeit menschlicher Freiheit gibt es eine Reihe von Argumenten, die von libertaristischer Seite gegen die Kompatibilisten und Naturalisten gerichtet wurden. Auf sie bezieht sich die nächste These.

These 3.2: *Die philosophische Kritik an einem naturalistischen Freiheitsbegriff ist unbegründet.*

---

33 Vgl. zum Emergenz-Begriff, der eine Art kosmologischer Kreativität im Sinne neu entstehender Systemeigenschaften impliziert, Stephan [2005].

34 Vgl. Tetens [2000].

35 Vgl. Kanitscheider [2006].

Hier geht es um philosophische, aus libertaristischer Perspektive vorgetragene Kritiken an kompatibilistischen und naturalistischen Freiheitskonzepten, die nicht notwendig auf die schon diskutierte Problematik des ontologischen Determinismus Bezug nehmen, sondern naturalistische Erklärungen menschlicher Freiheit aus anderen Gründen für unzureichend halten.

Dazu gehören einige klassische Argumente wie das ‚Konsequenzargument' van Inwagens (für das schon kausale Beeinflussung ohne strenge Determinierung ausreicht), wonach eine kausale Beeinflussung meiner Entscheidungen diese von Ereignissen lange vor meiner Geburt abhängig mache und damit unser Verständnis von freier Entscheidung ad absurdum führe, sowie das damit eng verwandte Argument der ‚ultimativen Verantwortung', wonach eine solche nur für jene Entscheidungen möglich sei, über die man unbedingt verfügt. Die bei diesen Argumenten jeweils verwendete ‚libertaristische' Auffassung von Freiheit hat Pauen sehr schön seinerseits ad absurdum geführt, indem er nachwies, dass nach diesem Verständnis ein wirklicher und verantwortlicher Urheber von Entscheidungen notwendig alle Antezedenzbedingungen seiner Entscheidungen kontrollieren können müsste.[36]

Das aber ist nicht nur mit unserer lebensweltlichen Vorstellung von Freiheit und Verantwortung, die diese als lebensgeschichtlich bzw. sozialisatorisch (auch) durch das Wirken anderer Menschen *erworbene Fähigkeit* versteht, ganz und gar unverträglich, sondern lässt buchstäblich nur Gott als *causa sui* als wirklich frei Entscheidenden und Handelnden zu. Es ist, nebenbei gesagt, sicher kein Zufall, dass die libertaristischen Vorstellungen einer un-bedingten Freiheit vielfach auf Vorstellungen wie ‚causa sui' und ‚creatio ex nihilo' zurückgreifen[37], die ideengeschichtlich der jüdisch-christlichen Gottesvorstellung entstammen und immer noch diesen Bezug aufrufen. Entsprechend ist es ja auch nach theologischer Tradition neben der eng damit verbundenen Vernunft eben die Freiheit des Menschen gegenüber der äu-

36 Vgl. Pauen [2007], S. 59.

37 Vgl. zu Sartre und Chisholm die Kritik in Pothast [1987], S. 123.

ßeren und inneren Natur – bei gleichzeitiger radikaler Abhängigkeit von Gott –, die wesentlich seine Gottesebenbildlichkeit ausmacht. Kein Wunder also, dass die Versuche einer philosophischen Explikation des emphatischen libertaristischen Freiheitsbegriffs zu der Gott zugeschriebenen un-bedingten Entscheidungsfreiheit und einer damit verbundenen Macht über die Welt zurückführen.

Die Probleme, die solche emphatische Freiheitsvorstellungen für das Theorem von der kausalen Geschlossenheit der Welt, den Energieerhaltungssatz und viele andere Grundlagen unseres wissenschaftlichen Weltbilds mit sich bringen sind leicht erkennbar. Auch haben viele Autoren[38] plausibel dargelegt, dass sich eine solche Art von Freiheit nicht einmal widerspruchsfrei konzipieren bzw. als ‚personal zurechenbare' Freiheit auffassen lässt, zumal wir uns ja unter einer Person ein empirisches Wesen mit einem Charakter, mit Präferenzen, Eigenheiten usw. denken, und nicht einen un-bedingten und weltlosen Akteur. Damit aber ist die Pointe unseres Freiheitsverständnisses, nämlich die faktische und moralische Zurechenbarkeit von Handlungen, mit solchen Vorstellungen gerade *nicht* gewährleistet.

Die wohl wichtigste und wirkmächtigste Kritik des Programms einer konsequent naturalistischen Erklärung menschlicher Freiheit beruft sich aber auf die menschliche Vernunft bzw. unsere lebensweltlichen Praktiken des ‚Gebens und Nehmens von Gründen' (Brandom). Wir alle sind – so etwa Nida-Rümelin in seiner teilweise an Strawson orientierten Argumentation gegen den Naturalismus[39] – lebensweltlich daran gebunden, uns als rational Handelnde zu verstehen: »Mit *Rationalität* ist nichts anderes gemeint als genau dies: *Das Handeln ist von Gründen geleitet.*«[40] (Lassen wir dahingestellt, ob dies nicht ein zu schwacher Rationalitätsbegriff ist: Hatten nicht auch die Hexenverbrenner vermeintlich gute Gründe für ihr Tun? Würde Nida-Rümelin ihnen deswegen Rationalität zubilligen? Müsste man nicht versuchen, *spezifische Formen der Begründung als rational auszuzeichnen*?)

38 Wie u.a. Pauen [2004].
39 Vgl. Nida-Rümelin [2005].
40 Ebd., S. 30

Wenn die Rede von Gründen aber durch eine naturalistische, also an Kausalursachen orientierte Beschreibung substituierbar wäre, so wären für Nida-Rümelin die lebensweltliche Rationalität und Moralität bedroht: »*Eine vollständige rationalistische Beschreibung und Erklärung menschlichen Handelns ist mit unserer lebensweltlichen Moralität unvereinbar.* Die Freiheit, die die (transzendentale) Bedingung unserer lebensweltlichen Moralität ist, besteht in der *naturalistischen Unterbestimmtheit unserer Handlungs- und Urteilsgründe.*«[41] Diese naturalismuskritische Position nennt er ‚theoretischen Humanismus'.

Nida-Rümelins Haltung ist freilich seltsam zwiespältig. Einerseits betont er mehrfach, Naturalismus und Determinismus hätten keine Chance gegen die lebensweltliche Resilienz: »Im Konflikt zwischen Lebenswelt und Theorie verliert immer die Theorie.«[42] »Die Option, die Metaphysik unserer lebensweltlichen deskriptiven und normativen Überzeugungen frei zu wählen oder auch nur wesentlich zu modifizieren, steht uns nicht offen. Wir können nicht anders, als uns selbst und diejenigen, mit denen wir normale menschliche Interaktionsbeziehungen pflegen, als *frei, rational* und *verantwortlich* zu interpretieren.«[43] Warum dann die ganze Aufregung und der Kampf gegen den Naturalismus, möchte man fragen.

Nun, er ist offenbar trotz seiner eigenen Argumente von der Sorge geplagt, dass eben doch sein kann, was nicht sein darf. Folglich bemüht er sich, sein anti-naturalistisches und libertaristisches Konzept von Freiheit zu verteidigen, indem er es nicht nur als lebensweltlich notwendig, sondern auch als vereinbar mit der Weltbeschreibung der Naturwissenschaften – er spricht von »epistemisch unauffällig«[44] – erweist. Dazu rekurriert er auf das Beispiel eines kausal indifferenten Zustands, bei dessen weiterer Entwicklung auch ohne Verletzung physikalischer Gesetze ein anderes Agens – man fragt sich, ob die Gründe selber, oder die rational Entscheidenden als personale Akteure? – eingreifen kann.

41 Ebd., S. 35
42 Ebd., S. 40
43 Ebd., S. 41
44 Ebd., S. 74

Der Zustand der Indifferenz erinnert an den Buridanschen Esel und ähnliche Konstrukte, die sich besonders in der scholastischen Freiheitsdiskussion großer Beliebtheit erfreuten, weil hier Determiniertheit und Indeterminiertheit scheinbar zusammenfallen, und die heute von verschiedenen Autoren im Rahmen der Ansätze von *Teleological Intelligibility* (s.o. These 2.5) als Orte des Eingreifens un-bedingter Freiheit in den bedingten Weltprozess ausgezeichnet werden. Nida-Rümelin gibt sich also nicht (wie Habermas, s.u.) mit einem Perspektivendualismus zufrieden, sondern versucht das von Kant umgangene Problem, wie denn die freien moralisch-rationalen Akte der Selbstbestimmung in die physikalische Welt hinein wirken können, tatsächlich anzugehen. Die Lösung bleibt freilich – wie er selber eingesteht – vage, so dass letztlich *allein die zentrale These einer ‚naturalistischen Unterbestimmtheit der Gründe', also der Existenz prinzipieller Grenzen einer naturalistischen Rekonstruierbarkeit bzw. Übersetzbarkeit des ‚Sprachspiels der Gründe', die ganze Unternehmung plausibel macht.*

Ist diese These aber ihrerseits plausibel? Nida-Rümelin argumentiert gegen eine Ersetzbarkeit des ‚Sprachspiels der Gründe' durch eine Form neurophysiologischer Beschreibung. Damit hat er insofern sicher recht, als aus dem neuronalen Aktivitätsmuster x der Person y nicht das erkennbar und erklärbar wird, was *Gründe* in dem von Nida-Rümelin primär gemeinten Sinn ausmacht: *ihre Bedeutung als propositionale Einstellungen im Rahmen von Rechtfertigungsdiskursen*. Allerdings erscheint es bei genauerer Untersuchung notwendig, *psychologisch-motivationale von diskursiven Gründen konzeptionell zu unterscheiden*. Anders gesagt: Die Erläuterung von motivationalen Gründen im Kontext einer – sei es lebensweltlichen, sei es z.B. therapeutischen – Beschreibung bzw. Erklärung eigener oder fremder Entscheidungen und Handlungsweisen ist zu unterscheiden von der Funktion von Gründen in soziokulturellen Praktiken diskursiver Prüfung von Geltungsansprüchen. Letztere Gründe mögen in einem konkreten Fall entscheidungswirksam werden oder auch nicht – sie bilden jedenfalls nur einen Teilbereich der möglichen Bezüge bei der Untersuchung und Erläuterung von Handlugsmotivationen und Handlungsbegründungen (die oft auch auf Ursachen statt auf Gründe rekurriert – s.u.).

Von Gründen im psychologisch-motivationalen Sinn des Wortes kann man aber aus naturalistischer Sicht ohne weiteres annehmen, dass sie neuronal im jeweiligen Gehirn instantiiert sind. Wie dies genau geschieht, ist zwar noch weitgehend ein Rätsel – dass es aber geschieht ist wohl unabhängig von der philosophischen Position hinsichtlich des Problems des Mentalen unbestritten. Anders liegt das Problem freilich bei diskursiven Gründen, die in gewisser Weise Abstrakta sind, nämlich eben Propositionen im Kontext von soziokulturellen Formen diskursiver Prüfung von Geltungsansprüchen. Aber solche diskursiven Gründe können ja, worauf Pauen hinweist, nicht als Abstrakta entscheidungs- und handlungswirksam werden: »Wenn Gründe Abstrakta sind, dann müssen sie zunächst einmal exemplifiziert oder instantiiert werden, und das heißt nichts anderes, als dass jemand sich einen Grund zueigen machen muss, z.B. indem er sich bei seinen Überlegungen von einem Grund bestimmen lässt.«[45] Kein logisches Theorem und kein moralischer Imperativ werden entscheidungs- bzw. handlungswirksam, ohne dass sie zuerst ‚in einem Kopf' sind. Nicht die diskursiven Gründe als solche – für die z.B. eine kulturwissenschaftliche Theorie soziokultureller Praktiken, aber auch die Philosophie zuständig wären –, wohl aber die »psychischen Prozesse, in denen Gründe wirksam sind, (werden) durch neuronale Prozesse realisiert«.[46]

Damit wären auch (diskursive) Gründe naturalistisch fassbar, auch wenn es mehrere einander ergänzende wissenschaftliche Beschreibungsebenen dafür geben müsste: als neuronale Prozesse einerseits, als soziokulturelle Praktiken mit ihren Logiken, Medien etc. andererseits. Die neuronale Realisierung der Gründe in ihrer entscheidungs- und handlungswirksamen Form als Zustände einzelner Gehirne legt aber eine naturalistische Lösung des Freiheitsproblems nahe, die auf die obskure Vorstellung einer direkten Einwirkung von Grün-

45 Pauen [2007], S. 64
46 Ebd.

den auf indifferente physikalische Zustände verzichten kann. Die entsprechende naturalistische Erklärung der menschlichen Freiheit sowie der Fähigkeit, nach Gründen zu handeln, ist offenbar seitens der Psychologie und Gehirnforschung noch nicht hinreichend gelungen. Eine »*ultimative* Grenze für die Erklärungskraft naturalistischer Argumente und Theorien«, wie Nida-Rümelin es etwas dramatisch behauptet[47], ist aber jedenfalls *nicht* erkennbar.

Vorsichtiger und schwierig zu fassen erscheint mir die Position von Habermas, der ebenfalls zentral auf die Unterscheidung von (rationalen) Gründen und (kausalen) Ursachen rekurriert.[48] Seine Beschreibung eines anthropologisch tiefsitzenden Perspektivendualismus, der sich im Verlauf der Naturgeschichte bzw. der biologischen Evolution in einem evolutionären Lernprozess herausgebildet habe, passt gut zu seiner Ankündigung, es gehe ihm »um eine Debatte um die *richtige Weise* der Naturalisierung des Geistes«[49], nämlich um einen »‚weichen' Naturalismus«[50]. Aber schon die weitere Explikation dieses Konzepts bleibt unbestimmt, nur negativ auf die existierende Wissenschaft bezogen: »Nach dieser Auffassung ist alles und nur das ‚real', was in wahren Aussagen dargestellt werden kann. Aber die Realität erschöpft sich nicht in den regional beschränkten Aussagen, die nach heutigen Standards als wahre erfahrungswissenschaftliche Aussagen zählen.«[51] Soll das nur heißen, dass die heutigen Wissenschaften die Realität nicht erschöpfend erfassen? Das wäre eine These, die selbst der strikteste Szientist oder Physikalist kaum bestreiten würde. Oder soll es andeuten, wir bräuchten eine ganz andere Wissenschaft? Aber was für eine denn?

Ebenso rätselhaft bleibt der entscheidende ‚Perspektivendualismus': Einerseits widerspricht Habermas ‚Descartes' Lehre von den zwei Substanzen' ebenso wie ‚Kants Zweiweltenlehre' und betont: »Der methodologische Dualismus der Erklärungsperspektiven von Teilnehmern und Beobachtern darf nicht zu einem Dualismus

47 Nida-Rümelin [2005], S. 42
48 Vgl. Habermas [2005].
49 Ebd., S. 156
50 Ebd., S. 157
51 Ebd.

von Geist und Natur ontologisiert werden.«[52] Ja, er klingt ganz naturalistisch: »Die Kontinuität einer Naturgeschichte ... sichert ... die Einheit eines Universums, dem die Menschen als Naturwesen angehören.«[53] Andererseits aber spricht er von einer »Kluft zwischen dem Geistigen und dem Physischen«, die nicht geschlossen werden könne: »Zwar lässt sich der überanstrengte idealistische Begriff einer ursprungslos-unbedingten Freiheit, die die Kraft haben soll, neue Kausalreihen ins Leben zu rufen, aus der Sicht dieser Handlungstheorie entkräften. Aber die Einbettung der Handlungsfreiheit in einen motivierenden Kontext von Gründen kann nicht über die Differenz zwischen Handlungserklärungen aus rationalen Gründen oder aus Ursachen hinwegtäuschen.«[54] Nun gut, aber was berechtigt uns eigentlich, diese Differenz mit jener zwischen ‚dem Geistigen' und ‚dem Physischen' und zusätzlich mit der zwischen Teilnehmer- und Beobachterperspektive zu parallelisieren und so einen fundamentalen Dualismus zu konstruieren?

Vielleicht hilft ein Rekurs auf die lebensweltliche Erfahrung, den hier vermittelten Eindruck eines unüberbrückbaren Dualismus zu relativieren: Erstens sind wir im Alltag immer Teilnehmer und Beobachter zugleich, öffnen uns dem Austausch von ‚guten Gründen' und sind *zugleich* strategisch Handelnde, die die anderen manipulieren wollen. Eine empirische Analyse von Alltagskommunikation könnte zeigen, wie eng *kommunikatives* und *strategisches* Handeln (wenn man denn diese Unterscheidung so überhaupt treffen will) in der tatsächlichen Interaktion miteinander verwoben sind. Dem entspricht unsere lebensweltliche Handlungserklärung: Sowohl im Bericht über uns selber, als im Versuch der Erklärung des Handelns anderer gehen die Sprache der *Ursachen und des Kausalen* (‚ich hatte einfach Angst vor ihm', ‚vielleicht war sie ja noch von damals traumatisiert', ‚diese Macke habe ich von meiner Mutter') mit jener der *Gründe* (‚er wollte damals schnell Karriere machen', ‚ich glaube eben an Gott', ‚es ist

52 Ebd., S. 166
53 Ebd., S. 171
54 Ebd., S. 163

einfach unvernünftig, weiter zu rauchen') durcheinander bzw. sind kaum trennscharf zu unterscheiden. Weder benennen wir als *Ursachen* in der Regel physikalische Tatbestände, noch als *Gründe* in der Regel philosophische oder moralische Argumente.

Nun könnte man entgegnen, im Alltag argumentierten wir halt kunterbunt durcheinander, doch für die systematische Reflexion seien doch die beiden Sprachspiele klar trennbar. Damit würde aber nur davon abgelenkt, dass es ja gerade der philosophische Anspruch war, einen anthropologisch und lebensweltlich tief verankerten Perspektivendualismus *aufzudecken*. Dagegen möchte ich hier die These stellen, dass es sich bei dem angeblich so fundamentalen Dualismus weitgehend um ein diskursives Konstrukt einer dualistischen Philosophie handelt, die – man erinnere sich an Wittgenstein – erst die Probleme schafft, die sie dann mit großem Aufwand bearbeitet bzw. deren bedauerliche Unlösbarkeit sie ‚beweist'.

Die Konstruktion eines solchen Dualismus ist eng verbunden mit der These, *Gründe* ließen sich *nur in einer teilnehmenden Perspektive überhaupt angemessen verstehen*, bzw. man könne als »Interpret Gründe gar *nicht vergegenwärtigen, ohne sie zu beurteilen*, ohne affirmativ oder negativ zu ihnen Stellung zu nehmen«[55]. Dem widerspricht aber die Praxis der Kulturwissenschaften: Um z.B. die biblische Konzeption des Gottesbundes und des auserwählten Volkes zu *verstehen*, muss man keineswegs, wie Habermas offenbar meint, zu den damit erhobenen ‚Geltungsansprüchen' seinerseits Stellung beziehen. Vielmehr werden Kulturwissenschaftler versuchen, die in den damaligen Diskursen und Praktiken enthaltenen Vorstellungen, Argumente, Bewertungen, Assoziationen usw. in ihrem Zusammenhang zu rekonstruieren, wobei diskursimmanente Bezüge und solche auf kulturelle, politische, soziale, ökonomische, ökologische usw. Interessen und Entwicklungen miteinander regelmäßig verknüpft sein werden. Man kann sich eigentlich gar keinen empirisch arbeitenden Historiker oder Kulturwissenschaftler vorstellen, der nicht – wie z.B. Max Weber – ‚Kausalursachen' und ‚Handlungsgründe'

55 Habermas [1981], S. 191

der Beteiligten als Teil eines einzigen Prozesses behandeln würde. *Gründe, Argumente, Ideen usw. wirken empirisch als Ursachen.* Die Unterscheidung wird damit nicht hinfällig, aber rechtfertigt auch keinen fundamentalen epistemischen Dualismus. Das *Verstehen von Gründen*, definiert als *propositionale Einstellungen in Rechtfertigungskontexten*, wird in aller Regel *nicht* von der *kausalen Analyse von Ursachen zu trennen sein.* In den Fachwissenschaften wie in der lebensweltlichen Praxis der Handlungserklärung und Handlungsrechtfertigung *sind Gründe und Ursachen keineswegs so dichotomisch getrennt, wie es die Rede von einem fundamentalen Perspektivendualismus suggeriert.*

Sicherlich sind *Gründe*, wie Nida-Rümelin und Habermas konstatieren, *nicht auf die neuronalen Zustände der Gehirnregion x des Menschen y zu reduzieren. Schließlich sind sie als Teil einer soziokulturellen Diskurspraxis in vielen Gehirnen, aber auch auf anderen Datenträgern wie Texten, Statuen usw. gespeichert.* Wenn wir sie wissenschaftlich zu fassen versuchen, rekonstruieren wir sie zwar durchaus in ihrem kausalen Umfeld, aber eben als Abstrakta bzw. als diskursive Aussagen, nicht als Gehirnzustände x von y. Auch ist richtig, dass wir einen Text, aus dem wir uns selber *in der Sache* Belehrung erhoffen, anders lesen werden als einen, der uns bloß als *Dokument* einer Tradition interessiert. Aber das alles bedeutet *nicht*, dass die verschiedenen Formen der wissenschaftlichen Beschäftigung mit *Gründen unüberbrückbar vom Naturalismus der Naturwissenschaften getrennt sind bzw. sein müssen.*

Vielmehr scheint der beschriebene Dualismus teilweise einleuchtend, weil die tatsächliche Praxis der Sozial- und Kulturwissenschaften von jener der Naturwissenschaften abweicht. *Es ist diese historisch gewachsene und in ihrer Tragweite historisch variierende Differenz, nicht ein fundamentaler anthropologischer Perspektivendualismus, der die Kritik an einem naturalistischen Freiheitsbegriff und Menschenbild scheinbar legitimiert.* Aber es gibt einen Weg jenseits eines prinzipiellen methodologischen Dualismus und des (Alp-)Traums der Einheitswissenschaft: den eines gemäßigten, nämlich pragmatisch-pluralen Naturalismus (s.o.).

Bezüglich der philosophischen Kritik eines naturalistischen Freiheitsbegriffs unter Verweis auf das ‚Sprachspiel der Gründe' kann man also resümieren: »Die Unterscheidung von Gründen und Ursachen liefert weder ein adäquates Freiheitskriterium noch einen prinzipiellen Einwand gegen den Naturalismus.«[56] Es hat sich gezeigt, dass die libertaristischen Freiheitskonzepte selbst ausgesprochen problematisch, und die libertaristischen bzw. perspektivendualistischen Kritiken am Naturalismus wenig plausibel sind, jedenfalls soweit sie nicht nur die bisherigen Schwierigkeiten einer naturalistischen Erklärung menschlicher Freiheit benennen, sondern eine prinzipielle Grenze solcher Versuche behaupten.

These 3.3: Menschliche Freiheit ist in der biologischen Evolution entstanden, wobei die Entwicklung des phänomenalen Bewusstseins eine wichtige Weichenstellung bedeutete.

Diese These formuliert ein ambitioniertes Programm, das den *Kern einer naturalistischen Erklärung der menschlichen Freiheit bildet*[57].

Der wichtigste Schritt in der ‚Naturgeschichte der Freiheit' ist wohl die *Entstehung organischer Systeme*[58]. Diese sind bekanntlich wie alle anderen physikalischen Systeme durchgängig von den Naturgesetzen abhängig, zeichnen sich aber dadurch aus, dass sie ihre Reduplikation bewirken können, sowie – ab einem gewissen Entwicklungsgrad – eigenständig eine Systemgrenze (Membran) konstituieren. Damit aber wird nicht nur eine Differenz von Innen und Außen gebildet und eine begrenzte Kontrolle der ‚eigenen' inneren Bedingungen prinzipiell möglich, sondern *eine erste Form von Autonomie* ist entstanden. Selbstverständlich bleiben sie in vieler Hinsicht – z.B. energetisch – von ihrer Umwelt abhängig, doch ist mit der partiellen Kontrolle der Bedingungen des Binnenmilieus zugleich eine gewisse Unabhängigkeit von und Beeinflussung der Umwelt möglich

56 Pauen [2007c], S. 247
57 Vgl. die meisten Beiträge in Heilinger [2007].
58 Vgl. Gerhardt [2007].

geworden. So gibt es *erste Formen der Urheberschaft* bei der Nahrungssuche und Exploration der Umgebung. *Die hohe Systemkomplexität, die Selbstreferentialität und Historizität (als interner Bezug auf frühere und mögliche spätere System- und Umweltzustände) organischer Systeme ermöglichen also die ersten rudimentären Formen ‚natürlicher Freiheit'.*

Vermutlich sind Prozesse nicht-linearer Dynamik und Selbstorganisation wichtig für die Genese und Funktionsweise lebender Systeme. Zu untersuchen wäre, ob und wie durch solche Prozesse eine hyperkomplexe und zeitübergreifende Form der (Selbst-)Bestimmung möglich wird, bei der nichts ‚akausal' in die Welt tritt, bei der aber durch Prozesse der rekursiven Iteration, Variation und Rekombination bei gleichzeitiger Entwicklung von partiellen Gleichgewichtszuständen unvorhersehbar Neues entstehen kann. Die (zumindest epistemisch) indeterministischen systemspezifischen Attraktoren wirken dann als ‚Eigen-Values', die zwar noch vielfältig auf die Umwelt bezogen, aber nicht von ihr direkt abhängig sind, sondern sozusagen ‚historisch' entstandene und stabilisierte Zustände des je spezifischen Systems sind.

Mit wachsender Komplexität der organischen Systeme werden diese auch energetisch und hinsichtlich ihrer Umweltanforderungen anspruchsvoller. Eine Ausdifferenzierung und verbesserte Regulation des Binnenmilieus geht mit aktiverem explorativem Verhalten einher. Kann man hier schon von einem Zugewinn an natürlicher Freiheit sprechen? Ist überhaupt ein gradualistischer Begriff natürlicher Freiheit für lebende Systeme operationalisierbar? Ist sie also, wie indirekt auch immer, messbar? Korreliert sie mit Komplexität? All diese Fragen können nicht philosophisch, sondern nur – sofern sie als empirisch bearbeitbare Fragen akzeptiert werden – von Biologen und anderen Fachwissenschaftlern beantwortet werden.

Ein weiteres wichtiges Thema einer ‚Naturgeschichte der Freiheit' wäre die freiheitsbezogene Analyse des kreativen Prozesses der Genese von Neuem durch zufällige Variation und eine in komplexer Weise von Umweltbedingungen abhängige Selektion, genannt Evolution. Kann man die biologische Evolution wissenschaftlich begründet als einen Prozess der Entstehung und Erweiterung von natürlicher Freiheit interpretieren? Oder handelte es sich hierbei, wie etwa bei der Rede von einer ‚Höherentwicklung', um ein anthropozentrisches Vorurteil?

Es ist wohl unbestritten, dass im Evolutionsprozess einfache durch zunehmend komplexe Verhaltensrepertoires ergänzt wurden, wobei die Freiheitsgrade der Verhaltenssteuerung vor allem von kognitiven Fähigkeiten abhängen. So werden Reflexe zwar in starrer Weise von spezifischen Reizen ausgelöst, doch hängt das Verhalten der meisten Lebewesen auch von »fluktuierenden inneren *Bedürfnis- und Motivationszuständen* ab«[59]. Diese »Expansion der Verhaltensflexibilität« beruht auf der »Evolution von zunehmend komplexeren Formen des *Lernens* und *Gedächtnisses*«, einschließlich der »Fähigkeit, Fakten und Erfahrungsepisoden zu speichern und bewusst wieder abrufen zu können«[60]. Aber nicht nur die Vergangenheit, sondern auch die erwartbare Zukunft wird repräsentiert: »Von zentraler Bedeutung für willentliches Handeln ist dabei die Fähigkeit, zukünftige Effekte und Folgen des eigenen Verhaltens zu *antizipieren* und Verhalten aufgrund *mentaler Repräsentationen* auswählen zu können.«[61] Diese umfassen auch die »*zukünftigen Effekte und Ziele* des eigenen Verhaltens« sowie »Bewertungen dieser Zielzustände im Lichte von Überzeugungen, Präferenzen, Wünschen und Motiven«[62].

Beim Menschen verliert diese Antizipationsfähigkeit dann ihre Begrenzung auf die nächste Zukunft und wird zur Fähigkeit systematischer Planung, die sich einerseits auf erweiterte Leistungen insbesondere des episodischen Gedächtnisses, andererseits auf ein neuartiges und hochgradig flexibles Repräsentationssystem namens Sprache stützen kann. Dem korrespondiert eine erweiterte Fähigkeit zur Reflexion und Selbststeuerung, die eine Ausrichtung des Verhaltens auf längerfristige Ziele auch motivational ermöglicht. »Zusammenfassend können wir festhalten, dass es mit der Evolution der menschlichen Antizipations- und Selbstkontrollfähigkeit zu einer weitgehenden Abkopplung der Reakti-

59 Goschke [2006], S. 117
60 Ebd., S. 118
61 Ebd., S. 108
62 Ebd., S. 116

onsselektion von der unmittelbaren Reizverarbeitung und einer immensen Expansion der *Freiheitsgrade* des Verhaltens gekommen ist.«[63]

Dem entspricht aber nicht, wie es unsere Selbstwahrnehmung suggeriert, die Existenz einer physiologisch identifizierbaren zentralen Steuerungsinstanz: »Aus der Innenperspektive der ersten Person hängt der Eindruck von Willensfreiheit eng mit der Vorstellung eines steuernden bewussten ‚Ich' oder ‚Selbst' zusammen, das Abwägungen vornimmt, Entscheidungen trifft und Absichten bildet, die dann schließlich Körperbewegungen in Gang setzt. Dies legt die Vorstellung nahe, dass es auch im Gehirn eine zentrale Steuerungsinstanz geben müsse, die für die Auswahl, Initiierung und Kontrolle willentlicher Handlungen verantwortlich ist.«[64] Die Forschung der letzten Jahrzehnte hat aber gezeigt, dass zwar der präfrontale Kortex wesentlich an all diesen Prozessen beteiligt ist, jedoch nicht als zentrale Steuerungsinstanz fungiert, sondern seinerseits vielfältig von anderen Gehirnarealen abhängig ist. Willentliche Entscheidungen und Handlungskontrolle beruhen also auf »einer Interaktion verteilter Kontrollsysteme mit jeweils komplementären Funktionen«[65].

Wenn es aber kein zentrales Kontrollzentrum gibt, wird seine phänomenale Simulation zu einem besonders wichtigen Problem. Vermutlich ging ja die evolutionäre Entwicklung komplexer Verhaltensrepertoires mit einer graduellen Entwicklung auch des phänomenalen Bewusstseins einher. Hierbei handelt es sich aber eben nicht, wie die Introspektion suggeriert und viele Philosophen gemeint haben, um ein homogenes, sondern um ein komplexes, aus vielfältigen Leistungen und Funktionen bestehendes Phänomen.[66] Die Vermutung liegt nahe, dass hier, wo sich *philosophische, psychologische, neurowissenschaftliche und evolutionsbiologische Fragen kreuzen, die eigentliche Crux einer ‚Naturgeschichte der Freiheit'* liegt. Zwar ist die relative Autonomie und Urheberschaft biologischer Systeme nicht auf Bewusstsein angewiesen, doch ist eine umfassende *natura-*

63 Ebd., S.126
64 Ebd., S. 127 f.
65 Ebd., S. 136
66 Vgl. Donald [2002].

listische Erklärung zumindest der menschlichen Freiheitserfahrung kaum ohne eine Lösung des vielschichtigen Rätsels von Bewusstsein und Selbstbewusstsein zu erwarten. Ich kann hier dazu nur pauschal auf zwei unterschiedliche, aber in mancher Hinsicht kompatible Ansätze einer naturalistischen Theorie des Bewusstsein und des ‚Selbst' verweisen: die Arbeiten von Damasio[67] sowie von Metzinger[68], dessen Konzept eines vom Gehirn konstruierten ‚Selbstmodells' eine ‚Theorie eines höherstufigen Naturalismus'[69] ist.

Aber es gibt noch weitere für die Freiheitsproblematik wichtige Fragekomplexe: Erstens, wie steht es mit der *Rolle stochastischer bzw. indeterministischer Prozesse im Gehirn und ihrer Bedeutung für die menschliche Freiheit*[70], etwa bei der Variation von Verhalten oder der Exploration neuer Möglichkeiten? Stimmt es, dass wesentliche Teile der Präferenzbildung und Entscheidungsfindung im Gehirn maßgeblich von viele Gehirnbereiche umfassenden neuronalen Prozessen geprägt sind, die nach dem Modell von ‚chaotischen' Prozessen der Selbstorganisation in hyperkomplexen Systemen ablaufen? Dies würde solche Prozesse – und damit menschliches Entscheiden und Handeln – nur sehr bedingt voraussagbar, also epistemisch weitgehend ‚offen' machen. Damit wäre eine der großen Befürchtungen angesichts der jüngsten Fortschritte der Hirnforschung ausgeräumt: Die Sorge nämlich, wir würden – diesseits aller Fragen des ontologischen Determinismus – in unseren Gedanken künftig ‚lesbar' und in unserem Verhalten verlässlich prognostizierbar. Letztlich sind es wohl vor allem solche Sorgen vor Manipulierbarkeit und weniger die großen philosophischen Grundsatzfragen, die unser Selbstbild als freie Wesen bedrohen.[71]

Zweitens stellt sich die für unser Menschenbild ebenso wichtige Frage nach der *Rolle der Rationalität oder* (was nicht ganz das gleiche ist) *des bewussten Abwägens und Entscheidens für unser Leben.*

---

67 Siehe u.a. Damasio [1997].

68 Siehe u.a. Metzinger [2003].

69 Thyen [2005], S. 70

70 Vgl. etwa Walter [1998], Herz [2007].

71 Vgl. Tetens [2006].

Welche Rolle spielen darin Reflexion und bewusste Entscheidungen? Roth etwa betont die Dominanz unbewusster Vorgänge: »Rationalität ist eingebettet in die affektiv-emotionale Grundstruktur des Verhaltens; das limbische System entscheidet, ob, wann und in welchem Maße Verstand und Vernunft zum Einsatz kommen.«[72] Während er allerdings jüngst noch die Willensfreiheit als bloße »Illusion« behandelte und auf Prozesse »der Selbstzuschreibung des Ich, ohne die eine komplexe Handlungsplanung nicht möglich ist«[73] reduzierte, ist er nun vorsichtiger geworden und spricht von einer »faktische(n) Freiheit des Wollens und Handelns, die sich in dieser Form nicht bei nichtmenschlichen Tieren findet«[74], wobei freilich das unbewusst arbeitende »limbische System bei allen Entscheidungen das erste und letzte Wort«[75] habe.

Andere Forscher wie etwa Cruse sind aber geneigter, unser Selbstverständnis als rationale Wesen für rettbar zu halten: »Die eigentliche Frage bei der Betrachtung des freien Willens besteht darin, ob das neuronale System, das den Inhalt des Erlebens konstruiert, seinerseits einen Einfluss auf die Entscheidungen hat, oder ob es dafür, wie eine Interpretation mancher Experimente nahelegen könnte, um Bruchteile von Sekunden zu spät kommt. Diese Frage ließe sich mit naturwissenschaftlichen Methoden untersuchen. Ich vermute, dass dieses neuronale System, der Erlebnis-Konstruktor, sehr wohl einen Einfluss auf die Entscheidungen hat, ja, dass er sogar das Entscheidungssystem selbst, oder zumindest einen wesentlichen Teil desselben, darstellt.«[76] Damit ist freilich alles wieder auf die Frage verwiesen, was denn genau die neuronale Basis des phänomenalen Bewusstseins ist, und welche Rolle diese im Gesamtprozess der Gehirnaktivitäten letztlich spielt.

Wäre freilich Cruses Vermutung richtig, so wäre unsere *Selbstwahrnehmung nur teilweise illusionär* – nämlich insofern sie vieles

72 Roth [2003], S. 560
73 Ebd., S. 553
74 Roth [2007], S. 172
75 Ebd., S. 173
76 Cruse [2004], S. 225

nicht berücksichtigt, was unbewusst unsere Überlegungen und Entscheidungen beeinflusst. Die lebenspraktische Bedeutung des expliziten Abwägens und Entscheidens aber wäre im Prinzip gerettet. Aber lässt eine letztlich ‚subjektlose' Form der Präferenzbildung und Entscheidungsfindung, wie sie die Neurowissenschaftler beschreiben, Urheberschaft im philosophischen Sinn überhaupt zu? Gilt nicht weiterhin der Einwand, dieses vielfach auf unbewussten und vielleicht auch indeterministischen Prozessen beruhende Geschehen könne keine adäquate Rekonstruktion dessen sein, was wir als ‚freies Entscheiden' kennen und *wofür wir uns und andere als Personen zur Rechenschaft ziehen*?

Bei diesem Einwand wird freilich übersehen, dass Urheberschaft eben kein einfaches Faktum, sondern immer eine Frage der Zuschreibung ist (s.o. These 1.3). In welchen Fällen wir uns als Urheber unserer Handlungen und Entscheidungen empfinden, und wann gerade nicht, beruht offenbar auf komplexen Prozessen der Zuschreibung.[77] Dass wir uns für die Resultate eines neuronalen Prozesses Urheberschaft zuschreiben, macht (Willens-)Freiheit keinesfalls zur Illusion: Illusionär ist nur die rationalistische Vorstellung, wir könnten ‚uns selbst' vollkommen transparent sein und streng rational entscheiden. Selbst wenn die komplexen Prozesse des Bewertens und Entscheidens partiell bewusst ablaufen, so gehen in sie doch viele unerkannte Inputs ein, die das Resultat in teils unbewusster Weise beeinflussen.

Dies macht aber den subjektiven Eindruck und die lebensweltliche Redeweise, ‚ich' würde entscheiden, nicht schon falsch. Nur dass man eben erstens nicht vollkommen bewusst und rational entscheiden kann, und dass zweitens ‚ich' nicht einen Homunkulus oder eine geistige Kommando- und Zentralinstanz bezeichnet, sondern Konstrukt einer Zuschreibung ist, die bestimmte kognitive und emotionale Prozesse unseres jeweiligen Gehirns bzw. Gesamtorganismus auszeichnet. Die von manchen Philosophen geteilte Auffassung, ‚ich' meine primär so etwas wie ‚Geist' oder ‚Bewusstsein' im Gegensatz zum Körper, wird weder von unserer lebensweltlichen Redeweise,

77 Vgl. Wegner [2002].

noch von der Hirnforschung geteilt, die vielmehr zeigt: *Ohne Beteiligung der Emotionen und körperbezogenen Wahrnehmungen gibt es keine Entscheidungsfähigkeit in lebenspraktischen Fragen, die eben nicht rein rational entschieden werden können*[78]. Nicht die menschliche (Willens-)Freiheit ist aus heutiger naturalistischer Sicht also eine Illusion, sondern nur die Vorstellung von vollständig bewussten, transparenten und damit zumindest potentiell dem Vernunftideal des Rationalismus entsprechenden Prozessen der Willensbildung und Entscheidungsfindung.

Das Programm, Freiheit als ein im Prozess der biologischen Evolution sich graduell herausbildendes Naturphänomen zu erklären, ist sicher heute noch nicht hinreichend einlösbar. Zu viele empirische Erkenntnislücken, aber auch konzeptionelle, in methodologische und ontologische Fragestellungen reichende Probleme – wie etwa des Begriffs der Emergenz, der eher ein Problemfeld, als eine Lösung bezeichnet[79], ganz zu schweigen von den vielen offenen Fragen der Erklärung des Bewusstseins und der Phänomenalität des Mentalen – sind noch unbearbeitet. Dennoch erweist sich die mit einem naturalistischen Freiheitskonzept vorgegebene Richtung nicht zuletzt auf Grund der Erkenntnisfortschritte der letzten Jahre als ein *‚progressives Forschungsprogramm'*, während dualistische und libertaristische Ansätze eher zu stagnieren und sich in Abwehrkämpfen gegen die vermeintlichen Gefahren des Naturalismus zu erschöpfen scheinen.

These 3.4: *Menschliche Freiheit bildet sich in Interaktionszusammenhängen* und wird in ihnen den Akteuren zugeschrieben und institutionalisiert: *Reale Freiheiten und das Bewusstsein der Freiheit stehen in einem wechselseitigen Bedingungszusammenhang.*

Die humanspezifische Vermittlung von Wissen und Können durch gezieltes Lehren mittels Sprache und anderer kultureller Symbolsysteme ermöglicht einen Prozess der soziokulturellen Evolution, der

78 Vgl. Damasio [1997].
79 Vgl. Stephan [2005], Mahner/Bunge [2000], S. 31ff

auf der Generierung und selektiven Tradierung von Neuem beruht und dabei systematisch neue Freiheiten (und Unfreiheiten) erzeugt.

Diese beruhen einerseits auf der realen individuellen und vor allem kollektiven Gestaltungsmacht gegenüber der natürlichen, aber auch der soziokulturellen Umwelt. Hier hat die immer weitere Differenzierung und Komplexitätssteigerung der Verhaltensrepertoires, die mit einer wachsenden Arbeitsteilung und dem Entstehen differenzierter Herrschaftsordnungen einhergeht, ambivalente Folgen bezüglich der realen Freiheiten: Während die kollektive Fähigkeit zur Nutzung der natürlichen Ressourcen zunimmt, steigt auch die wechselseitige Abhängigkeit der arbeitsteilig und herrschaftsförmig verknüpften einzelnen. Kollektive und individuelle Handlungs- und Gestaltungschancen können divergieren und interindividuell stark variieren. Die Bilanz der großen historischen Transformationsprozesse – man denke besonders an die sogenannte ‚Neolithische Revolution' – ist dabei ambivalent: Der Zunahme realer Freiheiten in einer Hinsicht steht ein Verlust in anderer gegenüber.

Aber nicht nur die realen Gestaltungsspielräume ändern sich, sondern auch die Formen der normativen Reflexion und Legitimation der sozialen Praxen der Produktion, Organisation, Verteilung und Wertschätzung. Hier entwickeln sich auch die Formen der Zuschreibung von Freiheit und Verantwortung, die einen konstitutiven Bestandteil der normativen Regelungen des Zusammenlebens bilden und die sprachlich-kulturelle Lebensform des Menschen prägen. So gibt es wohl in allen Gesellschaften Vorstellungen von individueller und kollektiver Freiheit sowie Formen der Zuschreibung (und Exkulpation) von Verantwortung, die aber in ihrer Art und Reichweite sehr verschieden ausfallen und uns oft als irrational erscheinen. Zur Aufgabe einer interdisziplinären Freiheitsforschung gehörten also auch Untersuchungen zu den spezifischen ‚emischen' Konzepten von Freiheit und (Handlungs-)Verantwortung. Wie werden diese jeweils konzipiert? Gegen welche anderen Glücksgüter, Werte und Lebensziele wird Freiheit in ihren verschiedenen Formen wie und mit welchen Resultaten abgewogen? Wie hängen diese Konzepte und Bewertungen mit den sozioökonomischen Strukturen einerseits, den kosmologischen und religiösen Weltvorstellungen andererseits zusammen?

Das menschliche Freiheitsbewusstsein hat also offenbar zwei Wurzeln: die Erfahrung von Handlungsmacht qua Naturbeherrschung und sozialer Herrschaft, aber auch die normative Einbindung in Praxen des ,Gebens und Nehmens von Gründen' (Brandom). Die tief verankerten normativen Praktiken der Zuschreibung von moralischer und rechtlicher Verantwortung sind damit nicht der einzige, wohl aber ein entscheidender Ort der Herausbildung des menschlichen Freiheitsbewusstseins. *Dabei verändern diese Praktiken dank der Plastizität des ,sozialen Organs' Gehirn wohl ihrerseits die spezifische Organisation unserer Gehirnprozesse bis zu einem gewissen Grad.* So ließe sich jedenfalls erklären, wieso eine spezifische soziokulturelle Zuschreibung und das damit sich entwickelnde subjektive Bewusstsein von Freiheit die Nutzung der freiheitsrelevanten Fähigkeiten des Möglichkeitssinns, der Reflexion und Begründung, des Abwägens und vorausschauenden Entscheidens usw. befördern kann. In diesem Sinne *wird die Intuition von Freiheit zur ,sozialen Institution' Freiheit*: ,Freiheitsintuitionen werden in sozial regulierten Diskursen ausgebildet und tragen, einmal ausgebildet, dann selbst zu ihrer Aufrechterhaltung bei.'[80]

Es ist eine heikle Frage, ob es historisch nur einen – wohl unbezweifelbaren – ,Fortschritt im Bewusstsein der Freiheit' (Hegel), oder auch einen Fortschritt realer Freiheit gab. Leben wir wirklich freier als z.B. die Menschen in Jäger-und-Sammler-Kulturen? Manche ethnologische Untersuchungen lassen daran zweifeln: Auch wenn die individuellen und kollektiven Gestaltungsmöglichkeiten und Optionen heute viel umfassender sind, ist doch zugleich die wechselseitige Abhängigkeit drastisch gewachsen. ,Freiheit' erweist sich als ein zwar gradualistisch zu verstehender, aber nur schwer operationalisierbarer Begriff – vielleicht umfasst er, wie es ja schon die Skizze der Freiheitserfahrungen (s.o. Teil 1) nahelegte, einfach zu viele kaum gegeneinander abwägbare Spielarten, Formen und Aspekte für eine solche Quantifizierung.

80 Prinz [2006], S. 39

These 3.5: Freiheit ist nicht nur Faktum und Folge einer Zuschreibung, sondern auch ein praktisch noch zu ergreifendes Versprechen.

Bisher wurde ein komplexer Zusammenhang zwischen realen Freiheitsspielräumen, die wir als biologische und zugleich soziokulturell geprägte Wesen haben, und der neurobiologisch verankerten und zugleich soziokulturell spezifizierten Zuschreibung von Freiheit und Verantwortung deutlich. *Damit ist die theoretisch-wissenschaftliche Erkenntnis von bzw. Perspektive auf Freiheit skizziert. Freiheit ist aber auch eine praktische Aufgabe – für den einzelnen und kollektiv. In diesem Sinne ist Freiheit nicht nur etwas in je spezifischen Formen und Erfahrungen schon Gegebenes, sondern eine zu ergreifende Möglichkeit.*

Wie oben schon ausgeführt, bringt die zuschreibungsbedingte Erwartung von Freiheit diese (mit) hervor. Allerdings ist die faktische Erweiterung gelebter Freiheit durch das Bewusstsein von (Willens-) Freiheit noch keinesfalls gesichert, sondern *setzt eine Praxis der Selbstbestimmung voraus*. Diese zu entwickeln ist komplizierter, als es scheinen mag: So kann die Erfahrung von Unfreiheit – von totalitären Systemen bis hin zu autoritären Eltern – bekanntlich zu einem stark ausgeprägten Freiheitsverlangen und Unabhängigkeitssinn führen. *Die Fähigkeit jedoch, einen Zugewinn an entsprechender ‚negativer' Freiheit* (vgl. Isaiah Berlin) *auch ‚positiv' im Sinne einer produktiven Selbstbestimmung und Lebensgestaltung zu nutzen, ist auf innere Ressourcen angewiesen, die unter Bedingungen der Unfreiheit oft gar nicht gebildet werden konnten.* Dann können sowohl äußere Handlungsfreiheit als auch das Bewusstsein von Willensfreiheit gegeben sein, ohne dass die tatsächliche Selbstbestimmung gelingt.

Freiheit will also, wie schon der Volksmund weiß, gelernt sein. Damit aber bekommt das Freiheitsproblem eine gewissermaßen aristotelische Wendung.[81] *Freiheit muss ‚eingelebt' und habitualisiert werden* – oder sie überlebt nur als ferne Möglichkeit. Dies gilt interessanterweise gerade auch für jene Rückzugsformen ‚innerer'

81 Ähnlich hat Peter Bieri [2003] das ‚Handwerk der Freiheit' als praktische Lebensaufgabe dargelegt.

Freiheit, wie sie selbst unter Bedingungen radikaler Unfreiheit noch existieren – jedenfalls bisher, da Gedanken noch nicht neurowissenschaftlich ‚lesbar' sind und die perfektionierten Formen der Folter zwar einen Menschen körperlich und psychisch zerstören, aber offenbar noch nicht dauerhaft und verlässlich ‚umschreiben' können. Auch hier ist es offenbar der tägliche Widerstand des Denkens, die ständige Anstrengung, sich nicht der übermächtigen Beeinflussung zu beugen, die eine solche innere Freiheit erst möglich machen. Erst recht aber erfordert die Ausübung ‚positiver' Freiheit im Sinne gemeinsamer Lebensgestaltung und demokratischer Selbstbestimmung eine Einübung und sogar Einkörperung entsprechender Praktiken.

Dabei ist freilich die normative Auszeichnung von Freiheit alles andere als selbstverständlich: Auch wenn wohl alle menschlichen Kulturen Formen der Verantwortungszuschreibung und entsprechende Freiheitskonzepte kennen und die Befreiung von als illegitim empfundenem fremdem Zwang ein ebenso universales Ziel sein mag, wird doch in allen Fällen auch *Freiheit gegen andere Glücksgüter, Werte und Lebensziele abgewogen.* (Dies kennen wir etwa aus unseren Debatten um ‚Freiheit versus Sicherheit' oder ‚Freiheit versus soziale Gleichheit'.) Verschärfend kommt hinzu, dass Freiheit im Sinne einer notwendigen und sozial erwarteten Wahl zwischen alternativen Sinnangeboten und Lebensmöglichkeiten häufig als Überforderung erlebt wird, während Freiheit im Sinne von Bindungslosigkeit zu Einsamkeit führen kann. Die ideologische Wertschätzung der Freiheit führt heute denn auch dazu, dass die zwischen Freiheit und konkurrierenden Glücksgütern und Lebenszielen auftretenden Konflikte nur selten offen thematisiert werden, ja dass der Verlust konkreter Freiheit(en) angesichts ihrer ideologischen Überhöhung paradoxerweise nur schlecht artikuliert werden kann.

Die heutige öffentliche, oft zu ideologischen Zwecken missbrauchte *Wertschätzung der Freiheit ist eng mit der Hochschätzung von Kreativität und Innovation verbunden.* Umgekehrt erscheint der Mangel an Kreativität und Innovation, wie er etwa dem islamischen Kulturkreis heute zugeschrieben wird, als Folge mangelnder Freiheit(en). Dagegen ist die ständige Innovation der Produkte und Dienstleistungen sowie der Verfahren ihrer Herstellung und Vermarktung zentral für das Funktionieren unseres modernen kapitalistischen Wirtschaftssystems und der ihm kongenialen (nicht mehr nur ‚westlichen') Kultur der Gegenwart. Kreativität in Technik und Organisation, Produktentwicklung und Design, Marketing und Finanzdienstleistungen, wird zu dem – neben Kapital – zentralen Produktionsfaktor[82].

Kein Wunder also, dass der weitgehend ohnmächtige Protest vielfach konservative Züge annimmt: Erhaltung – der natürlichen Umwelt, des Sozialstaats, bestimmter Lebensformen – wird, in einer ironischen Umkehrung der politischen Semantik des 19. und 20. Jahrhunderts, zu einem zentralen Ziel ‚linker' Politik. Die Kategorie des Neuen dagegen scheint ganz an die systemkonforme Innovation verloren. Das aber bedeutete, die Hoffnung auf mehr tatsächlich gelebte Freiheit und Selbstbestimmung aufzugeben. Gegen solche Resignation ist die aristotelische Betonung des Habitus' der Freiheit zu ergänzen durch die ganz unaristotelische Erinnerung an jenes ‚Land, worin noch keiner war' (Bloch). *Nur die Utopie einer wirklichen Entfaltung aller unserer Möglichkeiten der kreativen Selbstbestimmung* – teilweise genutzt und vernutzt, teilweise verschüttet unter den Bedingungen des realexistierenden Kapitalismus – *kann unserer bedingten Freiheit als endliche Naturwesen einen ihr würdigen Sinn geben.*

Literatur:

Abel, Günter (Hg.) [2005]: ‚Kreativität. Sektionsbeiträge des XX. Deutschen Kongresses für Philosophie', Berlin, 2 Bde., Berlin 2005

Adorno, Theodor W. [1966]: ‚Negative Dialektik', Frankfurt am Main 1966

Bieri, Peter [2003]: ‚Das Handwerk der Freiheit. Über die Entdeckung des eigenen Willens', Frankfurt am Main 2003

Buchheim, Thomas und *Pietrek, Torsten* Hg. [2007]: ‚Freiheit auf Basis von Natur?', Paderborn 2007

82 Vgl. Lindner [2005].

Cruse, Holk [2004]: ,Ich bin mein Gehirn. Nichts spricht gegen den materialistischen Monismus', in: Geyer [2004], S. 223–228

Damasio, Antonio R. [1997]: ,Descartes' Irrtum. Fühlen, Denken und das menschliche Gehirn', München 1997

Donald, Merlin [2002]: ,A Mind so Rare. The Evolution of Human Consciousness', New York/Oxford 2002

Eidam, Heinz [2006]: ,Kausalität aus Freiheit. Zur Frage der Willensfreiheit bei Kant und Hegel', in: Köchy/Stederoth [2006], S. 259–288

Fink, Helmut und *Rosenzweig, Rainer* (Hg.) [2006]: ,Freier Wille – frommer Wunsch? Gehirn und Willensfreiheit', Paderborn 2006

Gerhardt, Volker [2007]: ,Leben ist das größere Problem. Philosophische Annäherungen an eine Naturgeschichte der Freiheit', in: Heilinger [2007], S. 457–479

Geyer, Christian [2004]: ,Hirnforschung und Willensfreiheit', Frankfurt am Main 2004

Goschke, Thomas [2006]: ,Der bedingte Wille. Willensfreiheit und Selbststeuerung aus der Sicht der kognitiven Neurowissenschaft', in: Roth/Grün [2006], S. 107–156

Habermas, Jürgen [1981]: ,Theorie des kommunikativen Handelns, Bd. 1: ,Handlungsrationalität und gesellschaftliche Rationalisierung', Frankfurt am Main 1981

Habermas, Jürgen [2005]: ,Zwischen Naturalismus und Religion', Frankfurt am Main 2005

Heilinger, Jan-Christoph (Hg.) [2007]: ,Naturgeschichte der Freiheit', Berlin 2007

Herz, Andreas V. M. [2007]: ,Neuronaler Determinismus: Nur eine Illusion?', in: Heilinger [2007], S. 35–42

Kane, Robert [1996]: ,The Significance of Free Will', New York u. Oxford 1996

Kane, Robert (Hg.) [2002]: ,The Oxford Handbook on Free Will', Oxford 2002

Kanitscheider, Bernulf [2006]: ,Was können wir tun? Willens- und Handlungsfreiheit in naturalistischer Perspektive', in: Fink/Rosenzweig [2006], S. 117–133

Keil, Geert [2007]: ‚Willensfreiheit', Berlin u. New York

Keil, Geert und *Schnädelbach, Herbert* (Hg.) [2000]: ‚Naturalismus', Frankfurt am Main 2000

Krohs, Ulrich und *Toepfer, Georg* (Hg.) [2005]: ‚Philosophie der Biologie', Frankfurt am Main 2005

Köchi, Kristian und *Stederoth, Dirk* (Hg.) [2006]: ‚Willensfreiheit als interdisziplinäres Problem', München 2006

Krüger, Hans-Peter (Hg.) [2007]: ‚Hirn als Subjekt? Philosophische Grenzfragen der Neurobiologie', Berlin 2007

Lindner, Stephan [2005]: ‚Die Rolle von Kreativität in der ökonomischen Theorie – das nächste Humankapital?', in: Abel [2005], Bd. 2, S. 531–538

Mackay, Donald M. [1978]: ‚Freiheit des Handelns in einem deterministischen Universum', in: Pothast [1978], S. 303–321

Mahner, Martin und *Bunge, Mario* [2000]: ‚Philosophische Grundlagen der Biologie', Heidelberg 2000

Menzel, Randolf [2007]: ‚Entscheiden mit implizitem Wissen', in: Heilinger [2007], S. 75–94

Metzinger, Thomas [2003]: ‚Being no one: ›The Self-Model Theory of Subjectivity‹', Cambridge/Mass. 2003

Nida-Rümelin, Julian [2005]: ‚Über menschliche Freiheit', Stuttgart 2005

Pauen, Michael [2004]: ‚Illusion Freiheit? Mögliche und unmögliche Konsequenzen der Hirnforschung', Frankfurt am Main 2004

Pauen, Michael [2007a]: ‚Was ist der Mensch? Die Entdeckung der Natur des Geistes', München 2007

Pauen, Michael [2007b]: ‚Freiheit – eine natürliche Eigenschaft', in: Buchheim/Pietrek [2007], S. 49–68

Pauen, Michael [2007c]: ‚Ursachen und Gründe. Zwei zentrale Begriffe in der Debatte um Naturalismus und Willensfreiheit', in: Heilinger [2007], S. 247–272

Pothast, Ulrich [1987]: ‚Die Unzulänglichkeit der Freiheitsbeweise', Frankfurt am Main 1987

Pothast, Ulrich (Hg.) [1978]: ‚Seminar: Freies Handeln und Determinismus', Frankfurt am Main 1978

Prinz, Wolfgang [2006]: ‚Kritik des freien Willens. Bemerkungen über eine soziale Institution', in: Fink/Rosenzweig [2006], S. 23–45

Roth, Gerhard [2003]: ‚Fühlen, Denken, Handeln. Wie das Gehirn unser Verhalten steuert', Frankfurt am Main 2003

Roth, Gerhard [2007]: ‚Evolution des Gehirns – Evolution der Freiheit', in Heilinger 2007, S. 149–175

Roth, Gerhard und *Grün, Klaus-Jürgen* (Hg.) [2006]: ‚Das Gehirn und seine Freiheit. Beiträge zur neurowissenschaftlichen Grundlegung der Philosophie', Göttingen 2006

Seebaß, Gottfried [2006]: ‚Handlung und Freiheit', Tübingen 2006

Seebaß, Gottfried [2007]: ‚Willensfreiheit und Determinismus', Bd. 1: ‚Die Bedeutung des Willensfreiheitsproblems', Berlin 2007

Singer, Wolf [2007]: ‚Wann und warum erscheinen uns Entscheidungen als frei? Ein Nachtrag', in: Krüger [2007], S. 187–202

Stephan, Achim [2005]: ‚Emergente Eigenschaften', in: Krohs / Toepfer [2005], S. 88–105

Tetens, Holm [2000]: ‚Der gemäßigte Naturalismus der Wissenschaften', in: Keil/Schnädelbach [2000], S. 273–288

Tetens, Holm [2006]: ‚Freiheitsbegriff und Lebenspraxis. Ändert sich für uns etwas, wenn wir nicht frei sind?', in: Fink/Rosenzweig [2006], S. 239–255

Thyen, Anke [2005]: ‚Selbstsein ohne Selbst. Über den Umgang mit einer vierten Kränkung', in: Abel [2005], S. 65–75

Walde, Bettina [2005]: ‚Schließen Determinismus und unbewusste Handlungssteuerung Freiheit und das Neue im Entscheiden und Handeln von Personen aus?', in: Abel [2005], Bd. 1, S. 893–903

Walter, Henrik [1998]: ‚Neurophilosophie der Willensfreiheit', Paderborn 1998

Wegner, Daniel M. [2002]: ‚The Illusion of Conscious Will', Cambridge/Mass. 2002

Dieter Mersch

Paradoxie der Kreativität.
Zu Ortschaften kultureller Produktion

1. Aporien des Neuen
2. Das imaginative Neue
3. Das figurative Neue
4. Kreativität und Alterität
5. Paradigma Kunst

1. Aporien des Neuen

Das ‚Neue' bezeichnet eine widerspenstige Kategorie. Wie der Begriff des ‚Anderen' nimmt sie in der Reihe der Bestimmungen eine Sonderstellung ein, insofern sie in ihrer Explikation notwendig auf Aporien zurückgreifen muss. Ihre Aporetik schwankt dabei einerseits zwischen der Unmöglichkeit des Neuen *als* Neuen, das als solches unverständlich bliebe, weil es kein *tertium* gibt, von dem aus es als solches ausweisbar wäre, sowie zum anderen der Unmöglichkeit, Neues auf Altes oder schon Bekanntes zurückzuführen, was wiederum die Neuheit des Neuen ausschließt. Erweist sich die stets theologisch konnotierte Idee einer *creatio ex nihilo* insoweit als problematisch, als sie Neues als ursprungslose Schöpfung modelliert, bleiben hingegen transformatorische oder evolutionäre Vorstellungen ebenso problematisch, weil sie das Neue gegenüber dem bereits Bestehenden oder Vorangehenden kaum angemessen darstellen können. Offenbar bedarf der Begriff des Neuen einer Negativität oder Differenz, die weder als *ursprungslos* noch als *nicht ursprungslos* gedacht werden kann. Zwischen Ursprünglichkeit und Ableitung hält er sich vielmehr in einer Unbestimmbarkeit, die sich der Gleichzeitigkeit von Anschluss und Absetzung, von Kontinuität und Diskontinuität verdankt. Zur kulturellen Produktivität gehört diese gleichermaßen grundlose wie unverständliche *Setzung*, die gleichzeitig eine Trennung oder Differenz impliziert, deren Riss durch keinen Begriff übersetzt werden kann, wie sie im gleichen Maße eine *Fortsetzung* postuliert, die ihre Verständlichkeit sichert. Mithin verlangt die Formulierung oder Schaffung von Neuem auf paradoxe Weise einen Rückgriff auf Strukturen, mit denen sie gleichzeitig bricht.

Neues oder Anderes ist deshalb ohne Paradoxie nicht zu kennzeichnen. Das betrifft den *Diskurs*, der Neues in Anschlag zu bringen sucht oder über Neues spricht, soweit er einen ‚kategorialen Sprung' erfordert, der *als* Sprung ebenso sehr, wie es ähnlich Martin Heidegger in *Identität und Differenz* formuliert hat, »aus der geläufigen Vorstellung« wegspringen muss, und doch nur solange »in einen Abgrund« springt, wie er sich nicht »loslässt« und an Vorstellungen, die er zu überwinden trachtet, festhält.[1] Entsprechend ist der Diskurs des Neuen konstitutiv an *Unverständlichkeit* gebunden, weshalb in jede Theorie des Neuen der Begriff des ‚Nichtverstehens' eingeht, der gleichermaßen hermeneutische wie semiotische oder konstruktivistische Ansätze sprengt.[2] Sie muss sich folglich auf eine unmögliche diskursive Bewegung berufen, die Sinn *und* Unsinn, Vertrautes *und* Unvertrautes, Darstellbares *und* Undarstellbarkeit oder Bezug *und* Bruch in einer Figur zusammenschließt.

Die genannte Aporetik betrifft darüber hinaus auch die *kulturelle Praxis des Neuen* selber, d.h. die Seite seiner Hervorbringung und Rezeption. Ist diese begleitet von Widerständigkeit und Emphase, wofür paradigmatisch die frühe Geschichte der Avantgarde herangezogen werden kann, die zugleich eine Geschichte der Karikatur und Ablehnung bis hin zu Maßnahmen der offenen Gewalt bildet, nimmt sie *als* Praxis für sich umgekehrt selber die Gewalt als Mittel der Provokation und des radikalen Tabubruchs in Anspruch. Ihr *agonaler Charakter* spaltet dabei die kulturellen Prozesse, lähmt ihre Dynamik, erbringt aber auch Verschiebungen, deren ‚Setzungen' im literalen Sinne an einen anderen Ort versetzen, dorthin, wovon die Utopien nie zu träumen wagten. Im Rahmen kultureller Diskurse und Praktiken erweist sich Kreativität deshalb als stets prekär, insofern die Erfindung des Neuen mit dem Makel der Konfusion und Irrationalität behaftet erscheint, wie diese sich auf der anderen Seite des Mediums des Bruchs und des Widerspruchs bedienen, um Gehör zu finden. Der Rolle des Paradoxen, das die Diskurse anhält und die Praktiken verwirrt, indem es die Bedeutungen still stellt und Unsicherheiten hervorruft, fällt dann eine aktive Position zu, weil es die Differenz ebenso markiert, wie – hegelsch gesprochen – ihre ‚Lösung' erzwingt. Es gleicht einer Passage, deren Weg weder vorgezeichnet ist noch genau beschrieben werden kann, deren Durchgang allenfalls in verschiedene Richtungen *vollziehbar* ist. Als Mittel der Negation und der Andersheit findet kulturelle Kreativität an ihr ihre eigentliche ‚Ereignishaftigkeit'.

---

1 Gemäß Heidegger [1978], S. 20.

2 Vgl. zum Nichtverstehen Mersch [2005c].

2. Das imaginative Neue

Der Begriff der Kreativität bleibt so selbst eine Rätselfigur. Sie gleicht einer unbesetzbaren Leerstelle, einer Vakanz, die jede Theorie des Neuen scheitern lässt, insofern sie, schon aufgrund der aporetischen Struktur des Begriffs, notwendig in eine *contradictio in adjecto* münden muss. Ohne Vorbild oder Regel behauptet sie ein Prinzip des Prinzipienlosen. Sie generiert das Nichtgenerierbare. Kreativität impliziert insonderheit eine Regelverletzung oder Differenz und Brechung, deren Rückführung auf einen Grund oder ein Metaprinzip ihre eigene Auslöschung bedeuten würde, weil dort eine Identität gefordert würde, wo einzig der Unterschied regiert. Dennoch hat es in der Vergangenheit nicht an Versuchen gefehlt, sich der Frage der *creatio* und den Voraussetzungen des Neuen im Sinne einer übergreifenden Theorie oder einer Bestimmung und eines allgemeinen Modells zu widmen. An ihnen lassen sich zugleich Spuren einer komplexen philosophischen Diskursgeschichte ablesen.

So bildete seit der Antike bis ins 19. Jahrhundert der einflussreichste Ansatz die Theorie der Imagination. Durchgängig wurde die kreative Produktivität an Prozesse der *imaginatio* und *phantasia* gebunden – beide Ausdrücke meinten ursprünglich dasselbe, obgleich der Wechsel vom Griechischen zum Lateinischen bereits einen Platzwechsel bedeutete und die Nuancen verschob: von *phainestai*, dem Erscheinen zu *imago*, dem Bild im Doppelsinn von Vorstellung und Trugbild. Die Phantasie lässt deshalb nur von Erscheinungen sprechen, wo die Imagination bereits Bilder malt, um sich auf diese Weise gleichsam ‚vorstellbare Vorstellungen' zu geben. Beide Ausdrücke erfuhren allerdings durch ihre Geschichte hindurch charakteristische Umwertungen. Wurde nämlich von alters her der Augenblick der *creatio* einer unbestimmt bleibenden Kraft oder ‚Inspiration' zugeschrieben, die ihren Grund oder Ort einer Alterität verdankte, um zuletzt die schöpferische Handlung in theologisch motivierten Figuren der *passio* oder ‚Widerfahrnis' zu begründen,[3]

3 Iser [1993], S. 293.

definiert er sich seit der frühen Neuzeit in Akten der Souveränität. Entsprechend avancierte das Subjekt zum *creator*, der seine Erfindungen aus sich selbst und seinen ‚Einbildungen' schöpft.

Dabei lassen sich im Wesentlichen zwei verschiedene theoretische Modelle herausarbeiten: *Erstens* die Kreativität als Resultat geistiger Verknüpfungen und Assoziationen, sowie *zweitens* als Ausdruck eines ebenso freien wie spontanen Vermögens. Beide korrespondieren mit unterschiedlichen historischen Grundpositionen, wie sie einerseits in der frühneuzeitlichen Verortung des Schöpferischen in Prozeduren der Ähnlichkeit zum Ausdruck kamen, die ihren Grund in Bildern besitzen, zum anderen in der sich spätestens seit dem 18. Jahrhundert durchsetzenden Vermögenslehre der Einbildungskraft. Namentlich bei Joseph Addison, Immanuel Kant und Johann Gottlieb Fichte verlagerte sich der kreative Akt in die kognitive Spontaneität des Subjekts, was freilich die Frage nach der Beziehung zwischen Freiheit und Vernunft und damit der Bändigung der allzu ausschweifenden Phantasie durch die Rationalität aufwarf. Damit ist ein Dauerthema angesprochen, das die Diskurse um die Imagination und das Imaginäre als Grundlage der Künste seit Marsilio Ficino und Pico della Mirandolla über Denis Diderot bis zu Johann Gottfried Herder und Georg Wilhelm Friedrich Hegel beherrschen sollten. Assoziiert mit der ‚wilden Seite' des Subjekts kreisten sie ebenso um die Verteidigung wie die Einhegung der im Kern unberechenbaren wie zügellosen Einbildungskraft, deren Kontrastbegriff eine ‚Vernunft' darstellte, die sich ausschließlich im Medium des Begriff artikulierte und ihre Domestikation besorgte.[4] Solange in diesem Sinne die Imagination in Opposition zur Vernunft gestellt wurde, überwog ihre *negative* Bewertung. Als Stätte von Traum und Chaos, von Täuschung und Illusion wurde ihr zwar ein produktives Moment zugebilligt, doch zum Preis, dass ihr tendenzieller Überschuss beständig unter Verdacht geriet. Auf diese Weise ist eine Diskursgeschichte eröffnet, die zugleich die Geschichte einer Rivalität erzählt, die zwischen der Anerkennung der

4 Costa [1990], S. 15ff.

imaginatio als schöpferischer *potentia*, sowie der Aberkennung ihrer Wahrheitstauglichkeit hin- und herschwankte. Die Imagination, obzwar als allgemeine Fähigkeit des Menschen akzeptiert, oblag denn auch in ihrem Gebrauch vor allem dem Künstler, der seine Freiheit jedoch mit der Nähe zum Wahnsinn bezahlte, solange er nicht der Form, der Regel gehorchte – während im Gegenzug die Wissenschaften die Einbildung auszuschließen trachten, insofern diese sich für die Lüge anfällig zeigte und die Wahrheit allein durch diskursive Vernunft gesichert werden konnte.

Wir haben es folglich mit einer Zweiteilung des Geistes zu tun, deren einer Teil beständig unter die Kontrolle des anderen gestellt wurde. Da jedoch offenbar die Vernunft nur kritisch und nicht selbst schöpferisch agieren konnte, bedurfte es gleichwohl des derart bewachten Anteils der Produktivität, der freilich, um den Zwiespalt zu lösen, selbst noch einmal geteilt werden musste: in das positive Vermögen der *inventio*, die Immanuel Kant in seiner *Anthropologie* die »willkürliche Phantasie« nannte, und das negative des gaukelspielerischen Traums, den er als »unwillkürlich« bezeichnete.[5] Zeugnis dieser Auseinandersetzungen bildeten insbesondere jene säkularen Diskurse, die zwar der Einbildungskraft durchaus einen festen Platz in der menschlichen Seele einräumten, sie dennoch aber in ihren Folgen ambivalent bewerteten, insofern sie ebenso zur Verblendung neigen würde wie sie gleichzeitig Ausdruck einer überbordenden Produktivität sei, die der künstlerischen Tätigkeit als Quelle diente. In diesem Sinne kann William Shakespeares *Sommernachtstraum* als literarisches Äquivalent der philosophischen Diskurse gelesen werden, das die Ambiguitäten der *imaginatio* zwischen täuschender *dissimulatio* und einer auf Darstellung gerichteten *simulatio* zur Anschauung brachte. Einzig letzterer blieb es gestattet, als selbständige Kraft, wie wohl der Vernunft untergeordnet und durch sie behütet, neben sie zu treten, während erstere, zu krankhaften Vorspiegelungen der Halluzination fähig, durchweg verworfen wurde.[6]

5 Kant [1964a], S. 476ff., 482ff.

6 Charakteristischerweise wechseln sich die Plätze ab: Mal wird die Phan

Man kann diese seit der frühen Neuzeit angelegte Zwiespältigkeit der Einbildungskraft vor allem bei Kant und den Ästhetik-Diskursen des 18. Jahrhunderts finden, wenngleich die *imaginatio* dort bereits eine vorsichtige Positivierung in jene Richtung erfuhr, die ihr später die Romantik zudachte. Denn als gleichermaßen spontanes wie schöpferisches Prinzip erscheint sie in der *Kritik der reinen Vernunft* als Bindeglied zwischen Anschauung und Verstand und darin als ebenso selbständige wie als vermittelnde Kraft.[7] Es ist dies zugleich der Punkt, an dem das Verständnis von Kreativität derart an den Begriff spontaner Einbildungskraft gekoppelt wurde, dass diese zur einzigen Quelle künstlerischer Produktivität avancierte, wie besonders der ‚Genie'-Begriff der *Kritik der Urteilskraft* und der *Anthropologie* deutlich macht: Der Genius bindet die *creatio* an die »musterhafte Originalität« in »Freiheit von aller Anleitung der Regeln« und schließt die »nicht nachgeahmte Produktion« zur Figur zusammen, um somit einen neuen Stil zu erfinden, statt einen gegebenen lediglich zu modifizieren oder zu imitieren.[8] Gleichwohl liegen die Aporien dieses Ansatzes auf der Hand: Die Subjektivierung der Kategorie löst nicht das Problem der Kreativität, sondern verschiebt es. Denn die Crux der Modellierung besteht darin, dass Kant das Verhältnis zwischen Einbildungskraft und Verstandesbegriffen, wie es der Schematismus operabel macht, durch eine Kluft bestimmen muss, die die Subjektivität des Subjekts zuletzt in zwei separate Regionen oder Leistungen aufspaltet. Die Postulierung der Differenz macht dabei deutlich, dass das Problem des Schöpferischen nicht hinreichend gelöst werden kann, weil ihm ein Impuls zugewiesen werden muss,

tasie verurteilt und die Imagination als schöpferisches Darstellungsprinzip hervorgehoben, mal das Verhältnis genau umgekehrt, letztere »Einbildungen« zugeschrieben und erstere als eigentlich zeichenbildend bestimmt; vgl. etwa Diderot oder, exemplarisch, Hegel [1970], §§ 455ff., S. 262ff.

7 Die Rolle der Einbildungskraft in der transzendentalen Deduktion erscheint allerdings nicht eindeutig; sie variiert nach A und B; vgl. dazu Heidegger [1973], §§ 26ff., S. 122ff.

8 Kant [1964b], A 197ff. B 199ff., S. 418ff., [1964a]: § 27, A B 76, S. 472.

dessen Grund grundlos bleibt. Kant hat der Misslichkeit einerseits dadurch zu entkommen gesucht, dass er die Einbildungskraft in der transzendentalen Deduktion der *Ersten Kritik* noch einmal zweiteilte und in ein rezeptives bzw. ‚reproduktives' und ‚produktives' Vermögen zerlegte – erstes als »Ingredienz der Wahrnehmung«, letzteres als »tätiges Vermögen [in uns]«[9] –, was in der *Dritten Kritik* und der *Anthropologie* durch die weitere Unterscheidung zwischen *imaginatio affinitas* und *imaginatio plastica* noch einmal verfeinert wurde.[10] Andererseits verzichtete Kant auf jede eigentliche Erfindungsgabe der ‚produktiven Einbildungskraft', soweit ihr zwischen Anschauung und Vernunft diejenigen schöpferischen Möglichkeiten verwehrt blieben, die nicht gleichzeitig der Wahrnehmung entsprangen. Die Einbildungskraft erweist sich folglich als passiv-aktiv zugleich, so dass sie nur *variieren* kann, nicht aber Freies schaffen. Entsprechend bleibt die Kreativität an Vermittlung gebunden: Ihr Grund ist die Verwandlung, die ebenso der Sinnlichkeit wie der Begriffsschemata bedarf: »Nihil est in phantasia, quod non antea fuit in sensu«, heißt es mit Bezug auf den bereits Aristoteles zugeschriebenen Topos in Alexander Baumgartens *Metaphysica*,[11] wie gleichermaßen in Kants *Anthropologie* die Einbildungskraft, mag sie als eine »noch so große Künstlerin, ja Zauberin« erscheinen, als »doch nicht schöpferisch« erkannt wurde, denn sie müsse »den Stoff zu ihren Bildungen von den Sinnen hernehmen«: »Die produktive [Einbildungskraft] […] aber ist dennoch darum nicht vermögend, eine Sinnesvorstellung, die vorher unserem Sinnesvermögen nie gegeben war, hervorzubringen [...].«[12]

Erneut wird so die *phantasia*, die nicht aus Wahrnehmungen

9 Kant [1956], A 120, S. 176a.

10 Kant [1964b], A 115ff, B 150ff. [§ 24], S. 164aff, 168a ff.; sowie [1964a], § 25, 28; A 67, B 68 u. A B 79, S. 466, 475f.

11 Baumgarten [1982], S. 198.

12 Kant [1964a], § 25, A 69, B 70 u. A68 B 69, S. 468 u. 466, ebenso [1964b], § 49, A190f. B193, S. 414. Weitestgehend folgt Hegel diesem Diktum, wenn er zwischen reproduktiver, assoziativer und symbolisierender oder dichterischer Einbildungskraft spricht und letztere als »den sinnlichen Inhalt […] aufnehmend und aus diesem Stoffe sich Vorstellungen bildend bestimmt«. Hegel [1970], § 458, S. 270

schöpft, sondern Phantasmagorien entwirft und somit in die Welt bringt, was vorher nicht in ihr enthalten war, verworfen. Erst Friedrich Schiller, vor allem aber die Romantiker werden die Imagination – korrespondierend zum Geniekult – erneut von der Fessel der Vernunft zu befreien suchen, um in ihr das eigentliche *humanum*, ja sogar eine ‚heilige Kraft' zu erblicken, deren Ursprung jener Rausch ist, den Kant als Mittel zur Erregung von Einbildungen rundweg verurteilte.[13] Entsprechend kehrte Samuel Taylor Coleridge die klassische Hierarchie von Vernunft und Einbildungskraft um und stilisierte die Imagination zu einem ebenso freien wie unbestimmten Akt, auf dem nicht nur alle Schöpfungen von Dichtung und Kunst beruhten, sondern worin sich auch das Subjekt selbst finden und verwirklichen sollte. Die Auffassung hält sich noch bis ins frühe 20. Jahrhundert, besonders in den phänomenologischen Theorien der Phantasie und des Imaginären bei Edmund Husserl und Jean-Paul Sartre, der in ihr ein transzendentales Prinzip erblickten, um noch einmal im Surrealismus André Bretons überhöht und in den Rang einer Heilung der Zeit durch die Kunst und den nunmehr positiv besetzten Wahnsinn gehoben zu werden: »Die Imagination ist vielleicht im Begriff, wieder in ihre alten Rechte einzutreten«, heißt es bekanntlich in dessen *Erstem surrealistischen Manifest*: »Einzig die Imagination zeigt mir, was sein kann, und das genügt, den furchtbaren Bann ein wenig zu lösen; genügt auch, mich ihr ohne Furcht, mich zu täuschen, zu ergeben […].«[14]

3. Das figurative Neue

Im Augenblick ihrer höchsten Wirksamkeit und Anerkennung ist die Stellung der Imagination jedoch durch den *linguistic turn*, wie er von Ludwig Wittgenstein, Martin Heidegger und Fernand de Saussure vorbereitet wurde und seit Mitte des 20. Jahrhunderts virulent geworden ist, rigoros umgestürzt und entwertet worden. Seither regieren die

13 Kant [1964a], § 26, A 70, B 71, S. 468.

14 Breton [1977], S. 15, 12 passim.

Sprache und ihr tropisches Register die Prozesse des Denkens. Die Wende zur Sprachlichkeit geht dabei einer Hinwendung zur Medialität des Bewusstseins und damit auch der Medialität von Kreativität einher. Das Ereignis der Imagination tritt dahinter zurück und wird nunmehr einzig in Beziehung zum Symbolischen und dessen Ordnung gesehen. Entsprechend werden die subjekttheoretischen Bestimmungen des Schöpferischen zugunsten sprachphilosophischer Modelle aufgehoben, die im Sinne klassischer Dichtungstheorien an *Rhetorik* anschließen, deren Zentrum wiederum die *Figuralität* darstellt. Ihre Paradigmen sind vor allem Metapher und Metonymie, die psychoanalytisch ebenso auf die psychischen Primärprozesse der ‚Verdichtung' und ‚Verschiebung' verweisen, wie sie Sigmund Freud in seiner ‚Traumdeutung' zugrunde legte, wie sie gleichzeitig Roman Jakobson, Roland Barthes, Jacques Lacan und Julia Kristeva auf die sprachlichen Primärfunktionen der Syntagmatik und Paradigmatik bezogen haben.[15] Sie bilden das eigentliche *Movens* textueller Erfindung.

Auffallend ist jedoch, dass mit diesem Platzwechsel gleichzeitig auch die Richtung wechselt: Changierte die subjekttheoretische Bestimmung der *imaginatio* zwischen Assoziativität und spontanem Vermögen, die beide der *actio* entsprangen, wird jetzt das Schöpferische *medial* bestimmt, d.h. nicht als ebenso spontane wie unmittelbare Erfindung, sondern als stets vermittelte ‚Transposition' der

15 Bilden nach Freud [1961], VI, A, B; S. 235ff., 255ff., ‚Verschiebung' und ‚Verdichtung' die beiden Grundmerkmale der Traumarbeit, hat diese Jakobson [1979] ihre Ökonomie mit der Similaritäts- und Kontiguitätsrelation der Sprache, der Selektion und Kombination von Zeichen verglichen und sie auf diese Weise an die rhetorischen Übertragungsfunktionen der Metonymie und Metapher angeschlossen – ein Vergleich, der für die gesamte strukturale Semiologie paradigmatisch geworden ist. Ebenfalls stellte sie Lacan [1975], S. 30ff. ins Zentrum der ‚signifikanten Arbeit' des sprachanalog strukturierten Unbewussten: Die Traumarbeit gehört danach der Rhetorik an, wobei Metapher, Metonymie wie auch Katachrese, Synekdoche, Allegorie und andere Tropen sämtlich zu den ‚semantischen Verschiebungen' gehören, während die »syntaktischen Verschiebungen« von jenen Figuren vollzogen werden, welche wiederum Barthes [1988], S. 85ff. insgesamt der ausschmückenden elocutio zurechnete.

Zeichen im Sinne Lacans und Kristevas oder als Spiel von ‚Figuration' und ‚Defiguration' wie bei Paul de Man und Jacques Derrida.[16] ‚Transposition' bzw. ‚Figuration' und ‚Defiguration' gemahnen an Versetzungsprozesse, die sich immer schon auf signifikative Reihen beziehen, in denen sie Permutationen oder Ortwechsel eintragen. Sie konfrontieren zugleich mit einem Übergang oder Stellungswechsel von der *Potentia* zum Medialen oder Vermittelten, wobei das Medium nicht länger die Bildlichkeit der Einbildung, sondern Texturen des Symbolischen und das Spiel der Signifikanten mit ihrer immanenten intertextuellen Verweisungsstruktur betrifft.

Vorbereitet wird die Wende allerdings schon bei Ernst Cassirer, der die Position der Einbildungskraft bei Kant durch die Funktion des Symbolischen ersetzte. Damit ist eine wesentliche Umbruchsstelle markiert, die von der Subjektivität des Bewusstseins zur Struktur semantischer Relationen führt. Sie kulminiert bei Cassirer im Begriff der ‚symbolischen Prägnanz',[17] der das Herzstück der *Philosophie der symbolischen Formen* bildet und als Analogon zu Kants ‚*Synthesis speciosa*' fungiert.[18] Wie diese das Mannigfache der Wahrnehmung zu Figuren bündelt und damit der Erkenntnis Gestalt verleiht,[19] erzeugt die Prägnanz, die Cassirer als Leistung einer kreativen Energie des Geistes versteht, symbolische Formen, die aus ‚Wahrnehmungserlebnissen' ‚anschaulichen Sinn' generieren.[20] Beruhte die Synthesis der Einbildungskraft bei Kant im wesentlichen auf Bildprozessen, versteht demgegenüber Cassirer die Prägnanz als sinngebenden Gestaltungsprozess, der in gewisser Hinsicht die Idee der Figuration schon antizipiert.

Doch ergibt sich durch eine solche Lokalisierung des Imaginären am Ort des Symbolischen das doppelte Problem, dass *einerseits* die Bestim-

16 Vgl. insb. De Man [1988], Derrida [1999], S. 229–290.

17 Vgl. Cassirer [1990], Bd. 3, S. 222–237.

18 Vgl. Kant [1956], B 151f.; S. 165bf. Ausdrücklich konstatiert Cassirer in der Davoser Disputation mit Heidegger, dass seine Arbeit am Symbolischen ihren Ausgang bei Untersuchungen zur Synthesis der Einbildungskraft genommen hat. Teilweise abgedruckt in: Heidegger [1973], Anhang, S. 246-268, hier: S. 248.

19 Vgl. Kant [1964a], § 35, A B 106f., S. 497ff.

20 Cassirer [1990], Bd. 3, S. 235.

mung des Verhältnisses beider unklar wird, insofern sich die subjektive *imaginatio* allein unter Prämissen ihrer Symbolisierung explizieren lässt, umgekehrt diese aber im Sinne einer ‚geistigen Energie' das Symbolische mitkonstituiert. In sämtlichen nachfolgenden Symbol-, Zeichen- oder Sprachphilosophien wird es auf dieses Dilemma keine adäquate Antwort geben. *Andererseits* wird in dem Maße, wie die *creatio* zur *transformatio* gerät, die eigentliche Produktivität der Transformation ausgeblendet, so dass die Prägnanz buchstäblich ohne prägende Kraft bleibt. Postuliert etwa Nelson Goodman, von Cassirer und Susanne Langer her, dass alles »Erschaffen Umschaffen« bedeute,[21] bleibt die Dynamik des Umschaffens tatsächlich ohne dynamisches Prinzip, wie sich besonders anhand der Metapherntheorie Goodmans zeigen lässt, sofern sich dort die Kreativität der Metaphernbildung »überraschender« oder »ungeprobter« Verknüpfungen zwischen konventionellen Etiketten verdankt,[22] deren Verbindung doch ihrerseits wieder der Kreativität bedarf. So wird auch hier das Vokabular nur umbesetzt und statt vom Schöpferischen vom Überraschenden oder noch Ungeprobten gesprochen, deren Herkunft unbestimmt bleibt. Dasselbe gilt im übrigen für die strukturalistischen Praktiken der Figuration: Dominieren im Medium des Textes die symbolischen Strategien der Metonymie, Katachrese [z.B. Derrida] oder Prosopopöie [z.B. De Man u.a.], bleibt unentscheidbar, was die Figuration ihrerseits figuriert. Kreativität kann dann nicht anders als ein ‚Spiel' ununterbrochener ‚Ver-Setzung' oder Vertauschung von Stellen gedacht werden, deren Bewegung entweder in denselben Figuren gründet, die sie bewegen, oder selbst ohne Bewegung bleibt. Notwendig entspringt sie vielmehr einer ebenso indifferenten wie indeterminierten Differenz, doch erscheint dann weder die Differenz in ihrer Beziehung zum Neuen, noch das Neue *als* Neues wirklich benennbar. Es war Derrida, der diese Konsequenz gezogen hat, zu dem Preis jedoch, dass die *creatio* selbst in die Ereignishaftigkeit der *différance* zurückgestellt wurde, die weder Begriff noch Prinzip ist, soweit sie die je konkreten Differenzen allererst

21 Vgl. Goodman [1990], S. 19.

22 Goodman [1995], S. 73ff.

austrägt.[23] Dann gerät schon die Praktik der Differenzierung selber zur *creatio*, wie umgekehrt die Kreativität der *creatio* nirgends beurteilbar wird, weder als Fortschritt oder als Rückschritt noch als Neuheit oder bloße Repetition, weil ihr einzig das Prädikat einer Singularität eignet. Diese wiederum korrespondiert mit jener ursprünglichen Instabilität im Zeichen, die der Formel von der »Iteration als Alteration« entspricht,[24] deren Alternierung jedoch insoweit ohne Plausibilität geschieht, als sie der unbestimmt bleibenden Bewegung der Differenz entspringt. Entsprechend erweist sich die Möglichkeit von Veränderung, die *kein* Geschehen eines sinnlosen Unterscheidens ist und darum *nicht* als Koinzidenz ‚passiert', sondern einem qualitativen Sprung, einer *Neuerung* entspringt, ungeklärt: Der Prozess der Alteration changiert ausschließlich zwischen Ereignishaftigkeit [*différance*] auf der einen und figuraler bzw. ‚defiguraler' Performanz auf der anderen Seite, wobei beiden, Ereignis und Performanz, keine weitere Bestimmung zukommt.

So büßt die Dekonstruktion, indem sie den entscheidenden Punkt der *Herkunft* oder *Möglichkeit des Neuen* als einen *anderen Anfang* ausklammert, die Antwort auf die Frage nach der Kreativität wieder ein. Soweit diese allein als ‚Differenz' markiert wird, bleibt das ‚Differierende der Differenz' offen und damit auch das Kriterium für die Generierung von ‚Unterschieden, die Unterschiede machen'. Davon handelt gleichermaßen auch der Verlegenheitsbegriff der ‚Emergenz', dem sprunghaften Auftauchen von ‚Neuem' oder ‚Anderen' aus kausal nicht herleitbaren Eigenschaften eines Systems oder einer Systemmenge – eine Schwierigkeit, die gleichfalls die Systemtheorie Niklas Luhmanns betrifft. Soweit diese sich vorrangig an die Differenzenlogik George Spencer-Browns orientiert, vermag sie die Konstruktion von Neuem einzig nach dem Muster von Ausdifferenzierung und ‚Reentry' zu formalisieren. Doch ermangelt ihr auf diese Weise die Lokalisierung der Differenzierung und des ‚Reentry', so dass ihr die Performativität des Aktes der Unterscheidung fehlt, weil nicht klar ist, wo dieser ansetzt und welche Unterscheidungshandlung

23 Derrida [1999], S. 31–56, hier: S. 36ff.

24 Derrida [1999], S. 325–351, hier: S. 333.

jeweils wirksam wird. Der Formalismus von *Anschluss* und *Differenzierung* erklärt darum nichts: Ausschließlich folgt er dem Muster einer schematischen Fortschreibung von Komplexität, die weder die Orte von *Anschluss* und *Differenzierung* noch deren Effekte verständlich zu machen erlauben.

Es ist offenkundig, dass hier überall das Problem in der einseitigen Privilegierung des Diskursiven gründet: Weil Semiotik und Hermeneutik gleichwie Strukturalismus oder Systemtheorie *allein* von Signifikanz und Unterscheidung ausgehen, die unbestreitbar in die Figuren kultureller Produktion eingehen, vervielfältigen sie das Paradox der Kreativität, indem sie an deren Stelle das Prinzip einer Differenzierung setzen, die lediglich um der Differenz willen geschieht. An die Stelle des Schöpferischen rückt dann überhaupt das Mediale, das das Schöpferische selbst nicht mehr sichtbar macht, sondern gleichsam als *black box* zurücknimmt und verbirgt.

4. Kreativität und Alterität

Das Resultat der Überlegungen führt so zunächst zu einer negativen Zwischenbilanz: Soweit die Theorien der Imagination und der Figuralität einer Modellierung von Kreativität dienen, bleiben sie in systematischer Hinsicht unzureichend. Sie münden sämtlich in eine *petitio principii*, die supponiert, was sie zu begründen trachtet. Der Augenblick der Kreativität und ihr Grund werden lediglich auf einen anderen Ort verwiesen und damit im Kern verfehlt. Wird entsprechend spätestens seit dem 18. Jahrhundert die *creatio* der *imaginatio* zugeschlagen und damit subjektiviert, wird gleichzeitig in den zeitgenössischen Ästhetiken der Begriff der künstlerischen Originalität an Akte genuiner Spontaneität gekoppelt. Dabei erklärt die imaginative Originalität die Kreativität nicht, vielmehr bedarf sie selbst noch der Kreativität, um inventiv zu sein. Die ‚Spontaneität' der *inventio* setzt somit die *creatio* voraus, wie diese andererseits der *inventio* entspringt. Beide bedingen einander und schließen sich zu einem einträchtigen Zirkel.

Dagegen streicht der figurale Ansatz, der Prozesse der Kreativität an rhetorische Figuren oder die ‚Transposition' der Zeichen innerhalb einer symbolischen Ordnung knüpft, jeden theologisch begründeten Anspruch auf eine *creatio ex nihilo* aus, doch bleibt dann offen, *was* [oder *wer*] die Umbesetzungen innerhalb der strukturalen Matrix vornimmt. Entweder gibt es nichts Neues, insofern dieses immer nur auf der Umschreibung oder Umbesetzung eines Alten fußt, oder aber die Kreativität der Umschreibung und Versetzung bleibt ohne jede Basis. Werden sie als Emergenzen oder Mutationen gedacht, sind sie von Zufällen nicht trennen, wie überhaupt auffällt, dass in technischen und mathematischen Prozessen dort, wo es um die Modellierung des Schöpferischen geht, einzig Randomisierungen treten.[25] Ähnliches gilt für das Ereignis der *différance*, das die Singularität der *creatio* an Schrift und Differenz bindet und aus einem fortwährenden ‚Spiel' von ‚Iteration' und ‚Alteration' hervorgehen lässt. Die Schwierigkeit verdichtet sich noch in Judith Butlers Theorien der Performativität und des ‚Queering', die einerseits ohne explizite Akteure auszukommen sucht, andererseits aber von neuem Figuren der Souveränität und Verfügung, die die Performanz vollziehen und das Queering explizit machen, in Anschlag bringen muss.[26]

Offenbar sperren sich die Begriffe der Kreativität und der Erfindung des Neuen einer angemessenen Analyse; stets erweisen sie sich ausschließlich unter Bedingungen einer nachträglichen Theoretisierung thematisierbar. Ständig bleibt vielmehr eine Kluft, ein wesentlicher ‚Riss' oder eine *Differenz*, die durch nichts gedeckt werden kann und sich keiner adäquaten begrifflichen Definition fügt. Darum war Derridas Intervention nur konsequent, mündete jedoch in Bezug auf das Moment von Kreativität in einem *negativen* Bescheid. Drei Schlüsse lassen sich daraus ziehen: *Erstens* kann von Kreativität bzw. Neuheit nur gesprochen werden, wenn ein *unaufhebbarer ‚Unter-Schied'* markiert ist, der nicht wiederum umstandslos auf Strategien der Symbolisierung oder auf Inszenierungseffekte und Konstruktionen

25 Mersch [2005a].

26 Vgl. Mersch [2004b].

zurückgeführt werden kann. *Zweitens* zwingt der Umstand zu einer Umkehrung der Perspektive. Nicht nur fügt sich kulturelle Kreativität – weder im Feld subjektiver Vermögen und deren Spontaneität noch im Feld der Zeichen, ihrer Ordnung und deren Bedeutungen – keiner überzeugenden Modellierung oder Begründung, vielmehr bildet sie eine *nichtdiskursive bzw. nichtkonstruktive Grundlage kultureller Praxis*, die sowohl den subjektiven Kognitionen als auch den Zeichenprozessen logisch vorausgehen. Die *creatio* beschreibt dann weder ein Vermögen des Menschen noch der Struktur des Symbolischen, sondern ist *Effekt der Diskontinuität kultureller Prozesse* selber, soweit diese stets eine Fragilität und einen unabgegoltenen Rest einbehalten. Zugleich erweist sie sich an Reflexivität gebunden. Darin liegt die entscheidende Folgerung der Überlegungen: Keineswegs beruht Kreativität auf der regellosen oder irrationalen Seite des Subjekts noch auf dem selbst grundlosen Spiel der Zeichen, vielmehr zeigt sie sich unmittelbar mit der Arbeit der Reflexion verflochten.

Verlangt ist daher ein kritischer Neuansatz. Auf seine Spur führt die Paradoxie oder Lücke in der Begründung selbst. Sie ist nicht nur Zeichen eines immanenten Widerspruchs, sondern einer prinzipiellen Unabschließbarkeit, die das Denken in Bewegung hält und in es die Momente der Zeitlichkeit und des Sprungs einträgt. Indem die anhand von Imagination und Figuralität aufgewiesenen Aporien außerdem ein reflexives Potential bergen, das für das Problem von Kreativität fruchtbar gemacht werden kann, avancieren *drittens* Bruch oder Fraktur des Paradoxen zum eigentlichen *Movens kultureller Produktivität. Sie avancieren insbesondere deswegen zu einem Movens, als sie im Augenblick der Kontradiktion an das Ereignis von Alterität rühren.* Tatsächlich enthüllen sich auf diese Weise drei eng ineinander verflochtene Merkmale als konstitutiv für das Phänomen von Kreativität, ohne damit den Anspruch zu erheben, es erschöpfend erklären zu wollen: *Differenz*, *Reflexivität* und *Alterität.* Alle drei gehören zusammen. Ihre Brücke bildet das Paradox, soweit Paradoxien auf Inkonsistenzen und Systemlücken verweisen, gewissermaßen auf ungedeckte Stellen, die sich der Schließung verweigern; gleichzeitig beruht ihre Konstruktion auf dem Prinzip der Selbstreflexion und

Selbstreferenz, sodass sich die genannte *Erfahrung von Differenz* mit *Reflexivität* koppelt. Beide erweisen sich insofern als maßgebend für den kreativen Akt, als dessen schöpferische Leistung nicht in Intentionen oder Emergenzen gründen, sondern jenen Grenzen und Klüften entstammen, die reflexiv übersprungen werden müssen.

Dieser Bezug bedingt die entscheidende Umwendung der Perspektive. Führt nämlich offenbar der Zirkel der Begründung zu einer Wiederauszeichnung der klassischen Lehre von der Inspiration als Empfängnis einer ‚Andersheit',[27] weil sich das Imaginäre sowenig wie das Figurale als selbstproduzierendes Prinzip ausweisen lässt, sondern stets eines Anstoßes von Außen bedarf, wäre gleichzeitig der Begriff der ‚Inspiration' noch von seinem schwer zu tilgenden Anruch des Theologischen zu befreien und vom Anderen der Systeme oder symbolischen Ordnungen her auszubuchstabieren. Denn während die Inspiration im klassischen Sinne nur entgegennimmt, was anderswo gegeben wird, und damit von einer ‚Gabe' im Sinne einer absoluten Alteritätserfahrung zeugt, evozieren stattdessen Paradoxien Unlösbarkeiten oder Unvereinbarkeiten, woraus die Möglichkeit eines Anderen erst hervorgeht. Andersheit wäre dann nicht ‚Andersheit schlechthin', sondern ein je schon relatives Anderes – Andersheit in Bezug auf ein Symbolisches, eine Handlung oder einen Diskurs, welche dort auftaucht, wo diese nicht in sich selbst aufgehen. Alterität hat dann die Kontur eines ‚Anders als', das auf die Bedingungen des Kontextes bezogen bleibt. Treffend hatte deswegen Josef Beuys vermerkt, dass das »Paradoxon [...] die phantastische Eigenschaft [hat], etwas aufzulösen und es in einen Nicht-Zustand zu versetzen. Aus dem Nichts heraus ergibt sich dann ein neuer Impuls, der einen neuen Beginn setzt.«[28]

Der entscheidende Punkt ist folglich, dass das, was die Paradoxie an Neuem oder Anderem ermöglicht, nicht im selben Schema formulierbar ist; sie führt vielmehr an den Rand eines Systems und dessen Strukturen und Praktiken, und zwar so, dass im Repertoire desselben Systems oder der selben Strukturen und Praktiken ‚Rätsel' entstehen,

27 Iser [1993], S. 377ff.
28 Beuys [1994], S. 144.

deren Lösung ein ‚Denken des Anderen' erfordern, welches nur dort ‚gegeben' werden kann, wo diese versagen. Indem derart Paradoxa im Innern nicht nur begrifflicher, sondern auch medialer und praktischer Schemata Widersprüche inszenieren, die nach keiner Seite hin befriedet werden können, öffnen sie den Blick und setzen ihn auf Anderes hin frei, das nirgends ‚anders' denn als *ereignishaft* und *in Differenz zu ihnen* beschrieben werden kann. Paradoxa lassen sich deshalb als *eine* Bedingung der Möglichkeit von ‚Alterität' im Sinne einer ‚Ereignung von Andersheit' entziffern, ohne damit bereits einen Ort oder eine Stellung präjudiziert zu haben. Indem sie Unauslotbares oder Dissonantes, Störungen oder Sichentziehendes und Nichteinordnenbares erzeugen, vollbringen sie im selben Maße Abschlüsse oder Enden, wie sie gleichsam andere Räume oder Fluchtpunkte enthüllen, die sich einer positiven Besetzung zwar verweigern, auf die sich gleichwohl aber indirekt *hindeuten* lässt.[29] Paradoxien haben diesen Hinweischarakter. Ihre Produktivität ist ihr *Zeigen.* Indem sie darin eine Schwebe zwischen dem Positiven und dem Negativen halten, prädestinieren sie zugleich dafür, eine Quelle oder Ortschaft des Kreativen zu werden, ohne freilich die Kreativität des Schöpferischen schon hinreichend bestimmt zu haben.

5. Paradigma Kunst

Das bedeutet insonderheit, den Begriff des Paradoxen in einem sehr weiten Sinne zu fassen und in der eigentlichen Bedeutung von *para doxa*, der Überspringung oder Sprengung des Meinbaren oder Darstellbaren aufzufassen. Er beinhaltet dann nicht nur im engeren Sinne logische Antinomien oder Unentscheidbarkeiten – die allerdings die gleichen Eigenschaften besitzen, wie die Geschichte der Mathematik bezeugt –, sondern er enthält gleichermaßen mediale Zerwürfnisse und Frakturen wie konträre Konstellationen oder sich widersprechende Formate. Ebenso gehören Chiasmen und Unbestimmbarkeiten

29 Vgl. auch Mersch [2004a].

dazu, worin Form und Inhalt, Medialität und Materialität gleichermaßen wie Szenen, Körper, Bilder und Texte sich kreuzen oder wechselseitig ausschließen, sodass jener ‚Nichtzustand‘ entstehen kann, den Beuys als Moment der Produktivität auszeichnete. Paradoxien gleichen somit blinden Flecken oder Faltungen in den signifikativen oder medialen Ordnungen kultureller Praxis, worin immer wieder neue und andere ‚Findungen‘ einsickern können. Dafür bieten sich insbesondere künstlerische Prozesse als Modelle und Wünschelruten an.[30] Indem sie die Potenziale bestehender Systeme systematisch zu erschöpfen suchen oder sie an ihre Grenzen treiben und – buchstäblich – überziehen, zielen sie gleichzeitig auf eine Blickumlenkung oder eine Inversion von Aufmerksamkeiten, auf jene ‚Sicht von der Seite‘, die einen Perspektivwechsel vom Sinn zur Materialität vollzieht oder die Erprobung eines ‚anderen Denkens‘ wagt.

Beispiele dafür sind vor allem in der klassischen Moderne Legion: Die bekanntesten Beispiele sind vielleicht Kasimir Malewitschs *Schwarzes Quadrat auf weißem Grund* [1915] wie ebenso Robert Rauschenbergs *Ausradierte De-Kooning-Zeichnung* [1951], René Magrittes *Ceci n'est pas une pipe* [1928], oder Jasper Johns *Flag* [1955-58] und Andy Warhols *Brillo Boxes* [1970]. Sie löschen die Figur oder lassen die Spuren der Löschung selbst hervortreten; sie spielen mit der Heteronomie von Text und Bild oder der Indifferenz zwischen Kunst, Schema und Ware. Sie bilden damit Paradigmen jener künstlerischen Strategien, die eine ästhetische Reflexion dadurch hervorrufen, dass sie buchstäblich »mediale Paradoxa« erzeugen,[31] die auf das gehen, was die verwendeten Medien jeweils verbergen. So lässt sich Malewitschs *Schwarzes Quadrat* als ein ‚Nichtbild‘ deuten, das unentschieden lässt, ob es sich – wie der Titel sagt – um ein schwarzes Quadrat auf weißem Grund oder um einen weißen Rahmen auf schwarzem Grund handelt. Dem Negativ einer Fotografie vergleichbar, das Schwärze zeigt, wo Weiße entwickelt wird und Weiße zeigt, wo Schwärze entsteht, bildet es gleichsam einen ‚Nullpunkt‘

30 Vgl. Mersch [2004c], ders. [2005b].
31 Vgl. Mersch [2006], ders., [2007].

der Malerei, der zugleich den Anfangspunkt einer neuen Ästhetik setzt. Rauschenberg wiederum rührt an die Paradoxie der Unmöglichkeit einer vollständigen Negation im Bild, weil noch die Spurenverwischung jene Rückstände einbehält, die bei der Verwischung entstehen. Durch die Vernichtung des Mediatisierten hindurch bestätigt er auf diese Weise die Bildlichkeit des Bildes und zwingt damit zur deren Selbstbeobachtung. Mit seinem berühmten Pfeifenbild operiert Magritte darüber hinaus an der Grenze zweier konkurrierenden Darstellungsmedien, um, gestützt auf Methoden emblematischer Werbung und Plakatmalerei bekannte Codes derart zu verwirren, dass zwischen Bildaussage und Textaussage eine Unstimmigkeit entsteht, die im Unklaren hält, wem zu glauben ist oder nicht: der Evidenz des Bildes oder der Wahrheit des Satzes.[32] Nicht entscheidend ist dabei, dass es sich selbstverständlich um keine Pfeife, sondern um deren Bild handelt – insofern ist der Satz wahr –, vielmehr entsteht die Vexierung nur, wenn das Pfeifen-Bild als Bild einer Pfeife erkannt wird und den Satz konterkariert. Der entscheidende Punkt ist dann, dass auf diese Weise die klassische und über Jahrhunderte unangefochtene Text-Bild-Hierarchie aus den Fugen gerät. Man könnte von einer chiastischen Verwerfung sprechen, worin beide, Text und Bild, sich auf eine Weise kreuzen, dass keines den Vorrang vor dem anderen erlaubt. Ähnliches gilt für Jasper Johns *Flag* [1955-58], dass die Paradoxie auf das Terrain des Performativen verschiebt. Denn als Bild einer Flagge handelt es sich nicht um eine Flagge, vor der sich in nationalistischer Absicht salutieren ließe, sondern um eine Malerei, die gleichzeitig keine Malerei ist, weil sie sich eines patriotischen Symbols bedient, das es karikiert. Wir bekommen es folglich mit einem politischen Akt, einer Intervention zu tun, die die Kunst auf ihren Kontext, der nirgends vom Politischen getrennt werden kann, zurückführt. Schließlich vollzieht Warhol einen durchgängigen Medienwechsel, indem er durch Materialshift und den singulären Akt der Malerei ein Serienprodukt der Warenproduktion in ein Kunstobjekt verwandelt und damit nicht nur dieses nobilitiert, sondern die

32 Mersch [2002].

Kunst gleichzeitig depraviert. Nicht nur behaupten die *Brillo Boxes* eine Indifferenz zwischen serialisierter und gemalter Oberfläche, sondern sie verweisen überhaupt darauf, dass, wie Arthur Danto zu Recht betont hat, die Differenz zwischen Kunst und Nichtkunst nicht länger am Wahrnehmbaren haftet, sondern einem Denken gehorcht, dass sich an deren ästhetischer Unentscheidbarkeit entzündet.[33]

Die Reihe der Beispiele ließe sich endlos weiterführen, doch ist entscheidend, dass jedes dieser Modelle eine andere Öffnung induziert, die die Frage der Kunst und ihrer Medien neu stellt und auf diese Weise verschiebt. Der Akt der Verschiebung induziert eine Bewegung, die zugleich einen kreativen Prozess voraussetzt. Nicht die ästhetischen Manifestationen als solche erscheinen relevant, sondern ihre Paradigmen einer aporetischen Konstellationen, die nicht nur ein anderes Licht auf die künstlerische Praxis werfen, sondern Sprungstellungen bieten, die einen anderen Anfang des Ästhetischen setzen. Ähnliche Friktionen entstehen entlang von Bruchstellen der Undarstellbarkeit, wo das Bildliche versagt oder die Sprache über die Strukturen des Sprechens keine Auskunft mehr zu geben vermag, dort, wo Sagen und Zeigen einander durchkreuzen oder wo Unübersetzbarkeiten und Rhythmusstörungen auftauchen, die anderer Mediatisierungsstrategien bedürfen, wie auch bei Hybridbildungen, die sich keiner angemessenen Kategorie fügen. Solche Verfahren, die im Unterschied zu logischen Aporien mit ‚medialen Paradoxa' arbeiten, überschreiten den Rahmen diskursiver Praktiken im Sinne *intermedialer Prozesse*, die *Reflexivität mit Kreativität* koppeln. Nicht nur gehören Reflexionen zu ihren Voraussetzungen, insofern die Konstruktion von Paradoxa auf selbstreferentiellen Manövern rekurrieren, sondern ebenfalls zu ihren Konsequenzen, soweit die Barrieren, die sie kenntlich machen, gesprengt und überwunden werden müssen. Paradoxe Strukturen verweisen deshalb nicht nur auf Ausschlüsse wie die Grenzen formaler Logik durch den *Pseudomenos* oder die Grenzen figuraler Darstellungen durch die ikonische Figur-Hintergrund-Vexierung, vielmehr erschließen sie unbestimmte Zwischen-

33 Danto [1996], S. 18ff.

zonen, die eigens erst entdeckt und beschritten werden müssen, indem sie die Differenzen zwischen Medien und ihren signifikativen Ordnungen ein Stück weit öffnen und weiter aufklaffen lassen. Sie bilden dann gleichsam die Vorbedingungen zu kreativer ,Ver-Anderung'. Entsprechend formulieren Paradoxien weniger Verbote oder ziehen Demarkationslinien – das hieße, sie normativ auszulegen –, sondern sie implizieren vor allem *Ereignisse einer Alteration*.

Kreativität erweist sich damit als ein nicht feststellbarer Begriff. Dessen Modellierung führt auf die Erfahrung von Differenz, die einen Bruch oder eine Spaltung festhält, die in keiner bestimmten Richtung auflösbar scheint, jedoch einen ,Sprung' initiiert, aus dem Neues und Anderes unvorhersehbar entstehen kann. *Eine* solche Differenzsetzung bildet das Paradox. Es bezeichnet keine Figur der Schließung, des Abbruchs, sondern der Öffnung, der Passage und Übergänglichkeit. Ebenso sehr setzt es Reflexivität voraus, wie es diese perpetuiert und dort in Bewegung versetzt, wo noch Bewegung fehlt. Am Rande des Sagbaren oder Darstellbaren erzeugt es damit Unentscheidbarkeitsmomente, an denen Nichtbestimmtes oder Unvorhersehbares einbricht. Als Orte nichtantizipierbarer ,Ereignisse' lassen sich Paradoxa deshalb als Boten von Alternativen verstehen, woran der kreative Impuls sich entzünden kann. Das bedeutet nicht, dass sie notwendig Kreativität auslösen, sondern lediglich ihre Ermöglichung gestatten. Medien und mediale Strategien nehmen darin eine Schlüsselposition ein – und zwar nicht dadurch, dass sie als Agenten neuer Vorstellungen oder Wahrnehmungen fungieren und dazu Techniken oder Praktiken einer Inszenierung des Unerhörten oder Niedagewesenen aufbieten, sondern weit eher dadurch, dass sie die Möglichkeit des Andersseins dort preisgeben, wo es zu Störungen, Ambiguitäten oder Unterbrechungen kommt, wo Lücken entstehen und sich im Übergang von einem Medium zu anderen Interferenzen bilden oder sich Risse, Ausfälle und Unschärfen zeigen. Deswegen war von ,medialen Paradoxa' die Rede, worin gleichfalls ein konträres oder unauslotbares Spiel der Grundmedien ,Schrift', ,Bild', ,Ton' und ,Zahl'[34] wie auch die von

34 Vgl. Mersch [2003].

ihnen abgeleiteten Verfahren der Narration, der Installation oder Performanz eingeht. Sie bilden das bevorzugte Terrain der experimentellen Verfahren der Künste, aber nicht nur dieser. Indem sie jedoch sämtlich mit Alterität assoziiert sind, lässt sich auf neue Weise die alte Einsicht reformulieren, dass das Ereignis von Kreativität im Moment einer Nichtintentionalität oder Unbeherrschbarkeit geschieht.

Literatur:

Barthes, Roland [1988]: ‚Die alte Rhetorik', in: ders.: ‚Das semiologische Abenteuer', Frankfurt am Main 1988, S. 15–101

Baumgarten, Alexander [1982]: ‚Metaphysica', Auswahl, Hamburg 1982

Beuys, Josef et al. [1994], ‚Ein Gespräch', 4. Aufl., Zürich 1994

Breton, André [1977]: ‚Die Manifeste des Surrealismus', Reinbek bei Hamburg 1977

Cassirer, Ernst [1990]: ‚Philosophie der symbolischen Formen', 3 Bde, Bd. 3, 9. Aufl., Darmstadt 1990

Costa, Lima Luiz [1990]: ‚Die Kontrolle des Imaginären. Vernunft und Imagination in der Moderne', Frankfurt am Main 1990

Danto, Arthur [1996]: ‚Kunst nach dem Ende der Kunst', München 1996

De Man, Paul [1988]: ‚Allegorien des Lesens', Frankfurt am Main 1988

Derrida Jacques [1999]: ‚Randgänge der Philosophie', 2. überarb. Aufl., Wien 1999

Freud, Sigmund [1961]: ‚Die Traumdeutung', Frankfurt am Main 1961

Goodman, Nelson [1990]: ‚Weisen der Welterzeugung', Frankfurt am Main 1990

Goodman, Nelson [1995]: ‚Sprachen der Kunst', Frankfurt am Main 1995

Hegel, Georg Friedrich Wilhelm [1970]: ‚Enzyklopädie der philosophischen Wissenschaften III', in: Werke in 20 Bänden, Bd. 10, Frankfurt am Main 1970

Heidegger, Martin [1973]: ‚Kant und das Problem der Metaphysik', Frankfurt am Main 4. Aufl. 1973

Heidegger, Martin [1978]: ‚Identität und Differenz', Pfullingen 6. Aufl. 1978

Iser, Wolfgang [1993]: ‚Das Fiktive und das Imaginäre, Frankfurt am Main 1993

Jakobson, Roman [1979]: ‚Zwei Seiten der Sprache und zwei Typen aphasischer Störungen, in: ders., ‚Aufsätze zur Linguistik und Poetik', Frankfurt am Main / Berlin / Wien 1979, S. 117–141

Kant, Immanuel [1956]: ‚Kritik der reinen Vernunft', Hamburg 1956

Kant, Immanuel [1964a]: ‚Anthropologie in pragmatischer Hinsicht', Werke in 12 Bänden, Bd. 12, Frankfurt am Main 1964

Kant, Immanuel [1964b]: ‚Kritik der Urteilskraft', Werke in 12 Bänden, Bd. 9, 10, Frankfurt am Main 1964

Lacan, Jacques [1975]: ‚Das Drängen des Buchstabens im Unbewußten oder die Vernunft seit Freud', in: ders., Schriften II, Olten 1975, S. 17–55.

Mersch, Dieter [2002]: ‚Ereignis und Aura. Untersuchungen zu einer Ästhetik des Performativen', Frankfurt am Main 2002

Mersch, Dieter [2003]: ‚Wort, Bild, Ton, Zahl. Modalitäten medialen Darstellens', in ders. [Hg.]: ‚Die Medien der Künste'. München 2003, S. 9–49

Mersch, Dieter [2004a]: ‚Das Paradox als Katachrese', in: Ulrich Arnswald, Jens Kertscher, Matthias Kroß [Hg.]: ‚Wittgenstein und die Metapher', Berlin 2004, S. 81–114

Mersch, Dieter [2004b]: ‚Kunst und Sprache', in: ‚Ästhetik Erfahrung. Interventionen', hg. von Jörg Huber, Zürich 2004, S. 41–60

Mersch, Dieter [2004c]: ‚Medialität und Undarstellbarkeit. Einleitung in eine ›negative‹ Medientheorie', in: Sybille Krämer [Hg.], ‚Performativität und Medialität', München 2004, S. 75–96

Mersch, Dieter [2005a]: ‚Kunstmaschinen. Zur Mechanisierung von Kreativität', in: Gerhard Gamm, Andreas Hetzel [Hg.]: ‚Unbestimmbarkeitssignaturen der Technik', Bielefeld 2005, S. 149–168

Mersch, Dieter [2005b]: ‚Negative Medialität. Derridas Différance und Heideggers Weg zur Sprache', in: ‚Journal Phänomenologie', Jacques Derrida, Heft 23, 2005, S. 14–22

Mersch, Dieter [2005c]: ‚Gibt es Verstehen?' In: Juerg Albrecht, Jörg

Huber et. al [Hg.]: ‚Kultur Nicht Verstehen', Zürich 2005, S. 109–126

Mersch, Dieter [2006]: ‚Medial Paradoxes. On Methods of Artistic Production'. In: Claus-Steffen Mahnkopf [Hg.]: ‚Critical Composition today', Hofheim 2006, S. 62–74

Mersch, Dieter [2007]: ‚Paradoxien, Brüche, Chiasmen', in: Dieter Mersch, Michaela Ott [Hg]: ‚Kunst und Wissenschaft', München 2007, S. 91–101

III.

Die Geschichtlichkeit des Neuen

Peter Bexte

Schiffe, Schleier, Bärenklumpen. Schwierigkeiten mit dem Neuen in der Frühen Neuzeit

»Vnd geschicht nichts newes vnter der Sonnen.« (Pr 1,9)
»Vnd ich sahe einen newen Himel / vnd eine newe Erde.« (Off 21,1)

Einleitung

1. Columbus: *nuebo marinero*?

2. Francis Bacon: Schiffe
2.1 Bildbetrachtung, erster Anlauf
2.2 Bildbetrachtung, zweiter Anlauf

3. Francis Bacon: Bärenklumpen

Einleitung

Es ist ein bezeichnendes Charakteristikum der frühen Neuzeit, dass sie schon Reflexionen auf das Attribut zeigt, welches man ihr später zuschrieb: neu zu sein. Die Antike hatte sich nicht als antik empfunden, das Mittelalter sich nicht selbst als mittelalt beschrieben, die Neuzeit aber hob mit Reflexionen auf das Stichwort *neu* an. Seltsam doppelbödig tritt es bei Christopher Columbus, Francis Bacon oder Philipp Harsdörffer auf (um nur diese drei zu nennen). Monstertraditionen stecken noch darin, nach denen Afrika der Quell monströser Novitäten sei. Verheißung und Bedrohung, Vollendung und Anfang mischen sich auf seltsame Weise in dem Wort, das erst langsam seinen Bezug von der älteren Afrika-Emblematik zum Bild Amerikas verschob.[1] Im Einklang mit dieser Verschiebung wanderte das Wort aus externen Zuschreibungen hinüber in die Selbstbeschreibung. Und sobald sich dieser Modus bündig schließt, beginnt die eigentliche Zeit der ewigen Wiederkehr des Neuen – die Neuzeit.

Jede Selbstbeschreibung steht im Modus der Nachträglichkeit und kommt daher immer schon zu spät. Auch die Beschreibung seiner selbst als *neu* unterliegt dieser systematischen Verspätung, die das Neue dann erst postulieren kann, wenn es nicht mehr neu ist, näm-

1 Das Diktum »Africa bringt allwegen etwas news« geht auf Plinius zurück. Es findet sich z.B. bei Sebastian Munster: »Plinius der groß Natürlich Meister schreibt / dass der groß mangel des Wassers in Africa ein Ursach sey der seltsamen Gestalten der Thieren. Dann wann also mancherley Thier zusammen kommen zu einem Wasser / wird manchs aus geilheit des andern genötiget das seines Geschlechts nicht ist / empfahet und gebiert ein Monstrum: das ist / ein Geburt die auß der Ordnung der Natur nicht kompt. Darumb bey den Griechen ein Sprichwort erwachsen ist: Africa bringt allwegen etwas news.« (Munster [1588], S. 1413) – Diese Zuschreibung blieb in der Tradition der Erdteilsbilder bis zu Tiepolo erhalten: Die Africa erscheint mit einem Füllhorn, aus welchem Neues quillt (vgl. Ripa [1603], S. 335f.; Harsdörffer [1653], S. 6; Köllmann/Wirth [1967]). – Zum Zusammenhang vgl. Bexte [2006]

lich im Rückblick. Damit ist eine prinzipielle Spannung alt / neu im Diskurs um das Neue angesprochen, deren Modus allerdings noch ungeklärt ist. Die vorschnelle Behauptung, es handele sich hier um eine Paradoxie, wäre jedoch zweifelhaft. Denn sie würde die unexplizierte Voraussetzung machen, dass Neu und Alt als antagonistische Gegensätze aufzufassen seien. Nichts hat der frühen Neuzeit ferner gelegen als diese Vermutung. Ihre Rede vom Neuen ist daher anders formiert, als man vielleicht erwarten würde. Dabei werden sich zwei Modelle zeigen: ein exegetisches, ein genealogisches. Das eine ist christlich vorgeprägt, das andere heidnisch antik; beide überlagern sich zur Doppeldeutigkeit. Die folgenden Abschnitte sind Exkurse in diese Regionen, aphoristisch genug, und wenig mehr als Randglossen zur heterogenen Typologie des Neuen in der Frühen Neuzeit.

1.

Columbus: *nuebo marinero?*

Christopher Columbus hat den Ausdruck *nuebo marinero* (= neuer Seefahrer) seltsam zurückhaltend erprobt. Das Wort erscheint in einer handschriftlichen Notiz des Seefahrers aus dem Jahre 1501, mithin acht Jahre nach der Wiederkehr von seiner ersten Fahrt über den Atlantik. Es tritt gemeinsam mit dem Terminus *nuebo mondo* (= Neue Welt) in Erscheinung, und zwar unter der Gestalt eines weit zurückgreifenden Zitates aus Senecas Drama *Medea*. Die römische Fassung des griechischen Stoffes enthielt in den Versen 374 ff. die Weissagung künftiger Seefahrt weit über die Kreise der Argonauten hinaus. Columbus hat die Stelle für sein 1501 begonnenes Werk *Las Profecías* exzerpiert und übersetzt: » (...) nuebo marinero como aquel que fue guya de Jason, que obe nombre tiphi, descobrirar nuebo mondo« (= neuer Seefahrer wie jener, der Führer des Jason war, mit Namen Tiphys, wird eine neue Welt entdecken).[2] Formal ist an dieser Notiz der

2 Harlfinger [1992], S. 78.

Zeitpunkt bedeutsam. Bis dato hatte Columbus die Ansicht gehegt, einen westlichen Weg nach Indien gefunden zu haben, darum hatte er den Ausdruck *Neue Welt* vermieden. Erst Amerigo Vespucci sollte 1505 mit seiner Schrift *Mundus Novus* diesen Terminus in ganz Europa zur Berühmtheit bringen.[3] Das Seneca-Exzerpt des Christopher Columbus zeigt jedoch, dass dieser um 1501 zumindest mit dem Gedanken gespielt haben muss, nicht in Indien gewesen zu sein, sondern etwas Unbekanntes gefunden zu haben – wie von Seneca verheißen.

Das Neue wurde hier dem Seefahrer sowie dem (vermeintlich) westlichen Indien unter Rückgriff auf die Antike zugedacht. Der Einsatz des Zitates demonstriert ein Bewusstsein von Nachträglichkeit, das keinen Gegensatz zum Anspruch eines Neuen darin sieht. Nach dieser Auffassung wäre der *nuebo marinero* namens Christopher Columbus keineswegs der Widerspruch zum alten Steuermann der Argonauten, sondern dessen Wiederkehr: Alt und Neu sind keine Kontrahenten, sondern bilden ein Duo aus Prophezeiung und Erfüllung. Nur unter diesen Voraussetzungen hat Columbus sich an das Wort vom Neuen herangetastet. Das Seneca-Zitat lieferte ihm nicht nur das Stichwort, sondern mehr noch: die Beglaubigung der Möglichkeit. Dass dies tatsächlich einer Realität entsprach, hat jedoch erst Amerigo Vespucci postuliert. Damit ist eine Zäsur gesetzt: Nach Vespuccis Publikation von 1505 hat jede Verknüpfung der Seneca-Stelle mit der Gestalt des Columbus einen polemischen Unterton gegen den Rivalen, dessen Namen man der Neuen Welt einschrieb: *Amerigo / America*.

Hernando Columbus, der Sohn des Seefahrers, scheint in dieser Weise gedacht zu haben. Eine Randnotiz von seiner Hand in einer Seneca-Ausgabe des Jahres 1510 besagt, dass die Prophezeiung Senecas durch die Ozeanüberquerung seines Vaters (und nicht etwa

3 Amerigo Vespucci, 1505: »Diese neuen Gegenden, nach denen ich gesucht und die ich entdeckt habe, können eine neue Welt genannt werden, denn unsere Vorfahren wußten von ihnen nichts.« Cit. Harwood [2007], S. 67. – Solcher Begründung von Neuheit in Unwissenheit hat Georg Philipp Harsdörffer noch 150 Jahre später widersprochen: Auch wenn Europäer vorher nichts davon gewusst hätten, wäre Amerika doch schon auf der Welt gewesen und also nichts Neues; vgl. Harsdörffer [1653].

durch Amerigo Vespucci!) erfüllt worden sei: »Hac prophetia expleta est per patre meum Cristoforu Colo almirate anno 1492«.[4] Der ideologische Charakter dieser rückwirkenden Sinnstiftung tritt deutlich hervor. Sie erprobt keine Möglichkeiten mehr, sondern sucht einen Bruch zu tilgen und bedient sich dazu eines gewissen exegetischen Modells.

Hernando Columbus hat die antike Tragödie als ein prophetisches Buch (*hac prophetia*) und also nach Maßgabe der Bibelexegese gelesen. Die christliche Auslegung der Bibel hatte Altes Testament und Neues Testament im Modus von Präfiguration und Postfiguration aufeinander zu beziehen gesucht. Weil in Christus die Schrift sich erfüllen soll, haben Bibeleditoren die Textbezüge zu klären gehabt: Daraus entsprang ihr Hang zur Marginalie. Die Fülle der Querverweise dient dem bedeutsamen Zweck, Alt und Neu aufeinander zu beziehen. Aus jüdischer Perspektive ist dieses Unternehmen stets zum Scheitern verurteilt gewesen – christliche Textlektüre aber hat es nötig gehabt, das so genannte *Neue Testament* ans *Alte* anzuschließen. Editorisch gesprochen ist es die Geburt der Marginalie aus dem Problem des Neuen.[5]

Das Modell hat Schule gemacht. Nicht von ungefähr ist das Wort des Columbus-Sohnes über seinen Vater als eine Randnotiz tradiert. Immer wieder ist es der Rand der Texte gewesen, an dem das relationale Gefüge von Alt und Neu, von Vater und Sohn, von Ursprung und Wiederkehr entschieden werden sollte. Es wird damit gefährliches Terrain betreten. In den illuminierten Handschriften des Mittelalters war der Rand des Textes mit Fabelwesen und Dämonen angefüllt gewesen. Exakt an deren zweifelhaften Ort tritt nun die Marginalie mit ihrem Anspruch, Zusammenhänge zu verbürgen. In der Topologie ihrer Schriftsetzung steckt das Drama der Nachträglichkeit.

Wo immer es in früher Neuzeit um *das Neue* geht, steht das Wort

---

4 Harlfinger [1992], S. 79f.

5 Wenn bei Nietzsche die Tragödie und bei Foucault das Gefängnis geboren wird, so seh' ich nicht recht ein, wieso bei mir die Marginalie nicht auch ‚geboren' werden soll. (Weiter unten werde ich auf die Leistung der Geburtsmetapher zurückkommen.)

in brüchigen relationalen Gefügen. Es kennt noch nicht seine (ver-) blendende Verabsolutierung zu jenem Anspruch, den Rimbaud in das *Adieu* seiner *Saison en Enfer* hineinschrieb: *être absolument moderne*. Seitdem postmodernes Denken diese moderne Mischung aus Selbstabsolution und Selbstverdammung in Frage stellte, lesen sich die prämodernen Texte anders.[6] Daran ist zu erinnern angesichts von Publikationen, die sich vom Pathos eines verselbstständigten Neuen zu falschen Übersetzungsleistungen haben hinreißen lassen. »De insulis nuper inventis« steht über der lateinischen Fassung des berühmten Columbusbriefes von 1493. Dafür liest man in der deutschen Ausgabe: »Von der Entdeckung neuer Inseln«.[7] Die Übertragung verkennt die Selbstzweifel des Columbus und wird von daher sprachlich falsch. Denn *nuper* ist nicht Adjektiv, sondern Adverb und bedeutet *vor kurzem*. Es betont die Kürze der Berichtszeit, nicht die Neuheit des Gegenstandes.[8] Ferner ist das Wort *inventis* genauer zu bedenken, hat es doch den Mehrfachsinn von *finden, erfinden*, sowie *sich verschaffen, erwerben*. Folgt man diesen Überlegungen, so geht es in dem lateinischen Titel weniger um die Leuchtkraft des Neuen, als vielmehr um den Hinweis auf kürzlich gefundene / erworbene Inseln. Der kolonialistische Subtext tritt überraschend deutlich zutage, sofern man einem enthemmten Pathos des Neuen nicht auf den Leim geht.

---

6 Man lege probehalber Latour [1998] neben Harsdörffer [1653] – die Resonanz der Titelformulierungen ist verblüffend!

7 Kolumbus [2000], S. 12/13.

8 Das Zeitwort ‚nuper' auch auf dem Frontispiz zum *Sidereus Nuncius* von Galileo Galilei (Venedig 1610): »Perspicilli nuper à se reperti beneficio sunt …«. Auch hier verweist ‚nuper' auf die Frische des Textes, den Galileo in größter Eile verfasste.

2.

Francis Bacon: Schiffe

Kaum jemand hat die Spannung von Alt und Neu so offensiv den Titeln seiner Werke eingeschrieben wie Francis Bacon. Dem Buch *Nova Atlantis* steht die Schrift *De sapientia veterum* gegenüber – das Buch von der Weisheit der Alten bildet das notwendige Komplement zum Anspruch eines Neuen. Die Betonung einer grundlegenden Polarität neu / alt im Werk des Columbus-Verehrers ist wegweisend für die Lektürestrategie, der ich in meinen Überlegungen folge. Dies mag simpel klingen, hat jedoch Konsequenzen. Denn damit ist sogleich ein Fragezeichen über alle Versuche gestellt, Bacon als blinden Apologeten eines eindimensionalen Fortschritts zu lesen.[9]

Gewiss – mit der genannten Polarität ist wenig genug gesagt, wie sich schon bei der kleinsten Probe zeigen kann. Diese Probe besteht darin, das Titelblatt von Bacons *Instauratio Magna* (1620) anzuschauen und sich die Frage zu stellen, in welche Himmelsrichtung die hier dargestellten Schiffe fahren – von der alten Welt zur neuen bzw. umgekehrt? Oder sollte es eine dritte Möglichkeit geben? (Abb. 1)

9 Das wohl bekannteste Urteil dieser Art stammt von Theodor W. Adorno und Max Horkheimer. Die erste Seite ihrer *Dialektik der Aufklärung* beginnt mit einem langen Zitat aus Bacons Schriften, gefolgt von dem berühmten Verdammungsurteil, Bacon sei patriarchal und ebenso macht- wie technikbesessen, kurz: der Urvater allen destruktiven Fortschrittglaubens (vgl. Adorno/Horkheimer [1971], S. 7f.). Demgegenüber hat Philipp Rippel die Vermutung geäußert, dass in der Frankfurter Schule die Schrift *De sapientia veterum* schlicht und einfach unbekannt gewesen sei (vgl. Rippel [1990], S. 121). Auch der Berliner Religionswissenschaftler Klaus Heinrich hat wiederholt Zweifel an der Frankfurter Bacon-Lektüre angemeldet, und zwar stets unter Rekurs auf dessen Schrift *De sapientia veterum* (vgl. Heinrich [1966]).

Abb. 1: Frontispiz zu Francis Bacon: *Instauratio Magna*, London 1620

2.1 Bildbetrachtung, erster Anlauf

Das Blatt zeigt einen Meeresblick, der auf höchst markante Weise von zwei Säulen gerahmt ist. Sie stehen jeweils rechts bzw. links am Bildrand und werden als gesockelte Einzelsäulen vorgestellt. Die Sockel fußen auf getrennten Landstücken, zwischen denen Wellen branden. Es ist eine symbolische Architektur, die im Rauschen gründet, im Ungewissen und Vielfältigen als einem Durchgang zu bewölkten Horizonten. Den Wolken aber sind die Namen von Autor und Werk eingeschrieben. Wir sehen den Parcours eines Discours, bei dem – streng nach Michel Serres – das Trennen und Verbinden von Räumen die entscheidende Bewegung darstellt.[10] Schiffe geben ein Bild dieser Doppelstruktur: Erst wenn sie sich vom Ufer trennen, verbinden sie die Kontinente. Trennen und Verbinden zugleich – dies ist das Charakteristikum von Zwischenräumen, Übergängen und Passagen. Das Frontispiz lässt uns in einen solchen Raum hineinblicken. Er wird von zwei Segelschiffen befahren. Das eine erscheint fern am Horizont, das andere in der Nähe der Säulen. Am unteren Bildrand steht eine Schrifttafel mit den Worten »Multi pertransibunt & augebitur scientia«. Das Wort ‚pertransibunt' markiert erneut das Thema des Blattes: Es geht um Durchgänge und Übergänge; es geht um die Präposition *Zwischen*.

Die formale Struktur des Blattes aus Imago und Subscriptio erfüllt die Bedingungen eines Emblems, welcher als Bildtypus spätestens seit der Sammlung des Andreas Alciatus (1492–1550) in der europäischen Bildwelt bedeutsam geworden war. Eine weitere Struktur lässt sich bemerken, und zwar durch den Zitatcharakter der Subscriptio. Sie verweist auf das Alte Testament, auf Daniel 12,4. Die Fundierung eines Neuen im Alttestamentarischen gemahnt an das Modell der typologischen Bibelexegese, welches schon bei der Lektüre des Columbus-Sohnes sich erwiesen hatte. Hier jedoch erscheint das Neue Testament der *Instauratio Magna* unter veränderten Voraussetzungen-

10 Vgl. Serres [1977].

zungen: erstens als Bild und zweitens ohne Marginalie. Im Folgenden wird beides sich als bedeutsam erweisen.

In der genannten Bibelstelle Daniel 12,4 war dem Propheten eine Einsicht verheißen worden, die er nur verborgen weitergeben dürfe, da sie erst am Ende aller Zeiten verständlich werde. Die Passage lautet in Luthers Übersetzung: »Vnd nu Daniel verbirge diese wort / vnd versiegele die Schrifft / bis auff die letzte zeit / so werden viel drüber komen / vnd grossen verstand finden.«[11] Bacons Titelblatt scheint den nicht geringen Anspruch zu erheben, diese Verheißung einzulösen und das Siegel gleichsam aufzubrechen – als sei jetzt der im Alten Testament verkündete Moment des Aufbrechens (im Doppelsinn des Wortes), so dass »viel drüber komen« (»multi pertransibunt«). Die Doppeltheit des Aufbrechens von Schiffen und Siegeln unterstreicht eindrucksvoll das Wort vom Parcours eines Discours.

Der emblematische Charakter des Blattes hält den Anspruch jedoch in der Schwebe. Denn das Sinnbild ist ja seinerseits noch rätselhaft und wie versiegelt. Der Schwebezustand zwischen Schrift und Bild markiert erneut ein *Zwischen.* Er gleicht dem *Schleier der Sagen*, den Bacon geschichtsphilosophisch zwischen einem verlorenen Ursprung und den Anfängen schriftlicher Überlieferung angenommen hatte.[12] Übergängen haftet etwas Doppeldeutiges an – sie sind trennend und verbindend, opak und transparent zugleich. Diese Doppeltheit gilt es allererst wahrzunehmen und nicht sogleich zu überspringen.

2.2 Bildbetrachtung, zweiter Anlauf

Das Transitive des *pertransibunt* wird im Bild der Schifffahrt vorgestellt. Die Säulen auf dem Titelblatt sind als die Säulen des Hera-

11 Luther [1974], Bd. II, S. 1570f.

12 »Es scheint also, als sei in der Mitte zwischen den verborgenen Tiefen des Altertums und der Zeit der schriftlichen Überlieferung ein Schleier von Sagen gespannt, der das, was verlorengegangen ist, von dem trennt, was erhalten geblieben ist.« Bacon [1990], S. 9. – Zur Metaphorologie des Schleiers vgl. Oster [2007].

kles, mithin als ein Sinnbild der Straße von Gibraltar aufzufassen. Die eine Säule steht in Spanien und die andere in Afrika (– welche aber welche sei, das wissen wir noch nicht). Das vordere der beiden dargestellten Schiffe schickt sich soeben an, zwischen den Säulen hindurchzufahren. Die Wölbung der Segel sowie der deutlich erkennbare Bugspriet machen unmissverständlich klar, dass das Schiff auf den Betrachter zufährt.

Die kritische Frage lautet nun: Wo ist der imaginäre Standpunkt des Betrachters anzusiedeln? Befindet er sich über dem Mittelmeer und blickt von Osten nach Westen auf Schiffe, welche aus der Neuen Welt heimkehren? Oder befindet er sich über dem Atlantik und blickt von Westen nach Osten auf Schiffe, welche die Alte Welt soeben verlassen? Die Darstellung ist nicht eindeutig, so dass vielfach gefragt worden ist: Sehen wir die Schiffe vom Alten ins Neue hinausfahren oder vom Neuen ins Alte heimkehren?

In der Literatur zu Francis Bacon hat es um diese Frage einen Streit gegeben. Man weiß nicht recht zu sagen, in welche Richtung die Bewegung geht. Es fehlt gleichsam die Marginalie, durch welche in den Bibeleditionen der Verkehr von Neu und Alt geregelt worden war. In dieser Leerstelle des Diskurses hat eine Fülle von Sekundärliteratur sich angesiedelt, deren Anliegen es ist, die fehlende Marginalie nachzutragen und mit Texten den ikonischen Riss zu kitten.[13]

Im Unterschied dazu sei hier das Frontispiz für sich genommen und eigenständig betrachtet. Kehren wir noch einmal zu dem Bild zurück, um es zu befragen: Fahren die Schiffe herein (nämlich ins Mittelmeer) oder aber heraus (nämlich auf den Atlantik)? Geht die dargestellte Bewegung von der Alten Welt zur Neuen, oder von der Neuen zur Alten?

13 Hier zwei Proben: Gestützt auf Hans Blumenberg sah Rüdiger Zill die Schiffe »aus Richtung Westen kommend«; Zill [2007], S. 141. – Philipp Rippel dagegen behauptete das Gegenteil: »Die Vermutung, es handele sich hier um ein aus überseeischen Ländern zurückkehrendes, reich beladenes Handelsschiff, ist insofern abwegig, als Bacon einerseits mit der Allegorie der Säulen des Herkules die Idee eines geistigen und zivilisatorischen Aufbruchs verband, andererseits nicht mit einer Darstellung einverstanden gewesen wäre, welche die von ihm scharf kritisierte Ausplünderung der Kolonien allegorisch verklärt hätte.« Rippel [1990], S. 102.

Dankenswerterweise enthält die Darstellung ein aufschlussreiches Element zur räumlichen Orientierung: den Lichteinfall.

Betrachtet man das Frontispiz im Hinblick auf die Lichtverhältnisse, so zeigt sich, dass die Schatten der Wellen nach rechts fallen, das Licht also von links her kommt. Auch wird die Innenfläche des rechten Säulensockels von links her beleuchtet. Auf Grundlage dieser beiden Beobachtungen (wenn es denn bei ihnen bliebe!) wäre die Frage geklärt: Wenn das Licht von links kommt, so kann der Betrachterblick keinesfalls von Westen nach Osten gehen. Es wäre nämlich für diese Blickrichtung linkerhand der Norden, woher die Sonne niemals scheint. Demnach bliebe allein die Gegenrichtung: Wo der Blick von Osten nach Westen schweift, da ist linkerhand Süden; und ein Sonnenlicht aus dieser Richtung ist sinnvoll. Demnach wäre das Problem gelöst: Der imaginäre Betrachter befindet sich über dem Mittelmeer und sieht die Schiffe aus der Neuen Welt zur Alten heimkehren. Dieses Ergebnis stände im Einklang mit einer ikonographischen Tradition heimkehrender Schiffe, die den Diskurs um Neue Welten begleitet.[14]

Leider sind damit die Zweifel im Verständnis dieses Blattes nicht gelöst. Irritierenderweise liegt ein helles Licht auf den geblähten Segeln des vorderen Schiffes, welche nach rechts weisen und demnach auch von dort ihr Licht empfangen müssen. Zudem werden der Bug des Schiffes sowie der Schaft der Säulen von vorn angeleuchtet. Kurz: Die Lichtverhältnisse sind nicht ganz eindeutig und liefern keine unmissverständliche Orientierung.

So bleibt die Gerichtetheit des Bildes im Ungewissen. Was sich zeigt, ist Ungewissheit als solche, ein ikonisch ungerichtetes Zwischen, welches durch die Wörter *per* und *trans* von Ferne angesprochen wird, gleichsam über den Abgrund zwischen Schrift und Bild

14 Vgl. die Darstellung, die man im Bildfeld des Titelblattes zur zweiten Auflage von William Gilberts Schrift *De Magnete* (Stettin 1628) findet. Gilbert hatte mit seinem Buch zum Magnetismus einen Grundtext auf dem Weg zu moderner Wissenschaft geschrieben. Spätere Leser haben daher ein Aufbruchsmotiv und die Darstellung von Ausfahrten erwartet. Doch ist das Gegenteil der Fall: Das Titelblatt der zweiten Ausgabe zeigt eindeutig die Heimkehr eines Schiffes. – Abgebildet in Bexte [2007], S. 320.

hinweg. Imago und Subscriptio des emblematischen Blattes verschmelzen keineswegs zur Einheit. Das Stichwort *pertransibunt* beschreibt eine Bewegung, die vom Bibelwort her eine geschichtliche Gerichtetheit hatte, in ihrem Übergang zum Bild jedoch die Eindeutigkeit verlor. Eben darauf kommt es an – die Linearität des Satzes vergeht in der Ungerichtetheit der Bildfläche. Die Fahrt der Schiffe kann in beide Richtungen verstanden werden, als ein Pendeln zwischen den Polen von Alt und Neu.

Die Durchmessung des Zwischenraumes in beide Richtungen ist ein ikonisches Ereignis, das keiner gewaltsamen Eindeutigmachung bedarf. Immerhin gibt es ein imaginäres Ziel der Bewegung: Es ist die Subjektivität eines Betrachters, auf den die Schiffe allemal zufahren und der als eine Art von Super-Marginalie fungiert. Das Befahren des Zwischenraumes in Relation auf ein Subjekt – dies wäre allenfalls die *Instauratio Magna.*

Das Frontispiz zeigt den uneindeutigen Parcours eines Discours und verfolgt gerade nicht den Zweck, eindeutige Botschaften anzubieten. Es ist nicht Illustration des nachfolgenden Buches, sondern dessen Befragung. In der Bewegung des Sich-Verschleierns sucht es einen Reflexionsraum zu eröffnen, in dem sich eine Bewegung reflektiert – die grundlegende Bewegung des Trennens und Verbindens von Neu und Alt.

3.

Francis Bacon: Bärenklumpen

1625 publizierte Francis Bacon die 2. Neuausgabe seiner *Essays.* Darin erschien zum ersten Mal der Text *Of Innovations.* Er beginnt mit einem Bild des Neuen, das nicht Säulen des Herakles, Neue Welten usw. aufruft, sondern einen Geburtsmythos. Bacon wechselt darin zu einem anderen Typus der Rede vom Neuen, der sich weniger aus christlichen als aus heidnisch antiken Quellen speist. Der erste Satz des Essays lautet: »As the births of living creatures at first are ill-shapen so are all Innovations, which are the births of time.«[15]

Geburtsvorstellungen zählen zu den ältesten Bildern des Neuen. Das Paradox aller Rede vom Anfang ist darin aufgehoben: ihn nur unter den Bedingungen denken zu können, die durch ihn erst gesetzt wurden. Es ist die Leistung der Geburtsmetapher, in dieser begrifflichen Verlegenheit auszuhelfen. [16] Dies mag man voraussetzen, dennoch bleibt das Diktum rätselhaft. Gewiss wird man es keine umstandslose Begrüßung des Neuen nennen können. Vielmehr hat der gealterte, durch politische Intrigen und juristische Verfolgung skeptisch gemachte Autor ein distanziertes Verhältnis eingenommen, das im Laufe dieses Essays immer deutlicher hervortritt. Im Schlusssatz wird ein prinzipieller Verdacht ausgesprochen: »And lastly, that the novelty, though it be not rejected, yet be held for a suspect; and, as the Scripture saith, that we make a stand upon the ancient way, and then look about us, and discover what is the straight and right way, and so to walk in it‘.«[17] Wiederum wird eine Stelle aus dem Alten Testament bemüht (Jeremias 6,16), um den Wert des Neuen zu bedenken. Die Zeitgenossen werden noch verstanden haben, dass der Jeremias-Hinweis ein Katastrophenszenario entwarf, indem er an den Untergang Jerusalems gemahnte. Auch der quasi-emblematische Aufbau des Textes wird ihnen nicht entgangen sein: So wie im Frontispiz von 1620 ein Daniel Zitat das Schiffsbild exegetisch rückkoppelte, so wird auch hier die Spannung neu / alt aufgebaut, um Bewegung stillzustellen (*make a stand*) und nach dem rechten Weg zu fragen. Dieser vibrierende Zwischenzustand, in dem das Subjekt sich verliert, um zur Besinnung zu kommen, war oben als ein Zwischen-Zustand mit dem Bild des Schleiers angesprochen worden. Vergleichbares kehrt auch an dieser Stelle wieder.

Der erste Satz ist durch den Textschluss exegetisch rückbezogen,

15 Bacon [1963], Bd. VI, S. 433. – Eine erste Ausgabe der *Essays* war 1597 erschienen; sie enthielt 8 Texte. Es folgte die Ausgabe von 1612 mit 34 Texten. Das Kapitel *Of Innovations* erschien zuerst in der Ausgabe von 1625, und zwar als 24. Stück von nunmehr 58 Texten.

16 Vgl. Begemann [2007].

17 Bacon [1963], Bd. VI, S. 434

bietet aber zugleich die Vorstellung einer genealogischen Entwicklung und damit einer anderen Betrachtungsweise. Das Genealogische überlagert sich dem Exegetischen. Für typologische Überlegungen zur Rede vom Neuen ist dies ein spannungsreiches Moment.

Das Neue wird an dieser Stelle als ein Neugeborenes von der Zeit zur Welt gebracht, und zwar unförmig (*ill-shapen*). Es ist ein eigenartiges Bild und bedarf einer Klärung der Vorstellung, die ihm unterlegt ist. Die seltsame Behauptung, alles Neugeborene sei zunächst unförmig, hilft in dieser Frage weiter. Denn sie führt auf ein Geburtsbild, das auf Aristoteles zurückgeht.[18]

In seiner Schrift *De historia animalium* (579a) hatte Aristoteles gesagt, die Bärkinder würden als unförmige Klumpen geboren und erst durch die Bärmutter in Form geleckt. Diese eigenartige Vorstellung hat eine lange Tradierung gefunden. So liest man bei Ovid: »Und, was die Bärin gebiert, ist, eben geworfen, kein Jungtier, / sondern leblos Fleisch: durch Belecken bildet die Mutter / Glieder an ihm und gibt ihm die Form, die sie selbst schon erworben.«[19] Dieselbe Vorstellung auch bei dem Skeptiker Sextus Empiricus: »Wiederum, von den Lebewesen im allgemeinen, werden einige lebend geboren, wie die Menschen; andere als Eier, wie die Vögel; andere als Fleischklumpen, wie die Bären.«[20] Biologische Aussagen fielen zur Zeit der Antike nicht in den Bereich der Skepsis. Man kann annehmen, dass es das aristotelische Problem der Relation von Stoff und Form, von Hyle und Morphe, gewesen ist, das die philosophische Tradierung ermöglichte – ließ sich doch im Bild des formlosen Bärkindes das hylemorphistische Problem trefflich illustrieren.

Zudem zeigt sich im Bild des Bärkindes ein Werdendes und also das Problem der Zeitlichkeit von Entwicklung, wie sie im Rahmen einer aristotelischen Mimesis-Konzeption nicht leicht zu artikulieren ist. In der frühen Neuzeit kehrt diese Vorstellung daher immer dort wieder, wo es in sinnbildlichen Zusammenhängen um Bildungspro-

18 Es ist sehr zu hoffen, dass wir Gelegenheit finden werden, die folgende Skizze einmal in größerer Form auszuarbeiten.

19 Ovid [1992], S. 575, Kap. XV, V. 379–381.

20 Sextus Empiricus [1985], S. 104 (I,42).

Abb. 2: Das Bärkind als Figur des Neuen:
Tizian-Imprese aus Pittoni [1568]

zesse geht. So sieht man in den *Amorum Emblemata* des Otho Vaenius (Leiden 1608) einen knienden Cupido, der einer Bärin zusieht, die das Rohe der Liebe leckend veredelt.[21] Das zugehörige Stichwort lautet: *Col tempo / peu à peu / with tyme.*

Im genealogischen Bild des Bärkindes lassen sich Entwicklungen der Liebe wie der Kunst darstellen. Aus der biologischen Vorstellung wird in der Frühen Neuzeit ein Sinnbild des Bildens schlechthin. So hat Battista Pittoni 1568 in Venedig einen Band voller Impresen für Adelige und Künstler herausgebracht. Die Imprese Nr. 43 wurde dem Maler Tizian gewidmet[22] (Abb. 2). In der oberen Hälfte sieht man eine dreigeteilte Bildfläche: Links steht Chronos, rechts dagegen Fama, über die Mitte schwingt sich ein von Putti gehaltenes

21 Henkel / Schöne [1996], Sp. 442. Die *Amorum Emblemata* des Otho Vaenius waren eines der erfolgreichsten Bücher des 17. Jahrhunderts: Noch 1695 wurden sie in Augsburg unter dem Titel *Triumphus Amoris* nachgedruckt. – Vgl. http://emblems.let.uu.nl/v1608front.html

22 Pittoni [1568], S. 45 (Nr. 43).

Schriftband mit dem Text: »NATURA POTENTIOR ARS« (= Kunst formt die Natur). Unter diesem Spruchband erblickt man eine Bärin: Sie hockt über einem Klumpen, den sie als ihr Neugeborenes in Form zu bringen sucht, indem sie mit der Zunge daran leckt. Aus dem hylemorphistischen Beispiel ist hier ein Bild des Verhältnisses von Natur und Kunst geworden: Wie das Bärkind durch die Mutter, so werde rohe Natur durch die Kunst geformt – *gebildet* im wahrsten Sinne des Wortes: zum Bild gemacht.

Die gestaltlose Gestalt des Bärkindes ist als Bild des Bildens in der Imprese zwischen Vergänglichkeit und Ruhm, zwischen Chronos und Fama eingesetzt. Es wird auf diese Weise eine zeitliche Bewegung von links nach rechts evoziert. Dabei wird das aristotelische Bild durch seine Reihung in Pittonis Tableau geschichtsphilosophisch aufgeladen. Die Ordnung des Bildes transformiert das im mittleren Feld Dargestellte und wandelt im Durchgang allererst die alte Vorstellung zum neuzeitlichen Künstlerlob.

Neben der erotischen und kunsttheoretischen Auslegung zeigt sich noch ein anderer Gebrauch des aristotelischen Bildes. In Handbüchern der Sinnbildkunst findet es sich unter dem Titel *Inventione*. Das letztere Wort umfasst die noch nicht streng geschiedenen Bedeutungen von *finden, erfinden, erwerben*. Innerhalb dieses Bedeutungshorizontes war Columbus' Entdeckung bezeichnet worden (*De insulis nuper inventis*, s.o.), und in seinem Namen fand auch das Bärkind Eingang in die *Iconographia* des Cesare Ripa von 1603. Der leider abbildungslose Text lautet: »INVENTIONE. Una bella donna, che tiene in capo vn par d'ale come quelle di Mercurio, & vn'orsa à piedi, e lecca vn'orsachino, che mostra, che di poco sia stato da dett'orsa partorito, e leccando mostra ridurlo à perfettione della sua forma.«[23] Die weibliche Gestalt der *Inventione* gleicht dem Götterboten Merkur, denn sie trägt Flügel (*ale*) am Kopf. Eine Bärin (*orsa*) liegt zu ihren Füßen, die das Bärkind (*orsachino*) leckt. – Noch die späte Ripa-Edition von Hertel (Augsburg 1758–60) bringt 155 Jahre später das Sinnbild der *Erfindung* als einer Frau, deren Kopf beflügelt ist und zu deren Füßen

23 Ripa [1603], S. 240.

ein Bärkind von seiner Mutter geleckt wird, während im Hintergrund eine Druckerwerkstatt arbeitet.[24]

In diesen Zusammenhängen wird der Sinn des Geburtsbildes in Bacons oben zitiertem Satz deutlicher: »As the births of living creatures at first are ill-shapen so are all innovations, which are the births of time.« Man muss zu diesem Diktum über *Innovations* nur das Emblem der *Inventione* hinzulegen, um das auch bei Bacon vorausgesetzte Bärkind zu sehen.[25] Es ist der Inbegriff des *ill-shapen* Neugeborenen, das noch durch Kunst und in der Zeit zu formen sei. Bacon liefert nur das halbe Bärenbild und zeigt damit umso eindrucksvoller, wie selbstverständlich diese Vorstellung in humanistischen Kreisen gewesen sein muss. Sie tritt immer dort auf, wo es um Verzeitlichung zu tun ist. Die Frage nach dem Neuen aber impliziert stets die Frage nach der Zeit. So tritt das Bärkind als ein paradoxes Bild des Neuen auf. Es steckt in jenem Zwischenzustand, in dem es sich schon von der Bärin getrennt hat, aber noch nicht seinerseits Bärin geworden ist. Es befindet sich als bloßer Stoff im Werden, im Form-Werden. Und sich auf diese Zwischenzustände einlassen zu können, dies wird das Signum einer neuen Denkungsart sein. Sie ist an Schiffen und Bärkindern erprobt worden.

Literatur:

Adorno, Theodor W.; Horkheimer, Max [1971]: ‚Dialektik der Aufklärung', Frankfurt am Main 1971

Bacon, Francis [1990]: ‚Weisheit der Alten', hg. von Philipp Rippel, Frankfurt am Main 1990

Bacon, Francis [1963]: The Works of Francis Bacon (Faksimi-

24 Ripa [1758–60], S. 187. Die Technikgeschichte der Neuzeit hätte ohne Rückkoppelung mit älterer Überlieferung nicht begründet werden können. Das verdienstvolle Buch von Stöcklein [1969] setzt leider einseitig auf das exegetische Modell.

25 Überhaupt ist es auffällig, wie sehr Ripas *Iconologia* und Bacons *Essays* in den Themen übereinstimmen!

le-Neudruck der Ausgabe von Spedding, Ellis und Heath, London 1857–1874 in 14 Bänden), Stuttgart-Bad Cannstatt 1963, Bd. VI

Begemann, Christian [2007]: Art. ‚Gebären', in: Wörterbuch der philosophischen Metaphern, hg. von Ralf Konersmann, Darmstadt 2007, S. 121–134

Bexte, Peter [2006]: ‚Die Welt ist wie Africa. Harsdörffers Entwurf einer Entwicklungsgeschichte', in Gerstl, Doris (Hg.): ‚Georg Philipp Harsdörffer und die Künste', Nürnberg 2006, S. 38–48

Bexte, Peter [2007]: ‚Magnetische Diagramme. Gilberts Einübung ins indirekte Sehen', in: Karin Leonhard, Gabriele Wimböck, Markus Friedrich (Hg.) unter Mitarbeit von Frank Büttner: ‚Evidentia. Reichweiten visueller Wahrnehmung in der Frühen Neuzeit', Münster 2007, S. 309–329

Harlfinger, Dieter (Hg.) [1992]: ‚Die Wiedergeburt der Antike und die Auffindung Amerikas. 2000 Jahre Wegbereitung einer Entdeckung', Wiesbaden 1992

Harsdörffer, Georg Philipp [1653]: ‚Ob nichts neues zu erfinden / und ob nichts gesagt und geschrieben werden könne / was nicht bereit zuvor gesagt und geschrieben worden?', in ders.: ‚Delitiae Philosophicae et Mathematicae. Der philosophischen und mathematischen Erquickstunden Dritter Theil', Nürnberg 1653, S. 4–6, Reprint Frankfurt am Main 1990

Harwood, Jeremy [2007]: ‚Hundert Karten, die die Welt veränderten', National Geographic Hamburg 2007

Heinrich, Klaus [1966]: ‚Mytheninterpretation bei Francis Bacon', in: ‚Parmenides und Jona', Frankfurt am Main 1966, S. 29–60

Henkel, Arthur; Schöne, Albrecht (Hg.) [1996]: ‚Emblemata. Handbuch zur Sinnbildkunst des XVI. und XVII. Jahrhunderts', Stuttgart 1996

Köllmann, Erich; Wirth, Karl-August [1967]: Art. ‚Erdteile', in: ‚Reallexikon zur deutschen Kunstgeschichte', hg. von Otto Schmidt et al., Stuttgart 1967, Bd. V, Sp. 1107–1202

Kolumbus [2000]: ‚Der erste Brief aus der Neuen Welt', lateinisch / deutsch, hg. und übersetzt von Robert Walisch, Stuttgart 2000

Latour, Bruno [1998]: ‚Wir sind nie modern gewesen', Frankfurt am Main 1998

Luther, Martin [1974]: ‚Biblia. Das ist die gantze Heilige Schrift. Deutsch auffs new zugericht‘ (1545), München 1974, 3 Bde., hg. von Hans Volz

Munster, Sebastian [1588]: ‚Cosmographey oder beschreibung aller Länder herrschafften und fürnehmsten Stetten des gantzen Erdbodens‘, Basel 1588, Reprint München 1977

Oster, Patricia [2007]: Art. ‚Schleier‘, in: ‚Wörterbuch der philosophischen Metaphern‘, hg. von Ralf Konersmann, Darmstadt 2007, S. 331–340

Ovid [1992]: ‚Metamorphosen‘ (lat./dt.), hg. von Erich Rösch, München 1992

Pittoni, Battista [1568]: ‚Imprese de diversi prencipi, duche, signori, e d'altri personaggi et huomini letterati et illustri‘, Venedig 1568 (im Internet unter: http://www.italianemblems.arts.gla.ac.uk/book.php?bookid=sm_1766)

Ripa, Cesare [1603]: ‚Iconologia overo descrittione di diversi imagini cavate dall' antiquità, e di propria inventione‘, Rom 1603, Reprint Hildesheim, Zürich, New York 1984

Ripa, Cesare [1758–60]: ‚Iconologia‘, Augsburg 1758–60, Reprint New York 1971

Rippel, Philipp [1990]: ‚Francis Bacons allegorische Revolution des Wissens‘, in: Francis Bacon: ‚Weisheit der Alten‘, hg. von Philipp Rippel, Frankfurt am Main 1990, S. 93–127

Serres, Michel [1977]: ‚Diskurs und Parcours‘, in: ‚Hermes IV. Verteilung‘, Berlin 1993, S. 206–221

Sextus Empiricus [1985]: ‚Grundriß der pyrrhonischen Skepsis‘, übers. von Martin Hossenfelder, Frankfurt am Main 1985

Stöcklein, Ansgar [1969]: ‚Leitbilder der Technik‘, München 1969

Zill, Rüdiger [2007]: Art. ‚Grenze‘, in: ‚Wörterbuch der philosophischen Metaphern‘, hg. von Ralf Konersmann, Darmstadt 2007, S. 135–146

Matthias Kroß

‚Zweite Aufklärung'. Philosophische Überlegungen zum moralischen Fortschritt

Einleitung

I. Objektivierter Fortschritt oder Sozialismus als Traktor

II. Fortschritt traktieren

III. Traktion als Gewalttat – zur negativen Dialektik des Fortschritts; Selbstaufklärung der Aufklärung

IV. Abkoppelung vom Traktor-Modell? Zu einer ‚Zweiten Aufklärung'

Einleitung

Ducunt volentem fata, nolentem trahunt, schrieb der Stoiker Seneca, und der Naturphilosoph Plinius der Ältere prophezeite im ersten Jahrhundert: *Ne quis desperet saecula proficere semper*. Man kann die evidenten Fragen nach dem Fortschritt – worin er bestehe, ob er wünschenswert oder vielmehr gefährlich und daher nur gezähmt und gezügelt losgelassen werden dürfe – bereits an der Wortwahl der beiden antiken Autoren engführen. Für den Stoiker Seneca geht es darum, durch »die Einsicht in die Notwendigkeit« sich einen Raum der Handlungsfreiheit (*volentem ducunt*) zu bewahren, oder aber, vom Schicksal gefügig gemacht, gezogen, gleichsam in Beugehaft genommen zu werden (*nolentem trahunt*); Plinius maior hingegen spricht mit Blick auf den Fortschritt von einer Beförderung der selbst geschaffenen Lebensverhältnisse, von einer zunehmenden Kompetenz, sich in der Welt einzurichten, gleichsam in seinem Sein und seiner Welt ‚vorzurücken' [*pro-facere]. Der soterologische Aspekt des Fortschritts tritt in den Hintergrund; der Naturforscher zeigt vielmehr Zuversicht (*non desperet*) in die Fertigkeit der Menschen, ihre Angelegenheit in befriedigenderer Weise zu regeln. Diese Weise des Fort-schreitens der Jahrhunderte (*saecula*) muss nicht in einem moralischen Sinne interpretiert werden, sondern kann, bescheiden, als die Euphorie der Erleichterung des Daseins sowie, damit einhergehend, der Humanisierung der Lebenswelt verstanden werden.

In den großen Umwälzungen des Römischen Reiches im dritten und vierten Jahrhundert und der damit verbundenen tiefen Krise[1] bot das Christentum eine, wenn nicht *die* historische Möglichkeit, beide Aspekte des Fortschritts zusammenzudenken. Selbst hervorgegangen aus der Überzeugung, den entscheidenden soterologischen Fortschritt in der Schöpfungsgeschichte vollzogen zu haben, vermochte es den antiken Glauben an die *fata* und an ein unübersichtlich gewordenes, in

1 Vgl. Markschies [2006]

Fraktionen und Flügeln gespaltenes, und vor allem: synkretistisches Pantheon durch eine *pädagogisch orientierte und unilineare* Geschichtskonzeption zu ersetzen: Die Menschen haben, so die Auskunft der *Patres,* eine Chance zur moralischen Besserung, die ihnen zumindest die Hoffnung auf, wenn nicht die Würdigkeit zur Erlösung eröffnet. War der Christ mit seinem Glauben zunächst ein ‚Wanderer zwischen den Welten' (von Harnack), wurde es doch in Gestalt des Paulus-Schülers Augustinus am Ende des vierten Jahrhunderts zu einer sich festigenden Institution, die des Zwangs zu eben diesem Fortschritt auf Erlösung nicht entraten mochte: *Cogite intrare!* – Diese ursprünglich so barmherzig gemeinte Formel legitimierte seit Augustinus' Briefen an Vincentius gegen die Donatisten die interpretative Monstrosität, Menschen zu ‚traktieren',[2] d.h. sie auch gegen ihren Willen und, im Äußersten auch mit (staatlicher) Gewalt, aus ihrer Verblendung und Verstocktheit herauszuführen und sie zur Teilhabe am Heilsfortschritt zu verpflichten.

Solcherlei Bereitschaft auch zur Gewaltausübung zum Besten des Betroffenen hat bis heute ihre finstere Kehrseite. Einmal begonnen, setzt sich diese Gewaltsamkeit fest als Bollwerk des Fortschritts gegen eine vermeintliche Reaktion, gegen den Rückschritt, aber auch gegen jedes Ausbrechen gegen die Linearität seines Verlaufs. Einen solchem ‚trahenten' und nicht nur allein ‚ducenten' Fortschritt ist die Furcht vor und die Bereitschaft zum Zwang gegen den möglichen Rückfall ‚in die Barbarei' immanent eingeschrieben. Das Reich der *Progression* und der *Emanzipation* stellt sich dar als ein pazifizierter Raum, als ein immer gefährdetes Territorium, ausgestattet mit der Panik vor dem Kontrollverlust oder der *Regression.* Hieraus leitet sich dann das Recht zur Bestrafung der Apostaten und Ketzer her, der *terreur* der Revolutionen, aber auch der unbedingte Glaube an die Humanität des historisch Erreichten. Rosa Luxemburgs, von Friedrich Engels entlehnte Formel von der Alternative ‚Sozialismus

2 Vgl. Augustinus, Ep. 93,5. Sinnigerweise bedeutet ‚traktieren' auch bewirten. – Die Wendung *Cogite intrare* stammt aus dem Gleichnis vom „großen Abendmahl" in Lk. 14, 23.

oder Barbarei', oder auch Freuds Rede von der ,Rebarbarisierung' der Kulturmenschen im Krieg, können als Belege für diese Einstellung gelten.[3]

Ich möchte den Fortschritts-Begriff des *proficere*, den Plinius im Auge hat, dieser Konzeption entgegensetzen. Dies mag gekünstelt erscheinen, weil es die kleine Bemerkung des großen antiken Naturforschers und Stoikers überfrachtet und überfordert (und umgekehrt auch dem Seneca eine Tragweite beimisst, die dieser gar nicht intendierte). Aber der Verzicht auf die Berufung auf die *fata* verschafft dem historischen Akteur jenen Handlungsspielraum, in dem er sich den Gang des Gewöhnlichen gleichsam wie an einer Wegbiegung stehend vorstellen kann, an der der Bann der Linearität gebrochen erscheint und sich mehr ein Abenteuer eröffnet als ein vermeintlicher Fortschritt abzeichnet. Eine solche abgeschwächte und nicht-unilineare Fortschrittsoption appelliert an die menschliche Lust an einem Aufbruch in eine neue Zeit, und nicht an den Zwang zur Arbeit an der eigenen Perfektion. An die Stelle der ,Perfektionierung' kann die ,Profektionierung' treten, an die Stelle des Vorgriffs auf Vollkommenheit die des Strebens nach einer Meliorisierung.[4] Erst mit dieser *Inversion* des Fortschrittbegriffs in einer über sich selbst aufgeklärten Aufklärung, für die ich am Ende dieses Aufsatzes den Ausdruck ,zweite Aufklärung' vorschlagen möchte, wird es möglich sein, einen ,nicht-traktiven' (aber vielleicht eben darum attraktiven) Begriff des Fortschritts zu entwickeln. Gemeint ist damit das Denken in dem Bild

3 Luxemburg [1916]: »Wir stehen heute, genau wie Friedrich Engels vor vierzig Jahren voraussagte, vor der Wahl: entweder Triumph des Imperialismus und Untergang jeglicher Kultur, wie im alten Rom, Entvölkerung, Verödung, Degeneration, ein großer Friedhof; oder Sieg des Sozialismus, d.h. der bewussten Kampfaktion des internationalen Proletariats gegen den Imperialismus und seine Methode: den Krieg. Dies ist ein Dilemma der Weltgeschichte, ein Entweder – Oder, dessen Waagschalen zitternd schwanken vor dem Entschluss des klassenbewussten Proletariats.« Vgl. zu Freud [1946], S. 323–355.

4 Das Streben nach einem Optimum verlagert die Frage nach dem Fortschrittskriterium aus dem Bereich der Immanenz auf die Ebene der Transzendenz, die für den unilinearen Fortschrittsbegriff typisch ist

des *Aufbruchs, nicht dem des Anbruchs*; ein Denken nicht des linearen *Fortschritts*, sondern der gekrümmten *Fort-Bewegung*.

Eine der eingängigsten Metaphern für einen solchen nicht-teletischen Begriff des Fortschritts ist die des ‚Unterwegs-seins'. In ihr wird dem Grundgefühl des Daseins Ausdruck verliehen, in die Welt geworfen zu sein und kraft dieses Umstandes diese lebensweltlich auszugestalten. Wie die angeführten Beispiele belegen, besteht die Geschichte der abendländischen Metaphysik im Wesentlichen darin, diesem Zustand des ‚Unterwegs-seins' immer wieder Richtung und Ziel zu geben, die aus der Projektion auf einen transzendenten, jenseitigen Zustand abgeleitet werden. Es wird ein ‚Jenseits' formuliert, das die Handlungsvollzüge analytisch in den Dualismus eines Ist- und eines Zielzustandes aufspaltet und damit ein gerichtetes Bewusstsein und Handeln provozieren soll.[5]

Zu den wichtigsten Strategien der abendländischen Handlungsphilosophie zählt die Supplementierung des Unterwegs-seins durch eine *akkusative Ergänzung*. Eine solche Ergänzung erscheint bereits aufgrund der Struktur unserer Sprache als ein grammatisch-logisches Erfordernis und zugleich eine ontologische Selbstverständlichkeit. Erst durch sie nämlich erscheint die *Supplementierung* oder ‚Orientierung' des grammatisch-logisch noch unqualifizierten ‚Unterwegs-seins' mittels der Qualifizierung des Vorgangs durch ein ‚Auf-etwas-hin' als eine unausweichliche Notwendigkeit. Wie Max Horkheimer und Theodor W. Adorno in ihrer *Dialektik der Aufklärung* gezeigt haben, lässt sich diese Strategie der Supplementierung bereits in der Odyssee identifizieren. Odysseus, der Held, vermag das schicksalhafte Hin- und Hergeworfen-Werden in seinem Unterwegs-sein nur dank seines Listenreichtums (d.h. seiner epistemologischen Brechung der bestehenden Verhältnisse) auf den Begriff der Heimkehr hin auszudeuten. Die Irrfahrt erhält allein auf diese Weise eine Orientierung.

5 Die ‚Jenseits'-Figuren des abendländischen Dualismus hat Josef Mitterer [2001] im Anschluss an Überlegungen der konstruktivistischen Philosophie eingehend analysiert.

Boethius kann dafür als ein weiteres klassisches Beispiel dienen. Das Unterwegs-sein, der Status des *homo viator*, wird ihm durch den supplementierenden Eingriff der *philosophia* zu einem Unterwegssein *nach-Hause.* Die Philosophie zündet dem Kirchenmann ein metaphysisches Licht an, an dem er sich orientieren kann. Ihre holde Gestalt, die am Lager des zum Tode verurteilten Gelehrten durch ihre unwiderstehlichen, an der antiken Rhetorik geschulten und die Odyssee als Beispiel nehmenden Bemerkungen nachhaltigen Trost spendet, sieht den Verzweifelten am Ende »wohlbehalten das Vaterland« erreichen, weil »dir offenbar wurde, was du noch vor kurzem nicht zu wissen behauptetest. – Was? Fragte ich – Was das Endziel aller Dinge sei. Denn wahrhaftig, es ist das, was von allen gewünscht wird.«[6] Wie nicht anders zu erwarten, besteht dieses Ziel in der Teilhabe an der Glückseligkeit Gottes. Als Boethius dies schließlich erkennt und bekennt, spricht die Philosophie: »Wenn du davon so überzeugt bist, bleibt mir [...] nur noch geringe Mühe, daß du, der Glückseligkeit teilhaftig, wohlbehalten dein Vaterland wiedersiehst.«[7] Das Unterwegssein-*zum-Ziel* lässt sich, und darin besteht die Möglichkeit des traktierenden Fortschritts, auch gegen die Sesshaften aufbieten. So wie das Christentum ursprünglich eine Wanderung zwischen den Welten bedeutete, so sehr verschloss es diese Welt wieder mit dem pädagogischen Engel der teletischen Bekehrung, der dem auf Erden herumirrenden Menschen, der seine alte Heimat ebenfalls auf Geheiß eines Engels hatte verlassen müssen, auf das Ziel der Rückkehr als eine konservative Version des Fortschritts verpflichtete und ihn damit in eine wohlmeinende Unmündigkeit zurückstieß. Das Unterwegs-sein wird auf den gehegten Pfad des Fortschritts als Besserung gelenkt.

6 Vgl. Boethius [2005], S. 83.
7 Ebd., S. 85.

I.

Objektivierter Fortschritt oder Sozialismus als Traktor

Als brutaler Ausdruck des traktiven Fortschritts kann die Utopie des Sozialismus gelten, der Gipfel-, vielleicht aber auch der Scheitelpunkt der abendländischen Metaphysik.

Im ‚realen Sozialismus' des 20. Jahrhunderts hatte der Fortschritt nicht allein als Idee in den Köpfen und Schriften seiner Apologeten präsent zu sein, sondern musste zugleich im konkreten Objekt als Bekenntnis zum Materialismus gegenwärtig sein. Lenin, von einer halsbrecherischen Revolution zur eigenen Verblüffung an die Staatsspitze gespült und nun mit dem realen Mittelalter der russischen Weiten konfrontiert, musste den Umsturz zu einem Geschichtszeichen *veredeln,* durfte aber die Ebene des konkret-revolutionären Objekts nicht verlassen: Ein revolutionäres ‚Subjekt' existierte offenkundig nämlich gar nicht. Daher ließ die marxistische Fortschrittskonzeption, der zufolge die Entwicklungsstufen zum Sozialismus überhaupt nicht unter Umgehung oder gar Überspringung der kapitalistischen Produktionsweise bewerkstelligt werden könnten, eine bloße Vernunftbegründung für den revolutionären Enthusiasmus der Avantgarde keinesfalls zu. Im Unterschied zur Französischen Revolution, die laut Kant zwar bei vernünftiger Überlegung kaum hätte angezettelt werden dürfen, aber dennoch das Merkzeichen des Fortschritts in der Gattungsmoralität an sich trug, weil sie welthistorisches Neuland mit Blick auf Moralität oder Sittlichkeit indizierte, konnte die Russische Revolution kaum jenes Prädikat ‚geistreich' für sich reklamieren, das Kant der historischen ‚Begebenheit' von 1789 zusprach.[8]

Zur philosophischen Qualität des Fortschritts fehlte es 1917 also schlicht an aufgeklärten Akteuren und Zuschauern. Zum Aufbau des

---

8 Vgl. *Der Streit der Fakultäten*, VII, S. 85–87. Die kleinen Schriften Kants (Bde. VII und VIII) werden im Folgenden nach der Akademie-Ausgabe mit römischer Band- und arabischer Seitenzahl zitiert.

Sozialismus, prophezeite Lenin bei der Vorstellung seiner *Neuen Ökonomischen Politik* nach dem Scheitern des Kriegskommunismus nicht ohne empirio-kritizistische Konzentration aufs Greifbare und mit Seitenblick auf den amerikanischen kapitalistischen Gegner, sei der Strommast gegenständlich ebenso unverzichtbar wie die Mechanisierung der Landwirtschaft.[9] Sein Nachfolger Josef Stalin interpretierte dieses Zitat im Sinne der umfassenden ‚Traktorisierung' der Agrarproduktion. Sein Hintergedanke: Was der Traktor zu ziehen hätte, wäre nicht nur die bitter benötigte Ernte für das avantgardistische Proletariat, sondern er würde zugleich den russischen Bauern aus dem Zustand agrarökonomischer Unmündigkeit ans Licht der planmäßigen sozialistischen Landwirtschaft zerren. Stalin sollte sich auf Lenin berufen – wenn auch der Unterschied zwischen furchen- und lastenziehenden Traktor und menschenzermalmendem Panzer kaum noch erkennbar bleiben sollte.[10]

9 Lenin [1929], S. 58: »Solange wir in einem kleinbäuerlichen Lande leben, besteht für den Kapitalismus in Rußland eine festere ökonomische Basis als für den Kommunismus. Das darf man nicht vergessen. Jeder, der aufmerksam das Leben auf dem Lande beobachtet und es mit dem Leben in der Stadt verglichen hat, weiß, daß wir die Wurzeln des Kapitalismus nicht ausgerissen und dem inneren Feind das Fundament, den Boden nicht entzogen haben. Dieser Feind behauptet sich dank dem Kleinbetrieb, und um ihm den Boden zu entziehen, gibt es nur ein Mittel: die Wirtschaft des Landes, auch die Landwirtschaft, auf eine neue technische Grundlage, auf die technische Grundlage der modernen Großproduktion zu stellen. Eine solche Grundlage bildet nur die Elektrizität. Kommunismus – das ist Sowjetmacht plus Elektrifizierung des ganzen Landes. Sonst wird das Land ein kleinbäuerliches Land bleiben, und das müssen wir klar erkennen. Wir sind schwächer als der Kapitalismus, nicht nur im Weltmaßstab, sondern auch im Inneren unseres Landes. Das ist allbekannt. Wir haben das erkannt, und wir werden es dahin bringen, daß die wirtschaftliche Grundlage aus einer kleinbäuerlichen zu einer großindustriellen wird. *Erst dann, wenn das Land elektrifiziert ist, wenn die Industrie, die Landwirtschaft und das Verkehrswesen eine moderne großindustrielle technische Grundlage erhalten, erst dann werden wir endgültig gesiegt haben.«* (Kursivierung MK)

10 In einer Rede im November 1929 benannte Stalin die drei ‚Errungenschaften': Arbeitsproduktivität, beschleunigte Akkumulation und

Abb. 1: Traktor *Fortschritt ZT 300* (Spielzeugmodell), ab 1967 in Schönebeck gefertigt

In der DDR wurde aus dieser Überlegung der *Fortschritt ZT 300*, ein klobiges Kraftpaket. Der *Fortschritt* war so schön wie die Begegnung eines Wartburgs mit einem Plattenbau, aber ein äußerst funktionsgerecht gebautes Instrument zur wenn auch langsamen, aber nichtsdestoweniger unbeirrbaren Herausleitung der Verhältnisse aus chaotischer kapitalistischen Knechtschaft in die lichten Weiten plangemäßer Produktion. Der *Fortschritt ZT 300* löste ab 1967 den *Pionier* aus dem VEB Schlepperwerk Nordhausen ab und wurde in den ebenfalls ‚Fortschritt' genannten Werken in Schönebeck gefertigt.[11]

Kollektivierung der Landwirtschaft. »Wir werden zu einem Land des Metalls, einem Land der Automobilisierung, einem Land der Traktorisierung«. *Prawda* v. 7.11.1929, zit. nach Stalin [1954], S. 73. Mit diesen Maßnahmen wollte Stalin, wie er anfügte, die ‚ehrenwerten Kapitalisten' beschämen; man würde ja sehen, welches Land am Ende dieses Prozesses dann zivilisatorisch einzuholen habe. – Ein typischer Fall von Gegenwartsblindheit wegen Fortschrittsgläubigkeit. Der ‚ehrenwerte Kapitalist' Henry Ford hatte dieses Programm in den USA bereits mit größtem Erfolg zu verwirklichen begonnen. Vgl. Ford [1922], Kap. 1 (‚The Beginning of Business'), in dem es beispielsweise heißt: »To lift farm dudgery off flesh and blood and lay it on steel and motors has been my most constant ambition.« – Am 31. Mai 1921 hatte bereits das fünfmillionste Auto die Ford-Werke in Detroit verlassen.

11 Es soll nicht verschwiegen werden, dass die DDR, ähnlich wie bei der

Abb. 2: Traktor *Pionier* aus den ehem. *Horch-Werken* in Zwickau, dann Nordhausen

Um den Fortschritt zu steuern, bedurfte es nach Ansicht der Techniker einer aus heutiger Sicht recht schlichten und einfach beherrschbaren Schaltzentrale. Abb. 3 lässt uns die Perspektive des Fortschrittsführers (oder sollte man vielleicht besser vom Schlepperavantgardisten sprechen?) einnehmen und schnell erkennen, dass die Steuerung des Fortschritts kaum Probleme aufwerfen sollte.

Wie sich in der Praxis bald herausstellte, neigte der *Fortschritt*, wie alle Trabenten, besonders in tiefem oder unebenem Gelände dazu, lenklaunisch zu werden und aus dem Ruder zu laufen. Um kontrollierte Geradeausfahrt, Zugkraft und Spurtreue zu bewahren, konnte der *Fortschritt ZT 300* mit Betongewichten und Massen beschwert

PKW-Entwicklung, bei den Landwirtschaftlichen Nutzmaschinen im Unterschied zur BRD nicht auf die Vorarbeit nationalsozialistischer Ingenieurskunst, namentlich von Ferdinand Porsche, zurückgreifen konnte. Im Jahr 1937 erteilte Adolf Hitler den Auftrag an Ferdinand Porsche, einen ‚Volksschlepper' zu entwickeln. Wie der Volks-Wagen sollte der Volks-Schlepper preiswert und leicht bedienbar sein und so die Bildung einer nationalsozialistischen Identität der deutschen Bauernschaft voranbringen. Der Ausbruch des Zweiten Weltkrieges verhinderte den Volksschlepper ebenso wie den VW. Von da an entwickelte Porsche auf eigene Faust 16 Jahre lang Traktoren. Insgesamt wurden 120.000 Porsche gebaut (vgl. Abb. 4).

Abb 3. Leitstand des *Fortschritts*:
Einfache Handhabung, effizientes Arbeiten

werden, und zwar bis zu zehn Stück zusätzlicher Frontgewichte zu je 38 kg (diese erhalten die Lenksicherheit bei starken Zugwiderständen); 460 kg zusätzliche Gewichte an der Hinterachse und 570 kg Wasserfüllung in den Treibrädern der Hinterräder (diese erhöhen insbesondere die Zugkräfte). Zudem war der Forschritt unüberhörbar, wenn nicht zuweilen sogar betäubend laut. Stellte man ihn ab, klang es, »als würde man eine Fuhre Schrott abkippen«, berichtete ein Traktorist einmal.[12]

12 Vgl. zu den Daten: www.ddr-landmaschinen.de/sonderseiten/sonders.zt300.htm (01.01.2008).

Abb. 4: Ferdinand Porsches ‚Volksschlepper' wird hochrangigen Gästen präsentiert. Nach dem Zweiten Weltkrieg übernimmt die Firma Allgaier die Produktion, ab 1963 wurde der Agrar-Porsche bei der Mannesmann AG gebaut.

II.

Fortschritt traktieren

Einen Traktor auf den Namen ‚Fortschritt' zu taufen, scheint jedoch nicht nur aus leninistischer Perspektive sinnvoll. Das lateinische Verb *trahere* bedeutet ‚ziehen' oder ‚bahnen' in fast allen auch aus dem Deutschen bekannten Bedeutungsnuancen und metaphorischen Konnexen des Wortes. Die Vorstellung von der Möglichkeit, aber auch die Vorstellung des Erfordernisses eines ebenso kraftaufwändigen wie mühseligen und gefährlichen Ziehens ist insbesondere in der Geschichte der Moderne zum Inbegriff der gesellschaftlichen Entwicklung geworden. War in der frühen Zeit ‚Fortschritt' die Heimkehr zum verlorenen Paradies, so dehnt die Moderne die Kreisbewegung der Heimkehr zur Unendlichkeit historischer Offenheit, die dann als eine Gerade erscheint und mit dem Kreis zu koinzidieren vermag. Rückkehr und Fortschritt fallen dann in eins: Solange Fortschritt ist, ist das Paradies, zumindest der Idee nach, in Sicht. Emanzipiert sich das Werden vom Sein, streckt sich der Gedanke von der Erlösung zur Geschichte aus; sie liegt nun in der Verfügbarkeit des Menschen, und der Zug, der ausgeübt werden muss, geht dahin, die Menschen in die Geschichte hineinzuziehen und den Fortschritt *in* ihr, nicht *jenseits* von ihr zu suchen.

Der sozialistische Traktor kann als das paradigmatische Inkarnat der Vorstellung betrachtet werden, dass der Zug, der auf etwas ausgeübt wird, bei genügendem Einsatz jede noch so große Trägheit zu überwinden vermag und zugleich jene rationale Linearität der Bewegung ermöglicht, die zum Aufbruch zu neuen Horizonte führt und das Neue gegenüber den Kräften der Beharrung als attraktiv erscheinen lässt. Damit werden allerdings diese Kräfte nicht beseitigt, sondern lediglich *überwunden*. Was damit gemeint ist, wird deutlich, wenn man sich die Mobilitätsvorstellung der mittelalterlichen Denker vor Augen führt. Diese neigten dazu, den Schöpfungsprozess als im Wesentlichen mit der göttlichen Kreationswoche abgeschlossen zu betrachten. Menschengemachtes Neues galt nicht als Supplementierung des göttlichen Erzeugungsaktes, sondern als hybrider Eingriff und nachgerade als Gefährdung der vom Numinosen festgelegten und mit Ewigkeitswert versehenen Ordnung. Innovationsfreude kam der lateinischen *cupiditas rerum novarum*, also einem Frevel wider die gefügte Ordnung von Gott, gleich; zulässig erschien allein die *re-novatio* als Wiederherstellung eines ursprünglichen, im Verlaufe der Zeit korrumpierten Zustands der materiellen wie intellektuellen Dinge. So wurde auch das Reisen seit Augustinus und Boethius als Rückkehr in den Hafen des Seelenfriedens nach der Vertreibung aus einem stoisch gesicherten oder durch die Sündenfreiheit garantieren Ursprungszustand begriffen. Es galt, in der Wissenschaft ewig-harmonische Gesetze aufzufinden, die die Perfektibilität der göttlichen Kreation bezeugen und die Harmonie der ewigen Weltordnung belegen sollten. Hat jedes Ding, wie Aristoteles lehrte, seinen ihm zukommenden Ort, so impliziert das Neue einen Bruch in der Seinsordnung mit fatalen Folgen für die Stabilität des Bestehenden.[13]

Erst wenn man die tiefe Prägung des mittelalterlichen Denkens durch nicht-lineare Zeit- und Raumvorstellungen würdigt, wird man ermessen können, welchen atemberaubenden Paradigmenwechsel die Idee der furchtlosen Ausfahrt ins Offene der Meere der Erfahrung signalisiert, die das Expeditionsschiff des Francis Bacon im Frontispiz seiner Schrift *The Great Instauration* symbolisiert.[14] Bacon vollzieht damit eine ebenso grundlegende *revolutio* der Vorstellungswelt wie Kopernikus, die Freud als eine der drei grundlegenden Kränkungen des Menschen bezeichnete. Daher erscheint es nur konsequent, wenn Hans Blumenberg darauf hinweist, dass die Geburt der Moderne den Press- und Gewaltcharakter ihres Vollzugs kaum hat verwinden oder vergessen machen können. Ihr erster Schrei war nicht der Heureka-Ruf der Entdeckung eines neuen Zeitalters oder Kontinents, sondern einer der leidlich überstandenen Mühen seiner Traktion durch den Geburtskanal der Geschichte, also des trotzigen »Strebens nach menschlicher

13 Vgl. Simek [1992]; Ohler [²1991].

14 Siehe den Abdruck dieser Illustration im Beitrag von Peter Bexte auf S. 207 dieses Buches.

Selbstbehauptung«.[15] Denn es muss sich ja nur behaupten, was sich unter das Vorzeichen der Infragestellung oder Gefährdung gestellt sieht. Wer in der besten aller Welten lebt, bedarf des Neuen nicht, es sei denn als *maintenance* des Zustands, der bereits erreicht und daher zu konservieren ist. Der Fortschritt ist, sofern er modern ist, an dieses retardierende Eingedenken seiner Herkunft gebunden.

Das ‚Bacon'sche Zeitalter', das mit einem neuen ‚Organ' der Erkenntnis[16] beginnen sollte, formulierte ein Programm und Projekt, nicht eine angemessene Beschreibung der von ihm inaugurierten wissenschaftlicher Praxis.[17] In dieser programmatischen Abhebung von der bisher alltäglichen, vertrauten Praxis liegt der eigentliche ‚Zug' der Bacon'schen Traktionsbewegung: ‚Fortschritt' wird als unverzichtbare Voraussetzung der Erkenntnismethode in das System eingebracht und nicht mehr auf die Resultate, die sie erzielt, bezogen. Indem Bacon dem tradierten ontologischen Deduktionismus der *Beharrung* einen strikten Induktionismus des *Fortschritts* entgegensetzte, konnte er eine neue Unterscheidung zwischen einer fortschrittlichen und aus diesem Grunde anzuwendenden Methode und den aus dieser Sicht bloß »frivolous distinctions« installieren, die er allseits in Gebrauch fand:

> »The axioms now in use, having been suggested by a scanty and manipular experience and a few particulars of most general occurrence, are made for the most part just large enough to fit and take these in; and therefore it is no wonder if they do not lead to new particulars. And if some opposite instance, not observed or not known before, chance to come in the way, the axiom is rescued and preserved by some frivolous distinction; whereas the truer course would be to correct the axiom itself.«[18]

---

15 Blumenberg [²1974], S. 240ff.

16 Francis Bacon [1620]. Im Folgenden werden Zitate aus dem *Novum Organum* im Text mit *NO* abgekürzt zitiert.Siehe hierzu auch das Frontispiz seines Werkes ‚*The Great Instauration,* 1620, im Beitrag von Peter Bexte (dieser Band, S. 207)

17 Vgl. Shapin [1998].

18 Bacon [1620], XXV

Das dogmatische Verfahren der klassischen Metaphysik, das in einem Leerlauf der Lehrsätze und Zitate aus den Autoritäten bestanden habe, habe immer schon das Ziel der Naturdeutung als göttlich gegeben vorausgesetzt. Es *antizipiere*, wie Bacon schreibt, die Naturgesetze, während sein fortschrittliches Verfahren die Natur angemessen zu *interpretieren* vermag.[19]

Es ist nicht allzu schwer, in Bacons *Organon* selbst den argumentativen *Zirkel der Antizipation* aufzufinden. Zwar erscheint Bacons Kritik an den bloß scheinbaren (*vane*) Fortschritten der dogmatischen Wissenschaft durchaus plausibel, etwa wenn er ausführt:

> »In sciences founded on opinions and dogmas, the use of anticipations and logic is good; for in them the object is to command assent to the proposition, not to master the thing.
>
> Though all the wits of all the ages should meet together and combine and transmit their labors, yet will no great progress ever be made in science by means of anticipations; because radical errors in the first concoction of the mind are not to be cured by the excellence of functions and subsequent remedies.
>
> It is idle to expect any great advancement in science from the superinducing and engrafting of new things upon old. We must begin anew from the very foundations, unless we would revolve forever in a circle with mean and contemptible progress.«[20]

– doch bleibt unklar, wie man wird entscheiden können, ob seine eigene induktive, für ihn fortschrittliche Methode selbst nicht ebenfalls auf fundamentalen Irrtümern über die Beschaffenheit der Wirklichkeit beruhen könnte. Davor ist die induktive Methode ebenso wenig gefeit wie die deduktive. Man wird bei der Forderung, »von den Grundlagen her« (*from the very foundations*) zu beginnen und ein gänzlich neues und dabei fortschrittliches Gebäude aufzuführen, den Vorwurf der epistemischen Zirkularität (*revolve in a circle*) und eines bloß vermeintlichen, aber in Wahrheit rückschrittlichen Fortschritts (*mean and contemptible progress*) kaum entkräften können. Am Ende

19 Ebd., XXVI
20 Ebd., XXIX–XXXI

ist Bacons Glaube an Vernunft und Religion, welche die Wissenschaft als Magd zu befördern habe, ebenso *primär-antizipativ* und keineswegs ein induktiv sich aus dem Gang der Untersuchung im Sinne von Bacons Forderung ‚heraus'interpretierbares Resultat. Sein erfahrungsgeleiteter Induktionismus steht vielmehr als eine ‚*Parallelwelt*' neben der alten: »There is no reason why the arts which are now in fashion should not continue to supply matter for disputation and ornaments for discourse, to be employed for the convenience of professors and men of business, to be, in short, like current coin, which passes among men by consent", schreibt er *New Organon*, CXXVIII,[21] und er weiß auch, dass es in dieser Parallelwelt, für deren Bestehen die Erfindung des Buchdrucks, des Schießpulvers und der Navigation unerlässliche Voraussetzungen gewesen sind, moralisch, politisch und ethisch neuartige und wenig erfreuliche Erscheinungen geben wird. Recht verräterisch heißt es nämlich in *New Organon*, CXXIX:

> »[...] If the debasement of arts and sciences to purposes of wickedness, luxury, and the like, be made a ground of objection, let no one be moved thereby. For the same may be said of all earthly goods: of wit, courage, strength, beauty, wealth, light itself, and the rest. Only let the human race recover that right over nature which belongs to it by divine bequest, and let power be given it; the exercise thereof will be governed by sound reason and true religion.«

Doch ist damit der Paradigmenwechsel zur methodischen Idee des Fortschritts vollzogen. Die ‚Öffnung', die sich aus der Kritik an den Idola der Vergangenheit ergab, wird methodisch durch die Instauration eines strikten methodischen Prinzips wieder geschlossen. Aus dem aufbrechenden Fortschritt ist der Anbruch eines neuen Zeitalters geworden. Die qualitativ so unterschiedlichen Fortschrittsbegriffe der technisch-wissenschaftlichen Lebenserleichterung und moralisch-hu-

---

21 Vgl. auch Bacon [1620], XXXIII: »This must be plainly avowed: no judgment can be rightly formed either of my method or of the discoveries to which it leads, by means of anticipations (that is to say, of the reasoning which is now in use); since I cannot be called on to abide by the sentence of a tribunal which is itself on trial." (Kursivierungen MK)

manen Lebensverbesserung werden bei Bacon verschmolzen. Hierin besteht die Grundoperation des von Gernot Böhme als ‚Baconsch' bezeichneten Zeitalters,[22] nämlich die methodische Gleichschaltung der technischen Naturbeherrschung (durch Unterwerfung unter sie) mit dem Forschritt der Humanität (durch die Unterwerfung unter eine sich selbst behauptende Vernunft). Bacon resümiert:

> »It may also be asked (in the way of doubt rather than objection) whether I speak of natural philosophy only, or whether I mean that the other sciences, logic, ethics, and politics, should be carried on by this method. Now I certainly mean what I have said to be understood of them all; and as the common logic, which governs by the syllogism, extends not only to natural but to all sciences, so does mine also, which proceeds by induction, embrace everything. For I form a history and table of discovery for anger, fear, shame, and the like; for matters political; and again for the mental operations of memory, composition and division, judgment, and the rest; not less than for heat and cold, or light, or vegetation, or the like. But, nevertheless, since my method of interpretation, after the history has been prepared and duly arranged, regards not the working and discourse of the mind only (as the common logic does) but the nature of things also, I supply the mind such rules and guidance that it may in every case apply itself aptly to the nature of things. And therefore I deliver many and diverse precepts in the doctrine of interpretation, which in some measure modify the method of invention according to the quality and condition of the subject of the inquiry.«[23]

Dieses Übergreifen der Methode der Naturalisierung auf jene Bereiche der menschlichen Lebenswelt, deren Bewertung traditionell der Theologie und dem *lumen fidei* vorbehalten waren wie Ethik oder Metaphysik, zeigt freilich die Anspannung und den Kraftaufwand, deren der ‚traktive' Fortschritt für seinen Erfolg bedarf. Die ‚Naturalisierung' der menschlichen Erkenntnis kann nur dann gelingen, wenn der philosophische Lehrer angemessen (*duly*) eingreift. Er muss

22 Böhme [1993], S. 9–31, bes. S. 13f.
23 Bacon [1620], CXXVII, Kursivierungen MK.

sich in den Vorgang der Aufklärung selbst einschreiben, indem er die menschlichen Geisteskräfte durch die Vorgabe von Regeln und eine Anleitung zu ‚naturgemäßem', also nicht ideologisch-idolatrischem, Gebrauch supplementiert (»I supply [!, MK] the mind with rules and guidances that it may apply aptly to the nature of things«). Allerdings erzeugt diese Aktivität des Philosophen eine Reflexivität der Aufklärung, die sich in einem Paradox manifestiert, das seitdem das Projekt der Aufklärung begleitet: Sie wird vom Philosophen in Gang gesetzt, aber kraft der Unverzichtbarkeit seiner Supplementierungsleistung in ihrem Anspruch, eine Aufklärung zur Natürlichkeit zu sein, zugleich dementiert. Wer in die Aufklärung ‚trahiert' werden muss, der bleibt selbst träge. Er wird gezwungen, zum Autor, zum selbsttätigen Subjekt des Geschehens zu werden, bleibt aber gerade wegen dieses Zwangs immer auch sein Objekt. Hinzu kommt ein weiteres Problem. So sehr sie mit Bacon als eine Befreiung von der Ideologie des Dogmatismus und der Vorherrschaft der traditionellen Autoritäten verstanden werden kann, so unvermittelt sieht sie sich erneut mit dem Problem der Autoritäten konfrontiert. Die Befreiung aus den Fesseln der Idola zerstört die Idee der zügelnden Autorität selbst, und es fragt sich, wie die losgelassene Aufklärung ohne Anleitung jenen Fortschritt moralisch zu zügeln gedenkt, den sie aus ihrer Treue zur „Natur" (und nicht länger zur göttlichen Satzung) zum Durchbruch verhilft.

Gewiss wird nur derjenige den Fortschritt der Moral für möglich halten, der bereits von der Naturgemäßheit der Befähigung des Menschen zum Guten überzeugt ist. Aufklärer aller Richtungen haben sich auf diese Annahme gestützt – gerade weil sie gut als Ersatz für die gescheiterte Idee der Theodizee und des ihr inhärenten Versprechens taugte, die Weltgeschichte sei von Gott von vornherein aufs Gute angelegt. Diese gleichsam säkularisierte Theodizee-Vorstellung geht davon aus, dass der Mensch von Natur aus gut oder zumindest zum Guten disponiert sei – ein naturalisiertes Echo jenes berühmten Diktums des Augustinus, dass Gott den Menschen auf sich hin, das heißt auf ein Transzendent-Gutes, hin erschaffen habe.[24]

24 Augustinus [2003], 1. Buch, I.1: »[…] tu excitas, ut laudare te delectet,

Doch führt gerade die aufgeklärte Vernunft zu der Einsicht, dass die Natur an sich weder gut noch böse sei, sondern aus Tatsachen diesseits ihrer moralischen Bewertung besteht. Dies hatte schon Bacon betont. Moralische Aspekte kommen erst durch das Hinzutreten der Freiheit (des freien Willens), mithin mit *der moralischen Ambivalenz* von Handlungen (und Unterlassungen) ins Spiel. Unerlässlich zur Realisierung des Programms einer naturgemäßen Entwicklung zum Guten (und nicht etwa, wie in den Schriften des Marquis de Sade expliziert,[25] naturgemäß Bösen) wurde die supplementierende Figur des Aufklärers; dessen Anleitungen zur Autonomie etwa im Persönlichkeitsbildungsprozess des *Emile* verhindern den ‚Krieg zwischen Kultur- und Naturmensch', den Isaiah Berlin als die am tiefsten verwurzelte Annahme des westlichen Denkens erkennen zu können glaubt. Es handelt sich freilich nicht nur um einen Gegensatz von Natur und Kultur, sondern ebenso um einen Kampf *innerhalb* der Kultur und innerhalb der Natur, sobald man bedenkt, dass das grandiose Projekt der Naturalisierung der Kultur einerseits von der Warte der Kultur als auch von der Warte der Natur aus konstruiert und zugleich dekonstruiert werden kann.[26] Der aufgeklärte Erzieher wird also auf zwei Kampfplätzen zugleich tätig sein müssen: Er wird sich ebenso um die Bewahrung der Natur wie auch der diese Bewahrung garantierenden Kultur zu kümmern haben.

Die problematische Verwurzelung der Aufklärung im Geist der Supplementierung lässt sich vielleicht am deutlichsten am Aufklärungsprojekt Kants demonstrieren – jenem grandiosen Versuch, die Geschichte des Fortschritts sowohl aus dem Geist der Rationalität und zugleich des Glaubens zu schreiben. Kant kommt unzweifelhaft das Verdienst zu, die Idee der Aufklärung mit der größten Unerbittlichkeit und Objektivität dekliniert und in ihrer moralischen Tragweite ermessen zu haben.

Wie anderen Aufklärern geht es auch Kant um jene heikle Idee des Fortschritts, die als welthistorisch oder in der Natur des Menschen

quia fecisti nos ad te et inquietum est cor nostrum, donec requiescat in te.«

25 Horkheimer und Adorno [1968], S. 100–143. Im Folgenden werden Zitate aus der *Dialektik der Aufklärung* im Text mit DdA zitiert.

26 Vgl. Berlin [1995], S. 101.

angelegt gedacht werden muss, sich aber nicht naturwüchsig durchzusetzen vermag, sondern vielmehr der Anleitung des Philosophen bedarf. Auch Kant macht dafür, ganz so wie andere Aufklärer auch, teils die Mängel und die Unvollkommenheiten des Menschen verantwortlich, teils aber auch die Bevormundungen und Betrügereien der geistigen und geistlichen Eliten, die Aufklärung verhindern. Kant schreibt über das *animal pigrum* Mensch:

> »Faulheit und Feigheit sind die Ursachen, warum ein so großer Theil der Menschen, nachdem sie die Natur längst von fremder Leitung frei gesprochen (*naturaliter maiorennes*), dennoch gerne zeitlebens unmündig bleiben; und warum es Anderen so leicht wird, sich zu deren Vormündern aufzuwerfen. Es ist so bequem, unmündig zu sein. Habe ich ein Buch, das für mich Verstand hat, einen Seelsorger, der für mich Gewissen hat, einen Arzt, der für mich die Diät beurtheilt, u.s.w., so brauche ich mich ja nicht selbst zu bemühen. Ich habe nicht nöthig zu denken, wenn ich nur bezahlen kann; andere werden das verdrießliche Geschäft schon für mich übernehmen.«[27]

Und über die damals sprichwörtlichen ‚Priester' und ihren Betrug bemerkt er:

> »Daß der bei weitem größte Theil der Menschen [...] den Schritt zur Mündigkeit, außer dem daß er beschwerlich ist, auch für sehr gefährlich halte: dafür sorgen schon jene Vormünder, die die Oberaufsicht über sie gütigst auf sich genommen haben. Nachdem sie ihr Hausvieh zuerst dumm gemacht haben und sorgfältig verhüteten, daß diese ruhigen Geschöpfe ja keinen Schritt außer dem Gängelwagen, darin sie sie einsperrten, wagen durften, so zeigen sie ihnen nachher die Gefahr, die ihnen droht, wenn sie es versuchen allein zu gehen.«[28]

Die Menschen aus selbstverschuldeter Unmündigkeit herauszuführen, heißt nun aber für Kant gerade nicht, den Fortschritt als einen ‚Krieg zwischen Natur und Kultur des Menschen' auszutragen,

27 VIII, S. 35
28 Ebd.

sondern ihn als ‚Bewegungsform', als ein Forum *dieser kontradiktorischen Antriebe zu begreifen* – oder zumindest als Waffenstillstand zwischen beiden – zu denken. Kants Option für die Vernunft als *Motor* des Fortschritts definiert Aufklärung nämlich nicht als einmalige Befreiungs- oder Emanzipationstat, sondern als einen niemals endenden Prozess vernunftgemäßer Justierung des menschlichen Handelns an *Maximen* und den daraus abzuleitenden Geboten und Selbstimpositionen des moralischen Subjekts. Die Grundsätze des Handelns bleiben notwendigerweise inhaltlich unbestimmt – jede materiale Festlegung würde sie historisch relativieren, also um ihre kategorische Unbedingtheit bringen.

Nimmt man den Kantschen Moralismus ernst, erscheint der durch Aufklärung herbeigeführte Fortschritt ebenso wie der Prozess der Aufklärung selbst als ein auf Dauer gestelltes Verfahren zur stets neu zu leistenden Austarierung der unbedingten Anforderungen der sittlichen Gebote und die bedingte, also kontingente historische Wirklichkeit. Dem von Isaiah Berlin diagnostizierten ‚Kriegszustand' stellt Kant die Pflicht des Menschen in Ansehung seiner Gattung gegenüber, der Idee nach einen ewigen Frieden, pragmatisch immerhin einen Waffenstillstand herbeizuführen. So verurteilt Kant die notorische Neigung der Herrscher und Führer seiner Zeit zum Krieg als eines der Haupthemmnisse des sittlichen Fortschritts. *Im Streit der Fakultäten* heißt es unheilschwanger zum ‚Beschluß': »Sero sapiunt Phryges.«[29]

Doch ist der Krieg nicht nur eine destruktive, Fortschritt verhindernde und daher zu verurteilende Erscheinung des Bösen, sondern auch ein Ausdruck für die Unversöhntheit zwischen Natur und Kultur zuungunsten der Kultur. Denn für Kant ist die Geschichte als Kulturationsprozess auf den Fortschritt zum Guten angelegt. ‚Kulturisierung' bedeutet Ausweitung des Feldes der Vernunft in Abstimmung mit der menschlichen Natur, die selbst nicht aufs Gute angelegt, sondern dem ‚Hange nach', d.h. in Verknüpfung mit dem moralischen Vermögen des Menschen, als böse zu bezeichnen ist. Dergestalt vermag er die christ-

29 VII, S. 94

liche Erbsündenlehre sogar mit dem Fortschritt zusammendenken, und die mittelalterliche Verzweiflung über die *vanitas* und *superbia* des Menschen als Naturwesen kann produktiv in die vom Schöpfergott dem Menschen kraft seiner Vernunftbegabung aufgegebene Arbeit an ihrer Erlösung in der Geschichte umgedeutet werden.[30] An diesem Gattungsziel ändert auch die unvermeidbare Defizienz des Einzelnen nichts. Es scheint sogar, als ob die List der Gattungsvernunft über die Borniertheit des Einzelnen mit Notwendigkeit obsiegt, so als ob die Menschheit als ganze wie ein Traktor vor den Karren der Moralität gespannt ist, um das Individuum der Idee nach aus dem Sumpf des »radical Bösen« zu ziehen.[31] So schreibt Kant in seinen Spekulationen über den mutmaßlichen Anfang der Menschengeschichte,

> »daß der Ausgang des Menschen aus dem ihm durch die Vernunft als erster Aufenthalt seiner Gattung vorgestellten Paradiese [ist] nicht anders, als der Übergang aus der Rohigkeit eines bloß thierischen Geschöpfes in die Menschheit, aus dem Gängelwagen des Instincts zur Leitung der Vernunft, mit einem

30 Die Kantsche Version der Natur-Kultur-Dualität ist von außerordentlicher Komplexität und lässt sich nicht auf einen einheitlichen Nenner bringen. Sie wird vor allem von der Exemplar-Gattung-Dualität überlagert (vgl. VII, S. 115, Anm.). So erscheint die paradiesische Unschuld des Menschen als ‚natürlich', ist allerdings im Stadium des Tierischen befangen. Das Böse kommt erst mit der Vernunft in die menschliche Welt, wodurch sich freilich dann auch die Umkehrung ergibt, dass die Menschen als von Natur (ihrem natürlichen Hange nach) als ‚böse' zu bezeichnen sind und das Natürliche radikal, also vom Grundsatz her, mit dem Bösen verknüpft gedacht wird. Durch die subtile Aufspaltung zwischen der individuellen Imperfektibilität und dem notwendigen, gattungsmäßigen Fortschreiten zum Besseren kann Kant das materiale Sein des Einzelnen zugunsten des formal-allgemeinen Fortschreitens der Gattung vernachlässigen. Dem Individuum bleibt nichts weiter als eine moralische Pflichtenlehre, über die es mit der Gattung verknüpft und in den historischen Prozess – und sei es als bloßes Opfer – eingeordnet wird.

31 Vgl. auch *Zum ewigen Frieden* (VIII, S. 378), *Religion innerhalb der Grenzen der bloßen Vernunft* (VI S. 38ff.: das »radical Böse«); *Ideen zu einer allgemeinen Geschichte in weltbürgerlicher Absicht* (VIII, S. 28); *Zum ewigen Frieden* (VII, S. 351).

> Worte, aus der Vormundschaft der Natur in den Stand der Freiheit gewesen [...]. Ob der Mensch durch diese Veränderung gewonnen oder verloren habe, kann nun nicht mehr die Frage sein, wenn man auf die Bestimmung seiner Gattung sieht, die in nichts als im Fortschreiten zur Vollkommenheit besteht, so fehlerhaft auch die ersten selbst in einer langen Reihe ihrer Glieder nach einander folgenden Versuche, zu diesem Ziele durchzudringen, ausfallen mögen. – Indessen ist dieser Gang, der für die Gattung ein Fortschritt vom Schlechteren zum Besseren ist, nicht eben das Nämliche für das Individuum. Ehe die Vernunft erwachte, war noch kein Gebot oder Verbot und also noch keine Übertretung; als sie aber ihr Geschäft anfing und, schwach wie sie ist, mit der Thierheit und deren ganzen Stärke ins Gemenge kam, so mußten Übel und, was ärger ist, bei cultivirterer Vernunft Laster entspringen, die dem Stande der Unwissenheit, mithin der Unschuld ganz fremd waren. Der erste Schritt also aus diesem Stande war auf der sittlichen Seite ein Fall; auf der physischen waren eine Menge nie gekannter Übel des Lebens die Folge dieses Falls, mithin Strafe. Die Geschichte der Natur fängt also vom Guten an, denn sie ist das Werk Gottes; die Geschichte der Freiheit vom Bösen, denn sie ist Menschenwerk. Für das Individuum, welches im Gebrauche seiner Freiheit bloß auf sich selbst sieht, war bei einer solchen Veränderung Verlust; für die Natur, die ihren Zweck mit dem Menschen auf die Gattung richtet, war sie Gewinn. Jenes hat daher Ursache, alle Übel, die es erduldet, und alles Böse, das es verübt, seiner eigenen Schuld zuzuschreiben, zugleich aber auch als ein Glied des Ganzen (einer Gattung) die Weisheit und Zweckmäßigkeit der Anordnung zu bewundern und zu preisen.«[32]

Kants vielleicht wichtigste Leistung bestand darin, der transzendenten Obdachlosigkeit des aus dem Paradies der Instinkte vertriebenen Gottesgeschöpfs die ganze Welt und die ganze Geschichte als zu erobernden Lebensraum zuzuweisen, um sich dort seine Hütten zu bauen und das Böse dem Guten zu ‚amalgamisieren'.[33] Der

32 VIII, S. 115f.
33 VII, S. 82

,Abgrund', von dem Kant sagt, dass ihn die Vernunft bei ihrem Erwachen im Menschen vorfand und in den der sündige Mensch zu stürzen drohte, würde auf diese Weise zum Pharmakon für die Höhenangst der Erkenntnis werden. Geschichte ist die nicht länger als die Buße, als die zerknirschte Abbitte für die begangene Verfehlung, der Tod als Strafe für das sündige Fleisch und das irdische Dasein als ein bloßes Jammertal zu verstehen, in dem das verlorene Wesen, der *homo viator* Augustins oder die soterologisch verwaiste Kreatur eines Boethius ohne göttliche Führung herumzuirren verdammt war. Sie wandelt sich vielmehr zu einer Aufgabe, die der Mensch mit erhobenem Haupt, wenn auch mit stets irrendem Wesen, übernimmt, um aus schlechten Startbedingungen den Weg zur Emanzipation zu beschreiten. Und wenn am Tor des Paradieses ein Engel mit flammendem Schwert wacht, so braucht das den Menschen nicht lange zu schrecken. Statt an dessen Pforten zu verharren und um Einlass zu flehen, wenden sich, so Kant, Adam und Eva – durch einen göttlichen Kunstgriff als Paar zwar, aber dennoch sinnigerweise solitär geschaffen – frohgemut dem vor ihnen liegenden Weg zu, den zürnenden Engel nicht vor Augen habend, sondern ihn hinter sich lassend. Der Auszug aus dem Paradies bringt die Menschen zwar auf die Bahn des Bösen und zwingt sie zum Abstieg in das irdische Jammertal, aber zugleich lenkt er sie auch in die Spur des moralischen Fortschritts.

Kants philosophische Rekonstruktion der Apfel-Episode der Genesis als lässlicher Ernährungsirrtum kann den Leser angesichts seines formalen Moral- und Fortschrittsbegriffs nicht überraschen. Der Verstoß gegen das göttliche Gebot wird nicht, wie noch bei Augustinus, als eine *Monstrosität* diagnostiziert – mit der spiegelbildlich monströsen Vergeltung und Strafe der Erbsündigkeit durch einen beleidigten Gott[34] –, sondern stark heruntergespielt. Sie ist kaum mehr als ein erstes Aufblitzen einer wenn auch noch recht tapsigen Vernunft im Menschen. Der Genuss des verbotenen Apfels erscheint fast wie ein Versehen, wie eine Unbesonnenheit aus mangelnder Umsicht. Darüber, so Kant, braucht sich freilich Gott nicht zu wundern: da er dem

34 Vgl. Augustinus [2003], 8. Buch, IX.21.

Menschen die Vernunft gegeben habe, sei es absehbar gewesen, dass dieser sie früher oder später gebrauchen würde:

> »Die Veranlassung, von dem Naturtriebe abtrünnig zu werden, durfte nur eine Kleinigkeit sein; allein der Erfolg des ersten Versuchs, nämlich sich seiner Vernunft als eines Vermögens bewußt zu werden, das sich über die Schranken, worin alle Thiere gehalten werden, erweitern kann, war sehr wichtig und für die Lebensart entscheidend. Wenn es also auch nur eine Frucht gewesen wäre, deren Anblick durch die Ähnlichkeit mit anderen annehmlichen, die man sonst gekostet hatte, zum Versuche einladete; wenn dazu noch etwa das Beispiel eines Thieres kam, dessen Natur ein solcher Genuß angemessen, so wie er im Gegentheil dem Menschen nachtheilig war, daß folglich in diesem ein sich dawider setzender natürlicher Instinct war: so konnte dieses schon der Vernunft die erste Veranlassung geben, mit der Stimme der Natur zu chikaniren [...] und trotz ihrem Widerspruch den ersten Versuch von einer freien Wahl zu machen, der als der erste wahrscheinlicherweise nicht der Erwartung gemäß ausfiel. Der Schade mochte nun gleich so unbedeutend gewesen sein, als man will, so gingen dem Menschen hierüber doch die Augen auf [...] Er entdeckte in sich ein Vermögen, sich selbst eine Lebensweise auszuwählen und nicht gleich anderen Thieren an eine einzige gebunden zu sein. Auf das augenblickliche Wohlgefallen, das ihm dieser bemerkte Vorzug erwecken mochte, mußte doch sofort Angst und Bangigkeit folgen: wie er, der noch kein Ding nach seinen verborgenen Eigenschaften und entfernten Wirkungen kannte, mit seinem neu entdeckten Vermögen zu Werke gehen sollte. Er stand gleichsam am Rande eines Abgrundes; denn aus einzelnen Gegenständen seiner Begierde, die ihm bisher der Instinct angewiesen hatte, war ihm eine Unendlichkeit derselben eröffnet, in deren Wahl er sich noch gar nicht zu finden wußte; und aus diesem einmal gekosteten Stande der Freiheit war es ihm gleichwohl jetzt unmöglich, in den der Dienstbarkeit (unter der Herrschaft des Instincts) wieder zurück zu kehren.«[35]

35 VIII, S. 111f.

Der Auszug aus dem Paradies ist Opfer und Gewinn zugleich; Fortschritt bedeutet, den Besitz der Vernunft auf der Habenseite zu saldieren. Denn erst durch sie ergibt sich laut Kant die Freiheit, sich aus dem Reich der Naturgebundenheit zu erheben und das Naturgeschehen selbst mit Vernunft aufzuladen. Das Haben der Vernunft ist zwar zunächst nicht als ein solcher Gewinn zu verbuchen; vielmehr begegnet das Individuum dem Wegfall der Instinktleitung mit Angst und Bangigkeit. Kant versäumt auch nicht, dem Leser im selben Atemzug den Grund für diese Reaktionsambivalenz mitzuteilen: Es ist das Innewerden der »Unendlichkeit der Gegenstände seiner Begierde«, aus der es eine Wahl zu treffen habe, ohne mit einer unerprobten Vernunft dazu sich befähigt zu wissen.

Fortschritt bedeutet unter diesen Voraussetzungen: Immer klügere und d.h. vernünftigere Auswahl der Gegenstände der Begierde (Affekte) aus der Unendlichkeit der Möglichkeiten. Kants naiv anmutende Schilderungen mutmaßlicher Anfänge des Menschengeschlechts folgen damit einer *Logik des Lernfortschritts der Vernunft bei gleichzeitig zunehmender Regulierung des affektgeleiteten Lebensvollzugs.* Der zu wachsender Autonomie voranschreitenden Vernunft gesellt sich der immer wählerischere und dergestalt immer stärker affektregulierte alte Adam bei. Gemeinsam gehen sie einen als Naturplan (Evolution) erkennbaren, von der Vorsehung bestimmten Entwicklungsweg zum Besseren.

Natürlich weiß auch Kant, dass dieses Bild eine Konstruktion der Vernunft ist, das nur so weit reicht wie die Vernünftelei selbst. Dass der Mensch ein Ausbund an Bösartigkeit sei, dass angesichts der Weltläufe nur schwerlich von einem Fortschritt zur Humanität gesprochen werden darf, dass der alte Adam eher einem ‚krummen Holze' gleiche als einem geradlinigen Gewächs, dass die Weltgeschichte, empirisch betrachtet, nur wenig Hinweise auf einen Plan zum Besseren verrät – all dies ist Kant bewusst. »Durch Erfahrung unmittelbar ist die Aufgabe des Fortschreitens nicht aufzulösen«, heißt es denn auch als Überschrift zum vierten Kapitel des *Streits der Fakultäten.*[36] Und

36 VII, S. 83

in der *Geschichte in weltbürgerlicher Absicht* klingt es fast wie bei Schopenhauer über den alten Adam:

> »Man kann sich eines gewissen Unwillens nicht erwehren, wenn man ihr Thun und Lassen auf der großen Weltbühne aufgestellt sieht und bei hin und wieder anscheinender Weisheit im Einzelnen doch endlich alles im Großen aus Thorheit, kindischer Eitelkeit, oft auch aus kindischer Bosheit und Zerstörungssucht zusammengewebt findet: wobei man am Ende nicht weiß, was man sich von unserer auf ihre Vorzüge so eingebildeten Gattung für einen Begriff machen soll.«[37]

Solche sarkastischen Bemerkungen im Kleinen gelten selbstverständlich auch für die Weltgeschichte im Großen: »Es ist zwar ein befremdlicher und dem Anscheine nach ungereimter Anschlag, nach einer Idee, wie der Weltlauf gehen müßte, wenn er gewissen vernünftigen Zwecken angemessen sein sollte, eine Geschichte abfassen zu wollen; es scheint, in einer solchen Absicht könne nur ein Roman zu Stande kommen.«[38] Wenn der Roman in der Lage wäre, ein philosophisch Allgemeines unter dem ästhetischen Vorschein des Individuellen darzustellen, wäre gegen die Idee eines solchen Romans nichts einzuwenden. Allerdings ist der Philosoph kein Schriftsteller; seine vornehmste Aufgabe besteht in der Arbeit an der Metaphysik. Und in dem Reich der Metaphysik gilt nicht das Gebot der Versöhnung zwischen dem Individuellen bzw. Singulären und dem Allgemeinen bzw. Universellen, sondern die Prävalenz der Idee über ihre einzelnen Erscheinungsweisen.[39] Das Individuelle ist aus dem Reich der Metaphysik auszuschließen, weil es meist aus Mängeln und Defekten besteht. Nur im Großen lässt sich selbst dem Widersinn und der Gemeinheit des einzelnen Lebens eine »vernünftige Absicht«[40]

37 VIII, S. 17f.

38 Ebd., S. 29

39 Vgl. dazu VIII, S. 18f.

40 Vgl. VIII, S. 18: »Es ist hier keine Auskunft für den Philosophen, als daß, da er bei Menschen und ihrem Spiele im Großen gar keine vernünftige eigene Absicht voraussetzen kann, er versuche, ob er nicht eine Naturabsicht in diesem widersinnigen Gange menschlicher Dinge entdecken könne; aus welcher von Geschöpfen, die ohne eigenen Plan verfahren, dennoch eine Geschichte nach einem bestimmten Plane der Natur möglich sei.«

abgewinnen, die zumindest einen »Leitfaden« zur Erkenntnis eines »Systems« in der Geschichte erkennen lässt:

> »Wenn man indessen annehmen darf: daß die Natur selbst im Spiele der menschlichen Freiheit nicht ohne Plan und Endabsicht verfahre, so könnte diese Idee doch wohl brauchbar werden; und ob wir gleich zu kurzsichtig sind, den geheimen Mechanism ihrer Veranstaltung durchzuschauen, so dürfte diese Idee uns doch zum Leitfaden dienen, ein sonst planloses Aggregat menschlicher Handlungen wenigstens im Großen als ein System darzustellen.«[41]

Es ist offenbar ein Gebot der Vernunft selbst, den Gang der Geschichte als ein Sinngebilde zu rekonstruieren. Ohne ein solches Gebot machte nämlich die Vernunftbegabtheit des Menschen, die offensichtlich im Plane des Schöpfers lag, keinen Sinn. Gott mag den einzelnen Menschen, anders als Augustinus dachte, vielleicht nicht auf sich hin erschaffen haben; aber er hat doch immerhin – und darin besteht das *summum bonum* – die Menschheit mit Vernunft begabt, auf dass sie seine Pläne zumindest annäherungsweise erahnen und umsetzen möge. Diesem Ziel dient das Erkennen und richtige Deuten von Zeichen, die als historische Ereignisse im Geschichtsverlauf auftreten. Eine solche Deutung ist nicht einfach, denn das historische Ereignis lässt sich nicht ‚sauber' in einen zeichenhaften Deutungsanteil und den realhistorischen Chaos-Bestandteil zerlegen. Kant versucht diese Schwierigkeit am Beispiel der Französischen Revolution zu verdeutlichen, zugleich aber auch zu lösen. In *Der Streit der Fakultäten* fasst er sie als ein ‚Geschichtszeichen', das sowohl einen ideellen Anteil[42] wie einen empirischen Anteil[43] enthält. Kant beobachtet nun, dass das bürgerliche ‚Publikum' aufgrund seiner öffentlichen Diskussionen über das Ereignis in der Lage sei, die historische Schlacke von der überzeitlichen Idee des Fortschritts zu scheiden, die in den brutalen Ereignissen von 1789 sich Ausdruck verschafft hat.[44]

41 Ebd., S. 29

42 »der Idee nach«, VII, S. 86.

43 »Die Revolution [...] mag gelingen oder scheitern«, ebd. S. 85.

44 Ebd.

Dass es sich bei dem Konsens der Bürger nur um eine *empirische* Allgemeinheit handelt, bräuchte Kant dann nicht zu stören, wenn er als Mitglied dieses ‚Publikums', also Teilhaber der »bürgerlichen Constitution«[45], davon ausgehen dürfte, dass diese empirische Allgemeinheit die Menschheit als ganze repräsentierte. Aber gerade dies ist gewiss nicht der Fall. Kant spricht in seinen Ausführungen gerade nicht in seiner Kapazität als teilnehmender Bürger, also im ‚Walworth sentiment', wie es Charles Dickens den Kanzlisten Wemmick in *Great Expectations* so treffend formulieren lässt[46], sondern von der Lehrkanzel herab. Er räsoniert als Philosoph, als Souffleur bzw. *Supplementator* des Sinns historischer Ereignisse im Namen eines geheimen Weltplans der Natur oder, ehrlicher: der Vorsehung. Er betätigt sich gleichsam als ein ‚Traktor', der kraft seiner Kompetenz aus dem chaotischen Geschichtsverlaufs einen zugrunde liegenden Sinn ans Licht zieht und mit Hilfe des Vernunftgebrauchs als ‚fortschrittlich' deklariert.

Man könnte dagegen einwenden, dass Kant mit Blick auf die Französische Revolution gar nicht von einem *materialen* Fortschritt spricht, sondern allenfalls von der Vernunftidee eines Fortschritts. In einer ausführlichen Fußnote zu seinen Überlegungen warnt er in der Tat den Leser eindringlich davor, die den revolutionären Ereignissen abgenommene Idee des Fortschritts etwa mit den konkreten Ereignissen selbst zu verwechseln. Zwar sei man vernünftigerweise nicht berechtigt, die Revolution nur nach ihren zum Teil abscheulichen empirischen Begleitumständen zu beurteilen, doch folge daraus wiederum nicht die Berechtigung, diese billigend für das Revolutionsziel in Kauf zu nehmen. Es reiche vielmehr – und muss reichen –, so Kant, die »bloße Denkungs*art*«[47] als ‚fortschrittlich' zu deklarieren. Doch ist auch damit nicht viel geholfen. Wohl ist es nur allzu verständlich, dass er ‚Fortschritt' nicht als Anwachsen der Moralität der Gesinnung begreift, ist der Mensch doch, so seine illusionslose Einsicht, nichts anderes als ein »krummes Holz der Humanität«[48]. Nicht Gesinnung,

45 Ebd., S. 86

46 Dickens [2003], Kap. 36 und 48.

47 VII, S. 85; Kursivierung MK

48 VIII, S. 23

sondern allein Taten zählen. Kant fragt nüchtern: »Welchen Ertrag wird der Fortschritt zum Besseren dem Menschengeschlecht abwerfen?« Wenn man, wie Kant, davon ausgeht, dass wir »nur empirische Data (Erfahrungen) [haben], worauf wir [...] Vorhersagung gründen: nämlich auf die physische Ursache unserer Handlungen, in sofern sie geschehen, die also selbst Erscheinungen sind, nicht die moralische, welche den Pflichtbegriff von dem enthält, was geschehen sollte, und der allein rein, *a priori*, aufgestellt werden kann«[49], dann besteht der Fortschritt zum Besseren lediglich in Folgendem:

> »Allmählich wird der Gewaltthätigkeit von Seiten der Mächtigen weniger, der Folgsamkeit in Ansehung der Gesetze mehr werden. Es wird etwa mehr Wohlthätigkeit, weniger Zank in Processen, mehr Zuverlässigkeit im Worthalten u.s.w. theils aus Ehrliebe, theils aus wohlverstandenem eigenen Vortheil im gemeinen Wesen entspringen und sich endlich dies auch auf die Völker im äußeren Verhältniß gegen einander bis zur weltbürgerlichen Gesellschaft erstrecken, ohne daß dabei die moralische Grundlage im Menschengeschlechte im mindesten vergrößert werden darf; als wozu auch eine Art von neuer Schöpfung (übernatürlicher Einfluß) erforderlich sein würde. – Denn wir müssen uns von Menschen in ihren Fortschritten zum Besseren auch nicht zu viel versprechen, um nicht in den Spott des Politikers mit Grunde zu verfallen, der die Hoffnung des ersteren gerne für Träumerei eines überspannten Kopfs halten möchte.«[50]

Das ist nicht viel. Kant weiß natürlich, dass ein solches bescheidenes Ergebnis auch unter Verzicht auf die komplexe Begründung der Möglichkeit moralischen Fortschritts erzielt werden könnte. Es reichte völlig aus, dass diese Zustände sich irgendwann einmal als ‚vorteilhaft' für die Menschheit erweisen würden – der hypothetische Imperativ leistet empirisch allemal soviel wie der kategorische. Die Unterscheidung zwischen beiden bleibt in Ansehung der empirischen Wirklichkeit am Ende bloß formal: Es ist der Philosoph, der sie trifft und die qualifizierende Zuweisung

49 VIII, S. 91
50 Ebd., 91f.

zum Handlungsgeschehen vornimmt – nicht etwa die Handlung selbst.

Wenn Kant den Menschen einerseits als »radical böse« und zugleich als von dem Naturplan seiner Geschichte her als auf das Gute – zumindest auf moralischen Fortschritt zum Guten – angelegt begreift, wenn also der Mensch ein ‚Amalgam-Wesen' von gut und böse ist und *doch zugleich* ein moralisch ‚eindeutiges' Wesen sein soll, müssen subtile Unterscheidungen getroffen werden. Eine auf das empirische Dasein der Menschen in ihrer Welt übergreifende materiale Ethik wird unmöglich. Natürlich wird die damit verbundene Formalisierung der Ethik nicht ohne Auswirkungen auf den Begriff des Fortschritts bleiben. Auch dieser muss formalisiert werden; und die Folgen dieser Operation werden diesen Begriff einer Dialektik aussetzen, die ihn am Ende vollständig diskreditiert.

Ob die im *Streit der Fakultäten* geäußerten Prognosen eines Fortschritts zum Besseren tatsächlich, d.h. *empirisch messbar*, eingetroffen sind, mag aus heutiger Sicht (wenn man es denn wagt, unsere Zeit als Kriterium zur Beurteilung anzusetzen) mehr als fraglich erscheinen. Kants immer wieder, fast litaneihaft vorgetragene Überlegung und Versicherung, dass es mit der Menschheit insgesamt und auf lange Sicht zum Besseren bestellt sei, wird vielen als eine Art gut gemeintes *wishful thinking* erscheinen. Verheerender als der empirische Befund ist die supplementäre Struktur, die Kants Konzeption des Fortschritts nicht überwinden kann: Die *Ereignisse* sind immer und zugleich nur dann zum ‚Besseren' und auf ‚Fortschritt' angelegt, wenn der Philosoph ‚in den Ereignissen' etwas ‚moralisch Besseres' und ‚Fortschrittliches' aufscheinen sieht. Unentscheidbar bleibt dabei allerdings, ob der Fortschritt in den Ereignissen selbst liegt oder ob er in der Deutungshoheit des die räsonierende Öffentlichkeit repräsentierenden Philosophen beschlossen liegt.

Kants traktive Fassung des historischen Fortschritts ist subtiler als jene kruden Ideen des Realsozialismus. Allerdings findet sich bei Kant bereits die Grundidee sowie die Legitimationsstrategie der späteren politisch-revolutionären Avantgarden wieder, die darin besteht, dass es unverzichtbar, weil vernünftig sei, die Weltgeschichte im Großen als nach einem geheimen Plane verlaufend zu deuten und daraus einen Auftrag abzuleiten, den die Menschheit im ganzen zu vollbringen und der Philosoph zu verkünden habe. Kant hat damit die Zumutung an das Individuum gerechtfertigt, sich diesem übergeordneten Ganzen zu unterwerfen und seine Ansprüche auf Glückseligkeit und Sinnerfüllung an sein eigenes Leben gegenüber dem geheimen Naturplan der Schöpfung zurückzustellen. Der Philosoph nimmt es auf sich, hierfür die metaphysische Rechtfertigung zu liefern und das Individuum, aber am Ende auch die gesamte Gesellschaft, auf das Opfer für ein transzendentes Ziel zu verpflichten.

III.

Traktion als Gewalttat – zur negativen Dialektik des Fortschritts; Selbstaufklärung der Aufklärung

Die Bedeutung des Kantschen Fortschrittsbegriffs für die weitere Entwicklung des moralischen Selbstverständnisses der Moderne kann kaum überschätzt werden. Seine Idee erwies sich als formalisiert genug, um selbst in den unterschiedlichsten Spielarten zur Konstante des Entwicklungsgeschehens avancieren zu können, an der sich die Realgeschichte moralisch-kontrastiv abtragen lassen konnte. Ihr Formalismus bot zudem den Vorteil, dass die durch sie gesetzte Norm nicht material erfüllbar sein musste. Moralität und Sittlichkeit sind laut Kant historisch-konkret nur approximativ ausfüllbar, wenn auch als Gattungsziel unverzichtbar. Die Erfüllung des moralischen Solls in seiner Idealität ist damit konkret unmöglich, aber als *kontrafaktische* Norm doch stets postulierbar. Die Doppelstruktur der Moralität, einerseits unerfüllbar zu sein, aber andererseits dennoch stets verfolgt werden zu müssen, findet ihren Ausdruck in der Apotheose des Pflichtbegriffs durch Kant. Was für ein oberstes moralisches Wesen den Charakter der Heiligkeit besitzt, ist für uns Nötigung zur Pflichterfüllung.[51] In Kants Worten:

51 Ebd., S. 82

»Pflicht! du erhabener, großer Name, der du nichts Beliebtes, was Einschmeichelung bei sich führt, in dir fassest, sondern Unterwerfung verlangst, doch auch nichts drohest, was natürliche Abneigung im Gemüthe erregte und schreckte, um den Willen zu bewegen, sondern blos ein Gesetz aufstellst, welches von selbst im Gemüthe Eingang findet und doch sich selbst wider Willen Verehrung (wenn gleich nicht immer Befolgung) erwirbt, vor dem alle Neigungen verstummen, wenn sie gleich insgeheim ihm entgegen wirken: welches ist der deiner würdige Ursprung, und wo findet man die Wurzel deiner edlen Abkunft, welche alle Verwandtschaft mit Neigungen stolz ausschlägt, und von welcher Wurzel abzustammen, die unnachlaßliche Bedingung desjenigen Werths ist, den sich Menschen allein selbst geben können?«[52]

Und das Ziel der Befolgung des moralischen Gesetzes besteht denn auch nicht in der Erzielung der Glückseligkeit, sondern darin, die Hoffnung zu nähren, ihrer (in einer jenseitigen Welt) teilhaftig zu werden. Die Arbeit hienieden vermag also, formal gesehen, uns nicht selbst die ersehnte Glückseligkeit zu bescheren, sondern uns allenfalls dieser würdig werden lassen, oder anders ausgedrückt: ihrer nicht *unwürdig* zu sein.[53]

Ohne Frage spiegelt sich in Kants Moralismus und Fortschrittsbegriff ein christlich-eschatologisches Moment wider, das zwischen Erlösungshoffnung und Verdammnisurteil schwankt und aus dieser Unentschiedenheit jene asketische Moralität ableitet, die den Fortschritt der Gattung wohl als Versöhnungsprozess oder geduldigen Abtrag einer Urschuld zu begreifen vermag, aber aus der Sicht der jeweiligen historischen Individuen nur die Selbstentsagung zum Zwecke der Pflichterfüllung vorhält. Bei genauerem Hinsehen jedoch stellt sich heraus, dass der Pflichtbegriff dem Einzelnen nur jene Belastungen aufbürdet, die eigentlich der biblische Gott durch seinen Schöpfungsakt eingegangen ist. Ist dieser nämlich aufs Gute angelegt, hätte Gott sich auf das Spiel der Theodizee einlassen müssen. Kant aber findet

52 Ebd., S. 86
53 Ebd., S. 130

durch die feine Unterscheidung zwischen Individual- und Gattungsschicksal eine Möglichkeit, das Rechtfertigungsverhältnis geradezu auf den Kopf zu stellen: Nicht Gott muss sich für den Zustand der Welt rechtfertigen, sondern der historische, konkrete Mensch muss die Welt, die laut Kant immer mehr das Resultat seiner Vernunfttätigkeit wird, vor ihm rechtfertigen.

Entgegen einer weit verbreiteten Auffassung hat Kant nicht ernsthaft versucht, aus der Logik des *Theos* auszubrechen; im Gegenteil. Seine Philosophie insgesamt bildet den paulinischen Versuch nach, uns plausibel zu machen, dass die Wege des Herrn unerforschlich sind[54]; und er bietet all seinen Scharfsinn auf zu zeigen, dass dies auch auf immer so bleiben wird: »Also möchte es [...] damit seine Richtigkeit haben, was uns das Studium der Natur und des Menschen [...] hinreichend lehrt, daß die unerforschliche Weisheit, durch die wir existiren, nicht minder verehrungswürdig ist in dem, was sie uns versagte, als in dem, was sie uns zu theil werden ließ.«[55]

Dass Kant nicht auf einen positiven Gottesbegriff verzichten mochte, obwohl seine Epistemologie dies nahe legt, liegt darin, dass aus der allgemeinen Kritik der reinen Vernunft nicht zu folgern ist, ob der Fortschritt Menschheit wirklich auf das Gute gerichtet ist. Die Vernunft bliebe *ohne* einen Gott gegenüber der Welt und ihren Erscheinungen gleichsam leer.

Es ist Horkheimer und Adorno zu verdanken, die Fatalität des Vernunftbegriffs für die Moral ans Licht gebracht zu haben. Ihre These, dass auch eine Gemeinschaft, die der Marquis de Sade in seinen Schriften ausgedacht hat, Vernunft und Rationalität für sich reklamieren kann, basiert auf der Überlegung, dass aus der formalen Vernunftbegabung des Menschen mit derselben Stringenz ein Moralsystem des Bösen konstruiert werden kann. Kants Optimismus,

> »nach dem moralisches Handeln auch dort vernünftig sei, wo das niederträchtige gute Aussicht habe, ist das Entsetzen vor dem Rückfall in die Barbarei. [...]

54 Vgl. Römer 11.33

55 KdpV S. 148

Aber die sittlichen Kräfte sind ja Kant zufolge vor der wissenschaftlichen Vernunft nicht weniger neutrale Triebe und Verhaltensweisen als die unsittlichen, in dies sie auch sogleich umschlagen, wenn sie anstatt auf jene verborgene Möglichkeit auf die Versöhnung mit der Macht gerichtet sind.«[56]

Doch bei aller Würdigung des utopischen Gehalts der transzendentalen Vernunftallgemeinheit[57] besteht Kants Versöhnungsversuch in Wahrheit darin, die Vernunft zu verwissenschaftlichen und zu intellektualisieren. Dies hat für den aufklärerischen Fortschrittsoptimismus jedoch eine fatale Konsequenz. Denn die Anwendung der Vernunft auf die Sittlichkeit muss dazu führen, die Unbedingtheit des moralischen Sollens gegen den pragmatischen Kalkül ihres empirischen Einsatzes abzuheben und damit empirisch zu neutralisieren. Vernunft fordert die und scheitert zugleich an der Moral, eben weil sie bei Kant nach der Logik eines Kalküls konzipiert wird.[58] Unter dieser Voraussetzung muss Kant, will er die Kohärenz seines Systems retten, die Natur des Menschen einerseits von der Sittlichkeit ausschließen und *zugleich* doch zum Mittel der Beförderung dieser Sittlichkeit in Dienst nehmen. Damit aber wird der menschlichen Natur jenes Potenzial in einem Atemzug zugesprochen und abgesprochen, das, wie Horkheimer und Adorno annehmen, eine Sittlichkeit hervorbringt, die doch unerlässlich ist für die Utopie einer versöhnten Gesellschaft. Die Aufklärung sieht sich damit in eine Dialektik verwickelt, die sie in den Händen ihrer nicht-optimistischen Gegner zum Werkzeug ihrer eigenen Destruktion werden lässt. Soweit sie sich als ein kritisches Instrument zur Entmythologisierung und Säkularisierung versteht, wird sie blind gegen ihre Verkürzung zu einem instrumentellen Begriff der herrschenden Zustände und zunehmender Unterdrückung. Sie liefert sich damit nicht nur ihren eigenen Gegnern,

56 DdA S. 105

57 Vgl. DdA, S. 102f.: »Kants Begriffe sind doppelsinnig«, weil sie das Denken der Utopie ebenso wie das kalkülisierende Denken befördern. In der Tat macht sich Kant über allzu genaue Utopien in *Streit der Fakultäten*, VIII, S. 92, Anm., eher lustig.

58 DdA, S. 105

den neuen Mythologien und Irrationalismen, aus, sondern betreibt selbst das Geschäft der Verblendung und der Gewalt.

Die Horkheimer und Adorno leitenden Hintergrundannahmen ihrer Kant-Kritik über die Natur des Fortschritts sind nicht leicht zu erkennen. Offensichtlich ist für sie eine Fortschrittsgeschichte der Menschheit als Erreichen eines mit Bezug auf die Gesellschaft klassenlosen, mit Blick auf das Individuum eines Zustandes der Erlösung zu fassen. Während nach der Lehre des klassischen Marxismus[59] eine Abfolge (Progression) von Klassengesellschaften durch die Steigerung der menschlichen Produktivität und Güterproduktion dafür sorgt, dass nach der bürgerlichen Gesellschaft der Fortschritt zu einer höheren, weil nicht antagonistisch organisierten Gesellschaft möglich wird, sehen Horkheimer und Adorno angesichts des Faschismus diese Parallelisierung von Fortschritt der Naturbeherrschung und gesellschaftlichem Fortschritt zerbrochen. Sie sehen ihre Aufgabe nun darin, auf eine immanente Dialektik der Aufklärung hinzuweisen, die man unter das Motto stellen könnte: Es gibt durchaus die Möglichkeit des *Fortschritts zum Rückschritt*, oder, anders formuliert: die Möglichkeit der »Selbstzerstörung« durch ihre konsequente Anwendung.[60]

59 Hierfür spricht auch, dass sie die Geschichte insgesamt, und nicht nur die Neuzeit, als eine Geschichte der Aufklärungen und der Remythologisierungen fassen (vgl. DdA, S. 112f.), freilich mit der aus dem Kommunistischen Manifest entlehnten Vorstellung, dass erst die bürgerliche Aufklärung mit dem Anspruch angetreten ist, jegliche Mythologie zu beseitigen: »Während [...] alle früheren [von den historischen Aufklärungswellen bewirkten, MK] Veränderungen, vom Präanimismus zur Magie, von der matriarchalischen zur patriarchalischen Kultur, vom Polytheismus der Sklavenhalter zur katholischen Hierarchie, neue, wenn auch aufgeklärtere Mythologien an die Stelle der älteren setzten, den Gott der Heerscharen an die Stelle der großen Mutter, die Verehrung des Lammes an die Stelle des Totems, zerging vor dem Licht der aufgeklärten Vernunft jede Hingabe als mythologisch, die sich für objektiv, in der Sache begründet hielt.« (Ebd. S. 113) Freilich teilen sie nicht den marxistischen Glauben an eine ‚Naturgesetzlichkeit' der historischen Entwicklung. Im Namen der Aufklärung Freiheit als bloße Einsicht in die Notwendigkeit zu interpretieren, erscheint ihnen als eine ‚Entartung' (ebd. S. 56).

60 Ebd., S. 7

Die Vollendung der Aufklärung führt daher zu ihrer Fetischisierung; das Irrational-Mythologische, das sie zu bekämpfen angetreten war, kehrt in subtiler Gestalt wieder: Der Mythos, den die Aufklärung zu bekämpfen antrat, wird selbst zum Bestandteil der Ratio. Damit vollendet sich, so Horkheimer und Adorno, im gleißenden Licht der Aufklärung der gesellschaftliche »Verblendungszusammenhang«[61] – *incipit falsum.*

Wie angesichts dieser apokalyptischen Zeitdiagnose ein rettender Ausweg aus der völligen Verfinsterung der Kultur durch instrumentalistische Rationalität und Faschismus gefunden werden kann, ist nicht leicht zu sehen. Es scheint, dass Horkheimer und Adorno auf jenes fortschrittlich-utopisches Moment setzen, das etwa bereits bei Kant als transzendenter Vorgriff auf eine erlöste Geschichte in ihr aufgeblitzt ist[62] und das nun selbst wieder als ein Werkzeug für eine radikale Kritik an Herrschaft und Unterdrückung sowohl in der Gesellschaft, als auch gegenüber der Natur eingesetzt werden kann. Auf diese Weise, so hoffen sie, nämlich als selbstreflexive Bestätigung der ihr innewohnenden Sprengkraft gerade gegenüber ihrer eigenen Verblendung, vermag Aufklärung jenes fortschrittliche Moment bewahren, das in ihrer Vernunft angelegt ist. Vorgriff auf Versöhnung und Verweigerung der Instrumentalisierung sind die einzigen Garanten für einen historischen Fortschritt, der diesen Namen verdient. Nur eine solche Aufklärung vermag die Gefahr zu bannen, in ihrem Vollzug wieder zur Freisetzung neuer Irrationalität ‚umzuschlagen'. Dieses Umschlagen als historischer Verrat an den eigenen Idealen lässt sich am Beispiel der Emanzipation des Bürgertums verdeutlichen:

> »Alle vorgegebenen Bindungen verfielen damit dem tabuisierenden Verdikt, nicht ausgenommen solche, die zur Existenz der bürgerlichen Ordnung selbst notwendig waren. Das Instrument, mit dem das Bürgertum zur Macht gekommen war, Entfesselung der Kräfte, allgemeine Freiheit, Selbstbestimmung, kurz, die Aufklärung, wandte sich gegen das Bürgertum, sobald es

61 Vgl. ebd., S. 56f.

62 Etwa in dessen Utopie von der republikanischen Assoziation freier und sich gegenseitig achtender Wesen, vgl. DdA, S. 102f.

als System der Herrschaft zur Unterdrückung gezwungen war. Aufklärung macht ihrem Prinzip nach selbst vor dem Minimum an Glauben nicht halt, ohne das die bürgerliche Welt nicht existieren kann. Sie leistet der Herrschaft nicht die zuverlässigen Dienste, die ihr von den alten Ideologien stets erwiesen wurden. Ihre anti-autoritäre Tendenz, die, freilich bloß unterirdisch, mit jener Utopie im Vernunftbegriff kommuniziert, macht sie dem etablierten Bürgertum schließlich so feind wie der Aristokratie, mit der es sich denn auch recht bald verbündet hat.«[63]

Konsequente Selbstaufklärung der Aufklärung soll gegen jene instrumentalistische Verkürzung helfen, die in dem Begriff der unreflektierten Aufklärung lauert. Nur eine Aufklärung, die sich dem Zugriff der Ideologie – und damit dem Verrat am eigenen Programm – durch auf Dauer gestellte Selbstaufklärung entzieht und als Aufbruch zur Utopie manifestiert, verdient diesen Namen und vermag zum Hoffnungsträger einer kritischen Theorie werden: Sie bezeugt die Parteilichkeit, dass sie »Herrschaft überhaupt entgegengesetzt« ist[64] und rechtfertigt ihre ‚Unnachgiebigkeit' gegenüber den jeweils herrschenden Verhältnissen. Im Geiste des Widerstandes wäre sie in der Lage, »den [Geist] des erbarmungslosen Fortschritts selber an seinem Ziel zu wenden«.[65] Mit dem »erbarmungslosen Fortschritt« ist nichts anderes als das Bacon'sche Projekt zunehmender Unterwerfung und Beherrschung der menschlichen und außermenschlichen Natur gemeint. Aus der Sicht einer über sich selbst aufgeklärten Aufklärung erscheint das grandiose Projekt der Moderne als ein historisches *Verhängnis,* als ein grundlegendes Verfehlen des Gattungsziels. Die Idee des Fortschritts, sofern sie sich für die Strategie der Universalisierung der kapitalistischen Verwertungslogik und der rational-instrumentellen Vernunft einspannen lässt, schlägt um in Irrationalität und führt geradewegs in die Regression und Gewalttätigkeit des faschistischen Denkens.

63 DdA, S. 113
64 Ebd., S. 55
65 Ebd., S. 57

IV.

Abkoppelung vom Traktor-Modell? Zu einer ‚Zweiten Aufklärung'

Der leidenschaftliche Einspruch des kritischen Denkens gegen den Eigenlauf der technischen Rationalität und des mit ihm in Verbindung gebrachten Fortschritts, die Horkheimer und Adorno gegen eine naive Aufklärung aufboten und die sie mit ihrer Forderung einer sich selbst aufklärenden Aufklärung bewahren wollten, führt in abgewandelter Weise das Grundanliegen Kants gerade an der Stelle fort, an der es in der Version Kants verloren zu gehen droht. Wenn nämlich Kant die Idee der ‚Versöhnung' des kritischen Denkens mit der Weltgeschichte in dem pragmatischen Ausgleich des Gattungsinteresses mit seiner Verstrickung in historische Kontingenz denkt und das Individuum in seinem Selbstzweck der strikten Pflicht zur Selbstopferung für das Gattungsziel preisgibt, verliert er den Blick für den utopischen Vorgriff, in dem das Projekt der Theodizee mit einer kontrafaktischen Anthropodizee enggeführt werden kann. Indem die *Dialektik der Aufklärung* in einer schaurigen Parallelaktion das Projekt de Sades als ebenso ‚vernünftig' zu rekonstruieren vermag wie Kants Berechnung des ‚Ertrags', den das Festhalten am unbedingten kategorischen Imperativ »abwirft«[66], wenn sie Nietzsche, Marx und Freud zu Zeugen der Aufklärung aufrufen können, ohne dass Kant dagegen argumentativen Einspruch erheben dürfte, dann rückt die tiefe *Ambivalenz* des mit der Aufklärung Gemeinten und Bewirkten vor Augen. Aufklärung der Aufklärung bedeutet selbstverständlich nicht, den Begriff der Aufklärung überhaupt zu denunzieren, sondern heißt, gegen die Idee eines *unilinearen Fortschritts*, an der Kant aufgrund seines paulinisch-christlichen Vorverständnisses systematisch festgehalten hat, die Idee der *Ambivalenz der Fortschrittsfolgen* zu setzen. Die aufklärerische Arbeit der Moderne richtet sich zum einen auf den Aufbau einer

66 VIII, S. 91

humanen Welt der Sittlichkeit, aus der Herrschaft, Unterdrückung, Not und Elend verbannt sein und in der die Menschen ihre Gesellschaft in freier Assoziation gestalten werden, zum anderen aber impliziert sie die paulinisch-augustinische Monstrosität, die ein solches Projekt, wird es soterologisch (wie bei Kant) überhöht, unvermeidlich mit sich bringen wird. Jeder Fortschrittsoptimist im Sinne der traktiven Tradition der abendländischen Metaphysik wird sich darüber im Klaren sein müssen, dass diese ‚Nebenfolgen', in den Scheinwerfer der sich selbst aufklärenden Aufklärung gerückt, nicht das Andere der Aufklärung darstellen, sondern *Produkt* der Aufklärung selbst sind, solange diese nicht in den schmerzhaften Prozess der Selbstreflexion eingetreten ist.

Aus dieser Perspektive betrachtet, hat sich das ‚Ende des Bacon'schen Zeitalters' nicht erst mit der Verselbständigung der technischen Rationalität gegenüber der Sittlichkeit im positivistischen 19. und dann, in einer sittlichen Katastrophe kulminierend, im 20. Jahrhundert eingestellt, sondern wurde bereits mit der Kantschen ‚Zwei-Reiche-Lehre' des Humanen angelegt. Freilich ist, wenn auch nur in der historischen Rückschau, bereits bei Bacon eine persistente, freilich untergründig bleibende Ambivalenz des Fortschrittsbegriffs zu spüren. Indem Kant das Leben der Menschen in einen *mundus autonomus* der moralischen Existenz mit seiner Anlage zum Guten und einen *mundus heteronomus* der physikalischen Natur und deren technischer Ausgestaltung zerlegte, machte er zwar die Zerrissenheit des Bürgertums explizit, zugleich aber implantierte er eine sozusagen schizogene Struktur in das Selbstverständnis der Menschheit vom Sündenfall bis zu den Zeiten eines Ewigen Friedens. Horkheimer und Adorno haben gezeigt, dass in diese durch diese Spaltung aufgerissene Öffnung die Apokalypse des faschistischen Denkens im Namen von Versöhnung und Eindeutigkeit, kurz: von Heilung und Gesundung eindringen kann, indem die humanen Versprechen der Aufklärung durch supplementierende Eingriffe der Macht zu bloßen Hülsen verkommen und in ihr Gegenteil gewendet werden.

Auch Zygmunt Bauman hat in seinem Buch *Moderne und Ambivalenz* eindringlich vor dieser Tendenz der Moderne zur Eindeutigkeit gewarnt, das Gefälle zwischen dem moralischen Anspruch und den tatsächlichen, historischen Folgen des Fortschritts einebnen zu wollen.[67] Ambivalenzreduktion mit dem Ziel der ‚Vereindeutigung' ende, so Bauman, in der Rationalität der Massenvernichtung, wie sie im 20. Jahrhundert zu beobachten sei. Allerdings zeiht Bauman die Aufklärung pauschal jener fatalen Tendenz zur Monolateralisierung, ohne zu erkennen, dass auf diese Weise keineswegs Aufklärung und Fortschritt *per se*, sondern allein deren Konfigurierung als supplementbedürftige Strategie des Fortschritts im Sinne einer *Traktion* in den Blick kommen.

Demgegenüber wird gerade eine über sich selbst aufgeklärte Aufklärung, die in ihrer Selbstbewegung jeden supplementierenden Eingriff des Philosophen-Erziehers durchschaut und abwehrt, ihre eigene Großnarration verabschieden können. Jean François Lyotard hat diese Möglichkeit als das ‚Ende der großen Erzählungen' beschrieben und damit, ganz analog der Strategie Horkheimers und Adornos, eine neuerliche Aufklärung der Aufklärung vorgenommen.[68] Allerdings soll damit für Lyotard ein entscheidender Schritt über die Moderne hinaus vollzogen und jene *condition postmoderne* erreicht sein, in der im Namen der Pluralität auch die kritische und zugleich *emanzipative* Kraft der Aufklärung und damit der Motor des Fortschritts verloren scheint.

Lyotards Irrtum besteht darin, dass durch seine Multiplikation des Modernebegriffs mit dem Faktor ‚Post' erst jene Pluralität zu erzeugen sei, die uns Aufklärung bisher vorenthalten hat. Dies mag historisch zutreffen, übersieht allerdings, dass Aufklärung, selbst die Kants, die Unendlichkeit von Wahlmöglichkeiten immer schon voraussetzt. Wie Horkheimer und Adorno zeigen, lässt sich Aufklärung auch so verstehen, dass sie nach Möglichkeiten sucht, das Multiversum von Welten als Option zu verteidigen. Ihr Wesen bestünde dann darin, sich nicht auf die Position eines unbewegten Bewegers zurückzuziehen, sondern, das Denken orientierend, jene Grenzziehungen zu registrieren und aufzuweisen, die durch die supplementierenden Verknappungsstrategien traktiven Denkens vorgenommen worden sind.

67 Bauman [1998]

68 Lyotard [1982]

Vielleicht sollte man, in Anspielung auf Ulrich Beck, von einer Epoche der ‚zweiten Aufklärung' sprechen, in die wir heute eingetreten sind. Zweite Aufklärung lebt parasitär von den bifurkativen Strukturen der ersten; sie registriert deren voreilige Entgegensetzungen, willkürliche Grenzziehungen, unausgewiesene metaphysische Voraussetzungen, logische Inkonsistenzen, Scharten und Brüche.

Lyotards pathetische Verkündung eines postmodernen Zeitalters kann allerdings für das Projekt einer zweiten Aufklärung insofern fruchtbar werden, als mit ihrer Öffnung für das Denken der Pluralität eine Option formuliert ist, die von Vornherein mit der Ambivalenz und damit mit der *Unvorhersagbarkeit* der Folgen aufklärerischen Tuns rechnet. Das Traktoren-Modell der Aufklärung – also jene als Fortschritt camouflierte Zwangsvollstreckung der Mündigkeit an den der Unmündigkeit *schuldig* gewordenen Menschen –, dessen Motorengeräusch noch in der *Dialektik der Aufklärung* zu vernehmen ist, könnte in der so genannten *condition postmoderne* zu einem bloß fernen Echo einer fernen Periode werden.

Bereits Oswald Spengler hat in seiner Theorie der ‚Kulturkreise' von der Inkommensurabilität und Selbstbezüglichkeit, mithin: Relativität, verschiedener Fortschrittskonzeptionen gesprochen. Seinerzeit hat Thomas Mann Spenglers Idee auf eine ironisch-zynische Spitze getrieben, wenn er mit beißendem Spott die »intentionelle Re-Barbarisierungs«-Tendenz des reaktionären Kridwiß-Kreises schildert, den er in seinem *Dr. Faustus* über die schädlichen Auswirkungen der Alphabetisierung der niederen Schichten diskutieren lässt.[69] Dennoch ist der Kulturrelativismus der Werte seit langem eine Tatsache; es verwundert eher, dass es erst der intellektuellen Übertreibungen der letzten Jahrzehnte bedurfte, um uns von der Gewalttätigkeit der progessistischen Traktate über den Fortschritt und die unvermeidbaren Opfer seiner Herbeiführung zu kurieren.[70] Bezeichnen-

69 Vgl. Mann [^{2}1974], S. 487–491.

70 Ich denke an die Verkündung einer fröhlich-positivistischen Postmoderne, die ironische Brechung unseres abendländischen epistemologischen Optimismus nach dem *linguistic turn*, an die Theorien vom Ende der Geschichte ist die Geschichte vom Ende des Fortschritts, das einmün-

derweise ist ihnen die Zurückweisung jenes Modells des Fortschritts gemeinsam, das in dem *unilinearen* Eingriff in die vielfältigen Entwicklungsmöglichkeiten besteht und darin sein Genügen findet.

Der Kupferstich, den N. Andry 1746 als eine Allegorie auf die Pädagogik angefertigt hat (Abb. 5), bringt eine Fortschrittskonzeption zum Ausdruck, die das ‚Unterwegs-zu' in Richtung auf ein bestimmtes Ziel hin supplementiert. Unschwer ist aus diesem Kupferstich die Allegorie auf die tiefe Neigung des Abendlandes abzunehmen, das ‚krumme Holz der Humanität' an einem Ideal auszurichten und es, die Weltgeschichte als ein Erziehungsprozess gedacht, in eine bestimmte, und zwar vom Philosophen-Pädagogen bestimmte, Richtung zu zwingen.

Um das Modell der ‚zweiten Aufklärung' zu etablieren, ist vielleicht ein letztes Mal ein Anstoß im Sinne der traditionellen Traktions-Vorstellung des Fortschritts erforderlich. Wir brauchen diesen Stoß, um das Modell der ‚ersten Aufklärung' von außen betrachten und es als Antwort auf ein tiefes Bedürfnis der Menschen lesbar machen zu können – ein Bedürfnis, das offensichtlich so tief reicht, dass wir es gewohnt waren, es für den Ausdruck einer unverrückbaren Logik des Fortschritts überhaupt und nicht als ein Bild für unser Verlangen, es so zu sehen, hielten. Gemeint ist die Vorstellung, Fortschritt müsse eine Bewegung in einer *erkennbaren und prognostizierbaren bzw. steuerbaren* Richtung sein, er müsse überschaubar sein, gleichsam in unserer Verfügungsgewalt stehen. Das Bild, das uns dabei gefangen hält, ist das Bild der *Linearität*, ein Denken im Muster jener Physik, von der wir uns die Konstanz, Verlässlichkeit und letztlich die Beherrschbarkeit der Welt erwarten.

Woher aber kommt das Pathos dieses Fortschritts, aus dem sich die Legitimität der Traktion, also die Unterwerfungslust eines Bacon, das Heroische der Pflicht bei Kant und die brutale Zwangsgeste der gesellschaftlichen Umwertung im sowjetischen Sozialismus herleitet? Woher beziehen Horkheimer und Adorno ihre divinatorische Kraft zum Urteil über den Gang der Weltgeschichte von Odysseus bis de

---

den könnte in einen ‚rasenden Stillstand'. Auf dem Gebiet der Wissenschaftstheorie haben Thomas Kuhn und Paul Feyerabend die These der Inkommensurabilität als Pharmakon gegen den ‚traktiven' Fortschrittsbegriff aufgeboten.

Sade und Hitler, vom archaischen Zeitalter des Mythos bis hin zum Vorgriff auf die Versöhnung von Denken und Sein, von Mensch und Natur?

Horkheimer und Adorno geben einen Vorgriff auf eine mögliche Antwort auf diese Frage, indem sie das Entstehen der abendländischen Ratio als einen Kon-trakt deuten, der zwischen den Menschen und ihrer Welt mit Blick auf die Antizipation künftiger Zustände geschlossen wird. Fortschritt im Sinne der Traktion wird möglich, wenn sich die Ereignisse von ihrem ‚Ende' her verlässlich rekonstruieren lassen; und der Vertrag, der Kon-trakt, ist die Methode oder die Form, das Funktionieren dieser Antizipation des Endes sicherzustellen. Paul Ricoeur hat den Menschen als das zum Versprechen und damit zur Verantwortung fähige Wesen bezeichnet; bereits die Sprache legte uns auf das Kontrakt-Modell fest.[71] Aber ebenso gilt umgekehrt, dass dieser Mensch als das zum Versprechen *fähige* Wesen sich in dieser Bestimmung nur behaupten kann, wenn er die Zeit und die Strukturen der Welt soweit beherrscht, *dass er sie zur Erfüllung seiner Versprechen zu zwingen vermag*. Die Vindizierung seiner Versprechenskompetenz bedingt einen Akt der Herrschaft und des Zwangs gegen die Natur um ihn und in ihm. Friedrich Nietzsche hat die hierbei angewandten Zwangsmaßnahmen zur Erzeugung von externer wie internalistischer ‚Versprechenskompetenz' in seiner Abhandlung *Zur Genealogie der Moral* eindringlich belegt.

Solche Überlegungen können einen Hinweis darauf geben, warum das plurale Fortschrittsmodell des *Aufbruchs* immer wieder in ein unilinear-traktives Modell des *Anbruchs* umgedeutet wird. Thematisiert ersteres ein Noch-nicht und Unterwegs-sein, öffnet den Horizont auf einen Kon-takt, generiert letzteres Richtung und Sinn der Bewegung, verpflichtet den Akteur und seinen Handlungsraum in einem Kon-trakt. Beide sind in der Geschichte des Abendlandes gleichzeitig vorhanden; in der theistischen Metaphysik hat aufgrund der Supplementierungsstruktur des Kon-traktualismus und der Dialektik der Aufklärung das Traktionsmodell obsiegt.

71 Vgl. Ricoeur [1983ff.].

Abb. 5: N. Andry: ‚*L'Orthopédie ou l'art de prévenir e de corriger…*', 1749 – eine Allegorie des *krummen Holzes der Humanität*?

Allerdings hat Kant hat mit seiner kritischen Philosophie beide Optionen in die Idee des Fortschritts ‚eingeschrieben', ohne selbst die Ambivalenz seiner Vorstellungen auszutragen. Am Ende hat er sich für ein soteriologisches Fortschrittsmodell entschieden. Dagegen ist darauf zu beharren, dass beide Fortschrittskonzeptionen logisch gleichwertig, d.h. gleichweise *möglich* sind – zumindest der Idee nach, als motivierende Sehnsucht und als utopisches Projekt. Das finstere zwanzigste Jahrhundert, das von den traktorischen ‚Fortschritts'-Konzepten der Avantgarden oder von ‚Volksschleppern' durchfurcht wurde, hat diese Variante der Aufklärung in ihrer monströsen Dialektik entfaltet und auf immer die Spur der Barbarei in das Feld des Fortschritts eingeschrieben.

Welches Schicksal wird der Fortschritt innerhalb der heute möglichen ‚zweiten', nicht-linearen Aufklärung haben? – Die Modelle des Fortschritts als Aufbruch und Fortschritt als Anbruch werden sich auch in Zukunft wieder zu einem dynamischen Amalgam verbinden. Sobald sich das Pathos des *Aufbruchs* aus einer gehegten Zeit mit dem Ziel des Kontakts mit Neuem oder Anderem verflüchtigt und dem Bewusstsein des *Anbruchs* einer neuen, ‚fortgeschrittenen', aber normalisierten Periode gewichen ist – und dies wird unvermeidlich geschehen –, wird sich im Schoß der trajektorischen Epoche ein neues Bewusstsein für die verwischten Spuren der verflossenen Phase des Aufbruchs bilden und sich schließlich als romantische Sehnsucht nach dem Anderen und dann als programmatisches Aufbruchspathos erneut bemerkbar machen. Im unablässigen, chaotischen Wandel des historischen Ereignisgangs wird man mit dem Blick der zweiten Aufklärung vielleicht ein immer gleiches Muster identifizieren – die Wiederkehr des Immergleichen in stets neuem Gewand. Nur wenige Philosophen des Abendlandes haben es bisher gewagt, die zweite Aufklärung aus sich selbst heraus zu denken und sie aus sich selbst zu begründen. So verwundert es nicht, dass der Einfluss derer zunimmt, die glauben, in diesem Immergleichen der Veränderungen wiederum einen göttlichen Schöpfungsplan und einen transzendenten Fortschritt erkennen zu können. Die sich derzeit postpostmodernistisch re-formierende Kirche möchte den Fortschritt wieder in die

Trajektion der Metaphysik zurückbiegen.[72] Erneut soll das humane Pathos des Aufbruchs gebrochen und metaphysisch überformt werden. Eingeleitet wird nichts weniger als die Rückkehr der Amtskirche aus der Phase des Zweiten Vaticanums zu jener Haltung, die mit der tragischen Figur des unterwegs-seienden Paulus, der nach seiner Konversion zum Vordenker der Gegenaufklärung wurde, begonnen hatte und über Jahrhunderte zum Unglück der Menschen geführt hat. Doch seit der ‚Entidolarisierung' der Religionslehren durch Francis Bacon verfügt die Kirche allenfalls über Ideologie. Zu sehr ist die katholische Kirche, wie das angeführte Beispiel des Augustinus lehrt, in das Traktionsmodell des Fortschritts verstrickt. Ihre Pathosformeln gewinnen ihre Kraft aus dem Versäumnis der ersten Aufklärung, sich auf sich selbst zu beziehen und eine Aufklärung zweiter Ordnung zu begründen. Zweite Aufklärung zu betreiben, ist gerade deshalb nötiger denn je.

Literatur*:*

Augustinus [2003]: ‚Bekenntnisse.' Mit einer Einleitung von Kurt Flasch. Übers., mit Anm. versehen und hg. von Kurt Flasch und Burkhard Mojsisch, Stuttgart 2003

Bacon, Francis [1620]: ‚The New Organon or True Directions Concerning the Interpretation of Nature' (=http://www.constitution.org/bacon/nov_org.htm)

Bauman, Zygmunt [²2005]: ‚Moderne und Ambivalenz. Das Ende der Eindeutigkeit', Hamburg 2005

Berlin, Isaiah [1995]: ‚Der angebliche Relativismus des europäischen Denkens im 18. Jahrhundert', in: ‚Das krumme Holz der Humanität', Frankfurt am Main, S. 97–122

Blumenberg, Hans [1974]: ‚Säkularisierung und Selbstbehauptung', 2. Aufl., Frankfurt am Main 1974

Böhme, Gernot [1993]: ‚Am Ende des Baconschen Zeitalters',

72 Vgl. die Kritik Benedikts XVI. am modernen Fortschrittsbegriff in der ‚Enzyklika Spe salvi' vom Dezember 2007.

in: ders., ‚Am Ende des Baconschen Zeitalters. Studien zur Wissenschaftsentwicklung', Frankfurt am Main 1993

Boethius [2005]: ‚*Consolatio Philosophiae* / Trost der Philosophie', übers., hrsg. und mit einem Nachwort vers. von Kurt Flasch, München 2005

Dickens, Charles [2003]: ‚Great Expectations', London 2003

Ford, Henry [1922]: ‚My Life and Work', New York 1922

Freud, Sigmund [1946]; ‚Zeitgemäßes über Krieg und Tod', in: Gesammelte Werke, Bd. X, Frankfurt am Main, S. 323–355

Horkheimer, Max und *Adorno, Theodor W.* [1968]: ‚Dialektik der Aufklärung', Amsterdam

Kant, Immanuel [1968]: Werke, Akademie-Ausgabe, Nachdruck: Berlin 1968

Lenin, W. I. [1929]: Sämtliche Werke, Bd. 26, Moskau 1929

Luxemburg, Rosa [1916]: ‚Die Krise der Sozialdemokratie' (= www.marxists.org/deutsch/archiv/luxemburg/1916/junius)

Lyotard, Jean-François [1984]: ‚Das postmoderne Wissen. Ein Bericht' (= Theatrum Machinarum H. 3–4, Jg. 1), Bremen 1984

Mann, Thomas [1974]: ‚Dr. Faustus' (= GW VI), 2. Aufl., Frankfurt am Main 1974

Markschies, Christoph [2006]: ‚Das antike Christentum. Frömmigkeit, Lebensformen, Institutionen', München 2006

Mitterer, Josef [2001]: ‚Die Flucht aus der Beliebigkeit', Frankfurt am Main 2001

Ohler, Norbert [1991]: ‚Reisen im Mittelalter', 2. Aufl., München 1991

Ricoeur, Paul [1983ff.]: ‚Zeit und Erzählung', 3 Bde., München 1983ff.

Shapin, Steven [1998]: ‚Die wissenschaftliche Revolution', Frankfurt am Main 1998

Simek, Horst [1992]: ‚Kosmos und Weltbild im Mittelalter', München 1992

Stalin, J. W. [1954]: Werke, Bd. 12, Berlin 1954

Wolfert von Rahden

»Einen tanzenden Stern gebären ...«. Nietzsches ewige Niederkunft des Neuen

Kaiser Wilhelm II. zu Max Planck:
»Was gibt's Neues, Planck?«
Max Planck zu Kaiser Wilhelm II.:
»Kennen Majestät denn schon das Alte?«

1. Orte des Neuen: Individuum und Übermensch
2. Wie das Neue *nicht* zu denken ist
3. Das historisch ambivalent Neue: die gegenläufige Doppelbewegung
4. Ein Blick zurück auf Herders ‚Übermenschen'
5. Wie ist das Neue zu denken? Das ‚Gleichniß vom Übermenschen'
6. Das späte Nachlassfragment *Der Übermensch*
7. Ein Seitenblick: Impliziert die Rede vom ‚Übermenschen' notwendig die Rede vom ‚Untermenschen'?
8. Die Zeit des Übermenschen

1.

Orte des Neuen: Individuum und Übermensch

Worin besteht das Denken des Neuen bei einem Philosophen, der von der »ewigen Wiederkehr des Gleichen« spricht? Bei einem Poeten, der den Ausdruck »altgierig« prägte?[1] Bei einem Theoretiker, der seine Vorbilder vor allem in der griechischen und römischen Antike sucht und in der Figur des untergegangenen Troubadours aus dem 13. Jahrhundert?[2] Bei einem Autor also, den offenbar nicht wenige gerade durch den retrospektiven Blick – oder wohlmeinender formuliert: durch seinen ‚Retro-Charme' – charakterisiert sehen?

Wir haben offenbar mehr Fragen als Antworten zur Hand, und wir werden sehen, dass sich das Problem äußerst verwickelt darstellt: es gibt jedenfalls keine Patentantworten – ich kann allenfalls versuchen, einige lose Fäden zusammenzuführen. Zunächst schlage ich vor, analytisch zwei Ebenen zu trennen, also unterschiedliche ‚rote Fäden' der Argumentation bei Nietzsche zu unterscheiden: zum einen gibt es die Geburt des Neuen auf der Ebene des *Individuums*, und zum andern gibt es sie als Folge eines Umbruchs einer *Epoche*. Im ersten Fall betrachten wir das Neue, Innovative und Kreative, das nach Nietzsche in den »großen Einzelexemplaren der Menschheit« zum Ausdruck kommt, von der Antike bis heute: Sokrates, Seneca, Caesar, Leonardo, Pascal, Spinoza, Beethoven, Goethe – um nur einige zu nennen, die Nietzsche nennt. Im zweiten Fall betrachten wir die historisch-gesellschaftlichen Brüche, durch die ein ‚neuer Typus' hervorgebracht wird. Ein derartiger Umbruch war der Übergang vom polytheistischen Götterhimmel der Antike zum neuzeitlichen Monotheismus, in dem Christentum und Islam das Weltbild dominieren. Einen ähnlich schwerwiegenden Umbruch sieht Nietzsche mit dem »Tod Gottes«, der »Götzendämme-

1 *Also sprach Zarathustra* (im Folgenden *Za*) *III, KSA 4*, S. 235.

2 Vgl. Borsche [1994]; von Rahden [2003, 2007].

sich ankündigen, der seiner Meinung nach den Zusammenbruch des Monotheismus zur Folge hat; als Konsequenz dieser Leerstelle, dieser metaphysischen Lücke sieht er die Notwendigkeit des neuen Typs von Mensch, den ‚Übermenschen', als Antwort auf die moderne Situation ohne Gott und die durch ihn verbürgten Normen. Das überschießend Neue beim Übermenschen liegt unter anderem darin, dass es ihn noch nie gegeben hat,[3] während die »großen Einzelexemplare«, die Neues schaffen, die Geschichte der Menschheit seit jeher begleiten. Diesem neuen Typus ‚Übermensch' wird im folgenden das besondere Augenmerk gelten, weil an ihm Nietzsches Auffassung des Neuen exemplarisch deutlich wird, er aber zugleich die Missverständnisse zeigt, die sich gerade an diesem Begriff vom Neuen seit über einem Jahrhundert entzündet haben.

2.

Wie das Neue *nicht* zu denken ist

Nietzsche sieht die Heraufkunft des Neuen *nicht* in der Logik der biologischen Evolution nach Darwin (oder seines Zeitgenossen Haeckel). Er sieht sie *auch nicht* als Fortschritt im Sinne einer teleologischen Geschichtsphilosophie nach Kant oder Hegel (oder seines Zeitgenossen Eduard von Hartmann), und *schon gar nicht* in der revolutionstheoretischen Variante einer Eutopie nach Marx (oder der zeitgenössischen Sozialisten). Er begreift den Fortschritt auch nicht als *perfectibilité* der Menschheit als Gattung wie die französischen Aufklärer – obwohl er jenen viel zu verdanken hat und sich selbst explizit als radikalen Aufklärer versteht, jedoch als einen, der die Aufklärung mit ihren eigenen Mitteln und mit aller Konsequenz weiter- und bis zur Selbstaufhebung zuende denkt.

Das Neue besteht vor allem in der Kritik des Alten: das ist der ewig wiederkehrende Prozess. Seit ewigen Zeiten gebiert das Alte

3 *Za II, KSA 4*, S. 117

das Neue. Und in seiner höchsten Form findet das Neue seinen Ausdruck in den großen Individuen, die selbst Neues schaffen. Aber es gibt Umbrüche, welche die Lebensgrundlagen für jedes Individuum verändern: Als *die* Götter tot waren, wurde (der *eine*) Gott geboren (der keine anderen Götter neben sich duldete). Seit Gott tot ist (ist er tot?), bedarf es der Geburt des Übermenschen. Im Chaos des Zusammenbruchs der alten Ordnung liegt die Verheißung der Geburt des »tanzenden Sterns«, eines neuen Leitgestirns. Im Chaos liegen die Kräfte, die Neues zu gebären vermögen. Das Chaos setzt sie frei für die ewige Niederkunft des Neuen. Zarathustra richtet seine Worte an *alle*, an jeden einzelnen (nicht nur an Auserwählte) – und an *keinen* (denn wird überhaupt jemand die Botschaft verstehen?):[4] »Ich sage euch: man muss noch Chaos in sich haben, um einen tanzenden Stern gebären zu können. Ich sage euch: ihr habt noch Chaos in euch.«[5] Der Übermensch ist nicht als neuer Gott zu verstehen, denn »es muß *viele* Übermenschen geben« und nicht nur etwa einen, denn »*ein* Gott wäre immer ein *Teufel*«.[6] Und wenn es denn dereinst den Übermenschen geben sollte, so wird »*auch* er ewig wiederkehren«.[7] Der Übermensch steht nicht über anderen Menschen, sondern über dem vorigen Menschen. Und Nietzsche denkt auch ihn vor dem Horizont des Typus ‚Individuum', nicht in der Logik eines Gattungs- oder Kollektivsubjekts, nicht als Großsubjekt von Rasse, Klasse oder Nation – ganz im Gegenteil: die Großsubjekte, die Massen ebenso wie ihre Führer, ihre »Vor-Ochsen«[8], sind für ihn »Heerden«-Phänomene, die dem Gedanken des Übermenschen konträr entgegenstehen.

4 »Ein Buch für Alle und Keinen« lautet bekanntlich der Untertitel zu *Za*.

5 *Zarathustras Vorrede 5, Za I, KSA 4*, S. 18

6 *Nachlaß Mai–Juli 1885, 35[72], KSA 11*, S. 541 (Hervorhebungen im Zitat hier und im Folgenden von Nietzsche, wenn nicht anders angemerkt).

7 *Nachlaß Sommer–Herbst 1884, 27[23], KSA 11*, S. 280

8 Nietzsche importiert diesen Begriff (‚fore-ox') von Galton [1883], z.B. S. 72.

3.

Das historisch ambivalent Neue: die gegenläufige Doppelbewegung

Der Mensch wird, wenn Gott tot ist, er also *ohne* Gott leben muss, ganz klein und kontingent, ein Staubkorn, eine absurde Existenz, der kein Sinn mehr vorgegeben ist, weil sie ‚transzendent obdachlos'[9] geworden ist; *mit* Gott war der Mensch zwar auch klein und kontingent wie ein Staubkorn, aber er war immerhin nach Gottes Ebenbild geschaffen und genoss somit Bedeutsamkeit, denn Gott sah ihn und richtete über ihn. Es gab eine Überwelt, das Jenseits, das dem Menschen ewiges Leben versprach oder androhte, sei's im Himmel und Paradies, sei's in der Hölle und ewiger Verdammnis. Durch den Blick Gottes wurde der Mensch aus der Welt heraus- und emporgehoben, geadelt mit dem Unsterblichkeitsprädikat für seine Seele und dadurch nobilitiert gegenüber dem Flüchtigen und Vergänglichen, das allem Diesseitigen seinen Makel verleiht. Wenn Gott seinen Status verlor und stürzte, so stürzte der Mensch *mit* ihm; nun war der Mensch allein: *ohne* eherne Gesetze, die sein Leben regulieren und ihm Sinn stiften; *ohne* Orientierung *sub specie aeternitatis*; *ohne* Hoffnung auf Gerechtigkeit, jene große Ökonomie, die spätestens beim Jüngsten Gericht zum Tragen kommen sollte. Wenn der Garant für die *große* Ökonomie verschwand, so blieb nur – Nihilismus.

9 Ich entlehne Lukács' Wortprägung aus seiner frühen *Theorie des Romans* (1916), auch wenn er dort missverständlich – von der Form des Romans – als Ausdruck der »transzendent*al*en Obdachlosigkeit« ([1971/1916], S. 32, Hervorhebung von mir) schreibt. Da Kant ‚transzendental' als Gegensatz zu ‚empirisch' bestimmt, während ‚transzendent' als Gegensatz zu ‚immanent' verstanden wird – was Lukács hier ja offensichtlich meint –, könnte das zumindest bei Kantianern und Neukantianern zu Irritationen führen. Nietzsche jedenfalls opponierte und polemisierte energisch gegen das Kategoriengerüst des »Chinesen von Königsberg« (*Jenseits von Gut und Böse 210, KSA 5*, S. 144), dessen Verdoppelung der Welt er noch ganz in jener Tradition sah, welche die dualistischen Fiktionen der »Hinter- und Überweltler« (*Nachlaß Sommer–Herbst 1884, VII 26[233], KSA 11*, S. 210) von Athen über Jerusalem bis nach Königsberg verlängerte.

Der Mensch tötete nicht nur Gott, sondern auch sich selbst – in seiner überlieferten Existenz. Der alte Mensch – der, den wir kennen – ist tot. Das ist für Nietzsche die radikal neue Situation, die *übermenschliche* Zumutung: die Welt und das Leben *ohne* Gott aushalten zu können. Dem Menschen stellt sich eine Aufgabe, der er als der alte Mensch, der er war, nicht mehr genügen konnte. Zwar dem Tierreich entwachsen, war er doch erst nur »das Seil«, geknüpft zum Übermenschen – aber noch nicht der *neue*, der andere Mensch, der gefordert ist: es braucht Zeit, bis der »letzte Mensch« nicht mehr »blinzelt« (aber vielleicht blinzelt er immer). Ein Mensch, der die alten göttlichen Gesetze nihilistisch zerbrochen, ‚entwertet' sieht, muss neue Gesetze erschaffen, denen er sich freiwillig unterstellt: eine übermenschliche Aufgabe – zu gewaltig für einen Menschen ‚alten Typs'. Darin begreift Nietzsche die eigentlich übermenschliche Aufgabe, die es zu bewältigen gilt. Aber damit wird der Mensch – inmitten und allein gelassen in der Wüste des Nihilismus – anderseits auch wieder in einen Mittelpunkt gerückt, nachdem er zuvor seine Mitte und das Zentrum der Welt verloren hatte und nihilistisch dezentriert worden war. Der Diagnose der *Selbstentmächtigung* folgt die Forderung, ja die Notwendigkeit der *Selbstermächtigung* – das ist die doppelt neue und ambivalente Situation, in der sich der Mensch wiederfindet: wenn er nicht mehr als Krone der Schöpfung durch Gottes Gnade nobilitiert ist, muss er sich selbst ‚krönen', indem er sein neues Zentrum schafft; indem er die Welt aus eigener Kraft auslegt und ihr und sich Sinn stiftet. So hat sich die Legitimationsbasis dramatisch verschoben. Der Sturz ins kontingente Nichts ist bei Nietzsches Zarathustra begleitet von einer Ansprache an das Individuum – wohlgemerkt: nicht an die Massen –, dieser neuen Situation und zunächst verzweifelt erscheinenden Lage in die Augen zu sehen und sie mutig anzunehmen: Ich ver-zweifle, also bin ich.[10] Sie ist also auch als jene Chance zu erkennen, sich der obsoleten lebensfeindli-

10 Ich habe diese zugespitzte Formulierung gewählt, weil sie Nietzsches vehemente Ablehnung einer rationalistisch begründeten Theologie à la Descartes ebenso anschaulich wie dezidiert auf den Punkt bringt und zugleich das radikale Zweifeln als Verzweifeln formuliert – wie bei Pascal und Kierkegaard –, allerdings ohne deren theologisch-christlichen Ausweg zu wählen.

chen Lehrer und Lehren zu entledigen; statt dessen gelte es, den eigenen Kräften zu vertrauen und das ‚diesseitige' Leben zu bejahen, ohne die Illusion der Existenz Gottes und ohne trügerisches Versprechen auf ein ‚jenseitiges Leben'. Der Entwurf des Übermenschen bleibt bei Nietzsche ein *transitorischer* Gedanke, er verharrt im Vagen, im Ungefähren. Sein Schattenriss wird skizziert, aber er ist weder plan- noch prognostizierbar, und ob er überhaupt kommt, das bleibt auch offen. Es ist eher als Herausforderung und Aufgabe zu verstehen, dass der Mensch ‚überwunden' werden muss, um in einer Welt ohne Gott bestehen zu können.

Das Denkbild vom Übermenschen stellt Nietzsche bekanntlich erst im *Zarathustra* vor. Hier entwirft er die ‚Lehre' vom *Übermenschen* zusammen mit den Ideen vom *Willen zur Macht* und der *ewigen Wiederkehr des Gleichen* als poetisches Gleichnis, das er wortgewaltig – wiewohl auch mitunter semantisch dunkel – emphatisch verkündet.[11] Aber die Ahnung von der Notwendigkeit eines »neuen Menschen«, der den zukünftigen Bedingungen entspricht, treibt Nietzsche bereits früher um; so notiert er sich einige Jahre vor dem *Zarathustra* unter dem Stichwort ‚Zeichen des nächsten Jahrhunderts': »Ein neuer Mensch muß sich zeigen«; aber er bekennt zugleich: »Ich selber bin ferne davon und wünsche es **gar** *nicht*!«[12]

4.

Ein Blick zurück auf Herders ‚Übermenschen'

Die Idee vom ‚Übermenschen' bei Nietzsche ist bereits von Anfang an aufs allerheftigste diskutiert worden. Diese Debatte ist zur Genüge bekannt und bedarf nicht einer nochmaligen Nachzeichnung. Festzuhalten bleiben dazu allerdings vorab vor allem zwei Gesichtspunkte. Zum einen ist dieser Entwurf kein systematisch-eindeutiges

11 Die Reinschrift von *Za I* schreibt Nietzsche Ende Januar 1883 nieder, im Juli des Jahres erfolgt die Niederschrift von *Za II*, im Januar des folgenden Jahres wird *Za III* beendet und im November 1884 *Za IV*.

12 *Nachlaß Ende 1880, V 7[111], KSA 9*, S. 341 (Fettdruck im Original).

Konzept; ihm eignet ein gewisser semantischer Überschuss, der zwangsläufig zu verschiedenen Lesarten und damit zu konkurrierenden, ja kontroversen Konjekturen geführt hat. Zum andern empfiehlt sich aus diesem Grunde, dass ein jeder Interpret, der die Idee des ‚Übermenschen' erwähnt, seine von ihm selbst favorisierte Lesart klarmacht, um möglichen Fehldeutungen der eigenen Interpretation dieses Topos so weit wie möglich vorzubeugen.

Als historischer Kontrast und zur Veranschaulichung soll im Folgenden paradigmatisch ein kurzer Blick auf Herder geworfen werden, der des öfteren diesen Ausdruck – wie übrigens auch Goethe[13] – verwendet.[14] Da dieser Autor *grosso modo* die heute gebräuchliche Bedeutung im Blick hat, wird die Umwertung dieses sprachlichen Bildes ab *Zarathustra* bei Nietzsche, wie ich hoffe, umso deutlicher hervortreten.

Idealtypisch gesprochen, finden wir bei Herder drei normative Konnotationen: eine positive, eine neutral-indifferente und eine negative Wertung. Dies entspricht den Verwendungsweisen, wie sie auch im heutigen Sprachgebrauch vorzufinden sind. In einer theologisch-religiösen Interpretation erfährt der Topos eine *positive* Zuschreibung. Im *Gespräch zwischen einem Rabbi und einem Christen über Klopstocks ‚Messias'*[15] wird ‚übermenschlich' mit Christus konnotiert, Jesus als ‚über den Menschen' stehend charakterisiert. Auch im Kontext der Deutung antiker Mythen erscheint der Ausdruck bei Herder häufiger. Hier wird der Begriff *deskriptiv-neutral* verwendet – im Sinne von »die menschlichen Fähigkeiten und Kenntnisse übersteigend«[16]

13 Vgl. *Faust, Erster Theil. Nacht*, Zeile 489/490; der Erdgeist, den Faust rief, tituliert Faust ironisch als ‚Übermenschen': »Da bin ich – Welch erbärmlich Grauen / Faßt Übermenschen dich!«

14 Die Frage muss offen bleiben, ob Nietzsche der Begriff auch durch Herder-Lektüre bekannt war – aber wahrscheinlich ist es nicht. Zur spannungsreichen Beziehung Nietzsches zu Herder vgl. von Rahden [2005a, 2007]; zum Entwurf des ‚Übermenschen' bei Nietzsche und möglichen ‚Vorläufer'-Ideen vgl. etwa Kaufmann [1982], S. 359–389, sowie Brusotti [1997], bes. S. 516–548.

15 *Schriften 1*, S. 134, 136

16 *Zweites Wäldchen, Schriften 2/1*, S. 189, und *Drittes Wäldchen, Schriften*

oder im Sinne einer Einbildungskraft, die Märchen und Mythen mit übermenschlichen Fabelwesen zu bevölkern vermag. So betont Herder etwa »bei Kindern die Neigung zum Wunderbaren und zu dem Märchenhaften« und für das »Übermenschliche« in »Fabeln, Hexenerzählungen«, aber auch in »Religion und Geschichte«.[17]

Im Kontext der Charakteristik des Heros bei Homer konnotiert Herder eine bemerkenswerte Zuschreibung, wenn er sich zur ethischen Qualifikation des Helden äußert, der »weder ein tugendhafter Über- noch ein lasterhafter Unmensch« sei.[18] Aufschlussreich erscheint mir hier der negative Gegenbegriff zum »Übermenschen«, den Herder ins Spiel bringt, nämlich den des *Un*menschen und nicht etwa den des *Unter*menschen (ich komme später auf diese Differenz zurück).

Eine *negative* Wertung des Begriffs ‚Übermensch' erscheint indes häufiger in den *Humanitätsbriefen*: »Ein Betragen, als ob man höheren Stammes und ganz andrer oder gar eigner Art« sei, ziehe den »Übermenschen« Hass und Verachtung zu.[19] In diesem Sinne werden etwa die »Lehnsherren« im Feudalismus als sich gerierende ‚Übermenschen' kritisiert.[20] Prinzipiell bezieht Herder Stellung zur Idee des Übermenschen im Zusammenhang mit der Frage nach dem »Fortgang unseres Geschlechts«, deren Antwort nur lauten könne: »*Humanität, Menschheit*«. Er bilanziert: »Wäre die Frage, ob der Mensch mehr als Mensch, ein Über-, ein Außermensch werden könne und solle, so wäre jede Zeile zuviel, die man darüber schriebe.«[21]

Wie ist diese Mehrdeutigkeit zu erklären? Die vermeintliche Vieldeutigkeit in der normativen Bewertung lässt sich auflösen, wenn man sich vergegenwärtigt, dass die Eigenschaft bzw. Bewertung ‚übermenschlich' bei Herder als Prädikat des Göttlichen gedacht wird. Solange Gott ‚lebt', könnte man ergänzen, ist in diesem Sinne das

2/1, S. 372

17 *Viertes Wäldchen, Schriften 2/1*, S. 531–532

18 *Schriften I*, S. 623

19 *Dritte Sammlung* (1794), *Humanitätsbriefe I*, S. 155–156

20 Ebd. S. 144

21 *Zweite Sammlung* (1793), *Humanitätsbriefe I*, S. 116

,Übermenschliche', wenn es denn als *menschliche* Eigenschaft gedacht wird, stets mit dem Begriff der ,Hybris' konnotiert. In diesem Kontext ist der Ausdruck, wie auch heute üblich, semantisch mit einer starken negativen Wertung besetzt; denn der sich als ,übermenschlich' verkennende Mensch – obgleich in der Tradition der *Heiligen Schrift* nach Gottes Ebenbild geschaffen – ,überschreitet' seine ihm ,von oben' gesetzte anthropologische Grenze und sucht sich luziferisch nunmehr selbst an die Stelle seines Schöpfers oder zumindest als ihm ebenbürtig zu setzen.[22] Diese allgemein gängige semantische Verwendung des Ausdrucks finden wir im Übrigen ebenfalls häufiger in den früheren Schriften Nietzsches, vor allem im Kontext mit den antiken Heroen – also *vor Zarathustra*, mit dem das *neue* Bild vom Übermenschen zum ersten Mal prominent die Bühne betritt.[23]

Den ,Übermenschen' als Ziel des historischen Fortschritts anzusehen, erschien Herder – wie auch vermutlich zumindest allen christlich gesinnten oder religiösen Zeitgenossen – als Hybris, an die er

22 Eine eher original kurios als bedenkenswert originell anmutende Wortschöpfung aus dem Repertoire der ,Über-Super-Hyper'-Prägungen findet sich im *Biographisch-Bibliographischen Kirchenlexikon* des Verlages Traugott Bautz (Bd. II, Spalten 738–745). Im biographischen Eintrag über Herder vermerkt Friedrich Wilhelm Bautz, dass Herder in Weimar als »Überpfarrer, Hofprediger, Überkonsistorialrat« tätig gewesen sei. In der Online-Ausgabe (2007) ist dann die Korrektur angemerkt, »die Begriffe ,Überpfarrer' [sic!] muß lauten ,Superintendent' und ,Überkonsistorialrat' muß lauten ,Konsistorialvizepräsident'«. Hat hier womöglich einer der Autoren der ,Über' Neologismen – sei's des Übermenschen, sei's des Über-Ich – unbewusst dem Herder-Biographen die Feder geführt? Wenn es denn so wäre, bliebe allerdings die Frage, ob eher Nietzsche oder eher Freud oder gar beide als Gespann hier die Regie übernommen haben?

23 Die bisher wenig beachteten Gemeinsamkeiten zwischen Nietzsche und Herder, die sie in einer erstaunlich großen Anzahl von Fragen – und ähnlichen Antworten auf diese Fragen – teilen und die sie in dieser Hinsicht als verwandte Denker auszeichnen, habe ich in *Nietzsches Herder* [2007] darzulegen versucht; vgl. auch Zusi [2006]. Beide Autoren zeichnet überdies ihr ,anamorphotischer Blick' aus – wie ich den interpretatorischen Blick- und Perspektivenwechsel an anderer Stelle bezeichnet habe [2008].

keinen Gedanken verschwenden wollte. Eine derartige grenzüberschreitende Utopie – genauer: Dystopie –, die ja seinem eigenen anthropologischen Identitätsentwurf unversöhnlich gegenüberstand, hatte er nie im Blick. Vielmehr ging es ihm stets um die »Verbesserung« des Menschengeschlechts *innerhalb* des Humanitätsgedankens: Der Mensch als *Individuum* und als *Gattung* sollte jene Fähigkeiten weiterentwickeln, die ihn vom *Tier* abheben.[24]

Herder vertraute noch mit aufklärerischem perfektibilistischem Drang dem »Progreß« der Vervollkommnung der menschlichen Gattung als ganzer durch Bildung und Erziehung zur Humanität (ebenso »aus eigner Kraft« wie durch »die Vorsehung der Natur«) – eine anthropologische und geschichtsphilosophische Zuversicht, die er zwar mit Kant, Schiller und Lessing teilte, die jedoch etwa von Moses Mendelssohn bereits in Zweifel gezogen wurde und die dann Nietzsche vollends verloren hatte.[25]

24 Herder ging es um das anthropologische Projekt in all seinen Facetten, aber er hatte gleichwohl stets den Anschluss ‚von unten' im Blick, also »der Menschen ältere Brüder« aus dem Tierreich, um das Gemeinsame und das Trennende, die ferne Nähe der Beziehung zwischen beiden zu erkunden – denn die präzise Grenzziehung zwischen Mensch und Tier ist konstitutiv für Herders anthropologischen Identitätsentwurf. Wie dieser Versuch im Kontext evolutionären Denkens gedeutet werden kann, habe ich näher untersucht in *Ich bin ein Thier gewesen* [1993b] sowie *Der anamorphotische Blick* [2008].

25 Vgl. hierzu genauer von Rahden [2007], bes. S. 468ff.

5.

Wie ist das Neue zu denken? Das ‚Gleichniß vom Übermenschen'

Nach neuen Meeren

Dorthin – *will* ich; und ich traue
Mir fortan und meinem Griff.
Offen liegt das Meer, in's Blaue
Treibt mein Genueser Schiff.

Alles glänzt mir neu und neuer,
Mittag schläft auf Raum und Zeit –:
Nur *dein* Auge – ungeheuer
Blickt mich's an, Unendlichkeit!

F. N., Lieder des Prinzen Vogelfrei[26]

Nietzsche sieht sich als Zeitdiagnostiker, aber das Innovative, die Geburt des Neuen fasst er vorwiegend poetisch, nicht wissenschaftlich. Er komponiert ‚Gleichnisse', anschauliche Denkfiguren; der Metapher gebührt der Vorrang vor dem Begriff. Will man Nietzsches Texten gerecht werden, so empfiehlt sich der metaphorologische Blick: der sieht hier mehr und meist auch schärfer als der nur logisch-argumentative.[27]

---

26 *Die fröhliche Wissenschaft, KSA 3*, S. 649; eine andere Variante dieses Gedichts mit einer gleichlautenden ersten Strophe ist betitelt: *Columbus novus* (Tautenburger Aufzeichnungen für Lou von Salomé, *Nachlaß Juli–August 1882, VII 1[101], KSA 10*, S. 34); vgl. auch die Variante mit dem Titel *Yorick-Columbus* (*Nachlaß Herbst 1884, VII 28[63], KSA 11*, S. 328). Der Anhang *Lieder des Prinzen Vogelfrei* findet sich noch nicht in der Erstausgabe von 1882, sondern erst in der Neuausgabe von 1887; sie trägt nun den Untertitel ‚la gaya scienza', mit dem sie an das okzitanische Vorbild der ‚fröhlichen Wissenschaft' – ‚*gai saber* – erinnern soll.

27 Nietzsche hat immer wieder die entscheidende Rolle der ‚Metapher' in

Bereits bei der Bestimmung des Menschen hatte Nietzsche häufig Bilder des Übergangs gewählt (‚Brücke', ‚Seil'), um die Stellung des Menschen zu veranschaulichen – *jenseits* des Tieres und *diesseits* des Übermenschen. Bleiben wir also bei der metaphorologischen Perspektive: Welche Metaphern wählt der Autor, um die Besonderheit des Übermenschen hervorzuheben?

Nietzsche entscheidet sich vor allem für dynamische Metaphern, um das Besondere des Übermenschen und dessen Erschaffung im Bilde zu greifen: ‚Blitz', ‚Dynamit' oder ‚Wahnsinn' sind als Denkbilder zu verstehen, welche die Sprengkraft, Gefahr und Erschütterung durch dieses radikal Neue zu fassen versuchen, das den »Bruch mit der Vergangenheit«[28] darstellt. Zarathustra verkündet: »Seht, ich lehre euch den Übermenschen; der ist dieser Blitz, der ist dieser Wahnsinn«.[29] Es ist der Wahnsinn, an den sich die Hoffnung auf das Neue knüpft, er soll dem Neuen den Weg bahnen: »Die Erde für den Übermenschen bereit machen« heißt für Zarathustra: »Ich impfe euch mit dem Wahnsinn«,[30] denn »alles Übermenschliche erscheint am Menschen als Krankheit und Wahnsinn«.[31] Aber das ist aus der Perspektive des ‚normalen' Herdenmenschen gesehen, der gefangen ist im alten Gehäuse der Hörigkeit, aus jener Perspektive also, die ja bereits dem »Stück Wahnsinn im Genie«[32] ebenso mit Unverständnis wie mit Krankheitsverdacht

der Sprache hervorgehoben und ihr kognitives Potenzial gegenüber dem ‚Begriff' betont, und zwar auf *allen* Feldern der Sprache – nicht nur in der Umgangssprache sowie der Literatur und Dichtung, sondern auch und vor allem in den Wissenschaften – und folgt hier im Übrigen Herder, während er demgegenüber Kants »lebensfernes und leeres Begriffs- und Kategoriengerüst« nicht müde wird zu verurteilen. Dieser Aspekt in Nietzsches Schaffen wurde von mir eingehender untersucht in *Der Grund des Abgrunds* [2000], Nietzsches insgesamt widersprüchliche Haltung zu Herder habe ich in unterschiedlichen Kontexten ausführlicher beleuchtet [2005a, 2007].

28 *Nachlaß Sommer–Herbst 1883, VII 15[4], KSA 10*, S. 480

29 *Zarathustras Vorrede 1, Za I, KSA 4*, S. 14

30 *Nachlaß November 1882–Februar 1883, VII 4[78], KSA 10*, S. 136

31 *Nachlaß November 1882–Februar 1883, VII 4[171], KSA 10*, S. 162

32 *Morgenröthe I, 14, KSA 3*, S. 27, und *Nachlaß Herbst 1877, IV 24[1], KSA 8*, S. 476

begegnet und deshalb nur allzu schnell den Ausnahmemenschen als pathologischen Fall abzuqualifizieren geneigt ist – ihn asyliert oder exiliert. Nietzsche geht es hier um das Schöpferische im Wahnsinn, das Dynamische der dionysischen und apollinischen Kräfte, jene *dynamis* und *potentia*, die das Gegebene nicht hinnehmen, sondern es kreativ verändern und Neues erschaffen. Etymologisch gesehen, bedeutet ‚Wahnsinn': *leer von Sinn* (denn ‚Wahn' geht auf lateinisch *vanus*, i.e. ‚leer' zurück). Wahnsinn bedeutet, so gesehen, den nihilistischen Zustand der Sinnleere, der ja nach Nietzsche das Entscheidende der neuen Situation nach dem Tod Gottes ausmacht. Der Verlust der ‚religiösen Hinterwelt', der dem Menschen die Hoffnung auf Erlösung nimmt, lenkt den Blick auf das Diesseits, auf das irdische Leben in einer Welt, in der ohne Erlösung und ohne Fortschritt das eherne Gesetz der ewigen Wiederkehr des Gleichen regiert. Aber nur ein Übermensch ist – so Nietzsche – auf Dauer dazu imstande, den Gedanken von der Einsamkeit ohne Gott ebenso wie jenen von der Wiederkunft des Immergleichen zu ertragen. Deshalb lehrt Zarathustra »**aus dem** *Übermenschen* **heraus** die Wiederkehr: der Übermensch *hält sie aus* und *züchtigt damit*«.[33] Die ‚Sinnleere', der ‚Wahnsinn', führt aber beim Übermenschen nicht zur Lebensverneinung, sondern er *bejaht* das Leben[34] – trotz und gerade wegen der neuen ungeheuren Bürde: »*Nach der Aussicht auf den Übermenschen* [wird] auf schauerliche Weise die Lehre der Wiederkunft jetzt erträglich!«[35] Im Kern zielt Nietzsche also

33 *Nachlaß Juni–Juli 1883, VII 10[47], KSA 10*, S. 378 (Fettdruck im Original).

34 *Nachlaß November 1882–Februar 1883, VII 4[81], KSA 10*, S. 137. ‚Wille zur Macht' bedeutet in seinem Zentrum: Wille zum Leben. Hier verbindet die Idee des Übermenschen als Postulat der Idee von der ewigen Wiederkehr und als Ausdruck des Willens zur Macht die drei unterschiedlichen tragenden Ideen des Zarathustra miteinander. Das Problem des Willens zur Macht hat ab dieser Zeit Nietzsche besonders stark beschäftigt, wie es die Nachlassnotizen nach *Za* (also 1884) bis Ende 1888 deutlich belegen. Den vielschichtigen Literatur-Referenzen und Diskurs-Interferenzen innerhalb dieses Zeitraumes bin ich nachgegangen in *Lektüren des späten Nietzsche* [2005b].

35 *Nachlaß Sommer–Herbst 1883, VII 15[10], KSA 10*, S. 482, und ähnlich: ebd. *VII 16[86]*, S. 530.

nicht nur auf eine Bestimmung des Übermenschen *ex negativo* (»der die Wiederkehr aushält«), sondern er will mehr: Entscheidend ist jene positive Haltung zum Leben, wie er sie bereits bei den »höchsten Exemplaren der Gattung« sah, etwa – um es noch einmal zu wiederholen – bei Epikur, Cäsar und Cicero, bei den provençalischen Troubadours, bei Michelangelo und Raffael, bei Pascal und Voltaire, bei Spinoza und Goethe. Diese ‚großen Einzelnen' können eine Vorahnung geben von dem, was Nietzsche für den Übermenschen als Möglichkeit dachte. Bereits in der *Zweite[n] Unzeitgemäße[n] Betrachtung* hatte Nietzsche jenen Grundgedanken geäußert, der für ihn leitend sein sollte und der sich gegen jedwede teleologische Zuversicht aufklärerischer oder evolutionär-darwinistischer Prägung wandte: »[...] das Ziel der Menschheit kann nicht am Ende liegen, sondern nur in ihren höchsten Exemplaren [...]«.[36] Es geht ihm also nicht um das ‚Menschengeschlecht' allgemein und auch nicht um die biologisch definierte ‚Species' oder eine neue ‚Rasse' im besondern, wohl aber um das einzelne Individuum, dem es aufgegeben ist, sich stets aufs Neue ästhetisch zu entwerfen, zu »steigern« und zu »stilisiren«, sich in »stilisirter Individualität«[37] zu verwirklichen[38], und das heißt vor allem auch: sein *individuelles Gesetz*[39] zu schaffen und ihm zu folgen, ihm gemäß zu *handeln*.[40] Dies muss aber eher als normativer Entwurf verstanden werden denn als Prog-

36 *KSA 1*, S. 317.

37 Vgl. *Nachlaß Herbst 1880, V 6[203], KSA 9*, S. 250.

38 Diesen Entwurf sieht Nietzsche zum Beispiel bei Goethe gelungen realisiert: »Er ist, als stilisirter Mensch, höher als je irgend ein Deutscher gekommen« (*Nachlaß Sommer–Herbst 1873, III 29[119], KSA 7*, S. 685).

39 Nietzsche plädiert für das »individuelle Gesetz«, das er gegen ein vermeintlich allgemein geltendes »ewiges Sittengesetz« wendet (*Nachlaß Frühjahr–Herbst 1881, V 11[182], KSA 9*, S. 512); und er notiert sich: »[…] es entsteht für die neuen Menschen […] eine Nöthigung, sich selber eine individuelle Gesetzgebung zu machen […]« (*Nachlaß Mai–Juli 1885, VII 35[20], KSA 11*, S. 516). Der Topos ‚individuelles Gesetz' findet sich auch bei Georg Simmel [1968/1913] in den Überlegungen zur Ethik.

40 Wenn man ‚Autonomie' etymologisch, also im ursprünglichen Sinn der griechischen Wurzeln – *αυτός* und *νόμος* – ernst nimmt, so bedeutet das, sich selbst ein Gesetz zu geben und nach dem selbstgeschaffenen Gesetz zu leben. Der Gedanke ist von mir näher ausgeführt in Rahden [2003].

nose für einen zukünftigen Typus.[41] Denn in letzter Instanz kann nur Mutmaßung bleiben, was der Übermensch tatsächlich sein würde. Wie er wäre, wenn es ihn denn dereinst wirklich geben sollte, ist und bleibt Spekulation. Das Neue, das diesen Namen verdient, ist eben – anders als das ‚ewig Gleiche' – *nicht* vorhersehbar.

6.

Das späte Nachlassfragment *Der Übermensch*

Wie bereits betont, folgt Nietzsches Denken keinem homogenen und konsistenten System-Entwurf, und vor allem in seinen privaten Notaten gedankenexperimentiert der Autor mit eigenen (und anderer Autoren) Entwürfen und Ideen und bietet dadurch Anlass zu Spekulationen, die in weit auseinanderdriftende Richtungen gehen können. In der längeren Nachlassnotiz mit dem Titel *Der Übermensch*[42] werden einige Aspekte thematisiert, die auf den ersten Blick der Hauptlinie meines Interpretationsvorschlags entgegenstehen, die ja eine ‚rassische' Deutung des Übermenschen-Denkbildes für verfehlt erachtet. In seinem Notat deutet Nietzsche »Glücksfälle des großen Gelingens« an, die an den »verschiedensten Stellen der Erde und aus den verschiedensten Culturen heraus« möglich seien. Dieser »höhere Typus Mensch« stelle sich im Verhältnis zur Gesamt-Menschheit als eine Art ‚Übermensch' dar. Und er fährt fort: »Und selbst ganze Stämme, Geschlechter, Völker können unter Umständen einen solchen *Treffer* darstellen …«. Diese Übertragung des ‚höheren Typus' auf größere Gruppen – die ja *prima facie* der Deutung entgegensteht, dass sich der ‚höhere Typus' stets auf ein Individuum beziehe – wird jedoch auch hier nicht biologisch, evolutions- oder rassentheoretisch

41 In diesem Sinne ist der Ausspruch Zarathustras zu verstehen: »Mein eigner Vorläufer bin ich« (*Za III, KSA 4*, S. 217; vgl. auch *Nachlaß Herbst 1883, VII 17[56], KSA 10*, S. 555, und *Nachlaß Ende 1883, VII 22[1]*, ebd. S. 609).

42 *Nachlaß November 1887–Marz 1888, VIII 11[413], KSA 13*, S. 191

begründet. Vielmehr sind die Überlegungen in einen historischen und kulturellen Kontext eingebettet. Es geht dem Autor vor allem um den Beleg, dass die Menschheit nicht eine Entwicklung zum ‚Besseren, Stärkeren oder Höheren' nehme, sondern dass – anders als eine allgemeine Fortschrittsidee glauben machen will – von »den ältesten uns errathbaren Zeiten der indischen, chinesischen und ägyptischen Cultur bis heute [...] der *höhere Typus Mensch* viel gleichartiger [ist] als man denkt«. In diesem Zusammenhang verweist er etwa häufiger auf »jene wunderbare Frühkultur der Provençalen«, die sich »gegen alle zweideutigen Culturen abhebt [...]«[43] und der er mit den *Lieder[n] des Prinzen Vogelfrei* ein poetisches Denkmal setzen wollte.[44] Selbst wenn sie in größerer Zahl vorkommen: die »Dichter-Ritter«[45] – so Nietzsche – bleiben doch vor allem individuelle »Freigeister«.[46]

Auch der mehrdeutige Ausdruck ‚züchten' am Anfang dieses Notats (»welche Art Mensch als höherwerthige gewählt, gewollt, *gezüchtet* werden soll«) ist in diesem Sinne – wie ich meine – als erzieherische Aufgabe zu verstehen in der Bedeutung von »Erziehung, Zucht und Züchtigen«. In diesem Sinne verwendet ja auch Zarathustra den Ausdruck, wenn er davon spricht, dass der ‚Übermensch' mit der »Idee der ewigen Wiederkehr« den Menschen »züchtigt«.[47]

Fazit also: Auch dieses in unserem Sinne zunächst missverständlich anmutende Fragment geht grundlegend von einer historisch-kulturellen Argumentationsbasis aus, welche vornehmlich die ‚Erziehung' des einzelnen Individuums im Blick hat, das als ‚höherer Typus' in bestimmten Kulturen häufiger vertreten sein kann (wie etwa die Troubadours) als in anderen; der Glaube indes an einen – wie auch immer legitimierten – historischen oder evolutionären Fortschritt wird auch hier unmissverständlich dementiert.

43 *Ecce homo – Die fröhliche Wissenschaft*, *KSA 6*, S. 333f

44 *Die fröhliche Wissenschaft*, *KSA 3*, S. 639–651

45 So nennt Nietzsche die Troubadours in einem Brief an seinen Verleger E. W. Fritzsch in Leipzig (7. August 1886, *KGB III 5*, S. 226).

46 Vgl. Borsche [1994]; von Rahden [2007].

47 *Nachlaß Juni–Juli 1883, VII 10[47], KSA 10*, S. 378

7.

Ein Seitenblick: Impliziert die Rede vom ‚Übermenschen' notwendig die Rede vom ‚Untermenschen'?

Die rassistische Karriere, die der implizite vermeintliche Gegenbegriff zu ‚Übermensch' – der des ‚Untermenschen' – erfahren hat, führt allerdings manch einen Kritiker zur vorschnellen Unterstellung einer terminologischen, semantischen und damit weltanschaulichen Verwandtschaft von Nietzsche mit dem Nationalsozialismus – eine Unterstellung, die durch philologisch-wissenschaftliche Argumente und Textnachweise nicht zu belegen ist und daher bestenfalls als Missverständnis, schlimmstenfalls jedoch als gezielte Polemik gedeutet werden muss, die mit übelmeinenden Unterstellungen arbeitet, um einen Autor in den Umkreis rassistischer und nationalsozialistischer Positionen zu rücken und ihn damit aus dem philosophisch ernst zu nehmenden Diskurs auszugrenzen. So zitiert Steven E. Aschheim in seiner umfangreichen Studie aus dem Jahre 1992 Heinrich Himmlers »dehumanizing nomenclature«, in der Russen und Slawen als »bestial *Untermenschen* and the Jews as the ‚decisive leader of the Untermenschen'« bezeichnet werden. In der Fußnote wird dann ein direkter Bezug zu Nietzsche hergestellt, indem darauf hingewiesen wird, dass Nietzsche den Begriff »Untermensch« verwendet. Auch wenn Aschheim einschränkt, »but the word was not Nietzsche's invention«, bleibt doch als primäre Botschaft die Kopplung von Himmler und Nietzsche sowie die Kernthese: »National Socialist vocabulary was saturated with a suitably transfigured Nietzschean phraseology«.[48] Bei Charles M. Yablon, der sich seinerseits auf Aschheim beruft, verkürzt sich der Konnex schließlich kurz und bündig zu der Feststellung:

> » [...] the concepts of *ubermensch* and the much less used Nietzschean term, *untermensch*, were also of immense value to the

48 Aschheim [1992], S. 236.

> Nazis in providing intellectually respectable pedigrees to brutal racist categories«.[49]

Abgesehen davon, dass in der *nationalsozialistischen* Terminologie als positiver Gegenbegriff zu ‚Untermensch', soweit ich sehe, nirgends der ‚Übermensch' figuriert, sondern der ‚Herrenmensch' – genauer: die ‚Herrenrasse' –, ist bei Nietzsche das Konzept des ‚Übermenschen' gerade nicht biologisch, darwinistisch oder gar rassisch-rassistisch (gleichsam als Projekt ‚Lebensborn') motiviert. Die Logik des ‚Übermenschen' besteht ja unter anderem gerade darin, dass er als Einzelexemplar unabhängig von Nation, Volk und Rasse – das heißt: überall und jenseits dieser Grenzziehungen – aufzutreten vermag. Die Wortprägung und das Konzept einer ‚Übermenschenrasse' wird man aus diesem Grunde folgerichtig bei Nietzsche vergeblich suchen.[50] Es geht Nietzsche stets um das einzelne Individuum. Es geht ihm nicht – wie bereits betont – um Großgruppen bzw. Großsubjekte wie Rasse, Volk oder Nation. Diese sind ihm grundsätzlich eher ein Gräuel, denn sie gelten ihm als ein Phänomen des vom Herdentrieb gesteuerten Massenmenschen und seiner ressentimentausbeutenden Leit-Ochsen, nicht aber als positive Zuschreibung eines wie auch immer projektierten Übermenschen.[51]

---

49 Yablon [2003], S. 746.

50 Wenn Nietzsche von der oder einer »Eroberer-« oder »Herrenrasse«, von dem »Rudel blonder Raubthiere«, spricht, so im Rückblick als historische Beschreibung im Kontext der *Genalogie der Moral* (z.B. *KSA 5*, S. 264, 324), aber *nicht* im Ausblick auf den ‚Übermenschen'.

51 Vor Missverständnissen, die in diese Richtung zielen, war Nietzsche freilich von keiner Seite gefeit – weder von deutscher nationaler oder völkischer Seite ebensowenig wie von jüdisch-elitärer Seite, wenn die Idee des Übermenschen wohl positiv aufgenommen, jedoch auf ein Volk oder eine Rasse insgesamt übertragen wurde. Aufschlussreich hierzu liest sich der wieder publizierte Brief des englischen Nietzsche-Übersetzers Oscar Levy vom 21. Juni 1938 – als ‚offener Brief' an Adolf Hitler adressiert –, in dem genau diese Fehldeutung scharf kritisiert wird; vgl. Levy [2007/1938], S. 356: »Der Terminus Auserwähltes Volk ist ein Widerspruch in sich, und zwar ein hanebüchener. Es gibt lediglich auserwählte Menschen, und auch davon nur ganz wenige, die sich in allen Nationen finden.« (Anzumerken bleibt allerdings, dass für Nietzsche seinerseits der

Das Argument wäre zu prüfen, ob der Terminus ,Übermensch' notwendigerweise den Terminus ,Untermensch' impliziert, ihn also logisch und semantisch stets mitführt, möglicherweise auch gegen die Intention des Sprechers oder Schreibers. Um es in einer analogen Frage zu formulieren: Impliziert der Terminus ,Über-Ich' notwen-

---

Terminus ,auserwählt' in beiden von Levy verwendeten Varianten den Makel des Priester-Diskurses trägt – als ein semantisches Bruchstück der entwerteten traditionellen religiösen und ethischen Normen.) Indes erkannten oder erahnten die entscheidenden NS-Partei-Instanzen sehr wohl, dass Nietzsche nicht zum Kronzeugen ihrer eigenen rassistisch-nationalistischen Weltanschauung und Politik taugte, da er alle nationalsozialistischen Leitideen (etwa ,Volk', ,Führer', ,Vaterland', ,Staat', ,Antisemitismus' – also die Verbindung des Ressentiments von der ,Minderwertigkeit der jüdischen Rasse' mit der Megalomanie von der ,Überlegenheit der arischen Rasse' – und ähnlich aggressive ,Blut-und-Boden'-Ideen) nicht nur ablehnte, sondern in seinen Schriften energisch bekämpfte. Nicht die offizielle Parteipropaganda, wohl aber einige NS-Philosophen, wie Alfred Baeumler, und auch Nietzsches Schwester versuchten das Geschäft der Vereinnahmung Nietzsches für nationalistische Programmatiken zu betreiben. Quasi politisch spiegelverkehrt übernahmen diese Strategie unter negativem Vorzeichen einige kommunistische Philosophen wie Georg Lukács, der dem »Wegbereiter des Faschismus« die »Zerstörung der Vernunft« (so der Buchtitel von 1954) vorwarf und damit das Werk des Autors in den politischen Giftschrank verbannte. (Die zweite Auflage erschien 1955 mit dem Untertitel *Der Weg des Irrationalismus von Schelling zu Hitler*, die Wiederauflage von 1964 hatte dann jenen Titel, der an Deutlichkeit nichts mehr zu wünschen übrig ließ: *Von Nietzsche zu Hitler oder die Irrationalität der deutschen Politik*.) Erst mehr als ein Jahrzehnt nach dem Lukács-Verdikt blieb es italienischen und französischen Philosophen vorbehalten – zumeist Mitgliedern der kommunistischen Partei oder Vertretern einer ,undogmatischen Linken' –, Nietzsche innerhalb der politischen Linken zu rehabilitieren, allen voran setzten sich (ab den 60er-Jahren) die Nietzsche-Editoren Mazzino Montinari und Giorgio Colli sowie Gilles Deleuze, Michel Foucault, Jacques Derrida und Louis Althusser zuerst für eine angemessene Neubewertung des Autors ein. Für eine Nietzsche-Rezeption, die sich nach dem Zweiten Weltkrieg als erste der Fesseln einer politischen Stigmatisierung des Philosophen entledigt hat, ist für Deutschland insbesondere Karl Schlechta zu nennen, für die USA vor allem Walter Kaufmann. Vgl. Montinari [1982], S. 169–206, in seinem Essay *Nietzsche zwischen Alfred Baeumler und Georg Lukács*.

dig den Terminus ‚Unter-Ich'? Um die Antwort vorwegzunehmen: Ich bin der Auffassung, dass, ebensowenig wie in der Psychoanalyse Sigmund Freuds der Begriff ‚Unter-Ich' explizit formuliert noch implizit angelegt ist, auch bei Nietzsches Entwurf des ‚Über-Menschen' der ‚Unter-Mensch' ebensowenig zwingend mitgedacht werden muss. Freud etwa (genauer: der spätere Freud, der die frühere Differenzierung von *unbewusst, vorbewusst* und *bewusst* begrifflich transformierte und ausdifferenzierte) hat kein planes dualistisches und antithetisches Modell entworfen, sondern ein mehrdimensionales: eine dreigliedrige Architektur von *Über-Ich*, *Ich (Ego)* und *Es (Id)* wird durch eine zweidimensionale Figur überlagert: *Bewusstes* (Teile des *Ich*) und *Unbewusstes* (*Es*, *Über-Ich* und Teile des *Ich*) durchkreuzen diese archäologisch-stratigraphisch gefasste dreischichtige Denkfigur.

Auch Nietzsche hat keine systematisch dualistisch-antithetische Architektur im »Gleichniß vom Übermenschen« entworfen: der Übermensch ist keine positive Projektion, die als Gegenspieler einen negativ bestimmten Untermenschen benötigt, weil sie in der zweiwertigen bipolaren Logik der jüdisch-christlichen Ethik von ‚gut' vs. ‚böse' zu denken wäre (so wie im Christentum Gott seines teuflisches Pendants – *ad maiorem Dei gloriam* – bedarf).[52] Vielmehr ist dieses Denkbild zu begreifen in einer metaphorisch umrissenen *Genealogie*, die den Menschen als »Seil«, »Brücke«, »Untergang« und »Übergang« zwischen Tier und Übermensch bildhaft zu fassen sucht.[53] Der metaphorisch gefasste Mensch seinerseits wird wiederum aufs aller-

52 In der Religion der Parsen (dem Zoroastrismus), die der historische Zarathustra (griechisch: Zoroaster) verkündete, gibt es den ethischen Dualismus zwischen gut und böse als eine zentrale Idee, die Gegenspieler sind jedoch, anders als im Christentum – wenn ich es recht sehe –, eher als gleichursprüngliche Kräfte gedacht, die in stetem Kampf miteinander liegen, und der Mensch als das einzige Lebewesen, das die Freiheit der Wahl hat, ist stets aufs Neue zur Entscheidung zwischen den beiden verpflichtet.

53 Wenn nach Zarathustra der Mensch als »das nicht festgestellte Tier« (im doppelten Sinne) zu sehen ist, so Nietzsche als der »nicht festgestellte Philosoph«, wie Ludger Lütkehaus [2007], S. 32, bemerkt.

vielfältigste ausdifferenziert, etwa als »kleiner«, »höherer«, »höchster« oder »großer Mensch«.[54] Und wenn Nietzsche sich der Logik des Gegensatzes bedient, dann erscheint jedenfalls nicht der ,Untermensch' als Gegenspieler des Übermenschen, sondern »der Gegensatz des *Übermenschen* ist der *letzte Mensch*: ich schuf ihn zugleich mit jenem«.[55] Ein ,Untermensch' ist der »letzte« Mensch aber nicht (auch wenn er bei Nietzsche schlecht wegkommt), sondern er lebt gemeinsam – so die Idee – mit dem Übermenschen auf der Erde, und beide trachten schon gar nicht danach, einander ,auszurotten'.[56] Ganz grundsätzlich macht Nietzsche bekanntlich keinen Hehl aus seiner Abscheu gerade vor jenem dichotomen Phänomen, das Faschismus und Nationalsozialismus entscheidend charakterisiert hat: zum einen die bipolare Trennung zwischen den »Heerden-Thieren« und seinem »Vor-Ochsen«, also Massenmensch und ,Führer', die ja einander bedingen. Und zum andern: eine rassistische Polarität mit einer tödlichen Demarkationslinie, die eine Ausgrenzung, gar ,Vernichtung' von ,minderwertigen' Ethnien impliziert, liegt Nietzsche erst recht fern. Zu bedenken ist dabei stets, dass Nietzsche den Gedanken des ,Übermenschen' vorrangig aus der Perspektive des Individuellen,

54 Etwa *Jenseits von Gut und Böse 257, KSA 5*, S. 205; vgl. hierzu auch: »Der Mensch ist das Unthier und Überthier; der höhere Mensch ist der Unmensch und Übermensch: so gehört es zusammen« (*Nachlaß Herbst 1887, VIII 9[154], KSA 12*, S. 426).

55 *Nachlaß November 1882–Februar 1883, VII 4[171], KSA 10*, S. 162; zuweilen figuriert auch der Unmensch als Gegensatz zum Übermenschen, etwa wenn Nietzsche Napoleon als »Synthesis von Unmensch und Übermensch« charakterisiert (*Zur Genealogie der Moral I. 16, KSA 5*, S. 285); die Ambivalenz wird also in eine Person als widersprüchlicher Doppelcharakter hineingelegt und nicht etwa Gruppen oder Rassen homogen *in toto* zugeschrieben vgl. auch Fußnote 54.

56 In einer Vision des Zukünftigen sieht Nietzsche die letzten Menschen durch den Formationsprozess von Demokratie und Christentum zu Sandkörnern normiert, uniformiert und vereinheitlicht: »Alle sehr gleich, sehr klein, sehr rund, sehr verträglich, sehr langweilig. [...] Ein kleines, schwaches, dämmerndes Wohlgefühlchen über Alle gleichmäßig verbreitet, ein verbessertes und auf die Spitze getriebenes Chinesenthum [...]« (*Nachlaß Frühjahr 1880, V 3[98], KSA 9*, S. 73).

also mit Blick auf das Einzelexemplar in verschiedensten metaphorischen Annäherungen entfaltet.

Die dehumanisierende Bezeichnung und »brutal racist category« *Untermensch* ist für Nietzsche *kein* konstitutiver und *kein* repräsentativer Terminus, sondern dieser Begriff taucht im gesamten Werk Nietzsches nur ein einziges Mal auf, *quasi* als Hapaxlegomenon, kontingent und spielerisch und, anders als der ‚Übermensch', ohne jedwede Bedeutsamkeit für des Autors Philosophie. Und schon gar nicht wird die Bezeichnung ‚Untermensch' mit einer rassistisch diskriminierenden Stoßrichtung verwendet. Nietzsche erwähnt den Ausdruck im Aphorismus 143 der *Fröhliche[n] Wissenschaft*,[57] in dem er für den »größten Nutzen des Polytheismus« plädiert. Er lobt die antike Vorstellung mit ihrer Vielfalt der Götter und der »Mehrzahl von Normen«, und er hebt das Recht der Individuen in der Antike hervor (das freilich nur für den Bürger der Polis galt); dieses individuelle Recht habe die Freiheit gewährt, dass das Recht des einen Gottes nicht gleichbedeutend war mit der »Leugnung oder Lästerung des anderen Gottes« – anders als im intoleranten Monotheismus, in dem der *eine* (wahre) Gott keine anderen (falschen) Götter-Götzen neben sich duldet.[58]

Eingebettet in diesen Kontext fällt dann der inkriminierte Begriff vom ‚Untermenschen': »Die Erfindung von Göttern, Heroen und Uebermenschen aller Art, sowie von Neben- und Untermenschen, von Zwergen, Feen, Centauren, Satyrn, Dämonen und Teufeln, war die unschätzbare Vorübung zur Rechtfertigung der Selbstsucht und Selbstherrlichkeit des Einzelnen: die Freiheit, welche man dem Gotte

57 KSA 3, S. 490.

58 Als Konsequenz dieser Logik tendiert (so könnte man hinzufügen) die normative Bipolarität nur allzu häufig dazu – das hat die Erfahrung gelehrt –, in ein ‚totales' Freund-Feind-Denken umzuschlagen. Dabei sind die Positionen im strukturellen Schema austauschbar: Ob die totale Feindbestimmung nach Religion oder Nation, nach Geburt, Klasse oder Rasse erfolgt, den Opfern hilft das eine sowenig wie das andere. Ideengeschichtlich habe ich dieses Phänomen näher betrachtet am Beispiel einer Topologie des Bösen und am Aufstieg und Fall des dämonologischen Dispositivs [1993a].

gegen die anderen Götter gewährte, gab man zuletzt sich selber gegen Gesetze und Sitten und Nachbarn.« Der gesamte Aphorismus ist also zu lesen als Verteidigung einer liberalen Lebenshaltung, als Lob der Freiheit und Vielfalt in der Götterwahl. Er wendet sich gegen jegliche Gesinnungsdiktatur, und sein Plädoyer ist zu verstehen als Anklage gegen das Ressentiment und jene Intoleranz, die zwangsläufig durch die Anmaßung in die Welt kommt, es gebe *nur eine einzig gültige* Gottesvorstellung. Dem Leser, der die Textpassage in ihrem Zusammenhange näher betrachtet und nicht nur das eine *Unwort* isoliert herausreißt, erschließt sich als Sinn also das genaue Gegenteil von dem, was einige Kritiker dem Autor vorwerfen.

In summa: Wer Nietzsche eine rassistische oder antisemitische Haltung unterstellt und dies mit dem bei Nietzsche angeblich verwendeten Begriffspaar ‚Übermensch' und ‚Untermensch' zu belegen können glaubt, verkennt sowohl die philosophische wie auch die lebenspraktische Position des Denkers. Ganz im Gegenteil: Nietzsche verurteilt den »Rassen-Schwindel«,[59] wie er ihn nennt, aufs allerschärfste und spricht sich energisch öffentlich und privat gegen den zu seiner Zeit bereits immer stärker grassierenden Antisemitismus aus, mit dem er ja auch in der eigenen Familie direkt konfrontiert war. So schreibt Nietzsche an Overbeck: »Die verfluchte Antisemiterei […] ist die Ursache eines *radikalen* Bruchs zwischen mir und meiner Schwester«.[60]

59 *Nachlaß Sommer 1886 – Herbst 1887, VIII 5[52], KSA 12*, S. 205 »Maxime: Mit keinem Menschen umgehn, der an dem verlognen Rassen-Schwindel Antheil hat«

60 2. April 1884, *KGB III 1*, S. 493; siehe z.B. auch den Brief von Nietzsche an seine Mutter Franziska vom 18. Oktober 1887 (*KGB III 5*, S. 171): »[...] doch fehlt bei mir immer noch auch der leiseste Wunsch, mich in die Nachbarschaft meines antisemitischen Herrn Schwagers zu setzen. Seine und meine Ansichten sind verschiedne Ansichten: – und ich bedaure dies nicht. –«. An Emily Fynn schreibt er ([Mitte Februar 1886], *KGB III 3*, S. 150): »Mir sind die Gesinnungen meines Schwagers für die er lebt und stirbt, fremder als Paraguay.« Und schließlich im Brief an seine Schwester ([Ende Dezember 1887], *KGB III 5*, S. 218f.): »Nachdem ich gar den Namen Z[arathustra] in der antis[emitischen] Correspondenz gelesen habe, ist meine Geduld am Ende – ich bin jetzt gegen die Partei

8.

Die Zeit des Übermenschen

Nach Nietzsche verschwinden Gott und Mensch gemeinsam. Der doppelte Tod gebiert die Notwendigkeit für die Lehre vom Übermenschen. Dieser ‚Doppelmord' – wie ich ihn nennen will, denn: der Mensch begeht mit dem ‚heiligen Mord'[61] zugleich auch Selbstmord – hinterlässt jene Lücke, die zuvor von »der Art Irrthum« belegt war, ohne die der Mensch nicht leben konnte:[62] Diese »nothwendige Fiction« war des Menschen eigener humaner Selbstentwurf, der indes untrennbar an die Existenzunterstellung Gottes gekoppelt war: stirbt Gott, so stirbt auch der Mensch. Es ist jener Mensch, den der Schöpfer nach seinem Ebenbilde geschaffen und dem er den Lebenssinn gegeben hat. In diesem existenziellen Verlust besteht der dramatische Effekt der jählings entstandenen Lücke, die den Menschen mit einer grundlegend neuen Situation konfrontiert.

In der Philosophie *nach* Nietzsche – etwa Sartre und Camus, Foucault und Althusser, um nur die besonders prägnanten französischen Theorieanschlüsse anzudeuten – wurde diese Leerstelle höchst unterschiedlich besetzt. Die Theoretiker teilen die nietzscheanische Diagnose, ziehen aber gegensätzliche Konsequenzen daraus: Albert Camus sucht die *Absurdität* der menschlichen Existenz ohne Gott anzunehmen, Jean-Paul Sartre will einen *radikalen Humanismus* reaktivieren, der von der *Existenz des Menschen* ausgeht, Louis Althusser und Michel Foucault dagegen vertreten einen (theoretischen) *Antihumanismus*, da der überlieferte ‚Humanismus'

Deines Gatten im Zustand der Notwehr. Diese verfluchten Antisemiten-Fratzen sollen nicht an mein Ideal greifen!!« Aber der Konflikt um die antisemitische Haltung von Schwager und Schwester schwelte schon länger und führte immer wieder zu heftigen Auseinandersetzungen.

61 *Nachlaß November 1882–Februar 1883, VII 4[132], KSA 10*, S. 152; vgl. zur Qualifizierung des Todes Gottes als Mord: »Gott ist todt – wer hat ihn denn getödtet? […] Mord der Morde! Wir erwachen als Mörder […]« (*Nachlaß Herbst 1881, V 12[77], KSA 9*, S. 590).

62 Vgl. *Nachlaß April–Juni 1885, VII 34[253], KSA 11*, S. 506.

historisch erledigt sei, in dessen Namen – so die Auffassung – genug Terror ausgeübt werde und ausgeübt worden sei. Diese differenten Positionen suchen auf die neue Lage zu reagieren, wie auf *die* Frage des 20. Jahrhunderts – »Humanismus und/oder Terror?« – mit einer postchristlichen Ethik geantwortet werden könne. Und diese Frage enthielt im Zentrum diejenige nach dem *homo futurus*, der in einigen Projekten als *homo novus* die Zeitgenossen nicht nur begeisterte, sondern auch entgeisterte, sie ebenso wahnhaft beflügelte wie abgrundtief erschreckte.[63]

Nietzsche begriff sich sein Leben lang als einen »Unzeitgemäßen«, als einen Denker ‚von vorgestern und übermorgen'. Das Erscheinen, die Ankunft, die Geburt des Übermenschen sah er – wenn überhaupt – eher für das Übermorgen denn für das Morgen als wahrscheinlich an. Wenn wir jedoch seine Diagnose der zeitgenössischen Situation (vor über einem Jahrhundert) und seine Charakteristik des Übermenschen betrachten, so stellen wir verblüfft fest, dass er in der Tendenz die ‚normale' Alltagssituation des modernen ‚abendländischen' Menschen beschrieben hat. Es ist jener Mensch, der – desillusioniert nach zwei Weltkriegen, nach dem Holocaust und der Atombombe, nach dem Zusammenbruch nicht nur der alten christlichen, sondern auch der neuen Fortschrittsreligionen westlicher und östlicher Prägung – aller Werte beraubt und orientierungslos geworden ist, weil es keine sinnstiftende transzendente Instanz und keinen Garanten für eine verbindliche Ethik mehr gibt. Der ‚übermenschliche' Ernstfall *ist* bereits da, es bedarf einer übermenschlichen Anstrengung, diese Situation nicht nur zu ertragen, sondern sich ihr zu stellen und schöpferisch mit ihr umzugehen. Nietzsche nennt das die ‚nihilistische' Situation,

---

63 Alain Badiou [2006], S. 208–219, diskutiert ausführlicher die beiden gegensätzlichen »großen Hypothesen« des radikalen Humanismus einerseits und anderseits des radikalen Antihumanismus (zu dem er selbst auch tendiert), und er formuliert die alternative Frage nach dem Kommenden: »Mit den Stimmen von Sartre und Foucault hat das Jahrhundert gefragt: Ist der Mensch, der kommt, der in Gestalt einer Existenz oder eines Denkens kommen muß, eine übermenschliche oder eine unmenschliche Figur?« (ebd. S. 218). Dies ist im Übrigen auch die Frage Nietzsches.

in der sich alle überlieferten Werte selbst entwertet haben. Er hat in jener Notiz aus dem Jahre 1880, die ich bereits erwähnt habe, prognostische Mutmaßungen skizziert, wie die Welt global unter dieser neuen Voraussetzung sich wandeln könnte : »[…] die religiösen Kräfte könnten immer noch stark genug sein zu einer atheistischen *Religion* à la Buddha, welche über die Unterschiede der Confession hinweg striche, und die Wissenschaft hätte nichts gegen ein neues Ideal. Aber allgemeine Menschenliebe wird es nicht sein! Ein neuer Mensch muß sich zeigen. – Ich selber bin ferne davon und wünsche es **gar** *nicht*! […]«.[64]

Die historischen Bedingungen für den neuen Menschen, der sein Leben ohne Gott aushalten und gestalten muss, sind eingetreten.[65]

64 *Nachlaß Ende 1880, V 7[111], KSA 9*, S. 341; vgl. Fußnote 12.

65 Nicht zuletzt der 11. September 2001 hat vor allem in den angelsächsischen Ländern auch zu einer Publikationswelle religionskritischer Schriften geführt (zur Einschätzung von ‚9/11' siehe auch den Beitrag von Angela Spahr in der vorliegenden Publikation). So – um nur einige Beispiele herauszugreifen – spricht der Biologe Richard Dawkins [2006] in seinem Buch *The God Delusion (Der Gotteswahn)* von den verhängnisvollen Auswirkungen des »Gottesvirus«, der Journalist Christopher Hitchens [2007] verurteilt aufs allerheftigste, »wie Religion die Welt vergiftet«, und der Neurowissenschaftler und Philosoph Sam Harris [2005] kritisiert den Alleinvertretungsanspruch der großen herkömmlichen Religionen und lässt als einzig friedliche Weltreligion den Buddhismus gelten. Das Wiedererstarken fundamentalistischer Positionen innerhalb der monotheistischen Weltreligionen, deren Auseinandersetzung als ‚Kampf der Kulturen' sich tendenziell im Huntington'schen Sinne zuzuspitzen droht, führt eben auch zu einer Offensive des »new atheism«; in diesem religionskritischen Sinne äußern sich etwa auch Dennett [2006], Wolpert [2006], Martin [2006], Stenger [2007] und Onfray [2005], dessen Buch 2007 als Übersetzung aus dem Französischen in den USA erschienen ist; die – höchst unterschiedliche – Qualität der diversen Publikationen soll hier nicht im einzelnen erörtert werden, von Interesse ist in unserem Kontext vielmehr die Stoßrichtung, die sie eint, die aber auch Gegenstimmen provozieren, etwa den *Anti-Dawkins* von Peter Strasser [2008]. (Man ist ohnehin geneigt, dem am Thema interessierten Leser gleich die Lektüre von Bertrand Russells im Jahre 1927 gehaltenenVortrag *Why I am not a Christian* zu empfehlen, weil dort im Grunde bereits nahezu alle entscheidenden Argumente zu diesem Problem versammelt sind, die

Die Gegenwart bestätigt Nietzsche – aber sie widerlegt ihn auch, zumindest bis heute: Der neue Mensch, der ohne Gott und ohne Religion sein Leben in die Hand nimmt, ist Ausnahme geblieben. Stattdessen beobachten wir tendenziell die Wiederkunft des Gleichen oder des bereits Totgesagten: Nicht eine Art Buddhismus – wie Nietzsche noch vermutete –, wohl aber theokratisches Denken gewinnt zunehmend an Bedeutung. Die Gottesfrage – traditionell ‚deutsch' ausgedrückt: die Gretchenfrage – steht offenbar immer noch (oder schon wieder?) auf der Tagesordnung, unabhängig davon, wie die Antwort ausfällt. Die heutige Renaissance der monotheistischen Religion, sei's als Islam, sei's als Christentum, bestätigt eher Nietzsches Verdacht, dass der Mensch *ohne* Gott nicht leben kann.[66] Das Neue, das

sich in der aktuellen Debatte mit dem Etikett ‚brandneu' aufputzen; vgl. Russell [1957/1927].) Auf dem kontinentaleuropäischen Kontinent im Allgemeinen und in Deutschland im Besonderen hat die ‚Gottesfrage' nicht jene Brisanz erreicht wie im angelsächsischen Sprachraum, auch wenn zum Beispiel Karlheinz Deschner schon 1986 den ersten Band seiner auf zehn Bände geplanten *Kriminalgeschichte des Christentums* vorgelegt und aktuell etwa Ulrich Beck sich dieses Themas angenommen hat, um den »totalitären Kern« von Religion herauszuschälen, so scheinbar »human« er auch ummantelt sein mag; vgl. Beck [2007; 2008]. Namentlich im osteuropäischen Raum gehörte der Atheismus bekanntlich zur sozialistischen Staatsdoktrin, so dass hier der ideologische Kampf der Kulturen bereits seit längerem und bis zum Ende des ‚real existierenden Sozialismus' geführt wurde.

66 Dem neuzeitlichen Säkularisierungsprozess – in dem nicht nur Gottes eherne Gesetzestafeln, sondern tradierte Normvorgaben überhaupt erodierten – trägt der theoretische Ansatz des ‚Normalismus' Rechnung: die statistische Norm wirkt zugleich wert- und handlungsorientierend, quasi als »normative Kraft des Faktischen« (Georg Jellinek), wie sie in den juristischen Diskurs als rechtspositivistischer Topos Eingang gefunden hat. Nietzsches Position eines »individuellen Gesetzes«, also einer ‚individuellen Norm', widersetzt sich der quantitativen wie der qualitativen ‚Normalität' – ebenso der ‚statistischen Durchschnittsnorm' wie auch jenen allgemein gesetzten ‚idealen Normen', die womöglich Gültigkeit für alle Zeiten und alle Regionen beanspruchen. Den ‚Normalismus' rein deskriptiv begreift dagegen Jürgen Link [1998], S. 444, der in seinem Versuch über den Normalismus analytisch scharf trennt zwischen deskriptiv verstandener »Normalität« einerseits und »Norma-

den Übermenschen erfordert, verlangt offensichtlich *zu* Übermenschliches vom Menschen, als dass er diese Forderung erfüllen kann. Und das erscheint nur menschlich, *allzu*menschlich.

Literatur:

Aschheim, Steven E. [1992]: ,The Nietzsche Legacy in Germany', 1890–1990', Berkeley 1992

Badiou, Alain [2006]: ,Das Jahrhundert', aus dem Französischen von Heinz Jatho, Zürich, Berlin 2006; französisches Original: ,Le Siècle', Paris 2005

Beck, Ulrich [2007]: ,Gott ist gefährlich', in: ,Die Zeit', Nr. 52 vom 19. 12. 2007

Beck, Ulrich [2008]: ,Der eigene Gott', Frankfurt am Main 2008

Biographisch-Bibliographisches Kirchenlexikon [1975ff.], hg. von Friedrich Wilhelm Bautz, ab Bd. 3 von Traugott Bautz, 14 Bde. und bisher 13 Ergänzungsbde., Hamm 1975ff. [im Internet unter: www.bautz.de/bbkl.]

Borsche, Tilman [1994]: ,Vom romantischen Traum einer fröhlichen Wissenschaft. Nostradamus, Nietzsche und die Inquisition', in: ,Nietzsche-Studien. Internationales Jahrbuch für die Nietzsche-Forschung', Bd. 23 (1994), S. 175–199

---

tivität« andrerseits – eine Position, die indes unterschlägt, dass sowohl die Voraussetzungen wie auch die Konsequenzen der ,Durchschnittsnorm' normativ geprägt sind, also selbst sozial und politisch normierende und handlungsorientierende performative Kraft besitzen. Wie in der gegenstrebigen Bewegung auf der anderen Seite die Metapher ,creatio ex nihilo' eine Renaissance erfährt, jedoch ebenso ,atheistisch' wie auch ,religiös' bzw. theologisch wiederbesetzt wird, erörtert Warren Breckman [2007]: Sowohl ,säkulare' Theorien (etwa die von Cornelius Castoriadis, Jean-Luc Nancy oder Slavoj Žižek) als auch ,post-säkulare' Positionen der »radikalen Orthodoxie« (etwa jene von John Milbank und D. Stephen Long) bedienen sich dieser Gedankenfigur – unter anderem in Konstellation mit den Topoi »Ereignis« (Badiou und Nancy) sowie »Kontingenz« (Castoriades); Breckman zeigt aber auch, wie sich beide Positionen kreuzen und einander überlagern oder überlagern können.

Breckman, Warren [2007]: ‚Creatio ex nihilo. Zur postmodernen Wiederbelebung einer theologischen Metapher', in: ‚Zeitschrift für Ideengeschichte: Anfänger!', Heft 1/2 (2007), S. 13–28

Brusotti, Marco [1997]: ‚Die Leidenschaft der Erkenntnis. Philosophische und ästhetische Lebensgestaltung bei Nietzsche von ›Morgenröthe‹ bis ›Also sprach Zarathustra‹', Berlin, New York 1997

Dawkins, Richard [2006]: ‚The God Delusion', London 2006; deutsch: ‚Der Gotteswahn'. Aus dem Amerikanischen von Sebastian Vogel, Frankfurt am Main 2007

Dennett, Daniel Clement [2006]: ‚Breaking the Spell: Religion as a Natural Phenomenon', New York 2006

Deschner, Karlheinz [1986ff.]: ‚Kriminalgeschichte des Christentums', bisher 8 Bde., Reinbek 1986ff.

Galton, Francis [1883]: ‚Inquiries into Human Faculty and its Development', London 1883

Harris, Sam [2005]: ‚The End of Faith. Religion, Terror, and the Future of Reason', London 2005; deutsch: ‚Das Ende des Glaubens – Religion, Terror und das Licht der Vernunft'. Aus dem Amerikanischen von Oliver Fehn, Winterthur 2007

Herder, Johann Gottfried [*Schriften* 1985]: ‚Ausgewählte Werke in Einzelausgaben'. Schriften zur Literatur, hg. von Regine Otto, 2 Bde., Berlin, Weimar 1985

Herder, Johann Gottfried [*Humanitätsbriefe* 1971]: ‚Ausgewählte Werke in Einzelausgaben. Briefe zur Beförderung der Humanität', hg. von Heinz Stolpe, 2 Bde., Berlin, Weimar 1971

Hitchens, Christopher [2007]: ‚God Is Not Great. How Religion Poisons Everything', London 2007; deutsch: ‚Der Herr ist kein Hirte. Wie Religion die Welt vergiftet'. Aus dem Amerikanischen von Anne Emmert, München 2007

Kaufmann, Walter [1982]: ‚Nietzsche. Philosoph – Psychologe – Antichrist'. Aus dem Amerikanischen von Jörg Salaquarda, Darmstadt 1982; Übersetzung der 4. Auflage von 1974 des amerikanischen Originals: ‚Nietzsche. Philosopher – Psychologist – Antichrist', Princeton/N. J.

Levy, Oscar [2007/1938]: ‚Die Exkommunizierung Adolf Hitlers.

Ein Offener Brief‘ (1938), in: ‚Sinn und Form. Beiträge zur Literatur‘, 59. Jahr, Heft 3 (2007), S. 348–362

Link, Jürgen [²1998]: ‚Versuch über den Normalismus. Wie Normalität produziert wird‘, Opladen, Wiesbaden 1997

Lütkehaus, Ludger [2007]: ‚Wille zur Macht – Wille zum Werk. Die Nietzsche-Philologie in einer neuen Phase‘, in: ‚Neue Zürcher Zeitung‘ vom 21./22. April 2007, Beilage ‚Literatur und Kunst‘

Lukács, Georg [1971/1916]: ‚Die Theorie des Romans. Ein geschichtsphilosophischer Versuch über die Form der großen Epik‘ (1916/1920), Frankfurt am Main 1971

Lukács, Georg [1954]: ‚Die Zerstörung der Vernunft‘, Berlin 1954

Martin, Michael [2006]: ‚The Cambridge Companion to Atheism‘, Cambridge, U.K. 2006

Montinari, Mazzino [1982]: ‚Nietzsche lesen‘, Berlin, New York 1982

Nietzsche, Friedrich [*KSA* 1980]: ‚Sämtliche Werke. Kritische Studienausgabe‘, hg. von Giorgio Colli und Mazzino Montinari, 15 Bde., München, Berlin, New York 1980

Nietzsche, Friedrich [*KGB* 1975ff.]: ‚Briefwechsel. Kritische Gesamtausgabe‘, hg. von Giorgio Colli und Mazzino Montinari, bisher 25 Bde., Berlin 1975ff.

Onfray, Michel [2006]: ‚Wir brauchen keinen Gott. Warum man jetzt Atheist sein muss‘, München 2006; französisches Original: ‚Traité d'athéologie: Physique de la métaphysique‘, Paris 2005; amerikanische Übersetzung: ‚Atheist Manifesto. The Case Against Christianity, Judaism, and Islam‘, New York 2007

von Rahden, Wolfert [1993a]: ‚Orte des Bösen. Aufstieg und Fall des dämonologischen Dispositivs‘, in: ‚Die andere Kraft. Zur Renaissance des Bösen‘, hg. von Alexander Schuller und Wolfert von Rahden, Berlin 1993, S. 26–54

von Rahden, Wolfert [1993b]: ‚›Ich bin ein Thier gewesen‹. Herder's Concept of Evolution in the Context of His Time‘, in: Daniel Droixhe, Chantal Grell (éds.): ‚La linguistique entre mythe et histoire. Actes des journées d'étude organisées les 4 et 5 juin 1991 à la Sorbonne en l'honneur de Hans Aarsleff‘, Münster 1993, pp. 187–210

von Rahden, Wolfert [2000]: ‚Der Grund des Abgrunds‘, in: ‚Paragrana. Internationale Zeitschrift für Historische Anthropologie: Metaphern des Unmöglichen‘, hg. von Christoph Wulf, Bd. 9, Heft 1 (2000), S. 34–45

von Rahden, Wolfert [2003]: ‚Individual Law: On Some Aspects of Nietzsche's Juridical and Aesthetic Discourse‘, in: ‚Cardozo Law Review: Nietzsche and Legal Theory‘, Yeshiva University New York, Vol. 24, No. 2 (2003), pp. 723–737

von Rahden, Wolfert [2005a]: ‚›Ächte Weimaraner‹: Zur Genealogie eines Genealogen‘, in: ‚Ein grofs vnnd narhafft haffen. Festschrift für Joachim Gessinger‘, hg. von Elisabeth Berner, Manuela Böhm und Anja Voeste, Potsdam 2005, S. 43–54

von Rahden, Wolfert [2005b]: ‚›Si hortum cum bibliotheca habes, nihil deerit‹. Lektüren des späten Nietzsche‘, in: ‚Bewußtsein, Sprache, Stil. Theoretische und historische Perspektiven. Festschrift für Hans-Martin Gauger‘, hg. von Daniel Jacob, Thomas Krefeld und Wulf Oesterreicher, Tübingen 2005, S. 283–303

von Rahden, Wolfert [2007]: ‚›Nie wirklich satt und froh …‹. Nietzsches Herder‘, in: ‚Der frühe und der späte Herder: Kontinuität und/oder Korrektur. Early and Late Herder: Continuity and/or Correction. Beiträge zur Konferenz der Internationalen Herder Gesellschaft Saarbrücken 2004‘, hg. von Sabine Groß und Gerhard Sauder, Heidelberg 2007, S. 459–477

von Rahden, Wolfert [2008]: ‚Der anamorphotische Blick. Die Konstitutionsphase neuer Wissenskulturen gegen Ende des 18. Jahrhunderts im epistemologischen Perspektivenwechsel mit besonderem Augenmerk *sub specie evolutionis* auf die Geologie und Johann Gottfried Herder‘, in: ‚Aufklärung und Evolution. Zur Entstehung evolutionären Denkens seit dem 18. Jahrhundert‘, hg. von Iwan-Michelangelo d'Aprile, Heinz-Dieter Kittsteiner und King-Sang Mac, [Hannover 2008]

Russell, Bertrand [1957/1927]: ‚Why I am not a Christian and Other Essays on Religion and Related Subjects‘ (1927), ed. and with an appendix on the Bertrand Russell Case by Paul Edwards, London 1957; deutsch: ‚Warum ich kein Christ bin‘, München 1963

Simmel, Georg [1968/1913]: ‚Das individuelle Gesetz. Ein Versuch über das Prinzip der Ethik‘ (1913), in: ‚Das individuelle Gesetz. Philosophische Exkurse, hg. von Michael Landmann, Frankfurt am Main 1968, S. 174–230

Stenger, Victor J. [2007]: ‚God – The Failed Hypothesis. How Science Shows That God Does Not Exist‘, Amherst/Mass., New York 2007

Strasser, Peter [2008]: ‚Warum überhaupt Religion? Der Gott, der Richard Dawkins schuf‘, Paderborn 2008

Wolpert, Lewis [2006]: ‚Six Impossible Things Before Breakfast: The Evolutionary Origins of Belief‘, London 2006

Yablon, Charles M. [2003]: ‚Nietzsche and the Nazis: The Impact of National Socialism on the Philosophy of Nietzsche‘, in: ‚Cardozo Law Review: Nietzsche and Legal Theory‘, Yeshiva University New York, Vol. 24, No. 2 (2003), pp. 739–755

Zusi, Peter A. [2006]: ‚Toward a Genealogy of Modernism: Herder, Nietzsche, History‘, in: ‚Modern Language Quarterly‘, Vol. 67, No. 4 (2006), pp. 505–525

IV.

Das Neue in der Kunst

Steven Reich

Zur Entstehung und Bedeutung zeitlicher Mikrostrukturen im Jazz

Dieser Beitrag blickt auf einen zeitlichen Mikrokosmos, der im Jazz[1] vor allen anderen musikalischen Ausdrucksformen bedeutsam ist. Diese schon oft totgesagte[2] Musik ist lebendiger und innovativer denn je. Die Gestalt des Neuen im Jazz geht dabei in immer neuer und überraschender Weise aus zeitlichen Mikrostrukturen hervor. Diese sind nicht vergleichbar dem ‚groben' Zeitmaß des Metrums, (z.B. 3/4, 4/4 oder 5/4 Takt) sondern feinste rhythmische Differenzierungen, die eher der Größenordnung nach im 1/128 oder 1/256 Verhältnis zur Dauer eines Taktschlages stehen, also z.B. eines Tones oder einer unmittelbaren Folge von Tönen oder Klängen, die gerade noch wahrnehmbar vor oder nach dem hörbaren oder impliziten Takt- oder Metronomschlag[3] erklingen und so Phänomene des *swing*, *bounce* oder *drive*, des Vorauseilens oder Nachhängens (*laidback*) ergeben. Jazzmusiker[4] spielen mit diesen Differenzierungen

1 Als ‚Jazz' wird hier ganz allgemein jene ungefähr um 1900 in den USA entstandene, überwiegend von Afro-Amerikanern hervorgebrachte Musikrichtung bezeichnet, die in vielfältiger Weise weiter entwickelt wurde - häufig aus der Mischung mit anderen Musiktraditionen und Genres. Mittlerweile werden auch Musikformen zum Jazz gezählt, die oft nur lose oder kaum noch mit der afro-amerikanischen Tradition verbunden sind. Dieser ‚weite' Begriff des Jazz wird im Hinblick auf seine künstlerische Bedeutung häufig als amerikanisches Pendant zur sog. ‚klassischen' europäischen Musik verstanden.

2 Vgl. Zappa [1973]: »This is sort of like jazz in it's own peculiar way. Jazz is not dead, it just smells funny! Okay, let's go! Yeah man, jazz man, you know what I mean? This is be-bop, even though you think it does not sound like that. Be-bop!«

3 Praktisch erklingen weder Takt- noch Metronomschläge, sondern der *beat* wird durch Perkussionsinstrumente, Kontrabass ‚markiert', oft auch nur impliziert, ist aber immer deutlich spürbar präsent.

4 Vgl. statt vieler die Pianisten Bud Powell, Lennie Tristano, Keith Jarrett, die Drummer Max Roach, Jack de Johnette, die Trompeter Dizzy Gillespie, Miles Davis, die Bläser Charlie Parker und John Coltrane.

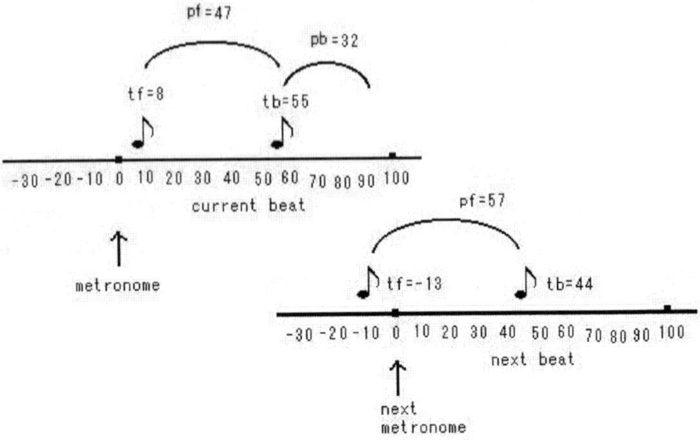

Abb. 1.: Beispiel für das *timing* und die Proportion für einen Metronom-Schlag = 100 (Schläge pro Sekunde).

Legende: **tf**: *timing of front* eighth note
tb: *timing of back* eighth note
pf: Proportion von front eighth note
pb: Proportion von back eighth note
bl=pf+pb = *beat length*

in zunehmend bedeutsamer Weise. Diese werden dadurch rhythmische wie tonbildnerische Träger neuartiger ‚parasemantischer'[5] Sinnzusammenhänge – ‚parasemantisch' genannt, weil sie von emotionalem Aussagegehalt in einem kulturellen Kontext sind, der ein entsprechendes musikalisches Verständnis voraussetzt[6]. Oszillo-

5 Der Begriff der ‚Parasemantik' wurde in diesem Zusammenhang ursprünglich von Schuldt in seiner Kritik an Kurt Schwitters Werk verwendet, vgl. hierzu Döhl [1993]: »Wenn von der Kritik bis heute, auch hier Raoul Hausmann folgend, immer wieder vorgebracht wird, Schwitters' Ursonate (wie allgemein seine Beiträge zur Lautdichtung) gingen nicht vor die Sprache zurück, seien parasemantisch und nicht selbstorganisierter Klang, ist dies richtig und falsch zugleich. Natürlich ist eine Lautpoesie vorstellbar und wird so auch von François Dufrêne oder Henri Chopin und anderen praktiziert, bei der die Artikulationsorgane ausschließlich instrumental eingesetzt werden. Was im Resultat dann eher Musik als Poesie ist.«

6 Vgl. die Anekdote über Beethoven, der, nachdem er nach der Aufführung

grafisch sind diese zeitlichen Mikrostrukturen nicht ihrer Bedeutung entsprechend darstellbar, der Betrachter sähe nur Wellenmuster in linearer Exposition ohne Bezug zum Früher und Später und zum emotionalen Gehalt. Allerdings können die physikalische Gegebenheiten die Wahrnehmbarkeit dieser Sinn tragenden Phänomene beeinträchtigen oder unmöglich machen, wie in großen Räumen oder Sälen, deren Nachhallzeit die Differenzierungen verschwimmen lässt, z.B. größeren Kirchen, weshalb diese sich konzeptionell für Chor- und Orgelmusik eignen, für Jazz aber in den allermeisten Fällen nicht. Diese *timing*-Phänomene sind in unserer Notenschrift nicht adäquat darstellbar, weil deren metrische ‚Raster' hierfür keine praktisch lesbaren Symbole haben[7]. Diese zeigt sich an einem Experimente-Paar: Ein Jazzpianist spielt eine ‚Improvisation' zu einem click-track, also einem mathematisch präzisen, gleichmäßigen Taktklicken/Schlagzeugklang mittels einer MIDI-Tastatur in eine Notensoftware ein. Es zeigen sich rhythmische Notenwerte, die z.B. in 1/128 oder 1/256 Auflösungen (je nach Grundmetrum[8], Tempo[9] und Notendrucksoftware) ein ‚ausgefranstes' Notenbild ergeben, welches so für einen reproduzierenden Musiker weder ‚lesbar', noch ‚spielbar' ist. Umgekehrt ergibt die Programmierung eines Sequenzers mit einer exakten, den in 1/8, 1/16 oder 1/32 Notenwerten abstrahierend und somit lesbar notierten Jazztranskription entsprechenden mathematisch genauen Klangerzeugung eine sterile, leblose, emotional nichtssagende

---

der *Pathetique* gefragt wurde, »was bedeutet das?«, sich wütend erneut ans Klavier gesetzt haben soll, um die Sonate ein weiteres Mal zu spielen.

7 Vgl. Aratori [2008], http://timing-progression.com unter ‚unnotated timing symbol': »The bounce is yielded not by notated symbol but by unnotated timing symbol, which can not be transcribed into score. The symbol, historically and socially regarded as ephemeral and contingent, has not been analyzed compared to notated symbol, which is transcribed into score.« – Zur zeitlichen Proportion von Schlägen im Metronom s. die Illustration auf der vorangehenden Seite.

8 Der Begriff des Metrums bezeichnet in der Musik das zeitliche Bezugsraster für die musikalische Notation und die Aufführung.

9 Schläge pro Minute, auch ausgedrückt in M.M. (Mälzels Metronom)

klangliche Ausführung. Diese Differenz allein erklärt allerdings noch nicht das Phänomen des Mikrotimings. Denn auch die europäische Kunstmusik würde in diesen Experimenten Defizite der Notierbarkeit aufscheinen lassen (Agogik ist so auch nicht notierbar).

Der Unterschied und damit die Neuartigkeit des timing im Jazz liegt in ihrer zusätzlichen Dimension für die Gestaltung der musikalische Aussage und deren unmittelbare Wirkung auf den Zuhörer. Umschrieben hat dies schon Duke Ellington mit dem Titel *It Don't Mean A Thing If It Ain't Got That Swing*[10] – dem Credo des Jazz (vor Erfindung und nach Überwindung des dogmatischen Free-Jazz). Damit ist das Phänomen noch nicht definiert, aber seine Bedeutung gewürdigt[11]. So können dies ‚klassische Musiker' erfahren, die Jazzsoli ‚nachspielen'. Berühmt die Anekdote von Vladimir Horowitz[12], der den *Tiger Rag*[13] in der Interpretation von Art Tatum[14] von der Schallplatte abgehört und die Transkription diesem vorspielte, worauf hin Art Tatum ihm eine gänzliche andere Variante vorspielte, die er ebenso wie die zuvor eingespielte im Moment improvisierte. Auf geringerem Niveau wirken die Jazzversuche klassischer Musiker oft unge-

10 Komposition von Duke Ellington, Text von Irving Mills (1932).

11 Vgl. Keefer [1992].

12 Vladimir Horowitz (* 1.10.1903 in Kiev, † 5.11.1989 New York City) gehört anerkanntermaßen zu den größten Pianisten des 20. Jahrhunderts.

13 Der ‚Tiger Rag' wurde 1917 von der ‚Original Dixieland Jazz Band' eingespielt. Es handelte sich dabei um ein von deren Mitgliedern Nick La Rocca, Eddie Edwards, Henry Ragas und Tony Sbarbaro komponiertes Stück, ferner ein beliebtes Wettbewerbstück bei Jazzpianisten, mit dem Art Tatum 1933 den *cutting contest* gegen Fats Faller und andere sog. *Stride*-Pianisten gewann und damit seinen meteoritenhaften Aufstieg begann.

14 Art Tatum, Jazzpianist (* 13.10.1909, Toledo, Ohio, U.S. † 5.11.1956) Tatum war seit seiner Kindheit nahezu vollständig blind. Im Alter von 6 Jahren hörte er Klavieraufnahmen (sog. *pianorolls*) ab und spielte sie nach, ohne zu wissen, dass diese von zwei Pianisten vierhändig eingespielt wurden. Er gilt als der größte Klaviervirtuose des Jazz aller Zeiten. Sein Spiel rührte Horowitz zu Tränen. A. T. spielte meistens solo, da die wenigsten Musiker mit seinem blitzschnellen Spiel mithalten konnten. Berühmt sind auch Tatums Improvisationen über europäisch-klassische Themen, z.B. der *Elegie* von Jules Massenet, die *Humoresque* von Antonin Dvorak.

wollt ,zickig'[15] – vielleicht als das Ergebnis des fehlenden Sinnes für bzw. der fehlenden Meisterschaft des *timing* und des ,swingenden' Spiels, oder eines bewusst ,folkloristisches' Spiels. Andererseits wären Jazzmusiker niemals damit zufrieden, ihre letzte oder beste Improvisation zu wiederholen. Das bloße Spiel einer notierten Kadenz wie bei klassischen Formen wäre unbedeutend. Das liegt daran, dass die musikalische Aussage nur authentisch sein kann, wenn sie aus dem Bedeutungszusammenhang des Lebens und Erlebens des Musikers geboren wird.

Das *timing*[16] im Zusammenhang mit der Tonbildung eröffnet unbegrenzte, neue Möglichkeiten, dem gefühlsmäßigen Erleben unmittelbaren und individuellen Ausdruck zu geben. Soweit ersichtlich, hat erstmals der japanische Jazzpianist Aratori[17] im Jahr 2002 Analysen der musikalischen Grundlagen des timing vorgenommen und im Web publiziert. Sein Konzept der ,timing progression'[18] beruht auf der Wahrnehmung einer auf rhythmisch proportionalen, um Millisekunden vom Grundbeat abweichend sich frei zur musikalischen Gestaltung entfaltenden Achtelnoten ähnelnden Spielweise als bedeutungsvoll, anstelle der harmonischen Progression der klassischen Musik. Der menschlichen Neugier und dem menschlichen Experimentiergeist folgend kommt es zur Erweiterung des musikalischen Ausdrucks durch ständiges Erforschen neuer Ausdrucksvarianten – und damit zu Gestaltungen des Neuen aus der sinnvollen bzw. sinngetriebenen Entfernung vom ,Hergebrachten'. Diese Musik verwendet zwar, seit ihre Protagonisten ,ausgebildete' Musiker sind, auch die Notenschrift als Werkzeug zur Darstellung von Themen und Arrangements. Die Musik in ihrer Bedeutung beginnt jenseits ihrer Notation, in nicht notierbaren Bereichen, einem Mikrokosmos rhythmischer Progressionen, die so vielfältig wirken, wie die molekularen Grundlagen des Lebens

15 Musikerjargon, vgl. Peter E. Müller: ,Nostalgie statt Neurose. Berlin feiert Woody Allen, den Klarinettisten, im ausverkauften Tempodrom', Berliner Morgenpost v. 3. August 2004

16 Siehe Anm. 5

17 Siehe Anm. 5

18 Aratori (siehe Anm. 7), ebd.

Abb. 2: ‚Dizzy' Gillespie mit seiner berühmten, abgeknickten Trompete

selbst. Längst ist das Phänomen des ‚swingenden' Spiels durch neuartige Spielweisen überlagert und erweitert worden. Während Friedrich Gulda[19] das swingende Spiel noch auf die ‚*notes inégales*'[20] (triolische) Spielweise der französischen Tradition, ‚kombiniert' mit der *Off-Beat*-Betonung zurückführte[21], lassen sich die afro-amerikanischen Rhythmen lateinamerikanischer Musiker[22] nicht als ‚triolische' Spielweise charakterisieren – oft überwiegt eine vordergründig in 1/8 oder 1/16 Notenwerten darstellbare Spielweise. Doch ist das Spiel mit rhythmischen Überlagerungen in differenziertem *timing* dort mit ganz anderer

---

19 Friedrich Gulda (*16.05.1930 in Wien; † 27.01.2000 in Weißenbach am Attersee) war ein bedeutender österreichischer Pianist und Komponist, der sowohl als Meister der Klassik, insbesondere als Beethoven Interpret, als auch Jazz komponierte und improvisierte, so unter anderem mit Chick Corea auftrat.

20 Die *notes inégales* (von franz. ‚ungleiche Noten') sind eine Art des Vortrages, welche vor allem in der französischen Musik des 16. bis 18. Jahrhunderts üblich war. Bei den Notes inégales wird eine Folge von gleichmäßig notierten Achteln oder Sechzehnteln inégal, d. h. punktiert ausgeführt. Der Charakter des Stückes ist hierbei sowohl für den Grad der Punktierung, also für die Werteverlängerung bzw. Werteverkürzung der Noten, als auch für die Häufigkeit der Anwendung entscheidend. [Quelle: http://de.wikipedia.org/wiki/Notes_in%C3%A9gales]

21 In einer TV Sendung des SWR

22 Beispiele hierfür sind die Pianisten Eddie Palmieri, Michel Camillo, Gonzalo Rubalcaba, Chucho Valdez.

emotionaler Aussage gegenwärtig als im *Bebop*[23]-Spiel nordamerikanischer Musiker. ‚Dizzy' Gillespie[24] wusste, woher der nächste Innovationsschub kommen würde, als er sagte[25]: »Here (in Cuba) is where the music of the nineties will be happening and I want to be there«.

Joachim-Ernst Behrend[26] und andere Autoren beschrieben das Gefühl des Beschleunigens und Verzögerns swingender Musik, bei objektiv gleich bleibendem Tempo. Die Überformung der messbaren ‚physikalischen' Zeit im musikalischen Sinnzusammenhang durch Phänomene des Mikrotimings löst zeitlich transzendente Empfindungen aus. Nicht das ‚Vorher – Nachher', sondern eine mehrdimensionale Zeiterfahrung wird möglich. Diese wirkt unmittelbar sinnlich, ohne den Umweg über ein verstandesmäßiges Erfassen, denn zum Denken bleibt angesichts der Schnelligkeit, mit der diese Phänomene auftreten keine Zeit. Deren Wahrnehmung setzt allerdings eine gewisse musikalische Wachheit und wohl auch jahre- oder jahrezehntelange Hörerfahrung und -prägung voraus. Der Autor kennt aus eigenem Erleben seit frühester Kindheit die das Gefühl schwe-

23 Als *Bebop* wird ein im New York der 40er Jahre des 20. Jhs. entwickelten Jazz-Stil bezeichnet, der den *modern jazz* begründet. Er folgte der Ära des *Swing*. Wesentliche Stilmerkmale des musikalisch sehr anspruchsvollen *Bebop* sind größere rhythmische Freiheiten für Schlagzeug und Bass, schnelle Tempi und komplexe Harmonie-Schemata.

24 John Birks Gillespie, Spitzname ‚Dizzy', (* 21.10.1917 in Cheraw, South Carolina; † 06.01.1993 in Englewood, New Jersey) war der vielleicht berühmteste Jazz-Trompeter des 20. Jahrhunderts. Er ist einer der Mit-Begründer des Bebop und auch Wegbereiter das Latin Jazz.

25 In einer Szene im Dokumentarfilm ‚A Night in Havanna' (Cinephile Ltd., 1987)

26 Joachim-Ernst Berendt (* 20.07.1922 in Berlin; † 04.02.2000 in Hamburg) war ein deutscher Musikjournalist und -produzent mit dem Spezialgebiet Jazz. Er war fast vierzig Jahre lang Redakteur beim früheren Südwestfunk in Baden-Baden und damit der dienstälteste Jazzredakteur der Welt. Mit der wöchentlichen Fernsehsendung Jazztime Baden-Baden und einem damals noch täglich gesendeten Hörfunkprogramm mit Jazz leistete er unschätzbar wertvolle Pionierarbeit zur Förderung und Verbreitung des Jazz im Nachkriegsdeutschland.

bender Leichtigkeit auslösende Wirkung swingender Musik, lange bevor analytische Fähigkeiten daran gingen, seinen Ursachen ‚auf die Spur' zu kommen. In dieser Dimension sind in den vergangenen Jahrzehnten musikalische Neuerungen entstanden, die vorher allenfalls theoretisch als möglich erkennbar, in ihrer nun sinnlichen wahrnehmbaren Bedeutung aber nicht konkret vorstellbar waren. Während das Spiel mit ungraden Metren (z.B. im 5/4 oder 7/4 Takt) bei Don Ellis[27] oder Dave Brubeck[28] in seiner Betonung noch akademischen Exerzitien ähnelte, bisweilen folkloristischen Touch hatte und nicht immer ‚swingte', fließen bei Brad Mehldau[29] und seinem Trio der

27 Donald Johnson ‚Don' Ellis (* 25. Juli 1934 in Los Angeles; † 17. Dezember 1978 in North Hollywood) war ein US-amerikanischer Jazz-Trompeter, Schlagzeuger, Komponist und Bandleader, der vor allem durch seine Arbeit mit komplexen Rhythmen und Taktarten berühmt wurde. Seine Bands waren dafür berühmt, dass sie auch komplexe Metren zum Swingen bringen konnten. Statt der üblichen 3/4 und 4/4-Metren spielte sie auch 5/4, 7/4, 11/4, 11/8, 13/4, 17/4 und selbst 33/4. Ellis selbst gelang es mit seinen Arrangements, durch griffige melodische Einfälle selbst halsbrecherische Rhythmen eingängig klingen zu lassen und einem großen Publikum nahezubringen.

28 David Warren ‚Dave' Brubeck (* 6. Dezember 1920 in Concord, Kalifornien) ist ein US-amerikanischer Jazz-Pianist, Komponist und Bandleader und zählt zu den herausragenden Vertretern des Cool Jazz. Er komponierte Jazz-Standards wie ‚In Your Own Sweet Way'. Sein Stil reichte im Spiegel seiner Kritiker von ‚kultiviert' und ‚subtil' bis ‚bombastisch' und offenbart sowohl seine klassische Ausbildung durch seine Mutter als auch seine improvisatorischen Fähigkeiten. Viele seiner Stücke stehen in ungewöhnlichen Taktarten; sein langjähriger musikalischer Partner Paul Desmond (Altsaxophon) schrieb das sicherlich berühmteste Stück des Brubeck Quartetts, ‚Take Five' im 5/4-Takt. Brubeck experimentierte die meiste Zeit seiner Karriere mit Taktarten - ‚Pick Up Sticks' im 6/4-Takt, ‚Unsquare Dance' in 7/4-Takt, und ‚Blue Rondo A La Turk' im 9/8-Takt.

29 Brad Mehldau, * 23. August 1970 in Jacksonville, Florida, ist ein US-amerikanischer Jazzpianist. Bereits im Alter von sechs Jahren begann er, Klavierstunden zu nehmen. Er studierte Klavier und Komposition am Berklee College of Music und an der New School for Jazz & Contemporary Music. Unter seinen Lehrern waren Kenny Werner, Junior Mance und Fred Hersch, der den wohl größten Einfluss auf Brad Mehldau ausübte.

Puls und das Mikrotiming durch jedes, mit selbstverständlichster Natürlichkeit verwendete Metrum hindurch. Träger der musikalischen Message sind eben jene Mikrotiming-Phänomene, deren Auftreten in neuartigen Bedeutungszusammenhängen nicht kalkulierbar war und eine jahrzehntelange musikalische Erfahrung mit steter Ausweitung der Grenzen des immer befreiteren Spiels voraussetzten, die nicht nur individuelle, sondern auch kollektive Entwicklung sind. Der Gegensatz zum chaotischen oder programmatisch-dogmatischen ‚Free-Jazz'[30] besteht in der organischen Fortentwicklung, dem unwillkürlichen Auftreten durch ‚Erspielen' des Neuen. Gegenüber dem gewollten Bruch mit Traditionen hat diese die Möglichkeit, auf die tradierten Spielweisen und musikalischen Elemente zurückzugreifen. Der Kontrabassist und Meister des sog. Chapman Sticks[31], Hans Hartmann[32] fragte zum Free-Jazz: »Was ist daran ‚frei'? Da ist doch alles verboten!« Seitdem der Jazz mit dem Bebop von der Unterhaltungsmusik zur (expressiven) Kunstmusik wurde, hat es solche

30 Dies ist einerseits ein historischer Begriff für (harmonisch) freies Improvisationsspiel im Jazz seit den 1960er Jahren. Andererseits ist es ein bis heute ausstrahlendes Paradigma, das die Möglichkeit zur freien Entfaltung immer neuer Formen im Jazz und auch darüber hinaus (etwa in der Intuitiven Musik) bereithalt. Der Begriff selbst kann zu Missverständnissen führen, da eine Freiheit in Bezug auf die herkömmlichen Spielhaltungen des Jazz nur bedingt genutzt wird und es neben einer völligen Freiheit in der Form (Free Form Jazz) durchaus Improvisationen gibt, die auf Kompositionen und kompositionsähnlichen Absprachen über Strukturen beruhen.

31 Der Chapman Stick ist ein elektrisches, bundiertes Saiteninstrument, das lediglich aus einem großen Griffbrett mit 8 bis 12 Saiten und 1 bis 2 Induktions-Tonabnehmern besteht. Die Grundversion wurde Ende der 60er-Jahre von dem Jazz-Gitarristen und Sessionmusiker Emmett Chapman aus Los Angeles entwickelt.

32 Der wohl einzige Repräsentant für dieses Instrument in Berlin zumindest in der Jazzszene: Hans Hartmann. Er spielt den ‚Stick' inzwischen seit 20 Jahren, Bassist ist er schon seit 30 Jahren. Seine Band Stickstoff, deren Name so schön richtungsweisend ist, hat in Berlin eine Menge ‚Ruhm' erworben. Momentan ist das Projekt Four Free Hands das Trio, das die klanglich enorm ausdrucksstarke Verbindung von Chapmanstick, akustischer Gitarre und Schlagzeug ins Publikum trägt.

Neuerungen gegeben: Coltranes ‚*Sheets of Sounds*‘[33], Miles Davis[34] immer entrückterer Umgang mit melodischer Freiheit, die in dem Credo gipfelte, dass es keine falschen Noten, sondern allenfalls nicht empfundene Noten gibt, Joe Zawinuls[35] Akkomodation der afrikanischen Musik und viele mehr.

Wie kann man dem parasemantischen Aussagegehalt dieser Dimension des Musizierens auf die Spur kommen? Wie eingangs angedeutet, kann die grafisch lineare Darstellung oszillografische Wellenmuster aufzeigen, die aber keinem ‚Vorher-Nachher‘ akustisch wahrnehmbarer Ereignisse entsprechen können, da sie in beide oder alle Richtungen ‚lesbar‘ bzw. als Bild im ganzen wahrnehmbar sind. Die synästhetische[36], gleichzeitige Verwandlung musikalischer Klänge in Wellenmuster des Oszilloskopen kann man in jedem Musikaufnahmestudio beobachten. Diese erzeugt sinnloses Geflacker auf der Netzhaut ohne Erkenntniswert und musikalische Bedeutung. Grafisch lassen sich körperliche Phänomene wie ‚Beschleunigen –

33 Der Ausdruck ‚Sheets of sound‘ wurde von dem Jazzkritiker Ira Gitler 1958 in der Zeitschrift Down Beat geprägt, um den neuen und einzigartigen Stil John Coltranes zu beschreiben. Coltrane verwandte improvivisierte und dennoch in pattern geordnete, harmonische Techniken, indem er hoch verdichtete Soli aus extrem schnell gespielten Arpeggios und Tonleiterfolgen in schneller Aufeinanderfolge spielte: Hunderte von Noten liefen auf diese Weise von den tiefsten bis in die höchsten Register.

34 Miles Dewey Davis III. (* 26.05.1926 in Alton, Illinois; † 28. 09.1991 in Santa Monica, Kalifornien) war ein afroamerikanischer Trompeter, Komponist und Bandleader, der seit dem Cool Jazz bis hin zum Fusion an allen wesentlichen Neuerungen des Jazz maßgebend beteiligt war.

35 Josef Erich Zawinul (* 7.07.1932 in Wien; † 11.09.2007 in Wien) war ein österreichischer Jazz-Pianist, Keyboarder, Komponist, Bandleader und Arrangeur. Gemeinsam mit Miles Davis entwickelte er die Stilrichtung des Electric Jazz, auch Jazzrock oder Fusion Musik genannt. Zawinul ist damit der einzige europäische Musiker, der in der Geschichte des Jazz von stilprägender Bedeutung war. Er gilt als einer der sehr wenigen Keyboard-Spieler, die am eigenen Spiel und an einem warmen, natürlichen Klang erkennbar sind. Seine Gruppe Weather Report zählt in Fachkreisen und beim Publikum als die bedeutendste Jazzformation im letzten Drittel des 20. Jahrhunderts.

36 Der Ausdruck meint hier, Musik zugleich in Farben zu sehen.

Abb. 3: Victor Vasarely: ‚Zebra' (1950).
Vasarely konstruierte kinetische – d.h. sich tatsächlich oder vermeintlich bewegende – Bilder, deren Effekte auf physiologisch begründeten Merkmalen des visuellen Apparates beruhen.

Verzögern' nur analog darstellen, z.B. durch Strichmuster mit sich kontinuierlich-gerichtet vergrößenden oder verkleinermden Abständen, vergleichbar mit einigen Werken Victor Vasarelys[37]. Im swingenden Spiel kommt es zu solchen kontinuierlichen Vergrößerungen oder Verringerungen der Abstände zwischen Klangsequenzen, wobei die Abstände der einander folgenden Noten zueinander proportional bleiben; der Beschleunigungs- oder Verzögerungseffekt beruht auf ei-

37 Victor Vasarely (ungarisch: Vásárhelyi Győző; * 09.04.1906 in Pécs; † 15.03.1997 in Paris) war ein französischer Maler und Grafiker ungarischer Abstammung. Er lebte seit 1930 in Paris. Vasarely prägte die künstlerische Richtung *Op Art* und gilt als ihr herausragendster Vertreter. Sein erstes großes Werk Zebra gilt heute als das erste Werk der *Op Art* (siehe Abb. 3 auf dieser Seite).

ner Verschiebung oder Fluktuation[38] zum Grundmetrum. Dies wird in der notierten Transkription von Jazzimprovisationen mitunter grob durch Pfeile angedeutet, die vor oder zurückweisend über dem Notentext eine Abweichung vom notierten Tempo anzeigen. Diese sind als Spielanweisung zu dürftig, Bedeutungsgehalt und Erlebnisqualitäten können damit ohnehin nicht beschrieben werden. Die in freier Assoziation musikalischen Erlebens mit verbundenen Augen durch ‚musiksynchrone' Federstriche entstehenden Bilder des Zeichners – wie z.B. im Werk von Frederic Kiel[39] – eignen sich für subjektive Darstellungen der erlebten Musik, kann aber kaum die Dimension des *timing* aufzeigen. Die verbal-poetische Beschreibung (*drive*, *swing*, *groove*, *bounce*, *beat*, *space*, *time*) und dergleichen Metaphern sind immerhin unter Jazzmusikern und -kennern verständlich, aber höchst unpräzise, da eine Vielzahl von Erscheinungen darunter subsumierbar sind. Die Entwicklung einer Klangnotation wie z.B. der Notation der japanischen *Shaku-Hachi*-Flötenmusik[40] (s. Abb. 4) erscheint denk-

38 Aratori nennt als grundlegendes Beispiel für *timing fluctuation* das Spiel Bud Powells (siehe Anm. 4 und 7, ebd. unter ‚Concept').

39 Achim Frederic Kiel ist ein echtes Universal-Genie. Der 1955 geborene Maler, Bildhauer und Grafiker hat sich seit Beginn seiner Karriere in den siebziger Jahren des 20. Jahrhunderts mit über 1.800 Arbeiten und mehr als 70 Auszeichnungen international einen Namen gemacht. Dabei hat er sich immer wieder selbst neu erfunden. Arbeitete er zunächst vor allem bei Bauprojekten und als Zeichner und Photograph bei archäologischen Grabungen, etablierte er sich seit 1979 als einer der weltweit 50 führenden Illustratoren. So haben weltbekannte Romanautoren wie Ken Follett (*Die Säulen der Erde*) oder James A. Michener (*Mexiko*) bei der Gestaltung ihrer Bücher auf Kiels Talent vertraut. Ferner hat der Künstler mehrere Malerei Zyklen (z.B. *Blurles* und *Perspectives*) sowie Druckgrafiken zu architektonischen Themen wie die Serigraphien *Barcelona Olympica* zum Bau des spanischen Olympia-Stadions veröffentlicht. Seit 1987 widmet sich Kiel verstärkt dem Thema ‚Kunst-am-Bau' und hat unter anderem die Relief-Skulptur *Die vier Elemente* für den Welt-Umweltgipfel von Rio de Janeiro 1992 entworfen. Seine Experimentierfreudigkeit zeigt Kiel nicht zuletzt in Form von Korrosionsbildern und Sprengplastiken.

40 Die Notation der Shakuhachi-Musik erfolgt traditionell nicht in der in der westlichen Musik bekannten Weise, sondern es existieren verschiedene,

bar, würde aber eher feststehende, tradierte Klanggestalten meinen und damit nicht innovative Gestalten symbolisieren können. Aratori entwirft grafische Darstellungen der Phänomene der *timing progression* und schlägt als Referenz für das unnotierte *timing*-Symbol ‚0-479 in MIDI-Data' vor.[41] Er gelangt zu der Erkenntnis, dass die Proportionen entscheidend seien, in deren Verhältnis die Achtelnoten zueinander stehen: die Summe der Dauer zweier Achtelnoten könne mehr oder weniger als 100% im Verhältnis zu einem *beat* (einer Viertelnote) betragen, wodurch die zeitlichen Beziehungen aufgehoben (*nullified*) und die Notenschrift ihrer Bezugspunkte beraubt würde.

Neurophysiologische Analysen zeigen, dass das menschliche Gehör eine um 2 bis 3 Zehnerpotenzen schnellere zeitliche Auflösungsfähigkeit hat als Sehen oder Riechen[42]. Diese hohe zeitliche Auflösung ermöglicht das räumliche Hören[43]. Das Gehirn verarbeitet dabei zeitliche Unterschiede des Eintreffens einer Schallwelle zwischen beiden Ohren, die weniger als 0,5 Mikrosekunden[44] betragen. Der tiefste hörbare Ton wird je nach Versuchsperson und -anordnung mit 16 bis 32 Hz[45] ermittelt. Dabei überschneiden sich die Bereiche, in denen zeitliche Unterschiede zwischen einzelnen Tönen wahrgenommen werden können mit der Wahrnehmung eines Tones anstelle

---

einigen der unterschiedlichen Schulen entstammende Schreibweisen, in denen die Tonlage durch Silbenzeichen (Kana, Katakana), die Tonlängen, Oktavlagen und Artikulationen (nicht immer) durch bestimmte Linienformen und -längen zwischen den Zeichen sowie zusätzliche Zeichen angegeben werden. Regeln zur Interpretation werden in der Regel mündlich und/oder durch das Vorbild des Lehrers und Nachahmen des Schülers weitergereicht. Siehe hierzu die Illustration in Abb. 4.

41 Aratori (siehe Anm. 7, ebd. unter ‚Concept', Stichwort ‚*Unnotated timing*'). Siehe hierzu auch die Illustration in Abb. 5.

42 Vgl. Spitzer [2005], S. 61.

43 Vgl. Levitin [2007], S. 108.

44 Spitzer ebd., S. 63. ff., ausgehend von einem Abstand der Ohren zueinander von ca. 17 cm.

45 ‚Hertz' ist die Bezeichnung der physikalischen Maßeinheit für die Anzahl elektromagnetischer oder akustischer Schwingungen pro Sekunde (Abkürzung: Hz). 1 Hz = (genau) 1 Schwingung eines Teilchens von einem Amplitudenmaximum zum nächsten innerhalb von einer Sekunde.

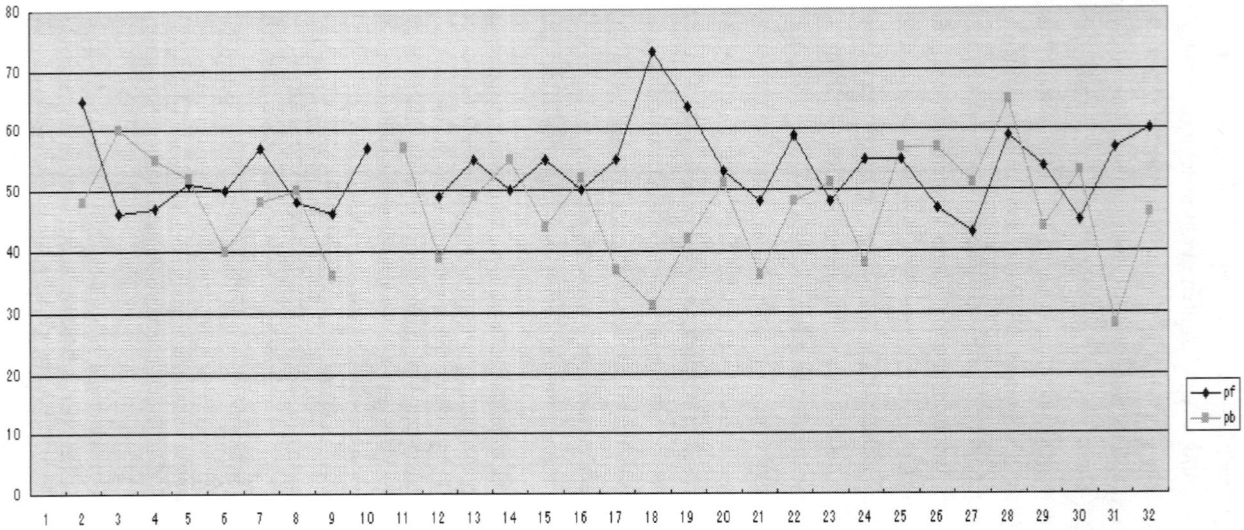

Abb. 5: Proportionale graphische Darstellung der ersten 8 Takte des Stückes von Aratori (anzuhören unter: www. timing-progression.com, Aratori Vol. 1). Die schwarzen Verlaufspunkte markieren die zeitlichen Proportionen der vorauslaufenden (‚*front*‘) Achtelnoten, die grauen Punkte die nachfolgenden (‚*back*‘) Achtelnoten. Ein Zeitausschnitt von 10 auf der X-Achse entspricht ungefähr 30 Millisekunden.

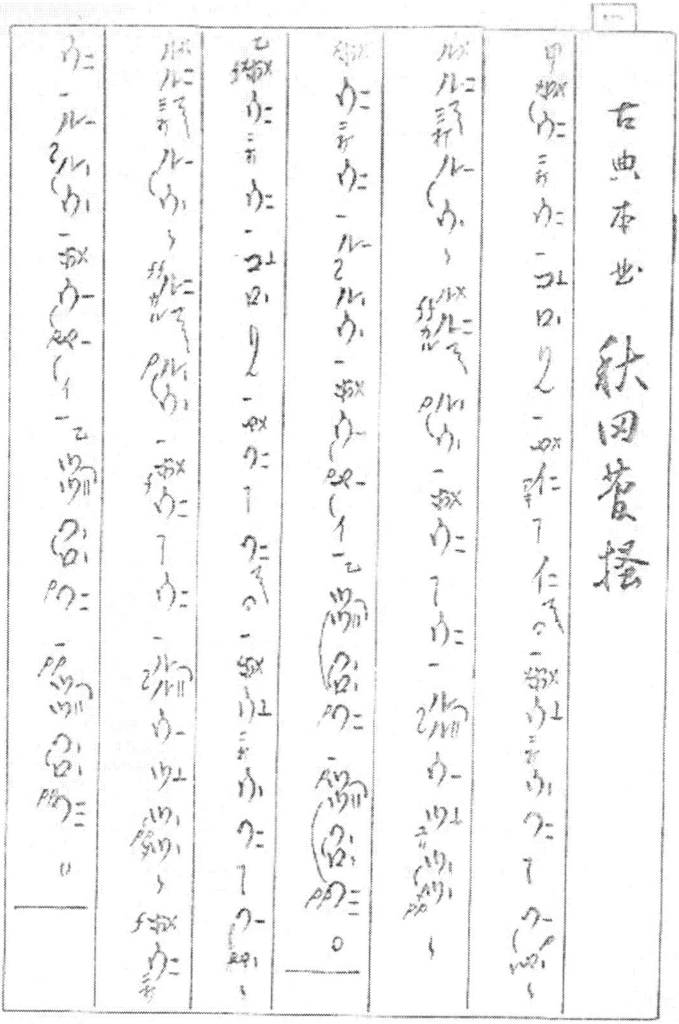

Abb. 4: In der Notation der *Shakuhachi*-Musik wird die Tonlage durch bestimmte japanische Silbenzeichen (Kana, Katakana), ferner die Tonlängen, Oktavlagen und Artikulationen – wenn überhaupt – durch bestimmte Linienformen und -längen zwischen den Zeichen sowie zusätzliche Zeichen angegeben.

einzelner Impulse. Dies verdeutlicht die Feinheit, mit der das Gehör ‚timing' Phänomene wahrnimmt und die Verwobenheit von Rhythmus mit Ton und von Zeit mit Raum (oder Raum mit Zeit) in der akustischen Wahrnehmung[46]. Dabei ist Wahrnehmung nicht auch gleich bewusstes Erkennen und Verstehen. Dazu bedarf es einer Repräsentation der Musik im Gehirn, wobei nach neueren Erkenntnissen kein abgegrenztes ‚Musikzentrum' existiert sondern, praktisch das gesamte Gehirn zur Musik beiträgt.[47]

Welche emotionalen Wirkungen Musik durch Mikrotiming-Phänomene im Hörer hat, ist wissenschaftlich noch nicht untersucht worden, wie überhaupt selbst die landläufig bekannten Wirkungen der Musik auf das Gemüt bisher wenig untersucht worden sind[48]. Beeindruckend sind die Berichte über Musik in Ausschwitz[49]. Auch ihrer Wirkung auf die Peiniger verdanken einige Musiker ihr Überleben[50]. Die Untersuchungen der Zusammenhänge klanglich-physikalischer und musikalisch-semantischer Sachverhalte mit neuronalen Erregungsmustern und deren affektiven Wirkungen führten bisher nur unscharfen Ergebnissen[51], und Versuchsanordnungen, die der durch bedeutungsvolles Mikrotiming geprägten Musik des 21. Jahrhunderts zumindest ‚objektive' Erklärungen verschaffen, wurden bislang nicht durchgeführt. Die die darin geübten Musiker benötigen dies allerdings selber deshalb nicht, weil sie sich ihrer Wahrnehmung auf diesem Feld sicher sind und auch sein können.

---

46 Hazrat Inayat Khan (* 05.07.1882, † 05.02.1927), ein in Indien geborener Sufi-Meister, schrieb: »Rhythmus kann weder ohne Ton existieren, noch Ton ohne Rhythmus. Beide sind in ihrer Existenz voneinander anhängig und genauso verhält es sich mit Zeit und Raum.« (vgl. Khan [1987]. Vgl. auch Spitzer [2005], S. 67 über Berichte, wonach die operative Behebung von Schall-Leitungsschwerhörigkeit oder von Propfen im Gehörgang vorübergehend zu räumlicher Desorientierung führte.

47 Spitzer, ebd., S. 212

48 Spitzer, ebd., S. 379, der zu Recht beklagt, dass auch die Musikwissenschaft die Augen vor emotionalen Wirkungen verschließt.

49 Vgl. Kater [1995].

50 Vgl. Schumann [1997].

51 Vgl. Spitzer, ebd., S. 390 ff. mit weiteren Nachweisen.

Welche Rolle spielen hier die Hörgewohnheiten?

Aufgrund der Neuroplastizität des Gehirns[52] sind kultur- und sozialisationsbedingte Hörgewöhnheiten entscheidend für die Musikwahrnehmung, nicht dagegen die physikalische Beschaffenheit der gehörten Klänge. Durch industrielle Massenproduktion computerisierter Klänge (HipHop[53], Techno[54], Trance[55], Ambient[56] u.v.m.) ist das bei Satie[57] noch harmlose Konzept der *Musique d'ameublement* in grotesker Weise zur akustischen Ausstattung westlicher Partykultur mutiert – die in sich selbst unbefriedigende Musik bedarf der drogeninduzierten Trance ebenso wie der gegenseitigen Massenbestätigung (z.B. auf einer ‚Love Parade'), um zu ‚wirken'. Ohne eine solche, d.h. aus sich heraus sind die Klänge kalt und weitgehend frei von Bedeutung. Darin unterscheidet sich das technologische Massen-

---

52 Spitzer ebd., S. 174 ff. m.w. Nachw.

53 ‚Hip-Hop' ist der Name einer kulturelle Bewegung, die ihre Ursprünge in den afroamerikanischen Ghettos New York Citys der 1970er-Jahre hat und sich mittlerweile zu einer weltweiten Subkultur der urbanen Jugend (Jugendkultur) entwickelt hat. Aufgrund ihrer Ursprünge versteht sich Hip-Hop als Street Culture, als Kultur, die zum erheblichem Maße auf der Straße gelebt wird. Die ursprünglichen, integralen Bestandteile – die sogenannten vier Elemente – der Hip-Hop-Kultur sind Rap (MCing, DJing, Breakdance und Graffiti).

54 ‚Techno' ist eine Stilrichtung der elektronischen Musik. Der Begriff wird auch als Sammelbegriff für verschiedene, miteinander verwandte Stilrichtungen verwendet. Rund um die Musik entwickelte sich auch eine eigene Jugendkultur, die Technoszene.

55 ‚Trance' ist eine Form der elektronischen Tanzmusik, die sich in den 1990er Jahren vom härteren Techno abspaltete und sich mehr nach den der Harmonik entsprechenden Akkorden und Melodien bei einem Tempo von rund 125-145 BPM richtet.

56 ‚Ambient' ist die Bezeichnung einer Variante der elektronischen Musik. Ambient soll eine bestimmte (nicht notwendigerweise angenehme) Atmosphäre schaffen, ohne aufdringlich zu sein oder dem Hörer Aufmerksamkeit abzuverlangen. Perkussion und Rhythmus stehen (sofern überhaupt vorhanden) bei der klassischen Ambient-Musik völlig im Hintergrund.

57 Eric Satie, franz. Komponist (* 17.05.1866 in Honfleur, Calvados, † 01.07.1925 in Paris), der starken Einfluss u.a. auf das Schaffen von Claude Debussy ausübte.

produkt von der dem ‚inneren Zwang des Dichters'[58] entspringenden Schöpfung. Ob die dadurch betäubten Hörer nur abstumpfen oder aus Übersättigung mit maschinell gleichförmigen Maschinenklängen heraus nach lebendiger, d.h. bedeutungshafter, Musik verlangen, ist noch unentschieden und evtl. auch individuell verschieden. Doch eignet sich dieses Phänomen, wie in dem Eingangsbeispiel, als Unterscheidungshilfe, um die mikrozeitliche Dimension musikalischer Bedeutungszusammenhänge von der mathematisch exakten, auch durch ‚Humanizing-Algorithmen' in den Sequenzer-Programmen nicht bedeutungsvoll gewordenen technischen Produktion zu unterscheiden. Dadurch wird noch deutlicher, dass es sich nicht um Frage der Komplexität und der Exaktheit handelt, sondern um den bedeutsam tragenden Einsatz der Phänomene. Dies gilt, obwohl die Übermittlung rationaler Nachrichten durch ‚sprechende Trommeln'[59] nicht zum Schatz unserer musikalischen Überlieferung gehört und das Morse-Alphabet weder in die Alltagssprache, noch in die Musik hinein wirkt. Deshalb sprechen wir von Parasemantik. Der klangliche Effekt ist nicht gleich der Bedeutung, die auch und gerade durch relativ effektarme Klänge, z.B. unverfremdete Perkussion, Naturinstrumente (‚unplugged') transportiert werden kann, als Erweiterung der menschlichen Stimme, Sprache und Körperrhythmik in einer Verschmelzung von Musiker, Instrument und musikalischer Aussage, weit weg von der Bedienung technischer Kontrollpulte zur Effektgeneration. Die Musiziertradition des Jazz beruht ferner auf der eigenen, weder modischen noch austauschbaren, höchstpersönlichen ‚Story' des Musikers, so auch ihre westafrikanischen Wurzeln, die

58 Vgl. Rilke [1936], Brief an Franz Xaver Kappus vom 17.2.1903 aus Paris: »Ein Kunstwerk ist gut, wenn es aus Notwendigkeit entstand. In dieser Art seines Ursprungs liegt sein Urteil: es gibt kein anderes. Darum, sehr geehrter Herr, wußte ich Ihnen keinen Rat als diesen: in sich zu gehen und die Tiefen zu prüfen, in denen Ihr Leben entspringt; an seiner Quelle werden Sie die Antwort auf die Frage finden, ob Sie schaffen müssen.«

59 Westafrikanische Sanduhrtrommel, die auch als *Talking Drum* (‚Sprechende Trommel') bezeichnet wird, da sie die menschliche Stimme nachahmt.

Geschichten erzählenden ‚Griots'[60] mit ihren *talking drums*, Gesängen und Fideln, die als musikalische Erinnerung mit den als Sklaven verschleppten Afrikanern in die Neue Welt gelangten und dort nichts hatten als ihre kollektive Erinnerung, ihre Stimmen, ihre Hände zum Trommeln und ihre Körper zum Tanzen. Der Blues als Ausdruck von Leid und Traurigkeit, auf den Baumwollplantagen der US-Südstaaten geboren, wirkt im Jazz bis heute. »Wer nichts [Leidvolles] zu erzählen hat, kann auch keinen Jazz spielen«, sagte beispielsweise Charlie Parker.[61]

In allen Medien geht die Entwicklung allerdings inzwischen zu artifiziellen, surrealistischen Effekten. In der Musik kam dieses Phänomen schon in den späten 70er Jahren mit der zunehmenden Verbreitung synthetischer Klangerzeugung (Robert Moogs[62] Synthesizer und später die digitale Klangerzeugung) in Mode. Deshalb kann man dort bereits beobachten, was im ebenfalls zunehmend mit Effekten beladenen Film noch eintreten wird: Die bald einsetzende Gewöhnung, der zunächst durch Steigerung der ‚Dosis' begegnet wird, bis als Reaktion die Hinwendung zur als solche empfundenen Neuheit, mitunter zum Altbekannten, folgt. In der Musik ist dies die Entwick-

60 Ein Griot (die Bezeichnung stammt ursprüngich aus Mali, Gambia und Senegal; gesprochen: grió) ist ein Balladensänger und damit ein Bewahrer der Geschichte, der oralen Literatur und Musik der westafrikanischen Völker.

61 Charlie (genannt ‚Bird') Parker (* 29.08.1920 als Charles Parker jr. in Kansas City, Kansas; † 12.03.1955 in New York) war ein US-amerikanischer Jazzmusiker (Altsaxophonist) und Komponist. Er lernte das Spiel auf seinem Instrument autodidaktisch, beispielsweise durch Abhören und Nachspielen von Lester Youngs auf Schellackplatten aufgenommen Saxophonsoli. Neben Dizzy Gillespie (Trompete) und Thelonious Monk (Klavier) ist Parker einer der Schöpfer und herausragenden Interpreten des Bebop und gilt darüber hinaus als Wegbereiter des Modern Jazz. Er hat die ungefähr 100-jährige Jazzgeschichte so stark beeinflusst, dass sie häufig in eine Ära vor und eine nach ihm eingeteilt wird.

62 Robert Moogs (* 23.05.1934 in New York City; † 21.08.2005 in Asheville, North Carolina) war ein Pionier der elektronischen Musik und der Erfinder des Moog-Synthesizers, eines der ersten weitverbreiteten elektronischen Musikinstrumente.

lung zu den digital rekonstruierten Naturklängen, die den Komponisten Henri Mancini[63] beim Anblick eines ‚echten' Orchesters in einem Studio zu dem Ausruf veranlasst haben soll: »Man, this puts at least three synthesizer players out of work!« Im Ergebnis führen technisch hergestellte frappierender Effekte zwar zur (vorübergehenden) Steigerung des Erregungszustandes kaum aber zu bedeutungsvollen Neuheiten – solche modischen Erscheinungen sind nicht die Gestalt des Neuen in der Musik und auch nicht dessen Figur.

Literatur:

Adorno, Theodor W. [1936]: ‚Über Jazz', erschienen unter dem Pseudonym Hektor Rottweiler, in: ‚Zeitschrift für Sozialforschung' Nr. 5/1936, S. 235–259, Paris 1936

Aratori (a.k.a *Akira Toshimori*) [2008]: ‚Aratori's Timing Progression Theory', siehe: www.aratori.com

Döhl, Reinhard [1993]: ‚Kurt Schwitters' *Ursonate*. Text als Partitur (3. Teil)'. Ursprünglich unter dem Titel: *Fümms bö wö tää zää Uu...,* in: ‚Zu Kurt Schwitters: Sonate in Urlauten', Radio-Essay im Westdeutschen Rundfunk (WDR III) vom 13.4.1993

Kater, Michael [1995]: ‚Gewagtes Spiel – Jazz im Nationalsozialismus', Köln 1995

Keefer, Donald [1992]: ‚Id it ain't got that swing: Musical Performance Practices and the Possibilty of Musical Meaning', Bard College, Providence, Rhode Island 1992, siehe auch: http://students.risd.edu/faculty/dkeefer/web/swing.htm

Khan, Hazrat Inayat [1987]: ‚Musik und kosmische Harmonie aus mystischer Sicht', Heilbronn 1987

Levitin, Daniel J.: ‚This is our Brain on Music. The Science of a Human Obsession', New York 2007

63 Henry Mancini, eigentlich Enrico Nicola Mancini (* 16.04.1924 in Cleveland, Ohio; † 14.06.1994 in Beverly Hills, Kalifornien) war einer der bedeutendsten US-amerikanischen Komponisten, er komponierte u.a. ‚Moon River' und ‚Pink Panther'.

Rilke, Rainer Maria [1936]: ‚Gesammelte Briefe in sechs Bänden', hg. von Ruth Sieber-Rilke und Carl Sieber. Leipzig 1936-1939

Schumann, Coco [1997] ‚Der Ghetto Swinger', München 1997

Spitzer, Manfred [2005]: ‚Musik im Ohr', Stuttgart 2005

Zappa, Frank [1973], ‚Bebop Tango', Schweden 1973, Song-Text unter: http://www.lyrics007.com/Frank%20Zappa%20Lyrics/Be%20-%20Bop%20Tango%20Lyrics.html, Video-Aufnahme aus 1973 unter: http://www.youtube.com/watch?v=ilCLX8Ou2lk

Sabine Nessel, Winfried Pauleit

Filmästhetik und Digitalisierung[1]

Einleitung

1. Medientheoretische Beschreibungen des Films
1.1. Der Film als fotografisches Medium
1.2. Der Film als hybrides oder Hypermedium

2. Konstruktionen des Digitalen
2.1 *E.T.*
2.2. *Die Legende vom Ozeanpianisten*
2.3. *King Kong*
2.4. *La Jetée / Sans Soleil*
2.5. *Memento*

3. Das Digitale als Erweiterung des Hybridmediums Film

---

1 Der Beitrag versammelt Überlegungen zum digitalen Kino aus verschiedenen Texten der Autoren.

Einleitung

Die allgemeinen Erwartungen über das Neue in Film und Kino, richten sich derzeit fast ausschließlich auf die Digitalisierung. Dieser Umstand allein ist bemerkenswert. Historisch betrachtet wurde das Neue im Kino viel konkreter, d.h. nicht allein an technischer Neuerung festgemacht. Zwar gab es schon immer den Blick auf die technisch-mediale Weiterentwicklung, doch die allgemeine Erwartung, insbesondere des Publikums, richtete sich z.B. in der Frühzeit auf die sichtbaren Attraktionen, im Starsystem Hollywoods auf den neu entdeckten Star und im modernen Kino auf die Formen einer neuen Ästhetik. Das Paradox der gegenwärtigen Erwartung besteht kurz gesagt darin, dass das neue Digitale zwar in Erscheinung tritt, dass diese Erscheinung aber am alten, fotografischen *look* gemessen wird. Die neuesten Nachrichten der digitalen Filmprojektion im Kino sind die, dass man die klassische Projektion des Filmstreifens auf Celluloid nicht mehr von der digitalen Projektion unterscheiden kann. Worin besteht dann aber das neue, digitale Versprechen des Kinos?

Was wir im Folgenden vorhaben, ist in drei Schritten eine Bestandsaufnahme der Diskurse vorzunehmen, die für das digitale Kino und seine Bildlichkeit relevant erscheinen. Der erste Punkt beschäftigt sich mit der Darstellung von medientheoretischen Beschreibungen des Films: einerseits mit der heute klassisch anmutenden Ableitung des Film vom Fotografischen (Kracauer, Bazin) und andererseits der medientheoretischen Auffassung des Films als hybrides oder Hypermedium. Im zweiten Teil soll es darum gehen, anhand von Filmen wie *E.T. The Extra-Terrestrial*, *La Jetée*, *King Kong*, *Die Legende vom Ozeanpianisten*, *Memento* und *Sans Soleil* die Ausformungen des digitalen und des analogen in ihrer konkreten Konstruktion herauszustellen. Drittens schließlich soll die These aufgestellt werden, dass der Film als Hypermedium von Bild, Text und Sound eine Ästhetik des digitalen Kinos bereits voraus denkt. In dieser Perspektive generiert sich das Neue nicht aus einem technischen Quantensprung ins Digitale, sondern aus einer vielfältigen Entwicklungsgeschichte kulturellen Handelns, die von anscheinend fundamentalen technischen Neuerungen (z.B. zum Tonfilm, zum Farbfilm usw.) begleitet wurde. Das prägende Moment des Neuen lässt sich somit gerade nicht allein in den technischen Innovationen fassen, sondern in der Arbeit an einer Kulturtechnik, die sich als Film/Kino in seiner spezifischen, hybriden Eigenständigkeit im 20. Jahrhundert herausgebildet hat: Konkret gefasst als kulturelles Handeln in einem Diskursfeld, welches ästhetische Strategien erprobt und technische Möglichkeiten sondiert.

1.

Medientheoretische Beschreibungen des Films

Was die filmtheoretischen Schriften verbindet und auszeichnet, ist die Vorstellung, dass es neben dem einzelnen Film, den man im Kino oder anderweitig sehen kann, etwas eigens Filmisches gibt, einen genuinen, einheitlich abgrenzbaren Gegenstand, der anhand spezifischer Eigenschaften von anderen Künsten und Medien, wie z.B. dem Theater, der Literatur, dem Fernsehen, unterschieden werden kann. Die für den Film charakteristischen Elemente und Tatbestände sind historisch unterschiedlich gefasst worden: in der Laufbewegung der Bilder, der filmischen Apparatur, der Montage, der Indexikalität des fotografischen Bildes, seiner Materialität, in der Großaufnahme uvm.

Zwei unterschiedliche medientheoretische Perspektiven auf den Film sollen im Folgenden kurz skizziert werden. Zum einen die Beschreibungen des Films von André Bazin und Siegfried Kracauer, die den Film ausgehend vom Fotografischen denken. Beide Positionen erscheinen im Zuge der Digitalisierung auf den ersten Blick als überholt, als historische Kapitel, die man zu den Akten legen kann. Zum anderen die Beschreibungen eines ‚*cinema impur*', eines ‚hybriden Kinos', von dem bereits Bazin spricht und welches in den Überlegungen von Peter Wollen und Laura Mulvey der 1970er Jahre und im Kontext von Poststrukturalismus und Dekonstruktion die theoretische Form eines Hypermediums annimmt.

1.1. Der Film als fotografisches Medium

Als fotografisches Medium ist der Film in einer besonderen Weise der physischen Realität verpflichtet. Der Realitätsbezug des fotografischen Films geht in der Idee eines bloßen Abbildrealismus jedoch nicht auf, sondern es kommt durch den Film etwas hinzu, das zuvor nicht sichtbar gewesen ist. André Bazin (1945) spricht in Bezug auf den fotografischen Film von einer »Mumie der Veränderung«, deren ästhetisches Potential in der Enthüllung des Wirklichen liege. Der Film wird als Vollendung der fotografischen Objektivität der Zeit gefasst, der den Gegenstand nicht mehr nur in einem Augenblick festhalte, sondern diesen aus der Erstarrung befreie.

> »Die Photographie erschafft nicht, wie die Kunst, Ewigkeit, sondern sie balsamiert die Zeit ein, entzieht sie ihrem Verfall. Aus dieser Perspektive erscheint der Film wie die Vollendung der Photographischen Objektivität der Zeit. Der Film hält den Gegenstand nicht mehr nur in einem Augenblick fest, wie der Bernstein den intakten Körper von Insekten aus einer fernen Zeit; er befreit die Barockkunst von ihrem Starrkrampf. Zum ersten Mal ist das Bild der Dinge auch das ihrer Dauer, es ist gleichsam eine Mumie der Veränderung. Die Kategorien der Ähnlichkeit, die das photographische Bild kennzeichnen, sind also, anders als in der Malerei, auch für seine Ästhetik bestimmend. Das ästhetische Wirkungsvermögen der Photographie liegt in der Enthüllung des Wirklichen.«[2]

Als Argument dafür, dass die Fotografie Wirklichkeit nicht abbildet, sondern enthüllt, werden die durch die technische Apparatur festgelegten kulturellen Handlungsbedingungen angeführt, die das Modell anstelle des Künstlers herausstellen:

> »Zum ersten Mal entsteht ein Bild von der uns umgebenden Welt automatisch, ohne schöpferische Vermittlung des Menschen und nach einem strengen Determinismus. Die Persönlichkeit

2 Bazin [1945], 39

> des Photographen spielt nur in der Anordnung des Gegenstands und bei der beabsichtigten Wirkung eine Rolle: So sichtbar seine Persönlichkeit im fertigen Werk sein mag, so ist sie doch weit weniger maßgeblich als die des Malers. […] Das Bild mag verschwommen sein, verzerrt, farblos, ohne dokumentarischen Wert, es gründet durch die Art und Weise seiner Entstehung im Dasein des Modells; es *ist* das Modell.«[3]

Die Ontologie des fotografischen Bildes bewirkt die »Enthüllung des Wirklichen«[4] im Modell jenseits des bloß dokumentarischen und jenseits des Künstlersubjekts.

Ähnlich argumentiert Siegfried Kracauer in seiner ‚Theorie des Films':[5] »Kurz, mein Buch entspringt der Absicht, Einblick in die besondere Natur des fotografischen Films zu gewinnen.«[6] Diese Absichtserklärung stammt aus dem Vorwort, und bevor Kracauer sich dem Film zuwendet, vergehen fünfzig Seiten, die von der Fotografie handeln. Kracauer nennt vier Affinitäten des Fotografischen. Die Fotografie besitze erstens, »eine ausgesprochene Affinität zur ungestellten Realität«[7], zweitens zum Zufälligen, drittens tendiere sie dazu, »die Vorstellung von Endlosigkeit zu erwecken«[8] und viertens weise die Fotografie »eine Affinität zum Unbestimmbaren« auf.[9]

In beiden Theoriepositionen bildet die Fotografie jeweils eine zentrale Facette in der medientheoretischen Beschreibung des Films. Während bei Kracauer daneben auch der traumähnliche Zustand des Zuschauers genannt wird, benennt Bazin beispielsweise den Film auch bzw. gleichzeitig als eine Sprache. Gemeinsam ist beiden, dass sie dem Film auf der Basis dieser Facetten eine spezifische Eigenständigkeit als Kunst, Medium bzw. als Kulturtechnik bescheinigen.

---

3 Bazin [1945], 38f.
4 Ebd., S. 39
5 Kracauer [1960]
6 Ebd., S. 9
7 Ebd., S. 45
8 Ebd., S. 46
9 Ebd.

1.2. Der Film als hybrides oder Hypermedium

Laura Mulvey und Peter Wollen skizzieren im Zeitkolorit der 1970er Jahre und unter dem Einfluß post-strukturalistischer Theorien aus Frankreich (Barthes, Derrida, Lacan) ein utopisches, anderes Kino. Mulvey betont die Geste eines feministischen Befreiungskampfs und sucht nach einer neuen Sprache des Begehrens, die allerdings das alte Kino nicht zurückweist:

> »The alternative is the thrill that comes from leaving the past behind without rejecting it … in order to conceive a new language of desire«[10].

Wollen formuliert modellhaft einen erweiterten Kinobegriff:

> »The text/film can only be understood as an arena, a meeting-place in which different discourses encounter each other … [These] can be seen more as … palimpsests, multiple *niederschriften* (Freud's word) in which meaning can no longer be said to express the intention of the author or to be a representation of the world, but must like the discourse of the unconscious be understood by a different kind of decipherment«[11].

In einem anderen Aufsatz präzisiert Wollen seine Überlegungen in Richtung eines Verständnisses von Film als Hypermedium:

> »[T]he cinema offers more opportunities than any other art – the cross-fertilization … the reciprocal interlocking and input between painting, writing, music, theatre, could take place within the field of cinema itself. This is not a plea for a great harmony, a synesthetic *gesamtkunstwerk* in the Wagnerian sense. But cinema, … [as] a dialectical montage within and between a complex of codes«[12].

---

10 Mulvey [1975], S. 200

11 Wollen [1972], S. 87

12 Wollen [1975], S. 104

Bei genauer Lektüre ergibt sich im Vergleich mit den Positionen von Bazin und Kracauer weniger eine Gegenüberstellung zu diesen, als eine Radikalisierung der Bestimmung des Films. Auch Mulvey und Wollen charakterisieren die spezifische Eigenheit des Films als Kulturtechnik, die sich in den Facetten bei Bazin und Kracauer bereits andeutet. Mulvey und Wollen formulieren in Ihrer Beschreibung jedoch die Grundlagen für ein Verständnis des Films als Hypermedium. Gleichwohl orientieren sie sich an jenem Phänomen des Films, das Kracauer 1960 als »die Errettung der äußeren Wirklichkeit«[13] mit Bezug auf den fotografischen Charakter des Films beschrieben hatte. Allerdings hat sich die Errettung Kracauers, die das Verhältnis von äußerer Wirklichkeit und Kino umfasst, gewandelt. Mulveys und Wollens Modell ist komplexer geworden. Neben dem Fotografischen integriert es die unterschiedlichen Facetten des Films ebenso, wie andere ästhetische Produktionen, Künste und Medien.

Damit denken Mulvey und Wollen ein Projekt voraus, welches den Film tatsächlich zu einem reflexiven Leitmedium unserer Kultur werden lässt, das nicht mehr an die Materialität des Celluloidfilms gebunden ist, sondern das sich als Hypermedialität ebenso im Videoformat fassen lässt, wie dies zunächst beispielhaft von Jean-Luc Godard in *L'Histoires du Cinéma* realisiert wurde, bevor die Idee der Hypermedialität des Films von Filmemachern wie Chris Marker tatsächlich ins Internet verlegt wurde.

---

13 So lautet der Untertitel von Kracauers ‚Theorie des Films', Kracauer [1960].

2.

Konstruktionen des Digitalen

Der Filmwissenschaftler David Rodowick hat sich zur Digitalisierung des Kinos wie folgt geäußert: »Auf den ersten Blick ist das nicht die Revolution, von der die Industrie gerne spricht. Die digital produzierten Hollywoodfilme … erzählen Geschichten, wie es Filme im Grunde seit 1915 tun … Die Grundform des Erzählens und die räumliche Organisation durch den Schnitt sind unverändert«[14].

Rodowicks Diagnose gilt sicherlich für den Großteil der Hollywood-Produktionen der Gegenwart. Dennoch finden sich seit einigen Jahren auch Verschiebungen in der »Grundform des Erzählens«, insbesondere in Form von Reduktionen und Verkürzungen. In einzelnen Filmproduktionen – auch oder gerade aus Hollywood – gibt es zudem eine Rückbesinnung auf das frühe Kino, das Kino der Attraktionen, mit seiner anderen, direkten Ansprache der Zuschauerschaft. Man denke an das Genre der Katastrophenfilme, z.B. an Wolfgang Petersens *The Perfect Storm* (USA 2000), ein Film, der in den Kinos floppte und wahrscheinlich von den meisten bereits vergessen ist. Der Handlungsrahmen von *The Perfect Storm* ist soweit verkürzt, dass es sich im Grunde um die Inszenierung eines einzigen lang gezogenen Visual Effects handelt. Zumindest aus medientheoretischer Sicht stellt dieser Film ein Experiment dar. Die Filmkritiker allerdings blieben vielfach sprachlos in ihren Kinositzen zurück, weil es kaum narrative Anknüpfungsmöglichkeiten gab. Petersens Film war anders angelegt, als z.B. der ebenfalls mit digitalen Innovationen auftrumpfende *The Matrix* der Gebrüder Wachowski (USA 1999). Der stark verkürzte Plot kommt bei Petersen ohne Heilsgeschichte und ohne Heldenfigur aus. Der einzige wirkliche Held des Films sind die digital konstruierten Atlantikwellen. Als Anknüpfungspunkt an eine solche ästhetische Erfahrung hätten sich den sprachlosen Filmkritikern vielleicht eini-

14 Rodowick [2003]

ge Gemälde William Turners angeboten, welche als statische Bilder zwar anders angelegt sind, die aber gleichfalls aus einer existentiellen Erfahrung der Naturgewalt des Meeres herrühren.

Solche Rückbesinnungen auf das frühe Kino oder auf noch ältere Gestaltungsebenen von Bildlichkeit – hier die Malerei Turners – lassen sich zum einen als Symptom einer gesellschaftlichen Verunsicherung deuten. Zum anderen lassen sie sich aber auch als eine innere Stärke und als Akt einer Emanzipation begreifen, in der eine kulturelle Sphäre nicht mehr dem Zwang zur ewigen Wiederholung narrativer Strukturen samt Happy end sich verpflichtet sieht, sondern tatsächlich zu Experimenten sich vorwagt, um sich neu zu erfinden.

Rezeptionsästhetisch betrachtet lässt sich der Anfang der Geschichte des digitalen Films recht genau bezeichnen. Sie beginnt im Jahr 1997 mit dem Film *Terminator II*. Die digitale Technik wird in diesem Film erstmals in Form eines Visual Effects[15] ausgestellt. Bis dahin vor allem zur Unterstützung der Filmhandlung eingesetzt, sind die digitalen Bilder hier Star und Publikumsmagnet. Der Film präsentiert eine multiple Terminator-Figur, die sichtbar ohne Schnitt ihre Gestalt wechselt; die sich z.B. zur Überwindung eines Eisengitters verflüssigt, um sich anschließend fließend in ihr Ursprungsdesign rückzubilden. Der Visual Effect wird in diesem Fall noch von einem ausgefeilten digitalen Sound Design flankiert, das dem Bild die überzeugende materielle Ausstrahlung verleiht. Der halbflüssige matschige und gleichzeitig metallische Klang ist digital produziert, basiert aber gleichwohl auf Geräuschen unserer Alltagserfahrung. In diesem Falle wurde er durch eine Verfremdung des Geräuschs beim Entleeren einer Dose Hundefutters erzeugt.

Dieser bis heute in Bild und Ton faszinierende Effekt ist in die Technikgeschichte des Films eingegangen.[16] *Terminator II* bildet den Auftakt zu einer Reihe von Katastrophenfilmen des neuen digitalen Kinos, die um die Jahrtausendwende Sound Design und Visual Ef-

15 Im Unterschied zu Special Effects, die am Set gedreht werden, entstehen Visual Effects im Rahmen der Postproduktion am Computer.

16 Vgl. Bernd Willim [1998] Filme aus dem Rechner, in: Fernseh- und Kinotechnik 52 Nr. 5/1998, 255–260.

fects als Attraktionen präsentieren. Die Frage »Was ist Film?« wird in dieser Dekade der Filmgeschichte erneut aufgeworfen. Wie in der Frühzeit des Films, geht es in den Filmen des neuen digitalen Kinos wieder primär um die Zurschaustellung von Attraktionen und darum, dass sich eine neue Technologie mit Stolz präsentiert.

2.1. *E.T.*[17]

Steven Spielbergs Weltraummärchen *E.T.: The Extra-Terrestrial* stammt aus dem Jahr 1982. Historisch angesiedelt im prädigitalen Zeitalter wird der Film 2002 nochmals neu, als digital überarbeitete Version, herausgebracht. Das Digitale ist in diesem Fall lokalisierbar in der Differenz beider Versionen des Films – der analogen von 1982 und der digital überarbeiteten von 2002.

In der ersten Version des Films (1982) ist die Figur des Außerirdischen E.T. eine Puppe, die während der Dreharbeiten in Form von drei Modellen zum Einsatz kam: einem mechanischen, einem elektronischen und in Form eines Kostüms. Das mechanische Modell wurde von Puppenspielern bewegt. Durch Kabel, die man durch den Raum verlegt hatte, waren die Puppenspieler mit der Puppe verbunden. Der Bewegungsverlauf wurde von den Spielern über einen Fernsehmonitor kontrolliert. Auf diese Weise wurden Bewegungen, Mimik und Gestik der Puppe ‚gespielt', wobei allein vier Leute das Gesicht steuerten. Mithilfe des elektronischen Modells konnten einzelne Bewegungspunkte per Funk bedient werden. Für die Laufszenen wurde mit einem Kostüm gearbeitet, das von Schauspielern getragen wurde.

Eine Szene, in der E.T. ein Bad nimmt, wurde in die erste Version (1982) nicht mit aufgenommen. Die Szene wurde zwar gedreht, aber es ergab sich dabei ein mechanisches Problem. Die Puppe füllte sich mit Wasser und in dem Moment, als sich E.T. aus der Badewanne erhob, sprühte das Wasser aus dem Innern der Puppe in kleinen Fon-

17 *E.T.: The Extra-terrestrial*, USA 1982, Steven Spielberg; *E.T.: The Extra-terrestrial*, USA 2002, Steven Spielberg.

tänen durch die Nähte nach Außen. In der Überarbeitung des Films (2002) wurde die Szene mit E.T. in der Badewanne digital nachproduziert.

Anhand der Szene mit E.T. in der Badewanne gibt sich die Grenze technischer Machbarkeit zu erkennen. Der Fehler (Wasserfontänen) rückt den Film als traditionell filmisch produzierten Film (d.h. als nicht per Computergrafik animierten) in den Fokus. Die Grenze des fotografischen Bildes manifestiert sich in *E.T. The Extra-Terrestrial* in den dunklen und teilweise nebligen Bildern, in Einstellungen, die E.T. nur teilweise zeigen bzw. in denen der Körper durch ein Kleidungsstück verdeckt wird. An diesen Stellen des Films wird vieles der Vorstellungskraft der Zuschauer überlassen. Dieser Möglichkeitsraum, den der fotografische Film nach Kracauer für den Zuschauer bereithält, wird im Zuge der digitalen Nachbearbeitung verstellt.[18] Die Leerstelle des (analogen) Films wird (digital) ausgemalt. Der Möglichkeitsraum, in dem der Zuschauer das Wesen E.T. imaginiert, weicht der Darstellung des Außerirdischen in Präsenz. Die Lücke zwischen Mensch und Puppe, die in der Originalversion noch als Spur und als Realitätsindex des fotografischen Films existiert, weicht einer allgemeinen Anthropomorphisierung des Anderen. Von hier aus betrachtet wird auch der Filmtitel *E.T. The Extra-Terrestrial* anders lesbar. Stand das Präfix ‚extra-' in der analogen Version des Films noch für »außerhalb« (außer-irdisch), wäre ‚extra' in der digital überarbeiteten Version des Films eher im Sinne von ‚ausdrücklich' bzw. ‚besonders' (besonders irdisch) zu verstehen.

18 »Obwohl die Puppe genial war, war die Technologie auf den Stand von 1982 beschränkt. Steven und sein Team waren sehr geschickt, diese Einschränkungen zu kaschieren. Der Film war sehr dunkel und rauchig, und E.T. war normalerweise zugedeckt oder man sah nur seine Hand oder seinen Kopf um die Ecke schauen. Es war sehr stilecht, aber überließ vieles der Vorstellungskraft. Falls der Film heute gedreht würde, ist die Wahrscheinlichkeit groß, daß E.T. eine rein mit Computergrafik erstellte Figur sein würde. Man würde ihn von Kopf bis Fuß in hellem Tageslicht zu sehen bekommen.« (Bill George, Visual Effects Supervisor), vgl. Bouzereau, Laurent [2002]: *E.T. Der Ausserirdische. Vom Konzept zum Klassiker*, Berlin 2002, S. 177.

In der Differenz beider Versionen von *E.T.* zeigt sich nicht nur das Digitale, sondern es scheint gleichzeitig auch der ursprünglich fotografische Film auf. Erst in Abgrenzung zum digitalen Film ist er als Film des analogen Zeitalters sichtbar geworden. Die Identifizierung der analog bzw. digital hergestellten Szenen, sowie auch der nachbearbeiteten Details, bleibt den Spezialisten vorbehalten. Auch in einem ontologischen Sinne ist das Digitale nicht bestimmbar. Vorläufig lässt es sich lediglich in der Differenz zweier Versionen eines Films lokalisieren, von denen die eine Version die jeweils andere als digitales bzw. analoges Werk erst hervorbringt.

2.2. *Die Legende vom Ozeanpianisten*[19]

Eine andere Konstruktion des Digitalen wird in Giuseppe Tornatores Film *Die Legende vom Ozeanpianisten* (Italien 1999) entworfen. Die Differenz zwischen digital und analog verläuft in diesem Fall nicht historisch, zwischen zwei Filmen, sondern innerhalb des Films, der den medientheoretischen Diskurs des Digitalen mit ausstellt. Tornatore erzählt in seinen Filmen von der Geschichte des Kinos und vom 20. Jahrhundert. Seine Ästhetik kann als klassisch bezeichnet werden. Sie basiert zum einen auf dem fotografischen Film, der Inszenierung menschlicher Stars im Rahmen einer Studioproduktion, die real-existierende Drehorte ebenso wie Visual Effects integriert – und zum anderen auf der Erzählform des Romans. In seiner *Legende vom Ozeanpianisten* beschreibt Tornatore eine andauernde Flanerie ohne Ziel, geknüpft an die Geschichte des Luxus-Liners ‚Virginian', der zwischen Europa und den USA verkehrt. Zum Ende des Jahrhunderts riskiert dieser Film einen melancholischen Blick zurück auf die Moderne, in dem allerdings weder Trauma noch Katastrophe reflektiert werden. Der Ozeandampfer findet (stellvertretend für die Moderne) keine Zielbestimmung: weder in der siegreichen Revolution wie bei Eisenstein (obwohl auch hier einer der Drehorte Odessa ist), noch in der katastrophischen Kollision (mit einem Eisblock), sondern endet einfach als altjüngferliches Schiffswrack auf

19 *Die Legende vom Ozeanpianisten*, Italien 1999, Giuseppe Tornatore.

dem Friedhof der Geschichte. Die Hauptfigur erlebt entgegen der filmischen Konvention keine Liebesbegegnung. Der einzige Versuch, sich von dem umhüllenden Schiffskörper zu lösen, um die Liebe des Lebens zu treffen, scheitert auf der Schwelle zum Landungssteg.

Genau an dieser Stelle des Films zeigt sich in der bildlichen Konfrontation von Schuss-Gegenschuss allerdings ein medientheoretischer Diskurs des Digitalen – in einem Film, der ansonsten seine digitalen Bildanimationen und Visual Effects selten ausstellt, obwohl er einen ganzen Stab von Mitarbeitern in diesem Bereich nachweist: Der Blick der Hauptfigur sieht sich bei seinem Abnabelungsversuch einer Computersimulation der Stadt New York gegenüber. Der ewige Flaneur ist nicht nur mit der Schwelle des Festlandes und der postpubertären Loslösung von einem stählernen Mutterbauch konfrontiert, sondern auch mit der medialen Schwelle zum Computerbild. Anders als im Beispiel *E.T.* verwendet Tornatore in diesem Bild von der Skyline New Yorks das Digitale nicht als High-tech-Lösung, um die fotografische Qualität des Bildes noch zu steigern, sondern ein Low-tech-Verfahren, um mit einer einzigen, digitalen Einstellung, die ein grob gepixeltes Bild zeigt, die Grenze des fotografischen Zeitalters zu markieren. Auch in diesem Film zeigt sich das Digitale in der Gegenüberstellung. Allerdings werden nicht zwei Filmversionen verglichen, sondern eine einzelne digitale Einstellung, wird dem gesamten Film als Angelpunkt gegenübergestellt.

Der medientheoretische Diskurs, der hier geführt wird, beruht auf einer Ontologie des fotografischen Bildes, die sich auf das menschliche Leben übertragen lässt: Die analoge Fotografie ist unserer Biografie und unserem Leben verwandt, weil beide auf ein Ende ausgerichtet sind. Beide sind zudem an ihre Körper gebunden. Die Spuren auf belichtetem Fotopapier lassen sich nicht tilgen, sowie sich unser Leben nicht zurückdrehen lässt. Das ist bei der digitalen Fotografie anders. Sie präsentiert ihre Information auf unterschiedliche Weise und kann unterschiedliche Leih-Körper dafür benutzen. Die kulturelle Handlungsform der digitalen Fotografie ist die eines Spiels, das immer von vorn beginnen kann – und das kulturelle Handeln mit der Digitalkamera simuliert einen Handlungsraum der unbegrenzten Möglichkeiten, in dem alles – auch das Leben – revidierbar erscheint.

2.3. *King Kong*[20]

King Kong auf dem Empire State Building im Kampf mit den Flugzeugen. Dieses berühmte Bild ist in die Kulturgeschichte des 20. Jahrhunderts eingegangen. In den beiden Versionen des Films von 1933 und 2005 wird das Bild mit unterschiedlichem Fokus präsentiert. Bei Cooper und Schoedsack steht 1933 die Rettung durch die Flugzeuge im Zentrum. Im Remake des *Herr-der-Ringe*-Regisseurs Peter Jackson aus dem Jahr 2005 wird der Fokus auf die digitale Technik verschoben. Was beide Filme verbindet, ist die Verschränkung des Kampfs zwischen Mensch und Monster mit der Präsentation des Neuen.

In *King Kong* (USA 1933) werden die Flugzeuge als das Neue präsentiert, zusammen mit ihrer neuen Perspektive der Flugbilder. Bevor sie ins Bild kommen, sind sie zunächst Gegenstand des Dialogs. Sie werden als letzte Rettung eingeführt. »There is one thing, we can do: aeroplanes!« In *King Kong* (NZ/USA 2005) erscheinen die Flugzeuge ohne vorherige Ankündigung. Die Doppeldecker mit den Piloten im offenen Cockpit treten nun in Farbe in Erscheinung und die Stadt New York liegt unter ihnen in der Abendsonne. Das Neue sind in diesem Fall nicht die Flugzeuge und die mit ihnen verbundene Perspektive. Es handelt sich bei ihnen vielmehr um Oldtimer im besten Sinne des Wortes. Das Neue ist dagegen ein riesiger Visual Effect, der als Stadtansicht von New York erscheint, produziert mit den Computern Peter Jacksons. »So hat man New York noch nie gesehen.«[21]

War der Visual Effect in *Terminator II* noch auf eine einzelne Figur beschränkt, sind es hier die Straßenzüge einer Metropole, eine Stadtlandschaft, die mit digitaler Technik erschaffen worden ist. Das Stadtbild von New York wurde auf der Grundlage von Flugbildern und Fotos aus den dreißiger Jahren zunächst rekonstruiert. Gebäude

20 *King Kong*, USA 1933, Merian B. Cooper, Ernest B. Schoedsack; King Kong, Neuseeland, USA 2005, Peter Jackson.

21 Eileen Moran, Visual Effects-Produzentin von *King Kong*, NZ / USA 2005, R: Peter Jackson, zitiert nach: Booklet der DVD, Universal 2006.

von heute, die es in den dreißiger Jahren noch nicht gab, wurden entfernt und durch digitale Rekonstruktionen ersetzt.

> »Zuzusehen, wie das New York der 30er Jahre wieder aufersteht, war fantastisch. Wir konnten die ganze Stadt in 3D wieder aufbauen. Unser Technikspezialist Chris White entwickelte einen ‚City-Bot', wie er es nannte. Mit diesem Tool ließ er ganze Häuserblocks wieder auferstehen. Wir hatten erstklassige Luftaufnahmen aus den 30ern, und beim Aufbau unserer 3D-Stadt haben wir uns konsequent daran gehalten.«[22]

Da man es bei den Fotos und Flugbildern aus den dreißiger Jahren durchweg mit Schwarz-Weiß-Bildern zu tun hatte, war die Erzeugung des Bildes von der Stadt New York außerdem mit einer kompletten Neuerfindung der Farbigkeit verbunden. Die Doppeldeckerflugzeuge, die bereits in *Independence Day* nostalgisch für den Traum vom Fliegen stehen – aber auch die digital oder wie auch immer erzeugten, rauchenden Schornsteine der Fabriken – sprechen für einen historistischen Umgang des Films mit Geschichte, der das Gewesene nicht als Spur im Dokument belässt, sondern im Sinne einer vollständigen Bebilderung des Gewesenen ausmalt. Das im neuen digitalen Kino nicht immer so humorlose Ausmalen von etwas, das zuvor als Realität definiert worden ist, findet in Peter Jacksons *King Kong* mit dem Versuch, sogar auch noch den alten Traum vom Fliegen digital zu restaurieren, einen vorläufig absurden Höhepunkt. Die fotografischen Flugbilder vom New York der dreißiger Jahre sind in diesem Fall nicht auf der Leinwand zu sehen, sondern sie werden Teil einer Simulation des Fotografischen, die die Museen und Archive überformt – seien es fotografische Bilder oder die Knochen eines Mammuts in der paläontologischen Abteilung des Jardin du Plantes – und damit das Prinzip von Spur und Indexikalität entwertet. Jacksons Projekt illustriert damit die grundsätzlichen Bedenken der Vertreter einer klassisch materiellen Archivierung gegenüber dem Digitalen.

22 Ebd.

Der vergangene Traum vom Fliegen, der zeitgleich mit der Erfindung des Kinos in Erfüllung geht (Morin 1958), kehrt in Jacksons Remake zwar wieder, er verweist aber nicht mehr auf das Flugzeug als Neuerfindung. Vielmehr wird er zum leeren Zeichen, das im Imaginären des Zuschauers kein Pendant mehr findet, höchstens das der Amnesie. Dem Zuschauer bleibt allein der Effekt und die Ebene des Filmtextes, der, so fotografisch er auch erscheinen mag, nur noch als leere Hülle existiert, abgeschnitten von der Welt und zutiefst nostalgisch. Mit der Simulation von Indexikalität werden die Potentiale des Archivmaterials verschüttet, gerade weil die produktiven Leerstellen zwischen den Dokumenten digital aufgefüllt sind. Eine produktive Neuanordnung des Archivmaterials, die Kracauer bereits 1927 in seinem Aufsatz zur Fotografie als das Va-banque-Spiel der Geschichte bezeichnete, wird damit unmöglich (Kracauer 1927).

2.4. *La Jetée / Sans Soleil*

Chris Marker entwirft – analog zu Mulvey und Wollen – eine Idee des Digitalen vor seiner filmtechnischen Erfindung in den 1990er Jahren. In den Filmen Chris Markers lassen sich die Spuren des Fotografischen bereits in den 1960er Jahren als Diskursfeld lesen, welches die theoretischen Entwürfe von Kracauer, Bazin oder Morin aufgreift und weiterdenkt. Der legendäre Film *La Jetée* (Frankreich 1962, dt. *Das Rollfeld*) ist aus Fotografien montiert. In seiner Anlage stellt er sein Gemachtsein und die Brüche zwischen den Bilden geradezu didaktisch aus: Zudem markiert er die in diesem Kontext zentralen Orte als Handlungsorte seines Films: auf der einen Seite das Museum als Archiv und Sammlung der Spuren des Vergangenen; auf der anderen die Startbahn des Flughafens als materialisierter Traum einer imaginären Zukunft. Obwohl der Film sich aus Fotografien zusammensetzt, situiert er seinen Handlungsraum in der Zukunft, der im Bild eines atomaren III. Weltkriegs ein katastrophisches Moment der Moderne thematisiert, der aber schließlich auch in der Zukunft eine mysteriöse Energiezentrale (er)findet, die zumindest aus heutiger Sicht mit dem Bild eine Computerplatine assoziiert ist. Diese von Marker selbst als *'roman-photo'* bezeichnete Filmform stellt ihren hybriden Charakter auch im Begriffsbild aus.

Auch in *Sans Soleil* (Frankreich 1982) stellt Marker den fotografischen Charakter des Films heraus. In seinen Filmaufnahmen von Menschen, die in die Kamera blicken, treibt er Bazins Losung von der Mumie der Veränderung auf die Spitze, weil in der filmischen Spur vom menschlichen Blick nicht nur die Veränderung, sondern auch die flüchtige Substanz des Lebens selbst sichtbar bleibt. Marker führt in diesem Film auch eine Gegenüberstellung von Filmbildern und per Videosynthesizer elektronisch manipulierten bewegten Bildern vor. Auch wenn es sich dabei nicht um eine Gegenüberstellung von fotografischen und digitalen Bildern handelt, wie in den Versionen von *E.T.*, geht es Marker explizit um den Verlust des indexikalischen Charakters der Fotografie durch die technische Manipulation, die schließlich sogar als entlastende Strategie gewertet wird, durch die die einst fotografischen Bilder erträglicher werden. Dass sich Markers Arbeiten in den 1990er Jahren zu multimedialen Arbeiten mit dem Computer verändern, erscheint insofern als konsequente Entwicklung eines kulturellen Handelns, welches immer schon – im Sinne der Hybridisierung – ästhetische Strategien erprobt und technische Möglichkeiten sondiert hat.

2.5. *Memento*[23]

Ähnlich wie Marker lässt auch der Film *Memento* von Christopher Nolan über den Umweg des Fotografischen das Digitale als einen Möglichkeitsraum denken. *Memento* lädt den Zuschauer ein zu detektivischer Aufklärungsarbeit, zur Rekonstruktion eines zweifelsfreien logischen Zusammenhangs, zu Spekulationen darüber, wie es wirklich gewesen ist. Man folgt dann einem literarischen Dispositiv (Es war einmal), um die Erzählung zu entschlüsseln, oder einem fotografischen (Es ist so gewesen), um eine Rekonstruktion einer Wirklichkeit des Films vorzunehmen. Beide Dispositive erfahren ihre

23 *Memento*, USA 2000, Christopher Nolan.

Grenzen in der Hauptfigur, die an Gedächtnisverlust leidet. In dieser Figur wird die Abtrennung vom indexikalischen Prinzip personifiziert. Nicht ohne Grund ist ihr Name Leonard Shelby, sprich: *shall be*. Shelby symbolisiert die lautbildliche Verschiebung des fotografischen Dispositivs, dessen neuer Indexpfeil entweder eine Zukunft markiert – *Leonard shall be* = Leonard wird sein –, oder einen Konjunktivs oder Imperativ: *Leonard shall be* = Sein Name sei Leonard! Oder: Sei Leonard! Beide Varianten korrespondieren mit dem Motiv des Gedächtnis- und Identitätsverlusts der Hauptfigur, die sich nur noch über Indizien in einem niemals zweifelsfreien Möglichkeitsraum ihrer Existenz bewegt (Konjunktiv) und sich zum Selbsterhalt ständig neu als Leonard setzt bzw. setzen muss (Imperativ). Diese Selbstschöpfung wird mit der Polaroidfotografie inszeniert: Leonard erteilt sich selbst durch die Beschriftung der Polaroids ständig Befehle, z.B.: »Don't believe his lies!« oder »Find him and kill him!«.

Die postmoderne Identitätskonstruktion entpuppt sich jenseits der filmischen Fiktion als ein medientheoretischer Paradigmenwechsel: Wenn die Fotografie die Garantie fotografischer Authentizität als Spur darstellt und im Film *Memento* das Polaroid diesen Bezug im Sinne seiner Einmaligkeit noch auf die Spitze treibt, so erinnert der Film im Jahr 2000 noch einmal an die Zeit der fotografischen Medien: Fotografie und Film. Seine Figur hingegen lebt bereits im neuen Paradigma des Digitalen – denn Mr. Shelby bezieht seine Informationen zwar noch aus den Polaroids, aber nicht mehr aus dem fotografischen Prinzip des Indexikalischen. Sein Gedächtnisverlust zwingt ihn zu einem unaufhörlichen Spiel, in dem die Bilder immer wieder neu zusammengesetzt werden müssen. Der Film zeigt eine Versuchsanordnung, in der die Analogie von Fotografie und Biografie ins Digitale verschoben wird. Shelby wäre dann der Prototyp des neuen Paradigmas, voller Möglichkeitsräume, dessen Identität (aufgrund von Amnesie) allerdings ungeklärt ist.

3.

Das Digitale als Erweiterung des Hybridmediums Film

Das gemeinsame Moment der aufgezeigten Konstruktionen des Digitalen besteht darin, dass das Digitale auf der Basis einer Differenz zum Fotografischen in Szene gesetzt wird. Ob historisch, zwischen zwei Versionen eines Filmes (*E.T.*) oder innerhalb eines Films im Sinne eines medientheoretischen Diskurses (*Die Legende vom Ozeanpianisten*), wird das Digitale im aktuellen Kino derzeitig noch weitgehend aus der Differenz zum analogen / fotografischen Film gefasst. Umgekehrt erfolgt erst in der Differenz eine Bestimmung des Films als analoges bzw. digitales Werk. Dies geschieht nach demselben Prinzip, wie einst die Erfindung des Tonfilms den ‚Stummfilm' erst hervorbrachte.[24] Ein Effekt aus der Entgegensetzung von fotografischem und digitalem Film ist die vorübergehende Fetischisierung des Fotografischen (Jacksons *King Kong*), in der die Fotografie mit digitalen Mitteln simuliert, aber gleichzeitig das durch sie geknüpfte indexikalische Prinzip entstellt wird. Jenseits der einfachen Dichotomie fotografisch/Pixel, analog/digital, alt/neu gibt es außerdem Filme (*La Jetée*, *Sans Soleil*), in denen eine Idee des Digitalen vorgedacht wird – historisch vor ihrer technischen Erfindung – aus der Konfrontation von Fotografie, Film und Video, sowie in der Kombination mit den literarischen Formen des Romans bzw. des Briefs einschließlich der Montagen diverser Ebenen des Tons. Oder solche, die mit einer Fetischisierung des fotografischen Prinzips arbeiten (*Memento*), und diesem das Digitale als personifizierten Gedächtnisverlust an die Seite stellen.

Diese Konstruktionen – die Beispiele ließen sich noch erweitern – zeigen das Digitale als Sensation und damit in der Tradition der technischen Tricks des Kinos, für dessen historischen Beginn in der Filmgeschichte der Name Georges Méliès steht, eine Tradition, die aber

24 Vgl. Hickethier [2001], S. 95.

auch in die Vorgeschichte der Apparate und Projektionskünste zurückreicht. Auch die Wiederkehr des Animationsfilms, des Films jenseits des Fotografischen, gehört in diesen Bereich und wurde als Merkmal des digitalen Kinos gewertet.[25] – Oder aber sie entwerfen das Digitale als Umwertung des Fotografischen bzw. als Erweiterung des Films im Sinne einer Hybridisierung. Diese lässt sich am deutlichsten schon vor der Einführung des Digitalen in die Filmproduktion an den Experimenten der Filmavantgarde nachweisen. Aber auch die Konstruktionen des Digitalen aus Hollywood zeigen in ihrer Differenzbildung Momente der Selbstreflexion, den Versuch sich der neuen Technologie als einer neuen Möglichkeit zu versichern. Gleichwohl zeigt sich das Digitale im Kino – bisher – vor allem *ex negativo*. Seine Funktion besteht im Wesentlichen darin, als universales Zahlungsmittel aufzutreten, das immer dort eingelöst wird – positiv oder negativ – wo die ästhetische Strategie auf eine technische Grenze stößt, oder wo technischer Eifer ästhetische Strategien nachahmt.

In ähnlichem Sinne hat sich das Digitale auch auf der Ebene des Tons im Kino bemerkbar gemacht. Hierbei ist anzumerken, dass die kreative Arbeit am Ton im Grunde erst in den 1970er Jahren beginnt mit dem Kino des New Hollywood und der Entwicklung des Sound Designs.[26] Die kreativen Prozesse im Bereich des Tons haben sich aufgrund der späten Entwicklung viel schneller mit dem Digitalen verbunden. Gleichwohl bildet das (digitale) Sound Design nur eine weitere Facette im Rahmen einer Hybridisierung des Films aus. Der Pragmatismus des Sound Designs bleibt dabei auf ähnliche Weise an den Hörerfahrungen des Alltags orientiert, wie die digitale Bildgestaltung am fotografischen Film.

Dennoch gibt es Ansätze – vielleicht weniger ganze Filme – in denen die hybride Form des digitalen Kinos in Erscheinung tritt. Damit verändert sich auch das Imaginäre der Zuschauer, unsere konkreten und generellen Vorstellungsbilder des Kinos; anders formuliert, der Common Sense dessen, was wir unter Film und Kino verstehen, wird

25 Glöhde [2001]

26 Vgl. Flückiger [2001] und [2006].

neu ausgerichtet. Diese Neuerungen entfalten sich – ähnlich wie bei Mulvey und Wollen skizziert – als eine Form der Hypermedialität, in der Film und Kino ein hybrides Diskursfeld ausbilden. Damit werden die ontologischen Bestimmungen des Films, ob er beispielsweise fotografisch sei oder seine Basis in etwas anderem begründet liegt, ebenso im Diskursfeld aufgehoben, wie die dort stattfindende Begegnung mit anderen Künsten und Medien.

Eines der herausragenden Merkmale dieser Neuerung scheint sich aber gegenwärtig eher noch mit einem Seitenblick auf den Begriff der Hypertextualität zu erschließen. Hypertextualität verstanden als eine Entwicklung, die den linearen Textbegriff nicht nur technologisch durch eine Linkstruktur in ein multilineares System auflöst, sondern auch kulturell dahingehend verändert, dass eine sichere Unterscheidung zwischen Haupttext und Randbemerkung im Grunde unmöglich wird. Übertragen auf Film und Kino ist hier weniger an den multilinearen Film im Sinne eines Werkes gedacht, sondern an die viel grundlegendere Verschiebung, dass auch hier zwischen dem Werk und seinen Paratexten in einem hierarchischen Bedeutungssinne nur noch schwer unterschieden werden kann. Hiervon zeugt auf wissenschaftlicher Seite das starke Interesse an den Randphänomenen des Kinos seit den 1990er Jahren: an Plakaten, Trailern, Film Stills, Vorspännen usw. Dieses wird ergänzt durch subkulturelle Formen der Rezeption, die z.B. in ‚Slash'-Produktionen ihren Ausdruck finden, in denen Akzentverschiebungen durch inhaltliche und formale Umwertungen vorgenommen werden, durch die aber auch die Auflösung der kategorialen Unterscheidung von Rezeption und Produktion vorangetrieben wird. Dafür stehen auf der Produktionsseite Verschiebungen in den Vermarktungs- und Auswertungsstrategien: Neben DVD, Fernsehauswertungen und Merchandising sind inzwischen die gleichzeitige Produktion von Webprojekten und Computerspielen für den Filmmarkt relevant.

Das hybride Diskursfeld zeigt sich aber auch innerhalb der Filme, auch wenn es dort nur in einer einzigen Einstellung aufblitzt – wie z.B. in der *Legende vom Ozeanpianisten.* Längere Sequenzen finden sich z.B. in *Men in Black* (USA 1997). In dieser Hollywoodproduktion wird im Vorspann zunächst eine Libelle als Visual Effect und digitales Flugbild ausgestellt – ein eigener kleiner digitaler Film und reiner visueller Exzess, der mit dem eigentlichen Film nicht viel zu tun hat. Der Witz besteht darin, dass das Ende dieses Vorspanns als Kollision mit dem fotografischen Raum des Films inszeniert wird, dessen Grenze die Windschutzscheibe eines fahrenden Transporters ist, in dem wiederum echte Schauspieler sitzen und auf der die (digitale) Libelle plötzlich zermatscht. Diese Idee der körperlichen Kollision zweier Räume wird den Verlauf des Films als Diskursfeld weiter bestimmen, zum einen wird hier auf die reale Migration an der Grenze von Mexiko und den USA angespielt. Zum anderen geht es um fiktive außerirdische Asylsuchende, die aufgrund ihrer phantastischen digitalen Vielgestaltigkeit auf die Menschheit bedrohlich wirken könnten und deshalb – um ihrer und unserer Sicherheit Willen – in Menschenkörpern verborgen werden müssen, die wie Du und Ich aussehen. In der offenen Maskierung der digitalen Außerirdischen wird ihre Alterität nur zum Schein aufgehoben und bleibt als Spannung im Diskursfeld erhalten.

Eine andere Sequenz findet sich in *Twister* (USA 1996), ebenfalls ein Film des digitalen Hollywoodkinos, dessen eigentliche Hauptfigur ein Tornado, ein digital animiertes Naturereignis ist. Der Film dreht sich um die Erforschung und damit gleichzeitig um die Bändigung dieser Naturgewalt. Der Akt der Bändigung wird in der letzten Szene als Blickbeziehung inszeniert, in der die beiden Wissenschaftler ihren Blick gegenüber dem Auge des Tornados nicht mehr senken, sondern körperlich angeschnallt dem ‚Blick' des Sturms standhalten und damit eine neue Beziehung zur Naturgewalt aufbauen. Kulturhistorisch wird hier auf eine Himmelsschau, auf einen Anblick der Götter oder allgemeiner auf eine Begegnung mit der Alterität referiert. Und dieses Zusammentreffen wird nun ausnahmsweise einmal nicht als Begegnung mit dem Marsmenschen, mit einem Starimago oder einer ähnlichen anthropomorphen Verkörperung inszeniert, sondern als Blick in einen leeren Sturmhimmel. Der Himmel – zuvor reichlich angefüllt mit herumfliegenden Kühen, Tanklastwagen und anderem materiellen Gut – ist in der letzten Szene bis auf die Wirbel- und Wolkenformationen leer. Was hier mit digitalen Mitteln inszeniert wird, ist eine Form der Transzendenz: dargestellt mit dem Ineinandergreifen von Film, digitaler Malerei und (einer sirenenartigen) Musik. Das ästhetische Konzept, das hier digital weiter geführt wird, entspricht eher der Malerei William Turners, der mit seinen alten Mitteln, Öl und Leinwand, gleichfalls die Naturgewalt des Sturms als im Grunde fast unsichtbares „Seeungeheuer" dargestellt hat (Sunrise with Sea Monsters 1845). Turners Arbeit ist ein hybrides Bild zwischen Darstellung und Abstraktion. *Twister* zeigt in seiner Hybridität ähnliches: einen Himmel, der im fotografischen Sinne leer ist und im malerischen voll göttlicher Naturgewalt.

Literatur

Bazin, André [1945]: ‚Ontologie des photografischen Bildes, in: ‚Was ist Film?' Fischer, R. [Hg.]:, Berlin 2004, S. 33–42

Bouzereau, Laurent [2002]: ‚E.T. Der Außerirdische. Vom Konzept zum Klassiker', Berlin 2002

Flückiger, Barbara [2001]: ‚Sound Design. Die virtuelle Klangwelt des Films', Marburg 2002

Flückiger, Barbara [2006]: ‚Im Gespräch mit Winfried Pauleit: Sound Effects – Zu Theorie und Praxis des Film-Sound Designs' (dt./engl.), in: *Thurmann-Jajes, A.; Breitsameter, S.; Pauleit, W.* (Hg.): ‚Sound Art. Zwischen Avantgarde und Popkultur', Salon Köln 2006, S. 219–236

Glöhde, Marc [2001]: ‚The Empire Strikes Back – über das Wechselverhältnis von Animation und kinematischen Bildwelten', in: Stemmrich, G. (Hg.): ‚Kunst / Kino, Jahresring 48 Jahrbuch für moderne Kunst', Köln 2001, S. 30–42

Grünberg, Clementine [1999]: ‚Die Legende vom Ozeanpianisten', Regie: Guiseppe Tornatore, USA/Italien 1999, in: http://www.nachdemfilm.de/reviews/ozean.html

Hickethier, Knut [2001]: ‚Film- und Fernsehanalyse', Stuttgart 2001

Kracauer, Siegfried [1960]: ‚Theorie des Films. Die Errettung der äußeren Wirklichkeit', Frankfurt am Main 1996

Kracauer, Siegfried [1927]: ‚Die Photographie', in: Ders., ‚Das Ornament der Masse', Frankfurt am Main 1977, S. 21–39

Moran, Eileen [2005]: ‚Zu Visual Effects von King Kong', NZ / USA 2005, Peter Jackson, in: Booklet der DVD, Universal 2006.

Morin, Edgar [1958]: ‚Der Mensch und das Kino. Eine anthropologische Untersuchung', Stuttgart

Mulvey, Laura [1975]: ‚Visual pleasure and narrative cinema', in: Philip Rosen (Hg.): ‚Narrative, Apparatus, Ideology', Columbia University Press, New York 1986, S. 198–209

Nessel, Sabine [2008]: ‚Kino und Ereignis. Das Kinematografische zwischen Text und Körper', Verlag Vorwerk 8, Berlin

Nessel, Sabine [2008]: ‚Flugbilder in Katastrophenfilmen: Oder: wie das Kino den Menschen den Traum vom Fliegen zurückgibt', in: *Keilbach, J.; Schneider, A.* (Hg.): ‚Fasten Your Seatbelt!', Münster 2008

Nessel, Sabine [2006]: ‚Geschlecht und Ereignis. Feministische Filmtheorie weitergedacht am Beispiel von ›Twister‹', in: *Sick, A.; Bergermann, U.; Hanke, C.* (thealit. Frauen.Kultur.Labor) (Hg.): ‚Überdreht. Spindoctoring. Politik', Bremen 2006, S. 297–305

Nessel, Sabine [1999]: ‚Das Bild und das Visuelle. Von Terminator II zum Katastrophenfilm der 90er Jahre', in: Ästhetik & Kommunikation Nr. 104: ‚Zukunft schreiben', Berlin 1999, S. 75–79

Pauleit, Winfried [2007]: ‚Zeitreisen als kinematografische Methode. Umschreiben und Navigieren mit Chris Marker', in: ders. u.a. (Hg.): ‚Traveling Shots. Film als Kaleidoskop von Reiseerfahrungen', Berlin, S. 93 – 103

Pauleit, Winfried [2006]: ‚Kino / Museum. Film als Sammlungsobjekt oder Film als Verbindung von Archiv und Leben', in: ders. und *Kittlausz, V.* (Hg.): ‚Kunst – Museum – Kontexte. Aktuelle Positionen in der Kunst- und Kulturvermittlung', Bielefeld, S. 113–135

Pauleit, Winfried [2005]: ‚Wie Cyborgs vom Kino lernen. Biografie versus Technologie am Beispiel von Lynn Hershmans Teknolust', in: *Rüffert, C. u.a.* (Hg.): ‚Unheimlich anders. Doppelgänger, Monster, Schattenwesen im Kino', Berlin, S. 161–170

Pauleit, Winfried [2005]: ‚Im Medium Polaroid. Christopher Nolans Film Memento als Fragment eines post-kinematografischen Möglichkeitsraums', in: *Kröncke, M. u.a.* (Hg.): ‚Polaroid als Geste – über die Gebrauchsweisen einer fotografischen Praxis', Museum für Photographie e.V. Braunschweig, Hatje Cantz 2005, S. 66–73.

Pauleit, Winfried [2001]: ‚Riddles of the Sphinx. Die Arbeit von Laura Mulvey und Peter Wollen zwischen Counter-Strategie und Dekonstruktion', in: *Stemmrich, G.* (Hg.): ‚Kunst / Kino', Jahresring 48, Jahrbuch für moderne Kunst, Köln, S. 177–193.

Rodowick, David [2003] im Gespräch mit Claudia Lenssen: ‚Digitale Fotografie ist paradox', in: Die Tageszeitung, 6.11.2003.

Willim, Bernd [1998]: ‚Filme aus dem Rechner', in: Fernseh- und Kinotechnik 52 [5/1998], S. 255–260.

Wollen, Peter [1972]: ‚Godard and Counter cinema: Vent d'est', in: ders., Readings and Writings. Semiotic Counter-Strategies', Verso Editions London [1982], S. 79–91.

Wollen, Peter [1975]: ‚The Two Avant-Gardes', in: ‚Readings and Writings. Semiotic Counter-Strategies', Verso Editions London 1982, S. 92–104.

Michaela Ott

Das Unerträgliche des Neuen

Das ‚Unerträgliche' ist der Ausgangsaffekt gewisser philosophischer Denkansätze, die sich von der Erfahrung des Zweiten Weltkriegs affiziert zeigen und noch in den 70er und 80er Jahren des 20. Jh. dessen Vernichtung nationaler, biographischer und allgemein sinnstiftender Zusammenhänge im Hinblick auf die Möglichkeit eines philosophischen Weiterdenkens reflektieren. Ein grundlegender Bruch wird konstatiert, da die Begegnung mit dem rational Unfassbaren und dem affektiv Unerträglichen dem Denken gänzlich neue Bedingungen auferlege: Das philosophische Reflektieren, aber auch das künstlerische Gestalten müsse sich dem Zwang unterstellen, dieses Unerträgliche zu denken, von diesem Unerträglichen und seinen möglichen Gründen ausgehend zu denken, aber auch im Denken selbst das Undenkbare und Ungedachte herauszustellen und überkommene Denkmodelle auf ihr Nichtgedachtes hin zu durchsuchen. Denn die Erfahrung des Unerträglichen legt die Annahme von schlummernder Gewalt und uneingestandenen Zurichtungen in den Denkprozessen selbst nahe, die in volitiven Grundlegungen, reduktionistischer Begrifflichkeit, nicht ausgewiesenen Wertsetzungen und nicht selbst-reflektiven Argumentationen vermutet wird. Ein neues kritisches Verfahren wird gefordert, das seine Ausgangswertsetzungen offen legt, sein Ungedachtes im Prozess der Darlegung möglichst mit erschreibt, sich mit vorgängigen Denkweisen konfrontiert, um diese auf begriffliche Erweiterbarkeit, Differenzierbarkeit, Anschlussfähigkeit zu überprüfen und entsprechend entgrenzt in den philosophischen Diskurs zu reintegrieren. Ein neues Denken erscheint unabdingbar, das sich seines unmöglichen Anfangs, seiner sich notwendig aufschiebenden und allenfalls im Prozess der Darlegung selbst einholenden Grundlegung, des zwansgläufig Undenkbaren bewusst ist und diesem mit Strategien begrifflicher Vervielfältigung und diskursiver Verzweigung begegnet, auf dass Lücken und Anschlusstellen geboten werden für künftige Erhellungen und gedankliche Verlängerungen. Vor allem aber solle das Denken nur unter dem Eindruck des Denknotwendigen beginnen, das zu Bedenkende der eigenen Zeit erkunden und im Durchdenken den je adäquaten Denkstil erfinden. Ein Vorbild für derartige Verfahren wird dabei in den filmischen Ausdrucksweisen entdeckt, die sich mit dem Ende des 2. Weltkriegs unter dem Eindruck des Unerträglichen neu entwerfen und von der Heraufkunft eines neuen filmischen Bildtyps sprechen lassen.

Das Neue dieses filmischen Bildtyps sei zunächst in dem Gefühl begründet, dass die Wirklichkeit aufgrund der erschreckenden Erfahrung des umfassenden Kahlschlags, aber auch des Nichtwissens um die Vernichtungsvorgänge, in verstärktem Maße zweideutig geworden sei. Ein weniger metaphysischer als vielmehr phänomenologischer Zweifel lässt den französischen Filmtheoretiker André Bazin davon sprechen, dass das Reale, weil es »dispersiv, elliptisch, richtungslos und schwankend« (ZB, 11)[1] geworden sei, mit filmischen Mitteln dechiffriert, offengelegt werden müsse. Er empfiehlt von daher die filmische Plansequenz als Modus der Beobachtung und Beschreibung von Realität. Lange Einstellungen, nimmer endende Kamerafahrten, Arten aufmerksamen Sehens und Hörens werden denn auch zu formalen Kennzeichen einer filmischen Ausdrucksform, die ihre verunsicherten Protagonisten auf der Suche nach geografischer oder mentaler Vergewisserung durch zerstörte oder unterkodierte Landstriche führt. Noch Wim Wenders Filme *Im Lauf der Zeit* (1976) und *Alice in den Städten* (1973) folgen dieser philosophisch-filmtheoretischen Weisung Bazins.

Der Philosoph Gilles Deleuze betont in seinen filmtheoretischen Studien der 80er Jahre dagegen den neuen ‚mentalen' Zustand, der sich aus der veränderten Ausgangslage der Nachkriegszeit ergebe: Die Erfahrung des Unfassbaren unterbinde die selbstverständliche Übersetzung des Wahrgenommenen in emotionale Reaktionen und Handlungen und rufe, darin Kants Geschmacksurteil zum Erhabenen verwandt, denkerische Prozesse und Ideen auf. Die entgründende Erfahrung des Unerträglichen entbinde die Sinnesorgane ihrer kom-

1 Zit. in Gilles Deleuze, ‚Das Zeit-Bild. Kino 2' (ZB), Frankfurt a.M., 1997.

plementären Zuträgerfunktion, lasse das Gesehene und Gehörte zu keiner Gesamtwahrnehmung verschmelzen, dafür die Zeichenregime sich verselbständigen und in unterschiedlichen Serien divergieren. So entstünden Situationen des reinen Schauens und Hörens, »rein optische und akustische Situationen«, die uns »mit einem Kino des Sehenden (*cinéma de voyant*) und nicht mehr mit einem Kino der Aktion« (ZB, 13) konfrontieren. Aufkommend im italienischen Nachkriegsfilm, sieht Deleuze vor allem in den 60er ein »Anwachsen rein optischer Situationen (und auch akustischer, wenngleich in den Anfängen des Neorealismus der Synchronton noch nicht vorhanden war)« gegeben (ZB, 13), die sich von den vorwiegend handlungsbezogenen Filmgenres der Vorkriegszeit emanzipieren. Ein grundlegend neuer filmischen Bildtyp werde dadurch hervorgebracht, der aus den herrschenden Klischees ausbreche und in seiner freien Kombinatorik von Bild- und Tonzeichen und den damit einhergehenden unkonventionellen Montagen Zeitlichkeit selbst thematisiere. Das neue ‚Zeit-Bild' sei in sich heterogen, vieldeutig, unbestimmt, lebe von falschen Anschlüssen, von *jump cuts* und gegenläufigen Sinnkonstitutionen, von Intervallen zwischen den einzelnen Bildern und von der fortgesetzten Herausforderung des Zuschauers, der sich seinen Film selbst zusammenzusetzen hat. Die Uneindeutigkeit der Filmzeichen, so die philosophische Hoffnung, produziere dafür eine Art Kurzschluss im Denken, einen Zwang zum Bedenken des Undenkbaren, eine Art Selbstpotenzierung des Denkens, die ihm eine bis dato unbekannte Dringlichkeit verleihe und neue Arten des Denkens generiere. Deleuze organisiert denn auch seine filmgeschichtliche Reflexion rund um den Einschnitt des 2. Weltkriegs und lässt das ‚Bewegungs-Bild' der Vorkriegszeit grundsätzlich vom ‚Zeit-Bild' der Nachkriegszeit geschieden sein.

Italien, 1944: Einen Vorläufer des Zeit-Bilds gibt der italienische Film Paisà ab, von Roberto Rosselini gegen Ende des Zweiten Weltkriegs realisiert, der in der Wiedergabe realer Situationen, gedreht an Originalschauplätzen, mit dazwischengeschalteten Wochenschauberichten eine Bestandsaufnahme der Lage Italiens zu liefern versucht. In sechs fragmentartigen Episoden, die sich von Sizilien über Neapel,

Rom und Florenz nach Norden zur Poebene verlagern, wird die Frage der italienischen Identität zwischen deutschen Besatzungstruppen und amerikanischen Befreiern aufgerollt. Die einzelnen Episoden fügen sich zu keiner kontinuierlichen Erzählung, erstellen ein mosaikartiges Bild des Landes, das sich aus heterogenen, lokal gefärbten Einzelsequenzen zusammensetzt und in deren Intervallen den mentalen Abgrund, das Unversöhnte und Unversöhnbare der vergangenen und noch währenden Geschichte spürbar werden lässt.

Deutschland, 1948: In dem hierzulande bekannteren Film von Rossellini, *Germania anno zero*, wird dann erstmalig die Situation des reinen Schauens ausgestellt und in der Abgründigkeit der ihr korrespondierenden psychischen Überwältigung dramatisiert: Deutschland im Jahre Null evoziert das moralische Desaster der Deutschen im Bild ihrer Trümmer und verweigert eine zukunftsgerichtete Perspektive. Der Junge Edmund blickt auf die Ruinen des zerbombten Berlin und springt in einer diffusen Mischung aus Schuldgefühl, Desorientierung und Überforderung in den Tod. Mehr aber als die psychische Not des Jungen erzählen die Ruinen selbst von der Unerträglichkeit der Situation, von realer und psychischer Verheerung und nicht-sichtbarer, gleichwohl präsenter Fortwirkung von Vernichtung und Gewalt.

Im Verhalten der Figur Edmunds erblickt Deleuze noch eine weitere, für das Zeit-Bild typische filmsprachliche Veränderung: Der Akteur, weit davon entfernt, die Verantwortung für das Geschehen übernehmen oder auf sich zentrieren zu können, wird selbst zum Zuschauer dessen, was ihm vor Augen steht, ihn umgibt und ihm widerfährt. Er ist der leidende Beobachter eines Geschehens, das ihm gleichwohl unverständlich bleibt: Die Figur „bewegt sich vergebens, rennt vergebens und hetzt sich vergebens ab, insofern die Situation, in der sie sich befindet, in jeder Hinsicht ihre motorischen Fähigkeiten übersteigt und sie dasjenige sehen und verstehen lässt, was nicht mehr von einer Antwort oder Handlung abhängt. Kaum zur Reaktion fähig, registriert sie nur noch. Kaum zum Eingriff in eine Handlung fähig, ist sie einer Vision ausgeliefert, wird von ihr verfolgt oder verfolgt sie selbst“ (ZB, 13). Vorzugsweise Kinder und Jugendliche fungieren als

Spiegel des Unerträglichen und verhelfen der aufkommenden „Nouvelle Vague" in Filmen wie Truffauts *Quatre cents coups / Sie küssten und sie schlugen ihn* (1959) zu ihrer rebellischen, Konventionen sprengenden Haltung. Da sie, ohnmächtiger als die Erwachsenen und weniger auf Überlebenszwecke bedacht, den Widerfahrnissen schutzlos ausgeliefert sind, verzeichnen sie diese seismografisch in ihren Körpern. Als solche inkorporieren sie die Krise des Aktions-Bildes und die Bewegungen und Qualitäten, die an dessen Stelle zu treten beginnen: mehr oder weniger zielloses Umherwandern, Entfremdung gegenüber sich selbst, affektive Unbestimmtheit, psychische Enge, Reduktion der Existenz auf das nackte Überleben.

Das ‚Kino des Sehenden' begegnet nun in der Gegenwart verstärkt wieder, nicht nur in westlichen Filmen, sondern vor allem in Filmen, die aus nicht-westlichen Konfliktzonen stammen, etwa aus Afghanistan, Kurdistan, Djibouti, und erneut Erfahrungen der Traumatisierung dokumentieren. Sie kreisen ihrerseits um ein Unerträgliches, das sich freilich von jener Erfahrung der europäischen Nachkriegszeit unterscheidet und doch in der filmischen Stilisierung Affinitäten über die Zeit, aber auch über die geografischen Distanzen hinweg aufweist.

Einen der Hauptunterschiede zu den europäischen Filmen mag man im Ausmaß des - freilich schwer abzuwägenden - Unerträglichen und in der Möglichkeit seiner symbolischen Bearbeitung und affektiven Abmilderung erkennen: Denn obwohl die italienischen und französischen Nachkriegsfilme den moralischen Verfall Europas dokumentieren, erlangten sie mit ihrer Darstellung sofort weltweite Anerkennung, was den zeitgenössischen Schilderungen aus nicht-westlichen Ländern trotz ihrer ausgeklügelten Bildsprache und ihrer künstlerischen Vertiefung nicht vergönnt ist. Wie sie nur selten einheimische Regisseure finden, die aus der Innenperspektive die Not des Landes zu schildern in der Lage wären, so finden sie wenig Beachtung bei der internationalen Zuschauerschaft und noch weniger Platz in der akademischen Theorie. Noch Unerträglicheres mag man allerdings darin entdecken, dass sein Ausmaß zwischen den kulturellen und geografischen Regionen trotz seiner prinzipiellen Unwägbarkeit deutlich zu differieren scheint: Während der europäische Film nach dem Vorbild der Nachkriegsfilme fortgesetzt neue Darstellungen von Unerträglichem aufbietet und das ‚Kino des Sehenden' in einer Variationsbreite entfaltet, die es zu einer zeitenthobenen und je anders motivierten Konstante der filmischen Ausdrucksweise werden lässt, unterstehen die Filme aus Afghanistan, Kurdistan und Djibouti, um sie stellvertretend für zahlreiche weitere zu nennen, aufgrund der gesellschaftspolitischen Situation dieser Länder einem erhöhten existentiellen und darstellerischen Druck. Unerträglichkeit kennzeichnet diese Filme in mehrfachem Sinn.

So lässt sich zunächst konstatieren, dass dieses Kino, weit über die europäischen realen und mentalen Verschiebungen als Folge des Krieges hinaus, unerträgliche existentielle Unbestimmtheit zur Ansicht bringt: Weder verfügen die Akteure über eine offizielle Identität noch bewohnen sie ein Land, das sich ihr Überleben angelegen sein lässt. Wander- und Fluchtbewegungen, Weisen des Umherirrens, Situationen des reinen Sehens und Hörens aus Überlebensgründen begegnen in einem zugespitzten Sinn. Sie unterscheiden sich nicht nur hinsichtlich der veränderten Zeitkontexte und der anderen Einbindung des Räumlichen. Ihre Raumzeitgestaltungen sind Radikalisierungen der europäischen Muster und bringen das Unerträgliche nicht nur als historisch bedingte Sondererfahrung, sondern als konstantes Schicksal in den Blick. Die hier vorgeführte existentielle Not, die im unbarmherzigen Überlebenskampf der individuellen und kollektiven Akteure gründet und durch deren weltweite Geringbeachtung noch gedoppelt wird, findet in der filmischen Darstellung zwar eine gewisse symbolische Kompensation, schreibt andererseits eine mehr oder weniger ausweglose minoritäre Situation fest. Von daher wird fraglich, ob sich dieses ‚Kino des Sehenden', das Deleuze mit einem historischen Index und der Hoffnung auf filmsprachliche Entkonventionalisierung verbindet, angesichts der unverändert traumatisierenden Lebenswelt nicht zu einer zeit- und raumübergreifenden Symbolisierungsform verfestigt, die ihren kritischen Stachel verliert und das Bild des Unerträglichen in repetitiven Bildformen entschärft.

Auffällig ist in jedem Fall, dass die Merkmale des „Kinos des Sehenden" im zeitgenössischen Kino westlicher und nicht-westlicher Herkunft verstärkt wiederkehren. Obwohl kein Desaster wie der Zweite Weltkrieg ihr Entstehen bedingt, lassen verwandte filmische Ausdrucksweisen darauf schließen, dass, wenn auch anders begründet, Erfahrungen des Unerträglichen zum Ausdruck gebracht werden sollen, selbst wenn das Unerträgliche nur die Banalität des Alltags ist. Gleichwohl gilt es zu unterscheiden zwischen den Darstellungen des Unerträglichen im westlichen Kino, das aus Diagnosen des Familienzerfalls und der medialen Fixierung individueller Phantasien gewisse Gewaltsamkeiten und mörderische Züge deduziert, und Filmen aus Ländern wie Afghanistan, Kurdistan oder Djibouti, die das Unerträgliche deutlich basaler, in der Auslieferung der Bevölkerung an das nackte Überleben und in der Erfahrung fortgesetzter Zerstörung von Leben und Sinnzusammenhängen diagnostizieren.

Das ‚Kino des Sehenden' im zeitgenössischen westlichen Film: Die Verstörung der hier porträtierten Jugendlichen, welche sie zu rein Schauenden und Hörenden werden lässt, wird abgeleitet aus der Erfahrung des Identitätsverlusts, aus der sozialen Situation mangelnder stabilisierender Familienbande, der Abwesenheit von Vater oder Mutter als Garanten für emotionalen Halt und einer anonymen Wettbewerbsgesellschaft, die die Entbehrlichkeit des Einzelnen signalisiert. Psychische Verunsicherung bringe sie dazu, sich auf idealisierte Stellvertreterfiguren zu fixieren, denen sie hinterherlaufen in einer Art zivilisierten Nomadentums. Obwohl nicht mit äußeren Zerstörungen konfrontiert, scheint ihnen der Eintritt in die Welt der Erwachsenen verwehrt, welcher sie befremdet gegenüber stehen und die sich ihrem Begehren verschließt.

Kanada 1999: In seinem Film *Felicia's Journey / Felicia, mein Engel* führt Atom Egoyan als das Unerträgliche der Gegenwart deren Fixierung auf destruktive Phantasmen vor. Weil gewisse Männer ihren Mütteridealisierungen verhaftet bleiben und nicht zur ödipalen Strukturierung gelangen, so die Diagnose des Films, machen sie Jugendliche zu ihren Opfern. Dabei wird die häusliche Situation in einer ihrer heimischsten Prozeduren, dem Zubereiten von Nahrung, als gewaltproduzierend offengelegt. Das Unerträgliche, das sich hier in einem mörderischen Anschlag manifestiert, wird dann allerdings doch durch die Unschuld des Mädchens abgefangen und in seinem verletzenden Charakter gebannt.

Frankreich 2000: Der Film *A ma soeur* von Cathérine Breillat führt dagegen die weibliche Pubertät und die Entfaltung sexuellen Begehrens als grundlegend verstörend und unter Umständen selbstzerstörerisch vor. Die Adoleszenzkrise und das Fehlen eines Objekts des Begehrens werden hier als Langeweile produzierend intoniert und als Situation des reinen Schauens und unbestimmten Herumhängens auf die Leinwand gebracht. Das pubertierende Mädchen wünscht sich, vergewaltigt zu werden, um wenigstens ansatzweise ein Selbstverhältnis und einen Bezug zum Außen entwickeln zu können und die Gegenstände und Milieus nicht als von sich abgetrennte Realität zu erfahren.

Belgien 1999: Am radikalsten wird die Unerträglichkeitserfahrung in den erschütterten und körpernahen Bildern der Protagonistin Rosetta aus dem gleichnamigen Film der Brüder Luc und Jean-Pierre Dardenne nahegebracht. Durchgängig mit Handkamera gedreht, kennzeichnet den Film eine Unruhe und Getriebenheit, die sich aus dem subjektiv gezeigten Überlebenskampf des pubertierenden Mädchens, ihrem Versuch des Zusammenlebens mit einer alkoholkranken Mutter, der Ordnungsstiftung und des Streben nach Eintritt in eine ‚Normalität' ergeben. Da ihre verschiedenen Bemühungen nicht fruchten, resigniert das Mädchen und lebt ihrerseits eine Situation des reinen Schauens, bevor sie ihrem Leben mit Gas ein Ende zu bereiten sucht.

Da aufgrund psychischer Komplikationen, aber auch widriger gesellschaftspolitischer Umstände selbstverständliche sensomotorische Reaktionen auf sinnliche Wahrnehmungen nicht möglich erscheinen, wird die Bewegung selbst zum Beobachtungsgegenstand des Films, die Bewegung, die nun »als Perspektive der Zeit« (ZB, 37) erscheint. Da sich diese nicht von selbst ergibt, sondern in jedem einzelnen Film neu erfunden werden muss, folgt die Kamera nicht den Protagonisten, sondern ordnet die räumliche Beschreibung »den Funktionen des Denkens unter« (ZB, 38). Das zu Bedenkende, das Unerträgliche der Situation und ihr Zerfall in optische und akustische Zeichen befördern das Entstehen einer je spezifischen Raumzeitlichkeit, eines »beliebigen Raums«, der abgetrennt, entleert, unterkodiert erscheint. Er selbst wirft die Frage nach seiner sinnvollen Besetzung, nach seinen Grenzen und phantasmatischen Gehalten auf und gibt keine eindeutige gesellschaftliche Kodierung vor: »Wir haben es hier in der Tat mit einem Unbestimmbarkeits- oder Ununterscheidbarkeitsprinzip zu tun: man weiß nicht mehr, was imaginär oder real, körperlich oder mental in der Situation ist« (ZB, 19). Aufgrund seiner Verschwisterung mit der Zeit, aufgrund seiner prozessualen Entfaltung, entzieht sich das Räumliche dem optischen Überblick und ist nur im Zusammenspiel von Sehen und Imaginieren zu erfassen. Das Filmbild konstituiert sich zugleich als abbildendes und über seine Indexikalität hinaus weisendes, sinnbildliches.

Italien, 1964: Unter den zeitbildlichen Filmregisseuren ist sicherlich Antonioni derjenige, der die raumzeitliche Darstellung am stärksten von der Unerträglichkeitserfahrung durchtränkt erscheinen lässt: Die Bilder aus *Il Deserto rosso / Die rote Wüste* leben von der Dekonstruktion des konventionellen Raums, von seiner Entkonturierung durch Nebelschwaden der Poebene und bringen in Verbindung mit der psychischen Verstörung der Protagonistin ein neues, sich fortgesetzt modifizierendes Raum-Zeit-Gefüge hervor. Dabei verwehrt der Film jede kausale Erklärung, legt stattdessen ein ‚wechselseitiges Einfangen' der räumlichen Entfigurierung und psychischen Verstörung nahe: »Dies will besagen, dass sich die Figuren zusehends objektiv entleert haben: sie leiden weniger unter der Abwesenheit eines anderen als vielmehr unter einem mangelnden Bezug zu sich selbst« (ZB, 21). Mangelnder Durch- und Fernblick, reines Schauen, Fremdheit gegenüber sich selbst, bringen eine suchende Kamerabewegung, ungewöhnliche Naheinstellungen, abstrakte Farbflächen und ein oszillierendes, halbsubjektives Wahrnehmungsbild hervor.

Da diese partikularen Raumzeitkonstellationen ob ihres Verlaufcharakters keinen optischen Überblick erlauben, wird die Raumwahrnehmung zunehmend taktil. »Stück für Stück wird ein Raum mit taktiler Wertigkeit aufgebaut, wo dann schließlich die Hand die

Leitfunktion (...) übernimmt und das Gesicht entthront« (BB, 152)[2]. Die Filmbilder, die ihre zentralperspektivische Organisation durch affektbildliche Nah- und Großeinstellungen verlieren, aber auch durch reale Raumöffnungen keine Orientierung und Bewegungsausrichtung mehr erlauben, sind auf taktile Erfassung, auf Durchwandern und Abtasten angewiesen, lassen den Raum nur als topologischen, als Verknüpfung von Ortsbesetzungen entstehen. Der beliebige Raum ist dann »ein einzelner, einzigartiger Raum, der nur die Homogenität eingebüßt hat, das heißt das Prinzip seiner metrischen Verhältnisse oder des Zusammenhalts seiner Teile, so dass eine unendliche Vielfalt von Anschlüssen möglich wird. Es ist ein Raum virtueller Verbindung, der als ein bloßer Ort des Möglichen gefasst wird. Was sich tatsächlich in der Instabilität, Heterogenität und Bindungslosigkeit eines derartigen Raums bekundet, ist eine Vielfalt an Potentialen oder Singularitäten, die gleichsam die Vorbedingungen jedweder Aktualisierung oder Determinierung sind.« (BB, 153)

Das ‚Kino des Sehenden' in Filmen aus Aghanistan, Kurdisten, Djibouti: Das analytische Bildverfahren der Erfahrung und Ertastung eines je besonderen Weltausschnitts erfährt in diesen Filmen eine Zuspitzung, wie sie dem westlichen Kino dank der durchgängigen Kulturalisierung seiner Herkunftsländer nicht möglich ist. Die Autorenfilme aus Afghanistan, Kurdistan und Djibouti entwickeln aus sich heraus Bilder des Denkens, die als Symptome der gesellschaftspolitischen Situation dieser Länder zu lesen sind. In diesen Filmen, die erneut Kinder und Jugendliche zu Protagonisten haben, wird ein gegenüber dem westlichen noch einmal verschobenes Selbstverhältnis vorgestellt. Die Gründe für die sensomotorische Unterbrechung und die Situation reinen Schauens sind ebenfalls andere, da das Verhältnis des Einzelnen zum Raum und zum Kollektiv ein anderes ist. Während die gefährdenden und verstörenden Situationen in den westlichen Filmen zunehmend unscheinbarer werden, sich etwa aus der Verlorenheit des Einzelnen im Großstadtmoloch ergeben, kämpfen die Protagonisten dieser Filme mit einer unbe-

2 Gilles Deleuze, ‚Das Bewegungs-Bild. Kino 1' (BB), Franfurt a.M., 1997.

stimmt ausgedehnten, weitgehend unkulturalisierten, durchgehend bedrohlichen Natur.

Der Eindruck des Unerträglichen ergibt sich von daher bereits aus dem scheinbar offenen, tatsächlich abweisenden Charakter des Raums. Während das Hollywoodkino den Zuschauer bei seiner Alltagserfahrung abholt und den weitgehend konventionalisierten Raum sozusagen in Verlängerung des Kinosessels konstruiert, kann der Protagonist der Filme aus Grenzregionen und Konfliktzonen keinen vorweg kulturalisierten Raum durchqueren und nach Maßgabe seiner Handlungskompetenz sich gefügig machen. Der Einzelne erfährt sich hier gegenüber dem wüstenhaften oder gebirgigen Naturraum als winzig, unbehaust, verloren; sein nahezu unmöglicher Anhalt an die weitgehend feindliche Welt ist Ausgangssituation dieser Filme.

Während die westlichen Protagonistinnen nach Maßgabe ihres Begehrens herumirren, das seinerseits an eine idealisierte Vorstellung gebunden ist und eine topografische Karte gemäß ihren passionellen Besetzungen erstellen, findet sich in den nicht-westlichen Filmen keine Ausrichtung der Bewegung an einer idealisierten Imago. Sicherlich lässt sich auch bei diesen Protagonisten ein Minimalphantasma beobachten, freilich wie in Rosetta fast vollständig auf die eingeschränkte Vorstellung des Überlebenskampfs reduziert.

Der Grund der Bewegung ist das nackte Leben, der Kampf ums Dasein und von daher eine völlig ungelenke Bewegung. Da der Raum überhaupt keine positiven Orte kennt, kein Zuhause, keinen Schutzraum, ja nicht einmal einen menschenförmigen Raum bietet und da nicht gewusst werden kann, wie sich dieser Raum zum Überlebensraum umformen lässt, ist die Bewegung der Protagonisten in existentiellstem Sinn ein Herumirren, ein Irren ohne Wissen um eine mögliche Ankunft, ein Irren sogar unter Vermeidung eines Vorankommens, reine Bewegung, die sich selbst zu erhalten sucht. Dabei gehören die Personen nicht zur Kategorie ‚homo sacer', wie sie Agamben als von der Gesellschaft Verstoßene und zur Tötung Freigegebene beschreibt; noch sind sie Teil einer Bevölkerung im Foucaultschen Sinn, welcher mit Regularien des Leben- und Sterbenmachens begegnet wird.

Die hier vorgeführten Personen sind Teil eines Volkes, das unter Umständen als ganzes von der Nation, auf deren Territorium es lebt, geächtet wird – wie etwa die Kurden in der Türkei –, das über verschiedene nationale Territorien verstreut oder selbst in den eigenen Grenzen gefährdet ist. Sie sind Teil einer Bevölkerung, um deren Erhalt sich kein Kollektiv und keine Institution kümmert, die vielmehr einem brutalen Überlebenskampf oder lebensbedrohlichen Gefährdungen ausgesetzt ist.

Die Filme des kurdisch-iranischen Regisseurs Bahman Ghobadi folgen verschiedenen Protagonisten durch kurdisches Gebiet, wobei Grenzüberschreitungen zwischen Türkei, Irak und Iran das Geschehen jedes dieser Filme bestimmen. Immer befinden sich die Protagonisten auf der Suche nach Angehörigen, getrieben von dem Wunsch nach Hilfe, Vereinigung, einem Zuhause. Immer bewegen sie sich durch unwegsames gebirgiges Gelände, dessen nationale Zugehörigkeit zunehmend unklarer wird. Von daher geraten sie in Konflikte mit Militärs, Grenzkontrollen und bedrohlichen Autoritätspersonen, die die Weiterbewegung verhindern, verzögern, sie zurückschicken, in ihrem Vorhaben scheitern lassen. Dabei überspitzt Ghobadi die verzweifelte Suche häufig ins Surreale, wodurch dem Unerträglichen dann doch durch Musik und Humor eine minimal lebenswerte Dimension eingezogen wird.

Iran/Irak 2000: In *Die Zeit der trunkenen Pferde*, dem ersten auf kurdisch im Grenzgebiet von Iran und Irak gedrehten Film überhaupt, wird der zwölfjährige Ayoub nach dem Tod seines Vaters Oberhaupt seiner aus mehreren Schwestern und dem behinderten Bruder Madi bestehenden Familie. Er muss das Geld zum Lebensunterhalt und für Madis Operation verdienen und sieht sich gezwungen, seine Schwester zu verkaufen. Er arbeitet als Schmuggler, transportiert Schmuggelware über Bergpässe, mit dem behinderten Bruder auf dem Rücken, auf die Gefahr hin, von Militärs entdeckt und getötet zu werden. Die Bilder unwegsamer Schneelandschaften evozieren nur Kälte und Ausgeliefertsein. Der Kampf ums Überleben erscheint derart erbarmungslos, dass ein Bild purer Verzweiflung, unüberbietbarer Unerträglichkeit entsteht.

Iran 2006: Ghobadis letzter Film, *Halbmond*, führt ein vergleichsweise erträgliches Unerträgliches vor: Kurdische Musiker aus dem Iran, ein Vater und seine zehn Söhne, versuchen sich nach dem Tod von Saddam Hussein in den Irak zu begeben, um mit anderen kurdischen Musikern gemeinsam Musik zu machen. Von Freiheit für kurdische Musik wird geträumt, von einem verbindenden großen Konzert. Es gelingt ihnen nur mit Mühe, über die Grenze zu kommen; im Irak werden sie verfolgt und versprengt. Es bleibt unklar, ob das Konzert real oder nur in der Phantasie der Musiker stattfindet. *Halbmond* versteht sich dabei als Metapher für Kurdistan: eine kulturelle Region, die halb in Sichtbarkeit und halb im Verborgenen existiert. Auf der Fahrt durch das unbekannte Land wird zusammen mit der Musik eine optisch-akustische Situation eröffnet, die das Kurdische als Atmosphäre aus Bildern und Tönen erstehen lässt.

Djibouti 2007: Der von Marion Hänsel in Djibouti gedrehte Film *Als der Wind den Sand berührte* zeigt die Fluchtbewegung einer Familie durch das Land, die sich auf der Suche nach Wasser und Essbarem, der Willkür marodierender Banden ausgesetzt, durch Wüste und extrem karges Land bewegt. Es wird kein Ankommen geben, so wird binnen kurzem klar, da es keinen Ort für die Familie in diesem Land gibt. Das Wasser ist zu knapp, die wenigen Wasserquellen sind umkämpft, alle Oasen und grünen Flecken besetzt. Einzig die Tochter gewinnt dieser Bewegung zum Zweck des Überlebens eine imaginäre Dimension ab, indem sie die gestorbene Ziege, später auch den vermissten Bruder in ihrer Nähe phantasiert. Die Mutter wird krank, stirbt, muss zurückgelassen werden, ein Sohn wird erschossen, ein anderer von Milizen zum Kampfeinsatz gezwungen; der Vater bleibt mit der Tochter allein übrig, die er bei ihrer Geburt abgelehnt hat und umbringen wollte. Der einzige Ort, an dem ihr Überleben gesichert ist, so zeigt der Film gegen Ende, ist ein Flüchtlingslager, in dem sie mit dem Nötigsten versorgt werden. Gleichwohl beschränkt sich die Kamera nicht auf die Wiedergabe dieser existenznotwendigen Bewegung, sondern verharrt im Anblick der Landschaft in Haltungen des Staunens angesichts von deren lichtdurchfluteter Helligkeit, vertieft die Bilder zu Sinnbildern der Existenz, die heillos und immer heilloser erscheint, geworfen in das Unerträgliche des Unbehausten.

Afghanistan 2004: Am radikalsten in seinem »Nomadisieren auf der Stelle«, in seiner das Unerträgliche überausstellenden Minimalbewegung am selben Ort, ist der Film *Terre et cendres / Erde und Asche* von Atiq Rahimi. Er zeigt einen alten Mann und seinen fünfjährigen Enkel an einer Weggabelung im afghanischen Niemandsland. Aufgebrochen, um dem Sohn bzw. Vater des kleinen Jungen die traurige Nachricht zu überbringen, dass der Rest der Familie bei einem Angriff auf das Dorf getötet worden ist, verharren sie an dieser Wegkreuzung. Zu traurig, zu unerträglich erscheint die Nachricht, um weiter getragen zu werden. Von daher zweifelt der alte Mann, ob er seinen Sohn überhaupt aufsuchen solle. Was anfangs ein Versehen zu sein scheint: das Verpassen des Lastwagens, der sie dorthin bringen würde, erscheint mit der Zeit als Logik eines Begehrens: des Begehrens, das Allerschlimmste nicht mitzuteilen, es lieber für sich zu behalten und von daher am Ort zu bleiben, zu verharren in einer *Godot*-ähnlichen Situation. Der alte Mann tut denn auch nichts anderes, als den wenigen Personen, die sich ebenfalls an dieser Weggabelung einfinden, von dem unerträglichen Leid zu erzählen und davon, dass er lieber sterben möchte, als dieses Leid weiterhin zu ertragen. Offenkundig wird auch, dass der Sohn, erführe er davon, zu einem Rachezug aufbrechen müsste, was ihn um seine Arbeitsstelle bringen würde, weshalb ebenfalls davon abgesehen wird. Zuletzt freilich stellt sich heraus, dass das Zögern, das Verharren am Ort wenig nützt: die Kunde ist bereits zum Sohn vorgedrungen, man hat ihn am Arbeitsplatz festgehalten und zu beruhigen versucht…

Das »Kino des Sehenden«, lebendiger als in Nachkriegszeiten, umso lebendiger, je unsäglicher die gesellschaftspolitische Situation des Herkunftslandes ist, drängt sich als symptomatischer Befund eines kritischen zeitgenössischen Kinos auf. Heißt das, das von Deleuze konstatierte Neue hat sich zu dessen Stilprinzip verfestigt und damit seinen produktiv-irritierenden Charakter eingebüßt? Was auf Unerträgliches verwies, scheint zum symbolischen Ausdruck der gleichförmigen Gegenwart zumindest bestimmter Länder geronnen zu sein und in der Wiederholung das Unerträgliche zum immer schon Bekannten und damit leidlich Erträglichen degradiert zu haben. Oder hat Deleuze im »Kino des Sehenden« fälschlicherweise einen zeitgebundenen ästhetischen Paradigmenwechsel erblickt, der stattdessen die ästhetische Differenz des Kinos immer schon bestimmte und genuin an dieses Medium gebunden ist?

Ja und nein, denn auch der Actionthriller aus Hollywood enthält Momente des reinen Schauens, etwa angesichts gewisser Explosionen, und entzündet sich an ihnen neu. Das hier vorgestellte zeitgenössische Kino indes basiert, anders als das Hollywoodkino, auf der Situation des reinen Schauens und Hörens und sucht seine Bilder und Töne selbst auf das in ihnen Nichtgezeigte und Untragbare zu entziffern, da ihm deren Funktionalisierung zum Zweck einer Handlungs- und Bewegungskonfiguration unmöglich ist. Wie etwa in *Land und Asche*: Was dieser Film an Stelle der verlorenen räumlichen Gewissheit und zielsicheren Bewegung gewinnt, ist in der Tat ein beispielloses Vermögen zu sehen, auf die minimalen Differenzen der Lichtverhältnisse in einem weitgehend leeren, nicht eindeutig gekerbten Land zu achten: auf den Unterschied der Bodenstrukturen, den Farbunterschied zwischen Ocker und Dunkelgelb und Beige und hellem Braun, den Unterschied, den der aufgewirbelte Staub einführt, der die beinahe monochromen Flächen durch seinen Weißton ergänzt oder sogar, indem er die gesamte Bildfläche füllt, zur Gänze überdeckt und so noch die letzte Figuration zum Verschwinden bringt. Dieses Spiel zwischen letzter Figürlichkeit, die sich rein aus den Lichtverhältnissen ergibt, und abstrakter zeitbildlicher Figur, verleiht dem Film zusammen mit dem Auf-der-Stelle-Treten der Personen eine verhaltene Intensität, die ihn zu einem exquisiten Lichtspiel werden lässt.

Bedeutsam ist dabei auch, dass die Kamera eine Empathie mit den Figuren entwickelt, die ihnen von der Welt gerade vorenthalten wird, eine Empathie, die das Gesehene durchdringt und die Personen in die Welt zurückbettet, die sie abzustoßen scheint. In Anteilnahme mit dem Erleiden des Unerträglichen übernimmt sie die Funktion eines ‚dritten Auges' (ZB, 33) und gewinnt dem Unerträglichen Momente der Erkenntnis oder gar der Erleuchtung ab. Indem dieses dritte Auge dem Alltäglichen eine Potenz zur Kontemplation unterlegt, lässt es die Figuren und Zuschauer zu Visionären werden, denen sich das Symptom der jeweiligen Zeit offenbart.

V.

Psychische und soziale Aspekte des Neuen

Angela Spahr

Die Spuren schrecken.

9/11 oder der schwierige Umgang mit dem Grauen des Neuen

Edler Freund! Wo öffnet sich dem Frieden,
Wo der Freiheit sich ein Zufluchtsort?
Das Jahrhundert ist im Sturm geschieden,
Und das neue öffnet sich mit Mord.

Friedrich Schiller

I. Nach dem ‚Ende der Geschichte'
II. Der Fuchs und die Truthähne
III. Der 11. September
IV. Der Fuchs und der alte Löwe
V. Geschichte oder Schicksal?

I.

Nach dem ‚Ende der Geschichte'

Das Neue ist ein Dämon
Theodor Storm

Als janusköpfiges Phänomen zeigt sich das ‚Neue': Aus dem Alten entstanden und selbst dem Vergangenen verhaftet, schaut es rückwärts, aber dem Bestehenden fremd und der Gegenwart nicht zugehörig, schaut es vorwärts, geradewegs in die Zukunft. Diesen zwei Seiten gemäß findet das Neue eine eher zwiespältige Aufnahme; so wird es als Wechsel und Veränderung gepriesen, aber auch als Chaos und Unordnung gefürchtet. Neues ist aufregend und interessant, aber ebenso erschreckend. Es kommt fremd daher, lässt sich schwer einordnen, ja es stört sogar die Ordnung. Das Neue passt nicht in die wichtigste Orientierung allen Handelns: Neues fügt sich nicht in das Gewohnte, Vertraute, es unterbricht eine Ordnung. Unvorhergesehen und daher zunächst unkontrollierbar, hat Neuartiges viel Bedrohliches an sich, es erschreckt und macht Angst.

Vielleicht geriet die bedrohliche Seite des Neuen in besonderem Maße in den Vordergrund, weil in Teilen der Welt die selbstreflexive Idee kursierte, das Neue hinter sich gelassen und das Ende der Geschichte erreicht zu haben. Nach dem Zusammenbruch der mehr oder weniger realen Systeme des Sozialismus herrschte zumindest eine Weile lang der Eindruck, nunmehr sei der Stillstand auf Dauer gestellt. Es sah nach dem Ende der Überraschungen und wirklichen Neuheiten aus – im Westen nichts Neues, sozusagen. Alles, was noch kommen konnte, war die Entwickelung des schon Vorhandenen, die Globalisierung des siegreichen Kapitalismus. Um so stärker fielen die Reaktionen auf die Anschläge des 11. September aus. Nachdem der Weltuntergang Silvester 2000 ausgeblieben war, ereignete sich doch noch nahe genug am Milleniumsbeginn in New York ein den

Untergangs-Erwartungen entsprechendes Szenario und verbreitete Angst und Schrecken.

,Terror' bedeutet zunächst ,Schrecken', und seit der Französischen Revolution steht der Begriff für einen destabilisierenden Schrecken, der von unvorhersehbaren gewaltsamen Aktionen ausgelöst wird. Terror ist gewissermaßen immer neu, weil seine Schläge ohne sichtbare Regeln erfolgen und nicht im Voraus kalkulierbar sind. Die Gewalt, die vom Terror ausgeht, entzieht sich – anders als im Krieg – jeglicher Kontrolle, und genau darin liegt die Stärke des Schreckens begründet. Terroristische Gewalt zielt auf die Unterbrechung, das Unterlaufen einer Ordnung, auf die kurzfristige Störung und langfristige Zersetzung eines bestehenden Systems. Terror kann, wie im Bürgerkrieg oder im Falle des Staatsterrorismus, seine Neuheit verlieren und zum dauerhaften Zustand gerinnen. Doch selbst dann kommen die ängstigenden Eigenschaften des Neuen und Unkalkulierbaren zum Tragen und schüren Unsicherheit und Furcht.

Dennoch erreichten die Anschläge des 11. September 2001 über alles Bekannte hinaus eine nochmals neuartige Dimension des Schreckens und konnten als ,Ereignis' zum Symbol einer neuen Ära werden. Die neue Qualität der Anschläge lässt sich nicht auf einen bestimmten Aspekt zurückführen, eher geht es um ein Zusammenwirken multipler Ursachen. Für Jürgen Habermas waren weder die Gewalt selbst noch die große Zahl der Opfer ausschlaggebend, sondern vor allem die »Symbolkraft der getroffenen Ziele«.[1] Bei den Zwillingstürmen des World Trade Centers handelte es sich nicht einfach nur um Bürotürme, deren Einsturz vielen Unschuldigen das Leben kostete. Die Türme symbolisierten das kapitalistische System, die sogenannte ,westliche Welt', eine bestimmte Lebensweise, sie inkorporierten gleichsam das gottlose moderne Leben des beginnenden 21. Jahrhunderts. Ihr Einsturz zog einer ganzen Ordnung – man könnte sogar meinen: der Weltordnung – den Boden unter den Füßen weg. Wenn Derartiges mitten in Manhattan am helllichten Tag geschehen konnte, dann war alles möglich, dann schien mit einem Mal ,der Westen' angreifbar und verwundbar. Dieses Signal,

1 Habermas/Derrida [2006], S. 52

das von 9/11 ausging, war tatsächlich neu, und alle empfingen es mehr oder weniger live, und auch das war neu, wie Habermas betont:

> »Vielleicht kann man vom 11. September als dem ersten welthistorischen Ereignis im strengen Sinne sprechen: der Aufprall, die Explosion, der langsame Einsturz – alles, was da unwirklicherweise nicht mehr Hollywood war, sondern grausame Realität, vollzog sich buchstäblich vor den Augen der Weltöffentlichkeit.«[2]

Gewalt oder Terror kann heute per se keinen Fernsehzuschauer mehr schockieren, zu alltäglich und gewohnt sind mittlerweile die Bilder Verwundeter, Verletzter und Toter zur besten Sendezeit.[3] Aber dies wirkte anders: Wer schnell genug an einem Fernsehschirm war, sah orientierungslose und hilflose Menschen, die nicht wussten, was da mit ihnen geschah. Live übertragen wurde der Einschlag des Flugzeugs in den zweiten Turm und der Einsturz der Türme, rennende, schreiende Menschen und die Körper, die aus den Türmen fielen. Dazu kam, den Schrecken verschärfend, was noch stundenlang andauerte: die Kopflosigkeit der Moderatoren, all der Menschen, die im Fernsehen sonst für Orientierung sorgen. Die grausigen Bilder, die die alltägliche Fernsehkost gemeinhin ausmachen, werden kommentiert und erklärt von ruhig wirkenden, scheinbar sachverständigen Frauen und Männern in freundlichen Studios. Ihre Gelassenheit vermittelt dem Zuschauer, dass zwar auf der Welt schlimme Dinge geschehen mögen, aber im Prinzip alles in Ordnung ist. Am 11. September dagegen herrschte Panik vor, und auf den Bildschirmen zeigte sich genau der Zusammenbruch der Ordnung, auf den Terror abzielt. 9/11 *war* auf diese erschreckende Art neu: Der gewählte Ort, die Durchführung des Anschlags, die Art und Weise, in der sich der Terror hier präsentierte, ließ sofort an eine ‚Inszenierung' denken, denn das sah aus wie ein amerikanischer Actionfilm, war auf den medialen Effekt hin geplant. Hier führte jemand Regie, der auf grauenvolle Weise tiefsitzende Ängste bediente, wie es

2 Ebd., S. 52

3 Vgl. Spahr [2006].

Actionfilme eben tun. Das weltweit gleichzeitig erzeugte Entsetzen steht für die neue Dimension der New Yorker Anschläge.

Gleichfalls furchteinflößend neu war das Diffuse dieser Gewalt. Ibn bin Laden und das ominöse Netz namens ‚Al Quaida' sind nicht mehr als die Schemen zeitweiser Videobotschaften, und ebenso geisterhaft ungreifbar erscheinen die Ziele der sogenannten ‚Islamisten'. Politische Forderungen, die sich auf ein bestimmtes staatliches Territorium beziehen, wie sie noch IRA oder ETA stellten, können hier nicht ausgemacht werden. Selbst wenn die USA und andere westliche Nationen ihre Truppen aus dem gesamten arabischen Raum zurückzögen, wäre das für wahre Gotteskrieger kaum ein Grund, die Waffen fallen zu lassen. Auch diese neue Dimension verbreitet Horror: Ein weltweit agierendes unsichtbares Netz, in dem konkrete Personen unwichtig, austauschbar und insofern auch kaum zu fassen sind, verfolgt keine konkreten Ziele außer der Bekämpfung der ‚westlichen Lebensweise'. Das lässt alle mögliche Gewalt an allen möglichen Orten erwarten. Das Unkonkrete, Ungreifbare dieses neuen Terrors machte ihn umso unheimlicher und beängstigender und suggeriert erfolgreich eine universelle Bedrohung.

Der Anschlag auf die New Yorker Zwillingstürme eröffnete zweifellos eine neue Dimensionen des Terrors. Diese Einschätzung wurde weltweit direkt nach den Anschlägen schon geteilt, völlig kontrovers war und blieb dagegen die Frage nach dem adäquaten Umgang mit diesem neuen Phänomen. Wie ist dieser neuen Bedrohung zu begegnen? Der Umgang mit diesem Neuen hängt nicht unwesentlich von seiner Deutung ab. Der Begriff ‚Ereignis' wird verwendet, um die Einzigartigkeit des Geschehens hervorzuheben:

> »Mit dem Attentat auf das World Trade Center in New York haben wir es sogar mit einem absoluten Ereignis zu tun, mit der ‚Mutter' aller Ereignisse, mit einem reinen Ereignis, das alle nie stattgefundenen Ereignisse in sich vereint.«[4]

Die Superlative, die Jean Baudrillard hier aufbietet, lassen den Leser ratlos zurück. Baudrillard verbindet zwei Elemente des Attentats

4 Baudrillard [2008], S. 1.

zu einem unklaren Konglomerat: seine symbolische Kraft und die Selbsttötung der Attentäter:

> »Auf diese Weise geht es hier also stets um den Tod, nicht nur um den brutalen Einbruch des Todes in Echtzeit und Direktübertragung, sondern auch um den Einbruch eines Todes, der mehr als real ist: eines symbolischen und eines Opfertodes – das heißt um ein absolutes und unwiderrufliches Ereignis.«[5]

Selbstmordattentäter sind gerade aufgrund ihrer Todesverachtung die gefährlichste Waffe überhaupt. Baudrillard fügt diese Tatsache in seine Analyse des kapitalistischen Systems ein, um die Bedeutung der Attentate zu betonen. Seine zentrale These besagt, dass ‚das System' ursprünglich auf Ausschlüssen, nämlich dem Ausschluss des Bösen und des Todes, basiert. Das heutige System hat sich als das wild gewordene Gute etabliert, das sein Anderes, ja überhaupt ‚das Andere' in Gestalt des Todes vollkommen ausgrenzt. Dieser Ausschluss macht das System nicht nur unerträglich für seine Bürger – die deshalb 9/11 heimlich begrüßten –, sondern auch extrem anfällig für Angriffe, die mit dem Tod rechnen und ihn einsetzen. Daher gelingt es den Terroristen, »[d]as System durch eine Gabe herauszufordern, die es nicht erwidern kann, es sei denn durch seinen eigenen Tod und Zusammenbruch.«[6]

Was Baudrillard hier vornimmt, ist – wie immer man seine Unterstellung der klammheimlichen Freude aller bewerten mag – keine Untersuchung der Vorgänge des 11. September, sondern lediglich eine inflationäre Wiederholung des Terminus ‚Ereignis'. Dieses Vorgehen kreiert ein hermetisches Etwas, das unzugänglich und unverständlich wirkt. So verwendet gemahnt der Begriff an Metaphysisches, die Assoziation eines Schicksalsschlags drängt sich unweigerlich auf. Und eben dies scheint auch intendiert zu sein, bleibt doch auf das »absolute«, »unwiderrufliche« Ereignis keine Antwort übrig als der Zusammenbruch. Baudrillards Umgang mit der Neuheit der New

5 Ebd., S. 3

6 Ebd., S. 3

Yorker Anschläge folgt einem mystifizierenden Gestus: Das Neue wird zum Monolithen, zum isolierten Geschehnis stilisiert, das in seiner Einzigartigkeit nicht begreifbar ist. Baudrillard betont die Seite des Neuen, die es radikal gegen das Alte stellt, und damit werden der Aspekt des Unverständlichen und zugleich die fehlende Kontrolle herausgehoben. Dieser Umgang mit dem Neuen kann als verschärfender beurteilt werden, denn verschärft werden die ohnehin schon bedrohlichen Seiten des Neuen.

II.

Der Fuchs und die Truthähne

Der Fuchs hatte sich an eine Versammlung Truthähne[7] gepirscht, war aber erfolglos geblieben. Von einem Wachposten gewarnt, hatten sich die Tiere auf den nächsten Baum gerettet und hockten dort selbstzufrieden kollernd in Sicherheit. Das ärgerte den Fuchs ungemein. Als wäre der Misserfolg nicht genug, wurde er nun noch verspottet. Er hatte verloren, die Beute saß in Sicherheit, auf den Baum konnte er nicht klettern. Aber aufgeben wollte der Jäger auch nicht. Also setzte er sich unter den Baum, fixierte sein potentielles Abendessen und dachte nach. Die Puter, schon leicht unruhig geworden, weil der Fuchs nicht abzog, staunten nicht schlecht, als er stattdessen begann, den Baum zu umkreisen: erst links herum, dann rechts herum, sogar rückwärts trabte er herum. Dieser Feind war eventuell verrückt, hieß es auf dem Baum, als der Fuchs sich auf den Rücken legte und mit den Pfoten strampelte, langgezogene Jaullaute ausstieß und unter dem Baum zu hüpfen begann. Verrückt vielleicht, aber auf alle Fälle gefährlich, die Truthähne starrten wie gebannt auf den Fuchs, der stundenlang immer neue Verrenkungen unternahm und offenbar nicht müde wurde. Müdigkeit überfiel dagegen seine Opfer, die von dauerhaftem Starren hypnotisiert schließlich ihrem

7 Jean de La Fontaine erzählt diese Fabel in Reimen.

gebannten Blick hinterher in die Tiefe stürzten. Der Fuchs ließ nicht nach, bis der größte Teil der Puter vor ihm am Boden lag, sammelte schließlich seine Beute ein, schleppte sie in seinen Bau und füllte seine Speisekammer.

Wer sich also vom Neuen hypnotisieren lässt, fällt vom Baum. Wer das gefährliche Potential einer neuen Lage nicht abwägt und einschätzt, sondern permanent auf die Gefahr starrt, sieht schließlich gar keinen Ausweg mehr und lässt sich von der Angst überwältigen. Wer die Gefahr in etwas Absolutes verwandelt, wie Baudrillard, verliert jeglichen Handlungsspielraum. Ob der Irakkrieg einen Fall vom Baum darstellt, sei dahingestellt, weil er nicht eindeutig als Reaktion auf die Anschläge des 11. September gelten kann. Es wäre gut möglich, dass es auch ohne Anschläge zu einer amerikanischen Aktion gegen Saddam Hussein gekommen wäre. Ein Fall vom Baum in reinster Form liegt im *Patriot Act* vor, und auch der deutsche Innenminister schickt sich an, sechs Jahre nach dem Einsturz der Twin Towers vom Baum zu fallen. Wenn Bürgerrechte unterhöhlt werden, die als Produkte einer langen aufklärerischen Entwicklung und revolutionärer Auseinandersetzungen ein zentrales Stück politischer Identität bilden, dann fallen die ‚westlichen Demokratien' wie die Truthähne vom Baum. Sie geben nämlich genau das preis, was es gegen Fundamentalismen aller Art, gegen Terror und Gewalt zu verteidigen gilt.

Die Politiker der westlichen Demokratien starren auf die Gefahr und lassen sich hypnotisieren, statt ihren Bürgern zu erklären, dass die Wahrscheinlichkeit, einem Terroranschlag zum Opfer zu fallen, in Westeuropa im Vergleich zur Wahrscheinlichkeit eines tödlichen Unfalls im Straßenverkehr verschwindend gering ist. Statt sich um eine nüchterne Einschätzung der Gefahr und der neuen Weltlage sowie um einen pragmatischen Umgang zu bemühen, werden Rechte und Freiheiten angegriffen, welche die Essenz der Demokratie bilden. Der deutsche Innenminister will es ermöglichen, auf ‚Verdächtige' zu schießen, obgleich ihm bekannt sein dürfte, dass in London ein Unschuldiger sein Leben verlor, weil er irrigerweise mit den Anschlägen auf die U-Bahn in Verbindung gebracht wurde.

> »Der weit verbreitete Verdacht, der Krieg gegen den Terror sei potenziell gefährlicher als der Terrorismus selbst, scheint mir vollkommen gerechtfertigt.«[8]

So schrieb Richard Rorty und führte weiter aus, dass die große Wirkung des Terrors noch durch die Gegenmaßnahmen der westlichen Regierungen verstärkt würde:

> »Diese Reaktionen [der Regierungen, A. S.] könnten das Ende für einige Institutionen bedeuten, die in den zwei Jahrhunderten nach den bürgerlichen Revolutionen in Europa und Nordamerika entstanden sind.«[9]

Der *Patriot Act* umfasst 342 Seiten. Rorty nahm an, dass ein so voluminöses Schriftstück in ganzem Umfang kaum allen Abgeordneten bekannt gewesen sein dürfte, vermutlich nicht einmal jenen, die dafür stimmten. Hier wurde auf die Gefahr gestarrt und die Maßnahmen ohne wirkliche Prüfung verabschiedet. Wenn Abgeordnete nicht wissen, was sie tun, fallen sie eindeutig vom Baum. Leider lässt nichts darauf hoffen, dass andere Regierungen weltweit besonnener auf Anschläge auf ihrem Territorium reagieren würden. Vergleichbare Sorgen treiben wohl auch Ralf Dahrendorf um, wenn er schreibt:

> »Über lange Zeit, oft viele Jahrhunderte, erkämpfte und verteidigte Rechte stehen plötzlich zur Disposition. Ist *Habeas Corpus* noch das unantastbare Grundprinzip der Herrschaft des Rechts? Auch historisch neuere Grundrechte wie die Meinungsfreiheit stehen auf einmal in Frage. Fast protestlos werden sie eingeschränkt. […] Es gibt extreme Beispiele für den fast unbemerkten Verlust an liberalen Grundwerten. Sogar die Folter wird nicht nur verwendet, sondern von manchen gerechtfertigt. Auf einer Vielzahl von kleineren und größeren Wegen schleicht sich ein Autoritarismus ein, der in seiner Wirkung zwar nicht den totalitären Exzessen des 20. Jahrhunderts gleichkommt, aber doch die Verfassung der Freiheit beeinträchtigt.«[10]

---

8 Rorty [2004].

9 Ebd.

10 Dahrendorf [2006], S. 12.

III.

Der 11. September

> Die Terroristen töten weniger Menschen als die Regierungen.
> Aber sie machen bessere Reklame.
>
> *Günter Kunert*

Giovanna Borradori ist Philosophiedozentin in New York und war am 11. September mit ihrer Familie vor Ort. Sie interviewte wenige Wochen später Jürgen Habermas und Jacques Derrida zur »Philosophie in Zeiten des Terrors«.[11] Sie fragte die so unterschiedlichen Denker, ob 9/11 als ein »beispielloses Ereignis« zu bewerten sei. Zur Diskussion stand damit kein beliebiger Ausdruck, sondern eine Kategorie, die plötzlich – wie bei Baudrillard – ins Zentrum der politischen Philosophie zu rücken schien. Nicht die Umgangssprache, sondern der sprachliche Umgang mit der neuen Gewalt wurde thematisiert.

Habermas lehnt den Begriff mit dem Hinweis ab, dass erst retrospektiv zu klären sein wird, ob das Datum tatsächlich eine historische Zäsur markiert oder ob die Anschläge stattdessen die längst bekannte Verwundbarkeit ‚unserer' komplexen Zivilisation zum Vorschein brachten.

> »Wenn es sich nicht gerade um die Französische Revolution handelt – Kant hatte ja alsbald von einem ‚Geschichtszeichen' gesprochen, das auf eine ‚moralische Tendenz des Menschengeschlechts' hinweist –, wenn es sich also um weniger Unzweideutiges handelt, entscheidet erst die Wirkungsgeschichte über die Größenordnung eines historischen Ereignisses.«[12]

Habermas spricht von einem »historischen Ereignis« und verwandelt die Kategorie durch Kontextualisierung. Ein Verfahren, das zulässt, die Vo-

11 Die Gespräche fanden getrennt statt, Frau Borradori fügte eine Einleitung und Kommentare bei.

12 Habermas/Derrida [2006], S. 50/51.

raussetzungen und die Bedingungen des 11. September zu thematisieren.

Jacques Derrida antwortet ausführlicher auf die Frage nach dem »major event« und zieht etliche Differenzierungen ein. Er definiert zunächst ‚Ereignis‘:

> »Ein Ereignis ist zuerst *das, was* ich zuerst nicht verstehe.«[13]

Etwas, das die Bezeichnung Ereignis verdient, ist etwas, das sich der Aneignung sperrt.

> »Daher Unaneigenbarkeit, Unvorhersehbarkeit, absolute Überraschung, Unverständnis, das Risiko der Verachtung, unantizipierbare Neuheit, reine Singularität, Abwesenheit des Horizonts.«[14]

Ein Ereignis bezeichnet ein Geschehen, das sich der Interpretation und dem Verständnis entzieht. Don DeLillo schrieb kurz nach den Anschlägen:

> »Zuerst trafen die Flugzeuge die Türme. Nach einer Weile wurde es uns möglich, das aufzunehmen, gerade noch. Aber als die Türme fielen. Als sich der Rauch nach unten wälzte, Stockwerk um Stockwerk. Das war so riesenhaft und furchtbar, dass es außerhalb unserer Vorstellungskraft blieb, selbst als es passierte. Wir konnten es nicht fassen. Aber es war wirklich, von strafender Wirklichkeit, [...].
>
> Keine Analogie, kein Vergleich kann das Ereignis gnädig abmildern. Wir müssen den Schock und das Entsetzen so hinnehmen, wie sie sind.«[15]

Die Anschläge sind mit Trauer und Empörung über den Massenmord aufgenommen worden, für Derrida eine emotionale Antwort auf das Ereignis mit dem »was man das Herz nennen könnte«. Aber über diese Tatsache darf nach Derrida nicht vergessen werden – auch wenn sich

13 Ebd., S. 123.
14 Ebd.
15 DeLillo [2001], S. 13.

die Aspekte kaum trennen lassen –, dass ein riesenhafter Kommunikationsapparat glauben machte, es handele sich hier um ein Ereignis.

> »Es gehört zu unseren Pflichten, daran zu erinnern, daß der Widerhall solcher Morde nie rein natürlich und spontan ist. Er hängt ab von einer komplexen (historischen, politischen, medialen usw.) Maschinerie.«[16]

Gegen diesen medial und politisch evozierten Eindruck setzt Derrida die Überlegung, dass ein Anschlag auf das World Trade Center nicht unvorhersehbar war. Schon einmal hatte ein Anschlag dem Gebäude gegolten, und auch 2001 verfügten die Geheimdienste über Hinweise in dieser Richtung.[17] Auch die furchtbare Zahl der Opfer sei kein singuläres Faktum. Derrida erinnert an die Tatsache, dass Tote in Europa oder den USA einen anderen Stellenwert in der Wahrnehmung der Bürger dieser Länder einnehmen als in anderen Regionen der Welt getötete Menschen. Schließlich weist er darauf hin, dass selbst todbringende Flugzeuge auf erschreckende Weise bekannt sind, die Städte Hiroshima und Nagasaki stehen dafür. Derrida relativiert die Darstellung der Anschläge als singuläres Ereignis, indem er sie ins Verhältnis zu vergangener Gewalt setzt und die Singularität bezweifelt. Dagegen liegt das Interesse der Supermacht auf der Hand, 9/11 als absolutes Ereignis hinzustellen, denn eben diese Absolutheit legitimiert fast jede amerikanische Reaktion.

Und doch handelt es sich beim 11. September um ein Ereignis, obgleich die Anschläge sehr eindeutig begreifbare Facetten aufweisen, sind sie gleichzeitig unverständlich und unsäglich, unglaublich und unfassbar. Derrida versucht, dies als Vorgang eines »autoimmunitären Prozesses« zu fassen, als ein Tun, das in quasi »selbstmörderischer Weise« seinen eigenen Schutz und damit sich selbst zerstört. Der autoimmunitäre Prozess hat drei Stufen oder drei Aspekte, die

---

16 Habermas/Derrida [2006], S. 125.

17 Derrida sei ergänzt durch die haarsträubende Tatsache, dass auch die jugendlichen Täter von Columbine als einen möglichen Plan die Entführung von Flugzeugen zum Zweck der Zerstörung der Twin Towers notiert hatten.

im wesentlichen die ereignishafte Ungreifbarkeit begründen.[18] Zuerst geht es um die Lokalisierung der Quellen der Gewalt, darum, dass die Gewalt nicht lediglich von außen, sondern ebenso von innen über die USA hereinbrach. Nicht nur handelt es sich bei Ibn bin Laden selbst um einen ehemaligen Verbündeten, auch das Wissen, die Phantasie und die Ausführung des Verbrechens sind weit eher amerikanisch als arabisch zu nennen. Hier kehrt sich Amerika gegen sich selbst. Die zweite Stufe des selbstzerstörerischen Ablaufs beginnt für Derrida mit einem Sprung aus der »Chrono-Logie«, weil der 11. September seine Wirkung nicht bloß aus der Vergangenheit oder der Gegenwart erhält, sondern Bedeutung und Bedrohung ebenso aus der Zukunft mobilisiert. Niemand geht davon aus, dass der Anschlag auf Manhattan das letzte und grausamste Attentat seiner Art gewesen ist, im Gegenteil wird weltweit angenommen, dass die Zukunft Schlimmeres bringen wird. Die Angst vor einer sogenannten »schmutzigen Bombe«, vor chemischen oder bakteriologischen Anschlägen verdoppelt die Wirkung der Anschläge von der Zukunft her, oder wie Derrida es formuliert:

> »Die Zukunft macht die Nichtaneigenbarkeit des Ereignisses aus, weder die Gegenwart noch die Vergangenheit.«[19]

Schließlich und als dritte Stufe produziert der *war on terrorism* letztlich immer wieder, was er vernichten will. Der ‚Krieg' gegen den Terrorismus erzeugt mit jedem Schlag, mit jedem Opfer Nachwuchs für Al Quaida und vergleichbare Organisationen.[20]

Das quasi-medizinische Vokabular wirkt Baudrillards Gedanken verwandt. Auch der »autoimmunitäre Prozeß« klingt ein wenig nach Automatismus und lässt ebenfalls eine Art von Unausweichlichkeit vermuten. Wie immer jedoch Derridas Aussagen im einzelnen zu bewerten sind, von Interesse ist sein methodischer Umgang mit dem Neuen, das der 11. September darstellt, und der unterscheidet sich er-

18 Habermas/Derrida [2006], S. 126.
19 Ebd., S. 130.
20 Ebd., S. 134.

Ereignis vorliegt, dass dieses furchtbare Geschehen und seine Bilder etwas vollkommen Unbegreifbares haben und behalten werden. Aber er verabsolutiert das Unfassbare nicht, sondern differenziert an dieser Stelle und benennt ebenfalls, was verständlich, begreifbar und auch handhabbar ist. Selbst das, was wir nicht verstehen, erscheint so in anderer Weise, denn auch mit Nicht-Wissen oder dem Umstand des Nicht-Verstehens lässt es sich verschieden umgehen. Derrida versucht, das Unverständliche und deshalb Angstmachende zu umkreisen und zu begreifen. Der »Horizont des Nicht-Wissens« oder der »Nicht-Horizont des Wissens« oder das »Unvermögen zu verstehen« lässt sich konkretisieren und beschreiben.[21] Diese Herangehensweise zeigt Grenzen des Wissens und verschiebt sie schon durch ihre Benennung. Man kann vor dem Nicht-Wissen kapitulieren oder man kann es in dem Kontext des Wissens, in den es sich nicht fügen will, hin- und herdrehen und -wenden und experimentieren und dabei etwas in Erfahrung bringen. Der »autoimmunitäre Prozeß« hat durchaus einen Anklang von Auswegslosigkeit, aber Derrida zerlegt ihn in Stufen, die wiederum Anhaltspunkte für weitere Überlegungen bieten. Sein Ansatz steht so auch gegen eine ‚political correctness', die zu einer gefährlichen Enthaltsamkeit des Denkens führt, weil der moralische Reflex gegenüber dem Phänomen des Terrorismus das Nicht-Wissen nobilitiert.

> »Ein ‚Philosoph' ist derjenige, der nach einer neuen Kriterienlehre sucht, um zwischen ‚verstehen' und ‚rechtfertigen' zu unterscheiden. Man kann Verkettungen, die zum ‚Krieg' oder zu ‚Terrorismus' führen, beschreiben, verstehen oder erklären, ohne sie auch nur im geringsten zu rechtfertigen, wobei man sie sogar verurteilen und versuchen kann, andere Verkettungen zu erfinden. Man kann terroristische Akte bedingungslos verurteilen (scien sie staatsterroristisch oder nicht), ohne die Situation zu verkennen, die sie hat entstehen, wenn nicht gar legitim erscheinen lassen.«[22]

21 Ebd., S. 127
22 Ebd., S. 142

IV.

Der Fuchs und der alte Löwe

Der König der Tiere[23] fand sich eines Tages zu alt und schwach, um auf die Jagd zu gehen. Seine Pfoten wollten ihn kaum noch tragen, seine Augen erkannten nur noch Schatten, schon die letzten Beutezüge waren eher demütigend verlaufen. So sah er seinem Tod entgegen. Er begriff die Unausweichlichkeit und fügte sich hinein, nicht soweit jedoch, dass er Hungers sterben wollte. Also sandte er Botschaften an alle Untertanen, die sie aufforderten, ihrem Herrscher die letzte Referenz zu erweisen, den Gesandten und ihrem Gefolge sei der Schutz des Königs garantiert. Und sie folgten alle dem königlichen Ruf und brachten auch Geschenke, zuerst die Tiere aus der Nachbarschaft, Hasen und Schweine, Pferde und Kühe. Schließlich erschien auch der Fuchs vor dem Eingang der Höhle des Löwen. Statt jedoch hineinzugehen, wie die anderen Tiere, sah er sich erstmal gründlich in der Gegend um. Nach einer Weile wandte er sich zum Gehen: »Die Spuren schrecken,« sagte er zu sich, »alle weisen sie hinein, doch keine führt hinaus.«

Die Tiere sehen sich mit einer neuen Situation konfrontiert, die nur der Fuchs bewältigt. Er handelt nicht blindlings, sondern ordnet das Neue in den Zusammenhang seiner Erfahrung ein, betrachtet es im Kontext des Alten. Der Fuchs liest als einziger die Spuren vor der Höhle und deutet sie nach bewährtem Muster. La Fontaines Fuchs zeigt – in einer Art Doppelrolle – zwei Weisen des Umgangs mit dem Neuen. In der ersten Fabel übernimmt er die Rolle des Täters und verwendet eine terroristische Taktik: Er überwältigt die Truthähne mit der Wucht des unbegriffenen Neuen. In der zweiten Fabel hat er die Seite gewechselt und zeigt als potentielles Opfer, wie die Truthähne hätten vorgehen müssen. Dieser Umgang mit dem Neuen schreibt primär vor, das Neue im Koordinatensystem des Alten zu prüfen. Das

23 Die Fabel vom alten Löwen findet Jean de La Fontaine bei Äsop.

Neue entsteht aus dem Alten und ist von dorther zu begreifen, oder anders formuliert: Das Alte ist schließlich das einzig vorhandene Werkzeug, um das Neue zu behandeln. Mit der füchsischen Schläue ist allerdings kein Allheilmittel gegenüber dem Neuen gefunden, denn kontrollieren lässt es sich eben nicht. Der Tod des Löwen, des Königs, mag Chaos im Tierreich auslösen, das sieht auch der Fuchs weder voraus, noch könnte er eine solche Entwicklung verhindern. Mit anderen Worten, der Fuchs hat die neue Lage nicht im Griff, das nicht, aber er hat sich auch nicht von ihr überwältigen lassen. Immerhin wurde er nicht gefressen. Auch Derrida liest Spuren und ordnet sie in die bestehenden politischen Zusammenhänge ein. Er deutet die Spuren des neuen Terrors im historischen Rahmen des Alten. Er anerkennt das Unfassliche, aber kontextualisiert gleichwohl das Unverständliche, um es dem Verständlichen anzunähern, um die Grenzen des Nicht-Wissens zu verschieben.

Fuchsschlaue Besonnenheit ist dem Vorgehen des Bundesverfassungsgerichts zu attestieren, als es den Abschuss von Passagiermaschinen, aus welchen Gründen auch immer, als verfassungwidrig erklärte und somit das sog. ‚Luftsicherheitsgesetz' kassierte – welches absolut in die von Rorty gemeinte Kategorie überhasteter und undurchdachter Anti-Terror-Maßnahmen passte. In einem Rechtsstaat muss ein neues Gesetz in den Kontext der Verfassung eingeordnet werden. Die Erkenntnis der ordnenden Verfassungsrichter war, dass ein Staat, der die Menschen- und Bürgerrechte verfassungsmäßig garantiert, keine unschuldigen Menschen opfern darf. Aus welchen Gründen auch immer. Dabei geht es gar nicht um die Überlegung, dass mit dem Opfer einiger eventuell viel mehr Menschen am Boden gerettet werden könnten, wie der Haupteinwand gegen das Urteil lautete. Das Zahlenverhältnis spielt keine Rolle, denn es geht vielmehr darum, dass diese Argumentation, ist sie erst einmal in ein Gesetz gegossen, eine abschüssige Bahn öffnet. Denn wenn in dieser Lage das Opfer gerechtfertigt ist, warum dann nicht auch in einer anderen? Warum soll es dann nicht möglich sein, einen Verdächtigen, der eventuell viele gefährdet, zu erschießen? Warum soll dann nicht erlaubt werden, Verdächtige zu foltern, die eventuell einen Anschlag offenbaren könnten, der viele Menschenleben kosten könnte? Die Opferlogik gerät auf eine Bahn, die nach Guantanamo führt. Das Bundesverfassungsgericht ging glücklicherweise besonnen und fuchsschlau vor und bewahrte den Rechtsstaat davor, seinen Angreifern auf den Leim zu gehen.

V.

Geschichte oder Schicksal?

Die füchsisch-schlaue Manier garantiert kein ‚richtiges' Ergebnis, sie kann auch auf eine falsche Fährte lenken. Möglicherweise wird im Versuch zu verstehen, das Neue komplett auf das Alte reduziert und daher verfehlt. So kann bezweifelt werden, ob die uralte Maßnahme ‚Krieg' ein adäquates Mittel gegen den neuen Terror darstellt oder ob sie nicht vielmehr eine hilflose alte Antwort auf das Unbekannte darstellt. Das Vorgehen des Fuchses kann auch Irrtümer hervorbringen, denn es garantiert weder Erfolge noch präjudiziert es Inhalte. Aber dennoch: Der Fuchs entkam. Das heißt im Umkehrschluss, wer im Bann des Neuen naiv die Höhle des Löwen betritt, wird gefressen. Ein Vorgehen, welches das Neue nur als Neues zur Kenntnis nehmen will, führt im Politischen in die Irre. Der Begriff des ‚Ereignisses' betont das Unverständliche, Unkontrollierbare, potentiell Schreckliche am Neuen und ist daher ungeeignet für die politisch-philosophische Analyse. Nur mit diesem Begriff und einem Vokabular der Hypostasierung des Unvorstellbaren ausgestattet – wie bei Baudrillard zu beobachten – wird jene Seite des Neuen hervorgehoben und überbetont, die pragmatische Reaktionen verhindert und jede Handlung ebenso boden- wie hilflos wirken lässt. Im Bereich der Kunst oder in individuellen Lebensgeschichten mag dies einen befreienden, dynamischen und positiven Effekt haben, im politischen Bereich, zumal im Umgang mit dem ohnehin schon angstbesetzten Phänomen Terror, wirkt der Begriff des Ereignisses für sich genommen fatal. Was für die Kunst als Einbruch des Unvorhergesehenen in die Ordnung erwünscht und willkommen ist, bringt im Politischen das Neue bedrohlich in die Nähe des Schicksals, des Fatums, denn das Unbegreifliche erweist sich nur zu oft als das Unabänderliche. Damit droht das Denken aber sich auf das Niveau der fundamentalistischen Gegner einzulassen. Errungenschaften aufgeklärten Denkens werden aufgegeben, wenn die Unsicherheit – wesentlicher Bestandteil des modernen Lebens – anti-modern interpretiert wird.

Odo Marquard beschrieb schon vor einem Vierteljahrhundert eine Renaissance des ‚Schicksals'. Aus seiner Perspektive eine notwendige Folge des fortschrittsgläubigen Machbarkeits- und Kontrollwahns.

> »Wir leben im Zeitalter der Machbarkeit. Erst wurde nichts gemacht, dann wurde einiges gemacht, heute wird alles gemacht. […] Der Weg führte vom Fatum zum Faktum, vom Schicksal zum Machsal.«[24]

So beschreibt Marquard die historische Entwicklung, die seiner Meinung nach von der Instanz des Schicksals über den monotheistischen Gott, über dessen Tod zur vermeintlichen Allgewalt des Menschen und heute dank der Anerkenntnis zahlloser Unverfügbarkeiten zurück zum Schicksal führt: »[…] das absolute Verfügen etabliert das Unverfügbare […]«.[25]

Wer alles machen will und für machbar hält – die Politik, die Natur, das Zusammenleben, die Schönheit und jetzt auch noch die Unsterblichkeit – der kann die Grenzen der Machbarkeit nicht mehr einschätzen, geschweige denn akzeptieren. Und in der Tat braucht es keine Terroranschläge, um in der heutigen westlichen Welt Entsetzen auszulösen. Kurzfristig außer Kontrolle geratene Teile des Alltags, sei es der Technik – nicht funktionierende U-Bahnen oder Handy-Netze – oder sei es der Menschen – Kinder, Alte, Kranke –, können bereits Panik hervorrufen. Jeglicher Mangel oder gar Verlust an Kontrolle wird als Unfall, als Fehlentwicklung empfunden und damit überbewertet, denn statt sich mit dem »Schicksal incognito« einzurichten, wie Marquard süffisant vorschlägt, reicht die bloße

24 Marquard [1981], S. 67.
25 Ebd., S. 81

Anerkenntnis hin, dass nicht alles und jedes kontrollierbar ist. Die Lehre, dass Geschichte nicht im starken Sinne »machbar« ist, sollte nicht dazu führen, den aufgeklärten Begriff der »Geschichte« durch den rückwärtsgewandten des »Schicksals« zu ersetzen. Das Gegenteil von »Machbarkeit« heißt nicht »Schicksal«, und aus der Tatsache, dass terroristische Anschläge die Dinge außer Kontrolle geraten lassen, folgt nicht zwangsläufig die Ohnmacht der Demokratie. Die Truthähne, unerreichbar in der Höhe ihres Baumes, hatten den Fuchs zwar nicht unter Kontrolle, waren aber keineswegs ohnmächtig. Lediglich ihre Dummheit und Panik brachte sie zu Fall.

Ungewollte und ungeplante Dinge geschehen. Mit dem Wissen und den Handlungsspielräumen wächst heute auch das Nicht-Wissen und ergeben sich immer neue Determinanten des Handelns; jeder Erfolg der Wissenschaft deckt neue Wissenslücken auf. Dieser Mangel muss jedoch nicht als Unwissen gedeutet werden, ein füchsischer Umgang akzeptiert souverän das Nicht-Wissen und spekuliert darauf, große Teile irgendwann einmal in Wissen verwandeln zu können. Eine pragmatische füchsische Haltung wäre angebracht und hilfreich, weil ‚Schicksal', selbst wenn es incognito daherkommt, die von ihm ‚Betroffenen' hilflos und ohnmächtig hinterlässt. In Verdis Oper *Die Macht des Schicksals* fällt in den ersten Minuten eine Waffe um – oder von der Wand, je nach Inszenierung –, ein Schuss löst sich, jemand wird getroffen. Dieser Zufall determiniert den weiteren Handlungsablauf, das Leben aller handelnden Figuren wird von dem ungewollten Schuss bestimmt.

Der Begriff ‚Ereignis' in Bezug auf die Terroranschläge schürt Ängste, die ohnehin schon sehr groß sind. Noch in einer weiteren Hinsicht bewirkt dies einen anti-modernen Effekt, denn je größer die Angst, desto lauter die Rufe nach Sicherheit, und eben die ist in demokratischen Gesellschaften nicht zu garantieren. Liberale, offene Gesellschaften, die ihren Bürgern viele Freiheiten lassen, sind letztlich nicht flächendeckend gegen Terror zu schützen. Eine komplette Kontrolle der Bürger um der Sicherheit und des Schutzes willen würde die Struktur der heutigen ‚westlichen' Gesellschaft verändern, oder wie es Hans-Peter Müller mit Blick auf den 11. September formulierte:

> Nichts lässt sich in einer offenen, demokratischen Gesellschaft gegen einen solchen Anschlag unternehmen – es sei denn, man will zugunsten der Sicherheit das Land in einen Polizei- und Überwachungsstaat transformieren.[26]

Die Unsicherheit, die in einer demokratisch verfassten Gesellschaft gegenüber dem Terror besteht, lässt sich nicht abstellen. Es handelt sich um ein Entweder-Oder: entweder die Freiheiten einer liberalen Ordnung werden gewünscht und verteidigt oder es bleibt die Rückkehr zu autoritären Strukturen, die denen von den Fundamentalisten gewollten recht ähnlich sähen. Freiheit bringt Unsicherheit mit sich, genauso wie die »transzendentale Obdachlosigkeit« ohne einen Gott ertragen werden muss, so ist der Preis der Freiheit in einer offenen Gesellschaft ein Risiko, eine Ungewissheit, eine Unsicherheit. Freiheit ist gefährlich, das lässt sich bei Dostojewskis Großinquisitor lernen. Fundamentalisten aller Arten befinden sich gewissermaßen in einer komfortableren Position: Allah bietet Schutz und Sicherheit, und die autoritären Gesellschaftsstrukturen in denen sie leben oder die sie noch herbeiführen wollen, schützen und sichern ebenfalls – vor allem vor der eigenen Verantwortung, oder wie Cees Nooteboom einmal zornig formulierte:

> Kaum hatten sie die Kirchentür hinter sich zugeschlagen, da krochen sie schon wie die Bettler irgendeinem Guru oder Swami zu Füßen. Endlich waren sie allein in einem schönen, leeren Universum, das über seine selbstgemachten Schienen rasselte wie ein Zug ohne Lokomotivführer, und aus allen Fenstern schrie man um Hilfe.[27]

Die Vorzüge der westlichen Lebensweise begründen einen gewissen Grad an Unsicherheit. Wie stark diese empfunden wird, ist jeweils Resultat des gesellschaftlichen Diskurses über Freiheit und Sicherheit. Indizien für das wachsende Gefühl beängstigender Unsicherheit mögen sowohl die ansteigende Popularität der christlichen Kirchen wie auch die Rufe nach Sicherheitsgesetzen und Abschüssen von Passagiermaschinen zeigen.[28]

---

26 Müller [2006], S. 298.

27 Nooteboom [1993], S. 181.

28 Die Unsicherheit zu ertragen, die gottlose und relativ eigenverantwortliche, könnte als »übermenschliche« Aufgabe bewertet werden. Vgl. dazu den Beitrag von Wolfert von Rahden in diesem Band.

Die Anschläge des 11. September waren ein ‚Ereignis', fraglos waren sie grauenhaft, unfassbar und werden das bleiben. Diese Tatsache, auch die Einmaligkeit des Grauens soll keineswegs in Frage gestellt werden. Der Begriff ‚Ereignis' muss jedoch in Derrida'scher Weise verwendet werden. Es wird ähnliche Attentate wie 9/11 geben, vielleicht sogar schlimmere. Dass Neues nicht kontrollierbar ist, kann jedoch nicht heißen, dass wir ihm hilflos ausgeliefert sind, sondern lediglich, dass der Umgang mit Neuem schwierig ist, gefährlich sein kann und Irrtümer und Fehler sehr wahrscheinlich macht. Herfried Münkler hat sicher recht, wenn er die deutsche Gesellschaft als »unheroische« kennzeichnet. Ein Kampf um Werte liegt den deutschen Bürgern fern, und das ist wahrlich zu begrüßen. Aber vielleicht wäre ein bisschen alltägliches Heldentum nicht zu viel verlangt: nämlich die Bereitschaft, die Unsicherheit auf sich zu nehmen, die notwendig mit einer relativ freien Gesellschaftform verbunden ist. In diesem Sinne heldenhaft wäre es, das Risiko eines Anschlags eher hinzunehmen als die Einschränkung der demokratischen Rechte. Münkler selbst spricht von einem »stoischen Heroismus«, der bedeute, Risiken und Ängsten statt mit Panik mit Gelassenheit zu begegnen. Eine Haltung, die mit Fug und Recht als füchsische bezeichnet werden kann.

Literatur:

Baudrillard, Jean [o.J.]: ‚Der Geist des Terrorismus. Herausforderung des Systems durch die Gabe des Todes', in: ‚Lettre International Archiv', http://www.lettre.de/archiv/55_baudrillard.html

Baecker, Dirk; Krieg, Peter; Simon, Fritz B. (Hg.) [2002]: ‚Terror im System. Der 11. September und die Folgen', Heidelberg 2002

Dahrendorf, Ralf [2006]: ‚Versuchungen der Unfreiheit. Die Intellektuellen in Zeiten der Prüfung', in: ‚Merkur' 681, Heft 1, Januar 2006, S. 1–14

DeLillo, Don [2001]: ‚In den Ruinen der Zukunft. Gedanken über Terror, Verlust und Zeit im Schatten des 11. September', Köln 2001

Habermas, Jürgen; Derrida, Jacques [2006]: ‚Philosophie in

Zeiten des Terrors', Zwei Gespräche, geführt und kommentiert von: Giovanna Borradori, Hamburg 2006

Jean de La Fontaine: ,Sämtliche Fabeln', Düsseldorf 2003

Marquard, Odo [1981]: ,Abschied vom Prinzipiellen', Stuttgart 1981

Müller, Hans-Peter [2006]: ,Terror und Gewalt. Wie wahrscheinlich ist ein Kampf der Kulturen?', in: ,Merkur' Heft 4, April 2006, S. 295–305

Münkler, Herfried [2007]: ,Heroische und postheroische Gesellschaften', in: ,Kein Wille zur Macht'. In: ,Dekadenz', Sonderheft ,Merkur', Heft 8/9, August/September 2007, S. 742–753

Nooteboom, Cees [1993]: ,Rituale', Frankfurt am Main 1993

Rorty, Richard [2004]: ,Feind im Visier. Im Kampf gegen den Terror gefährden westliche Demokratien die Grundlagen ihrer Freiheit', Vortrag gehalten im Einstein Forum Potsdam, veröffentlicht in der Wochenzeitung ,Die Zeit', Nr. 13 vom 18.03.2004

Spahr, Angela [2006]: ,Theatrum mundi. Mitfühlen angesichts des globalen Elends im Fernsehalltag', in: ,Gestalten des Mitgefühls', hg. v. Rüdiger Zill, ,Berliner Debatte Initial', Heft 1/2, Berlin 2006, S. 50–61

Henry Staten

Kreativität und soziale ‚Kraftlinien'

Ich habe an anderer Stelle vorgetragen, dass der Nietzeanische Wille zur Macht nicht als eine ‚Gabe der Natur‘ behandelt werden kann, als den Nietzsche ihn auffasst.[1] Diese Kritik an Nietzsche geht in gewissem Umfange von der Geltung der sozial-konstruktivistischen Darstellung des Subjekts aus, die in den 60er- und 70er-Jahren durch den Strukturalismus und den Post-Strukturalismus entwickelt wurde. Wenn das Subjekt sozial konstruiert ist, was nach meiner Auffassung in irgendeinem Sinne der Fall sein muss, dann muss der Wille zur Macht des Subjekts ebenfalls sozial konstruiert sein – wenn nicht durchgängig, so doch zumindest größtenteils.

Der Poststrukturalismus hinterließ allerdings fundamental ungelöste Momente in der Theorie des Subjekts, insbesondere hinsichtlich der Frage nach der *Handlung*. Wie von Seiten der Poststrukturalisten wiederholt betont wurde, beerbte ihre Bewegung die strukturalistische Darstellung des Subjekts als etwas, das lediglich als Wirkung sozialer Strukturen gegeben sei. Auf der einen Seite wurde dieser ‚Tod des Subjekts‘ von den Poststrukturalisten als eine Entmystifizierung oder Dekonstruktion überholter humanistischer Ideen dargestellt, so dass es manchmal gar den Anschein hatte, als würden die Poststrukturalisten dies willkommen heißen. Auf der anderen Seite war für dieselben Poststrukturalisten die Bestimmung der Struktur eine Form von Gefangennahme oder Unterdrückung, gegen die sie protestierten. Foucaults Analysen der Formen sozialer Disziplin, Althus-

1 Siehe „Eine Kritik des Willens zur Macht“ in: ‚The Blackwell Companion to Nietzsche‘, hg. Von Keith Ansell-Pearson, Basil Blackwel, London 2005, und ‚Toward a Will to Power Sociology‘ in: ‚Nietzsche and Ethics‘, hg. Von Gurdun von Tevenar (Peter Lang, 2007). Eine Übersetzung des ersten der beiden genannten Essays wurde unter dem Titel ‚Der Wille zur Macht: Eine soziohistorische Kritik‘ in: ‚Hegel und Nietzsche – Eine literarisch-philosophische Begegnung‘, hg. Von Klaus Vieweg und Richard T. Gray im Bauhaus-Universitätsverlag, Weimar 2007 veröffentlicht.

sers Darstellung der Ideologie und des Interpellationsprozesses, und noch subtiler Derridas Beschreibung der Metaphysik als eine ‚Abschließung', von der die Dekonstruktion sich durch eine langsame, geduldige und immer nur teilweise und unvollständige Bemühung bis zu einem bestimmten Grade selbst befreit: alle diese Projekte lebten von einem Befreiungs-Impuls. Sie waren, jedes auf seine Weise, alle auf der Suche nach dem, was Deleuze und Guattari die ‚Fluchtlinien' aus der Bestimmung durch die Struktur nannten. Wie Luc Ferry und Alain Renaut aufzeigten, ergab sich im Poststrukturalismus eine bemerkenswerte Verwirrung zwischen diesen beiden Motiven, denn wenn der soziale Prozess ein ‚Prozess ohne Subjekt' sein sollte, wer konnte durch diesen Prozess dann noch unterdrückt werden, und in wessen Namen protestierten die Poststrukturalisten überhaupt?

Ich bezeichne dieses Dilemma im Kern des Postrukturalismus als die ‚poststrukturalistische Aporie'.

Einige Kritiker meinten, diese Aporie zeige, dass am Grunde des Postrukturalismus implizit eine humanistische Idee liege. Amanda Anderson wandte beispielsweise ein, dass die Poststrukturalisten sich dieses Ideal explizit aneignen und verkünden sollten. Würden sie dies tun, meinte Anderson, so hätte die poststrukturalistische Theorie allerdings die Habermassche Analyse einer Notwendigkeit der kommunikativen Normen anzuerkennen.

Auf Anderson möchte ich zweierlei erwidern. Erstens: die Analysen der Subjektivierung, die sich aus dem Strukturalismus und dem Poststrukturalismus ergaben, brachten wesentliche Ergebnisse, die wir nicht wegen irgendeines segensreichen Wunsches zur Wiederherstellung der Normativität auf der Grundlage humanistischer Ideale voreilig verwerfen sollten. Die poststrukturalistische Sozialtheorie sollte vielmehr fest zu der Idee stehen, dass das Subjekt durchgängig sozial konstruiert ist, und zwar nicht als Wahrheit oder Dogma, sondern als eine methodische Norm oder eine Art soziologischer Variante des kartesischen Zweifels, der uns in unserer Bemühung zur Abschälung aller ideologischen Mystifizierungen unserer Darstellungen des Subjekts leiten sollte. Zweitens: Die sehr dicht gewobene aporetische Natur der poststrukturalistischen Problemstellung wurde vom Poststrukturalismus selbst wiederholt thematisiert, weil sie zur Struktur der Problematik des Subjekts gehört. Wenn es irgendeine unterscheidbare Gedankenfigur gibt, die der Poststrukturalismus zum modernen Denken beigesteuert hat, dann ist es diese. Eine Abkehr von der poststrukturalistischen Aporie durch eine Hinwendung zu Habermas käme einer Abkehr vom gesamten poststrukturalistischen Projekt gleich. Wenn es überhaupt einen Weg aus der postrukturalistischen Aporie gibt, dann jedenfalls nicht jenen, dass man sich geschlagen gibt, sondern indem man sie bis zum Ende weiterdenkt.

Der Denker, der am umfassendsten und ausdrücklichsten die Konsequenzen der poststrukturalistischen Aporie durchgearbeitet hat, war Lacan. Im Zentrum des Lacanschen Projekts steht von Anfang bis Ende, durch alle Metamorphosen hindurch, der unversöhnliche Antagonismus zwischen dem Subjekt und der symbolischen Ordnung. In seinen frühen Arbeiten war dies noch verborgen, weil der grundlegende Antagonismus dort jener zwischen dem Subjekt und den ‚entfremdenden' Identifikationen der imaginären Ordnung zu sein schien, d.h. jenen Identifikationen, von denen aus gesehen es den Anschein hatte, als ob das Subjekt in gewissem Umfange durch den ‚Eintritt in die Sprache' und die Hinnahme einer symbolischen Kastration gerettet würde. Lacan bestand darauf, dass der soziale Prozess der Subjektivierung jeden positiven Gehalt, der vom Subjekt selbst stammen mochte, beseitige. Dieser Aspekt seiner Theorie des Subjekts leistete einen wichtigen Beitrag zur Theorie der sozialen Konstruktion.

Doch bereits in seinem *Rapport de Rome* identifizierte Lacan die authentische Subjektivität als das, was er als ein ‚Zentrum jenseits der Sprache' bezeichnete, d.h. als ein Zentrum, das in seinem letztendlichen Wesen dem Symbolischen genauso wie der imaginären Ordnung fremd gegenüber steht. In seinem späteren Werk und durch die radikalen Änderungen seiner Theorie behauptete sich diese Identifikation des flüchtigen Wesens des Selbst. In seinem späteren Werk geschieht dies, wie insbesondere die Lacan-Schüler in Ljubljana gezeigt haben, im Wege des ‚*l'objet* [*petit*] *a*'[2], mit dem Lacan den tiefsten

2 Zum Begriff des ‚*l'objet a*' bei Lacan siehe beispielsweise die Darstel-

Gegensatz zwischen dem Subjekt und der symbolischen Ordnung bezeichnet.

Lacan arbeitete die Idee, dass das Subjekt in und mit Sprache geboren wird, auf verwickeltere Weise aus als irgendjemand sonst. Was machen wir aber mit dem übrig bleibenden, quasi-existenzialistischen Beharren auf einem außersprachlichen ‚Authentizitätskern‘? Es ist wahr, dass Lacan in seinem späteren Werk den Begriff der Authenzität nicht weiter verwandte. Gleichwohl betonte er nach wie vor, dass es mit dem Subjekt etwas auf sich hat, das diesem auf unverlierbare Weise angehört, und das jenseits aller Sozialität fortbesteht. Dies klingt wie eine Variante des Romantizismus, den V.I. Volosinov in den 1920er Jahren in seinem Buch ‚Marxism and the Philosophy of Language‘ kritisiert, nämlich der Begriff eines lyrischen Selbst, das sich außerhalb aller sozialen oder sprachlichen Vermittlung in unmittelbarer Nähe zu sich selbst befindet, und das alle sozialen und sprachlichen Vermittlungen als Entfremdung oder Gewalt gegen sich erlebt.

Wie Lacan leitete Volosinov hieraus ab, dass das reine Ich, wenn man allen Inhalt der Subjektivität aus der sozialen Außenwelt ableitet, nur als der Grenzpunkt sozialer Konstruktion und deshalb als die Auslöschung des sozial konstruierten Subjekts verstanden werden kann. Für Volosinov führte dies aber zu dem Ergebnis, dass das rein außersprachliche Subjekt eine Absurdität und als solches für die Theorie der sozialen Konstruktion nicht weiter interessant sei, wogegen Lacan niemals die Arbeit an seiner Darstellung der reinen Negativität aufgab, die dieses Subjekt kennzeichnet. Und in seinen Darstellungen des Ödipus und der Antigone im 7. Seminar streifte Lacan die Idee, dass die reine Negativität des Subjekts tatsächlich der letzte Ort aller ethischen Werte sei.

Wie aber kann die reine Negativität der Ort von Werten sein? Warum ist die absolute, unvermittelte, unaussprechliche, strikt unbegreifliche Unmittelbarkeit des leeren Subjekts sich selbst gegenüber nicht

lung in der französischen Wikipedia-Ausgabe unter *http://fr.wikipedia.org/wiki/Objekt_a* [d.Ü.].

lediglich ein uninteressantes Relikt des Tierischen, das übrig bleibt, wenn man alle Sozialität von ihm abschält, wie Volosinov meint?

Das Merkwürdige an Volosinov, und das, wodurch er sich von den französischen Poststrukturalisten absetzt, ist das seltsam Wohlmeinende, das er ganz in der Tiefe dem ‚Prozess ohne Subjekt' zuzuschreiben versucht. Er erwähnt Weisen der Konstruktion der Subjektivität, die klar repressiv sind, wie z.B. die Konstruktion der bürgerlichen Individualität oder des bäuerlichen Fatalismus, die für ihn aber nicht das Wesen des Prozesses sind. Die Essenz des sozialen Prozesses ist vielmehr das schöpferische Vorgehen kollektiver Energien, und die Konstruktion des Subjekts ist an der Wurzel folglich keineswegs der Prozess, durch den das Subjekt zur Ausübung einer umdeutenden oder umwertenden Kraft auf die bestehende Sozialstruktur befähigt wird. Volosinov scheint sich vollkommen damit zufrieden zu geben, dass das Subjekt damit vollständig durch den sozialen Prozess verschlungen wird. Aber sein Optimismus – am Vorabend von Stalins brutalem Durchgreifen – war wahrlich fehl am Platze, und der anschließende Lauf der Geschichte führte schließlich im Poststrukturalismus und noch danach zu einer umso besorgteren und umstrittneren Behandlung der sozialen Konstruktion. Diese Besorgtheit bezeichne ich als die poststrukturalistische Aporie.

Lacan blieb weiterhin seiner These einer Bestimmung des Subjekts durch die soziale Struktur treu. Doch postuliert er im Gegensatz zu Volosinov eine Grenze dieser Bestimmung, und zwar eine absolute Grenze, die sich aus dem Wesen der Struktur-Subjekt-Beziehung ergibt. Die reine Negativität des Subjekts garantiert die Absolutheit dieser Grenze und etabliert sie begrifflich als die Grenze der sozialen Konstruktion.

Wenn sich jemand strikt an die fundamentalen Vorgaben des Poststrukturalismus halten will, dann wird dieses leere Subjekt für ihn das einzige außersoziale Subjekt sein, was er erhalten wird. Da jedoch das absolute Subjekt tatsächlich leer ist, lässt sich schwer einsehen, was wir überhaupt retteten, als wir es vor der sozialen Konstruktion in Sicherheit brachten. Diese Konzeption scheint nicht mehr zu bieten als eine begriffliche, existenzialistische Befriedigung des Theoretikers. Wenn man jedoch nach einer angemessenen Neuaufstellung der poststrukturalistischen Theorie sucht, so muss die soziale Strukturierung selbst auf eine Weise gedacht werden, durch die sich das negative Subjekt weiterhin mit der sozialen Struktur auseinandersetzt, und zwar als ein wirklich *handelndes*. Und wenn das Subjekt ein wirklich handelndes sein soll, so darf sich die soziale Struktur dem Handeln des Subjekts nicht nur anpassen, sondern muss es *fordern*. Subjektives Handeln muss im strengen Sinne notwendig für die Funktionstauglichkeit des Systems sein. Dies muss jedoch auf eine Weise vollzogen werden, die uns nicht zurückgleiten lässt in die humanistische Auffassung vom Handeln. Das Handlungssubjekt muss in der von Lacan beschriebenen Weise rigoros leer bleiben. Wie aber kann ein leeres Subjekt mit sozialem Handeln zusammengehen?

Werfen wir einen Blick auf den strukturalistischen ‚Prozess ohne Subjekt' in seiner einfachsten und beinahe mechanischen Formulierung, nämlich jener von Barthes in seinen Essays *Der Tod des Autors*[3] und *Die strukturalistische Tätigkeit*[4]. Barthes trägt hier vor, dass die Literatur im Wesentlichen ein kombinatorisches System sei, eine „möglichst eingeschränkte" Menge von Einheiten, die nach einem Regelsystem gruppiert und umgruppiert werden können. Die so genannte Autorenrolle beschränkt sich demzufolge auf die Fähigkeit zur Manipulation eines ‚*Ready-made*'-Lexikons, d.h. auf das Zitieren bereits zuvor existierender Texte und deren neuartige Anmischung. Daher sei der Autor nicht wirklich ein Autor, also nicht der Ursprung und die legitimierende Autorität, die einem Werk Bedeutung verleiht, sondern ein ‚Ort', an dem bereits existierende Elemente und Strukturen in einen neuen Vertauschungskreislauf eingehen.

Das Bild, das uns Barthes in diesen kleinen Aufsätzen vermittelt, stellt, während es grob zu einfach erscheint, doch einen Prüfstein für das Modell dar, das ich hier umreißen möchte. Welche Schwierigkeiten auch immer bei der Erklärung der Subjektivität als Ganzem im Sinne eines Prozesses ohne Subjekt auftreten mögen: Barthes' Bild

3 Vgl. Barthes [1984].

4 Vgl. Barthes [1964].

einer alphabetischen Kombination ist im Großen und Ganzen vereinbar mit dem russischen Formalismus, ja sogar mit der aristotelischen Konzeption der ‚Kunst als Technik', und es scheint uns etwas Wahres – wenn auch nicht die ganze Wahrheit – über den Prozess der literarischen Produktion zu berichten.

Das Modell weist allerdings eine offenkundige Beschränkung auf. Ein blinder, mechanischer, kombinatorischer Prozess ergibt in den meisten Fällen nur Unsinn oder das, was die Informationstheorie ‚Rauschen' nennt. Die humanistischen Kritiker dieses Modell wiesen beständig darauf hin, dass die Struktur allein nicht ausreicht; es muss noch einen weiteren Faktor geben, einen ‚Handelnden', der den ziellosen Prozess der Bedeutungsproduktion in eine geordnete Form schlägt. Damit haben sie Recht. In der Tat muss es einen weiteren Faktor geben, nicht jedoch jenen, den der Humanismus einfordert. Der Humanist verlangt nach der menschlichen Intentionalität als dem *Ursprung* der Bedeutung und des Wertes in dem Sinne, dass der Handelnde dem Formlosen *Form verleiht*. Die Form entspringt im Handelnden. Für den sozialen Konstruktivismus jedoch, wie Volosinov tönend erklärt, „kommt alle Form von außen".

Die Frage nach dem *Ursprung der Form* bringt unsere ganze Fragestellung unter einen Brennpunkt. Form im strengen Sinne ist, behaupte ich, untrennbar von Bedeutung und Wert, wie die Beschränkungen der Barthesschen Kombinatorik zeigen. Die Kombinatorik erzeugt unterschiedslose Formen, weil ihr ein Auswahlprinzip fehlt, d.h. jenes Prinzip, durch das einige kombinatorische Zusammenstellungen höher bewertet werden können als andere. Folglich geht jegliche einmal erreichte Form vor dem Hintergrund einer Unendlichkeit möglicher Formen verloren. Die strukturalistische Theorie des auktorial Handelnden vermochte deshalb niemals angemessen auf die humanistische Frage: ‚Wie erklären Sie die Entstehung der Stücke von Shakespeare?' zu antworten. Obwohl es stimmt, dass unter unendlich vielen Tastenanschlägen unendlich vieler Affen über einen unendlichen Zeitraum auf einer unendlichen Anzahl Schreibmaschinen auch einmal einer von diesen Affen eines der Shakespearschen Stücke hervorbringen würde, ist es doch genauso wahr, dass sich diese Stücke in einer unendlichen Anzahl vollkommen unsinniger Wortkombinationen verlieren würden. Wert und Bedeutung erfordern, dass gewisse Formen aus der Unendlichkeit der Formen als etwas Höheres herausgehoben werden. Die strukturalistische Kombinatorik leistet dies nicht. Barthes ging der Angelegenheit noch aus dem Wege, indem er den Leser selbst zu dem Ort erklärte, wo die Formen bedeutsam werden, doch er erklärte nicht, warum der Tod des Autors nicht auch, und zwar aus genau demselben Grunde, der Tod des Lesers sei.

Nichtsdestotrotz machte die Theorie der alphabetischen Kombination mit der Erforschung des Ursprungs der Form einen wesentlichen Schritt vorwärts, als sie dieses Problem von der Frage ,Wie kommt die Form ins Sein?' hinüber zu der Frage ,Wie können wir die bedeutsame Form in einer Unendlichkeit von Unsinn herausfinden?' rückte. Nachdem wir uns einen Ursprung der Form im Allgemeinen vor Augen geführt haben, der nicht die mystische Zeugungskraft des Geistes voraussetzt, können wir uns nun dem neuen Problem einer Trennung der bedeutsamen von der bedeutungslosen Form zuwenden.

Wir sind inzwischen in der Lage, die strukturalistische Kombinatorik fundamental neu zu überdenken, und zwar dank der Denkfigur des ,universellen Entwurfsraumes'[5] von Daniel C. Dennett[6], die ich im Folgenden in einer vereinfachten und auf diesen Text angepassten Form darstellen werden. Der Universelle Entwurfsraum ist die unendliche Gesamtheit aller möglichen Permutationen aller möglichen Elemente aller möglichen kombinatorischen Systeme jeglicher Art, seien sie natürlich oder kulturell, d.h. von der Sprache bis zu DNA. Wir können nun jene Region des Universellen Entwurfsraumes, die von menschengemachten Formen besetzt wird, den ,kulturellen' oder ,sozialen' Entwurfsraum nennen. Die Barthessche Literaturkombinatorik wäre demnach eine kleine Ecke des sozialen Entwurfsraumes, die wiederum nur der winzige Bezirk des Menschlichen im Universellen Entwurfsraum insgesamt ist. Inspiriert durch eine Geschichte von Borges nennt Dennett den Entwurfsraum, der durch das Alphabet

5 Engl.: *universal design space*

6 Siehe Dennett [1995].

eröffnet wird, die ‚Bibliothek von Babel'. Obwohl es sich dabei nur um einen winzigen Bruchteil des Universellen Entwurfsraumes handelt, ist die Bibliothek von Babel, obwohl nicht unendlich im technischen Sinne, doch mehr als astronomisch weit ausgedehnt. Dennett schätzt, dass diese Bibliothek $100^{1.000.000}$ Bände umfassen würde. Damit wäre sie so groß, dass nicht einmal das sichtbare Universum auch nur entfernt in der Lage wäre, sie aufzunehmen. Die Bände dieser Bibliothek wären, wie der Universelle Entwicklungsraum auch im Allgemeinen, fast zur Gänze mit Unsinn gefüllt. Doch die Bibliothek von Babel enthält, und zwar als eine unvorstellbar kleine Untermenge des Ganzen, einige Bücher mit bedeutungsvollen Sätzen, einige mit zusammenhängenden Absätzen, und eine fast unendlich winzige Untermenge an sogar durchgehend sinnvollen Büchern – einschließlich aller jener Bücher, die bereits geschrieben wurden oder jemals geschrieben werden könnten, darunter auch die Shakespeareschen Dramen.

In dem Text ‚Die strukturalistische Tätigkeit' setzt sich Barthes flüchtig mit dem Problem der Form auseinander, indem er es als das definiert, „was den Zusammenhang der Einheiten vor ihrer Erscheinung als reiner Zufallseffekt bewahrt". Indem er sich aber an sein linguistisches Modell hält, sagt er dann, dass der Begriff der Form im strengen Sinne einfach ‚Kombinationsregeln' meint. Dieser Formbegriff als simple Übereinstimmung mit einer zugrunde liegenden Grammatik sagt uns jedoch, obwohl sie die Anzahl der Möglichkeiten im Entwurfsraum drastisch reduzieren würde, immer noch nichts darüber, wie wir die wertvolleren Formen von den weniger wertvollen unterscheiden können. Grammatische Regeln an sich sind nicht stark genug, um uns die Unterscheidung zwischen lediglich grammatisch richtigen Sätzen und solchen, die im eigentlichen Sinne *wohlgeformt* sind, zu erklären. Diese Regeln generieren immer noch eine geistlose Formenvielheit. Dasselbe Problem zeigt sich, wenn wir eine ‚Grammatik' der literarisches Anweisungen, Techniken und Formen konstruieren, die ganze Texte erzeugt: immer noch werden wir unfähig sein, zwischen den rein grammatisch richtigen Texten und jenen, die literarischen Wert haben, zu unterscheiden.

Die vom Strukturalismus analysierten Strukturen sind Mengen von Elemente, die durch syntaktische Regeln miteinander verbunden werden können. Entwurfsprinzipien gehören jedoch einer Ordnungsebene an, die den syntaktischen Regeln übergeordnet ist. Syntaktische Regeln hätten, für sich gesehen, den Beschränkungen der Prinzipien des wohlgeformten Entwurfs zu entsprechen, oder sie wären gar nicht operabel. Die Entwurfsprinzipien sind letztendlich deshalb für die Überlegenheit einiger Formen über andere verantwortlich.

Die Prinzipien des wohlgeformten Entwurfs oder der *Form* bilden das, was Dennett in einer verickelten Metapher ‚die unsichtbaren Gestrüppwände' (engl.: *the invisible maze walls*) nannte.[7] Die allgemeinsten Entwurfsprinzipien, die dem Wesen des Entwurfsraumes zukommen, sind die ‚Prinzipien der technischen Metakonstruktion' (engl.: *principles of meta-engineering*), d.h. „fundamentale Regeln darüber, wie Dinge entworfen sein müssen, ferner über die Ordnung zur Weiterentwicklung von Entwürfen, sowie über Entwurfsstrategien, die entweder funktionieren oder versagen".[8] Diese Regeln können als etwas aufgefasst werden, was dem Entwurfsraum an sich selbst eignet in dem Sinne, dass ihre Nichtbefolgung auch kein Ereignis zur Folge hat: das Leben entwickelt sich nicht, die Literaturgeschichte verläuft im Sande. „Nicht jede Variante der Ordnung ermöglich die weitere Evolution […] es muss sich vielmehr um die richtige Art von Ordnung handeln, die richtige Mischung aus Freiheit und Beschränkung, Wachstum und Zerfall, Steifheit und Geschmeidigkeit, damit sich überhaupt eine Wohlgeformtheit kann."[9]

Liegt aber einmal ein wirklich funktionierendes Evolutionssystem vor, d.h. eines, das nach den Prinzipien der technischen Metakonstruktion erfolgreich arbeitet, so werden drei historische Beschränkungen wirksam. Die erste ist die Beschränkung durch die Geschichte, d.h. durch das, was bereits geschehen ist. Aus dem praktisch unendlichen Raum möglicher Formen heraus wurde in der Geschichte faktisch nur

7 Dennett [1995], S. 129
8 Ebd., S. 222
9 Ebd., S. 221

diese bestimmte, radikal begrenzte Untermenge an Formen realisiert. Von allen biologischen Formen, die sich womöglich hätten entwickeln können, ist uns zu einem bestimmten Zeitpunkt der Evolutionsgeschichte nur diese Untermenge gegeben. Unter allen Gedichten, die z.B. auf Englisch hätten geschrieben werden können, liegt uns nur *dieser* Textkorpus vor. Nur solche neuen Formen sind jetzt möglich, die im Entwurfsraum der existieren Formenmenge angelagert sind, denn dies ist der Kontext für neue kombinatorische Formen.

Die zweite Art von Beschränkung betrifft die Zukunft und ist in drei Typen unterteilt: Beschränkungen 1) der Stabilität, 2) der Erzeugungskraft und 3) des Zufalls:

1. Eine Form muss *stabil* sein. Eine mangelhaft entworfene Form wird entweder bereits bei minimaler externer oder infolge interner Belastung zerrissen (man denke an den Text, den man am einen Tag schreibt und am nächsten Tag in den Papierkorb wirft).
2. Eine Form muss *erzeugungswirksam* sein. Eine mangelhaft entworfene Form mag ausreichend stabil sein, um zeitlich dauerhaft zu bestehen, doch ist sie damit noch kein Glied in der Kette der sich entwickelnden Formen; sie wäre dann einfach eine Sackgasse.
3. Und selbst noch eine wohl entworfene Form, die grundsätzlich sowohl stabil, als auch erzeugungswirksam ist, wird sich noch nicht notwendig durchsetzen. Ein unbedeutendes, zufälliges Ereignis kann zur Folge haben, dass ein wunderbarer Aufsatz ungelesen in einer akademischen Zeitschrift herumdümpelt, oder dass ein Komet die Dinosaurier ausrottet. Solche Zufälle besagen nicht etwa, dass der betreffende Aufsatz oder die Dinosauer nicht wohl geformt waren, sondern nur, dass der Zufall ein unvermeidlicher Faktor in der Evolution der Formen ist.

So finden wir also am unteren Ende dieses Modells die Elemente vor, d.h. die grundlegenden Einheiten oder das Alphabet eines kombinatorischen Systems, und am oberen Ende die versammelten

Entwurfsbeschränkungen, die historisch durch jede gegebene Linie der evolutionären Entwicklung realisiert wurden. Von unten bis oben ist das Ganze normiert durch die Prinzipien der technischen Metakonstruktion.

Auf der untersten Ebene der grundlegenden Einheiten äußern sich die Prinzipien der technischen Metakonstruktion als die Beschränkung der Materialität, d.h. als eine Beschränkung des Elementarmodells nach Art des Satzes ‚Man kann keinen viereckigen Pfosten in ein rundes Loch setzen.‘ Dieses Modell, obwohl zu einfach, ist doch nicht gänzlich irreführend. Jedes System aus Entwurfselementen wird über ein System an Möglichkeiten und Beschränkungen verfügen, die ihm als Folge dessen zukommen, was wir uns als ein primitives ‚Gebilde‘[10] aus Elementen und als die Weise, auf die solche Gebilde_kombinierbar sind, vorstellen können (dies erinnert an den griechischen Atomismus). Die Bedeutsamkeit oder das kombinatorische Potenzial eines physischen ‚Gebildes‘ [Umrisses] ist jedoch eine Wirkung des historischen Systems, innerhalb dessen sie ihre spezifische funktionale Rolle einnehmen. Die Reimform ist beispielsweise eine historisch vollkommen zufällige Konvention der englischen Poesie. Liegt diese Konvention aber einmal vor, so reimen sich bestimmte Worte und andere nicht, fast als wären die physische Eigenschaft der betreffenden Worte.[11]

Auf der höchsten Ebene, wo die Prinzipien der technischen Meta-

10 Im Originaltext lautet der englische Begriff für ‚Gebilde‘ *‚shape‘*. Zur genaueren Bedeutung des Wortes *‚shape‘* erläuterte der Autor dem Übersetzer diesen Begriff folgendermaßen: »Dieser Begriff ist nicht einfach zu erklären. Wörtlich meine ich hier den sichtbaren Umriss des physischen Gegenstandes (im Hintergrund meines Gedankens steht hier die Heideggersche Analyse der Grundlagen des griechischen Begriffs des *‚eidos‘*, auf etwas unheideggersche Art veranschaulicht durch das quadratische Loch und den runden Pfahl. Was ich mir dabei vorstelle, lässt sich vielleicht besser als der Umriss der individuellen Elemente und die Art und Weise ihrer Kombinierbarkeit zu verstehen.« (Schriftl. Mitteilung des Autors an den Übersetzer v. 18.02.2008)

11 Die Eigenschaften der Worte, kraft derer sie sich reimen, kann man im Wege einer Analogie zum Begriff des visuellen Umrisses von Gegenständen als ‚physische‘ Eigenschaften dieser Worte auffassen. Wendet man diese Analogie zurück, so könnte man sagen, dass ein runder Pfahl sich auf ein rundes Loch ‚reimt‘, nicht jedoch auf ein quadratisches.

konstruktion sich zu historisch realisierten Formen zusammengefunden haben und somit eine neue Menge von Entwurfsbeschränkungen bilden, taucht schließlich das auf, was Dennett „eine unvermeidlich teleologische Variante der Notwendigkeit"[12] nennt, und was viele Leser zweifellos als eine fragwürdige Wendung ansehen werden. Wie jüngere Arbeiten der Biologie gezeigt haben, muss man sich die Emergenz einer Form sowohl im Bereich des Lebens, als auch in jenem der Literatur als etwas vorstellen, dass ein gewisse Autonomie aufweist, die ihrerseits der Ebene der Form insgesamt entspricht (wobei ‚Form' hier die emergenten, holistischen Eigenschaften dessen meint, was bis dahin nur ein Aggregat war), und die ihrerseits eine Beschränkung der Formbildung über die Elemente ausübt, aus denen sie entstanden ist. Eine emergente Form, d.h. eine tatsächlich mögliche Form, und zwar eine, die den Prinzipien der Wohlgeformtheit entspricht, wird an einem bestimmten Form zu einer so genannten *selbstorganisierenden* Form.

Humberto Maturana, der fruchtbare Beiträge zur Beziehung zwischen dem Auge eines Frosches und seinem Gehirn leistete, hat den Begriff der ‚Autopoiesis' geprägt, um den Prozess zu beschreiben, der lebende Systeme organisiert, und Stuart Kaufmann spricht in seinem Buch *The Origins of Order: Self-Organisation and Selection in Evolution*[13] von der „Selbstorganisation des Lebens" auf molekularer Ebene. Kaufmann, der eine neue Theorie über den Ursprung des Lebens auf der Erde vorgestellt hat, meint, dass das Leben eine „kollektiv selbstorganisierte Eigenschaft katalytischer Polymere" sei. Die fundamentale Voraussetzung zur Entstehung des Lebens auf der Grundlage anorganischer Materie ist schlicht jene, dass eine Ansammlung von Peptiden oder RNA-Polymeren mit ausreichender Komplexität gegeben sein muss, so dass eine „kritische Komplexitätsschwelle" erreicht wird. An diesem Punkt wird es sehr wahrscheinlich, dass sich ein ‚Subsystem' dieser Ansammlung autokalatytisch entwickelt und

12 Ebd., S. 129
13 Siehe Kaufmann [1993].

nunmehr zur Selbstreproduktion und Evolution imstande ist.[14] Kaufmann argumentiert, dass autokatalytische Polymer-Systeme „ein kristallines Grundbeispiel organischer Ganzheiten" liefern.[15] Er verallgemeinert dieses Modell der selbstorganisierenden Systeme zu einer umfassenden Neuformulierung der Evolutionstheorie, die aber immer noch unter der Schirmherrschaft des Darwinismus steht, wenn auch unter Einbringung einer neuen Gruppe von Kräften, die die Zufälligkeit der natürlichen Auslese ergänzen: Kräfte der Selbstorganisation, die Kaufmann als „inhärente Eigenschaften ausreichend komplexer Systeme" betrachtet.[16]

Dennett spielt dies alles herunter, auch wenn er den Begriff der Selbstorganisation nicht schlankweg zurückweist. Er bevorzugt den Ausdruck ‚Entwurfsprinzipien' gegenüber Kaufmanns Rede von den ‚Gesetzen der Form'.[17] Ungeachtet ihrer Bezeichnung scheint es hier allerdings tatsächlich, wie Dennett vorträgt, um eine neue Variante der Teleologie zu gehen, und insofern mag es sich hier um eine Wiederauferstehung der alten, metaphysischen Teleologie handeln, die die Naturwissenschaft mit dem Aufstieg der Darwinschen Evolutionstheorie schon vollständig überwunden wähnte.

Um sich in dieser neuen Art der Teleologie gegen ein mögliches Zurückgleiten in die Metaphysik zu wappnen, ist es notwendig, die Theorie der selbstorganisierenden Formen aus der Sicht der Derridaschen Dekonstruktion der Gegenwart zu verstehen. In dekonstruktivistischer Kurzschrift könnten wir sagen, dass die selbstorganisierende Form vor ihrer Verwirklichung nur als ‚Spur' existiert. Diese Spur wird, wenn sie überhaupt je, nur als das Ergebnis eines kontingenten Zusammenspiels realisiert, und der Erfolg dieser kontingenten Verwirklichung hängt nochmals davon ab, was sich nachfolgend ereignet.

Gleichwohl besteht, selbst wenn diese Modalität des Seins, die weder Gegenwart noch Abwesenheit kennt und folglich in der alten Ontologie nicht vorstellbar ist, immer noch jenes Faktum, auf das es

14 Ebd., S. 289

15 Ebd., S. 388

16 Ebd., S. 644

17 Dennett [1995], S. 222

mir hier ankommt, dass sich nämlich eine Form, sobald sie die ‚kritische Komplexitätsschwelle' überschritten hat, sich in autokatalytischer Weise selbst zu organisieren beginnt, um nunmehr einen ordnenden Einfluss über den Prozess auszuüben, aus dem heraus es unter den gegebenen historischen Beschränkungen mehr oder weniger willkürlich auftauchte. An einem gewissen Punkt ‚kristallisiert' die Form, und an diesem Punkt wird sie zum führenden Faktor des Prozesses.

Um einen Eindruck von dem hier intendierten Sinn meiner Rede von der ursprünglichen Form als einer ‚Spur' zu bekommen, stelle man sich das Spektrum aller möglichen Formen als eine Menge von Gebilden vor, die sich durch gepunktete Linien vor einem Hintergrundchaos des Universellen Entwurfsraumes abheben. Diese Gebilde sind mögliche Konstellationen wohlgeformter Entwicklungsbewegungen, die, wenn die historische Entwicklung einer Spezies oder einer Literaturform sich in ihre Richtung bewegt, aktualisiert werden können, sobald sie in die Nähe von Formen geraten, die der historische Prozess bereits realisiert hat. Die Punktlinien stehen für Kristallisierungstendenzen im Beziehungssystem des gesamten Elementeensembles bestimmter Formen, und zwar derjenigen, deren Form durch die Punktlinien vorkonfiguriert ist. Sie legen ausschließlich auf die gegebene Art und Weise und als Folge eines technischen Entwurfs und der technischen Meta-Entwurfsbeschränkungen die ‚allgemeinen Bedingungen der Wohlgeformtheit' fest. Diese Tendenzen sind dadurch, dass sie den Grundsätzen der technischen Entwurfsprinzipien[18] und jenen der Meta-Entwurfsprinzipien entsprechen definiert, von denen Dennett spricht. Ansammlungen von Elementen, die hierzu nicht passen, verharren träge bzw. inaktiv oder zerfallen sogleich und werden damit ausgesondert. An jedem bislang noch nicht realisierten Punkt im Entwurfsraum wird diese Tendenz einer konzeptionellen Möglichkeit in eine wirkliche Möglichkeit umgeformt, und zwar durch die erfolgreiche Vereinigung früherer Elemente, die im Entwurfsraum einen Durchgang hin zu der einzelnen, fraglichen Konstellation eröffnen. Kurz gesagt sind die punktierten Umrisslinien

18 Engl.: *principles of engineering*

jene, an denen entlang die Entwurfsbeschränkungen vorschreiben, dass die Form in dieser Weise begrenzt sein muss, wenn es sich dabei um einen realisierbaren Entwurf handeln soll. Wenn die realisierbare Form die Schwelle erreicht, auf der die Dynamik der Selbstorganisation einsetzt, werden diese Formlinien als *Kraftlinien* aktiviert: die auftauchende Form ist ein emergenter Dynamismus, eine neue Konfiguration nicht nur der beteiligten Entwurfselemente, sondern auch der in diesem System gebundenen Energie, so dass die Form ein ‚eigenes Leben' erwirbt. (Diese in ihrer Anwendung auf die Form im sozialen Entwurfsraum metaphorische Ausdrucksweise verwendet Kaufmann wörtlich in seiner Darstellung des Ursprungs des Lebens.)

Damit haben wir nunmehr den Punkt erreicht, an dem ich zum Thema der subjektiven Handlungsträgerschaft zurückkehren kann.

Innerhalb des sozialen Entwurfsraumes müssen die neuen Formen, um realisiert werden zu können, ins Sein überführt werden (ungefähr wie das leichte mechanisches Anstoßen eines Bechers eine flüssige Lösung darin zur Kristallisation anregt), und zwar durch einen menschlichen Handlungsträger, der entlang der maßgeblichen Kraftlinien das erforderliche Energiequantum aufbringt. Diese Kraft wird immer zu einem bestimmten historischen Zeitpunkt an einem bestimmten Ort im sozialen Entwurfsraum eingesetzt. Sie wird sich deshalb niemals als blinde Realisierung einer willkürlichen Form im Universellen Entwurfsraum äußern, sondern stattdessen folgt diese Realisierung den vorbestimmten Wegen, die die Geschichte innerhalb des Entwurfsraums bereits gebahnt hat. Und bringt sie eine machbare Form hervor, dann in deren Folge auch ein solches Handeln, das die Prinzipien des wohlgeformten Entwurfs beachtet, die dem Beziehungsgeflecht der Elemente des fraglichen kombinatorischen Systems innewohnen. Die Lösung des Problems, wie die privilegierten Formen im Entwurfsraum herausgefiltert werden, ist damit nichts anderes als die poststrukturalistische Idee eines historisch verorteten Subjekts, die sich auf recht selbstverständliche Weise mit Dennetts Darstellung verträgt. Man könnte auch sagen – unter Anwendung der Theorie, die ich zur weiteren Entwicklung ausarbeite –, dass die Vorstellungen des Universellen Entwurfsraumes und des verorteten Subjekts wohlgeformte Wendungen im begrifflichen Entwurfsraum sind. Diese passen gemäß den Prinzipien der technischen Metakonstruktion gut zueinander und wurden durch die Kraftlinien zusammengebracht, die zu diesem Zeitpunkt und an diesem Ort in der Geschichte von dem spezifischen *locus* im sozialen Entwurfsraum aus erreichbar sind, den ich einnehme, während ich diesen Text schreibe.

Die realisierbare Form und der menschliche Handlungsträger sind die beiden Pole, zwischen denen sich der Wille zur Macht entfaltet. Der Mensch als Handelnder ist nicht, wie Nietzsche dachte, ein natürlicher Vorrat eines bestimmten Energiequantums, dem ein bestimmtes Quantum weltlicher Wirkungskraft zukommt. Vielmehr ist das individuelle Energiequantum solange strikt unbestimmt, bis es durch die Kraft der sozialen Formen, mit denen es wechselwirkt, seine Bestimmung erfährt. Indem das Individuum lernt, den Kraftlinien zu folgen, an denen entlang neue Formen aktualisierbar sind, wird es mit der Energie ausgestattet, die in dem bestehenden System wohlgeformter Formen gespeichert ist. Die Grenzen des Willens zur Macht sind die Grenzen dieser aufgespeicherten Energie.

Ein menschlicher Handlungsträger ist dieser Darstellung zufolge ein wesentlicher und inhärenter Faktor einer jeden Funktionsweise und Evolution sozialer Strukturen, und zwar nicht im Sinne irgendeines ‚geistigen' Formerzeugers, sondern eher als die absolute Einzigartigkeit eines bestimmten organischen Körpers, der als ein sozial Handelnder mit einem wirksamen, sozial gebildeten bzw. erzeugten Energiequantum auftritt und eine einzigartige Stelle im sozialen Entwurfsraum einnimmt.

Ich erkläre Shakespeare also als einen Handelnden, der sich infolge eines reinen, historischen Zufalls in der Nachbarschaft zu wohlgeformten Entwurfsbewegungen im literarischen Entwurfsraum befand, und der dann mittels dialektischer Wechselwirkung zwischen Shakespeares eigenem, anfänglich unbestimmtem Energievorrat und den von ihm entdeckten Kraftlinien in diejenigen Formen auskristallisierte, die wir als die Werke von Shakespeare kennen. Diese Formen sind tatsächlich von außerordentlichem Wert und ebensolcher Bedeutung, folglich Modelle eines wohlgeformten Entwurfs. Ihre Wohlgeformtheit ist aber teilweise das Ergebnis produktiver Eigenschaften des literarischen Entwurfsraumes, und zu einem noch größeren Teil das Ergebnis der Rückwirkung hernach, d.h. durch nachfolgende Handelnde erzeugter Formenkonstellationen auf die ursprünglichen Shakespeare-Formen. Shakespeares Handeln als Dramatiker ist nicht das *eidos* (Wesen), und auch nicht die *archē* (Prinzip) seines Werks. Sowohl Shakespeares Werk, als auch deren gelehrte Erforschung sind die Produkte von Handelnden im Entwurfsraum und daher von Handlungen des grundlegend selben Typs. Es stimmt wohl, dass die Fruchtbarkeit von Shakespeares Werk weit diejenige aller vergleichbaren Mengen von Shakespeare-Studien überwiegt. Aber diese Eigenschaft ist nicht das Produkt irgendeiner geistigen Schöpfungskraft, die irgendwann in Shakespeare weilte und nun in seinem Werk innewohnt. Sie ist einerseits das Produkt der potenziellen Energie, die der literarische Entwurfsraum zu Shakespeares Zeit enthielt, und andererseits die Folge der Rückwirkung von Energie in die Shakespeare-Formen von Seiten derjenigen Formen, die durch die Shakespeare-Forschung hervorgebracht wurden.

Eine solche Neubewertung von Shakespeares Handeln tilgt jedoch keineswegs Shakespeare an sich selbst aus dem Bild. Allerdings wird Shakespeare hierdurch auf seine absolute Singularität als ein einzelner, sozial und historisch verorteter und organischer Körper reduziert. Das Subjekt ist vor allem ein bestimmter, einzelner Körper an einem bestimmten Raum- und Zeitpunkt, wobei sich Raum und Zeit als sozialer Raum und ebensolche Zeit artikulieren, und die soziale Raumzeit ist das Koordinatenkreuz des Entwurfsraums, mit dem jeder lebende, menschliche Körper umgehen muss, um mit kreativer Energie ausgestattet zu werden. Was wir für Kreativität und Originalität halten, ist nach dem von mir hier skizzierten Modell das Produkt der Tatsache, dass unterschiedliche Subjekte verschiedene Orte im Entwurfsraum einnehmen, und jedem dieser Orte eine andere Menge potenzieller Formen verfügbar wird. Shakespeare produzierte Werke, die von genau seinem Ort im soziohistorischen Entwurfsraum aus verfügbar waren. Er hätte auch nicht entfernt etwas Ähnliches hervorbringen können, wenn er einen grundlegend anderen solchen Ort belegt hätte.

Zweifellos wies Shakespeares organische Verfassung Besonderheiten auf, die ihn in die Lage versetzten, mehr Möglichkeiten der Formerzeugung aus seiner Position im Entwurfsraum heraus wahrzunehmen als irgendjemand anderer, und zwar selbst dann noch, wenn jemand anderes an Shakespeares Platz mit genau seiner Mutter und seinem Vater geboren worden wäre. Aber diese Besonderheit darf man sich nicht als eine kreative, Form erzeugende Kraft vorstellen. Nach dem hier aufgezeigten Modell erweist sie sich als ein ungewöhnlich großes Maß an Energie, das von einem bestimmten Ort im Entwurfsraum ausgehend in der Lage war, immer tiefer und weiter in die Möglichkeitsmatrix vorzudringen, die sich ihm eröffnet. Doch selbst noch Shakespeares Energiemenge ist nichts, was ihm an sich selbst innewohnte. Wie ich zuvor erklärte, zeichnet sich das Energiequantum durch eine weitgehend unbestimmte Form im physischen Organismus aus und muss sozial geformt und vermehrt werden, wenn es zu großen kulturellen Leistungen in der Lage sein soll.

Die absolute Subjektivität ist der nichtexistente geometrische Punkt, an dem sich die sozial konstruierte Subjektivität mit dem organischen Körper schneidet, d.h. die irreduzible Besonderheit des Lacanschen leeren Subjekts, das als der Grund und die Grenze aller sozialen Konstruktion postuliert werden muss: es ist die bodenlose, unaussprechliche Tiefe der ontologischen Besonderheit des sozial konstruierten Subjekts, d.h. diejenige Tiefe, die mit sich selbst identisch bleibt um den Preis einer fortdauernden Form- und Inhaltslosigkeit jenseits aller sozialen Konstruktion.

Die Vorstellung von der absoluten, leeren Subjektivität ist die Antwort auf meine quälende Empfindung, dass ich, wenn ich eine andere persönliche Geschichte gehabt und unter anderen Umständen aufgewachsen wäre, womöglich zu einem Mörder oder Kotfresser geworden wäre, und dass es dennoch Sinn macht zu sagen, dass *ich* es bin, der dies gewesen wäre. Das Postulat dieser Selbstidentität ist notwendig, denn nur die Möglichkeit, dass ich selbst eventuell in einer anderen Subjektstellung gelebt haben könnte als jener, die mir tatsächlich zukommt, kann der Grund für eine stark mitfühlende Identifikation mit dem Anderen sein. Diese Möglichkeit besteht nicht, wenn ich meine Selbstidentität im Falle einer anderen Vorstellung von meinem Lebensverlauf vollständig aufgebe. (Aus dieser Perspektive stünde hinter dem streng konservativen Argument, dass ich jene Person mit diesen und jenen Eigenheiten bin, z.B. mit schöpferischen Fähigkeiten und einem Drang zum Erfolg, die Idee eines totalitären Sozialkonstrukts, d.h. eine solche, die mich restlos und erschöpfend definiert.)

Die absolute Subjektivität als die Grenze der sozialen Konstruktion ist ferner auch der unüberschreitbare Grund für den Gedanken der Gerechtigkeit und des Wertes des Individuums. Es ist heute weitgehend anerkannt, dass der angebliche Reichtum des humanistischen Subjekts in Wirklichkeit der Reichtum jener ist, die es, aus welchem Grunde immer, an die Spitze des Sozialkörpers gespült hat, wo ihnen das weiteste Spektrum kultureller Kraftlinien zur Verfügung steht. Die dortigen subjektiv Reichen (wenn es sie gibt) stehen in Wirklichkeit für den Reichtum der kulturellen Formen, die in die Konstruktion des sozialen Subjekts eingehen. Diese kulturellen Formen ermöglichen aufgrund einer ungleichen Ressourcenverteilung die willkürlichen und gehässigen Unterscheidungen zwischen den Subjekten. Es gibt aber noch einen anderen Reichtum des Subjekts, nämlich jenen der abgründigen Dunkelheit absoluter Subjektivität, die wir jedermann als ebensolchen Reichtum zugestehen und folglich auch in gleichem Umfange respektieren müssen. Der Wert des Individuums ist absolut. Er hängt nicht vom Verdienst oder von irgendwelchen empirischen Qualitäten ab.

Die Theorie der Gerechtigkeit und die Rechtstheorie muss sich auf diesem absoluten Wert begründen, der nichts mit dem Wert und der Bedeutung der sozialen Formen zu tun hat, die auf unterschiedliche Weise von verschiedenen Individuen hervorgebracht werden. Gleichwohl existieren in der Tat Unterschiede in der Fähigkeit zur Erzeugung bedeutsamer Formen, und wir müssen diesen Umstand erklären können. Ich meine, dass wir ihn ausschließlich als den Unterschied zwischen den Energiepotenzialen der fraglichen Individuen verstehen können. Nietzsches Intuition lag hierin richtig: der Unterschied zwischen dem Überlegenen und dem Geringen, dem Hohen und dem

Tiefen, reduziert sich am Ende auf jenen zwischen dem Schwachen und dem Starken. Aber er lag falsch in seiner Auffassung vom Wesen der Stärke, die er als eine Folge natürlicher Ausstattung ansah, und er irrte noch ernsthafter in seinem Versuch der Rückübersetzung des Unterschiedes zwischen den Stärkeren und den Schwächeren in einen Unterschied zwischen den höher- und geringerwertigen Stufen des Seelischen.

(Aus dem Amerikanischen von Wolfgang Sohst.)

Literatur:

Barthes, Roland [1964]: ‚L'activité structuraliste', Editions du Seuil, Paris 1964. Auf Deutsch erstmals erschienen in: ‚Kursbuch 5', Mai 1966, S. 190-196. Der Text ist inzwischen im Internet unter der Adresse http://www.lrz-muenchen.de/~nina.ort/barthes.html ebenfalls auf Deutsch verfügbar.

Barthes, Roland [1984]: ‚La mort de l'auteur', in: ders., ‚Le bruissement de la langue', Paris 1984. Deutsche Ausgabe: ‚Der Tod des Autors'. In: Jannidis, Fotis (Hg.): ‚Texte zur Theorie der Autorschaft', Stuttgart 2000

Dennett, Daniel C. [1995]: ‚Darwins Dangerous Idea', New York 1995

Deleuze, Gilles [1983]: ‚Nietzsche and Philosophy' (Erstveröffentlichung), ins Englische übers. von Hugh Tomlinson, New York: Columbia University Press, 1983. Deutsche Ausgabe: ‚Nietzsche und die Philosophie', aus d. Franz. v. Bernd Schwibs, Hamburg 2008

Kaufmann, Stuart [1993]: 'The Origins of Order: Self-Organization and Selection in Evolution', New York 1993

Wolfgang Sohst

Der Traum vom neuen Ich

Nach Charles Taylor

1. Rahmenbedingungen
2. Problemstellung und These
3. Was ist ein ‚Selbst'?
4. Was ist ‚das Gute'?
5. Die Unterscheidung von Rolle und Identität
6. Vom guten Willen zur guten Einstellung
7. Die dynamische Genese der personalen Identität

1.

Rahmenbedingungen

In seinem monumentalen Werk *Die Quellen des Selbst* unternimmt Charles Taylor den Versuch, die wechselvolle Geschichte der personalen Identität oder des Selbst[1] in der abendländischen Kultur als eine kontinuierlich fortschreitende Differenzierung des Verhältnisses von Individuum und Gesellschaft darzustellen. Das Besondere an der Perspektive dieses Werkes ist es, dass Taylor das so genannte Selbst eines Menschen wesentlich als eine moralisch definierte Einheit auffasst; dies allerdings nicht im Sinne eines von moralischen Vorschriften lediglich gefesselten Individuums, sondern im Sinne eines Menschen, der von sich selbst aufrichtig in seiner jeweiligen Epoche positiv sagen kann und will: Ich bin ein *guter* Mensch.

Taylor ist ein prominenter Vertreter des sog. Kommunitarismus; er steht damit im Gegensatz zur Tradition und Denkschule des Liberalismus. Der Kommunitarismus unterscheidet sich vom Liberalismus von Grund auf in einem sehr distinkten Punkt: für den Liberalismus steht das Individuum am Anfang aller Gemeinschaft, für den Kommunitarismus ist dagegen die Gemeinschaft das Primäre, aus dem sich erst in einem zweiten Schritt die Individuen herausbilden. Der Liberalismus, der mindestens bis auf Hobbes und Locke zurückverfolgt werden kann, wurde in jüngerer Zeit durch Repräsentanten wie z.B. F.A. von Hayek, Robert Nozick, Ronald Dworkin und vor allem John Rawls vertreten, wobei letzterer mit seinem Grundlagenwerk *Eine Theorie der Gerechtigkeit* eine moderne liberale Position formulierte, die infolge ihrer Nähe zur tatsächlichen Verfassung moderner, postindustrieller Gesellschaften vielleicht eine Art von Mehrheitsmeinung hinter sich vereinigen dürften. Als prominente kommunitaristische Theoriegenossen von Charles Tayor wären dagegen Alasdair MacIntyre, Michael Sandel und Michael Walzer zu nennen. Obwohl der Kommuni-

1 Beide Ausdrücke werden von Taylor und auch hier synonym verwandt.

tarismus gewichtige Gründe für den Vorrang der Gesellschaft vor dem Individuum bei der Konstitution des Individuums nennt, ist doch die gesellschaftlich herrschende Stimmung in den großen westlichen Industrieländern, auch infolge der totalitären Erfahrungen des 20. Jahrhunderts, eher und ständig auf der Suche nach individueller Freiheit und gewährt dem Kommunitarismus deshalb in der Regel nicht dieselbe Aufmerksamkeit wie seinem ideologischen Gegner.

Die idealistische Tradition, die vor allem in Deutschland und Kontinentaleuropa nachhaltig stark ist, steht wiederum historisch dem Kommunitarismus näher, während der Liberalismus mit seinen Gründungsvätern Hobbes, Locke, später auch Rousseau, vor allem im angelsächsischen und US-amerikanischen Kulturraum viele Anhänger fand. So nimmt es nicht Wunder, dass Taylor als Kanadier, insofern in gewisser Weise ein Mittler zwischen den Kulturen, sich auch in der kontinentaleuropäischen Philosophie, speziell der deutschen, bestens auskennt. Sein Buch über Hegel gehört zu den neueren Standardwerken dieses Gebietes. Gleichwohl ist Taylors Verhältnis z.B. zu Habermas als einem der Erben deutscher philosophischer Tradition kein sehr vertrautes, auch wenn die Habermas'sche Diskursethik auf eine gesellschaftliche Universalisierung rationaler Diskursprinzipien hinausläuft. Taylor wirft der Habermasschen Vorstellung von einem gesellschaftlichen Diskurs kommunikativer Rationalität jedoch vor, sie idealisiere eine letztlich leblose und leidenschaftslose Verfahrensgerechtigkeit und verfehle damit das Wesentliche aller Gemeinschaftlichkeit. Er bezichtigt den Habermassschen Universalisierungsgrundsatz der ‚Traditionsvergessenheit', was man in Deutschland aus gegebenen historischen Gründen als keinen allzu schweren Vorwurf empfinden dürfte. In den Worten von Markus Schütz geht »Taylor [dagegen] von der Überzeugung aus, dass der geltungsmächtigsten Tradition der neuzeitlichen Ethik [d.h. dem Liberalismus] ein falsches Konzept der menschlichen Person zugrunde liegt. In deren [Kategorien] ist die atomistische Illusion vereinzelter, aus allen gesellschaftlichen Bindungen herausgelöster Individuen eingelassen. [...] Als das ethische Grundproblem erweist sich in einem solchen atomistischen Rahmen dann die Vereinbarkeit der Willkürfreiheit eines jeden mit der Willkürfreiheit aller Anderen.«[2] Deshalb lehnt Taylor auch jede Form von gesellschaftsvertraglichem Konstrukt ab: sie setzen allesamt bereits das voraus, was doch durch den Gesellschaftsvertrag überhaupt erst entstehen könne, nämlich Kommunikation und soziale Bindung.

Das Hauptproblem des Kommunitarismus ist nicht etwa die Formulierung von Werten: diese kann man umstandslos in großer Zahl benennen. Und auch der Liberalismus bestreitet die Existenz von Werten keineswegs. Das Hauptproblem des Kommunitarismus besteht vielmehr in der Formulierung von *allgemein verbindlichen*, d.h. zu Recht intersubjektive Geltung beanspruchenden Werten, und ferner in der Formulierung einer *anerkannten Hierarchie* dieser Werte. Für den Liberalismus besteht dieses Problem zunächst gar nicht. Er entledigt sich der Frage nach dem Guten, indem er sie in die Privatsphäre des Einzelnen verbannt. Die Öffentlichkeit hat sich aus seiner Perspektive lediglich diejenigen Regeln zu geben, die sicherstellen, dass die Freiheit des Einzelnen vereinbar mit der Freiheit der anderen Individuen bleibt. Das zentrale Stichwort ist hier die sog. ‚negative Freiheit'. Hier ist nicht der Ort, über die mannigfaltigen inneren Widersprüche und Probleme des Liberalismus zu sprechen, die sich dort bei näherem Hinschauen ergeben. Der Kommunitarismus macht im Gegensatz dazu einen positiven Freiheitsbegriff stark, insofern er davon ausgeht, dass Freiheit bereits begrifflich ein enorm voraussetzungsvolles gesellschaftliches Merkmal ist, insofern erst die Gesellschaft die Möglichkeiten zur Bedingung von sozialer Entfaltung schafft, und zwar in Gestalt stabiler Zustände, die Entwicklungs- und Handlungsfreiheit fördern und hervorbringen, und nicht nur passiv tolerieren.

2 Schütz [2004], S. 31

2.

Problemstellung und These

Taylor beschreibt in den *Quellen des Selbst* eine Metamorphose des abendländischen Selbst über den enormen Zeitraum von ungefähr 2.500 Jahren. Das Besondere dieser Beschreibung, neben ihrer schieren Detailfülle und akribischen Breite in der Anlage des Vorhabens, ist die axiomatische Feststellung, dass das Selbst einer Person *nur* auf der Grundlage einer ausdrücklich ethisch fundierten Wertehierarchie Bestand haben kann. In dem Umfange, wie sich diese ethische Basis verschiebt, muss nach Taylor auch zwingend der Identitätsüberbau dieser Person angepasst werden. Dies ist das auffälligste und gleichzeitig interessanteste Merkmal seines Ansatzes, weil Taylor damit einer rein instrumentellen bzw. hedonistischen Sicht der Gesellschaft entgegentritt. Er spricht damit auch eine in der gesellschaftlichen Öffentlichkeit häufig geäußerte Sorge um die Auflösung der Gesellschaft als Wertegemeinschaft an.

Taylors Darstellung endet jedoch in Ratlosigkeit. Er zeigt zwar auf, wie es der westlichen Zivilisation über einen historisch enorm langen Zeitraum zwar immer wieder gelang, objektive ethische Vorgaben in subjektive moralische Imperative umzusetzen; er weiß freilich auch keine Antwort auf die Frage, wo denn unter den heutigen gesellschaftlichen Umständen noch ein solches allgemein verbindliches Gutes herkommen soll, aus dem der Einzelne sein ebenfalls gutes Leben ableiten könne. Meine These lautet, dass sich das Taylorsche Problem, wenn man es umformuliert, eventuell mit Mitteln lösen lässt, die in seiner eigenen Theorieanlage bereits enthalten sind.

Taylor geht in seiner Problemstellung letztlich auf die Vorstellung zurück, dass die ethischen Vorgaben, die die Gesellschaft dem Individuum vorgibt, inhaltlich konkret und relativ fixiert sein müssen. Ob antiker Kosmos, mittelalterlicher Himmel oder neuzeitliches Universum: dem Empfänger der jeweiligen ethischen Vorgaben muss nach Taylor unmissverständlich klar sein, in was er sich einzufügen und nach wem er sich zu richten hat. Dies setzt jedoch, wie ich noch darstellen werde, eine perspektivische Starre der Verbindung von Individuum und Gemeinschaft voraus, die unter heutigen Umständen in der Tat kaum mehr aufrecht zu erhalten ist. Taylor zeigt andererseits historische Entwicklungen auf, die bereits eine Lösung seines Problems anbahnen, und zwar in Gestalt einer Fokussierung auf den Erzeugungsprozess dieses Zusammenhanges von öffentlicher Ethik und individueller Moral, wodurch sich eine relative Unabhängigkeit des Theorieansatzes von dem historisch jeweils konkreten ethischen Rahmen ergibt. Doch scheint Taylor diese Potenz seiner eigenen Beobachtungen nicht als solche empfunden zu haben; zumindest leitet er selbst daraus keinen konkreteren Lösungsversuch seiner eigenen Problemstellung ab. Wohl aber zeigt er gewisse, wenn auch vorsichtig formulierte Richtungen des intellektuellen und moralischen Bemühens auf, die man unter den Begriff einer ‚Arbeit an der eigenen Haltung' subsumieren könnte[3], und genau diesen Anstoß werde ich im weiteren Verlauf dieses Beitrages aufgreifen.

Über weite Passagen des Buches scheint Taylor andererseits einer nicht sehr aussichtsreichen Suche nach einer ethischen Letztbegründung verhaftet.[4] Sein starkes und grundsätzlich sympathisch anmutendes, wenn auch am Ende in Ratlosigkeit mündendes persönliches Engagement in dieser Frage führt dazu, dass er zum Ende der *Quellen des Selbst* hin in ein immer stärkeres Schwanken verfällt, wo denn ‚das Gute' überhaupt wirklich zu greifen sei: plötzlich stolpert man da über Passagen, wo man meint, hier spräche ein bekennender Christ, der nach Wegen sucht, die alte religiöse Allgemeinverbindlichkeit wieder herzustellen, wenn auch auf modernisiertem Wege, ungefähr wie ein Gorbatschow des Christentums.[5] Dann wieder gibt er freimütig zu, dass

3 Siehe z.B. Taylor [1996], S. 777 ff.

4 Ebd., S. 559 f. Doch er schwankt stark, was sein Vertrauen in diese Möglichkeit angeht. Siehe hierzu beispielsweise die sehr aufschlussreiche Passage auf den S. 597 ff.

5 Siehe z.B. Taylor [1996], S. 547 ff., oder auch S. 572, wo Taylor auf die Vernunftbetonung der Aufklärung mit der persönlichen Meinung reagiert: »Ich für mein Teil vertrete auf diesen Seiten [dieses Buches, d.A.] durchweg die These, daß dieser Glaube an die Bekundungen einer unsituierten Vernunft eine Illusion ist, und daß der Schritt von Descartes zu Laplace

alle Formen des religiösen Bekenntnisses heute insofern hoffnungslos veraltet scheinen, als doch gar kein Pfad erkennbar sei, wie man von der privaten, glücklichen Religiosität zu einer darauf basierenden, allgemeinverbindlichen Werteordnung kommen könne, ohne damit auch sämtliche Grausamkeiten und Verirrungen der Vergangenheit in diesem Punkte zu wiederholen.[6] Ein zumindest teilweiser Ausweg aus diesem Dilemma erschließt sich ihm dabei über Nietzsche, »bei dem man spürt, daß Natur und Begehren von abstumpfender Knechtschaft entbunden werden und durch diese Befreiung zu umfassenderer Bejahung gelangen«[7], und auch – vielleicht – bei Wittgenstein, von dem manche Autoren behaupten würden, bei ihm »sei die gleiche Verbindung von Einsicht zu beobachten, wonach eine Lebensweise etwas Willkürliches ist, das wir dennoch zugleich annehmen müssen.«[8]

Taylors Suche nach einem allgemein verbindlichen Guten, das er nicht durch ein verfahrensmäßig Richtiges für ersetzbar hält, ist notwendig rückwärts gewandt, weil sie lediglich auf die historisch von ihm aufgezeigten und auch erprobten Rahmenkonstruktionen rekurriert und gleichzeitig zeigt, dass diese heute nicht mehr wie-

---

einen Wandel beinhaltet, der die Betrachtungsweise des Wesens und der moralischen Stellung der Vernunft betrifft.« Taylor tut sich schwer, der Vernunft im aufgeklärten, kantischen Sinne auch in moralischer Hinsicht zu folgen, weil er darin erstens eine Bodenlosigkeit, eine Begründungsschwäche spürt, die er so nicht hinnehmen mag, und weil er zweitens den fundamentalen Konflikt zwischen dem Imperativ der Vernunft und dem hedonistischen Streben bei Kant für nicht gelöst hält.
Dabei kommen Autoren wie z.B. Derrida, wie man sich denken kann, nicht besonders gut weg: »Derridas Einsicht in die Illusionen der Philosophien der ‚Präsenz' bahnt grenzenloser Zügellosigkeit den Weg, die durch kein Loyalitätsempfinden für irgend etwas außer dieser Freizügigkeit gebunden ist.« (Ebd., S. 845),und: »Bei Derrida kommt aus dem Fluß nichts zum Vorschein, was der Bejahung wert wäre, und daher geschieht es, daß schließlich die Dekonstruktionskraft selbst gepriesen wird, die gewaltige Kraft der Subjektivität, alle potentiellen Treuebeziehungen, die sie binden können, zu brechen – reine, ungehinderte Freiheit.« (ebd., S. 846 f.)

6 Siehe beispielsweise ebd., S. 896.

7 Ebd., S. 601

8 Ebd., S. 607

der herzustellen sind. Taylor kann sich neben seiner Klage über die Atomisierung der modernen Konsumgesellschaft einfach nicht damit abfinden, dass die Menschen ihr Verhalten nurmehr nach dem Kriterium äußerlicher Richtigkeit beurteilen; er sieht darin eine Aushöhlung dessen, was Gesellschaft nach seiner Auffassung im Kern ausmacht, nämlich die Möglichkeit der Selbstzuschreibung eines guten Lebens des Einzelnen. Somit bleibt Taylor nur der fatale Schluss, dass eine Gesellschaft, wo diese Selbstzuschreibung mangels verbindlicher Definitionen des Guten nicht möglich ist, auch keine nennenswerte Anzahl Mitglieder mehr hervorbringen kann, die sich selbst noch als *gute* Mitglieder ihrer Gesellschaft empfinden. Einer der markantesten, impliziten Widersprüche der *Quellen des Selbst* (die ich hier als das ‚Taylor'sche Paradox' bezeichne) ist es folglich, dass Taylor dort nach etwas sucht, dessen Möglichkeit er durch sein eigenes Buch, zumindest in der von ihm ersehnten Form, widerlegt. Löst man sich hingegen von der Vorstellung einer notwendig starren Verbindung von Ethik und Moral und konzentriert sich stattdessen auf eine Modifikation des besagten *Verfahrens*, durch das aus objektiver Ethik subjektive Moral und damit ein subjektiv *gutes* (und nicht nur richtiges) Leben wird, so lässt sich vielleicht ein Pfad abstecken, der in gewisser Weise das Beste aus den angeblich so gegensätzlichen Welten des Liberalismus und des Kommunitarismus zu vereinen mag, ohne in den ethischen Relativismus zu verfallen, für den der Liberalismus häufig kritisiert wird. Diese These soll hier durch die Darstellung einer Möglichkeit zur dynamischen und kontinuierlichen Genese von Wertstrukturen expliziert werden, deren Ursprung, in Weiterführung des Taylor'schen Gedankens, die Einstellung bzw. das Wohlwollen[9] eines Menschen sein wird.

Der Ausdruck ‚dynamische Genese von Wertstrukturen' impliziert die Behauptung, dass sich ein Mensch in den betreffenden Persönlichkeitsmerkmalen grundsätzlich selbst ändern kann.

9 Ebd., S. 893 f. Obwohl Taylor die Denkfigur des ‚Wohlwollens als Pflicht' hier in einen Fragesatz kleidet, ergibt sich aus dem Kontext doch klar, dass er zumindest eine starke Neigung oder vielleicht auch gar keinen anderen Weg als diesen zur Letztbegründung von Wertstrukturen sieht.

3.

Was ist ein ‚Selbst'?

Um die gerade angedeuteten neuen Wege beschreiten zu können, werden wir nun etwas genauer betrachten, was sich hinter den Taylor'schen Begriffen des *Selbst* und des *Guten* verbirgt.

Taylors Sicht auf diese Begriffe folgt aus seiner grundsätzlichen philosophischen Positionierung, die der idealistischen Tradition verpflichtet ist. Gleichwohl weist seine Begrifflichkeit mehrere Schichten auf: am Grunde seiner Einstellung ist sie hegelisch-romantisch eingefärbt, insofern sie die Genese des Selbst grundsätzlich als einen ideengeschichtlich dialektischen Entwicklungsvorgang konzipiert. In einer zweiten, wenn auch dünneren Schicht ist sie ferner Heidegger verbunden, insofern sie die situative Befindlichkeit des Individuum ontologisch vor die objektiven Gegenstände der Welt setzt und die Genese des Selbst somit zu einem primär hermeneutischen Unternehmen erklärt. Und seine Perspektive ist letztlich eine soziologisch-pragmatische und in dieser Hinsicht z.B. William James und George Herbert Mead verpflichtet: Über diesen letzten Aspekt drängt sich im eigentlichen Sinne erst die gesellschaftliche Rückbindung in Taylor'sche Konzeption von der Genese des Selbst. Mead versteht das Selbst als das Kondensat eines fortgesetzten Interpretationsprozesses, den das Individuum innerhalb seiner Gemeinschaft vollzieht; die Tatsachen und Regeln, die sich ihm aus diesem sozialhermeneutischen Prozess ergeben, wandelt das Individuum im Wege der Selbstzuschreibung in eine dynamische Auffassung seiner eigenen Befindlichkeit und Handlungsprogramme um. Dies ist auch der Kern des Taylor'schen Selbsterzeugungsprozesses. So heißt es bei Mead: »Das Selbst, das […] sich […] zum Objekt werden kann, ist im Wesentlichen eine soziale Struktur und entsteht aus sozialer Erfahrung.«[10] Nach G.H. Mead ist das Selbst eine Konstruktion und hat sich um seine ständige Anpassung an eine sich fortlaufend wandelnde Welt zu bemühen.

10 Mead [1973], S. 182

Wenig Anschluss sucht Taylor dagegen bei der Analytischen Philosophie und ihren Vorläufern zu Beginn des 20. Jahrhunderts, obwohl sich insbesondere Ludwig Wittgenstein sehr intensiv mit dem Selbst auseinandergesetzt hat. So verlautbarte dieser beispielsweise unter Ziff. 5.631 seines *Tractatus logico-philosophicus*: »Das denkende, vorstellende, Subjekt gibt es nicht«, und führt dort im Weiteren aus, dass er einen Begriff des Selbst *in concreto* nur in der reduzierten Form eines Sprechersubjekts zulasse. Wittgensteins Gründe für die zitierte Behauptung finden sich bereits bei Hume, demzufolge ein einheitliches, bewusstes Selbst kein Element irgendeiner vorgefundenen Tatsache sein kann.[11] Dies betrifft jedoch nur das psychologisch aufgefasste, individuelle Subjekt. Den Begriff des ‚metaphysischen' Subjekts im Sinne eines kategorialen Elementarbegriffs verwirft Wittgenstein keineswegs. Über diesen letzten sagt er in Ziff. 5.62: »Was der Solipsismus nämlich *meint*, ist ganz richtig, nur lässt es sich nicht *sagen*, sondern es zeigt sich«, und in Ziff. 5.632 schließlich: »Das Subjekt gehört nicht zur Welt, sondern es ist eine Grenze der Welt.« All dies affiziert den einerseits einfühlsamen, andererseits pragmatischen Charles Taylor kaum. Seine Konzeption des Selbst als eine Form von Authentizität rekurriert im Wesentlichen auf Hegel und auf das romantische Konzept der personalen Identität (s. hierzu weiter unten). Und infolge seiner pragmatischen Verbundenheit lässt sich darüber nach seiner Auffassung – gegen Wittgenstein – auch recht gut sprechen.

Taylor fügt den genannten historischen Bezugsquellen allerdings insofern noch einen bedeutsamen eigenen Aspekt hinzu, als er das Selbst des Menschen als Träger einer *moralischen* Struktur ausweist. In dieser Betonung der moralischen Rückbindung des Selbst geht er nicht nur über die Pragmatiker und Heidegger deutlich hinaus, sondern auch über Hegel.[12] Aus den etwas verstreuten Anmerkungen in

11 Siehe hierzu § 6 des Beitrages *Wittgenstein* von Jane Heal [2007]. Auch Schäfer [1994], S. 9, geht kurz und prägnant auf den Begriff des Selbst bei Wittgenstein ein.

12 So beschreibt Taylor das Selbst in dieser Hinsicht folgendermaßen: »Was wir hier ständig aus den Augen verlieren, ist der Umstand, dass

den *Quellen des Selbst*, aber auch aus seinem Aufsatz *Ein Ort für die Transzendenz?*[13] entnehme ich, dass diese Betonung des Moralischen seine Wurzeln in der christlichen Glaubensbindung von Taylor haben muss. Gleichwohl oder vielleicht gerade deshalb ist sein ansonsten sehr distinkter Begriff des Selbst in dieser wichtigen Hinsicht kein sehr deutlich formulierter[14].

Vor einigen Jahren hat Thomas Schäfer in einem kurzen Aufsatz ebenfalls erneut die Frage nach dem Selbst gestellt, und er beantwortet sie poststrukturalistisch, d.h. unter Bezug vor allem auf Foucault.[15] Nach Schäfer bzw. nach Foucault ist das Selbst eines Menschen nichts, was man losgelöst von seiner Lebenssituation irgendwo durch Introspektion ausfindig machen kann. Vielmehr sei es das ursprüngliche Credo des Strukturalismus und des Poststrukturalismus, dass das Selbst gerade das Ergebnis der Einwirkung äußerer Lebens- und Sozialstrukturen auf das Individuum ist, die ihm in gewisser Weise eine Illusion eines autonomen Selbst vermittelt. Diese Illusion lässt sich aber nur konkretisieren oder inhaltlich überhaupt verstehen, wenn man den Bereich des Individuums verlässt und *außerhalb* seiner selbst schaut, wie sich das behauptete Selbst jeweils konstituiert hat. Dieses ‚Außerhalb' ist wiederum nicht die Summe konkreter In-

---

das Dasein als Selbst nicht zu trennen ist von der Existenz in einem Raum moralischer Probleme, wobei es um die Identität geht und darum, wie man sein sollte.« (Ebd., S. 209)

13 Taylor [1993]

14 In Taylor [1996], S. 55 heißt es beispielsweise: »Definiert wird meine Identität durch die Bindungen und Identifikationen, die den Rahmen oder Horizont abgeben, innerhalb dessen ich von Fall zu Fall zu bestimmen versuchen kann, was gut oder wertvoll ist, oder was getan werden sollte, bzw. was ich billige oder ablehne. Mit anderen Worten, dies ist der Horizont, vor dem ich Stellung zu beziehen vermag.« Hier formuliert Taylor allerdings keine Definition der personalen Identität, auch wenn man dies am Anfang des Zitates zunächst erwarten könnte. Tatsächlich sagt er hier und an anderer Stelle vor allem, dass die Moral ein wichtiger Bestandteil des Selbst ist, was ich auch nicht bestreite. Er konkretisiert jedoch weder hier, noch an anderer Stelle seine Vorstellung vom Selbst im Sinne einer Definition oder eines sonstwie deutlich abgegrenzten Begriffs.

15 Siehe Schäfer [1994], S. 9ff.

dividuen oder Institutionen im Sinne ihrerseits autonom handelnder Akteure, die das eigene Selbst erst konstituieren und dann forlaufend manipulieren (was widersprüchlich wäre, weil die Frage nach dem Ursprung des Selbst damit in einen unendlichen Regress gerät oder ins Leere läuft), sondern es ist ihr Zusammenhang, d.h. ihre überindividuelle und alle Individuen und Institutionen beherrschende Struktur, die sich selbst aus eigener, metaphysischer Kraft fortwebt und dabei das eigene und fremde Selbst als Teil der allgemeinen Sozial- und Weltstruktur erzeugt und als weiteren ‚Netzknoten' in sich aufnimmt.

Die (post)strukturalistische Sicht des Selbst in ihrer Betonung der Prävalenz des Sozialen, aus der das Selbst erst als Produkt hervorgeht, erscheint einerseits enorm plausibel, und ist doch gleichermaßen quälend, wenn den Nachdenkenden als Konsequenz dieser Auffassung plötzlich das Gefühl beschleicht, nun gar nicht mehr zu wissen, wer man ‚eigentlich' sei, da man nicht einmal mehr als Akteur eines solchen Nachdenkens unabhängig von dem sei, über das man nachdenkt. Man fällt also unversehens in einen tiefen, gleichermaßen psychischen wie intellektuellen Zirkel, aus dem unter den gegebenen Prämissen gar kein Ausweg sichtbar wird.[16] Wir müssen deshalb, wenn wir diesen Zirkel vermeiden wollen, an den Prämissen jenes Arguments arbeiten, um neue Auswege aus der irritierenden Wechselbestimmung von Selbst und Nichtselbst zu finden.

Genau hier bringt Taylor einen wichtigen und mächtigen Aspekt ins Spiel, der im (post)strukturalistischen Diskurs in der Tat zu kurz kommt. Dies ist die ursprüngliche, d.h. nicht sozial determinierte Neigung des Menschen, sich in seine jeweilige Lebenssituation zu integrieren, und sei es nur, um seine Lebenschancen ganz allgemein zu erhöhen. Diese letztlich biologisch begründete und – was hier besonders wichtig ist – im *einzelnen* Individuum fundierte Neigung transformiert sich im Zuge seiner Akkulturation und Sozialisation zu

16 Siehe hierzu den Beitrag von Henry Staten: *Kreativität und ‚Soziale Kraftlinien'* (in diesem Band), S. 400. Er nennt dies die ‚poststrukturalistische Aporie'.

einem mehr oder weniger vagen, manchmal auch konkreten, und in jeder Epoche neuerlich fortgeschriebenen Wunsch nach einem ‚guten' Leben, d.h. nach einer Lebensführung, die möglichst fortlaufend soziale Bestätigung erfährt. Diesem Taylor'schen Paradigma schreibe ich eine ähnlich hohe, intuitive Plausibilität zu wie dem (post-) strukturalistischen Paradigma der Dominanz der sozialen Struktur. Gleichwohl, d.h. trotz dieses neuen und wichtigen Arguments kann sich Taylor nicht zu einer positiven Bestimmung dessen durchringen, was das individuelle Selbst unter Berücksichtigung eines solchermaßen erweiterten Prämissenvorrats sein soll.

Diese begriffliche Lücke bei Taylor möchte ich nun ganz in seinem Sinne schließen, ohne hierdurch die historische Wandlungsfähigkeit des Selbst, auf die Taylor zu Recht insistiert, unzulässig einzuschränken. Die folgende Definition des Selbst versteht sich vielmehr als Essenz jener Prozessstruktur, die allen historischen Epochen der Identitätsgewinnung nach Taylor gemeinsam ist oder zugrunde liegt:

Begriffsbestimmung: Das Selbst einer Person ist das sich ständig wandelnde Ergebnis eines sowohl individuellen, als auch gesellschaftlichen Erzeugungsprozesses. Das Produkt dieses Erzeugungsprozesses, also das Selbst, ist die in kontinuierlicher Existenz gegebene Stelle in der psychosozialen Struktur einer einzelnen Person, wo

- aus den vorgefundenen und sich ständig fortentwickelnden, subjektiv und objektiv elementaren Gegebenheiten ihrer eigenen Geschichte und ihrer aktuellen Umwelt (faktische Situation) und
- aus ihrem sich daraus ständig wandelnden Möglichkeitshorizont
- die konkrete Gesamtheit ihrer internen und externen Handlungszusammenhänge (ihre Situation)
- mit dem vorrangigen Ziel einer insgesamt optimalen Integration dieser Person in ihre Lebenswelt

konstituiert wird, und als Folge davon

- ihre Handlungsprinzipien (die Gesamtheit ihrer moralischen Auffassungen), und
- wiederum als Folge davon ihre langfristigen Vorhaben und Lebensstrategien (ihr Lebensplan)

- zu einer einheitlichen Struktur (ihrer personalen Identität) verwoben werden[17].

Ein solchermaßen verstandenes Selbst ist freilich in mehrerer Hinsicht problematisch. Nicht näher möchte ich auf die bereits zuvor erwähnte (post)strukturalistische Aporie (s. Anm. 16) eingehen, weil wir zu deren Auflösung bereits ein weiteres Paradigma subjektiver Motivation eingeführt haben. Außer Betracht bleiben soll hier ferner der Umstand, dass sich das Selbst einer Person nach dieser Definition nicht ‚randscharf' beschreiben lässt. Es hat offenbar eine vom Nicht-Selbst nicht mit durchgängiger Bestimmtheit getrennte Gestalt, sondern man müsste es eher als einen Bereich oder ein Feld auf der Landkarte personaler Existenz beschreiben, nicht dagegen als einen exakt abgezirkelten Gegenstand, der sich da irgendwo im Geiste oder sonst wo im zentralen Nervensytem einer Person herumtreibt.

Philosophisch bedeutsam ist allerdings der Einwand, dass sich das Selbst womöglich nur als etwas beschreiben lässt, was von einer anderen Instanz dieser selben Person betrachtet und somit manipuliert werden kann.[18] Träfe dieser Einwand zu, so wäre die obige Definition des Selbst zirkulär. Sie würde nämlich voraussetzen, dass irgendeine andere Instanz jenes Selbst, das doch gerade erst konstituiert werden soll, bereits an der Hervorbringung dieses Selbst beteiligt ist. Dieser drohende Widerspruch wurde in der philosophischen Literatur seit der Romantik unter dem Stichwort der ‚Authentizität' einer Person behandelt und ist von Anfang an auch ein prominenter Topos des ge-

17 Der Begriff des Selbst bzw. der personalen Identität wird hier folglich ganz anders entwickelt als z.B. von Garrett [2007], der ihn ausschließlich im ontologisch-technischen Sinne als das Kontinuum oder die einheitliche Existenz des Einzelmenschen über die Zeit und über Veränderungen seiner materiellen Zusammensetzung hinweg problematisiert. Eine solche Auffassung greift nach meiner Auffassung viel zu kurz, insofern sie die psychosoziale Dimension menschlicher Existenz und Identität vollkommen außer Acht lässt.

18 Dieser Einwand ist keineswegs identisch mit dem (post)strukturalistischen Einwand gegen die Bestimmung des Selbst aus sich selbst heraus, auch wenn die logische Aporie, die daraus folgt, eine ähnliche Struktur hat.

samten ethischen Diskurses seit jener Zeit. Die romantische Lösung dieser Frage nach dem Selbst besteht in der *Gegenüberstellung von Vernunft und Natur* im Individuum, wobei die Vernunft die jeweilige Natur des denkenden Individuums erkundet. Sowohl die Vernunft, als auch die Natur eines Menschen sind für sich genommen noch nicht sein Selbst. Beide müssen vielmehr einander begegnen, um das Selbst hervorzubringen. In der romantischen Konzeption hat also die Vernunft einerseits die Natur bei der Bildung ihrer ethischen Handlungsmuster gebührend zu berücksichtigen, und die Natur hat sich umgekehrt den Einsprüchen und Disziplinierungen der Vernunft zu beugen. Dieser dualistische Ansatz ist bis auf den heutigen Tag sehr wirkungsmächtig und steht z.B. hinter solchen Respekt gebietenden Schlagworten wie ‚Selbstverwirklichung' und ‚Selbstfindung'. Eine solche Konzeption des Selbst stellt dieses als das Ergebnis einer fortwährenden dialektischen Begegnung von Vernunft und Natur dar. Daraus folgt wiederum, dass der einzelne Mensch eigentlich gar nicht *selbst* an seinem Selbst (seiner personalen Identität) arbeitet, sondern dass Natur und Vernunft in ihm widerstreiten oder auch zusammenwirken und sein Selbst dabei erst hervorbringen.

Auch Taylor schließt sich im Kern dieser ursprünglich romantischen Konzeption des Selbst an. Mit G.H. Mead geht er gleichwohl in einem wichtigen Punkte über die Romantik hinaus. Denn Taylor beschreibt, ganz im pragmatischen Sinne, die Dialektik des Selbst in starker Wechselwirkung zur gesellschaftlichen und damit historischen Situation des Individuums. Damit wird die noch relativ übersichtliche Dialektik von (1) Vernunft und (2) Natur allerdings zu einem dialektischen Spiel von bereits mindestens drei Teilnehmern, und jener dritte Teilnehmer, nämlich (3) ‚die Gesellschaft', zerfällt ihrerseits nochmals in viele und sehr unterschiedliche soziale Faktoren. Somit erhalten wir also eine dialektische Struktur, wo sich einerseits und intrapersonal die Vernunft und die Natur eines Menschen zu einer Synthese finden müssen, um diese Synthese erster Stufe dann mit den extern-gesellschaftlichen Vorgaben zu einer noch komplexeren Synthese zweiter Stufe zu verarbeiten. Erst das kontinuierlich sich fortschreibende Ergebnis dieser beiden dialektischen Begegnungsprozesse ist es, was hier im Sinne der obigen Definition als das Selbst oder die personale Identität eines Menschen bezeichnet werden kann.

4.

Was ist ‚das Gute'?

Die ehemals organische Einheit von Selbst und Gesellschaft ist nach Taylor allerdings Opfer der gewaltigen Fortschritte, die die abendländische Kultur an sich selbst vollzog, insbesondere jenes Bruches, der mit dem Übergang vom Mittelalter zum neuzeitlichen Rationalismus stattfand. Im Mittelpunkt dieser sich zunehmend auflösenden Einheit stand immer – und nach Taylor notwendig – ein spezifischer Begriff des Guten, das als das notwendig vereinende Band zwischen dem einzelnen Mitglied und seiner Gesellschaft fungierte. Deshalb sieht Taylor als die Hauptursache des Zerfalls der alten Einheit von Selbst und Gesellschaft die kontinuierliche Auflösung des allgemein verbindlichen Guten. In dem Umfange, wie dieses Gute in mehreren geschichtlichen Etappen zunächst nur transformiert, schließlich aber mehr oder weniger abgeschafft wurde, sei auch der Transmissionsriemen verloren gegangen, der die Gesellschaft als Grundlage des individuellen Selbst mit diesem individuellen Selbst verbunden habe.

Taylor beschreibt diesen Differenzierungs- und Auflösungsprozess in ungefähr fünf von einander unterscheidbaren Etappen:

(a) In der griechischen Antike lebte der Mensch noch in einem Kosmos, wo eine Unterscheidung zwischen Selbst und restlicher Welt grundsätzlich keinen Platz hatte. Das Gute dieser Epoche war vielmehr dadurch definiert, dass der Mensch seinen Platz in diesem Kosmos suchte und fand. In dem Umfange, wie er diesen Platz willig einnahm, war er in der platonischen Vorstellung auch ein guter Mensch, und erfüllte in der aristotelischen Konzeption den Imperativ des artgerechten Seins.

(b) Mit Augustinus kommt es Taylor zufolge mehr als ein halbes

Jahrtausend später zu jener ersten bahnbrechenden Änderung, nach der die Gewissheit Gottes im Innern des einzelnen Menschen zu finden ist, und sich nicht mehr allein im Kosmos erschließt. Nunmehr führt der Weg zum guten Leben – und das heißt zu einem Leben ‚in Gott' – durch das Innere der Seele. Gleichzeitig wird die äußere Welt im Wege einer Transformation des alten platonischen Dualismus zu einer Welt der Körper, die nunmehr Antagonisten der Seele sind. Denn den Körper teilen wir mit den Tieren, und folglich gilt es nach Augustinus, uns über ihn zu erheben.

(c) Das Ende des Mittelalters beschert uns in der aufkeimenden Neuzeit mit ihrem Protagonisten Descartes (zumindest in dieser Hinsicht) den nächsten Entwicklungsschub: der Mensch geht auf Distanz zu seiner eigenen Innerlichkeit. Das frühneuzeitliche Selbst löst sich aus seinem leidenschaftlichen Engagement in der Welt. Dabei findet es sich plötzlich als ein Subjekt wieder, das in Taylors Worten ‚*desengaged*' ist, was man am besten als ‚losgelöst' oder ‚entkoppelt' von jenen Quellen des Selbst, die nicht mehr in den Grenzen der eigenen Person liegen, beschreiben könnte. Mit dieser Wende bricht die lange Zeit des Naturalismus an, die in gewisser Weise bis heute wirkungsmächtig fortdauert. Nunmehr ist es die Vernunft, die uns die richtige Vorstellung von den Dingen vermittelt, und keine spirituelle Wesensschau mehr, von der das Mittelalter beherrscht war. Für Taylor ist dieser Schritt eine Fehlentwicklung, denn er sieht in ihr den Beginn einer Atomisierung und Instrumentalisierung des Gesellschaftlichen, womit auch das Ende des allgemeinverbindlichen Guten eingeläutet wird. Der daran anschließende Naturalismus bringt im 18. Jahrhundert aber auch neue Lebensgüter, z.B. die Autonomie und die menschliche Würde, hervor, die für uns bis auf den heutigen Tag im positiven Sinne von zentraler Bedeutung sind.

(d) In der Folge der Aufklärung und mit dem Aufkeimen der industriellen Revolution wird das neuzeitliche Selbst jedoch nochmals einer Wandlung unterworfen: das gewöhnliche Leben mit seinen Produktions- und Reproduktionsmechanismen wird wichtig und erhält insbesondere vom erstarkenden protestantischen Weltbild eine starke Rückendeckung. Dies führt zu einer starken Aufwertung von Ehe und

Familie und fördert gesamtgesellschaftlich eine weitgehende Egalisierung des Individuums. Ebenfalls damit einher geht eine Aufwertung des privaten Erwerbs und Berufserfolgs, was sehr eindrucksvoll bereits von Max Weber dargestellt wurde, und dem sich Taylor in dieser Hinsicht anschließt.

(e) Schließlich entdeckt der westliche Mensch des frühen 19. Jahrhunderts ein weiteres Mal die Natur, doch nunmehr nicht nur im rationalen Sinne, sondern gerade als Gegenbewegung zur technisch-instrumentellen Naturbeherrschung als eine Bewunderung heischende Überfülle an natürlichen Formen und komplexen Möglichkeiten. Diese neuerliche Naturentdeckung betrifft sowohl die äußere, als auch die eigene, innere Natur. Letztere ruft unmittelbar ein nachhaltiges Interesse an der Selbsterkundung des Individuums hervor und bringt unter anderem die bereits geschilderte Suche nach Authentizität hervor. Diese bereits mit Rousseau beginnende Entwicklung ist ausdrücklich kein primär vernünftiges Unternehmen mehr, sondern lebt von einer neuen Leidenschaft und Faszination für die entdeckte Natur, die allerdings eine eher private ist und sich vornehmlich auf den Betrachter selbst richtet.[19] Der romantische Mensch entdeckt

19 Rousseau stellt die Naturentdeckung allerdings noch stark in die Dienste gesellschaftlicher Ideale. Im *Émile* wird die Entwicklung des Protagonisten als eine explizit ‚natürliche' vor allem deshalb hervorgehoben, weil sie mit großer Wahrscheinlichkeit einen sozialeren Menschen produziere, der gerade nicht unter all den Persönlichkeitsmängeln, vor allem Neid und Missgunst, leide, die Rousseau ansonsten überall am Werke sieht. Dieser gesellschaftliche Aspekt der Rousseauschen Naturentdeckung entwickelte sich in den folgenden Jahrzehnten rasch in eine romantisch-privatisierende Richtung, was durchaus zu erwarten ist, wenn kollektiv eine Einstellung idealisiert wird, die zunehmend auf der Überzeugung fußt, die notwendig öffentliche Naturentdeckung bereits weitgehend vollzogen zu haben. Das damit vorgeblich einhergehende Abnehmen an sozialer Missgunst etc. führt gleichzeitig zu einer Abnahme des Interesses am Gesellschaftlichen insgesamt, was nur ein anderer Ausdruck für die ‚Privatisierung' der Identitätsfindung ist. In gewisser Weise wurde in der Romantik also gerade durch die Umsetzung der Rousseau'schen Kritik ‚das Kind mit dem Bade ausgeschüttet': indem das Individuum jeglichen Neid und soziale Missgunst an sich selbst

seine ‚innere Stimme‘ und damit in moralischer Hinsicht die leidenschaftliche ‚Liebe zum Guten‘[20].

Aus dieser Beschreibung der Entwicklung des Guten geht zunächst hervor, dass es für Taylor gar kein historisch invariantes Gutes in der abendländischen Kulturgeschichte gibt. Das Gute ist laut Taylor stattdessen das sich von Epoche zu Epoche wandelnde Produkt einer dialektischen Beziehung, deren Gegenpole das Selbst und – im weitesten Sinne – das Nicht-Selbst sind. Beides ergibt sich im Wechselspiel, d.h. ist das Produkt einer Differenz, deren Gestalt in jeder Epoche neu definiert wird. Dabei ist das Nicht-Selbst keineswegs nur die physikalisch-objektive Außenwelt. Im Gegenteil: eine solche Sicht des Nicht-Selbst ist erst eine Frucht sehr später Entwicklung, deren Beginn Taylor auf der Schwelle vom Mittelalter zur Neuzeit sieht. Am Anfang unserer geschichtlichen Kultur steht vielmehr der umfassende Kosmos der Griechen, und erst am heutigen Ende, d.h. seit weniger als einhundert Jahren, würden wir das Nicht-Selbst als eine objektive gesellschaftliche Situation beschreiben. Taylor beschreibt somit nicht die Fixpunkte eines in seinen Bestandsstücken allzeit fixierten Verhältnisses von Selbst und Nicht-Selbst, sondern er beschreibt ein *Erzeugungsschema*, aus dem epochenspezifisch sowohl das Nicht-Selbst, als auch das Selbst erst hervorgeht. Das verbindende Schlüsselelement dieser beiden Extrema ist die jeweils neu zu definierende Art und Weise, wie das Selbst als ein *gutes* Selbst gegenüber dem Nicht-Selbst bestehen kann. Was gut ist, mithin die moralischen Prinzipien des Selbst, die wesentlich für seine Konstitution sind, ergibt sich aus den ethischen Imperativen des Nicht-Selbst, also seines Gegenpols. Dieser Gegenpol wurde im Laufe der Geschichte zunächst kosmisch, später religiös und seit der Neuzeit bis heute rational definiert. Indem sich ein Mensch im Zuge fortschreitender gesellschaftlicher Differenzierung immer wieder neu ins Verhältnis zu einem solchen Rahmen setzt, konkretisiert er seine konkrete, mo-

---

mindert, senkt es auch sein Interesse an jener Gesellschaft ab, auf die sich ursprünglich sein primäres Verbesserungsinteresse richtete.

20 Taylor [1996], S. 643

ralische Aufgabenstellung. Diese Operation hat – nach Taylor – das folgende, epocheninvariante Grundschema:

1) Vergegenwärtige dir die ethische Situation, in der du lebst.
2) Bestimme, was du tun musst, um den ethischen Imperativen dieser Situation, also deiner jeweiligen Welt, maximal moralisch zu genügen.
3) Bestimme nunmehr, wo du auf der Skala dieser Aufgabe gem. (2) stehst, d.h. wie weit du noch von ihrer vollständigen Erfüllung entfernt bist, und
4) bestimme so konkret wie möglich die Mittel, durch die du der vollständigen Erfüllung der aus dieser Aufgabe folgenden Imperative möglichst nahe kommst.

Das Ergebnis dieser Überlegung ist bei ihm somit das moralisch ‚stark gewertete' Selbst. Der sich durch das gesamte Taylor'sche Werk ziehende Begriff der ‚starken Wertung' meint eigentlich eine Wertung 2. Ordnung: während der Mensch sein Handeln primär nach seinen unmittelbaren Wünsche ausrichtet, stellt sich Taylor den moralisch stabil verankerten Menschen als jemanden vor, der seine Wünsche, sozusagen auf einer zweiten Ebene, einem nochmaligen und allgemeineren wertenden Urteil unterwirft. Ein jedes primäres, in der Regel lust- oder nutzenorientiertes Handlungsmotiv wird durch die sog. ‚starke Wertung' vom Individuum also nochmals gegengeprüft, ob sich ein solcher Wunsch generell mit den epochalen ethischen Vorgaben vereinbaren lässt, innerhalb derer sich der oder die Betroffene bewegt. In religiösen Kontexten kann eine solche starke Wertung, z.B. im Falle von sexuellen Interessen, häufig zu einer radikalen Abwertung des ursprünglichen Wunsches 1. Ordnung führen. Andere primäre Wünsche oder Motive mögen nach Durchlaufen der ‚starken Wertung' dagegen eine Aufwertung erfahren. Aus gesellschaftlicher Ethik wird genau durch diesen Prozess individuelle Moral. Das abstrakte, gesellschaftlich ermittelte und kommunizierte Gute stellt sich dem Einzelnen folglich als der ständige Imperativ dar, sein Leben auf dieses Gute hin auszurichten, d.h. seine Handlungsmotive ständig auf ihre Übereinstimmung mit den für ihn geltenden ‚starken Wertungen' zu überprüfen. Der Begriff der ‚starken Wertung' ist ein *prozeduraler*, insofern sich von Epoche zu Epoche in der Regel das Ergebnis des beschriebenen Prozesses ändert, nicht jedoch die beschriebene Verfahrensweise. Taylor weist (vor allem ab der Beschreibung der Entwicklung des neuzeitlichen Selbst) immer wieder auf den operationalen Charakter der Selbstwerdung hin; dennoch konzentriert er sich weiterhin auf die materialen Vorgaben für das jeweilige Selbst, also den kosmischen, religiösen oder rationalistischen Bezugsrahmen. Indem wir an dieser Stelle seiner Konzeption der Genese des Selbst ansetzen und es ‚umbauen', lässt sich vielleicht auch der zentrale Widerspruch der ‚Quellen des Selbst' auflösen.

5.

Die Unterscheidung von Rolle und Identität

Nachdem wir die Begriffe des Selbst und des Guten etwas mehr beleuchtet haben, wende ich mich jetzt einem spezifisch modernen Aspekt jenes Transmissionsprozesses zu, durch den gesellschaftliche Leitbilder zu individueller Moral werden. Meine Darstellung dieses Prozesses macht in diesem Zusammenhang von der soziologischen Unterscheidung der *Identität* einer Person von ihrem *Rollenfundus* Gebrauch. Wie sich noch zeigen wird, kann eine solche Unterscheidung zur Lösung der Taylor'schen Fragestellung entscheidend beitragen.

Es ist kein Zufall, dass der Begriff der sozialen Rolle zum ersten Male von George Herbert Mead im Jahre 1934 verwendet wurde. Kurz darauf baute ihn Ralph Linton in seinem Buch *The Study of Man* (1936) zu einer umfassenden Rollentheorie aus. Eine soziale Rolle ist nach Linton die Gesamtheit der einem gegebenen sozialen Status (z. B. Mutter, Vorgesetzter, Priesterin etc.) zugeschriebenen kulturellen Modelle. Dazu gehören insbesondere die vom jeweiligen sozialen System abhängigen Erwartungen, Werte und Verhaltensweisen.

Die Begriffe der Identität und der Rolle unterscheiden sich deutlich voneinander und stehen in einem komplizierten Verhältnis zueinander. Was aus der Perspektive eines Soziologen vielleicht keiner Erwähnung wert sein mag, ist für den Alltagsmenschen eine ständige Vermittlungsaufgabe. Normalerweise spielt ein Mensch fließend nacheinander und sogar gleichzeitig *mehrere*, unterschiedliche Rollen im Alltag, z.B. als Elternteil, in seinem Beruf, als Verkehrsteilnehmer, als Mitglied von Freundeskreisen und Institutionen etc. Nach allgemeiner Auffassung verfügt er aber nur über *eine* personale Identität, sofern er nicht gerade in den pathologischen Formenkreis der sog. multiplen Persönlichkeiten fällt. Die unterschiedlichen Rollen im Rahmen einer einheitlichen personalen Identität stehen in einem nicht notwendig konsistenten, ja nicht einmal kohärenten Verhältnis zueinander. Widersprüche zwischen einzelnen Rollen des Rollenrepertoires einer Person sind womöglich eher die Regel; sie müssen eine Person keineswegs an der Ausbildung einer gleichwohl sehr integriert wirkenden Identität hindern. Berüchtigte und besonders krasse Rollenwidersprüche erfährt man immer wieder aus den Biographien von Tyrannen und Diktatoren, die mit schöner Regelmäßigkeit im Privaten angeblich liebevoll, zärtlich, mitfühlend etc. sind und ihre Schäferhunde liebkosen, während sie praktisch gleichzeitig Mordbefehle unterschreiben und sich fortgesetzt verbrecherische Aktionen ausdenken.

Es ist also die Kapselung der Rollensphären, die den einzelnen Menschen davor bewahrt, seine Rollen vollständig gegeneinander auf ihre Vereinbarkeit hin abgleichen zu müssen. Die Rationalität, die ein Personalchef bei der Kündigung überzähliger Mitarbeiter kühl walten lässt und allen Betroffenen freundlich ein letztes Mal die Hand reicht, würde er vermutlich bei der Kündigung einer Freundschaft im Privaten für unangemessen halten. Die Vereinbarkeit von Rollenrepertoire und der sie zusammenfassenden Identität hat jedoch ihre Grenzen. Es gibt Rollenwidersprüche, über die sich ein Mensch auf Dauer nicht ohne weiteres hinwegsetzen kann. Tritt ein solcher schwerwiegender Konflikt auf, muss sich der betroffene Mensch psychisch in Bewegung setzen entweder seine Identität dem geänderten Rollenfundus anpassen, oder aber aus seinem Rollenfundus diejenigen Rollen entfernen oder jene ändern, die identitätsunverträglich sind.

Die Rolle ist durch einen deutlich größeren Anteil an fremdbestimmten Verhaltensmerkmalen ausgezeichnet, die man ‚einfach erfüllen' muss. Die Identität einer Person ist dagegen das, was sie im Wesentlichen reflexiv selbst bestimmt, was die Frucht ihrer eigenen Arbeit am Selbst ist. Die Rolle definiert folglich den *instrumentellen* Bezug zur sozialen Wirklichkeit, die Identität dagegen einen *existenziellen*. Das bedeutet, dass die Identität sich zu wesentlichen Teilen nicht durch Verweis auf öffentliche Erwartungen rechtfertigen lässt, was Linton zu Recht an der Rolle hervorhebt, sondern durch einen persönlichkeitsinternen Bezugsmechanismus, der nur an seinen Rändern mit der äußeren, sozialen Realität vereinbar sein muss. Diese interne Relation ist genau jene zwischen Vernunft und Natur, die bereits in der Aufklärung entdeckt und von der Romantik kultiviert wurde.

Nun werden die Unterschiede zwischen Rolle und Identität deutlicher. Sie lassen sich tabellarisch folgendermaßen zusammenfassen:

	Rolle	**Identität**
Geltungsbereich	Teilbereiche des Lebens	Lebensgesamtheit
Prüfung der Angemessenheit	Instrumentell	Existenziell
Primärer Bezugsrahmen	Außenwelt	Innenwelt
Situativer Geltungsanspruch	Vorrang	Nachrang
Veränderung / Wechsel	Häufig, sogar ruckartig	Langsam, gleitend, träge
Mehrheit möglich	Ja	Nein (normalerweise)
Interne Widersprüchlichkeit	Zwischen einzelnen Rollen des Rollensets möglich	Grundsätzlich inakzeptabel
Distanzierbarkeit	Ja	Nein

Tabelle 1: Funktionaler Vergleich von Rolle und Identität beim Individuum

Man könnte meinen, dass infolge gewisser Umstände, die unsere Zeit von früheren Zeiten deutlich unterscheiden, wie z.B. der enorm erweiterte Informationshorizont mitsamt der medialen Einflussnahme auf das Individuum oder die Beschleunigung von Lebensvollzügen bei gleichzeitiger Zunahme ihrer Komplexität, sich die Phänomenologie der Identität jener der Rolle unvermeidlich annähern und mit ihr vermischen müsste. Genau das Gegenteil ist jedoch viel plausibler. Gerade wegen der stetig zunehmenden und häufiger wechselnden Zahl zu übernehmender Rollen liegt eine der wichtigsten Aufgaben der Identitätsbildung in der *unbedingten Aufrechterhaltung des Unterschiedes von Rolle und Identität.* Nur aus dieser Differenz heraus hat ein heutiges Individuum noch die Möglichkeit, die unterschiedlichen Änderungs- bzw. Anpassungsgeschwindigkeiten zwischen Rollen- und Identitätssphäre zueinander zu vermitteln. Denn die personale Identität kann und darf sich nicht so schnell ändern wie die Rollen, die an einen Menschen herangetragen werden. Die fundamentale Funktion des Unterschiedes von Rollenfundus und Identität kann man sich wie eine Kupplung vorstellen: die hohe Änderungsrate im Rollenfundus wäre für das träge Selbst der sichere Weg in den psychischen Zusammenbruch, wenn diese nicht auf der Grenze zwischen Rollenfundus und Identität abgefangen würde. Dadurch bekommt das Individuum Zeit und Muße, sich vom Rollenspektakel seines Lebens zu distanzieren; es kann wesentlich gelassener daraus seine Schlüsse ziehen, wer es ‚eigentlich' ist, als wenn das hektische Kaleidoskop wechselnder Lebensvollzüge unmittelbar auf die Identität durchschlüge. Sofern notwendig, wird der Mensch seine Identität der äußerlich veränderten Rollenlandschaft gegebenenfalls anpassen; dies jedoch nur zähflüssig. In der Regel beschreiben wir solche Anpassungen des Selbst als Lern- oder Reifungsprozess, d.h. als bewusst vertretene Selbstfortschreibung.

Die Unterscheidung von Rolle und Identität, die der Soziologie und Psychologie so geläufig sind, wurden in der jüngeren Philosophiegeschichte jedoch nicht immer klar auseinander gehalten. Beispielsweise verwischt der Existenzialismus bei Sartre die Identität eines Menschen, insofern er sie praktisch mit seiner jeweiligen Situation verschmilzt: »In meinen vorreflexiven Tätigkeiten«, meint Sartre, »finde ich mich nicht als ein Bündel von Überzeugungen und Wünschen in einer Art mentalem Verhältnis, sondern als ein Sein ‚dort draußen' *zusammen mit* den Dingen, um die ich mich kümmere. Wenn ich dem Bus hinterherhetze, erlebe ich mein *Selbst* als ein ‚Dem-Bus-Hinterherrennendes'. Mein Sein findet sich dabei nicht in meinem Kopf, sondern zusammen mit dem Bus.«[21] Durch diese Einheit der Person mit ihrer jeweiligen Situation, die dann auch stark im Freiheitsbegriff Sartres durchschlägt, der den Menschen für die Bedeutung seiner jeweiligen Situation für ihn selbst verantwortlich macht, geht die aus soziologischer und psychologischer Sicht notwendige Trennung von Rolle und Identität tendenziell verloren.

Mit dieser Beschreibung des Verhältnisses von Rollenrepertoire und personaler Identität eines Menschen bewege ich mich allerdings nicht unbeträchtlich außerhalb des gängigen Schemas der sog. Rollentheorie. Sowohl in der ursprünglichen Konzeption Meads als auch in den darauf aufbauenden Entwicklungen von Turner bildet sich die personale Identität in Interaktionsprozessen, ist also ein Produkt primär gesellschaftlicher Prozesse. Personale Identität ist für Mead das Ergebnis der Fähigkeit zur Selbstreflexion, d.h. die Folge eines Prozesses, in dem der Einzelne sich selbst gegenüber zum Objekt wird. Aus dieser Selbstreflexion wird ein Mensch zu einem individuell handelnden Subjekt. Der Ausdruck ‚personale Identität' wurde von Erving Goffman, der selbst ein Mitglied dieser Schule ist, in Goffman [1963] geprägt. Wichtige Beiträge hierzu leistete ferner Lothar Krappmann. Die genannten Autoren[22] neigen jedoch dazu, den Konstitutionsprozess der personalen Identität vollständig auf die soziale und damit nach außen gerichtete, d.h. kommunikative Ebene zu verlagern. Damit verfällt ihre Position jedoch, weil sie den präsozialen, rein inneren Aspekt menschlicher Konstitution vernachlässigt, bei genauerem Hinsehen einer *petitio principii*: diejenige Instanz, die bei ihnen die personale Identität erst hervorbringen soll, muss bereits vorhanden sein, damit die behaupteten (und hier auch nicht bestrittenen) Interak-

21 Sartre [1942], S. 312

22 Siehe hierzu den sehr ausführlichen Wikipedia-Artikel unter http://de.wikipedia.org, Stichwort: ‚Identität', Abschnitt: ‚Der Identitätsbegriff nach Lothar Krappmann'

tionsprozesse mit der sozialen Außenwelt überhaupt statthaben können. Dieses Risiko eines versteckten Zirkelschlusses lässt sich m.E. nur beseitigen, wenn man zwischen Rollenfundus und personaler Identität auf andere, z.B. auf die hier weiter oben beschriebene Weise unterscheidet. Genau genommen bedarf es hierzu einer hierarchischen Unterscheidung von personaler Identität und Rollenrepertoire: nach meiner Auffassung findet aus der Sicht des Einzelnen in ihm primär (d.h. von ihm selbst als übergeordnet eingestuft) eine *interne* Auseinandersetzung zwischen seinen vernünftigen und seinen natürlichen Regungen statt, und erst als Folge davon stimmt er das Ergebnis dieser Auseinandersetzung mit seinen gelebten Rollen ab. Dieses idealisierte und deshalb etwas starr wirkende Schema muss sich allerdings nicht zwingend genau so im täglichen Leben abspielen: im praktischen Lebensvollzug mischen sich beide Prozesse ständig, und selbstverständlich wirken die Rollenanforderungen auch auf den ‚inneren' Teil der Persönlichkeit permanent zurück und formen es dabei. Dennoch räumen wir den inneren Überlegungen, *sofern wir irgend können*, einen Vorrang ein, und beugen uns den äußeren Rollenerwartungen trotz gegenteiliger innerer Impulse nur, wenn wir ‚absolut folgen müssen' oder praktisch ‚nicht anders können'. In dieser Hinsicht setze ich mich also von der jüngeren funktionalistischen Rollentheorie explizit ab.

Das hier geschilderte Zusammenspiel von Rolle und personaler Identität führt damit zu einer weiteren, ebenfalls sehr wichtigen kategorialen Unterscheidung: Die Rolle wird aus dieser Perspektive nunmehr zum *Ort des richtigen Handelns*, wogegen wir die Identität als den *Ort der guten Person* gewinnen. Die Beurteilung des richtigen Handelns, also der erfolgreichen Erfüllung einer Rolle, erfolgt nach externen oder objektiven Kriterien, und ist somit nur im abgeleiteten und sekundären Sinne ein gutes, primär dagegen eines der Richtigkeit oder Übereinstimmung mit Regeln und externen Vorgaben. Somit steht die Rollenerfüllung immer in einer zweistelligen Relation zu einem allgemeinen Maßstab, wie diese Rolle zu erfüllen ist. Dieses Schema gilt dagegen *nicht* für die personale Identität. Von seinem Ich kann man sich *nicht* in der Form distanzieren wie von seinen Rollen, weil das Ich ja gerade der andere Pol jener Distanz ist, die man zur jeweiligen Rolle herstellt. Weil aber die Distanzierbarkeit zum Ich nicht gegeben ist, entfällt auch das Kriterium des ‚richtigen Ich'. Personale Identität ist aus der Sicht des Individuums primär nicht richtig oder falsch, sondern stimmig oder unstimmig, verworren oder klar, und letztlich, sozusagen als das oberste Kriterium in der Bewertungshierarchie der Person, sinnvoll oder sinnlos und damit gut oder schlecht.

Mit diesem Bild des Zusammenspiels von Rollenfundus und Identität erhalten wir genau jene Trennungslinie, die einen der wesentlichen Unterschiede zwischen Liberalismus und Kommunitarismus markiert: der öffentliche moralische Raum ist auf die Erfüllung geltender Regeln reduziert, jenseits derer der Mensch frei ist. Die psychisch-subjektive Existenz definiert sich dagegen als ein Gutes nach Vorgaben, die sie zumindest teilweise aus dem öffentlichen Raum erhält. Der Kommunitarismus meint allerdings, dass heutzutage aus der Gesellschaft gar keine übergeordneten (in Taylors Ausdrucksweise: ‚starken') Wertungsimpulse mehr auf das Individuum eindringen, und die grundsätzliche Bereitschaft und Fähigkeit des Individuums, solche Impulse in Form eines guten Lebens umzusetzen, somit leer laufen.

Tatsächlich finden sich für diese Annahme diverse Gründe:

Mangel an Vorgaben für sog. ‚starke Wertungen'	
Grund	*Folge*
Informationelle Horizonterweiterung	Kulturelle und damit moralische Relativierung
Liberalisierung sozialer Strukturen (Familien- und Klassenstrukturen)	Verlust an sozialer Verbindlichkeit und sozialer Einbettung
Unentscheidbares Nebeneinander unvereinbarer religiöser Systeme	Metaphysische Relativierung
Metaphysische Untauglichkeit industriell konfektionierter Identitätsangebote jenseits der Religion	Verschleiß konstruktiver Kräfte durch ständige Abwehr aufdringlicher Fremdbestimmung im Alltag (kommerzielle Ideale, Konsumisfixierung)

Tabelle 2: Gründe für den Mangel einer gesellschaftlichen Vorgabe an sog. ‚starken Wertungen'

Der Versuch einer Auflösung des Taylor'schen Paradoxons muss sich deshalb damit beschäftigen, wie dieser Mangel an ethischen Vorgaben für das individuelle Selbst kompensiert werden kann, ohne dass das Individuum die Chance verliert, sein Leben immer noch als ein gutes Leben zu begreifen.

6.

Vom ‚guten Willen' zur ‚guten Einstellung'

Sicherlich mangelt es uns heute in einer säkularen Welt, wie sie in weiten Kreisen der westlichen Industrieländer vorherrscht, an absoluten Autoritäten, die das Gute in für den Einzelnen verbindlicher Weise vorschreiben können. Dies wird allerdings, bei aller Zustimmung zur Kritik der Kommunitaristen (und anderer Kreise, vor allem der Kirchen) an dieser Situation, überwiegend als vorteilhaft empfunden, ja geradezu als eine der positivsten Errungenschaften der europäischen Gesellschaften seit der Aufklärung, und zwar trotz des Verlustes an ethisch verbindlichen Vorgaben ist uns eine solchermaßen freie Gesellschaft. Denn diese ist uns doch wesentlich lieber als alle Beispiele des autoritären ethischen Diktats der Vergangenheit: der ‚Saldo' gesellschaftlicher ‚Kosten und Nutzen' ist in diesem Punkte nach allgemeiner Auffassung deutlich im Plus. Dies gibt auch Taylor unumwunden zu. Infolge dieses Befundes bleibt uns als das unverfälscht Gute heute nurmehr das, was bereits Kant mit großer Intuition gleich zu Beginn seiner *Grundlegung zur Metaphysik der Sitten* als überhaupt letztes Refugium des Guten benennt, nämlich der ‚gute Wille'. Bei Kant kann dieser gute Wille zwar moralische Reinheit beanspruchen; dies nützt ihm im Rahmen der seiner eigenen Pflichtethik jedoch herzlich wenig. Kant relegiert den guten Willen ohne Wenn und Aber ins Reich der Beliebigkeit bzw. der ethischen Irrelevanz. Damit ebnete sich Kant bekanntlich den Weg zum Kategorischen Imperativ, der ein Schema reiner Pflichterfüllung ist und das absolut Richtige zu Lasten des absolut Guten favorisiert. Ein guter Wille hat dort keine

Rolle mehr. Denn der Wille ist intentional eingefärbt; er richtet sich auf mehr oder weniger Konkretes. Da jedoch keinerlei konkret Gewolltes an sich selbst als unbestritten Gutes bewiesen werden kann, ist der gute Wille für Kant unheilbar privat und damit ethisch schlicht unbrauchbar. Dadurch bringt uns die kantische Ethik allerdings um eine bedeutende psychosoziale Wirkungsmacht, insofern man auf ein so starkes Handlungsmotiv wie den guten Willen nicht ohne Schaden verzichten kann. Wir müssen also schauen, dass wir an dieser wichtigen Stelle nicht das Kind mit dem Bade ausschütten und genau jene Verbindung zwischen subjektiver Motivation und öffentlicher Anerkennung derselben Motivation verlieren. An dieser Stelle kommen wir unserem Ziel eines Umbaus der Taylor'schen Identitätstheorie nun einen entscheidenden Schritt näher, insofern uns eine erneute Nutzbarmachung der Figur des ‚guten Willens' dabei helfen soll, das Taylor'sche Paradoxon einer zeitgemäßen Konstruktion personaler Identität aufzulösen[23].

Zunächst müssen wir Kant konzedieren, dass der gute Wille ohne weitere theoretische Vorkehrungen für die hier zu lösende Frage ungeeignet, weil zu konkret ist. Denn operationalisiert man den menschlichen Willen im Benthamschen und Millschen Sinne (die hierin das hedonistische Erbe des Epikur antreten) als ‚Willen zum maximalen Nutzen', so stünden wir wieder genau vor dem alten kantischen Befund, demzufolge die Kluft zwischen der privaten Auffassung vom Guten und dem öffentlichen Gemeinnutzen auf der Grundlage privater Lustmaximierung unüberwindlich ist. Gehen wir deshalb noch eine Stufe tiefer.

Das kantische Wechselspiel aus Wollen und Sollen setzt die metaphysische Freiheit des Subjekts voraus. Die kantische Willensfreiheit ist jedoch nur eine Freiheit von den Zwängen der Naturgesetzlichkeit. Dieser metaphysisch negative Freiheitsbegriff findet seine Ergänzung

23 Dieses Paradox besteht, wie bereits weiter oben erläutert, darin, dass der moderne Mensch einerseits alle Freiheit und Unverbindlichkeit der liberalen Gesellschaft sucht, aber gerade dadurch jene ethischen Autoritäten verliert, derer er als Vorgabe bedarf, um sein Leben als ein gutes Leben qualifizieren zu können.

lediglich in der doppelten Pflicht zur Ermittlung des vernünftig Gebotenen und des Gehorsams gegenüber dem ermittelten Vernunftgebot. Ein solcher Freiheitsbegriff ist jedoch sehr unbefriedigend, weil er alle positive Motivation zum Leben und Handeln, mithin alles, was die Utilitaristen ‚Lust' nennen, unterschlägt. Zwar bestreitet Kant nicht, dass die Suche nach Glück das Verlangen eines jeden Menschen sei[24]; seine ethische Theorie grenzt sich jedoch explizit von solchen Motiven ab. Ich nehme deshalb hiermit eine Verschiebung der Akzente innerhalb des kantischen Freiheitsbegriff vor: der Mensch mag womöglich, wie Kant behauptete, in gewissem Umfange nicht der Naturgesetzlichkeit unterworfen und damit zur Ausprägung eigener und vernünftiger Handlungsmotive und -regeln in der Lage sein; wichtig daran ist aber vor allem, dass er auch ein *natürliches Bedürfnis* nach einer solchen Handlungsfreiheit hat. Den Menschen *drängt es* frei handeln, und dieses Bedürfnis als die Voraussetzung des konkreten Willens setzt, wenn sich am Ende daraus ein moralisch guter Wille ergeben soll, das voraus, was ich hier seine ‚gute Einstellung' nenne. Diese speist sich zunächst aus einem allgemeinen Selbsterhaltungswillen, aber auch aus jener wichtigen Dimension des Lebens, die von vielen Autoren unterschiedlichster philosophischer Traditionen einerseits als der Versuch ihrer sozialen Integration, und andererseits als das Bedürfnis nach einer autobiographischen Ordnung im Sinne eines

24 Die Glückseligkeit als innerster Wunsch ist für Kant eine »Absicht, die man sicher und a priori bei jedem Menschen voraussetzen kann, weil sie zu seinem Wesen gehört « (Kant [1785], S. 273). Und entsprechend heißt es in der Kritik der praktischen Vernunft: »Glücklich zu sein ist notwendig das Verlangen jedes vernünftigen, aber endlichen Wesens und also ein unvermeidlicher Bestimmungsgrund seines Begehrungsvermögens.« (Kant [1790]. Diese Position ist im Übrigen keine sehr spezifische; sie wird vielmehr über die gesamte abendländische Philosophieschichte praktisch von allen Denkschulen, nur mit unterschiedlichem Gewicht, geteilt. Auch und gerade der moderne Liberalismus stützt sich stark auf sie. Gegen Kant mache ich hier allerdings erneut und durch Rekurs auf das romantische Menschenbild, in gewisser Hinsicht sogar in Anlehnung an Augustinus, die Relevanz dieses Strebens für die moralische Fundierung des Menschen geltend, insofern ich dieses Begehren im Folgenden als etwas moralisch explizit Positives deute.

individuellen ‚Lebensplans' beschrieben wird. Der Mensch will nicht nur überleben, sondern es drängt ihn auch zu einem sozial und biographisch sinnvollen Leben. Und drittens lässt sich – mit sicherlich zwar geringerer Allgemeingültigkeit als die beiden vorangehenden Motive, aber gleichwohl nicht ganz aus der Luft gegriffen – behaupten, dass es die Menschen nicht selten sowohl individuell, als auch kollektiv zur Selbstperfektionierung drängt.[25] Gerade dieses Persönlichkeitsmerkmal wird moralisch sehr hoch bewertet und darf deshalb als orientierender Einstellungsaspekt nicht unterschätzt werden. Obwohl dieses letztgenannte Motiv im sozialen Urteil stark moralisch konnotiert ist, muss sein Ursprung in der *conditio humana* doch keineswegs im Bereich des Moralischen liegen, sondern lässt sich auch als ein ganz allgemeines Streben nach mehr Ordnung erklären. Aus einem solchen Streben nach mehr Ordnung lässt sich, wenn auch hier nicht näher ausführbar, wiederum leicht die moralische Konditionierung eines solchen Handlungsmotivs herleiten.

Mit dieser Figur eines auf dreifache Weise übergeordneten Strebens nach Einheit[26], das das gesamte individuelle Leben überragt, schreibt sich unserem Leben dieser Denktradition zufolge auch die Verbindungslinie zwischen einem guten Leben einerseits und einem glück-

25 Solche Verallgemeinerungen sind mit Vorsicht zu genießen. In diesem Falle lässt sich die Aussage jedoch leicht für viele große Kulturen der Welt nachweisen, insbesondere für die europäisch-abendländische, die arabisch-orientalische, die indische und alle großen ostasiatischen Kulturen. Beispielsweise stellt die indische Kultur schon seit ihren Anfängen vor ca. 4.000 Jahren bis heute die Selbstvervollkommnung des Menschen in allen ihren Facetten ins Zentrum ihrer ethischen Systeme und bewertet sie entsprechend hoch. So erklären uns die Upanischaden an diversen Stellen, dass die Autorität moralischer Gesetz sich aus einer allgemeinen Einladung Gottes zur Selbstperfektionierung des Menschen ableite, wobei dieses Ziel als die Konkretisierung von Selbstverwirklichung überhaupt verstanden wird. Siehe hierzu beispielsweise Radakrishnan [2006], Bd 1, S. 208 ff. und S. 226.

26 Die Formulierung eines Strebens nach innerer und äußerer Einheit des Menschen ist so alt wie das Denken selbst. Es ist auch einer der ältesten tragenden Gedanken des Christentums, insofern dieses die neuplatonische Idee der ‚Einheit in Gott' aufgreift.

lichen oder gelingenden Leben andererseits ein. Die Rede vom ‚gelingenden Leben' verweist auf die philosophiegeschichtlich bekannte Denkfigur des ‚Lebensplans'. Was die Suche nach einem Lebensplan angeht, meint beispielsweise John Rawls in seiner *Theorie der Gerechtigkeit* (Rawls [1971], S. 447), dass ein vernünftiger Lebensplan überhaupt grundlegend für die Definition eines guten Lebens ist. Damit ermöglicht sich der Mensch aber auch ein glückliches Leben: »Mit gewissen Einschränkungen kann man einen Menschen als glücklich ansehen, wenn er in der (mehr oder weniger) erfolgreichen Ausführung eines vernünftigen Lebensplanes begriffen ist, den er unter (mehr oder weniger) günstigen Bedingungen aufgestellt hat, und wenn er einigermaßen sicher ist, dass er sich ausführen lässt. Jemand ist glücklich, wenn seine Pläne vorankommen, wenn seine wichtigen Ziele sich erfüllen, und wenn er sicher ist, dass dieser gute Zustand fortdauern wird. Da sich die vernünftigen Pläne bei den einzelnen Menschen je nach ihren Begabungen, Verhältnissen u.ä. unterscheiden, werden verschiedene Menschen durch verschiedene Tätigkeiten glücklich. Der Hinweis auf günstige Umstände ist notwendig, weil auch ein vernünftiger Tätigkeitsplan lediglich das kleinere Übel unter ungünstigen Naturbedingungen oder übermächtigen Ansprüche anderer Menschen sein kann. Glück in dem umfassenderen Sinne eines glücklichen Lebens oder Lebensabschnittes setzt immer einigermaßen günstige Umstände voraus.«

Diese Beschreibung des glücklichen und damit auch guten Lebens (das eben auch dann noch glücklich und gut ist, wenn man sich im Moment nicht besonders wohl fühlt) enthält allerdings, wie sich im weiteren Kontext des Buches zeigt, einen Schönheitsfehler: Rawls verwendet den Ausdruck Vernunft sowohl für die Zweckrationalität innerhalb eines einmal gewählten Lebensplanes, als auch zur Beschreibung des Lebensplanes eines Menschen insgesamt. Ein ganzer Lebensplan lässt sich aber schwerlich nach Maßgabe einer übergeordneten Vernunft beurteilen. Woher sollte diese Vernunft auch kommen, wenn nicht von Gott oder ähnlichem?

Hier ließe sich wiederum Sören Kierkegaard zitieren, der diese Lücke, d.h. das Kriterium zu Wahl eines bestimmten Lebensplanes (der sich außerdem im Verlaufe des Lebens natürlich ständig ändert), schließt. Kierkegaard meinte, dass der einzig erfolgreiche Weg zum ‚Selbst' (bei ihm explizit gleichbedeutend mit einem glücklichen Individuum) darin bestünde, auf eine solche Weise zu leben, dass man eine ‚unendliche Leidenschaft' in seinem Leben entdeckt. Diese Art von Intensität sei nur durch eine umfassende, lebensdefinierende Verpflichtung auf etwas möglich, das dem jeweiligen Leben den abschließenden Inhalt und die äußerste Bedeutung verleihe. Bei Kierkegaard ist diese ‚äußerste Bedeutung' religiös definiert; dies ist jedoch nicht zwingend. Kombiniere man diese beiden Gedanken von Rawls und Kierkegaard, so lässt sich ein gutes und damit auch glückliches Leben als eines verstehen, hinter dem eine Vorstellung von einem Lebensplan steht; dieser Lebensplan ist insofern vernünftig, als er offenbar durchführbar ist und von Betreffenden auch relativ konsequent verfolgt wird, und er begründet sich in oberster Instanz dadurch selbst, dass der Betreffende ihn mit einer gewissen Intensität, d.h. mit Leidenschaft, gewählt hat und kontinuierlich in diesem intensiven Sinne daran arbeite.

Das Bedürfnis nach einem gelingenden Leben ist primär ein Aspekt der natürlichen, nicht dagegen der vernünftigen Sphäre menschlicher Existenz; der kantische Willensbegriff wird damit an die Natur zurückgebunden. Ohne die Berücksichtigung dieses Willens zum sinnvollen Leben liefe das kantische Vernunftgebot allerdings ins Leere, wie er selbst feststellt.[27] Genau diesen allgemeinsten, existenziell positiven Impuls bezeichne ich hier als die ‚gute Einstellung'.[28]

27 So heißt es später in der *Grundlegung zur Metaphysik der Sitten*: »Dagegen, sein Leben zu erhalten, ist Pflicht, und überdem hat jedermann dazu noch eine unmittelbare Neigung. Aber um deswillen hat die oft ängstliche Sorgfalt, die der größte Teil der Menschen dafür trägt, doch keinen innern Wert, und die Maxime derselben keinen moralischen Gehalt. Sie bewahren ihr Leben zwar pflichtmäßig, aber nicht aus Pflicht.« (Kant [1785a], S. 23) Zu dieser begrifflichen Dualität eines empirisch realen Bedürfnisses nach Freiheit und der metaphysisch postulieren Freiheit passt auch das berühmte kantische Diktum aus der *Kritik der reinen Vernunft*, demzufolge Begriffe ohne Anschauung leer, Anschauungen ohne Begriffe dagegen blind seien.

28 Schäfer [1994] spricht ebenfalls ganz im hier gemeinten Sinne von der

Aber noch auf eine andere Weise gelangt man zur guten Einstellung als der Voraussetzung des guten Willens. Denn neben einer gänzlich neutralen Handlungsbereitschaft muss es etwas geben, was diese zu einem spezifisch guten Willen macht. Eine solche Handlungsbereitschaft ist also emotional nicht so neutral wie ein rein physischer Impuls, sondern ihr Gutsein ergibt sich aus einer basalen und damit notwendig diffusen existenziellen und sozialen Situation heraus, die den Handlungsimpuls selbst überhaupt erst aufkommen lässt. Auch dieses Moment qualifiziert den hier in Anspruch genommene Begriff der ‚guten Einstellung'. Seine Bedeutung ähnelt damit jener an sich selbst eine noch gänzlich unbestimmten, diffusen Grundhaltung des wollenden Individuums im Sinne der Heideggerschen ‚Gestimmtheit'[29] noch vor aller gegenständlichen Konkretisierung einer Situation, derzufolge das Individuum davon ausgeht, dass seine Kräfte in einem auf ganz allgemeine Weise passenden und damit sinnvollen Verhältnis zur gesellschaftlichen und materiellen Umwelt stehen, so dass eine Besinnung auf diese Kräfte lohnend erscheint, d.h. nicht von vornherein zum Scheitern verurteilt. Ist eine solche gute Einstellung nicht vorhanden, erlischt in der Regel auch der konkrete Handlungsimpuls. Freilich hat das Wort ‚gut' hier eine ebenfalls fundamentale und somit andere Bedeutung als im ethischen Diskurs. Das Gute einer ‚guten Einstellung' ist etwas anderes als das Gute einer guten Absicht. Beide stehen nach der hier skizzierten Konzeption nicht im

---

Einstellung einer Person als einem fundamentalen Identitäskriterium spricht. Die Reihenfolge der Argumente ist bei ihm und mir jedoch die umgekehrte: Während Schäfer von der Einstellung als einem gewissermaßen vorphilosophischen Identitätskriterium ausgeht und sie diesbezüglich durch Rückgriff auf Foucault wieder stark entwertet, geht sie hier aus einer Auseinandersetzung mit Taylor und dem (Post)strukturalismus gerade als ein umso stärkeres Kriterium überhaupt erst hervor.

29 Der Begriff der ‚Stimmung' oder ‚Gestimmtheit' ist bei Heidegger allerdings nicht moralisch konnotiert. Sie dient ihm lediglich als Stufe auf dem Wege zur Erreichung der sog. ‚Eigentlichkeit'; diese nimmt bei Heidegger allerdings einen sehr hohen Rang ein, insofern sie (zumindest in *Sein und Zeit*) die einzige Verfassung sein soll, in der das Individuum der Selbstvergessenheit des ‚man' entkommt.

Verhältnis des Allgemeinen zum Besonderen, sondern im Verhältnis des Unbestimmten zum relativ Bestimmteren.

Die Bedeutung der guten Einstellung für die Ethik wurde bereits von den Utilitaristen erkannt. Bentham und Mill nahmen sie als das Verbindungsglied zwischen dem privaten Einzelnutzen und dem verlangten Gemeinnutzen in Anspruch. Dort spielt sie allerdings eine andere Rolle als im hier skizzierten Zusammenhang. Den Utilitaristen geht es nicht um die Konstitution des Selbst; sie stehen vielmehr vor dem Problem, nicht oder nur sehr mühsam erklären zu können, wieso ein Mensch, dem es eigentlich nur um seinen privaten Nutzen geht, sich je für das Gemeinwohl einsetzen sollte, sofern ihm dies nicht auch klar den größten eigenen Nutzen verschafft. Die leitende Idee des Utilitarismus ist die eines radikalen Egoisten, und die gute Einstellung, vermittelt über das ‚natürliche Mitgefühl' mit anderen Menschen, soll angeblich jene Transformation von der egoistischen Nutzenmaxime zum Einsatz für die Gemeinschaft führen. Daran glauben heute nurmehr wenige, und ich nehme die gute Einstellung keineswegs für solche obskuren Zwecke in Anspruch. Sie dient hier zwar als Vermittlungsinstanz bei der Genese personaler Identität, soll dabei aber keinerlei Umwandlung affektiver Antriebe leisten. Im Gegenteil, sie ist nicht mehr als eine recht diffuse, gleichwohl in mancher Hinsicht überprüfbare, subjektive Befindlichkeit, die lediglich die Verbindung von der Vorstellung des privaten Guten zur öffentlichen Richtigkeit herstellen soll.

Die gute Einstellung allein genügt infolge ihrer Unbestimmtheit allerdings nicht, um dem Individuum einen zumindest tendenziell objektivierbaren Maßstab an die Hand zu geben, ob sich seine Identität überhaupt noch auf der Skala des Guten messen lässt, und taugt deshalb so ohne Weiteres auch noch für kein Urteil darüber, ob auf dieser Skala ein befriedigend hoher Erfolgswert erreichbar ist. Die gute Einstellung könnte jedoch, wenn man sie kultiviert, als vormoralisch-allgemeiner Test eines jeden persönlichen Engagements in der Welt dienen. Sollte dies gelingen, gewönne man dadurch jenen dringend gesuchten Ausgangspunkt einer explizit *guten* personalen Identität. Sie könnte somit den Gegenpol oder das Pendant, und damit die Ergänzung jener äußerlichen Richtigkeit abgeben, die sich auf der anderen Seite des rollengebundenen Lebensvollzuges so übermächtig aufdrängt. Schauen wir uns also etwas genauer an, wie dies funktionieren könnte.

Die gute Einstellung unterscheidet sich vom althergebrachten, absoluten Guten vor allem dadurch, dass sie kein Zweck an sich selbst zu sein beansprucht und folglich keinem externen ethischen Gebot unterworfen ist. Sie bietet sich vielmehr als diffuse Grundlage zur Erreichung vieler Zwecke an, denen lediglich gemeinsam ist, dass man ihnen diffus zugeneigt ist[30]. Um die gute Einstellung in einen Zusam-

30 Die Natur dieser Zuneigung ist fraglich. Da sich ihre Quelle auf analytischem Wege nicht ermitteln lässt, kann ich hier nur konstatieren, dass sie ihre Grundlage im vitalen Antrieb des Menschen haben muss. Problematisch daran ist, dass ich allerdings nicht irgendeinen vitalen Antrieb behaupte, sondern explizit einen guten, d.h. eine solche allgemeine Handlungsneigung des Menschen, die, wenn sie nicht durch andere und dieser Neigung äußerliche Umstände gestört oder verzerrt wird, selbsterhaltend und sozial geartet ist. Dem ließe sich entgegenhalten, dass einerseits durch Sigmund Freud und die nachfolgende individualpsychologische Forschung, andererseits auch durch die allgemeine Verhaltensforschung deutlich darauf hingewiesen worden sei, dass die menschlichen Triebe keineswegs an sich selbst in diesem Sinne gut seien; vielmehr sei lustvolle Bösartigkeit, asozialer Egoismus etc. genauso ‚normal' wie die moralisch erwünschten vitalen Regungen. – Diesen Behauptungen widerspreche ich in der Tat insoweit, als mit diesen letztgenannten Auffassungen offenbar gesagt wird, dass die ursprünglichen vitalen Regungen des Menschen völlig frei von den wertenden Momenten ihrer Tauglichkeit zur Selbsterhaltung und der sozialen Integration seien. Wenn dem tatsächlich so wäre, wäre überhaupt nicht zu verstehen, wieso der Mensch überhaupt zu derartig hochorganisierten und freiwillige soziale Opfer voraussetzenden Gemeinschaften imstande ist, wie dies tatsächlich der Fall ist – und dies allenthalten auch in denkbar größtem Umfange realisiert. Die Radikalisierung des vorgenannten, negativen Menschenbildes halte ich deshalb für gänzlich unplausibel, hilfsweise zumindest für nicht plausibler als das von mir behauptete Gegenteil. Selbstverständlich kann ich alle nur denkbaren Spielarten bösartiger, grausamer und asozialer Neigungen im Menschen nicht leugnen, weil sie ursächlich hinter vielen Ereignissen des täglichen Geschehens stehen. Ich bestreite allerdings, dass diese negativen Neigungen denselben Status wie die hier so genannte ‚gute Einstellung' haben. Der Un-

menhang bei der Erzeugung personaler Identität zu bringen, bedarf es freilich trotz aller notwendigen inhaltlichen Unbestimmtheit einiger Kriterien, damit dieser Begriff sich aus jener Beliebigkeit erhebt, in die Kant bereits den guten Willen verwiesen hatte. Mit ‚Kriterium' meine ich hier allerdings kein objektives Merkmal einer guten Einstellung, sondern vielmehr neuerlich prozedurale Anhaltspunkte, anhand derer ich unter Umständen prüfen kann, ob ich tatsächlich eine Haltung positiver Handlungsneigung einnehme. Solche Kriterien sollen dem Einzelnen also lediglich dabei helfen, jene kritische Distanz zu seiner Einstellung herzustellen, die notwendig ist, um seine Einstellung überhaupt einschätzen zu können.

Welches aber sind die möglichen Kriterien einer guten Einstellung? Kann man solche überhaupt benennen? Beispielsweise müssten sie so geartet sein, dass sie untereinander zwar eine Abwägung und Gewichtung im Widerstreit zulassen, dabei aber trotz prinzipiell miteinander vereinbar sein müssten. Ferner dürfte keines dieser Kriterien für sich allein beanspruchen, die Qualifikation einer Einstellung als eine Gute zu bestimmen; dies müsste sich vielmehr aus der jeweiligen Erfüllung der Gesamtheit dieser Kriterien ergeben.

Mögliche Kandidaten als Kriterien einer guten Einstellung wären:

- Die Vergleichbarkeit meiner aktuellen Befindlichkeit mit früheren Situationen, in denen ich meine Einstellung als ‚gut' qualifizierte.
- Die Vereinbarkeit meiner jeweiligen Einstellung im Vergleich mit jener von anderen Menschen, die mir als Orientierung oder gar als Vorbild dienen.
- Soweit dies introspektiv zugänglich ist: Der Grad eines häufig diffusen, inneren Widerwillens gegen ein bestimmtes Verhalten, und zwar unabhängig von aller rationalen Abwägung (d.h.

terschied zwischen beiden lässt sich ganz einfach beschreiben: ich beanspruche für die ‚gute Einstellung' schlicht, dass sie das Ursprüngliche und das Normale ist, wohingegen eine negative Einstellung abgeleitet und das Unnormale ist. Dies mag der eine oder andere als metaphysisch haltlose Behauptung abtun. Aber können wir überhaupt darauf verzichten, an dieser Behauptung festzuhalten?

die Stärke eines negativen Affekts). Sofern dieser Widerwille eine bestimmte Schwelle überschreitet, müsste man sich um dessen Konkretisierung bemühen, um seinen Stellenwert bestimmen zu können.

- Ebenfalls im Wege der Introspektion: Der positive Affektionsgrad, mit dem man ein bestimmtes Verhalten gegenüber anderen Alternativen ‚aus dem Bauch heraus' bevorzugt, ebenfalls unabhängig von aller rationalen Abwägung. Auch eine zu stark positive affektive Betroffenheit dürfte mit einer guten Einstellung schwer vereinbar sein.
- Abgleich der Verteilung der eigenen materiellen und vitalen Ressourcen, insofern die sich daran anschließende konkrete Handlungsabsicht oder die konkrete Verhaltensentscheidung in Konkurrenz um knappe Ressourcen mit anderen Aufgaben, Projekten und Pflichten der eigenen Person stehen. Eine offenkundige Fehlallokationen solcher persönlichen Ressourcen kann die gute Einstellung kompromittieren.

Diese Liste ließe sich fortsetzen. Ich meine allerdings, dass sie prinzipiell nicht, d.h. nicht einmal für den Einzelnen, abschließbar sein darf, um überhaupt operabel zu sein, und um nicht durch die Hintertür wieder veraltete moralische Orthodoxien zu etablieren, die dem hier verfolgten Projekt in jeder Hinsicht abträglich wären. Der Einzelne wird mit seinem individuellen Kriterienkatalog in jedem Falle träge umgehen, und das ist durchaus im Sinne der Aufrechterhaltung eines guten Selbst. Und er wird hinnehmen müssen, dass die Kriterienkataloge zur Messung der jeweils individuellen guten Einstellung von Mensch zu Mensch anders aussehen wird.

Das Wichtigste an diesen Kriterien ist, dass sie auf kein absolutes Gutes Bezug nehmen, jedenfalls auf kein absolutes Gutes im Sinne der Bezüge jener ‚starken Wertungen', die Taylor konstatiert. Man könnte einwenden, dass die Unterwerfung unter solche Prinzipien wie die rationale Vereinbarkeit von Handlungen oder auch die ‚psychoökonomische Rationalität', die in einigen der genannten Kriterien anklingen, selbst ein absolutes Gutes seien. Dies will ich nicht kategorisch bestreiten, meine allerdings, dass ein solches Gutes, selbst wenn man es als aktives Lebensgut versteht, doch eine ganz andere Qualität hat als konkrete, d.h. materiale Vorstellungen vom

Guten, wie sie in der Antike, im Mittelalter oder der frühen Neuzeit vorherrschten.

Mit einem solchen Begriff der guten Einstellung erhalten wir wiederum die Möglichkeit, flexibel auf die changierenden Verhältnisse der Welt zu reagieren, d.h. ein allgemeines Urteils betreffend die allgemeine Übereinstimmung des beabsichtigten Rollenvollzuges mit den genannten Einstellungskriterien zu fällen. Die ‚gute Einstellung' leistet somit eine erste und absolute, wenn auch notwendig unbestimmte moralische Freigabe eines ansonsten nur instrumentellen Rollenvollzuges und wirkt damit als moralischer Vermittler zwischen Rollenvollzug und personaler Identität. Ich will ferner nicht leugnen, dass auch hinter der vorstehend genannten Kriterienliste, zumindest hinter dem einen oder anderen der Punkte, zumindest Andeutungen von Wertvorstellungen liegen. Wenn ich beispielsweise meine Handlungsabsichten daraufhin überprüfe, ob sie mit früheren eigenen Absichten in ähnlichen Situationen oder mit denen von Freunden vereinbar sind, so wäre es gewiss fehlerhaft, dies als einen nur technischen Vergleichs- oder Abstimmungsprozess zu betrachten. Selbstverständlich findet zwischen Mitgliedern einer Gesellschaft über alle Ebenen der gesellschaftlichen Zusammenarbeit und der mikrosozialen Verbindlichkeit hinweg auch ein Austausch über Werte statt, die man teilt. Die kommunitaristische Vorstellung einer Gesellschaft als Wertegemeinschaft leidet aber – bis hinein in die verballhornten politischen Diskurse zu diesem Thema – unter einer vorschnellen Konkretisierung der angeblich anzustrebenden Werte, wodurch sich sofort das Schreckgespenst ideologischer Tyrannei am Horizont erhebt. In der hier skizzierten Form droht allerdings keine Gefahr von dieser Seite. Der Letztbezug auf Werte in dem vorgenannten Kriterienkatalog ist ganz allgemein und abstrakt, und soll dies auch sein, so dass sich hieraus keine Demagogie ableiten lässt.

Meine These lautet deshalb, dass die von Taylor geforderte sog. ‚starke Wertung', d.h. jene Urteilsebene, die hierarchisch oberhalb des konkreten Wollens und Wünschens über die moralische Akzeptanz dieser Wünsche entscheidet, durch jene der guten Einstellung ersetzt werden muss, wenn wir aus dem Taylor'schen Paradox entkommen wollen. Ein Individuum, dass seine gute Einstellung gegenüber einem konkreten Handlungsimperativ überprüft, kann[31] sich damit in jene moralisch relevante Distanz zum konkreten Rollenvollzug setzen, die ihm erlaubt, auch sein Handeln daraufhin als subjektiv gut und objektiv richtig zu beurteilen. Wir lösen das Taylor'sche Paradox also dadurch, dass wir dem moralischen Urteil über das eigene Handeln einen Januskopf verpassen: schaut das Individuum nach innen, hat es dieser Konzeption zufolge die Möglichkeit, sein Handeln als ein Gutes zu beurteilen; schaut es dagegen nach außen, urteilt es über die Richtigkeit seines Handelns.

Was bleibt vom privaten Guten dann aber noch auf der gesellschaftlichen Ebene übrig? Wird es auf der zuvor beschriebenen Urteilsgrenze vollständig in ein ausschließliches Richtigkeitskriterium transformiert? Ich denke nicht, dass das Gute hierdurch vollständig in ein lediglich Richtiges umcodiert wird; ein geringes Quantum des privaten Werturteils transzendiert immer auch die Grenzen der Privatheit und geht z.B. in Verhaltensempfehlungen an andere Menschen ein, wird zum Urteil über fremdes Verhalten herangezogen und steuert damit auch die Auswahl von Freunden und Bekannten, die ihrerseits durch Gemeinsamkeiten auf der Ebene privater Vorlieben und Wertungen bereits eine halböffentliche Wertegemeinschaft bilden. Betrachtet man dies als einen kontinuierlichen Ereigniszusammenhang, so speist dieser wiederum den vorgenannten Kriterienkatalog in den stark wertenden Empfindungsbereichen unserer psychosozialen Existenz, d.h. in jenen unserer guten Einstellung. Das private Gute, d.h. das Gute für den Einzelnen, verströmt auf dem Wege in die objektivierte Öffentlichkeit allerdings den größten Teil seiner Emphase, die auf der Ebene des Individuums noch dessen Kern auszumachen schien. Das starke, private Gute – das nicht mit einem vulgär-utilitaristischen Luststreben zu verwechseln ist, sondern auch in den Augen liberaler Theoretiker wie z.B. Rawls große moralische Anteile hat, die nicht primär auf den eigenen Vorteil abzielen – strebt durchaus nach Öf-

31 Dieses ‚kann' ist hier modallogisch zu verstehen im Sinne von ‚es ist nicht grundsätzlich unmöglich, dass...'.

fentlichkeit, nach Objektivierung. Freilich transformiert es sich dabei, so dass am Ende nur ein dürres Kondensat trockener gesetzlicher Regelungen davon wirklich an die Spitze der gesellschaftlichen Allgemeinverbindlichkeit gelangt. Aus ‚gut' wird damit ‚richtig', so wie es das Erbe der Aufklärung noch heute von uns verlangt; doch beides steht in einem lebendigen, dialektischen Wechselspiel miteinander. Auch das anfänglich reine Gute birgt bereits jenes Körnchen Richtigkeit, dessen es als Kristallisationspunkt auf seinem Weg ans Licht der gesellschaftlichen Öffentlichkeit notwendig bedarf. Und auch am anderen Ende, beispielsweise nach der Verabschiedung irgendeines neuen Gesetzes, wird neben aller sozialen Richtigkeit solcher Regeln doch auch immer wieder betont, dass hier ein *Gutes* an sich selbst, und wenn auch noch so verdünnt, den Sprung in die Sphäre allgemeiner Geltung geschafft hat.

7.

Die dynamische Genese der personalen Identität

Die vorstehend skizzierte dynamische Identitätsbildung als Prozess, aus dem eine personale Identität im Sinne der obigen Definition hervorgeht, ist primär ein dialektisches Wechselspiel zwischen dem, was man in seinem Leben will, und dem, was man in seinem Leben soll, also die Dialektik des Wollens und des Sollens. Die Genese des Selbst ist in dem Umfange, wie sie als kantische Auseinandersetzung mit dem Sollen begriffen wird, aber nochmals, d.h. auch sekundär ein dialektisches Unternehmen der autonomen Regelfindung einerseits (Selbstbindung des Willens) und der Akzeptanz bestehender Regeln (Fremdbindung), sei es in Form geltenden Rechts, sei es in Form rechtlich nicht fixierter Sitten und Gebräuche.

Die kantische Frage: ‚Was soll ich tun?' würde als Resultat der vorstehend entwickelten Konzeption somit folgendermaßen neu beantwortet: ‚Tue das, womit Du deine Identität nach Maßgabe eines besseren Lebens fortschreibst.' Diese Antwort ist durchaus moralisch im Sinne eines allgemeinen Handlungsimperativs zu verstehen, allerdings nicht im Sinne eines kategorischen, d.h. vernünftig-unbedingten. Dieser allgemeine Handlungsimperativ sagt lediglich, dass heutzutage jemand, der sich nicht fortgesetzt den vielen unterschiedlichen dialektischen Reibungs- und Entwicklungsteilprozessen aussetzt, die vorstehend beschrieben wurden, nur eine geringe Chance hat, seine Identität fortzuschreiben und in der Folge von sich überzeugt sein kann, ein gutes Leben zu führen. Es gibt allerdings keinerlei ethisches Gebot, seine Identität fortschreiben zu *müssen*. Man kann auch auf derjenigen Identität beharren und stehen bleiben, die man sich einmal konstruiert oder erobert hat, oder die man irgendwie aus seiner Kindheit und Jugend in das erwachsene Leben hinaus dehnt. Wie erfolgversprechend eine solche Identitätsstrategie ist, möchte ich nicht präjudizieren. Ich persönlich denke nicht, dass eine solche Strategie dem Lebensglück bzw. der stabilen Vorstellung vom eigenen Leben als einem guten Leben nachhaltig förderlich ist.

So stellt sich abschließend noch die Frage, inwiefern all die hier beschriebenen Teilprozesse, die von der anfänglich ausschließlich guten Einstellung über einen guten und gleichzeitig richtigen Willen hin zu einem schlussendlich primär nur noch richtigen Rollenvollzug führen, überhaupt eine dynamische Fortschreibung der eigenen Identität nach sich ziehen können. Die Antwort hierauf fällt nach dem bereits Gesagten nicht schwer. Seine Identität im Sinne einer solchen Fortschreibung und damit Aktualisierung ständig neu zu erzeugen ist für einen Menschen normalerweise eine fortgesetzte und lebenslange Aufgabe. Soll diese Identität auch als eine *gute* qualifiziert sein – wodurch sie nach Taylor überhaupt erst die Bezeichnung als ‚Selbst' verdient –, muss sich der Einzelne andauernd auf jenes Wechselspiel seines bestehenden Identitätsbildes mit den Rückmeldungen aus seinem alltäglichen Rollenvollzug einlassen und gegebenenfalls jene Änderungen an seinem Selbst vornehmen, die sich unter Zugrundelegung der Kriterien seiner guten Einstellung als notwendig erweisen. Er kann diese permanente Fortschreibung seiner Identität nach der hier entwickelten Konzeption leisten, ohne an einen wohlgeordneten Kosmos, an einen allmächtigen Gott, noch an eine absolute Vernunft oder an irgendeine andere ethische Letztbegründung glauben zu müssen. Er braucht keine solche Letztbegründung. Es genügt, wenn er die Fortschreibung seines Selbst auf das Vertrauen stützt, dass er zu einer guten Einstellung gegenüber der Welt imstande ist und diese gute Einstellung in eine sinnvolle Vorstellung von seinem eigenen Leben umzusetzen vermag.

Literatur:

Garrett, Brian [2007]: Stichwort ‚Personale Identität' in: ‚Die Kleine Routledge Enzyklopädie der Philosophie', Berlin 2007

Goffman, Erving [1983]: ‚Wir alle spielen Theater. Die Selbstdarstellung im Alltag', München 1983

Heal, Jane [2007]: Artikel ‚Wittgenstein' in: ‚Die Kleine Routledge Enzyklopädie der Philosophie', Hg.: Edward Craig, Berlin 2007 (im engl. Original: ‚The Shorter Routledge Encyclopedia of Philosophy', London 2005).

Kant, Immanuel [1785a]: ‚Grundlegung zur Metaphysik der Sitten'. In: ‚Kant's Schriften', Hg.: Berlin-Brandenburgische Akademie der Wissenschaften (vormals: Preußische Akademie der Wissenschaften), Berlin 1900–1955, Band IV

Kant, Immanuel [1785b]: ‚Kritik der praktischen Vernunft'. In: ‚Kant's Schriften', Hg.: Berlin-Brandenburgische Akademie der Wissenschaften (vormals: Preußische Akademie der Wissenschaften), Berlin 1900–1955, Band V

Mead, George Herbert: ‚Geist, Identität und Gesellschaft', Frankfurt am Main 1973 (i.O. 1934)

Radakrishnan, Sarvepalli: ‚Indian Philosophy', 2 Bde., New Delhi 2006

Rawls, John [1971]: ‚Eine Theorie der Gerechtigkeit', Frankfurt am Main 1979 (im englischen Original: ‚A Theory of Justice', The President and the Fellows of the Harvard University, 1971)

Schäfer, Thomas [1994]: ‚Das echte Ich. Unterwerfung als Verführung.' In: ‚Berliner Debatte INITIAL', Nr. 6/1994, S. 9–13

Schütz, Markus [2004]: ‚Der Begriff des Guten bei Charles Taylor. Kann es unter der Autonomiebedingung der Moderne noch eine normative Theorie des guten Lebens geben?', München 2004

Sartre, Jean-Paul [1943]: ‚Das Sein und das Nichts', Reinbek b. Hamburg 1993 (im französischen Original: ‚L'Être et le néant', Paris 1943)

Taylor, Charles M. [1993]: ‚Ein Ort für die Transzendenz?' (die deutsche Übersetzung des Aufsatzes findet sich im Internet unter http://www.information-philosophie.de/philosophie/taylortranszendenz.html)

Taylor, Charles M. [1996]: ‚Quellen des Selbst. Die Entstehung der neuzeitlichen Identität', übers. von Joachim Schulte, Frankfurt am Main 1996 (im englischen Original: ‚Sources of the Self: The Making of Modern Identity', Boston (1989)

Die Autoren

Peter Bexte

geb. 1954, lebt und philosophiert in Berlin. Er ist Inhaber des Bodenseeschifferpatents sowie des Sportbootführerscheins See; seit dem WS 2005/06 dreijährige Gastprofessur im Studiengang Europäische Medienwissenschaft Potsdam; 1996-2000 Kurator in der Berliner Millenniumsausstellung (Gestaltung: Ken Adam o.b.e.); 1997 Promotion im Fach Kunstgeschichte; 1986 Geburt des Sohnes David. – Besondere Interessen: Geschichte der Wahrnehmung von Wahrnehmung (Bild – Medium – Wahrnehmung), Querverbindungen zwischen dem 17. und dem 20./21. Jahrhundert (Bilder, Klänge, Philosopheme etc.).

Undine Eberlein

geb. in Leverkusen, studierte Philosophie und Germanistik. Promotion in Philosophie an der FU Berlin über moderne Individualitätsformen (*Einzigartigkeit. Das romantische Individualitätskonzept der Moderne*, Campus Verlag 2000). Sie war langjährige Wissenschaftliche Mitarbeiterin der Freien Universität Berlin und der Universität Magdeburg. Sie lebt und arbeitet heute als Philosophin in Berlin.

Helmut Fallschessel

geb. in Kronstadt/Brasov in Siebenbürgen, Rumänien, studierte Philosophie, Völkerkunde, Religionswissenschaft und Soziologie in Tübingen und Berlin. Er lebt und arbeitet heute als Philosoph in Berlin.

Matthias Kroß

geb. 1953 in Osterode am Harz. Er studierte Geschichte, Politologie, Philosophie und Kunstgeschichte in Marburg, Bremen und Berlin. Seit Ende der siebziger Jahre ist er Publizist, Redakteur und Übersetzer. 1985/86 Ausbildung zum Gymnasiallehrer für Geschichte und Sozialkunde; anschließend langjährige Tätigkeit als Dozent in der politischen Erwachsenenbildung, Referent für Öffentlichkeitsarbeit, freiberuflicher Kulturjournalist für verschiedene Zeitungen, Zeitschriften und Radiosender sowie Fachgutachter für Verlage und Einrichtungen der Forschungsförderung. 1993 Promotion zum Dr.phil. an der Freien Universität Berlin mit der Arbeit *Klarheit als Selbstzweck. Wittgenstein über Philosophie, Ethik, Religion und Gewissheit.* Seit 1995 Wissenschaftlicher Referent am Einstein Forum, Potsdam. Lehrtätigkeit an der Universität Potsdam. Vorstandsmitglied der literaturWERKstatt Berlin, Direktoriumsmitglied des Instituts für Kulturforschung Heidelberg sowie Councilor of the Tagore-Einstein-Center an der Universität Visva Bharati, Santiniketan, Bengalen.

Dieter Mersch

geb. 1951, studierte Mathematik und Philosophie in Köln und Bochum. Er war Dozent für Wirtschaftsmathematik an der Universität Köln (1983-94) und freier Autor für verschiedene Rundfunkanstalten der ARD. Promotion in Philosophie an der Technischen Universität Darmstadt mit einer Arbeit zu *Semiotik, Rationalität und Rationalitätskritik bei Umberto Eco* (1992), sowie ebenfalls dort Habilitation in Philosophie mit der Arbeit *Materialität, Präsenz, Ereignis. Untersuchungen zu den Grenzen des Symbolischen* (2000). Seit 2006 Direktor des Instituts für Künste und Medien der Universität Potsdam. Wichtige Publikationen: *Gespräche über Wittgenstein* (Hg.), Wien 1991; *Umberto Eco zur Einführung*, Hamburg 1993; *Welten im Kopf. Profile der Gegenwartsphilosophie (*zus. m. I. Breuer und P. Leusch), Hamburg 1996; *Zeichen über Zeichen* (Hg.), München 1998; *Was sich zeigt. Materialität, Präsenz, Ereignis*, München 2002; *Ereignis und Aura. Untersuchungen zur einer Ästhetik des Performativen*, Frankfurt am Main 2002; *Kunst und Medium*. Zwei Vorlesungen. Reihe Diskurs 3 der Muthesius-Hochschule Kiel 2003; *Die Medien der Künste. Beiträge zur Theorie des Darstellens* (Hg.), Paderborn 2003; *Performativität und Praxis* (Hg., zus. mit Jens Kertscher), Paderborn 2003; *Medientheorien zur Einführung*, Hamburg 2006; *Kunst und Wissenschaft* (Hg.), München 2007, sowie zahlreiche Aufsätze zu Medien, Zeichentheorie, Ästhetik und Kunsttheorie.

Sabine Nessel

studierte Filmwissenschaft, Theaterwissenschaft, Germanistik und Politik in Erlangen und Berlin. Seit 2000 ist sie wissenschaftliche Mitarbeiterin am Institut für Theater-, Film- und Medienwissenschaft der Johann Wolfgang Goethe-Universität Frankfurt am Main. Promotion 2005 zum Thema *Kino und Ereignis. Das Kinematografische zwischen Text und Körper*. Laufendes Habilitationsprojekt zum Thema „Kino, Zoo, Moderne". Im Sommersemester 2008 Gastprofessur an der Universität Wien. Arbeitsfelder: Moderne Filmtheorie, Text und Körper, Filmästhetik, Schauanordnungen, Filmgeschichte nach 1945. Publikationen u.a.: *Kino und Ereignis. Das Kinematografische zwischen Text und Körper*, Berlin 2008; Mitherausgeberin von: *Wort und Fleisch. Kino zwischen Text und Körper*, Sabine Nessel, Winfried Pauleit, Christine Rüffert, Alfred Tews, Karl-Heinz Schmidt (Hg.), Berlin 2008.

Michaela Ott

ist Professorin für ästhetische Theorien an der Hochschule für bildende Künste Hamburg. Ihre wichtigsten Publikationen sind: *Vom Mimen zu Nomaden – Lektüren des Literarischen im Werk von Gilles Deleuze*, Wien 1998; *Deleuze. Zur Einführung,* Hamburg 2005; *Denken des Raums in Zeiten der Globalisierung*, hg. mit Elke Uhl, Münster 2005; *Hollywood. Phantasma/Symbolische Ordnung in Zeiten des Blockbuster-Films*, München 2005; *Kunst und Wissenschaft* (hg. mit Dieter Mersch), Paderborn 2007.

Winfried Pauleit

ist Professor für Medientheorie und Kunstpädagogik an der Universität Bremen. Studium der Kunstwissenschaft, Filmwissenschaft und Literaturwissenschaft in Berlin, London und Chicago. Wichtigste Publikationen: *Wort und Fleisch. Kino zwischen Text und Körper*. Hg. zus. mit Sabine Nessel u.a., Berlin 2008; *Kunst – Museum – Kontexte. Perspektiven der Kunst- und Kulturvermittlung*. Hg. zus. mit Viktor Kittlausz, Bielefeld 2006; *Filmstandbilder. Passagen zwischen Kunst und Kino*. Frankfurt am Main / Basel 2004. Website: http://www.nachdemfilm.de/.

Wolfert von Rahden

ist Chefredakteur der Zeitschrift *Gegenworte. Hefte für den Disput über Wissen*, die von der Berlin-Brandenburgischen Akademie der Wissenschaften herausgegeben wird, und Redaktionsmitglied von *Tumult. Schriften zur Verkehrswissenschaft* sowie der *Zeitschrift für Ideengeschichte*, deren verantwortlicher Gründungsredakteur er war. Von 1980 bis 1985 Teilnehmer der von Mazzino Montinari am Wissenschaftskolleg zu Berlin geleiteten Forschungsgruppe ‚Grundfragen der Nietzsche-Forschung', arbeitete er von 1997 bis 2001 an der Nietzsche-Manuskript-Edition, deren erste drei Bände 2001 als neue Abteilung IX der Colli-Montinari-Ausgabe erschienen sind.

Steven A. Reich

geb. 1956 in Toronto, Kanada, legte sein erstes juristisches Staatsexamen in Berlin im Jahre 1981 ab. Anschließend DAAD-Postgraduiertenstudium des Jazz-Pianos und der Kompositionslehre an der *Royal Conservatory of Music* und der *York University* in Toronto. Zweites juristisches Staatsexamen 1986 ebenfalls in Berlin. Er lebt und arbeitet heute als selbständiger Rechtsanwalt und Künstler in Berlin (http://www.media-law.net/Profil.html).

Hermann Schmitz

geb. 1928, hatte bis 1993 den Lehrstuhl für Philosophie an der Universität Kiel. Er ist der Begründer der Neuen Phänomenologie. Die sehr umfangreiche Liste seiner Veröffentlichungen findet sich unter http://www.momo-berlin.de/Sohst_Schmitz_Bibliographie.html

Angela Spahr

studierte Philosophie an der Freien Universität Berlin. Sie arbeitet und lehrt in den Bereichen Philosophie, Medien- und Kulturtheorie und lebt als freie Autorin in Berlin.

Wolfgang Sohst

geb. 1956 in Berlin, studierte Rechtswissenschaft an der Freien Universität Berlin. Bis 2000 selbständiger Unternehmensberater in Österreich, Spanien und Deutschland. In diesem Jahr Gründung des xenomoi Verlages mit den Schwerpunkten ausländisches Recht und Philosophie. Er ist Autor und Übersetzer rechtswissenschaftlicher und philosophischer Texte. Philosophischer Schwerpunkt: Metaphysik und Ethik. Lebt und arbeitet in Berlin.

Henry Staten

ist Lockwood Professor im Bereich *Humanities* an der University of Washington. Seine philosophischen und literaturtheoretischen Veröffentlichungen in Büchern und Aufsätzen, befassen sich speziell mit der Dekonstruktion. Sein Arbeitsschwerpunkt liegt auf dem Werk von Friedrich Nietzsche. Sein wichtigstes Werk, *Eros in Trauer*, erscheint dieses Jahr auf Deutsch im A. Francke Verlag, Tübingen / Basel.

Rüdiger Zill

geb. 1958 in Berlin, studierte Philosophie, Geschichte und Soziologie in Berlin und London. 1994 Promotion in Berlin mit der Arbeit *Meßkünstler und Rossebändiger. Zur Funktion von Modellen und Metaphern in philosophischen Affekttheorien*. Langjährige Tätigkeit als freier Autor für Rundfunk und Zeitungen; 1994–1997 Mitarbeiter am Institut für Philosophie der Technischen Universität Dresden. Seit 1997 Wissenschaftlicher Referent am Einstein Forum, Potsdam. 1996 Gastdozent an der New School for Social Research, New York; 2007 Research Fellow am Internationalen Forschungszentrum Kulturwissenschaften, Wien. Neuere Publikationen u.a.: *Hinter den Spiegeln. Zur Philosophie Richard Rortys* (2001; Mit-Hg.); *Gestalten des Mitgefühls* (Hg., Schwerpunktthema von *Berliner Debatte* INITIAL, I/II 2006), *Ganz Anders? Philosophie zwischen akademischem Jargon und Alltagssprache* (Hg. 2007); Mitherausgeber der Reihe *Erbschaft unserer Zeit* in der edition suhrkamp.